房地产开发与经营

金昊 赵鉴 编著

清华大学出版社
北 京

内容简介

本书以房地产开发投资、房地产项目规划设计、房地产经营管理及案例分析为主线，共计三篇十一章。本书系统阐述房地产开发与经营的基本概念，涉及土地管理、融资方法、投资方法、项目策划、规划设计、房地产供求、房地产经营及风险评估，主要涉及房地产开发过程和经营方式中涉及的基本原理、方法及理论，注重联系实际，以实例分析来把握专业知识点，能融会贯通房地产开发经营的理论与实务。

图书在版编目(CIP)数据

房地产开发与经营/金昊，赵鉴编著. —北京：清华大学出版社，2017（2020.8重印）
ISBN 978-7-302-46119-7

Ⅰ.①房…　Ⅱ.①金…②赵…　Ⅲ.①房地产开发②房地产经济　Ⅳ.①F293.3

中国版本图书馆 CIP 数据核字(2016)第 314605 号

责任编辑：朱敏悦
封面设计：汉风唐韵
责任校对：王荣静
责任印制：宋　林

出版发行：清华大学出版社
网　　址：http：//www.tup.com.cn，http：//www.wqbook.com
地　　址：北京清华大学学研大厦 A 座　　**邮　　编**：100084
社 总 机：010-62770175　　**邮　　购**：010-62786544
投稿与读者服务：010-62776969，c-service@tup.tsinghua.edu.cn
质量反馈：010-62772015，zhiliang@tup.tsinghua.edu.cn
课件下载：http：//www.tup.com.cn，010-62770175 转 4506
印 装 者：三河市铭诚印务有限公司
经　　销：全国新华书店
开　　本：185mm×260mm　　**印　张**：28.5　　**字　数**：690 千字
版　　次：2017 年 8 月第 1 版　　**印　次**：2020 年 8 月第 2 次印刷
定　　价：65.00 元

产品编号：050292-01

编委成员

前　　言

房地产业在国民经济发展中的地位稳定且重要，随着我国城镇化建设的不断推进，房地产开发的规模日趋扩大。与此同时，房地产业发展日臻成熟，对房地产开发经营人才的要求也日益提高，从专业型的外延扩张逐步转向专业内涵的不断深化，专业知识层次不断丰富。这对“房地产开发与经营”课程的教学内容提出了更高的要求：学生的专业知识结构及理论体系要与时俱进，能适应房地产业专业人才培养的需要，促进高等教育房地产业及相关专业的建设发展。为此，按照高校本科教学的专业培养目标，有必要编写一本适用于工程管理、房地产经营管理和土地资源管理等相关专业的教材。

由于编写团队具有丰富的房地产开发建设操作与教学经验，本书形成了以下特色：

一是体系完备，全书以房地产开发与经营实务课程为主线，总体结构合理，从房地产开发投资、项目策划与规划设计至房地产经营，篇章设置层次清晰；从介绍基本概念及相关理论与实务知识开始，逐步深入，阐述了房地产开发与经营中两大要素——土地与资金的来源，分析项目投资，介绍了项目策划与规划设计的内容和方法，以及房地产项目建成后的营销、租赁与物业管理，编撰体系严谨。

二是案例切题，本书精心选编了切合各篇章的案例，通过对典型案例的分析，加深对相关原理的认知理解，从而抛砖引玉，培养学生的实务操作能力。

三是内容实用，全书按照高等院校工程管理本科生的专业知识结构及就业后所涉足房地产领域的需要，编写篇章内容，如土地开发管理、融资方法、投资成本与收益分析及房产营销手段分析等，均有量化分析与实务操作知识，为了便于学生对课程内容的理解与掌握，及时复习钻研，本书每一章深入浅出地配有“本章内容提要”“思考题”“习题”或“案例分析”。

全书由赵鉴设计总体框架，金昊编撰思考题、习题及案例分析。内容共分为三篇十一章，第一部分房地产开发投资（第一章至第四章）由赵鉴主编，潘悦旸参与编写；第二部分房地产项目策划与规划（第五章至第八章）和第三部分房地产经营（第九章至第十一章）由金昊主编，赵新洁参与编写。

在本书编写过程中参考了大量相关教材、论著及资料，在此谨向有关作者表示感谢；还要特别感谢上海工程技术大学《工程管理学科建设（编号：0103）》和《房地产开发与经营教材建设》（编号：201503001）的支持。

由于编者的水平有限，本书难免有不妥之处，恳求读者不吝指正。

编者

2017 年 7 月

目　　录

第一部分　房地产开发投资

第二部分　房地产项目策划与规划

第三部分　房地产经营

第一部分　房地产开发投资

第一章　房地产开发概述

房地产是房产与地产有机结合的统一体。本章主要介绍了地产、房产、房地产业和房地产市场这四个与房地产开发密切相关的概念，并详细阐述了我国的土地管理制度，这也是每一个房地产开发与经营的从业者必须要掌握的基本原理与国情。本章的学习重点包括：

◆ 地产、房产与房地产的联系与区别；

◆ 城市建设用地有哪些来源；

◆ 土地征收包括哪些费用；

◆ 房地产开发的土地可以如何获得；

◆ 城市经营对房地产开发用地有何影响。

第一节　房地产的含义

一、地产

（一）土地与地产的含义

从物质形态上讲，地产就是指土地，但由于人类社会经济的发展，土地作为财产的特性更为受人关注，因此，地产的含义也日益丰富起来。

1. 土地的定义

土地是地球的主要组成部分，是人类生存发展的基本条件。什么是土地，自然科学家认为："土地是一种垂直系统。它是由气候、地貌、岩石、土壤、植被和水文等组成的一个独立的自然综合体。"作为地产，土地是指包括地上空间和地下空间的地表，前者是指从地球表层向上扩展到一定高度的天空空间。很显然，没有起码的空间，土地失去存在的价值；后者则是指从地球表层的土地边界呈锥形延伸到地心的地下空间，它包括地下的资源、埋藏物。

土地按其自然性质，不能移动，它自身不仅是重要的不动产，而且是构成其他不动产的基础，比如附着于土地的建筑物，与土地尚未分离的出产物和刚种植于土地的种子及生长物。土地不限于地面，它包括地下和上空，但法律另有规定的除外。我国《矿物资源法》规定，矿产资源属于国家所有，即使地产隶属公民或法人，矿产资源也不因此改变国有性质。

城市土地是指全国城市区域内的全部土地，其包含的内容极其广泛。例如，城市土地往往被划分为城区土地和郊区土地，或者建成区用地或规划用地等。城市土地既包括住宅或非住宅附着物的土地（以及附属地段），也包括已开发和待开发的可作为建筑使用的土地。

2. 地产的定义

土地不仅有实物形态，还存在经济形态，即土地的货币表现。地产，即土地资产，是指在一定土地所有制关系下作为财产的土地，即法律上有确定权属关系的，并能给所有者和使用者带来经济效益的土地。

根据我国《宪法》规定：城市市区的土地属于全民所有，城市土地是在城市区域范围内、在法律上有明确权属关系，并且能够给所有者(国家)和经营者、使用者带来经济效益的城市建设用地；农村和城市郊区的土地，除法律规定属于国家所有的以外，属于集体所有；宅基地、自留地、自留山，属于集体所有。

拥有地产，就是说对土地享有某种支配的权力，但这种支配权含义并不都是相同的，可分为所有权、使用权等。

(二) 土地资本的含义

土地资本是投入土地、固定在土地上和土地合并的资本，是指因土地改良而增加的收益，可看成是土地资本的利息。投入土地的资本，有的是短期的，如土壤物理和化学性质的改良、施肥等；有的是长期的，如平整土地，修建排灌设施，设置建筑物等。不论短期投入，还是长期投入，都能提高土地的产出水平，增加土地收益[①]，但是，“作为资本的土地带来的收入不是地租而是利息和经营利润[②]”。

狭义的土地资本是马克思《资本论》中的“土地资本”，是指人们对已经变成生产资料的土地进行的投资。马克思曾把土地区分为“土地物质”和“土地资本”两个性质不同，而又密切联系的范畴。另外，广义的土地资本，是指当土地被投入流通，在运动状态中能实现增值，给所有者带来预期收益的时候，就变成了土地资本。可见，土地资本与土地及地产最大的区别就在于它的运动性和增值性。

当地产被投入市场，使其为所有者带来预期收益，产生增值时，土地资产就转化为了土地资本，表现为土地权属关系上的转让、出租或自己投入使用。

土地资本经营的前提是资产，我国实行土地公有制度，改革开放以前，一直是无偿、无限期、无流动使用，这一阶段的土地使用仅仅呈现为绝对的自然资源属性，从管理的法定对象上考察，《中华人民共和国宪法》和《中华人民共和国土地管理法》也载明土地管理是纯粹的资源管理，因而土地资本经营缺乏应有的基础条件。1987 年开始推行土地有偿使用后，国家和地方的法律、法规和政策性文件都做了相应的修改，允许土地有偿使用，土地作为特殊商品进入市场，土地产权人则通过地租资本化使土地具有价值，一方面体现其固有的使用价值；另一方面显化了土地应有的交换价值，完成了土地从仅仅具有资源属性向资源、资产双重属性的蜕变。

二、房产

(一) 房屋的含义

关于房屋，广义上讲，是指土地上的房屋等建筑物及构筑物。所谓构筑物，是指房屋以外的工程建筑，如桥梁、水井、水塔、水坝、隧道、烟囱、道路等。

房屋按基本的使用性质划分一般分为住宅和非住宅。住宅是指人们的生活用房。非住宅包括：①住宅区域内的为住宅配套的设施，如泵房、车库等；②非住宅的生产经营用房，如厂房、仓库、商店、旅馆等生产、流通领域的用房；③行政事业及其他用房，如文化、教育、卫生、体育等行政、事业方面的用房。

---

① 马克思：《土地大辞典》，长春，长春出版社，1991。

② 马克思、恩格斯：《马克思恩格斯选集》，第 1 卷，153 页，北京，人民出版社，1995。

（二）房产的含义

房产是指在法律上有明确权属关系的房屋商品，是可以通过开发建设等社会经济活动而产生以至形成使用价值和价值的商品，并且能够在不同的所有者和使用者之间进行流通，通过使用价值的交换，从而使用价值得以实现的不动产。

与房屋不同，房产是一个法权概念，它不仅是指房屋，而且还可以从实物形态和经济形态两个方面来理解。从实物形态上来说，房产是指明确了权属关系的房屋以及和其相连带的构筑、建筑物。房屋是人民生产和生活的场所，房屋要发挥为社会生产和社会生活服务的功能，还必须具备一些与房屋相连接的构筑物和建筑物，如水塔、烟囱、围墙、化粪池等。房屋只有包括连带的设施，才能充分、有效地发挥其使用价值。因此，房屋所包括的物质对象，不仅仅是房屋，更是一个以房屋为主体，包括与之相连带的构筑、建筑物的综合体。从经济形态上来说，房屋及相连带的构筑、建筑物是建筑业的劳动产品，不仅具有满足人们生产和生活需要的使用价值，而且还凝结着一般人类劳动，即活劳动和物化劳动的消费，具有价值。在商品经济条件下，房屋及相连带的构筑、建筑物表现为一定的货币价值，是不同产权所有者重要的资产、财产或不动产。因此，所谓房产是指在一定产权关系下作为财产、资产的房屋及相连带的构筑、建筑物。

三、房地产的含义及特征

（一）房地产的含义

1. 房地产的定义

通俗地讲，房地产就是房产和地产的总称，指的是房地产具有某种特定的财产权利，而其物质形态是土地和房屋。因此应从两个方面来理解其概念：房地产即是一种客观存在的物质形态，也是一项法律上的财产。

2. 房地产的内涵

(1) 作为物质存在的房地产。作为物质形态存在的房地产是指土地、房屋及固着于土地、房屋上不可分离的部分，如树木、水、暖、电、卫生、通风、电梯设施和物质，往往可以看作是土地或房屋的构成部分。因此，房地产地产实质上包括土地和房屋两大部分。

(2) 法律意义上的房地产。法律意义上的房地产本质上是一种财产，这种财产是指蕴含于房地产实体中的各种经济利益以及由此而形成的各种权利，如所有权、使用权、租赁权等。

作为物质形态存在的房地产即为土地和房屋。由于房屋总是固定在土地上，土地是不可移动的，所以房地产又称“不动产”。不动产的英文名称为 realestate 或 real property。在英语中，real estate 一词具体是指土地及附着于土地上的人工构筑物和房屋；real property 一词具体是指 real estate 及其附带的各种权益。

（二）房地产的特征

房地产同其他物质形态的生产资料和消费资料相比，有着显著不同之处。

1. 位置的固定性

地球表面的任何一块土地，其边界上各点在地球上都有特定的坐标（经纬度），由此决定了土地位置的固定性，是不可移动的。房地产位置的固定性又称为不可移动性，建筑物由于扎根于土地，通常也是不可以移动的。

房地产位置的固定性，决定了房地产只能就地开发、利用或消费，而且要受制于其所在的空间环境(邻里或当地的社会经济)。而其他商品，其原料地、生产地、销售地和消费地可以不在同一个地方，商品可以在不同地区之间调剂余缺。因此，房地产市场不存在全国性市场，而是一个地区性市场。

房地产位置的固定性是房地产最基本的特性，是其与劳动力、资本，以及其他类型的商品的最大区别。

2. 质量的差异性

由于地球上的土地资源都有唯一的、不可移动的位置，因此，每宗房地产受周围自然环境与社会环境的影响，其环境温度、湿度、日照、交通、周围环境、景观、与其他地方(如城市中心)的距离等均不会完全相同，从而形成了每宗房地产独有的自然地理位置、交通位置与社会经济位置，使房地产有区位优劣之分。由于区位的差异，一般不存在两宗完全相同的房地产，即使它在建筑设计、结构及内外装饰上完全相同，也会在周围环境上有所差异。

3. 寿命的耐久性

房地产寿命的耐久性又称为效用长期性。对土地而言，尽管土地可以被洪水淹没、荒漠化，但它在地球表面所标明的场所、作为空间位置是永恒的。实际上人们对土地只要给予适当的保护，其利用价值一般都不会丧失。因此，可以说土地的寿命具有永久性。

对建筑物而言，一方面，建筑物物质实体经一定年限或长久地使用之后，不论如何保管，最终会难免损耗；另一方面，由于暴风、洪水、地震、泥石流等自然灾害的可能发生，建筑物物质实体有损毁的风险。所以，建筑物不像土地那样具有永久使用的特性，但在正常使用和维修条件下，其寿命也是耐久的，通常可达数十年，甚至百年以上。

由于房地产寿命具有耐久性，可以给其所有者或使用者带来持续不断的利益，这使得房地产的所有权与使用权可以分离，使得房地产的重要经营方式——租赁成为可能，也使得房地产业的可持续发展成为可能。

4. 资源的相对稀缺性

房地产的相对稀缺性主要是由于土地资源的稀缺所造成的。地球陆地表面面积是相对固定的，且不可再生。在土地价值高涨的情况下，虽然可以吸引人们不断地改变和提高土地利用的技术，如移山填海、荒漠改造、提高容积率、利用地下空间等，从而“创造”出更多的土地来。但这种造地的数量相对而言是极其有限的，严格来说，这些措施并未增加土地面积总量，仅仅改变了土地利用类型及强度。所以，对人类或一个国家来说，土地总量不仅有限，而且不能增加。由于土地数量有限，在土地上可建造的建筑物数量也是有限的。

房地产数量的有限性，使得房地产具有独占性。在市场经济中，一定位置，特别是好位置的房地产被人占用之后，占用者可以获得生活或工作场所，并享受特定的光、热、空气、雨水和风景，还可以支配相关的天然资源和生产力。

房地产的相对稀缺性，使得附着于土地的建筑物不能无限地发展、扩张，这就必然使得房地产的供给往往会受到限制，以致其不能完全满足或适应房地产需求增长的需要，从而造成房地产供求矛盾，不但表现在房地产供给总量与需求总量的矛盾，更重要的是由于土地位置的固定性所决定的房地产异质性，导致某些地区(如经济文化发达、人口密集的地区)和某种用途的土地稀缺。

5. 开发的限制性

房地产开发的限制性主要是由于土地功能的限制所造成的，同宗土地有多种可能用途，当该土地投入某项用途之后，欲改变其利用方向，一般来说较为困难，主要是因为：①土地自然条件的限制；②变更土地利用方向的社会限制条件，如城市规划，土地使用性质的变更往往会造成巨大经济损失。同一建筑物变更使用用途有可能容易些，但有时也很困难，这不仅与建筑物的设计、结构有关，还与城市规划许可制度有关。

6. 价值的高昂性

房地产价值高，一方面为单价高，具体表现在单位面积价格的数值高，如每平方米建筑面积的房屋或每平方米土地的价格，少则数千元，多则数万元，甚至数十万元。另一方面为总价大，是其他产品难以相比的。尤其现代城市建设和经济的发展，使得房地产规模越来越大，一幢建筑物要几十层甚至上百层，建设规模要上万平方米甚至数十万平方米，加之随着社会发展和经济水平的提高，建筑标准和豪华程度也越来越高，使得房地产价值达上亿元，甚至数十亿元。

房地产价值高昂性的重要原因是房地产资源数量的有限性和开发投资大。

7. 产权分割性

房地产产权是由一系列权利组成的，这些不同的权利可以同时分属于不同的产权主体，由不同的权利人支配，如所有权、使用权、占有权、抵押权等。因此，房地产交易实际上是产权的交易，即各种权利的流转，既可以是全部产权的转移，也可以是部分产权的转移。比如出租住房，实质上是使用权、占有权的有限期转移；又如房地产抵押则是一项他项权利的设立和转移。由于这些交易，使得房地产的产权分解变得不再完整。借助房地产市场这个媒体，随着房地产产权的流转，不仅有助于房地产市场的建立与完善，也是实现房地产最有效利用和资源最优配置的必要条件。

四、房地产业

（一）房地产业的定义

房地产业是从事房地产开发、经营、管理和服务的产业。1987 年 11 月 20 日，原城乡建设环境保护部《关于发展城市房地产业的报告》中对房地产业的内涵做了以下描述：“房地产业包括：土地的开发，房屋的建设、维修、管理，土地使用权的有偿划拨、转让，房屋所有权的买卖、租赁，房地产的抵押贷款，以及由此而形成的房地产市场。”根据 1985 年 5 月《国务院办公厅转发国家统计局关于建立第三产业统计的报告》，房地产业属于第三产业的第二层次。

（二）房地产业功能与定位

房地产是构成国家财富的重要组成部分，是构成各种经济实体的基本物质要素。住房及其附属住宅基地又直接与个人生活消费相关联。房地产历来就在人类社会经济生活中占据着重要的地位，与广大民众的生产和生活密切关联，而且随着人类生产力的进步，以及社会的发展，房地产逐步成为现代社会经济大系统的有机组成部分，直接影响着社会消费、社会就业，以及金融、信贷和多种相关产业发展等社会经济活动。

房地产在现代社会经济系统中所起的作用，不仅包含着其固有的承载体的基本作用，同时还包含着它在国民经济活动链中连接生产与生活的作用，影响公共投资和个人消费倾向的作用，以及带动产业结构优化调整，带动城市基础设施发展，改善城市生产、生活环境，促进城市化经济发展的重要作用。

房产业在工业化、城市化进程中兴起、发展，形成了独立的产业；反过来，它又推动促进工业化、城市化以及现代化的发展。在当今世界上，包括我国在内的许多国家和地区的房地产业已经成为经济繁荣的重要支撑点之一，在国民经济中占据着显要的位置。

正确认识房地产业在国民经济中所起的重要作用，更高地确立起它在国民经济中应有的重要地位，无论对于房地产经济理论的发展，还是对于房地产业的实践活动都具有重大的现实意义。

1. *房地产业是社会生产和生活密切相关的基础产业*

社会生产与生活离不开房地产，工业、商业、文教、卫生、居住等都需要房屋与开发好的可用土地作为基本活动场所。房屋及其附属用地乃是城乡生产与生活的基本载体。从事房地产开发和经营的房地产业同社会生产与生活密不可分，是一个极其重要的基础性产业，在国民经济中的作用主要表现在以下几个方面。

(1) 房地产业为国民经济提供了基本物质保证。房地产业在为国民经济提供积累的过程中发挥了巨大的作用，为整个国民经济的发展打下了坚实的基础。

世界上许多经济发达国家的实践也说明了这一点。从美国战后经济的发展历程看，房地产业与建筑业相结合，为其高速发展提供了强大的物质保证，房地产业也与建筑业一起成为了四大经济支柱之一。日本及其他发达国家和地区也是如此。再如香港 20 世纪 60 年代以来的高速发展更可以说是与房地产业的发展密切相关的。

自党的十一届三中全会以来，房地产业不为人知的、不为人重视的现象开始发生了转变。房地产业在我国得到恢复、发展，并迅速崛起，其在实践中取得的巨大成果证明了它作为一个基础性产业的重要作用。

(2) 房地产业为广大人民大众提供了必要的生活条件。社会经济活动以人为主体，以人为目的。社会经济的发展必须有作为劳动力的职工队伍，必须保证劳动力再生产的顺利进行。这就需要有衣、食、住、行等基本生活消费。住宅就是其中之一，这是劳动者生活的必需品。而且住宅既是生存消费资料，又是发展消费资料和享受消费资料，它始终贯穿于人们的社会消费行为之中。而且随着社会经济的发展，人民生活水平的提高，住宅消费相对于衣、食等基本消费的比例还在日益增高。住房问题是人们最关心的问题。加速住宅建设，该善居住条件，是我们社会主义生产的根本目的所要求的，同时又是社会生产发展所必需的。

1979 年以来，党和人民政府把解决人民的住房问题作为一件大事来抓。现行住房制度必须改革，住宅建设事业更需要在改革中有一个大的发展。当然住房发展是离不开土地开发的。只有实现房地产业的观念变革和体制转换，实现整个房地产业资深的资金良性循环，使流通过程与生产过程统一，才能确保住宅的社会再生产的顺利进行，不断地满足有支付能力的需要，实现住宅供需的相对平衡。

发展房地产业能够促进经济体制的深化改革。房地产是基本的生产要素，无论从事哪一项经济活动，都需要以房地产为依托，人们的生活更离不开房地产。房地产市场是生产要素市场不可缺少的组成部分。建立起符合商品经济规律的房地产业，把房地产开发、经营和流通搞活，则生财聚财，可增强整个生产要素市场的活力，促进商品经济的发展。

房地产业的改革发展，对于解决城镇住宅问题，改变城镇面貌，改善人民的居住水平，调动广大劳动群众的社会主义积极性有着极其重要的作用。今天，我们房地产业的发展，已经取得了很大的成就。今后，随着整个经济体制改革的全面深化，它势必会发挥出更大的作用。

2. 房地产业是繁荣城市经济的重要产业

房地产业是一种城市形态的产业。房地产业的兴起、发展都离不开城市地域。它是人群聚居的城市地区中，随着工业化、城市化的发展而形成发展的独立的产业。房地产业在社会经济实践活动中的作用也主要是在城市形态中体现出来的。随着社会经济的不断发展，房地产业推动、促进城市经济发展的作用会更加突出；而且，由于城市经济相对于农村经济在国民经济中占据主导地位，因此，它实际上会起到直接推动整个国民经济蓬勃发展的重要作用。在我国近几年城市经济建设的实践中，通过以下几个方面，我们对此已有了充分的认识。

(1) 发展房地产业可以为城市发展提供大量财政收入。近年来，我国房地产业的振兴是以综合开发事业为龙头，带动整个行业迅速发展起来的。

除了反映在财政上的直接收益外，综合开发事业还以许多间接方式开辟了城市建设的资金渠道。这包括逐步把城建资金纳入综合开发资金循环，使城市基础设施建设与房屋开发紧密、协调地联系起来。通过综合开发既能收到街景房貌同步改善的效果，又能回收一部分资金，归还于城市建设。

最后，房地产的改革发展必然会提出对现行城市土地使用制度经行改革的迫切要求，即必然要朝着有偿使用、按商品经济规律要求的方向发展。这同样将为城市经济的发展开辟一条重要的资金来源。

(2) 发展房地产业可以促进建筑、建材等其他相关产业的发展。发展房地产业，除了在解决城市建设资金、直接推动城市基础设施和房屋建设发展方面有重大作用外，它还会带动一批相关产业迅速发展，并有利于解决就业和超前消费问题，从而能有效地推动城市经济、社会的协调发展。

首先，在城市房屋建设的生产领域中，由于房地产业的发展使城市地域内的房屋、土地能按照商品经济规律的要求得到有效的开发、利用，使城市房屋建筑产品由建筑企业完成其生产过程之后，能够继续进入流通领域。通过“投入—产出—投入”的循环实现价值增值，实现房屋建筑产品再生过程的循环延续。

房地产业的活动增强了，自身实现了资金的良性循环，并有较多的积累，扩大了房地产开发投资能力，将会直接带动提供土地开发劳务的行业和建筑业的发展，促进建材、钢铁和机械等基础工业的发展。事实上，建筑产品成本中的70%的材料消耗，包括建材、炼金、化工、石油、森林、机械等50多个工业部门的产品。每年建筑工程材料消耗，约占钢铁总消耗的25%、木材的40%、水泥的70%、玻璃的70%、塑料制品的25%、运输量的8%。

其次，在城市商业服务领域中，房地产的发展为城市中第三产业的活动提供了充足的场所。同时，房地产业还凭借雄厚的经济、物质条件，以多种灵活方式入股；直接参与许多商业、旅店服务业的活动，为城市第三产业注入新的活力。

发展第三产业，是我国加快现代化建设的一个重要对策。第三产业是带动我国经济迈上一个新台阶的关键产业，而房地产业又是第三产业中重要组成部分。房地产业的振兴，不仅可以有效地加大第三产业在国民经济中的比重，还可以带动第三产业其他部分的发展，从而促进我国产业结构的合理化。

同时，发展房地产业能够促进对外开放。在沿海对外开放的进程中，封闭房地产市场是不可能的，房地产业是对外开放中的一个有吸引力的领域。另外，要扩大对外开放，要引进外资搞工业和高科技项目，很重要的是改善投资环境，房地产市场必须为之提供必要的生产经营、居住生活的场所。所以，无论“筑巢引鸟”，还是“引鸟筑巢”，都需要发展房地产业。

此外，由于房地产业与金融业有着极为密切的关系，房屋商品化要求金融业发挥融通资金的作用，开展房地产信贷业务；而房屋商品化的进一步发展，还将使房地产业与金融业从结合走向融合。因而，房地产业的发展还将有力地推动金融业的发展，使房地产专业银行应运而生，房地产财团迅速形成，为城市的繁荣发展打下坚实的基础。

最后，由于房地产业的发展能够直接或间接地带动和促进一大批相关产业，包括建筑业、商业、服务业等大量就业岗位的产业的发展，因而它也可以通过直接或间接的作用，有效地增加城市就业机会，缓解城市待业的社会问题。

(3) 发展房地产业可以促进城市土地的合理配置。在我国传统的产品计划体制下，我国城市土地这一十分重要的生产要素的宝贵资源，基本上都是无偿使用的。这实际上等于失去了城市的地租约束，造成了土地使用的无政府状态，产生土地浪费十分严重、土地利用率低下、土地使用价值得不到充分发挥等一系列问题，甚至带来转手倒卖土地牟取暴利的非法行为。这种混乱的局面，已经使国家蒙受了巨大的经济损失，给城市经济造成了严重的后果。

为此，在大力发展社会主义商品经济，推动城市经济迅速发展的形势下，我们急需重新控制城市用地的盲目扩大，减少各单位征用土地宽打宽算、多征少用、早征迟用、征而不用的浪费现象；促进城市用地的重新调整、布局，促进城市建设的内向扩展、建筑空间的重新组织和城市空间的再创造，以便提高城市空间的利用率，节约城市用地，获取城市土地的最大使用效益，实现城市地产资源的合理配置；保证国家作为土地所有者获取地租的基本权利，使城市财政有一个稳定的资金来源，用以满足城市土地的再开发和其他的城市建设需要；保证国家通过收取级差地租来调节坐落在不同地段企业的级差收益，使企业具有平等的竞争条件，充分发挥市场机制。

这实际上也就是要求重新建立城市地租的约束，并大力发展房地产综合开发事业。通过房地产业内在机制的完善和全面发展，有效地调整各种城市经济关系，推动城市经济的协调发展。

发展房地产业能够有利于解决城市建设资金短拳问题，较快地改善城市的投资环境和生产环境。城市基础设施建设就是城市土地开发的成本投入，理应从土地级差收益中得以回收，并体现社会公平分配。城市土地的极差效益是由于人类的劳动得以提高的。房地产经营的收入就可以用来搞城市建设。把发展房地产业与发展住宅、商业、服务业结合起来，一方面可以满足经济发展的需求；另一方面可以收回投资，循环、滚动用于城市建设。

正因为如此，自党的十一届三中全会以来，在我国房地产业重新得到确立并迅速发展起来的同时，各地即开始从理论和实践上对城市土地有偿使用问题进行了大胆的探索。实践经验表明，征收土地使用费，扭转了人们土地无偿使用观念。为节约用地、合理用地、调整用地结构，促进企业间的平等竞争创造了条件，也为实现城市建设资金的良性循环找到了出路，为城市建设开辟了重要的财源。

综上所述,房地产本身是国民经济中最大宗的财产之一。发展房地产业可以获得高额利润,能为国家创造大量的财政收入。而这一主要用于城市发展的资金,将会大大改善城市的投资环境和生活环境。即通过能充分发挥城市建设投资效益的综合开发建设活动和灵活的经营方式,来进行新区建设、旧城改造,并推动相关服务业的完善,从而使城市的中心作用和多种功能得到充分的发挥。不仅如此,在商品经济日益发达的情况下,房地产的发展还推动促进着商业、服务业、金融业,以及其他许多工矿业的发展,对于城市经济的发展具有极大的促进作用。房地产确实是繁荣城市经济的重要动力性产业,是繁荣国民经济的重要支撑点。

3. 房地产业的改革发展是我国经济体制全面深化改革的重要基础

房地产业的改革发展,包括住房制度和城市土地使用制度的改革,包括综合开发事业、房屋建设事业以及房地产经营的发展,会直接促使人们转变住房和土地问题上的旧观念,变住房实物分配为货币分配,变土地无偿使用为有偿使用,抑制了不合理的住房需求和土地需求。这就能有效地引导社会消费,稳定市场物价,抑制通货膨胀,创造一个宽松的社会经济环境。同时,也能够有效地引导投资,引导各方面资金的集中和合理利用,促进城市产业结构的合理化,创造出一个良好的投资环境。最终将会实现住房资金投入产出的良性循环,搞活房地产金融,形成完整、统一的房地产市场,推动社会主义商品经济市场体系的完善和发展。

房地产业的改革发展,是我国经济体制全面深化改革的重要基础。为经济体制改革的深入发展创造了必要条件,对于我国社会主义现代化建设事业具有极其重要的意义。

对此,可以从以下几个方面来进一步加深认识。

(1) 房地产业的改革发展可以促进社会消费结构的合理化。住房消费在居住生活消费中应该占有一个较大的比例。人们在解决了温饱问题之后,在逐步实现小康水平及比较富裕的水平这一较长期内,住房仍然应该是社会生活中人们所追求的一项主要消费品。

制定合理的租金标准和住房销售价格,逐步实现住房的等价交换,使住房消费占家庭消费的比例趋向合理,以便抑制对其他商品的不合理需求,使社会消费结构趋于合理化。由于房屋具有完全、易于保值和升值的特点,随着观念的改变,人们买房的欲望将越来越大。只有人们有了一定的支付能力,房屋的租售比价合理,又给予买房一定的优惠政策,买房的人才会日益增多。随着住房消费资金转化为住房生产资金的增长以及整个房地产业的深入发展,房地产业促进社会消费结构合理化的作用将会充分发挥出来,会为我国经济体制的全面深化改革创造出一个有力的宽松的社会经济环境。

(2) 房地产业具有较强的投资导向作用。房地产业具有价值大、消耗时间长的特点,房地产投入商品市场,交易占用的资金额相当大,对于调整产业结构有着举足轻重的影响。从房屋的生产和流通过程看,建房出售虽然占用的资金数量大,但资金周转可以加快,周期可以缩短,而利润却很高,往往图纸设计出来以后就可以预售,利用预售款就可以迅速投入建设。

正是因为房地产业具有这样一种较强的引导投资的能力,所以,发展房地产业对于我国过去由于长期重生产性投资,轻非生产性投资,造成生产性建设与非生产性建设的比例严重失调,住宅建设和城市基础建设欠账严重的情况,会有很大的扭转作用,其结果必将促进我国产业结构的优化调整。

首先,随着房地产业的改革发展,住宅建设的正常秩序必将逐步形成。住宅投资具有较大的额度,住宅建设的稳固发展必将直接推动建筑业和建材工业的稳固发展,而与之相关的机械、冶金、化工等部门,也必将会调整其生产结构,使服务于住宅建设的相应生产比例固定下来,而不致再像过去那样,因为这方面的需求没有确实保障,而使很大一部分生产能力经常转向,去迎合一些不合理的生产、生活需要,造成生产波动,使经济环境趋于紧张。同时,由于住房建设的稳固发展,住房消费资金也有效地转化为住房生产资金,从而可以抑制居民消费资金过多地流向食品、衣着、娱乐和高档消费品,并使高档消费品的生产做适当的收缩调整。

其次,城市基础设施也需要有一个较大的发展。按照传统的方式,基础设施的建设主要靠国家投资,城市中各单位基本上是无偿受益的,因此城市基础设施建设资金短缺的问题极为严重,即使在进一步健全城市财政税收体制之后,相应的财政收入也不可能完全满足投资额较大的基础设施建设的需要。因此,解决城市基础设施的建设问题,主要办法还应该依靠房地产业的发展,将住宅建设及其他房屋建设与基础设施建设结合起来,通过综合开发的方式来解决。在此过程中,房地产业的发展必然会在直接推动城市基础设施、改善城市投资物质环境的同时,进一步促进与城市基础设施发展相关的能源、通信、交通运输等事业的发展,使之在结构比例上更趋合理。

最后,随着房地产业的壮大发展,城市金融业、商业、服务业及其他相关产业都将有一个相应的大发展。其结果必将使得金融业与各部门趋于融合,使各部门相互之间的联系更趋紧密,使商品经济机制得到进一步加强,使信贷、利率等经济杠杆的调节作用更为有效。所有这些对于促进产业结果的优化调整都有着重要的意义。

此外,由于房地产业的发展具有引导消费的作业,因此它对促进居民储蓄也有很大的作用。储蓄的增加为生产建设再投资创造了有利的条件。这同样是改善我国投资环境所需要的。

(3) 房地产业的改革发展可以加快培育和完善社会主义商品化经济市场。国家通过房地产市场,把土地使用权委托给经济效益最高、竞争性最强的那些企业,通过调整土地使用费的收取标准,实现城市土地供求的调节,对不合理的用地结构进行调整,按照级差地租的原理,使城市土地得到合理利用,发挥应有的经济效益和社会效益。

可以说,发展房地产市场具有极其重要的意义。社会主义市场体系,不仅包括消费品和生产资料等商品市场,而且应当包括资金、劳务、技术、信息和房地产等生产要素市场;单一的商品市场不可能很好地发挥市场机制的作用。房地产市场不仅是生产要素市场,也是消费资料市场,是社会主义市场体系不可缺少的重要组成部分。

发展房地产业能够启动市场、带动其他产业发展。房地产商品的生产、流通和交换,与建筑业、建材、冶金、纺织、化工、机械、仪表等 50 多个物质生产部门紧密相关,并直接影响到家用电器、家具、装饰产品以及金融业、旅游、园林、运输业、商业、服务业的发展。

只有房地产市场的健全发展,社会主义市场体系才可能完整健全。在我国房地产市场长时间沉寂而至 20 世纪 80 年代才复苏发展的情况下,房地产市场的发展自然是培育和完善社会主义市场体系的重要内容之一。随着房地产业的改革发展,房地产市场必将兴旺发达,社会主义市场体系也必将得到充实和完善,从而将有效地发挥出社会主义市场机制的积极作用。

（三）房地产业的运行机制

房地产业运行的全过程一般由三个环节组成。

1. 生产环节

生产环节即通过对自然状态的土地投入人类劳动，推动房屋和城市基础设施建设，获得房地产劳动产品的过程。这一环节的前提条件是获得可供开发的土地。按我国现行的体制，城市土地属于国家所有，农村土地属村民集体所有。国家，具体到一个城市就是城市政府，可以依法征用集体所有的土地，将其变为国家所有，或者依法回收已投入使用的城市土地的使用权。然后，将征用或收回的土地的使用权，用有期有偿使用的方式，出让给土地开发经营单位或建设用地单位。

其中，城市政府通过协议、招标、拍卖等方式，有期有偿地将土地使用权出让给房地产开发公司，由房地产开发公司组织进行房地产的开发和再开发活动，是房地产生产环节的主要生产活动。因此，对房地产开发公司，一方面要积极扶持其发展；另一方面要努力提高其素质。一个地区的开发公司的数量，应该与该地区的开发工作量大体相适应，而且必须符合资质条件。

2. 流通环节

流通环节即房地产的劳动产品进入市场，进行交易活动，实现其使用价值和价值的过程。当然，未经开发的"生地"，也能投入市场流通。房地产市场活动主要有房地产的买卖、租赁和抵押三种流通方式。

房地产买卖，是指房屋所有权的买卖和土地使用权的买卖。由于房地产是不动产，它的流通方式并不是像其他商品那样从生产者所在地点运到消费者所在地点来实现。房地产的生产与消费在地点上是相同的，而且是通过买卖来转移所有权或使用权。正如马克思所指出的那样："A 卖给 B 的房屋，是作为商品流通的，但是它并没有移动"。因此，房地产这个特殊商品的交易活动由于始终贯穿着权属管理，而比一般商品的交易要复杂得多。

房地产租赁，其实质仍然是流通领域的买卖关系。正如恩格斯所指出的那样："各种商品的使用价值互相差异的地方，最终还在于消费它们所需要的时间的不同。一个大面包一天就吃完了，一条裤子一年就穿破了，一所房屋比方说要一百年才住得坏。因此，对消耗期限很长的商品，就有可能把使用价值零星出卖，每次一定的期限，即将使用价值出租"①。也就是说，房地产租赁是房地产出售的另一种形式，是房地产的分期出售。房地产产权人通过租金的形式逐步回收成本和获得利润。

房地产抵押，是指单位或个人以一定量的房地产作为如期偿还借款的保障物，向银行或其他信贷机构做抵押，从而取得贷款。贷款到期，借款者除了归还本息外，还要缴纳抵押品的保障费用。如果到期无力归还贷款，银行或其他贷款机构有权处理做抵押的房地产商品，处理所得的资金必须首先用于归还贷款。抵押贷款还可以用于解决房地产开发公司或购房者资金不足的困难，即开发公司或购房者把即将投入开发建设的房地产或购得的房屋作为抵押品来获得贷款，对购房抵押贷款而言，房屋的所有权属于抵押银行，但购房者仍享有居住的权利。到期未偿还贷款，房屋则由抵押银行收回。总之，抵押贷款是适应房地产业发展的需要而产生的一种市场行为，它对房地产业的发展及对其他产业的资金融通都具有极为

① 马克思、恩格斯：《马克思恩格斯选集》，第 2 卷，532 页，北京，人民出版社，2012。

重要的意义。

目前，房地产市场中主要有两类交易活动。

一类是房地产经营单位的交易活动。房地产经营单位大体上有两种类型：一种是房地产开发公司将它们的房地产劳动产品投放到市场进行交换活动；另一种是房地产经营企业，它们有的是授权经营城市政府所有的房地产，有的则是接受产权单位的委托，代理经营这些单位的房地产。

另一类是房地产产权所有者的交易活动。产权所有者既包括机关、团体、企业单位，也包括居民个人。一方面，随着企业承包、租赁、拍卖、抵押、兼并等资产流通形式的出现，房地产产权所有人的交易活动将日趋频繁。这种企业之间的不动产转移，应该纳入当地市场管理的范围，进行科学的价值和价格评估。另一方面，随着住宅商品化进程的加快，居民或者产权单位的房地产交易也会大量增加。

3. 消费环节

房地产产品经过流通环节的市场交易活动，转移给使用者，从而进入了消费环节。房地产产品的使用周期很长。作为不动产，它具有固定性、耐久性和增值性，百年老屋，司空见惯，土地在一半情况下更可以永续利用。在长期的消费中，对数量巨大的房地产，要施以社会化的各种管理。为了维护产权人的合法权益，要进行严格的产权产籍管理。为了延长房屋的使用寿命，保证使用和居住安全，要经常进行修缮管理。为了满足消费者不断多样化的消费要求，还需提供各类服务。这些每时每刻不可缺少的管理和服务，一直要到房屋的寿命终了，或因其他原因被拆除，进行重建，投入再开发，进入一个新的房地产再生产的过程为止。随着住房商品化，公有住宅出售给居民，私房比重增加，以及房地产市场活跃，交易频繁，因为房屋售后的管理和维修服务工作显得更加迫切和重要。

总之，房地产业作为国民经济中一个独立的、重要的产业，它的劳动产品作为商品，都要经过生产、流通、消费三个环节。这三个环节周而复始地循环，就是房地产业的运行机制。

（四）房地产业与建筑业的联系和区别

房地产业与建筑业之间既有区别，又有联系。说它们之间有区别，是因为建筑业完全是物质生产部门，属于第二产业；而房地产业则兼有生产（开发）、经营、管理和服务等多种性质，属于第三产业。联合国发布的《国际标准行业分类》中把建筑业列为第五类，把房地产和经营服务业列作第八类。我国的行业分类则把建筑业列为第四类、房地产列为第七类。但是，这两个产业之间具有非常密切的联系，它们的作用对象都是不动产，即房产和地产，在日常经济活动中，房地产企业和建筑企业往往形成甲方和乙方的密切合作关系，可以说它们之间是一种唇齿相依、休戚与共的关系。

房地产业的劳动产品是房屋和与之紧密连接为一体的经过开发的土地。换句话说，房地产业劳动产品是房地产开发、建设生产过程的产品。城市房地产业的管理对象，除包括上述房地产劳动产品外，还应包括已征用、待开发的城市土地和非建造房屋用途的城市土地，即城市中所有的房屋和土地。自然状态的土地，不是劳动产品，是自然力的产物，是“造化之功”。但是，提供给城市做建筑地基或其他用途的土地，都需要对自然状态的土地进行加工改造，即开发活动。一个建设项目在基本建设前期工作中，首先要进行场地平整和基本设施的整备，有的称为“三通一平”，即通水、通电、通路，平整场地；有的增加了整备项目，称为“七通一平”。经过基本建设的前期工作，或称土地的开发工作，使作为自然之物的土地（“生地”)变成了劳动产品(“熟地”)。在此过程中,土地里面就凝聚了人类劳动。这种人类劳动的物质形态,包括了地形地貌的改变、道路的出现和各种地下基础的构筑;这种人类劳动的货币形态,则是投入土地开发的资金。作为房地产开发重要组成部分的土地开发,不仅包括上述将自然状态的土地加工成城市建设用地,而且还包括原有城市用地的再开发。

特别需要指出的是,开发城市土地的人类劳动具有地域上的扩延性。在某块土地上投入开发性人类劳动以后,不仅使这块直接被开发的土地凝聚了人类劳动,成为产品,而且,也使与之相邻而未被直接开发的土地提高了使用价值,也不同程度地具有了劳动产品的性质。我们可以把这一原理称为“土地开发成果扩延效应”。认识并运用这一原理,对房地产的开发经营无疑具有重要意义。

第二节 房地产开发的含义

一、房地产开发的含义、特征与分类

(一) 房地产开发的含义

房地产开发是指房地产企业按照城市规划的要求,对土地开发和房屋建设进行“全面规划、合理布局、综合开发、配套建设”,以及相应的房地产营销和物业管理,以取得良好的经济效益、社会效益和环境效益为目的的综合性生产经营活动。

回顾房地产开发的历史,最初的房地产生产都是以小生产方式进行的,多数房屋建设在自己拥有的土地上,建好的房屋也是以自用为主,仅有少量出租。最早的房地产开发活动出现在19世纪60年代的英国,当时为了适应工业发展的需要,在第二城市伯明翰,由政府出面,围绕市中心进行统一规划,开发了大片的工人住宅区和部分中上阶层的住宅。这种建设方式改变了以往各自为政、分散建设的状态。第二次世界大战后,面对城市重建和住房短缺的问题,许多国家由政府设立了各种形式的开发机构,并颁布了城市规划和建设方面的法律,搭理推行城市综合开发建设,在短时间内取得了较好的效果。60年代以后,房地产开发在各国城市建设中起着越来越重要的作用,房地产开发的综合性从形式到内涵上都更进了一步,不仅重视开发中统一规划的问题,而且强调了“以人为本”的思想,更加重视配套建设。从这个意义上说,真正有效的房地产开发应能体现出较强的综合性,能取得较好的综合效益。

我国具有现代意义的房地产开发发展时间并不长,其萌芽形式为20世纪70年代城市建设的“统建”。在党的十一届三中全会后,改革开放给房地产开发带了发展机遇,而土地使用制度的改革,促使房地产开发事业迅速发展起来,并成为城市建设的主导方式,无论在新区建设中还是在旧区改造中都起到了重要的作用。

(二) 房地产开发的特征

房地产开发是房地产业中最基本、最主要的物质生产活动,同时又在城市建设中扮演着重要角色,因而房地产开发具有自身的特征。

1. 房地产开发最本质的特征是综合性

首先,综合性是房地产开发的内在要求。现代城市建设中的房地产开发要求在开发过程中必须坚持“全面规划、合理布局、综合开发、配套建设”的方针,也就是在开发过程中,不仅仅是对建筑地块或房屋建筑进行有目的的建设，而且要对被开发地区的一些必要的公共设施、公共建筑进行统一规划，协调建设。尤其是住宅开发，更要以人为本，以综合的思想来对居住用房、服务用房、文教卫生用房、福利娱乐用房等实行配套建设，并且注意生活环境的营造。缺乏"综合性"和"配套性"的开发活动是不符合现代城市建设要求的。

其次，综合性还表现为开发过程中工作关系的广泛性及项目操作的复杂性。房地产开发过程中环节很多，涉及的部门与关系也很多，不仅涉及规划、设计、施工、供电、供水、电信、交通、教育、卫生、消防、环境和园林等部门，而且还通过征地、拆迁、安装等工作与城市居民的生活密切联系。同时，每一个开发项目所涉及的土地条件、融资方式、建筑设计与施工技术的要求、市场竞争情况等可能都不一样，需要开发商认真地进行综合分析，统筹安排，制订最佳开发方案。

此外，房地产开发的综合性还体现在它作为一个基本的物质生产部门，必须与本国、本地区各产业部门的发展相协调，并起到一定的先导作用，脱离了国情、区情，发展速度过快或过缓，规模过大或过小都会给经济及社会发展带来不良影响。

2. 房地产开发过程具有长期性

房地产开发从投入资本到资本回收，从破土动工到形成产品，需要几个阶段的工作，如准备阶段、施工阶段、销售阶段等，尤其是在建筑施工阶段，需要集中大量的劳动力，通过一砖一石、一管一线的建造才能最终形成产品，并且这一过程与资金是否到位关系重大，因此整个过程往往需要较长的时间。一般来说，普通开发项目需要两年到三年时间，规模稍大的综合性开发项目需要四年至五年，而一切成片开发的大型项目需要的时间更长。

3. 房地产开发具有很强的时序性

尽管房地产开发是一项涉及面广、比较复杂的经济活动，但是从实务上来讲具有很强的操作程序。从项目的可行性分析到土地的获得，从资金的融通到项目的实施，乃至后期的住房租售等，虽然头绪繁多，但先后有序。这不仅是由于政府的土地、规划、建设等部门的行政管理，使许多工作受到审批程序的制约，而且也与当地开发这种生产活动的内在要求有关。因此，开发项目的实施必须要有周密的计划，使各个环节紧密衔接，协调进行，以缩短周期，降低风险。

4. 房地产开发具有很强的地域性

房地产是不可移动的，由此而使房地产的使用、价值、市场等带有强烈的地域特征，并且使房地产开发投资更为地域所限制。从微观来看，开发项目受区位或者说是地段的影响非常大，因为这里牵涉诸如交通、购物、环境、升值潜力等诸多项目因素，因此开发商对项目的选址尤须谨慎。从宏观上看，房地产开发的地域性主要表现在投资的社会经济特征对项目的影响。每一个地区的投资开发政策、市场需求状况、消费者的支付能力等都有可能不一样，这就需要开发商认真研究当地市场，制订相应的开发方案。

5. 房地产开发具有较高的风险性

房地产开发需要巨额资金，在市场经济条件下，筹集巨额资金是有风险的；由于开发周期长，很多因素可能有变化，会给开发项目带来一定的市场风险。房地产开发的商品是供人居住或从事商业经营、工业生产的建筑物，这种产品具有很强的刚性，也就是说开发者的每一个项目在相当长的时间里几乎没有重新建造的可能性，因此，项目一旦失败，开发商将遭受巨大的损失，房地产开发是市场经济的产物，可以说在开发的每一个环节上都充满着竞争。归根到底，这些竞争直接关系到开发出来的房地产商品是否具有较高的市场占有率，是否具有较好的经济效益、社会效益和环境效益。这种激烈的竞争增加了房地产开发的风险。此外，房地产开发受宏观经济形势和有关经济政策的影响也较大。因此，房地产开发是一项高风险的投资行为。然而，风险与报酬同在，房地产开发又是一种高收益的经济活动。

（三）房地产开发的分类

房地产的形式多种多样，从不同的角度可以划分出不同的类型。

1. 按开发的区域性质划分

根据被开发区域的性质可以将房地产开发分为新区开发和旧区再开发两种形式。新区开发主要通过对城市郊区的农地和荒地的改造，使之变成建设用地，并进行一系列的房屋、道路、公用设施等方面的建造和铺设，使之变成新的城区。建设卫星城就是一种大规模建设新区的形式。新区开发的主要特点是从“生地”开始的，严格按照城市规划和各项开发区的功能进行建设。新区开发尽管用地位置比较偏远，但由于是第一次开发，因此配套能够比较完善，用地条件也比较宽松，适合于规模较大的住宅开发或工业用房开发。旧区再开发也称为旧区改造，主要是对建成区某区段的建筑和各项配套设施进行拆迁改造或重新建设，具有改变或扩大原有建筑地段的使用性质和功能特点。旧区改造在城市建设中具有重要的意义，一方面，可以通过改造，改变以往旧城区人口过密、交通紧张、房屋陈旧、设施落后、环境质量恶劣的弊端；另一方面，也可以调整城市的用地，节约土地资源，提高土地效率，增强城市活力。目前，旧区改造已成为许多大中城市房地产开发的主要形式。

2. 按开发的规模划分

根据房地产开发的规模划分可以有两种形式，即单项开发和成片开发。单项开发是指开发规模小、占地少、功能较单一的项目，这种项目开发投资较少，建设周期较短，往往表现为分散建造的一些单项工程或单位工程。成片开发范围较大，占地多，功能全，无论在新区开发还是旧区改造中都往往表现为成街成片地建造多个工程项目，实施多种配套，是一种投资额高、建设周期长的综合性开发。面积小的可以表现为某个小区的开发，面积大的相当于一个新区的开发。成片开发在具体的实施工程中往往采取分期分批、“滚动开发”的方式。

3. 按开发的对象划分

按照房地产开发的对象可以划分为土地开发、房屋开发和综合开发三种形式。

土地开发是指土地开发企业在获得土地使用权以后，通过征地、拆迁、安置等，将土地开发具有“七通一平”条件（供水、排水、供电、供热、供气、电信、道路通畅，场地平整）的建房基地，然后通过协议、招投标或拍卖的形式的方式，将其使用权转让给其他房地产开发企业进行房屋建设的一种开发经营方式。

房屋开发是指房地产开发企业以一定的方式获得地块的使用权后，按照规划要求，建造各类房地产商品，如住宅、办公楼、商业用房、娱乐用房等，并以出售或出租手段将这些房地产商品推入市场的一种开发经营方式。

综合开发是指将土地开发以及房屋和有关的市政、公建配套设施结合起来进行建设的开发方式。这种开发方式往往是由一个开发企业负责从投资决策到土地使用权的获取，从基地的建设、房屋以及小区内市政、公建配套设施的建造，直到房屋的租售和管理全过程的实施。这种开发方式也是目前我国绝大多数房地产开发企业采取的一种开发方式。

二、土地开发的含义

（一）土地开发的定义

土地开发主要是采用工程措施和生物措施，有目的、有计划、有步骤地进行改造利用，以便更充分挖掘和发挥土地资源的优势和生产潜力，为满足人类生活需要提供更多的粮食、工业原料及其他农畜产品和改善环境条件[①]。

土地开发的目的和意义正在于，通过各种有目的的开发活动，满足社会生产各部门对土地的需求，在一定程度上缓解生产、生活对土地的需求增加而土地供应不足的矛盾，从而促进经济社会的发展。

（二）土地开发的内容

土地开发的基本内容包括两大方面：①扩大可供利用的土地面积，如开垦荒地、填海造田、围湖造田等；②提高土地利用率和土地利用的集约度，如改良土壤、提高复种指数、改造旧城区和旧村镇等。

（三）土地开发的分类

土地开发可按不同的标志划分为不同的类型。按地域可分为城市土地开发和农村土地开发；按用途可分为农地开发和非农地开发；按对象可分为荒地资源开发、海涂资源开发、闲散地开发和废弃地开发等；按目的可分为土地外延开发、土地内涵开发、功能开发和系统开发；按内容可分为单项开发和综合开发；按深度可分为一次开发和再次开发；按形式可分为招标开发和租地开发等[②]。

三、房屋建设与项目建设

（一）房屋建设的概念

房屋建设是指在完成基础设施建设的土地上建设房屋等建筑物，包括住宅楼、工业厂房、商业楼宇、写字楼以及其他专用房屋。

（二）项目建设的概念

一个房地产项目，可以只包含一个单体工程，如一幢办公楼，也可以包含多个单位工程，如一个居住小区、一个钢铁厂、一个机场等。从项目管理角度而言，一个房地产开发项目必须具备以下条件：

（1）有明确的建设目的；

（2）有确定的投资总额；

（3）有一定的任务或者工作量；

（4）有明确的建设时间；

（5）有完整的组成要素体系，例如建设一个居住小区，包含有多种类型的建筑物和构筑物、公共设施、道路、绿地等，各种功能区分明确，又相辅相成，共同构成了一个完整的开发项目；

（6）项目实施有一次性的特点。

---

① 中国农业百科全书总编辑委员会：《中国农业百科全书(农业工程卷)》，北京，中国农业出版社，1994。

② 陈洪博：《土地科学词典》，南京，江苏科学出版社，1992。

一个房地产开发项目，从酝酿投资设想到项目建设竣工、交付使用，需经历市场调查、需求预测、可行性研究、筹资和投资决策、编制项目计划，组织项目管理班子、征地拆迁、规划设计、“七通一平”、项目招标、建筑施工、竣工验收、租售经营、售后服务等一系列过程。

以上这些过程，有些是依次进行，有些则是平行或交叉进行。就其发展过程而言，大体上可分为项目的投资决策分析、前期工作、工程建设和房屋租售与物业管理四个阶段。

开发项目建设，这里是指开发项目的工程建设，即将开发项目所涉及的劳动力、资金、材料、设备、基础设施以及专业人员的技术和经验等多种资源聚集到某个特定的时空点上来进行一项复杂的施工生产活动。

如前所述，房地产开发商首先萌生投资设想，并通过市场调查研究，努力寻找最有利的投资项目与时机，然后通过可行性研究，最终解决是否投资。当项目可行性研究的结论满足开发商预期要求时，开发商通过法定手续购买土地，取得土地使用权，并进行规划设计。在土地开发完成之后，房地产开发项目就进入了开发项目建设阶段。这一阶段是指从项目开始准备到竣工验收的整个过程。这一阶段是房地产开发产品的生产阶段，它所消耗的时间和人力、物力、财力最多，工作量最大，是最终实现项目开发、完成开发任务的重要阶段。

（三）项目建设的基本程序

在项目建设阶段，开发商的主要目的，是要在规定的时间和投资预算范围内，按质完成项目的建筑安装工程和配套建设，使项目顺利投入使用；开发商的主要职能是项目的组织和管理，主要任务是通过招、投标优选施工单位，组织其施工，并进行监督和管理。按照开发项目建设的时间和顺序，其基本程序可分为四步，即项目建设准备、优选施工队伍、项目施工建设和项目竣工验收。

1. 项目建设准备

开发商在项目开工建设之前，首先需办理项目报建和施工所需各种证件批件手续，完成施工图，落实建设资金，设备施工现场。主管部门审批、协调变电、煤气、消防、电信等配套单位，以及其他各项准备工作。

2. 优选施工队伍

房地产开发项目通常由项目主体和市政及公用配套设施等若干个分项工程组成。开发商往往通过招、投标，优选一个总承包商或若干个不同性质的承包商共同施工，以保证质量，缩短工期，降低造价。它也是项目开工建设的主要工作之一。施工队伍的选定，以签订施工合同为标志。

3. 项目施工建设

当开发商与通过评标确定的中标者双方签订了建设工程施工合同，开发商到项目所在地县级以上人民政府行政主管部门办理开工手续，并取得该部门发放的施工许可证以后，即标志着开发项目开工准备工作的最后完成，接下来就是由承包方负责项目的施工建设。

在项目施工建设过程中，开发商应派出本公司成员或委托监理单位，严格按照设计和合同要求，对施工建设过程进行总体的组织协调和监督控制，以保证开发项目这个大系统的总体目标得以实现。

4. 项目竣工验收

项目竣工验收，是项目竣工后和交付使用前的检查验收，是项目建设的最后环节，也会是全面考核工程建设成果和全面检验设计施工质量的最终环节，意义十分重大。

为了防患于未然，确保工程质量，必须实行工程的分布、分项验收。尤其对于隐蔽工程，必须及时强化质量监督、验收，以杜绝隐患。

除了对主体工程检查验收外，还应注意对附属工程及室外工程的检查验收。

凡未经验收或验收不合格的开发项目，不得交付使用。

此外，项目正式交付使用以后，不论已出售部分或出租部分，还是尚未出售、出租部分，都应尽可能在承包商责任期内及时发现工程质量上的缺陷，以便让承包商承担检修责任。

第三节 土 地 管 理

一、土地的性质

土地是自然环境的重要内容，是由地球表面岩石、土壤极其附着物组成的综合体。它为人类提供活动基地、劳动手段和劳动对象。是人类生存的物质基础。

土地资源是指在土地总量中能为人类所用并产生经济价值或社会效益的部分。其重要性正如英国经济学家佩蒂所说：劳动是财富之父，土地是财富之母。依靠科技进步可使原来难以利用的土地不断得到开发，土地资源占土地总量的比重得以增加，但是地球上总会有部分土地因不能利用而不属于土地资源。

二、土地的特征

（一）土地的自然特性

1. 土地的位置固定性

土地的位置固定性即土地的绝对方位（经纬度）和各地间的相对距离是固定的。大陆漂移虽然可移动土地位置，但其移动是极其缓慢的，在土地利用中可以忽略不计。

2. 土地数量的有限性

土地是不可再生的资源，用一个点就会少一点。人类可以围垦增加湖海边缘的土地，但投资巨大，过度围垦又会影响生态环境。

3. 土地特征的差异性

各地地形、土地物质构成及肥力各不相同，必须因地制宜，合理利用。

4. 土地作为生态环境主要部分的脆弱性

土地有着自己形成及发育的自然规律，并与土地中的水分、土地上的植被等的状况联系密切。任何不合理或过度的开发利用都会破坏生态平衡并使土地资源衰退，违反自然规律的滥垦毁林或向土地排放“三废”都会受到大自然的加倍严惩。

（二）土地的经济特性

1. 土地需求与供应的矛盾性

人口的增加和人们生活水平的提高对土地的需求不断增长，而土地数量的有限性、位置的固定性，以及质量的差异性导致土地供不应求。土地供小于求已成为世界及中国的共同趋势，在人口密集、经济发达地区更是如此。例如，世界人口自 1900 年的 16.25 亿猛增至 1996 年的 57.68 亿，地球陆地总面积为 1.495 亿平方千米，世界人均土地面积从 1900 年的 9.2 公顷降至 1996 年的 2.6 公顷。中国土地总面积为 960 万平方千米，全国人口自 1950 年的5.5亿增至2015年的13.73亿，除去难以利用的土地，我国已利用的土地中水土流失、土地沙漠化、盐碱化、沼泽化、地力减退、耕地锐减等问题突出，而土地后备资源不多，人多地少、土地供不应求的状况极为严重。

2. 土地实用方向的相对固定性

土地用途广泛，但投入某项使用后要改变其利用方向相当困难，在经济上浪费也很巨大，因此必须根据规划，全面安排，审慎决定。

3. 土地报酬的边际效益递减性

土地的集约利用有一定限度，当土地开发成本超过其收益时，土地开发成本常与收益成反比，即成本越增加收益越减少。比如大城市商务中心区(CBD)的开发应以商业、金融、信息咨询等第三产业项目为主，但如果脱离实际标准过高，建造过多宾馆、商厦、豪宅，一味拉大架子铺大摊子，也会使商务中心区房产供过于求，黄金地段不能产生黄金效益。又如为了增加容积率，提高建筑层数，但建筑物层数过高、大楼过多，也会出现积压空置。为此必须从市场需求及经济社会条件的实际出发，控制投资强度以追求最佳效益。

4. 土地所有权及使用形式上的多样性

我国《宪法》规定："城市的土地属于国家所有。农村和市郊的土地，除由法律规定属于国家所有以外，属于集体所有。"我国房地产的开发，就是首先要通过行政划拨、受让、转让或拍卖等方式自国家或集体手中取得土地使用权。

三、建设用地的来源

房地产开发企业在开发经营务实中，取得土地使用权大致有以下几种基本方式。

(一) 向土地管理部门申请

通过行政划拨的方式获得土地使用权，包括征地集体所有的土地后划拨其使用权和直接划拨国有土地使用权。

(二) 旧区改造

政府往往通过向房地产开发公司招标的方式对城市的旧房、危房、棚屋进行改造，中标的房地产公司同时获得改造地块的国有土地。

(三) 成片开发

政府将未开发的"生地"出让给受让人，受让人依照规划对土地进行综合性开发建设，实施"七通一平"后，再进行转让。获得成片开发权的房地产开发公司，同时获得该片土地的使用权。在实践中，各地的市、县政府有时也向资金实力较强、资质信誉较好的综合性房地产开发公司出让成片土地的使用权。

(四) 购入私人、单位的房产

房地产开发公司购入私人、单位的房产时，如果该房产是国家有偿出让土地使用权地块上的建筑物，则土地的使用权随之转移；如果该房产原是私人所有或系拥有划拨土地使用权的单位所有，则房地产开发公司通过补地价向土地管理部门缴纳土地使用权出让金，从而获得该土地的使用权。例如，向私人购入花园别墅，并依据有关规定支付土地使用权出让金后，土地使用权随之转移。

(五) 向土地开发公司取得已开发的建设用地

土地开发公司将其有偿取得土地使用权的成片"生地"开发改造为"熟地"后，可以将土地使用权分割或成片转让给其他单位或海外投资者。房地产开发企业也可以通过这一途径获得土地的使用权。

（六）批租

市、县土地管理局可以代表政府将成片土地批租给土地开发公司，也可以将单个地块的土地使用权直接出让给房地产开发企业。

（七）补地价

房地产开发企业通过旧区改造或征地等方式取得的土地使用权，在房地产开发企业改变土地用途，或与外商合资经营并以土地使用权折股投入，或将该地块上的房屋改为境外销售时，可以通过补地价方式，改狭义土地使用权。

（八）合作建设

房地产企业与拥有土地使用权的单位合作，由对方提供土地使用权，房地产开发企业提供建设资金，将建设项目报有关主管部门立定、审批；房屋建成后，房地产开发公司根据联合建设合同，取得一定比例的房屋并取得相应的土地使用权。

以上各种获得土地使用权的方式，从内涵来看，其中第（三）、（六）项属于一级土地市场行为；第（四）项属于三级土地市场行为；第（八）项属于不规范的三级土地市场行为；第（七）项部分属于一级土地市场行为；第（一）、（二）项属于非土地市场行为。由于向土地管理部门申请用地、批租、联合建设和补地价是土地开发务实中经常运用的获得土地使用权的方式，因此，以下将着重讨论与这四种方式联系的有关问题。

四、征用（收）土地

（一）征地的含义

征地是征用集体所有土地的简称，是指政府按照规定的程序和条件，将集体所有的土地转变为国家所有（在此过程中需支付一定的补偿费，并妥善安置原集体所有土地上的农民），再将土地的使用权划拨给建设用地的申请单位。

土地征用发生后，土地的所有权由集体所有变为国家所有。土地征用关系的主体是国家和各征地单位，不包括土地使用者。作为征地的主体，只能是国家，不能是政府、房地产开发企业或者任何其他单位。因此，平时所谓的“某公司在某地征地”的提法从法律意义上说是不严格的。在土地征用关系中，房地产开发企业作为土地使用者支付的费用，在本质上是国家出让土地使用费的费用，相当于在国家和房地产业开发企业之间建立起土地使用权的出让关系。

（二）征地的程序

1. 征用集体所有的土地的基本条件

征用集体所有土地是一种改变土地所有权的活动，按有关法律的规定，列入国家固定资产投资计划的或准许建设的国家建设项目，经过批准，建设单位方可申请用地。

2. 征地的申请手续

征用集体所有土地，征地单位应向土地所在县级以上的土地管理部门提出征用土地的申请，由土地管理部门审核后，按照法定的审批程序和权限报批。申请时，列入国家和省、市固定资产计划或经省、市人民政府主管部门批准建设的项目，建设单位应提交国务院主管部门或县级以上人民政府按照国家基本建设程序批准的设计任务书或其他批准文件、建设用地规划许可证。中央部门和外省、市在当地的单位以及军队的建设项目,应在当地省、市纳入计划后,方可提出征地申请。

3. 征地的审批权限

根据《土地管理法》的规定,征用集体所有土地的审批权限属于县级以上人民政府,各省、自治区、直辖市可以按照本地区的情况,决定省辖市的批准权限。有的省、直辖市规定县属单位的建设项目和旧镇改造项目,以及因这两类项目搬迁中央部门和外省、市在本省的县属单位易地安置需征用耕地3亩以下,其他土地10亩以下的,由县人民政府审批外,其他征用土地的审批权限均由省或直辖市人民政府行使。省、直辖市人民政府的审批权限受到征地数量的限制,《土地管理法》规定,国家建设征用耕地1 000亩以上,其他土地2 000亩以上,必须报国务院批准。

(三) 征地的费用

根据《土地管理法》的规定,国家建设征用土地,由用地单位支付土地补偿费和安置补助费,用地单位还要通过土地管理部门向税务局或财政局缴纳有关税费。对房地产开发企业来说,土地补偿费、安置补助费和相关税费组成了征地行为中需要支付的费用。在土地开发务实中,房地产开发企业可以自己办理征地手续并支付相关费用,也可以通过办理征地包干手续,委托政府指定的专门机构统一办理征地手续。

我国的《土地管理法》对土地补偿费和安置补偿费规定了上限。征地中发生的费用一般有以下几个部分。

1. 补偿费

补偿费是指国家征用集体土地时,用地单位须按照规定向农村集体经济组织和农民个人支付因征地而造成经济损失的费用。补偿费大致包括土地补偿费、青苗补偿费、房屋及其附属物补偿费、苗木补偿费和畜牧补偿费。

2. 安置补偿费

安置补偿费包括劳动力安置补助费和养老人员生活补助费。

(1) 安置人数。在征地中需要安置的农业人口数,按照被征用的耕地数量除以征地前被征地单位平均每人占有耕地的数量计算。

(2) 劳动力安置补助费。劳动力安置补助费是指用地单位为安置征地造成的多余农业人口就业而一次性支付的补助费用。

(3) 养老人员生活补助费。征地农民中凡男性年龄超过55周岁,女性超过45周岁,以及个别身体条件确实不能胜任用人单位生产需要时,可确定为养老人员。养老人员不安排工作,也不作为用地单位的退休、退休职工,由用地单位向养老人员支付生活补助费。

3. 税费

在征地集体所有土地的过程中,用地单位还须按照国家的有关规定缴纳税费。《土地管理法》规定了大致的原则。目前较常见的税种有耕地占用税、新菜地开发建设基金和土地垦复基金。

(1) 耕地占用税。耕地占用税是政府为了合理利用土地资源,保护用于种植农作物的土地,向占用耕地从事非农业建设(包括房地产开发)的单位和个人征收的一种资源税。

(2) 新菜地开发建设基金。新菜地开发建设基金是政府为了确保城市居民的蔬菜供应,控制征用郊区菜地而设立的专项基金。《土地管理法》规定:"征用城市郊区,用地单位应当按照国家有关规定缴纳新菜地开发建设基金。”

(3) 土地垦复基金。土地垦复基金是政府为了开发土地资源，垦荒造地，向用地单位征收的一种专项基金。

(四) 征地中地价的确定

房地产开发企业如自行办理征地事务，第(三)部分中的第1、第2、第3项总额即为征地的总费用。比如为了简化手续，采用征地费包干使用的方法，则前述费用加上管理费和不可预见费的总额为征地的总费用。从理论上说，征地的总费用即为征用集体所有土地时房地产开发企业取得土地使用权的代价，可视为征地中的地价。但是，通过征地方式取得的土地，只有经过配套设施的建设成为熟地后才可以建造房屋。另外，当前在安置因征地而造成的多余劳动力过程中存在着一些变通的惯常做法，这样就使通过征地取得的土地价格并不等同于征地的费用，而且一般来说，征地的地价大于征地的费用。

1. 政府配套

房地产开发企业在征地过程中对市政府配套设施的建设有两种常用的方法。其一，房地产企业自行负责市政配套，按市政配套建设中实际发生的费用计入地价。其二，通过与土地所在的土地管理部门协商，将市政配套与征地费用结合起来包干使用。同前述比较，征地费用及其在包干使用中的管理费和不可预见费都有较为明确的标准，而市政配套费用于各地区基础设施的条件有差异，取费缺乏可靠的依据，往往决定于谈判协商的结果。这样就使得所谓的结合包干使用变成了每亩若干万元的含“三通一平”的土地买卖价格。

2. 征地地价

由上述可以计算出各种情况下的征地地价。

(1) 房产开发公司自行办理征地事务。征地地价＝征地费用＋配套费用＋安置劳动力赠送或参建面积的费用。

(2) 由土地管理部门包干使用征地费。征用地价＝征地包干费用＋配套费用＋安置劳动力赠送或参建面积的费用。

以上两种地价是征地中常见的价格形式。

(五) 带征地

带征地是指由以下情况产生的征地过程中由用地单位垫款带征的土地：

(1) 因征地撤销生产队建制而剩余的土地；

(2) 受征地影响造成无法耕用的零星土地；

(3) 其他必须带征的土地。

带征地的所有权属于国家，包括带征单位在内的任何单位和个人不得擅自占用、出租或转让；但带征地在经过政府土地管理部门的批准后可以临时使用，带征地的使用应注意三个问题。

1. 使用期限

带征地经主管机关批准后可以临时使用，使用期限一次最长不超过2年；在临时使用期满时，使用单位应交还土地使用权。如需继续使用，须在到期2个月前向原批准使用的土地管理机关申请续用手续。

2. 用途

临时使用带征地的单位在向土地管理部门提出的书面申请中，应载明土地用途、面积、临时使用时间和地上临时设施。申请得到批准后，必须严格按核定的用途和面积使用。在临时使用期限内如需改变用途，须依法办理变更手续。

带征地凡具有耕作条件的，应优先安排相邻农村集体经济组织种植，一经批准临时用于耕作，不得抛荒；带征地不具备耕作条件的，则优先考虑带征单位使用。在这类非耕作的带征用地上不得搭建永久性、半永久性建筑物。

3. 费用

除用于农业耕作的带征地外，使用代征地的单位在领取批准使用文件时，须一次性缴纳土地开发统筹费和清理场地保证金，该两笔款项均由土地所在的县级土地管理部门征收，集中上缴财政局，实行专户专储，专款专用。其中，土地开发统筹费主要用于偿还带征土地单位的垫付款；清理场地保证金则在用地期满，使用单位恢复土地原状，并经土地管理部门验收后，退还给带征地使用单位。

此外，临时使用带征土地的单位，应按照《中华人民共和国城镇土地使用税暂行条例》及地方城镇土地使用税法规，缴纳土地使用税。

五、城市房屋拆迁

建设单位或个人（拆迁人）按照规划要求和政府批准的用地文件，并取得拆迁许可证后，依法拆除建设用地范围内的房屋及附属物，安置单位及居民，对所受的损失予以一定经济补偿的行为。

（一）拆迁目的

城市拆迁一般出于以下目的：

(1) 城区危险房屋改造；

(2) 增加原有建筑物容积率；

(3) 改变土地使用方向及性质；

(4) 市政建设拆迁（道路交通、绿地园林）。

（二）旧城区拆迁特点

对旧城区拆迁具有两大根本特点：第一大特点是地理位置好，商业、文化等配套设施较为完善，城市居民对此熟悉，已经形成了一定的集聚效应；第二大特点是拆迁成本高，正因为区位条件一般较好，人口密集，因此动拆迁需要安置补偿的费用极高。

（三）城市房屋拆迁补偿方式

城市房屋拆迁补偿主要有三种方式：产权调换、经济补偿，以及产权调换与经济补偿相结合。产权调换是拆迁人以原地重建的、异地新建的房屋或其他已建房屋（空置房）与被拆迁人的房屋进行交换，使被拆迁人继续保留相应的房屋产权（所有权、使用权）。经济补偿是指拆迁人按规定价格收购被拆除房屋，并注销其产权的补偿方法。

第四节　土地有偿使用

一、土地有偿使用的概念

（一）土地有偿使用的含义

所谓土地有偿使用，是指在土地所有权与使用权分离的条件下，土地使用者向土地所有者支付的报偿，其实质是地租，即土地所有权在经济上的实现。土地所有权在经济上的实现，实际上包括了土地所有权与使用权有偿出让和转让的双重含义，前者是地租，后者是地价。地租与地价是各自独立而又相互联系的范畴，它们统一在土地权利的转移和土地所有权在经济上的实现这一综合概念之中。

（二）土地有偿使用的原则

（1）一切用地使用权和所有权的让渡，均应按“优质、优价”及土地面积大小，计算土地使用费（税）、出让金，或征收地价与补偿费，并按照商品等价原则对转让使用权的原使用者的土地投资进行补偿，以促进节约用地、合理用地和土地的不断增值。

（2）对不同地区、不同城市与农村，或同一地区、同一城市内不同产业用地的土地使用费（税）的收费与税额（率）及其级差标准，应依据地租、地价的计量确定其级差收益，通过收费（税）额的差别，促进使用单位、企业、农户之间合理均衡负担，优化配置和使用资源；至于没有经济收益的国家机关、事业单位等某些特殊用地，则可以不予收费（税）或减缓收费（税）。

（3）不论采用“划拨制”或“出让制”，以至“征用制”的有偿使用费（税）、“出让金”及支付的征用金，其费（税）额、金额的总量，均须控制在不超过企业单位的超额利润总额的限量内，使企业能保留补偿其生产成本后，取得相当于正常利润的收益，以促进企业的扩大再生产和职工生活的逐步改善。

（4）应协调土地使用费（税）与其他税种的关系及土地收益的分配比例。例如，土地使用费（税）的收取应在征收所得税之前，使所得税以企业的正常收入为基础而不致过高。至于城市土地出让收入在地方政府、中央政府之间的分配比例，则应使国家土地所有权在经济上得以实现，并使城市所留土地收益能保证做好土地管理工作。

二、土地有偿使用的内容

在我国，土地有偿使用机制的建立应依据地租、地价理论和社会主义市场经济的导向，并参照已有经验，实行以下的基本形式。

（1）土地有偿使用承包与转让及租赁制、股份制。即通过土地使用权的转移，收取承包费和租金等。这种形式可以在农村集体土地用地上逐步推行，也适用于城镇用地。租赁用地也可以转租、抵押。

（2）土地有偿使用“划拨制”。逐年向土地使用者征收土地使用费（税）。由行政“划拨”土地给单位或个人使用，是实现以往国有土地使用的主要形式，它正在由无偿使用转向有偿使用，并逐步转向“出让制”“租赁制”。

（3）土地有偿使用“出让制”。主要用于城市国有土地批租。它要求承租人一次性支付全部土地使用权的“出让金”，但允许承担人有转让、抵押等经营活动。

（4）土地所有权依法“征用制”，只限于国家征用集体土地。我国《宪法》第十条规定：“国家为了公共利益的需要，可以依照法律规定对土地实行征用。”这种土地所有权的转移是有偿征用的，其实质不是地租而是地价。

（5）土地使用的商品化和商品化经营，并建立和开放土地市场。马克思曾经指出，已利用土地的土地资本部分具有商品属性，可称之为商品；而未利用土地没有价值，但可以取得商品、价格的形式，应称之为土地商品化。并提出，在资本主义生产方式下，“土地所有者可以像每个商品所有者处理自己的商品一样去处理土地。”①

三、城市土地有偿使用的制度基础

我国城市土地的有偿使用是以“土地批租制度”为基础的，正是由于城市土地批租制度的建立，实现了城市土地所有权与使用权的分离，为我国城市土地使用价格的形成，以及三级土地有偿使用市场的建立奠定了制度基础。

（一）城市土地批租制度的含义

土地租赁是指土地使用者作为土地出租人将土地使用权与土地上建筑物及其他附着物租赁给承租人使用，并收取租金的经济行为。新中国成立初期，城市土地作为共有财产共同使用，并未建立土地租赁制度，随着改革开放，逐步建立了城市的土地批租制度。

（二）城市土地批租制度的建立

我国城镇国有土地使用制度改革在20世纪80年代初就开始酝酿。1982年，深圳特区开始按土地的不同等级向土地使用者收取不同标准的土地使用费。1984年，抚顺、广州等地也先后实行收费制度。这种有偿使用土地的做法因不涉及市场机制的运转，土地使用权不能流动，对旧的土地使用制度触动不大。因此，还不能算形成了土地批租市场。1987年下半年，深圳特区率先试行土地使用权有偿出让，揭开了国有土地使用制度改革的序幕。

深圳特区首创改变土地供应单一行政划拨手段，引入市场机制的做法在国内外引起了强烈反响。紧接着，福州、海口、广州、厦门、上年海等地开始试点。1988年4月，七届人大一次会议修订了宪法有关条款，规定“土地使用权可以依照法律的规定转让。”随后对《土地管理法》做了相应的修改。1990年5月，国务院又以第55号令发布了《城镇国有土地使用权出让和转让暂行条例》和《外商投资开发经营成片土地暂行管理办法》，从而推动了土地批租市场的最终形成。

土地批租是改革开放的新产物，是从国外引进地有偿有期限地取得土地使用权的一种形式。目前，西方国家有两类土地使用制度，第一类是美、日等国，其土地是私有的，可以自由买卖，做法是政府每年公布一次地价，目的在于作为征收土地增值税时的参考，但并不按这一价格买卖，而是按市场供求行情成交。第二类是英国及英联邦国家及地区，其所有权属国家，使用权可以出卖，年限最长为999年，有的99年或75年，政府从中得到大笔地租收入。就我国目前的土地使用制度而言，基本上属第二类，即国家及其政府拥有土地永久所有权，并按所有权与使用权分离的原则，出让、转让土地使用权，根据条例及依据相关法律取得土地使用权的开发商，其使用权在使用年限内可以转让、出租、抵押或者用于其他经济活动，其合法权益受到国家法律保护。

（三）城市土地批租制度的主要方式

1. 熟地批租

熟地批租又称“筑巢引凤”或“官办”，即由政府投资兴建必要的基础设施，形成较好的投资环境，吸引外商投资办厂，土地使用权经出让而转移，我国土地批租的试点阶段，多采用这一形式。

熟地批租对土地所有者的好处在于：①经过“三通一平”或“七通一平”的成片开发后，

---

① 中共中央马克思恩格斯列宁斯大林著作编译局：《马克思恩格斯全集》，第25卷，696页，北京，人民出版社，1991。

基础设施较为完善，土地就能增值，将这种熟地出让或出租给承租者，政府可获得土地增值的收益。②政府投资开发生地，使之变成熟地，有利于避免地产商对土地的囤积及土地投机。③大片开发土地由我方掌握，可以根据产业政策规划建设项目，从而使土地得以合理使用，并变被动为主动。因此，这一形式在经济条件较好的省份，可以采用。

熟地批租对开发商、投资者的好处有：①发展商或投资者不必进行巨额投资，从而减小了投资风险；②投资者可根据实际需要灵活自如地决定是购买土地使用权，熟地出租对投资者的不利因素是，不可以通过土地使用权的转让获得丰厚土地增值收益，获得的收益仅仅是地上建筑物增殖收益，因而难以进行土地投机。

2. 生地批租

生地批租又称"引凤筑巢"或"侨办"，即地方政府以不同形式出让土地使用权，利用侨、外、台、港资进行新区的基础设施建设，并由它们对外招商。筑巢引凤，由于投资多、内陆落后地区难以筹措到这笔巨额资金，因此，随着改等开放的深入，大多数内地省目前采用的是生地批租形式。

生地批租的基本特征有：①将郊区农村集体土地征用转为城市新区土地，使城市建设资金分布在更广阔的空间。②生地批租一般是土地所有者同开发商一次性签约，长期出售土地使用权，一次性收取土地使用费。③开发商需进行巨额投资，承担土地的"三通一平"或"七通一平"活动。投资风险由开发商承担。④通过生地批租政府可获得一笔巨额土地使用费，但开发商将获得土地增殖收益。

生地批租是一种能较快地吸引外资又不具有较大风险的好形式。但从所有者角度而言，必定要防止土地承租者进行土地投机，因此，可以按项目批地，并根据建设进度，分期审批，分期定价，分期出售。因此，对发展商来说，将得不到多少好处，正因为如此，生地批租形式能否推行，并不决定于土地所有者的主观意愿，而是决定于谋求这块土地使用权承租者的愿望，合适的出让条件，对未来能够获得利益的可靠程度等条件。因此，在新区开发上，地方政府为了招商引资，往往会做适当让步。

3. 毛地批租

毛地批租是"引凤筑巢"的另一种形式，是指地方政府以不同形式出让土地使用权，利用侨、外、台、港资进行旧城区基础设施改造，即旧城区尚未动迁的土地，原有居民的动迁及土地再开发由土地使用权承租人承担的形式。

毛地批租有以下特征：①开发商既要垫付土地使用费，又要筹集土地开发资金，还须支付拆迁费，而且这笔费用具有不确定性，有时为了动员拆迁地部门和居民尽快拆迁而支付较多拆迁费用。②旧城区批租土地，其土地增殖潜力通常较大，因为在选址上通常是经过开发商周密勘察的。③毛地批租通常要求土地使用符合城市规划要求，从而影响容积率和建蔽率，使开发收益受到限制。④旧城区土地批租，从政府角度看，一般不愿意长期出让或出租土地使用权，而是短期出租土地使用权，收取土地使用费。

4. 定地带项土地批租

定地带项土地批租，是在克服政府在生地批租中的缺陷而产生的，在生地批租中，由于生地开发需要大量投资。所以，地产商一般没有这样大的开发能力。成片开发土地时间比较长，政府为了鼓励开发商购置生地，常常采取"免二减三"政策，这样长的时间为地产商囤积土地创造条件，因此，当开发商在支付一定的土地使用费后，往往不急于开发，而是进行土地投机，使土地增殖后，将土地转让出去，坐收其利。因此，政府为了防止"晒地"和"炒地"现象，而采取定点带项土地批租形式。

定地带项批租形式就是对某些引进的实业投资项目，根据实际需要和技术要求选址，进行带项目开发，出让土地使用权的形式。

定地带项批租形式具有以下特征：①建设项目的配套工程，通常由土地所有者提供。②政府和开发商共享土地增殖收益。③定点带项不太注重开发地的经济条件，只强调某地土地的特殊用途，如土地中有矿物质、瓷土等，因此，定点带项土地批租适合于不具备成片开发经济条件的落后内陆地区和县级城市。

四、我国土地有偿使用的三级市场

我国土地有偿使用按土地使用权的使用可以分为三个层次，分别形成了三级土地市场。地产市场主体在一级市场、二级市场和三级市场中以出让、转让或出租形式进行地产经营，形成了几种地产经营模式。

（一）城市土地一级市场

城市土地一级市场又称土地出让市场或批租市场，是指国家将国有土地使用权在一定年限内出让给土地使用者，由土地使用者向国家支付土地使用权出让金的行为。土地使用权出让是地产一级市场的经营方式。市场的土地使用权供给者是政府土地管理部门，需求者是用地者。土地使用权出让，采取协议、招标、拍卖和挂牌这几种基本方式。

1. 土地使用权协议出让

（1）协议出让定义。协议出让，又称定向议标，是政府根据城市规划的要求与土地的使用性质，有目的地定向选择土地受让人，并与其协商议定土地使用权出让金、年限及其他条件，签订土地使用合同的出让方式。

（2）协议出让方式。协议出让方式包括协议市场价、协议低地价和协议免地价三种形式，对用地者都有不同程度的照顾。

（3）协议出让价格。协议市场价，是在征地费、拆迁安置费和土地初步开发费由政府先期垫付的情况下，由征地拆迁安置费、"七通一平"费、市政大配套费、该块土地的预期净土地收益等构成。协议低地价，仅包含征地拆迁安置补偿费和初步开发费两个部分。协议免地价，是由政府支付征地拆迁安置补偿费。

（4）协议出让程序。协议出让一般经过以下程序。

① 由政府或政府的土地管理部门向有关的潜在受让者提供出让使用权的地块的必要资料。这些资料包括土地坐落地点、范围、地形图；土地的规划及用途；建设项目的完成年限；需要投入的最低开发、建设费用和开发建设面积的下限；建筑的容积率、建筑密度、净空限制和地下延伸等各项详细的规划要求；环保、绿化、卫生、交通和消防等各项小区规划，分区规划及整体规划的要求；市政公共设施现状和建设计划及要求；土地使用权的出让形式和出让年限。

② 有意向的受让者在获得资料后，在规定的时间内向政府或土地管理部门提交土地开发建设方案和包括地价、付款方式等在内的申请文件。

③ 出让和受让土地的双方在约定的时间内就出让地块的用途、使用年限及地价等问题进行协商，如果土地管理部门不受理其申请，应及时通知对方。

④ 经协商取得土地后，签订土地使用合同书，受让者在缴纳地价款及税费后，办理土地使用登记手续。

⑤ 协议出让适用范围。目前，我国协议出让方式主要适用于市政公益事业和其他非营利性项目，以及政府实施调整产业结构、执行产业政策扶持和优惠的项目。

⑥ 协议出让的实例分析。某师范学院有职工 3 000 多人，生活用地非常紧张，居住条件很差，为改善教工住宿条件，该学院看重本院西北侧一块面积为 4 300 平方米的公共用地，希望能通过协议出让取得土地使用权。于 1990 年 6 月向市政府提出土地协议出让申请。

根据城市土地规划要求，该地块建筑密度为 38%，容积率为 2.6，楼高 8 层，用途为单身职工宿舍，使用期限为 50 年，根据剩余法测算，原确定地价为 500 元/平方米，用地性质为商业用地，现作为居住用地，故学院提出价格要区别对待：一是土地性质不同；二是教委每年拨给学院建房资金有限，负担太重；三是教育部门在建房上本属优惠之列，于是经重新测算要求以 200 元/平方米一次性收费，按利息 6%滚算，50 年为 3 600 元，假如按行政划拨，每年收土地使用费 9 元/平方米，50 年滚算也只有 2 600 元。因此，50 年使用期一次性收费 200 元，对国家仍是有利的。经过协商最后达成了每平方米用地 200 元的协议，并办理了产权登记，取得了《土地使用证》。

2. 土地使用权招标出让

(1) 招标出让定义。招标出让是指在规定的期限内，由符合条件的单位或者个人(受让方)以书面投标形式，竞投某片土地的使用权，土地招标小组(政府土地管理部门出让方的代表)在投标者中选择受让方的出让方式。土地使用权出让竞投中，中标者并不一定是出最高价者。政府土地管理部门作为招标人，通过对各个投标者的投标方案及规划仔细研究、评审，在公证部门参与下，确定优秀投标方案者为中标人。

(2) 招标出让程序。招标出让一般经过以下程序。

① 通过新闻媒介公布招标出让地块的基本资料，如土地面积、用途、位置、使用年限、城市规划要求等。

② 投标者购买招标文件，包括《投标须知》《土地使用合同书》《土地投标书》《土地使用规则》等，然后在指定地点、时间缴纳保证金，参与投标。

③ 招标人主持开标、评标并决定中标者。中标人在指定时间，交付地价款，办理土地使用登记手续。

(3) 招标出让使用范围。土地使用权招标出让方引进了市场竞争机制，综合考虑了经济(合理高价)、技术(规划方案优秀)、业绩(企业经营素质)等多种因素，可以做到优中择优，达到土地的最佳开发水平。投标者之间互不通气，往往竞相提出最优厚条件，企图打败对手。招标出让方式适用于政府对某块土地有明确开发意图和规划，建设大型发展项目或重点发展项目，如商品住宅小区、大型农贸市场等。出让土地以招标方式为主，是政府较好的选择。招标方式出让土地，一般用于区域面积大，开发要求高或将来受城市发展规划严格限制的土地。

3. 土地使用权拍卖出让

(1) 拍卖出让定义。拍卖出让是土地管理部门代表国家就土地的使用权公开叫价出让，由价高者获得土地使用权的出让方式。拍卖土地使用权方式充分引进了竞争机制，体现了竞争的公平性。

（2）拍卖出让程序。公开拍卖一般经过以下基本程序。

① 由土地管理部门通过新闻媒介提议方式，提前公告拍卖土地的地点和要出让使用权地块的地理位置、用途、出让年限、面积及其他有关事宜。

② 在规定的时间、地点，由土地管理人员代表政府主持拍卖活动。在公布底价后，由应价者叫牌竞价，最高价者成交。

③ 拍卖中得地者应当场按《土地使用规划》及《合同书》，交付履约保证金（通常为10%），并在规定的时间内按规定付款方式交清全部款项。

（3）拍卖出让使用范围。拍卖出让主要适用于市地区位极佳，金融业、商业、旅游业和工业等盈利大而竞争性强的项目用地出让。房地产发展商若欲以拍卖出让方式获取开发地块使用权，就必须在取得土地拍卖公告的基本资料后，迅速组织力量进行开发项目的可行性研究，并估计竞争对手可能的竞投价格，制定竞争策略。重要的一点是要计算投资回报率和竞投限价，如果竞投结果超出限价即告退出。

4. 土地使用权挂牌出让

（1）挂牌出让定义。挂牌出让是指出让人发布挂牌公告，按公告规定的期限将拟出让宗地的交易条件在指定的土地交易场所挂牌公布，接受竞买人的报价申请并更新挂牌价格，根据挂牌期限截止时的出价结果确定土地使用者的土地出让方式。挂牌出让具有招标、拍卖不具备的优势，一是挂牌时间长，且允许多次报价，有利于投资者理性决策和竞争；二是操作简便，受场地限制小，便于开展。

（2）挂牌出让程序。

① 在挂牌公告确定的挂牌起始日，挂牌人将挂牌宗地的位置、面积、用途、使用年限、规划要点、起始价、增价规则及增价幅度等，在土地有形市场挂牌公布。挂牌公告应在挂牌起始日前 20 日发布。发出挂牌文件后，挂牌人不得随意变更其内容，并对要约内容承担责任。因特殊情况需要更改、补充或撤回公告的，并在挂牌起始日不少于 3 日前告知当事人。

② 符合条件的竞买人填写报价单报价。竞价申请可采用挂号邮寄方式递送，但应在挂牌交易截止日前挂牌人收到为有效。

③ 挂牌人确认该报价后，更新显示挂牌价格；挂牌人继续接受新的报价；

④ 挂牌期限届满（挂牌交易时间不得少于 10 个工作日），按照下列规定确定是否成交：

Ⅰ. 在挂牌期限内只有一个竞买人报价，且报价高于底价，并符合其他条件的，挂牌成效；

Ⅱ. 在挂牌期限内有两个或两个以上竞买人报价的，出价最高者为竞得人；报价相同的，先提交报价单者为竞得人，但报价低于底价者除外；

Ⅲ. 在挂牌期限内无应价者，竞买人的报价均低于底价、均不符合其他条件的，挂牌不成交。

⑤ 在挂牌期限截止时仍有两个或者两个以上竞买人要求报价的，在土地市场举行挂牌宗地的现场竞价，出价最高者为竞得人；

⑥ 挂牌人与竞得人签署《挂牌成交确认书》。

（3）挂牌出让使用范围。与拍卖出让类似，适用于区位条件优越，竞争性较强的住宅、商业、工业等项目用地的出让。

（二）城市土地二级市场

城市土地二级市场即土地使用权的转让市场，主要是指企业间的土地使用权转让行为。转让可分为土地使用权转让和房地产转让。房地产转让，实质上是地产和房屋的转让。土地使用权转让又是地产转让的主要组成部分。

1. 土地转让的定义

土地使用权转让是指土地使用者将土地使用权再转移的行为，包括出售、交换和赠予三种主要方式。土地使用权新的受让者承袭原受让者与当地政府建立的土地使用权出让和受让的经济关系及相应的权利和义务。土地使用权转让是地产二级市场的一种经营方式。在我国目前的地产市场上，通过合法转让获取使用权的土地来源有两类：一类是以出让方式获取的土地使用权，经过一定的投资开发或使用后再进入地产二级市场，转让出让年限余期的土地使用权。另一类是原行政划拨的土地使用权，经过补办土地出让手续，补交土地出让金的合法程序后，进入地产二级市场而转让余期使用年限。

2. 土地使用权转让形式

土地使用权转让有三种基本形式：出售、交换与赠予。

(1) 土地使用权出售。出售即为买卖，是指土地使用者为获取价款而将土地使用权转让给他人，受让人在支付价款后取得土地使用权的行为。

(2) 土地使用权交换。土地使用权交换是指两个土地使用权的拥有者，通过合议，将各自土地使用权进行互换的行为。交换土地使用权的双方，义务相互对等，有保证对方所获得权利不受第三人追夺的义务。

(3) 土地使用权赠予。土地使用权赠予是指赠予人自愿把土地使用权无偿转移接受赠予人，受赠人接受的行为。赠予的基本特征是无偿。受赠人无偿接受土地使用权而不付出任何代价。

3. 土地使用权转让政策

在我国实行土地登记制度下，出售、交换和赠予三种形式的土地使用权属变更，均必须按规定办理变更登记手续，更换证书。

一般情况下，土地使用权人在通过协议、招标、拍卖等方式取得土地使用权后，即可以自由转让。为防止炒买炒卖地皮，规范地产市场，国家规定土地使用权转让应具备以下条件。

(1) 土地使用权人已合法取得了土地使用证。否则，即使签订土地使用权转让合同，也无法保证受让人获得土地使用权。

(2) 土地使用权人已经缴清地价(出让金)。

(3) 投入土地的开发建设资金已达到合同规定不少于总投资额的25%或已经完成了基础设施建设。

(4) 土地使用权如属中外合资企业、中外合作企业及股份制企业，其转让应经董事会决议。否则，土地使用权的转让无效。

（三）城市土地三级市场

城市土地三级市场即土地使用权的再转让市场，主要包括土地使用权的出租、抵押和经营等方式。

1. 土地使用权出租

土地使用权出租是指土地使用权拥有人作为出租人将土地使用权随同地上建筑物、其他附着物租赁给承租人使用，由承租人向出租人交付租金的经营方式。土地使用权出租必须具备的条件有：出租人具有通过有偿有期限出让方式获取土地使用权所表现出的独立财产权；出租的土地使用权必须按照土地使用权出让合同规定的期限和条件对土地进行投资开发和利用；出租人与承租人必须签订土地使用权租赁合同；按照规定到土地管理部门办理登记手续。

在出租行为中，承租人取得的仅仅是按照土地及地上建筑物、其他附着物本来用途的使用权利，不能将承租权转让或转租。这与土地使用权的出让、转让中受让人获得的具有独立意义的土地使用权有很大不同。在土地使用权的出让、转让中，受让人获得的土地使用权是一种物权，是一种独立的财产权。其内容不但包括对土地的占有、使用、收益，还包括一定程度对土地进行处分的权利。而出租土地使用权，承租人取得的权利不完全具有物权性质，不是一项独立的财产权，其内容只包括对土地的占有、使用，而不包括对土地的一定程度的处分。因此，土地使用权的承租人只能使用土地，一般不得改变土地原貌，也不得将土地使用权转租、抵押或参与其他经济活动。

土地出租应注意以下事项：

（1）土地租赁合同应公证；

（2）未办登记手续出租土地使用权和地上建筑物及其附着物，土地管理等有关部门有权没收其非法所得，并对租赁双方处以罚款。

2. 作价入股合作经营

具有某地块使用权的经营者，将其土地使用权作价入股，与其他有资金实力的发展商合作开发房地产，形成土地使用权作价入股的合作经营方式。这时的土地使用权，成为一笔“资本化了的”股金，以资产形式融入合作企业。土地使用权的法人主体随之发生变化，土地由新的合作形式的企业法人所占用。这种经营方式的实质是土地使用权的转让。

土地使用权作价入股合作经营的关键是土地使用权的作价与利益分配。一般出让或转让的土地，就以该地的出让金或转让金作价。原行政划拨的土地则要进行地价评估，并约请土地管理部门核定地价。以核定的地价作为土地入股价。房地产合作开发经营的利益分配，通常遵循股金比例分成建筑面积或利润的办法。其计算公式为

$$\text{合资某方分成建筑面积利润}=\text{可供分成的建筑面积提供的利润}\times\frac{\text{某方获得实际股金}}{\text{双方股金总和}}\quad\text{公式 1.1}$$

其中，可供分成的建筑面积应是总建筑面积减去合作各方公用或共有的建筑物（如供电、给排水设施等），以及按合同规定应扣除的建筑面积。

3. 土地使用权抵押

土地使用权抵押是指土地使用权人以土地使用权作为履行债务的担保，当使用权人到期不能履行还债义务或者破产时，抵押权人有从处分抵押财产中优先受偿的权利。土地使用权抵押时，其地上建筑物、其他附着物随之抵押。地上建筑物、其他附着物抵押时，其使用范围内的土地使用权随之抵押。

土地使用权抵押有以下几个特征。

（1）抵押人对土地使用权享有处分权。在被抵押的土地使用权没有争议的情况下，抵押人是土地使用权的享有者，抵押人对土地使用权享有处分权。

（2）抵押权人不直接占有土地使用权。土地使用权在抵押期间不转移占有，也就是说土

地使用权设定抵押后,抵押人保留对土地使用权的占有权和使用权,抵押权人不对设定抵押权的土地使用权直接占有和使用。抵押人的这些权利只有在债务人不能履行债务时才丧失。

(3) 抵押权人享有优先受偿权。当债务人不履行债务时,抵押权人有权依法拍卖抵押的土地使用权,并对收益享有优先受偿权。

(4) 受押土地上的新增房屋不属于抵押财产。土地使用权抵押时,只有抵押合同签订时地上建筑物和其他附着物才进入抵押财产,抵押合同签订后,土地上新增的房屋不属于抵押财产。

第五节　城市土地经营

一、城市经营的概念

(一) 城市经营的含义

一般而言,城市经营指的是通过城市规划、城市开发、城市管理和城市营销而达到城市资产增值、城市财富增长,实现充分就业、居民生活富裕,城市呈现可持续发展的生机和活力的过程。具体来说,就是政府通过运作城市内的土地、房产、市政设施及其延伸的无形资产等各种资源,使城市获得迅速发展。这些运作包括城市发展的各种谋划、规划、开发、建设及管理等。

城市经营包括三层含义:第一,政府对城市的管理方式,要以市场规律、法律法规为基础,避免盲目行政命令式管理。第二,政府对城市的管理应把城市作为资本来经营,根据市场经济规律,实现城市资源的保值增值。第三,城市经营过程和目标都要坚持社会效益、经济效益、生态效益相统一,充分发挥城市的基础功能作用,为城市经济发展创造优越的环境,从而推动城市快速发展。由于我国城市中国有资产比重较大,城市经营还要考虑资产的收益和保值增值。

(二) 城市经营的主要内容

城市是一个复杂系统,其经营必然涉及诸多方面的内容。根据经营对象的不同,城市经营内容主要包括有形资产和无形资产两个方面。①

1. 有形资产经营

有形资产是城市最直接的资产,既包括土地资源,又包括狭义和广义的基础设施项目。

(1) 经营城市土地资源。土地是城市最重要的资源,也是数量、弹性较小的有形资产,是城市资金的主要来源,是政府掌握的最大的城市资产。为使供给相对固定的土地资源得到充分利用,政府要把城市土地作为资产来经营。

(2) 基础设施项目。城市基础设施有狭义和广义之分,狭义的基础设施是指供电、供水、供气、交通运输和邮电通信等设施。广义的基础设施是指除上述外,还包括文化、教育、科学、卫生等设施和部门。城市基础设施是整个国民经济基础设施在城市地域的集结和延伸,其服务对象是城市的生产和生活。为城市生产、社会发展、人民生活提供基础性公共设施,是城市存在和发展的基础,它也是城市经营的主要内容之一。

---

① 张峰等:《城市经营: 理论、实践、典型案例》,51页,84页,北京,中国工商出版社,2003。

2. 无形资产经营

城市经营不仅要重视直接收益的经营项目，更要把城市作为一个“品牌”来经营，改善城市环境，突出城市特色和文化品位，以城市特色、城市形象和城市品牌为核心来经营城市。

(1) 城市冠名权与广告权。城市冠名权和广告权是城市的内在性无形资产，也是最为狭义的城市无形资产。城市冠名权主要包括城市道路、桥梁、标志性建筑物、重大的城市社会经济与文化活动等方面的命名。其中，城市道路、桥梁、标志性建筑物等实体的冠名权具有持续时间长、效应持续期长的特点。此外，城市一些服务业的营运权或稀缺性的消费权，如出租车、公交线路营运权等都可以作为城市无形资产来经营。

(2) 设计城市形象。城市形象是指社会公众对城市环境、历史、经济和社会等方面的综合评价和总体印象。城市给予人们的综合印象和观感，主要是通过城市内部要素的有机组织来实现的。城市精神和城市灵魂的塑造是城市形象设计的核心内容，而城市精神塑造与城市精神文明建设是密不可分的，精神文明建设好了，可以增强市民的文明观念，提高市民的文化素质，改善城市的面貌。所有这些内容的实现，除了依靠市民的努力外，更需要政府的引导。因此，它是城市经营的关键内容之一。

(3) 树立城市品牌。品牌是城市形象的载体，塑造城市品牌是城市形象设计的进一步扩展。城市内部某一地理位置或某一空间地域也可以成为品牌，它可以让人们了解和知道某一地域并将某种形象和联想与这个城市的存在自然联系在一起，让它的精神融入城市的每一座建筑中。在当今国际竞争日益激烈的情况下，城市形象已不再单指美化市容，而是将城市品牌作为吸引投资促进本地经济的巨大驱动力。

二、城市经营与土地储备

(一) 土地储备的概念

土地储备是指政府依照法律程序，运用市场机制，按照土地利用总体规划和城市规划的要求，对通过收回、收购、置换、征用等方式取得的土地进行前期开发、整理，并予储存，以供应和调控城市各类建设用地的需求，是以公共目的为导向的城市土地资源配置和资产经营的手段。它通过盘活存量土地资产、规范土地市场、优化城市土地配置以及合理分配土地收益等，促进国家土地所有权的完整性和市场配置资源机制的建立，最终达到经营城市、促进城市协调发展的目的。

(二) 土地储备的内容

根据国内外土地储备制度实施的经验，土地储备机制应包括土地征购、土地储备、土地供应等内容。

1. 土地征购

土地征购是指土地储备机构根据地方政府授权和土地储备计划，所实施的农村集体土地征用、城市划拨用地转制、城市出让用地置换、购买和到期回收等经营活动。根据储备土地的来源和对象，其具体征购方式有土地征用、土地回收、土地置换和土地购买四种。

(1) 土地征用。土地征用是国家根据城市建设和发展需要，按照《土地管理法》，将原集体所有土地征用为国家所有的经济活动。

(2) 土地回收。土地回收是指土地储备中心代表政府按照《土地管理法》《城市房地产管理法》等法律、法规收回土地使用权的行为和过程。土地回收的主要对象是城市存量土地，可以是无偿的，但多数情况下是需要补偿的。

(3) 土地置换。土地储备中心根据城市经济发展战略和城市经济结构布局，对原来在城区内不符合城市规划或对企业再发展有阻碍的企业和单位进行用地布局调整，用储备土地置换出原企业或单位的土地，使政府实现收回土地使用权的目的。

(4) 土地购买。土地储备机构根据土地储备和供应计划，对使用不合理的土地，通过市场交易的方式从原土地使用者手中购买使用权、增加土地储备、调整土地功能的活动。

2. 土地储备

对于进入土地储备体系的土地，在出让给新的土地使用单位以前，由土地储备中心负责组织前期开发和经营管理。

(1) 前期开发包括地上建筑物和附属物的拆迁和土地平整等。涉及土地使用权单独或连同地上建筑物出租、抵押、临时改变用途及地上建筑物和附属物拆迁的，土地储备中心持有关用地批准文件，依法到有关部门办理审批或登记手续。

(2) 经营管理是指政府根据城市发展对土地需求和政府财力的承受能力，确定土地储备时间的长短。在储备土地预出让或招标拍卖前，土地储备中心可以依法将储备土地的使用权单独或连同地上建筑物出租、抵押或临时改变用途，以防止土地闲置或浪费。

3. 土地供应

土地储备机构对进入土地储备体系的土地，根据城市发展需要和土地市场的需求制订土地供应计划，统一向用地单位供应土地。进入市场的方式可以是协议、招标，也可以是拍卖。随着土地市场行为逐步规范化，出让方式从协议出让，逐步向招标、拍卖、挂牌等方式转变。

（三）城市经营与土地储备的关系

1. 土地储备是城市经营的核心内客

在市场经济条件下，必须用市场的眼光重新认识和审视城市。应当看到，城市是国家长期巨额资金投入的结果，是资本的实物形态，实际上就是政府最大的一笔有形资产。其中，城市土地既是城市经济运行的载体，也是城市最大的存量资产，在城市社会经济发展中起着基础性、决定性作用。把国土资产管理与城市经营发展战略紧密联系在一起，既可达到强化土地资产管理，又有助于实现经营城市的目的。因此，要坚持城市可持续发展原则，实现政府对土地市场的持续调控能力，建立和健全土地储备机制是一种必然选择，也是城市经营的核心内容。建立城市土地储备机制，其实质是运用市场经济的手段，对组成城市空间和城市功能载体的土地和其他资本进行集聚、重组和营运，最大限度地盘活国有土地存量资产，加快城市土地经营进程，科学、高效、集约利用土地。

2. 土地储备是实现城市资产增值的有效途径

城市经营的目的，可以归纳为使城市与环境达到充分的协调，使城市的文化与城市的功能达到充分的一致，使城市对资源的整合利用率达到最高。城市经营将使城市对内更具有凝聚力，对外更具有吸引力，最终实现城市资产增值。城市经营目标的实现，需要在实践中建立具体的运行模式，城市土地储备机制是城市经营在土地资产领域的一项有效运行模式。通过采取土地征用、储备、出让等行为，既可以增强政府对土地市场的调控能力，实现土地资源的合理配置，又可以避免土地收益的流失。另外，随着城市规模的扩大和功能的完善，城市建设所需的大量资金，仅依靠财政支持显得越来越举足维艰。政府通过建立土地储备机制，抢先收购有增值潜力的土地，待变成熟地之后再出让，从而使政府获得土地增值收益。

3. 土地储备与城市经营互为影响

城市经营的根本目标是提高城市建设与管理水平，增强城市综合竞争力。而城市经营目标实现的过程也是投入资本的边际产出的提高、土地利用效率和运营效率提高的过程。城市土地利用效率的提高不仅改变了城市环境，而且为城市未来发展提供了源源不断的资金，使城市发展出现良性循环。由于土地储备属于政府主导的非营利性经济行为，它的发展要考虑国家中长期发展战略、城市发展战略及市场环境。

（四）土地储备制度对城市发展的影响

土地储备机构通过征购、回收等方式将土地集中，直接进行储备或者经过开发后进入储备库，再有计划地出让和出租土地，对城市发展起着不可忽视的作用。[①]

1. 推动土地市场健康发展

土地储备制度使城市土地收购与供应权集中于政府，确保土地供应的合法性，减少违法用地、多头批地、越权批地等现象的发生，而且能够有效调控土地供应的规模和节奏，有利于建立公正、公平、公开、规范、高效的城市土地市场。政府还可根据地产市场的变化，将已储备的土地适时、适量推向市场，降低房地产市场的波动性。同时，城市土地储备制度的建立还可为市场提供充分的市场信息，促进一级市场上土地需求者的公平、公开竞争，减少不规范的交易行为。

2. 有利于盘活土地资产，提高土地资源配置效率

通过建立土地收购储备制度，对一些区位较差、开发条件不理想以及闲置的城市土地，可根据城市发展和企业改革、改制的需要进行回购，对其进行统一计划和整体安排，加快企业存量土地的盘活速度，促进土地资源的优化配置，提高土地的利用效率。另外，建立土地储备制度还有利于实行规划优先的政策，实现土地增值，改善投资环境。

3. 可以为城市基础设施建设提供资金支持

通过建立土地储备制度，使这些土地出让时的增值部分由土地储备机构回收上缴给财政，增加了政府的财政收入，为城市基础设施建设和城市环境的改善提供了大量资金。由于实行存量土地统一收购和垄断供应，可以有效避免土地隐形市场和灰色交易，防止国有土地资产流失。

4. 可以提高城市环境的舒适度

通过建立土地储备制度，可以为城市交通、绿地、基础设施和公共设施用地提供必要的土地资源，有利于政府在最短的时间内改善城市环境的舒适度。另外，建立土地储备制度还可以为政府有能力为经济适用性住房、廉租房的开发建设提供廉价土地，保证城市居民人人有住房，维持社会稳定，实现经济社会的持续发展。

三、城市土地经营模式

（一）城市土地经营主体

我国《土地管理法》规定，新增建设用地的土地有偿收益30%上缴中央，70%留地方。根据国土资源部和财政部的规定，新增建设用地有偿使用费的收缴采用包干制的办法，即按城

① 李植斌：《城市土地储备制度的模式及其功能研究》，《同济大学学报》（社会科学版），2002(3)。

市类别、有偿使用土地比例等确定每平方米的上缴收益，由市县政府一次性上缴中央，而与出让金的实际价格无关。按此规定，出让价格高的市县政府收入高，上级也不参与分配，出让价格低的中央也不减免。市县政府可以采取市场的方式配置土地，争取获得最大的土地收益。同样对城市存量建设用地的出让收益全部归地方，中央不参与分配。

因此，我国政府具有土地财产管理和行政管理双重职权，在城市土地经营中处于支配地位。而土地使用者主要行使对土地占有、使用和收益的权力，并受到政府行政权的限制。因此，政府在城市土地的经营中仍起着关键作用。

（二）城市土地经营模式

1. 成本主导型土地经营模式

（1）成本主导型土地经营模式形成的背景。地方政府为促进城市经济发展，满足居民住房需求，通常以低地价吸引外来投资，以压低地价的形式向中低收入群体供应经济适用房，使城市土地经营以成本导向为主体。

（2）成本主导型土地经营模式的内涵。所谓成本导向，是指成本在经济活动中起着引导、带动作用。成本主导型土地经营模式是指政府通过行政手段改变土地要素价格，降低经济运行成本，从而达到城市发展和满足居民需求的目的。在该模式下土地经营方式有多种，既可以划拨形式为具有保障性质的住房供应土地，也可以低价形式向外资企业出让土地。

（3）成本主导型土地经营模式的特征。成本主导型土地经营模式都具有以下共同特征。

① 低价供应土地。成本主导型土地经营模式中土地供给价格都要低于市场价格。划拨土地使用权价格，是指通过划拨方式取得的土地使用权在对应状态下的价格，它一般由两个方面构成：一方面是划拨土地使用权的取得成本，即无偿或有偿取得划拨土地使用权直接支出的有关费用，如拆迁补偿安置费等；另一方面是在对应的划拨土地上所投入的土地开发成本，如场地平整等改善土地利用条件的合理费用。可见，划拨土地价格并不是地租，只是土地前期开发所产生必要费用的一种补偿，实际地价远远低于市场价格。地方政府为吸引外资项目所提供的低价土地也是如此，土地价格明显低于市场价格。因此.低价供应土地是该经营模式的特征。

② 供地行为具有较强的行政色彩。由于政府垄断土地一级市场，为其直接干预土地市场创造了条件。在依靠吸引外资促进经济增长的背景下，地方政府间形成了过度竞争现象，其结果是地方政府竞相降低土地出让价格，因此，向外资企业供地过程中政府始终扮演着重要角色。

③ 阻碍土地利用效率提高。政府以低价供应土地，大大降低了土地使用者的成本，容易造成土地粗放利用的后果。比如以划拨土地建设经济适用房时，由于土地成本较低，使得经济适用房成本下降，开发商就有动力把经济适用房建得更大一些，反而不利于满足中低收入群体住房需求，同时降低了土地利用效率。而外资企业建厂房则占用了过多的土地，容积率低。因此，该土地经营模式阻碍了土地利用效率的提高。

2. 收益主导型土地经营模式

（1）收益主导型土地经营模式形成的背景。随着城市化水平进入新的阶段，对城市服务体系和城市设施提出了更高的要求。而改变城市硬件和软件环境需要大量的资金支持。在此背景下提出了城市经营理念，它使土地经营模式逐步向收益主导型转变。

（2）收益主导型土地经营模式的内涵。收益主导型土地经营模式是指政府对城市土地进行市场化运营，以达到为城市建设提供资金支持的目的。为实现该目的，政府将利用间接调控手段影响土地供给和需求。

（3）收益主导型土地经营模式的特点。收益主导型土地经营模式的特点主要有以下几个方面。

① 政府干预的间接性。由于政府对土地一级市场具有垄断性，直接控制了城市土地供给规模。在市场需求旺盛或房地产价格居高不下的条件下，政府可通过增加土地供给降低土地招拍挂过程中的竞争性，从而达到平抑土地价格的目的；在房地产市场需求下降时，政府可以通过减少土地供应量的办法，恢复市场活力。土地招拍挂是按市场规则出让土地的方式，土地价格完全由市场决定。因此，政府对土地市场影响往往具有间接性。

② 资源配置效果具有复杂性。由于市场信息非常复杂，对需求信息的甄别往往需要高额成本，这使得土地供给方和需求方之间的信息具有不对称性，增加了政府土地供给决策对土地市场影响的不确定性。如果土地供给规模过大，必然导致土地价格下降，容易出现粗放式利用土地的现象，造成土地资源浪费。如果土地供给量过小，土地价格特大幅上涨，这不仅会增加商品房建设成本，也会导致企业经营成本增加，对企业投资产生挤出效应。因此，在该模式下土地资源配置效果具有复杂性。

课后练习

思考题

1. 地产与房产有哪些区别与联系？
2. 土地具有哪些特性？对房地产开发与经营具有什么意义？
3. 房地产开发用地有哪些来源？房地产开发企业可以通过哪些方式获得土地？
4. 城市经营的主要内容有哪些？城市经营与房地产开发有何联系？

第二章　土地理论及价格

土地是房地产开发的基本要素，也是房地产经营的核心资本，了解土地的价值对房地产开发各环节的决策具有重要的意义。本章的学习重点包括：

◆ 地租的含义与形成条件；

◆ 农业级差地租与城市级差地租的形成与测算；

◆ 杜能的农业区位理论、韦伯的工业区位理论、廖什的市场区位理论及克里斯塔勒的中心地学说的观点及启示；

◆ 土地价格的形成原理；

◆ 房地产价格的影响因素及类型。

第一节　土地地租理论

级差地租是指土地由于其区位、基础设施条件、本身承载力或肥力及开发程度等不同而形成的差别地租。投入土地的资本和劳动对地租起决定性作用，地租是土地所有者及使用者的利润转移和表现，级差地租是土地利润量的差别体现，在不同等级土地上投入等量资本或劳动产生级差地租Ⅰ，在同一土地上追加资本或劳动以提高生产力生产级差地租Ⅱ。

一、地租的含义

（一）地租的定义

地租是土地的报酬或收益，土地所有者自营土地或将使用权让渡都要求取得利润，地价即地租的货币表现。土地所有者追求地租最大化，而土地使用者在获取使用权时总是要求地租最多等于其边际产出。

（二）地租存在的原因

地租存在需要具备以下两个条件。

第一，土地不是劳动产品，没有价值，但有使用价值并存在价格。

马克思指出："未开垦的土地没有价值，因为没有人类劳动物化在里面。"[①]马克思认为土地的价值在于其使用，这是因为"任何物品要具有价值，就必须是用来交换的人类劳动产品"。因此，自然状态的土地，未经人类的开发不是劳动的产品，从而不存在任何价值，也没有以货币表现价值形式的价格。

第二，土地的所有权与使用权分离，是产生地租的根本原因。马克思同时指出，土地具有特殊的使用价值，即能够为人类永久提供产品和服务。因此拥有土地就能够长期，甚至永久占有其产出。实际生活中由于所有权与所有权的分离，就会产生地租。土地价格实质上

① 中共中央马克思恩格斯列宁斯大林著作编译局：《马克思恩格斯全集》，第23卷，121页，北京，人民出版社，1991。

是购买地租的价格，即购买土地所有权的价格。在对土地的认识基础上，提出了马克思地租概念：“地租的占有是土地所有权借以实现的经济形式，而地租又是以土地所有权，以某些人对某些地块的所有权为前提。”①

关于地租，存在着级差地租、垄断地租和绝对地租、影子地租、矿山地租、建筑地段地租等多种类型。

二、级差地租

（一）定义

级差地租是指由于开发、经营较优的土地（土地肥沃、位置和追加投资的优势），从而由土地使用者所获得的，并最终归土地所有者占有的那部分超额利润。

（二）级差地租产生的条件

形成级差地租的条件有三个：①土地肥沃程度的差别；②土地位置的差别；③在同一地块上连续投资产生的劳动生产率的差别。马克思按级差地租形成的条件不同，将级差地租分为两种：级差地租第一形态（级差地租Ⅰ）和级差地租第二形态（级差地租Ⅱ）。级差地租Ⅰ和级差地租Ⅱ虽各有不同的产生条件，但二者的实质是一样的，它们都是由产品的个别生产价格低于社会生产价格的差额所产生的超额利润转化而成。级差地租Ⅰ是级差地租Ⅱ的前提、基础和出发点。

1. 自然条件

级差地租产生的自然条件是土地特性：有限性、差异性和固定性。

2. 社会条件

级差地租产生的社会条件是土地所有权的垄断。土地的社会特性决定超额利润，否则就不会产生超额利润形成级差地租。

（三）级差地租的类型

按土地用途划分级差地租，可分为城市级差地租和农业级差地租。按土地级差产生原因划分级差地租，可分为级差地租Ⅰ和级差地租Ⅱ。

1. 农业级差地租

(1) 定义。农业级差地租是指由于开发、经营较肥沃的土地和追加投资的土地，从农产品个别价格与社会价格差额中形成的，并最终转为土地所有者的超额利润。

(2) 农业级差地租的形成。农业级差地租形成的条件包括由土地的丰度（肥沃程度、地理位置）、自然丰度（肥沃程度）、经济丰度（地理位置）形成农业级差地租Ⅰ，以及由对土地追加投资，提高的产生率所形成农业级差地租Ⅱ。

① 农业级差地租Ⅰ的形成。农业级差地租Ⅰ是由于等量资本和劳动投入不同质量的等量土地上，因土地肥沃程度和位置的优劣不同所产生所获得的超额利润转化而成的地租。

［**例 1**］　假设有 A、B、C 三块地，其土地肥力分别为劣、中、优三等。现对每块土地的投资额各为 100 元，平均利润率为 20%，则平均利润为 20 元，生产费用为 120 元（100＋100×20%），即每块土地的全部产品的个别生产价格为 120 元（投入资本＋平均利润）。假设各块土地的产量分别为：A 地 6 个单位（每单位 100 kg）、B 地 5 个单位、C 地 4 个单位；从而使得

---

① 中共中央马克思恩格斯列宁斯大林著作编译局：《马克思恩格斯全集》，第 25 卷，714 页，北京，人民出版社，1991。

每块土地上的单位产品的个别生产价格不同，优等地的个别生产价格总是低于较低等地的个别生产价格。其级差地租的形成及地租量如表 2－1 所示。

表 2－1　级差地租Ⅰ的形成说明

土地等级	生产成本(元)	平均利润	生产率		个别生产价格(元)		市场价格(元)		利润(元)		级差地租(元)
			产量(担)	级差产量	总价	单价	总价	单价	总利润	增加利润	
	(1)	(2)	(3)	(4)	(5)	(6)	(7)	(8)	(9)	(10)	(11)
A	100	20	6	2	120	20	180	30	80	60	60
B	100	20	5	1	120	24	150	30	50	30	30
C	100	20	4	0	120	30	120	30	20	0	0

注：生产费用＝(1) ＋(2) ；
(4) 表示优级地 A、B 对劣等地 C 的级差生产能力；
(6) 单位＝(5) ÷(3) ；(7) ＝(3) ×(3) ；
(8) ＝劣等地 C 的单价，由它调节市场价格；
(9) ＝(7) －(1) ；(10) ＝(9) －(2) ＝(11)。

② 农业级差地租Ⅱ的形成。农业级差地租Ⅱ是指对同一地块上的连续追加投资，由各次投资的生产率不同而产生的超额利润转化为地租。

［例 2］　如表 2－1 所示的案例，使用者在劣等地 C 上连续投资，最初投资 100 元，生产 4 担粮食，平均利润率为 20%，没有级差地租Ⅰ，但若追加投资 100 元，(用于农业机械化、兴修水利)，增产 6 担粮食，如果增产的粮食仍按 30 元单价出售，则 6 担粮食便可收入 180 元，则由此增加的 60 元利润，就构成级差地租Ⅱ，如表 2－2 所示。

在同一块土地连续投资所产生法人超额利润是否转化为级差地租Ⅱ是和租赁期限密切相关的。如果这种超额利润Ⅱ是在租赁期内产生，则不会转化为级差地租Ⅱ，所以土地使用者有追加投资的积极性(承包制 30 年不变)，一旦租赁期满，由于追加投资所增加的土地丰度(肥沃程度)与土地的自然丰度相结合，作为土地所有者就重新确定地租，使其包括超级利润Ⅱ。于是，新的土地使用者就无法占有这部分超额利润Ⅱ，并转化为土地所有者的级差地租Ⅱ。

级差地租Ⅰ是有土地自然条件产生的，是一个常量；而级差地租Ⅱ是由追加投资引起土地生产率的变化引起的，会受产品市场价格影响，是一个变量。

表 2－2　级差地租Ⅱ的形成说明

土地等级	生产成本(元)	平均利润	产量(担)	个别生产价格(元)		市场价格(元)		利润(元)		级差地租(元)	
				总价	单价	总价	单价	总利润	增加利润		
	(1)	(2)	(3)	(4)	(5)	(6)	(7)	(8)	(9)	Ⅰ	Ⅱ
A	100	20	6	120	20	180	30	80	60	60	

续表

土地等级	生产成本(元)	平均利润	产量(担)	个别生产价格(元)		市场价格(元)		利润(元)		级差地租(元)	
				总价	单价	总价	单价	总利润	增加利润		
B	100	20	5	120	24	150	30	50	30	30	
C	100	20	4	120	30	120	30	20	0	0	
	追加100										
	100	20	6	120	20	180	30	80	60		60

2. 城市级差地租

(1) 城市级差地租的含义。城市级差地租是指由于开发、经营较优位置的土地和追加投资的土地,从建筑物收益中所形成的超过行业平均利润的,并最终被土地所有者占有的超额利润。

(2) 城市级差地租的形成。城市土地经济的丰度(地理位置),以及由于运输费用和资金流动速度的差别会引起超额利润,形成城市级差地租Ⅰ。在城市中,土地的自然肥力不起作用,位置在这里对级差地租具有决定性的影响①。

由于对城市土地追加投资,以及由于建筑容积率和基础设施建设的差别,所引起超额利润,形成城市级差地租Ⅱ。地面上的建筑物不是由土地产生出来的,是完全由人建造的,不能称之为土地产品,不管在肥沃的土地上还是在贫瘠的土地上建筑房屋,都不会因此产生差别。

① 城市级差地租Ⅰ的形成。城市级差地租Ⅰ是城市土地的位置的相对差别,是城市土地使用过程中产生经济差别的自然基础,从而引起运输量和资金流动速度的差别,形成厂商超额利润,并上交土地所有者,由此转化为土地级差地租Ⅰ。在商品经济条件下,距离市场中心最远土地的产品需要追加运输劳动消费,而市场价值是以最远土地的产品生产成本(价格)所决定及调节的,这使得距离市场中心较近土地使用者取得超额利润。

[例3]　假设甲、乙、丙三块工业用地面积相同,每块工业用地生产投资额各为100元,产量均为400件,三地块距离市场远近不同,甲地距市场25千米,乙地距市场10千米,丙地距市场5千米,农产品运费为1元/千米/百件,由超额利润转化而成的级差地租Ⅰ的形成及地租量如表2-3所示。

表2-3　城市级差地租Ⅰ的形成原因一

工业地块	不同运输的距离(千米)	产量(百件)	不计运费时的个别生产价格(元)	运费(元)	计入运费后的个别生产价格(元)	社会生产价格(元)	超额利润并转化为级差地租Ⅰ(元)
A	25	4	400	100	500	500	0
B	10	4	400	40	440	500	60
C	5	4	400	20	420	500	80

[例4]　又如A、B、C三块商业用地面积相同,每块土地生产投资额各为100元,每块土

① 中共中央马克思恩格斯列宁斯大林著作编译局:《马克思恩格斯全集》,第2卷,北京,人民出版社,1991。

地生产投资额各为100元，社会平均利润率为15%，三块商业地块的每月资金周转次数不同，A地每月资金周转1次，B地每月资金周转2次，C地每月资金周转3次，由超额利润转化而成的级差地租Ⅰ的形成及地租量如表2-4所示。

表2-4 城市级差地租Ⅰ的形成原因二

商业地块	每月资金周转次数	单位面积占用资金(元)	社会平均利润率(%)	每月资金利润(元/单位面积)	超额利润并转化为城市级差地租Ⅰ(元)
A	1	100	15	15	0
B	2	100	15	30	15
C	3	100	15	45	30

② 城市级差地租Ⅱ的形成。城市级差地租Ⅱ是城市土地投资的相对差别，是产生城市土地使用过程中经济差别的物质基础。从微观看，在城市一定面积上连续追加投资，如提高建筑容积率(绿化率)等；从宏观看，在城市基础设施建设中(如"九通一平"——建路、供水、供电、供气、供热、排污、排渍、通信设施、卫星信息和平整地面)投入土地资本，从而引起土地收益差别，形成厂商超额利润，并在一定条件下，转化为级差地租Ⅱ。马克思曾说过，一旦投入资本分期偿还，这种转为利息的地租也就会变成纯粹的级差地租①。

［**例5**］ 有一块城市建设用地，当容积率为1∶1时，超额利润为14元/平方米，当容积率为1∶3时，超额利润为53元/平方米，具体如表2-5所示，这种超额利润是随土地建筑容积率不同而产生的，在租赁期间为投资者直接占有的超额利润，在租赁期满后，则转化为级差地租Ⅱ，归土地所有者享有，因而下一次租期的地租就会大大提高(考虑建筑容积率的收益)。

表2-5 建筑容积率与超额利润变化表

序号	项目	内容	不同容积率单位价格(元/平方米)				
			1	3	4	6	8
1	土地征用费		64	64	64	64	64
2	土地开发费		25	25	25	25	25
3	土建费		185	241	259	296	333
4	利息	(①+②+③)×9%	25	30	31	35	38
5	营业税	③×3.21%	6	8	8	10	11
6	利润及管理费	(①+②+③+④)×20%	61	74	77	86	94
7	销售税	⑨×3%	12	15	17	19	21
8	房屋价值	①+②+③+④+⑤+⑥+⑦	378	457	481	535	586
9	房屋销售价	每平方米土地上建筑物售价	392	510	550	627	706
10	超额利润	每平方米土地上建筑物额外利润	14	53	69	92	120

③ 影响城市级差地租的主要因素。影响城市级差地租的因素主要有自然环境、交通状

① 中共中央马克思恩格斯列宁斯大林著作编译局：《马克思恩格斯全集》，第2卷，北京，人民出版社，1991。

况、基础设施、繁荣程度、人口密度。

（四）城市级差地租与农业级差地租的区别

城市级差地租与农业级差地租的差异主要体现在以下两个方面。

第一，级差地租Ⅰ的产生原因不同。农业级差地租Ⅰ来源于土地肥沃程度；城市级差地租Ⅰ来源于土地位置不同。

第二，级差地租Ⅱ的追加投资范围不同。农业级差地租Ⅱ源自于投资了的土地资源本身，而城市级差地租Ⅱ，除了对土地本身的投资以外，还源自于投资周边土地资源。

土地所有权与其使用权分离就会产生地租，且采用有偿使用的租赁形式缴纳级差地租，只解决较优土地价高效率的有偿使用问题，还没有解决土地本身所包括使用劣等土地时对土地所有权的支付问题。

（五）级差地租的计算

级差地租的实体为超额利润被土地所有者占有。

级差地租Ⅰ的实体为把相同的投资投放到等量面积而不同等级的土地所产生的级差收益（超额利润），即归土地所有者占有。

级差地租Ⅱ的实体为把不同的投资投放到同样面积而不同等级的土地所产生的级差收益（超额利润），即归土地所有者占有。

城市级差地租Ⅱ的形成如表 2-6 所示。

表 2-6　城市级差地租Ⅱ的形成

投资额（元/平方米）	100	200	300	400
级差收益（元/平方米）	150	300	500	750
级差收益增量（元/平方米）	—	150	200	250
收益增量/投资增量	—	1.5	2	2.5

追加投资所带来的收益大于追加投资所带来的级差地租，即追加投资所带来的级差地租Ⅱ只是追加投资所带来收益的部分。因为追加投资所带来的收益中只有土地自然丰度（土地肥沃程度）所带来的级差超额利润才能转化为级差地租Ⅰ。

(1) 级差地租率。级差地租率的计算公式为

$$级差地租率=\frac{超额利润（该地段级差地租量）}{预付资本（该地段投资量）}\qquad 公式\ 2.1$$

式中：

$$超额利润=总利润-平均利润-其他因素而获得的超额利润\qquad 公式\ 2.2$$

(2) 级差地租量（超额利润－土地最优利用的收益）。级差地租量的计算公式为

$$级差地租量=投资量（土地最大机会成本的投资量）\times 级差地租率\qquad 公式\ 2.3$$

(3) 级差地租的计算：建立数学模型。

定性分析：确定城市土地级差。

定量分析：收集资料，抽样调查数据。

① 上海的测算方法。土地等级与企业利润之间的关系，是非线性的函数关系，即选择指数曲线模式来拟合土地等级与行业（企业）利润关系。

$$Y_n=A\,(1+r)^n\qquad 公式\ 2.4$$

式中：Y_n——某土地等级的单位面积利润值；

n——土地等级；

A——基数(即零级土地利润)；

r——利润级差系数。

通过回归分析对已取得数据进行曲线拟合，得 A、r 值，经过数学处理，找出土地等级与利润之间关系，运用数理统计提出非土地因素对利润的影响，求得某等级土地单位面积利润平均值，按投资收益率计算投资量的利润量，该等级土地级差地租的超额利润等于土地单位面积利润平均值减去投资利润率。

级差收益

级差收益公式为

$$Y_n - A = A\,(1+r)^n - A$$

$$R_n = A\left[(1+r)^n - 1\right] \qquad \text{公式 2.5}$$

式中：R_n——某级土地级差收益。

市地段的划分：

四个地段：市中心区、次市中心区、中间地区、边远地区。

三个地区：中心地段、中间地段、边远地段。

② 北京的测算方法。商业企业每平方米利润计算公式为

$$Y = b_0 + b_1X_1 + b_2X_2 + b_3X_3 + h_1 \qquad \text{公式 2.6}$$

式中：Y——商业企业每平方米利润；

X_1——土地等级(土地资源的价格之一)；

X_2——每平方米资金占用量(土地资金的价格——物化劳动)；

X_3——每平方米资金工资量(土地资本的价格——活劳动)；

b_1——当 X_1、X_3 不变时，单位资金每增加一个单位对单位面积利润的影响；

b_2——当 X_1、X_3 不变时，土地每提高一个等级对单位面积利润的影响；

b_3——当 X_1、X_2 不变时，单位面积工资量每增加一个单位对单位面积利润的影响；

h_1——影响企业利润的其他因素。

最差一级土地的级差收益，实际上是绝对地租，其计算公式为

级差地租＝各级土地级差收益－最差一级土地级差收益　　　　公式 2.7

(六) 城镇级差地租的分类

特大城市土地划分为：7～10 级；

大城市土地划分为：6～9 级；

中城市土地划分为：4～7 级；

小城镇土地划分为：3～5 级。

分类原则：

特大和大城市一级靠近市中心的土地等级划分宜细；

中小城市以及远离市中心的土地等级划分宜粗。

测算城市级差地租时，以商业的收益作为分析依据，这是因为：一是商业(金融、保险业)用地的单位面积利润最高。如上海 1983 年工业用地为 430 元年利润/平方米，上海 1983 年商业用地为 636 元年利润/平方米；二是商业对土地级差反应最为敏感，如上元十三厂(南

京西路），每平方米年利润252元，上元一厂（光复西路），每平方米年利润181元，而上元二十六厂（龙华西路），每平方米年利润244元。

三、绝对地租

（一）绝对地租的含义

马克思指出，由于资本主义农业有机构成低于工业，农业产品价值（劳动价值）高于社会生产价格，从而取得超额利润，但由于资本主义土地所有权的存在，阻碍资本自由地向农业转移，因而是这部分超额利润转化为绝对地租。土地所有权在经济上的实现形式，即只要使用土地就必须缴纳地租。

产生绝对地租的原因是土地所有权，由于土地所有权而产生对土地的垄断，阻碍资本在农业生产中的自由流动，阻碍利润率的平均化，从而产生超额垄断利润（部分剩余价值），因此，土地所有权本身已经产生地租。“土地所有权的恰当表现，是绝对地租。”①如果社会一旦废除了所有权，地租（包括绝对地租和级差地租）就会消失。

而在城市中，超额利润的形成更为复杂，主要包括以下六种方式：

（1）资本的物质技术构成（如规模经济）；

（2）管理科学水平；

（3）生产技术的垄断（专业知识、专利、商标）；

（4）资源垄断，如由自然条件与产品价格形成的土地所有权垄断，资源矿藏经营权垄断②；

（5）市场垄断，如完全垄断形成的差别价格，寡头垄断形成的价格制定，竞争垄断形成的品牌、规模效益等；

（6）法规政策垄断，如公共事业、电信业务等。

（二）农业绝对地租

1. 定义

由于土地所有权的垄断，使用任何土地，即使最劣等土地也必须缴纳地租。古典学派集大成者李嘉图只承认有级差地租，不承认有绝对地租。他认为，商品的费用价格（生产价格）和价值是同一的，如果承认绝对地租的存在，就违反价值规律。

2. 农业绝对地租的形成

马克思认为，从当时，农业技术装备水平及农业有机构成低于社会资本的平局有机构成出发，根据平均利润和生产价格理论确认，由于土地所有权对土地所有者租赁土地和缴纳地租影响，由此造成农产品市场价格（价值）必须高于生产价格出售，其差额形成土地使用者的超额利润，并转化为土地所有者的绝对地租。

作为绝对地租的超额利润是产品价值的一部分（主要是土地价值），是土地使用者所创造的尚未参与利润平均的那部分价值。

［**例6**］　如表2-7所示，假如工业资本的有机平均构成是80(C)∶20(V)，剩余价值率为100%，每100元的资本带来的剩余价值为20元。由于以平均有机构成为前提，所以剩余

---

①《马克思恩格斯全集》。

② 国家资源部决定，严格控制稀土、钨、锡、锑、煤、钼、重晶石、萤石8种矿产资源的采矿许可证。

价值 20 也就是平均利润，这时产品价值和生产价值一致，都是 120 元。又假如，农业资本的平均有机构成为 60(*C*)∶40(*V*)，农业产品价值是 140，而生产价格为 120 元。这时，若按农产品的价值销售，即市场价格高于生产价格，土地使用者可在平均利润之上再取得 20 元的余额而转化为绝对地租。

表 2-7　绝对地租形成说明

生产部门	资本有机构成	剩余价值率(%)	平均利润	产品价值	生产价格(元)	绝对地租(元)
工业	80(*C*)∶20(*V*)	100	20	120	120	0
农业	60(*C*)∶40(*V*)	100	20	140	120	20

C：不变成本；*V*：可变成本，*M*：剩余价值。

表 2-8　农业绝对地租分析表

供求关系	资本构成	A：农业有机构成 B：社会平均构成	超额利润(绝对地租)
一致	A<B		农产品价值和生产价格之差额
	A≥B		市场价格和生产价格的差额
不一致	A<B		在农产品价值和生产价格的差额范围内变动
	A≥B		在农产品市场价格和农产品价值以上随供求波动

3. 农业绝对地租的分析

首先，当农业资本有机构成低于社会(工业)平均水平，则农产品价值大于其生产价格(可变资本 *V* 不一致产生的超额价值)，市场价格(农产品垄断价格)等于农产品价值(包括平均利润及超额利润)，但大于生产价格(包括平均利润，即正常利润)，其实质是产品垄断价格产生。

超额利润(绝对地租)＝市场价格－生产价格
＝产品价值－生产成本　　　　公式 2.8
＝剩余价值－平均利润

其次，当农业资本有机构成等于或高于社会(工业)平均水平，则农产品等于其生产价格(可变资本 *V* 一致，没有产生的超额剩余值)，此时，市场价格(农产品垄断价格)大于农产品价值(仅有平均利润)，或相当于生产价格(不含剩余价值超额部分)，这由土地所有权产生人为垄断，形成农产品垄断价格。

超额利润(绝对地租)＝市场价格－生产价格(含平均利润)　　　　公式 2.9

4. 农业绝对地租的确定

农业绝对地租由农业劣等土地支付(以最差等级地租为绝对地租)，即绝对地租为最差一级土地的级差收益。

因此，农业绝对地租的上限是市场价格，下限是生产价格(生产成本)，农业绝对地租在上限、下限之间波动。其大小由土地的供求关系来调节：当供小于求时，绝对地租上涨；当供大于求时，绝对地租下降。

地租完全是等于价值和生产价值之间完全的全部差额，还是仅仅等于这个差额的一个或大或小的部分，这完全取决于供求状况和新耕种的土地面积。

（三）城市绝对地租

1. 定义

城市绝对地租是由于土地所有权与使用权相分离，国家对城市土地所有权在经济上实现形式，即城市土地的租赁者，必须向城市土地所有者支付的土地使用费之一。

2. 城市绝对地租的形成

首先，工业绝对地租是该产业工人新创造的剩余价值的一部分，是工业产品价值在扣除生产资料(C)、工资(V)与平均利润(P)的剩余部分。

其次，商品绝对地租，并不是由商业部门创造，而是由产业部门创造后转移过来的，其大小是商品价值在扣除批发价格(低于生产价格)、商业流通费用及商业平均利润后的剩余部分。

最后，住宅用地绝对地租，是房租的一部分，即由消费者从个人收入中支付，源于必要劳动部分所创造的部分价值。在我国的城市住房使用制度中，划拨土地使用权和使用权房产未支付绝对地租和级差地租(优劣地段租金一样)，而已支付土地出让金的土地使用权，消费者承担了绝对地租和级差地租(优劣地段房价不一)。

3. 城市绝对地租的确定

城市绝对地租的价值是由城市边缘劣等土地，即边缘地段土地的价值决定的，其大小主要取决于原农业最优土地的价值。

城市绝对地租＝农业土地全部地租(绝对地租＋最优级差地租)　　公式 2.10

城市绝对地租主要通过两种方式来确定。首先，参照历史情况，考虑目前各个城市条件来确定最低额度；其次，根据国家征用郊区农业用地的所有制补偿费原则，即郊区农业地租来决定。

郊区农业地租＝郊区土地价格(各类征地补偿费)×银行利率　　公式 2.11

城市绝对地租的上限为土地使用者的全部超额利润，下限为农业土地的全部地租(绝对地租＋最优级差地租)。

4. 城市绝对地租的计算

城市绝对地租根据产业的不同，分别包含在商品价值和产品生产价格中，其价值分别如公式 2.12 和公式 2.13 所示。

(1) 商品价值中的城市绝对地租。

$$W=C+V+m=C+V+P+R \qquad \text{公式 2.12}$$

(2) 产品生产价格中的城市绝对地租。

$$B=K+P+R=C+V+P+R \qquad \text{公式 2.13}$$

式中：W——商品价值；

C——生产资料价值(不是资本)；

V——工资(可变资本)；

m——剩余价值($P+R$)；

P——平均利润；

R——绝对地租；

K——资金($C+V$)。

平均利润 P 可由公式 2.14 来确定。

$$P=\frac{m(\text{全社会})}{C+V(\text{全社会})}\text{或}\ P=\frac{m-R(\text{全社会})}{C+V(\text{全社会})}$$ 公式 2.14

由此可见，社会产品生产价格总额($C+V+P+R$)＝社会商品价值总额($C+V+P+R$)。

(3) 绝对地租率和绝对地租。

绝对地租率的计算如公式 2.15 所示，据此，绝对地租也可以表示为公式 2.16。

$$\text{绝对地租率}=\frac{\text{绝对地租}}{\text{投资量}}$$ 公式 2.15

$$\text{绝对地租}=\text{投资量}\times\text{绝对地租率}$$ 公式 2.16

注：地租率应略高于银行存款利率；绝对地租率可参照国定资产贷款利率。

5. 城市绝对地租的影响因素及发展趋势

城市绝对地租根据不同的用途，其影响因素也不同，如工业用地的评价标准主要取决于交通运输条件，商业和服务用地则取决于地区繁荣、人口密度，而住宅用地则由环境安静、空气新鲜、阳光充足、交通便利等因素来确定。

城市绝对地租与国民经济增长率，劳动、土地和资本边际生产率，边际利润率(超额利润、平均利润)，以及社会贴现率成正比例变动关系。

例如，香港住宅用地成交价格变化：1957—1979 年(21 年间)增加了 87 倍。1982 年香港拍卖中环路交易广场地段为 355 434 港元/平方米；1987 年香港拍卖中环路另一块地为 400 381 港元/平方米，1999 年香港拍卖位于港岛北角云景道 236 568 港元/平方米，而香港同期 GDP 增长率 1999 年为 0.5%，1998 年第三季度为－6.9%，1998 年第四季度为－5.7%，1999 年第一季度为－3.5%。香港地价的飞涨，是其经济迅猛发展的必然结果，反之亦然。

四、垄断地租

(一) 定义

垄断地租是指由某一特殊地段的产品垄断带来的垄断超额利润所形成的地租，或由于特殊地段所产生的经营成本小于社会平均成本，即个别生产价格与社会生产价格之间的差额而形成的地租。

垄断地租是所有者的地租总收益中扣除级差地租与绝对地租后所剩余的部分，即垄断价格大于产品价值或生产价格的差额，或个别生产成本小于社会平均生产成本的差额。

(二) 城市垄断地租

城市垄断地租主要是因为某些特殊地段的土地。特殊自然肥沃力的地段会引起农业垄断地租，特殊的地理位置的地段会引起城市垄断地租。

城市垄断地租是由于使用特殊地理位置的土地，使土地使用者经营获取了特别(超额)利润。

城市垄断地租源自两个方面：一是该土地上的建筑物的垄断价格出售产生垄断地租；二是利用该土地上的建筑物进行经营，以获取特高超额利润(营业收入高使得资金周转快、成本低)，并以其中一部分支付高额房租转化为垄断地租。

五、影子地租

(一) 定义

影子地租是指由于土地资源的稀缺性土地拟得到最佳利用而获得定期纯收益，即选择利用土地的最大(年)机会成本,并以此作为年金收益缴纳给土地所有者。

(二) 影子地租的形成

影子地租的前提是土地资源有限性,并源自土地最优利用率。追求最大的土地机会成本,实现最小的土地机会成本。

[**例 7**]　市中心 1 平方千米土地,有 A、B、C 三套建设方案。A 方案是建造工厂,年收益 100 万元(投资 1 000 万元);B 方案是建商住楼,年收益 1 000 万元(投资 1 亿元);C 方案是建信息港,年收益 1 亿元(投资 10 亿元)。最后选择的是三套方案中收益最大的是方案 A。

(三) 影子地租计算

影子地租的价值是土地影子价格(最大机会成本)乘以影子利率。

其中,影子价格(Shadow Price)是一个运用线性规划计算出来的反映限制性最大生产资源的边际价值,而影子利率是资金利用的最小机会成本,即最大社会折现率。

第二节　土地区位及价格理论

一、土地区位理论

(一) 区位含义、分类及特征

1. 区位的含义

区位是指某一空间场所,是自然界的地理要素和人类社会经济活动之间的相互联系和相互作用在空间位置上的反映,通俗地说,就是人类活动所占有的场所。

2. 区位的分类

区位的分类可以从区位经济活动内容和空间范围两个方面标准进行。以区位经济活动内容为标准,可以分为农业区位、工业区位、商业区位、住宅区位等;以空间范围为标准,可以分为宏观区位、中观区位和微观区位。

3. 区位的特征

(1) 区位内涵的多重性。区位既包含地理的概念,同时又包含自然环境、经济、社会等概念,它是以自然地理位置为依托,以人类经济活动以及人类对经济活动的选择和设计为内容。

(2) 区位的动态性。区位的自然地理位置是固定不变的,但是区位由于具有了自然环境、经济、社会等内涵而处于动态变化之中,因为构成区位的自然环境、经济性、社会性因素一直处于变化之中。比如,原是偏僻小镇的深圳,由于改革开放成为中国的经济特区,构成区位的经济性、社会性特征发生大的改变,其区位等级有了巨大的提高。

(3) 区位的层次性。从区位的选择与设计的内涵出发,可以将区位分为宏观区位、中观区位和微观区位。

(4) 区位的等级性。区位的等级性即区位质量的等级性。区位质量是指某一区位对特定经济活动带来的社会经济效益的高低,往往由区位效益来衡量。所以区位的等级性,是指对某一类经济活动而言,区位效益的好坏,进而区位质量的高低呈现出因地点不同而不同的差异性。

(5) 区位的稀缺性。区位的稀缺性是指人类在进行经济活动时,对优良区位的需求总是大于对它的供给。区位的稀缺性是导致区位需求者之间进行激烈的区位竞争的根本原因，对商业区位来说，尤其如此。

(6) 区位的相对性。同一区位会因区位经济活动类型的差异而产生不同的区位效益，使得区位质量不同，即区位质量的好坏具有相对性。比如位于城市郊区风景优美的山地对别墅式住宅开发来说是优良区位，但对于商业活动而言却是一个劣等区位。

(7) 区位的设计性。区位的设计性是指区位具有典型的人为设计的色彩。人类可以根据自身经济活动的需要，发挥主观能动性，在不违背生态和经济规律的前提下改善区位质量、提高区位效益。如房地产开发商可以在住宅小区建造小区花园和文化娱乐设施，以提高住宅小区的美学价值和文化品位，进而提高住宅区位质量。区位的动态性和设计性要求我们应科学地制订和编制城市土地利用规划和城市规划，以使得对城区区位发展和变化有预见性和引导性。按照规划的要求，通过对旧城区的改造和再开发、新城区的建设，合理发展房地产业，优化商业、金融、信息等产业部门的布局，达到土地区位利用的优化，提高土地利用效率的目的。

(二) 区位理论

1. 区位理论的含义

区位理论是关于人类经济活动的场所及其空间经济联系的理论，研究人类经济活动的空间选择与设计的基本法则，探索一定空间内经济活动分布、组合以及区位演化的基本规律。简单地说，区位理论就是探讨人类经济活动空间分布法则的理论。区位理论是在研究土地利用问题的过程中，逐步产生和发展起来的，是土地长期利用过程中的经验概括与总结，是做好土地利用工作的理论基础。同时，正确认识区位理论，对于深入理解级差地租以及土地价格的变化规律，对于企业合理选址、城市功能分区和房地产开发项目的位置选择都有着非常重要的作用。

2. 区位理论的类型

(1) 杜能的农业区位论。1926年德国农经学家杜能发表《孤立国》专著，提出影响农业纯收益的因素是生产成本、市场价格和运费，首次肯定了土地利用方式的区位存在着客观规律性及优势区位的相对性，利润与市场距离呈函数关系。其主要内容可以概括如下。

① "孤立国"的假设。"孤立国"是假设的一个与世隔绝的国家，具体假设为：一是该国实行自给自足，与外界隔离；二是在其中心只有一个城市，此城市同时也是全国农产品的消费中心；三是所有土地全部作为农业用地，农作物的经营目的是谋取最大利益；四是城乡间只有陆上道路相通，唯一的运输手段是马车，其运价与农产品重量和生产地到中心城市的距离成正比；五是城市四周是没有任何特色的完全同质的草原，土地肥力完全相同，气候、地形等完全一致；六是不论种植何种农作物，其单位面积土地上的收入相同(或某种农作物的市场销售价格相同)；七是各地农业经营者的能力和技术条件相同；八是市场上农产品的价格、农业劳动者的工资、资本的利息都固定不变。

② 计算公式。根据上述假设，农产品的利润(R)是由农业生产成本(C)、农产品市场价格(P)和农产品的运费(T)等三大因素决定的。公式为

$$R=P-(C+T) \qquad \text{公式 2.17}$$

在 P、C 不变的情况下，T 的高低就直接决定着利润 R 的大小，如图 2-1 所示。

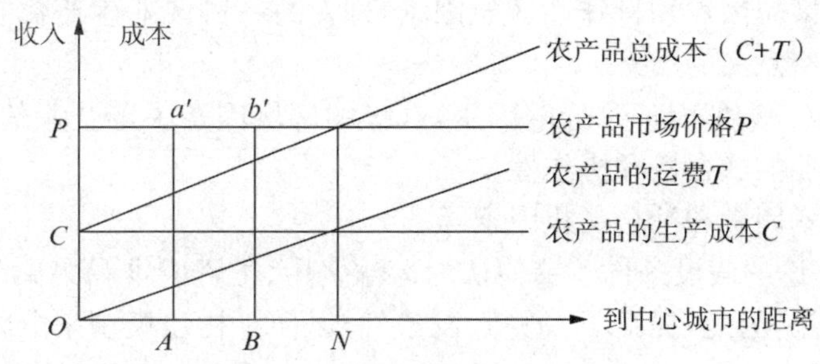

图 2－1　农业区位理论模型图

从图 2－1 中我们可以看出，生产某种农产品的利润额与其生产产地到中心城市市场的距离之间存在着反向变化关系。由此可以得出结论：城市周围土地的利用类型以及农业集约化程度都是随着距离的递远呈带状变化，围绕城市形成一系列同心圆，这些同心圆被称为“杜能圈”。

③ “杜能圈”。“杜能圈”共包括六个同心圆，各个因由内到外分别是：第一圈为自由农业区，接近中心城，距市场最近，运费低，适宜生产易腐、易长途运输或者重量大、单位价值低，需及时消费且不易保存的农产品，如蔬菜、牛奶等；第二圈为林业区，生产需要量大、重量大、体积大等不易长途运输的薪炭、木材等；第三圈为集约（轮作）农业区，生产集约化程度较高的商品谷类和畜类；第四圈为谷草农业区，生产非集约化的谷类、牧草和畜类；第五圈为三年轮作制农作区，实行粗放式的三年轮作，提供体积小、不易腐烂，易于运输的经地加工的农产品；第六圈为畜牧业区，主要用于放牧，还可实行粗放种植业。在以上六圈以外的为荒地，由于距离市场太远，做狩猎用。

④ 主要理论贡献。杜能的农业区位理论核心是农业土地的区位级差地租，以及级差地租与到中心城市的距离成反比。他对土地区位理论的贡献主要体现在：一是提出了一种抽象化的研究方法，即在假定其他因素不变的条件下，研究单一重要因素对土地区位的影响。尽管其建立在诸多不切实际的假设上，从而存在着较多局限性，但他是第一个认真地试图将空间因素融合在实践的经济思想中，揭示了农业土地区位的本质规律，因而具有重要的意义；二是从级差地租出发，阐明了市场距离对于农业生产集约程度和土地利用类型（农业类型）的影响，并得出农业布局应该由近到远配置不同的作物，其经营方式也应由集约到粗放；三是“第一次正式表述了后来演化为最高和最优用途原则的理论——依据不同使用者群的支付地租的能力，在市场中能经济地决定土地的使用用途”。[①]

(2) 韦伯的工业区位论。德国人韦伯（A. Weber）分别在 1909 年[②]和 1914 年[③]发表了工业区位论著作，第一个完整地提出了工业区位的理论，被公认为工业区位理论的奠基者。韦伯的基本理论方法是“区位因素分析”，即认为在选择工业区位时，要尽量降低生产成本，尤其是要把运费降到最低程度，以实现产品的最终销售，获取最大限度的利润。他认为“区位因素”可以划分为三类。

① ［美］查尔斯·H. 温茨巴奇等：《现代不动产》，任准秀译，30 页，北京，中国人民大学出版社。2001。

② 工业区位理论——论工业区位。

③ 工业区位理论：区位的一般及资本主义的理论。

首先是一般性区位因素和特殊性区位因素，即对每一种工业生产都有一定意义的因素和只对某些部门才有意义的因素。

其次是区域因素、集聚因素和分散因素，这里的区域因素决定企业的布局，而集聚因素和分散因素影响企业的联合性和协作性。

最后是自然技术因素和社会文化因素等。

① 工业区位理论的假设条件。韦伯认为运输费用、工资成本和集聚因素会对企业生产成本费用起决定作用，为此，提出了一些假设条件，以便于构建模型来分析这些因素对企业的影响，具体如下。

一是所研究的区域单位是一个孤立的国家或地区。

二是这一区域除工业区位的经济因素外，其他因素如地形、气候、政治制度等都相同。

三是工业所需的原料、燃料、劳动力供应地和消费区为已知，且其他矿藏生产条件、产品需要量、劳动力供应状况和工资不变(但不同地区的工资有差别)。

四是运输方式为铁路，且运费与运距和运载重量成正比。

② 工业区位理论分析的法则。

一是运输区位法则。根据该法则，厂址应选在运输费用最低的地方，这是确定工业区位问题的核心。决定运输费用高低的因素主要有两个。首先，运输的距离远近，它与运费成正比。其次，运输的重量，这一重量与原料的性质有关。根据原料的基本性质，将原料分为两大类：一类是广布原料，即到处都有分布的常见性材料，如粮食、水、黏土等，它对运费没有什么影响；另一类是限地原料，即只有个别地区有分布的稀有性原料，如煤、石油及各种金属矿等。根据选址的不同，它对运费有重大的影响。可进一步将稀有性原料分为增重原料、纯粹性原料(加工后基本成为制成品，很少失重)和失重原料。由此，韦伯提出了原料系数的概念，所谓原料系数，是指运进工厂的稀有性材料重量与运出工厂的产品总重量之比。运输法则的一般规律是：

当原料系数>1 时，生产工厂应设于原料产地；

当原料系数=1 时，生产工厂可以设于原料产地，也可以设于消费中心区。

当原料系数<1 时，生产工厂应设于消费中心区；

按照此基本原理，韦伯对一个市场和一种稀有原料地、一个市场和两种稀有原料地以及一个市场和多种稀有原料地等不同情况进行了分析，并提出了著名的“区位三角形”模式(区位三角形的三个顶点分别为两种稀有原料和市场的所在地，工业区位应设在总运费最小的一点)，用以证明和选择运费定向区位。

二是劳动区位法则。在单纯考虑费用因素对工业区位的影响后，韦伯加入了工资成本的影响，对上述工业区位模型进行修正。他认为当某一地点由于工资费用非常低廉而对企业有利时，可将企业市场区位从运费最低点吸引到工资成本的最低点，使运费定向区位产生第一次空间“偏离”。但条件是只有当工资成本节约额大于运费增加额时，工厂才能从运费最小点移向劳动供给点。

三是集聚(分散)法则。由于工业企业的规模经济、分工协作与资源共享所产生的集聚经济效应，使集聚因素对工业区位选择产生重要影响。而分散因素是与集聚因素同时并存、方向相反、相辅相成的，它也必会对工业区位的选择有重要作用。因为，若干工厂集聚在一个地方，在产生显著的集聚经济效益的同时，一方面会使地租、房租等增加；另一方面也带来城市的污染和环境的恶化。一般来说,集中程度越高,分散因素的影响也就越大。一个地点的工业集中程度是"集中因素"和"分散因素"两个方面力量相互作用的结果。

如同工资成本可以改变工业区位的选择一样,集聚(分散)效益也可以使运费和劳动力定向的区位发生第二次空间偏离,将工厂从运费最低点引向集聚地区或分散地区。同样发生变化的条件是集聚(或分散)获得的利益大于工业企业从运费最低点迁出增加的费用额,企业就可以进行集聚和分散。

③ 韦伯工业区位理论的主要贡献。韦伯从多因素考虑投资少、效益高,即用计量方法推导效益,对今天仍有启示。尤其是他将数学与土地经济学用于土地规划,是运用现代计量方法研究土地经济问题的先驱,其所提出的追求成本费用最低点的思想尽管有不合理之处,但仍是现代追求经济效益的核心。他提出的三要素也是土地利用规划、城市规划和土地利用的核心。同时,区位经济学中"增重"和"失重"的概念就是来源于韦伯的著作。

当然,由于韦伯所处时代的局限和他本人的局限性,其理论的缺陷是在所难免的。韦伯研究的出发点是成本,但对于其决定因素,他的研究过于简化,忽略掉了许多经济因素和非经济因素,从而无法真正解答工业区位的规律。如虽然韦伯在研究工业区位时,把劳动因素放在了重要的地位,但他只研究了简单劳动因素,没有注意到知识、技术因素对区位的重大作用。而对于知识密集部门来说,其科研人员的比例大、科研试验费比例大、与科研单位和高等学校关系密切,决定这种工业部门区位的主要因素是技术条件。以电子工业为例,运费只占成本 0.25%,对区位影响甚微。随着科学技术和社会的发展,知识、技术等与区位的关系会越来越密切。

(3) 廖什的市场区位论。廖什(A. Losch)于 1945 年在其所著的《区位经济学》一书中,把生产区位与市场结合起来,用利润作为衡量企业配置方向的标准,从总体均衡的角度分析了利润与企业产品的市场范围之间的关系,并在此基础上,揭示了工业配置是为了寻求最大的市场这一原理。他根据这一原理,进一步推导得出了与克里斯塔勒的中心地理论(城市区位理论)模型相类似的市场区位论六边形区位模型。此外,他还从"市场区(市场圈)"的概念出发,提出了区域集聚和点集聚的问题。

廖什于 1940 年从利润原则出发探讨市场区位及价格,提出产品的最大销售半径所组成的市场圈,为产业布局提供新视角。

(4) 克里斯塔勒的中心地学说。中心地理论又被称为城市区位理论,产生于第一次世界大战后的西欧工业化和城市化迅速发展的时期。1933 年,克里斯塔勒(W. Christaller)在其出版的《德国南部的中心地原理》一书中首次提出了中心地理论。该理论以交通、市场、行政三个最优原则的综合作用探索城市数量、规模和分布的规律性,而其提出的城市职能、服务范围和等级对城市建设及房地产开发有着指导作用。其主要内容可概括如下。

① 中心地的概念和基本的观点。中心地是向居住在它周围地域(尤指农村地域)的居民提供各种货物和服务的地方,一般是指城镇的所在地。中心地的职能是指由中心地提供的货物和服务的种类。其基本观点认为,城市形成于一定数量的生产地中的中心地,是向周围区域居住的人口供应物品和劳务的地点,而且不同级别的中心地应遵循一定的等级分布规律。

② 假设条件。在建立中心地模型之前,克里斯塔勒也提出一系列假设条件:一是所研究的区域为无边界的平原,土地肥沃,资源、人口和收入分布均匀,对货物需求、消费方式都是一致的;二是有一个统一的交通系统,交通费和运距成正比,朝各个方向移动都可行;三是

生产者和消费者都符合理性人假设；四是消费者到离他们居住地最近的中心地购买他们需要的货物和服务，为此付出的实际价格等于销售价格加上来往的交通费用。

③ 六边形网络等级体系。克里斯塔勒探讨了中心地对周围地区承担服务的范围，认为距离最近、最便于提供货物和服务的地点，应位于圆形商业地区的中心，因为对于一个孤立的中心地的市场而言，圆形是最合理的市场区图形，圆的半径是最佳的服务半径。但在多个中心地并存的情况下，圆形市场区就不再是最合理的市场区图形，因为这时相邻中心地的服务范围会产生空白或重叠交叉，从而得不到最佳的效果。克里斯塔勒从几何上，根据周边最短而面积最大和不留空当的原则，推导出市场区最合理、最有效的市场图形是正六边形体系。同时，由于中心地提供的货物和服务有高级、低级之分，对周边地区的重要性不同。低级中心地的门槛较低，最大销售距离和范围较小，而相应高级中心地的门槛较高，最大销售距离和范围较大。因此，克里斯塔勒认为，不同的货物和服务的提供点都能够按照一定的规则排列成有序的等级体系，一定等级体系的中心地不仅提供相应级别的货物和服务，还提供所有低于那一级别的货物和服务。

按照克里斯塔勒的理论，可以想象，几个分别定位在一个生产商周围的小交易区聚集在一个较大的市场中心周围，而且顺次地，这些较大的中心又会聚集在更大的中心周围，结果是村庄、城镇和大城市的蜂巢似的分布结构。

④ 主要理论贡献。中心地理论主要论述一定区域(国家)内城镇等级、规模、职能间的关系及具空间结构的规律性，并采用六边形图式对城镇等级与规模关系加以概括，同杜能与韦伯的理论一起，曾在人文地理学、经济学、区域经济学和城市规划等领域产生很大的影响。

(5) 克鲁梅的行为区位论。20 世纪 70 年代问世，主张区位研究必须重视人们的意志；爱好与行为的作用，人的行为深刻影响产业发展、房地产特色和类型，而人的行为又受财政、技术、社会制度和生物学的制约。

(6) 艾萨德的区域科学。区域科学是以区域为对象的学科，所谓区域，就是我们在区域概念中讨论的具有均质区域、节点区域(节点系区域)和区域系统表象的依赖于空间的经济体。与传统区位理论的研究方法不同，区域科学创始人瓦尔特·艾萨德(Walter Isard)认为，"作为一门科学的区域科学，其关心的是用各种各样的解析性研究和实证性研究相结合的方法对区域内或空间范围内的经济社会问题进行细致耐心的研究。"该理论自 1960 年面世以来，主张从区域多变量因素综合分析，应用运筹学、线性与非线性规划等寻求结论。

克鲁梅及艾萨德理论开创了现代区位论，正广泛应用于土地开发、区域规划及开发的实践中。

3. 区位理论的启示

区位理论的重要启示就是房地产的开发必须重视其位置。海外房地产界有句行话，即房地产投资首先考虑的是 Location(地段)，因为不同区位其效益极其不同，黄金地段产生黄金效益，一般按区位优越程度高低依次安排金融贸易，城市公用服务、居住、工业及农业区。但开发时必须预计区位变动性，并防止同行业过于集中使区域功能过于单一。比如纽约 CBD 所在地曼哈顿区大银行及大公司总部高度集聚，但同时保留大面积的中央公园、联合国大厦、哥伦比亚大学和纽约大学、林肯艺术中心、大都会博物馆等公共建筑，区内还有时装工厂及唐人街、哈莱姆黑人聚居区等，使 CBD 产业多元化和避免人口空心化，保证人气旺盛，经济繁荣。

二、土地价格理论

（一）土地收益理论

1. 土地收益的内涵

土地收益理论认为，土地价格是土地收益即地租的资本化。在这里，地租是指经济地租，即土地总收益扣除总成本的余额。

土地收益理论中所指的“土地收益”是指正常情况下的土地收益。所谓正常情况，一是指有较好的生产能力，正常的经营管理能力和正常的年份。二是指处于最佳利用方向的土地收益。土地具有多项用途，测定土地价格时，必须用其处于最佳利用方向的土地收益。比如市郊的某块农地的最佳利用方向是作为商业用地，则测定其土地收益时不能用农地收益，而应测定其商业用地收益。三是指土地纯收益。它是总收益扣除生产成本及一切赋税后的剩余值。如果土地的“总收入刚够劳动力和其他费用的开销，而土地则毫无收益；因此，我们说没有地租可言。”同时，伊利还认为：“土地的收益是确定它的价值的基础。”[①]

在这里，土地收益＝地租＝经济地租＝土地总收益－土地总成本。

2. 土地收益理论基本公式

土地具有不同于其他生产资料的特点即土地的使用会不断地、年复一年地产生收益，这就是土地年收益系列，或称为地租流。“把预期的土地年收益系列资本化而成为一笔价值基金，这在经济学上就被称为土地的资本价值，在流行词汇中则被称为土地的售价。”即土地价格就是土地收益的资本化。用公式表示为

$$V=\frac{a}{r} \qquad \text{公式 2.18}$$

式中：V——土地价格；

a——土地纯收益；

r——资本还原利率。

伊利认为，由于“未来的收益不如现在的收益那样受到欢迎，并且，未来的期限越远，就越不受重视。……为了求现利，情愿把将来的收益折扣出让。……这种折扣率……就是现行的利率。”

关于土地收益和土地价格的关系，伊利认为，不是土地价格决定土地收益，而是土地收益决定土地价格。

在对土地的实际估价中，各种各样的模型大都是以这一原理为依据的，都是 $V=\frac{a}{r}$ 的各种变化形式。

（二）土地的效用价格理论

土地的效用价格理论认为：

（1）土地的价格是由土地的使用价值（土地的效用）决定的；

（2）土地的使用价值（效用）越大，其他价格也就越高；反之，越小；

（3）土地的效用是由土地的边际效用决定。

---

① ［美］伊利·莫尔豪斯：《土地经济学》，223 页，北京，商务印书馆，1982。

（三）土地的供求理论

1. 土地供求理论的内涵

土地供求理论认为，在自由市场经济中，土地与其他商品一样，其价格取决于本身的供给和需求。土地具有使用价值且有交换关系发生，故有土地价格，而决定土地价格的基本条件是供给与需求和供求规律的作用。土地供给增加，需求不变或减少，则地价下跌；土地供给减少，需求不变或增加，则地价上升。

土地供求理论的代表人物包括马尔萨斯（T. R Malthus）、萨伊（J. B. Say）、马歇尔（A. Marshall）和萨缪尔森（P. A. Samuleson）等主流经济学家，他们都认为土地这一生产要素的价格完全由其需求来决定。

2. 土地供求理论的三种形式

因为在总量上土地的供给弹性接近于零，因此，土地的均衡价格完全由市场的需求决定。但是对某个厂商来讲，土地供给不是不变的，在同一价格水平下，它可以在众多的土地供给量中挑选，因此，当价格水平不变时，土地的供给是无限的。

在一般情况下，土地供给既非完全无弹性，也非有无限弹性。土地供给受各种因素的影响而时刻在变动，如产业结构的变动、土地供应计划的改变等；土地需求也会随着经济的发展、人口的增加而变动。

三、土地使用权价格

土地出让价格是土地出让市场的核心，出让价格的标准既要符合市场供需状况，按市场机制确定；同时也要体现政府宏观调控土地市场的宗旨，有效发挥价格杠杆的作用。

（一）土地价格的内涵

首先，由于土地能向人类永续提供产品和服务，谁占有了土地，也就占有了土地纯收益，即地租。土地的恒久性，使得这种地租是一种恒久的收益流。随着土地权利的转移，这种收益流的归宿也发生转移。购买土地的权利，实际上是购买一定时期的土地收益。因而，土地收益现值的总和就表现为土地价格。可见，土地价格的内涵是若干年的土地纯收益即地租贴现值的总和。它具体包括由土地所有权垄断而产生的绝对地租以及由土地的生产条件好坏而产生的级差地租。

其次，在现实经济运行中，土地在交换活动发生之前，土地所有者或土地开发商总是先对土地进行开发。那些为了改造土地性能的投资就转化为土地资本，它属于固定资本的范畴。这些固定资本投入必然要求收回，从而以折旧和利息的形式在租金里得到体现。正如马克思所说："这种贡献和真正的地租有一个共同点：它决定土地价格，如上所述，土地价格无非是出租土地的资本化的收入。"[①]

所以，土地价格的内涵包含三个部分：第一，真正的地租，即绝对地租和级差地租；第二，土地投资的折旧；第三，土地投资的利息。土地价格即以上三个部分之和的资本化。

（二）土地价格的分类

1. 基准地价

基准地价是根据城镇土地在实际利用和使用过程中所产生的基本经济效益，按照一定

① 中共中央马克思恩格斯列宁斯大林著作编译局：《马克思恩格斯全集》，第25卷，705页，北京，人民出版社，1991。

条件和方法折算出来的土地价格。

这一价格的显著特点是比较客观地反映了城镇土地使用权的合理出让与转让情况，增加了政府管理和控制地价的能力。

2. 土地使用权出让价格

如果土地市场发育比较成熟，各种土地交易案例发生较多，也可以利用这些市场资料，采用诸如市场比较法、收益还原法、成本逼近法、剩余法等测算土地出让价格。

3. 土地租赁权价格

土地租赁权价格是指承租人为取得土地租赁权而支付给土地租赁权人的经济代价，其实质是定期支付的地租。

我国的国有土地使用权的租赁，其实质是国有土地租赁的出让——土地所有者把土地出租，农村集体所有土地使用权租赁的价格。土地租赁权价格实质上所支付的地租是经济地租(绝对地租和级差地租)。

(三) 土地价格的特点

1. 土地价格是关于土地权利的价格

土地是一种财产，能给人们提供恒久的收益，而这种收益的获得都伴随着土地权利的界定。因此，购买土地不是购买土地本身，而是购买获得这种收益的权利。土地产权是一束权利的总称，可细分为土地所有权、土地使用权、土地租赁权、土地抵押权等。比如支付了土地使用权价格，只能说明可以获得对土地的使用权，而不能获得对土地的所有权，所以说，对土地买卖，是对土地权利的界定，获得某项土地权利，就获得了某种程度的收益，因而也就必须为此付出代价，即本项土地权利的价格。

2. 土地价格不以生产成本定价

一般商品都是人类的劳动产品，具有价值，其价格主要是由生产成本决定的。由于土地具有不可分割的双重属性，一方面作为土地资本，像其他商品一样，是有价值的，依生产成本定价；另一方面作为土地物质，它是自然物，不是人类劳动产品，没有价值，不存在土地成本，因而其价格就不是价值的货币表现，也就不依生产成本定价。土地价格是土地资本价格和土地物质价格的总和。

3. 土地价格主要取决于土地需求

一般商品市场的供给与需求，共同决定其市场价格。但是土地却不同，在土地自然供给总量上是不能改变的，土地的经济供给在自然供给内变化，且弹性很小，这样土地的市场价格就主要由土地需求来决定。随着人口的不断增加，社会经济的发展，对土地的需求增加时，土地价格就不断上涨；反之，当社会或某一地区人口减少、经济衰落，对土地的需求减少时，土地价格就自然下跌。

4. 土地价格具有地域性

市场中的一般商品之间，可以相互替代，相互比较，其价格也相互影响渐趋于其生产价值。由于土地位置的固定性，无法像其他商品那样到处流动，使土地市场具有强烈的地域性，土地就无法形成统一的市场价格，土地价格在不同的地域内很难相互影响，大多依具体情况而定，属于个别交易，因而价格差异大。

5. 土地价格基本呈上升趋势

随着社会经济发展，人地矛盾不断加剧，社会对土地的需求日益扩大，而土地又不像其他商品那样可以通过增加供给来满足需求的增加，土地供给变化很小，只能导致土地价格上涨。

（四）城市土地价格评估方法

同住宅评估法一样，现行土地估价方法主要以成本法、收益法、市场比较法为主，在通常情况下，为使评估结果更加准确，常将三种评估结果进行综合。然而，随着社会经济的发展，人们的需求呈多样化趋势，对住宅的需求从以生存为主向改善需求为主过渡，土地上的建筑物价格已不仅仅是居住功能的反映，更是周边环境特征和结构特征所能带来效应的集中反映，这对现行估价法提出了挑战，特征价格评估法也因此得到重视。

1. 成本估价法

成本估价法是以土地开发成本来确定地价的方法，其基本理论依据是生产费用论[①]。但是，未开发的自然土地没有成本，因此，成本法确定的价格中应当另外加上生地的价格，而这必须求助于成本法以外的地价评估方法。成本法一般适用于建筑物或新开发土地的估价，尤其是适用于土地市场狭小、成交案例不多、无法利用市场比较法的场合。成本法的基本公式为

地价＝土地取得费用＋基础设施开发费用＋生地价格　　　公式 2.19

土地取得费用包括征迁补偿费用：基础设施开发费用则是指将生地变为“三通一平”或“七通一平”的熟地的费用。对于已开发土地进行转让时，其地价为

地价＝投入成本（含原购地价格、土地开发投资的折旧与利息）＋土地增值（资本收益）　　　公式 2.20

2. 收益还原法

收益还原法又称为收入资本化法。收入资本化法是由被利用地块的年生产净收入推算而来的售出价格。土地的净收入也就是该土地的地租，因此又称此种方法为地租资本化法。这与我们前面所分析的土地价格是地租的购买价格，在意义上是相同的。在西方国家生产经营企业所用的土地，如农场、森林、养鱼池、采矿用地以及工商企业等用地，其交易通常使用收入资本化法。

用本办法测算地价，一般需要三个步骤；

（1）调查土地的生产能力并统计每年的平均纯收入；

（2）选定适当的利息率，作为净收入资本化的标准利率；

（3）研究该土地的非经济收益，并由公式 $V=\frac{a}{r}$ 计算地价并加以调整。

收益还原法是一种较合理的估计方法，它极其重视各种统计资料的收集，如收入、价格、成本、地租、地税等的登记和计算及利息率的选择与计算。这些工作使地价的研究科学化，所收集的数字对土地买卖双方、政府以及金融机构都有重要的参考价值。这种方法还有一个优点，就是将预测土地未来的利用价值作为现在定价的依据，这是土地的特征，也是土地估价最重要的条件之一。但是这种方法也有缺点，一是不能对无经济收益的消费用地和根本没有被利用的土地进行估价；二是这种方法较烦琐复杂，往往会因净收入计算有误差或选择利率不合理，致使所估算的地价实际相差很远。

---

① 曹振良：《房地产经济学通论》，258 页，北京，北京大学出版社，2003。

3. 市场比较法

市场比较法是以市场上类似土地买卖实例为参照估算土地价格的一种方法，其理论依据是交易替代原理。根据价值规律，类似土地开发建设过程中凝结的社会必要劳动时间大体相同，其价格也必然相似。任何消费者都会将拟购买的土地与市场上类似土地价格进行比较，从中选择最适合自己的地块。因此，用市场比较法评估土地价格的原理与住宅估价的原理基本相同，将估价对象与在相同时间内已经发生了交易的类似土地案例进行比较，对估价对象的实际情况加以修正后得出该土地的价格。

4. 特征定价法

特征价格是基于商品价格取决于商品各方面属性给予消费者的满足这一效用论的观点而提出的，其在经济学上的意义是指人们从其消费的商品或服务上获得的效用或满足程度。

特征定价法认为不同区位上的土地虽然不同质，但都是由具有相同特征属性的部分组成。尽管不同区位上的土地价格差异很大，但土地的各种属性却有相同的价格。可以通过构建特征价格函数确定各属性的价格。在运用该方法时，假设整个城市构成了一个统一的土地市场，每个消费者都可以充分获取信息，自由选择不同区位上的土地；每个消费者可以消费不同的商品，并为不同商品支付不同的价格；假设消费者获得效用是土地特征束 Z 和复合商品 Y 的函数；消费者有固定的收入 M。

特征定价的主要目的在于反映购买者对不同土地特征的价值估算。在房地产市场出清的条件下，由土地的周边环境、结构特征和邻近特征构成的土地特征束来决定的土地价格函数。

$$P_i=P(Z_i) \qquad \text{公式 2.21}$$

式中，i——土地特征要素。

假设消费者选择了具有特征束 Z 的土地，其效用函数为

$$U=U(Z_i,Y) \qquad \text{公式 2.22}$$

其中，消费者效用最大化的约束为

$$Y=M-P \qquad \text{公式 2.23}$$

对选择的不同特征束 Z 求最大化一阶条件：

$$\frac{\partial U/\partial Z_i}{\partial U/\partial Y}=\frac{\partial P}{\partial Z_i} \qquad \text{公式 2.24}$$

公式 2.24 给出了土地特征束的边际价格，表示在其他特征未变时，该特征改变导致土地价格的变化量。这一结论是特征定价法能够应用于土地定价的主要原因，意味着如果我们能够观测到特征束的值，通过计量经济分析方法建立特征价格函数，就可得出被估土地的特征价格。该价格是消费者有能力购买，且能获得最大效用的价格。

特征价格法在实际操作中还存在以下问题。

（1）变量数据收集的准确性问题。在进行特征定价时首先要选择相应的自变量和因变量，按照所选择的变量收集数据，运用计量经济分析方法建立特征价格函数。特征函数是我们确定土地价格的关键，但是，这么多影响因素，很难保证收集的数据的准确性。

（2）特征定价方法需要建立在发育完善的市场上。在市场完善的地区，交易行为比较规范，获取信息的交易成本低，数据真实性高，土地特征函数的可靠性得以提高。

（3）土地需求函数的确定具有复杂性。在市场经济条件下，家庭收入状况、住宅区土地

开发利用形式、基础设施及环境的改变都会对住宅市场产生巨大影响。然而,家庭面对的并不是线性的预算约束,利用特征定价法把这些变化转化成对土地特征的需求仍是一个难题。

(4) 特征定价法本身还不够完善,如效用函数主观性较强,较难确定具体的形式,如何构建更完善的模型对特征价格进行检验也有待研究。

第三节　房地产价格理论

一、房地产价格的含义

(一) 房地产价格的定义

房地产价格是建筑物连同其所占土地的价格,是人们和平地获得他人房地产所必须付出的代价,是房地产的经济价值(交换价值)的货币表示。房地产价格的形成原因来源于两个方面:①从规划设计、土地开发到房屋施工安装等过程凝结了物化劳动和活劳动所形成的地产价值和房产价值。即在社会正常生产条件下,在社会平均的劳动熟练程度和强度下,开发某一土地或建造某一房产所花费的必要劳动时间决定的价值。由开发土地或建造房屋过程中消耗的生产资料的价值,劳动者为自己劳动所创造的价值,劳动者为社会创造的价值三个部分构成。②资本化的地租。土地是一种特殊商品,土地价格不是对土地实体的购买价格,而是对土地预期收益的购买价格。

(二) 房地产价格的特点

1. 与一般商品的共性

房地产价格与其他一般商品价格相比,既有共同之处,也有不同的地方。其共同之处主要有三点:

(1) 都是价格,用货币表示;

(2) 都有波动,受供求等因素的影响;

(3) 按质论价,优质优价,劣质劣价。

2. 房地产价格的特殊性

房地产价格与一般物价的不同,表现出房地产价格的特征。

(1) 房地产价格具有区域性。房地产价格受房地产所处地理位置的影响很大。区位对房地产价格的影响可分为两个方面:一是地区性,南方和北方、沿海和内地、城市和乡村、大城市和小城市、市区和郊区等因土地条件、环境气候、基础设施以及经济发展水平等方面的不同,房地产价格在市场上表现为同质同量但不同价的区域性特征。二是地段性,主要表现在同一城市市区范围内,不同地段之间存在较大的房地产差价,即使是建筑结构、标准、形式、年代、用料、装修设备、使用性质完全相同的房屋,只是由于建筑地段与环境条件的不同,房地产的价格往往也会有很大的差异。这种差价实质属于级差地租收益。

(2) 房地产价格实质上是房地产权益的价格。由于房地产自然地理位置的不可移动性,在交易中是可以转移的,不是房地产的实物,而是房地产的所有权、使用权及其他物权。由于每种权益都能形成价格,实物状态相同的房地产,权益状态可能有很大差异,甚至实物状态尚好的房地产,由于权益过小,如土地使用年限很短、产权不完全或有争议,价值较低;相反,实物状态一般的房地产,由于权益较大,如产权清晰、完全,价值可能较高。即使同一宗房地产，转移的权益不同，价格也不相同。同一宗房地产根据所转移权益的不同就会产生买卖和租赁两种经营方式，与此对应就会产生售价和租金两种价格形式，当然房地产售价与租金之间存在一定的转换关系，就如同资本的本金与利息的关系一样。

(3) 房地产价格实体的构成具有二元性。房地产价格在内涵上具有双重实体价格的性质，其中一部分来源于土地开发和房屋建筑安装活动形成的价值；另一部分则来源于资本化了的地租。纯自然土地是非人类劳动创造的，因而没有生产成本。土地价格反映的主要是作为土地资源和资产的价值，其产生的原因是由于土地的所有或使用具有垄断性。土地开发是有成本的，这在土地价格中应该得到体现，但这部分开发性价格主要是土地的投资与回收及其应得的投资收益。至于房屋价格则与一般商品价格相同，是在房屋建造过程中耗费的活劳动及物化劳动所创造价值的货币表现。

(4) 房地产价格与用途的相关性。房地产价格与用途相关性极大。一般商品的价格由其生产成本、供求等因素决定，其价格并不因使用目的不同而有所差别，而房地产价格与其使用目的有直接的联系。同一宗房地产可能由于使用目的不同而产生不同的价格。在市场经济条件下，一宗房地产如果用于商业用途比用于住宅更有利，其价格必然由商业用途决定。

(5) 房地产保值增值性与折旧性。由于房地产价格形成的特殊件，其价值的变化也具有独特性。土地由于具有稀缺性、不可替代性、不能再生性等特点，其供给弹性很小，随着地块周围环境因素的变化及经济的增长，除个别情况外，随着时间的流逝，土地往往具有自然保值增值的特性。究其原因主要有三点：一是随着社会与经济的发展和人口增长，对房地产的需求日益增加；二是房地产的供给受种种条件的限制；三是公共投资增加了房地产的效用。房地产的保值性与增值性集中体现在土地上，土地具有永续性，其本身不存在折旧。然而，房屋的价值则不同，随着时间的推移，房屋会发生物理性损耗和功能性损耗，发生贬值，因而产生折旧现象。

(6) 房地产价值的个别性。这一价格特征是由房地产的不可移动性、数量固定性、个别性等决定的，因此，没有完全相同的房地产，除了地理位置绝对不可能相同外，在建造条件、建造标准、设施配套等方面也往往千差万别。此外，房地产商品不能够进行样品交易、品名交易，房地产价格如何，易受交易主体之间个别因素(如偏好、讨价还价能力、感情冲动等)的影响。不同的交易主体，就会产生不同的房地产价格。

(7) 房地产价格的多样性。由于房地产具有使用期限长、用途广泛、价值量大等特征，决定了其价值实现形式的多样化。例如，用于居住的房地产，其价值可以随房屋出售一次性实现，也可以通过租赁形式经过多年逐步实现。房地产价格一般既可表现为交换代价的价格，也可表现为使用和收益代价的租金。房地产价格具有的这一双重实现形式的特征是收益法成交的前提。

二、影响房地产价格的因素

房地产涉及面很广，因此，影响房地产价格的因素也很多。房地产价格主要受以下因素的影响：自然因素、社会因素、经济因素、行政因素等。这些因素还可以进一步分解为物理因素、环境因素、行政因素、经济因素、人口因素、社会因素、心理因素、国际因素、其他因素等。

（一）经济因素

影响房地产价格的经济因素主要有经济发展状况，储蓄、消费、投资水平，财政收支以及金融状况，物价水平特别是建筑材料价格的水平，建筑工人的费用，银行利率，房地产投资，特别是房地产的供求等。

1. *经济发展因素*

经济发展预示着投资、生产、经营活动活跃，对厂房、办公室、商场、住宅和各种文娱设施等的需求增加，引起房地产价格上涨，尤其是引起地价上涨。比如 20 世纪 80 年代，亚太地区的日本、新加坡、韩国、中国台湾、中国香港等国家或地区经济持续高速增长，地价也相应大幅度上涨。

2. *居民收入因素*

随着居民收入的增加和生活水平的提高，人们对居住和活动所需要的空间的需求也因此剧增，导致房地产价格上涨。至于对房地产价格影响的程度，要由居民收入水平及边际消费倾向的大小来定。如果居民收入增加是因为中、低等收入水平者的收入普遍增加，则其边际消费倾向较大，其增加的收入大部分甚至全部用于生活改善上。衣食之余则需要考虑提高居住水平，自然促使居住房地产价格上涨。但如果居民收入增加是因为高收入水平者的收入增加所致，那么，因为其生活上的需要几乎已达到应有尽有的地步，所以其边际消费倾向甚小，增加收入的大部分甚至全部都用于储蓄或其他投资，在这种情况下，对居住房地产的价格变动影响不大，但如果他们利用剩余收入从事房地产投机（或投资），则必然影响房地产价格上涨。

3. *物价因素*

房地产价格与一般物价之间的关系非常复杂。通常，物价波动表明货币购买力的变动，即币值发生变动，此时，房地产价格也将随之变动。如果物价变动的百分比等于房地产价格变动的百分比，则表示两者之间的实质关系并未改变，否则说明两者之间发生了变化。就宏观上地价上涨与物价上涨的因果关系，在日本存在两种看法：一种观点注重"地价上涨—抵押力量增大—信用膨胀—物价上涨"这种因果关系；另一种观点则注重"货币量的增加—物价上涨—地价上涨"这种因果关系。其实，这两种观点正是揭示了地价与物价的互为因果关系，以及在不同的社会经济条件下的具体作用形式。从一段较长时期来看，地价的上涨率要高于物价和国民收入的上涨率，但有时也并非如此。

4. *房地产的供求因素*

在房地产价值一定的情况下，房地产的价格决定于房地产的供求。与一般商品的价格变动一样，房地产价格的变动也要遵循供求规律对它的作用。在房地产供给一定的情况下，如果需求增加，房地产价格就上涨；如果需求减少，房地产价格就会下降。在房地产需求一定的情况下，如果供给增加，房地产价格就会下降；如果供给减少，房地产价格就会上涨。一般来说，房地产的供求大体上有以下几种类型：

（1）房地产总的供求状况；

（2）某地区房地产的供求状况；

（3）某类房地产的供求状况；

（4）某地区某类房地产的供求状况。

由于房地产的不可移动性及变更使用功能的困难性，决定了某一房地产的价格高低主要是该地区该类房地产的供求状况。其他地区和其他类型房地产是否对某类房地产供求有影响，要由其他许多条件或情况决定。

（二）物理因素

影响房地产价格的物理因素主要是关于房地产自身的自然或物理的性质等因素，如位置、地力、地质、地势、地形、土地面积、土地形状、日照、通风、温度、天然周期性灾害、建筑物的外观、建筑物的朝向及其结构、内部格局等。

1. 位置因素

房地产坐落的位置不同，价格也会有很大差别。同样的房地产，由于它们坐落在城市或乡村，城区或郊区，市中心区或非市中心区. 向阳面或背阳面，价格就会有很大的差别。

位置的差异体现了级差地租的差异，特别是在城市，由位置产生的级差地租是城市级差地租的主要形态。地价的一般规律是：经济发达地区高于经济落后地区，城市高于农村，市中心高于市郊。其根本原因是土地位置的好坏，直接影响土地纯收益。所以工厂的选址要靠近原料、燃料产地和销售市场，商业的选址要在市中心和人口密度大、流量大的地区，住宅的选址要考虑周围的环境和交通便利等问题。

房地产的位置又可分为自然位置和社会位置。房地产的自然位置虽然是固定不变的，但它的社会位置却是在不断变化的。这种变化可能是由于城市的发展，把原来的郊区变成了市区、也可能是由于交通的建设或其他建筑物的建设，使原来不繁华的地区变成了繁华的地区，从而引起了房地产价格的提高。当然，如果由于其他原因，房地产的社会位置变差了，房地产的价格也就会随着位置的变差而下降。

2. 地质因素

地质条件包括土地的肥力与承载力。

对农村而言，土地的肥力将影响农业用地的价格。肥力直接影响级差地租的高低，它决定了土地的自然生产率，从而影响地价的高低，很显然在其他因素都相同的条件下，土地肥沃程度的不同，其地价也必然不同。

在城市，房地产的价格则主要受到承载能力的影响。凡是地质坚硬的地段，土地的承载力就大，从而成为优良的建筑地段。理论和经验都表明，在城市用地中，地质条件对城市用地的影响是较大的，特别是在现代城市建设中，高层建筑越来越多，而高层建筑对建筑地基的要求也越来越高。如果没有优良的地质条件，建设高层建筑会更困难，造价也更高。地质条件与土地价格是成正比例变化的，地质条件好，土地价格就高；地质条件差，土地价格就低。

3. 地势与地形因素

地势是一块土地与相邻地块相比较来说的。地势对房地产价格的影响主要是由与周围道路的衔接程度决定的。一般情况下，地势高的房地产价格高于地势低的房地产价格。

两者对农用地和建设用地的影响均较大。比如在我国南方丘陵地带，地势起伏不平，田块面积狭小，且多在山脚、山谷或山坡平台，耕作困难，难以应用农机操作，其价格自然较低。而且南方的红壤、北方的盐碱地、沙地质量极差，价格肯定较低。

作为建设用地，地质因素主要影响土地的承载力，随着人地矛盾的日益加剧，土地集约化水平日益增加，房屋建设有向高楼大厦建造的趋势，地势高低不平或落差太大，决定土地能否开发和开发成本的大小，从而影响土地价格。

此外，土地价格还受周围环境的影响，如受到周围巨大建筑物的遮挡，使采光、通风较差;或是周围的生态环境质量差等都使地价打折扣。

地形是一块土地内部表面的起伏程度,即平坦的程度。一般情况下,地面平坦的土地价格较高,地面不平坦的土地价格较低。

4. 土地面积因素

在条件相同的情况下,土地面积越大,土地的总价就越高,但单价越低;土地面积越小,土地的总价就越低,但单价较高。在条件不同的情况下,如位置不同,或者有其他的特殊原因,土地面积相等,土地价格可能不等;在条件相同的情况下,土地面积和土地总价成正比例变化。

城市的繁华地段的价格,对土地面积的大小很敏感。而在市郊或农村对土地面积的大小就不太敏感。土地利用的方向是决定地价水平的因素,而地块面积大小对土地利用方向有着严格的制约。在商业区,面积大者可建商业大厦,面积小者只能搭设小店铺,其土地价格差异自然很大。但是,在特殊情况下,一小块插花地也能卖得好价钱,如某插花地的存在,严重影响相邻土地的利用价值,相邻土地持有者为求其土地得到最佳效用,权衡得失,而不惜以高价购买这一小块插花地。

在城市土地中,除土地面积外,地块的宽度、深度和形状的差异也会带来价格上的不同,宽度即临街面长度,深度即临街面与背面地界间的距离,形状即地块的水平面形状。建设用地的土地形状与土地利用能力有直接关系,一般规则地块的价格高于不规则地块,长方形、正方形高于三角形。因为长方形土地随深度的增加价格递减;随宽度增加,其价格按比例增加;只有当深度和宽度比例适当时,才能有土地利用的最大效用,宽度和深度在商业用地最为重要,而在住宅和工业用地就不太重要了。

5. 土地形状

土地有不同的形状,有正方形的、长方形的、三角形的、菱形的等。有的土地形状规则,有的不规则。形状较规则的土地,价格较高;形状不规则的土地,价格较低。

6. 日照程度

有两种情况影响日照程度:一种是自然条件,另一种是人为因素。不管哪种情况,日照程度好的房地产价格就高,日照程度差的房地产价格就低。

7. 通风和风向及风力

正常情况下,通风情况好的,房地产价格较高;通风情况差的,房地产价格较低。房地产处于上风向地区,房地产价格较高;下风向地区房地产价格较低。风力对房地产价格的影响在不同的地区是很不相同的。在风灾存在的情况下,风力越大,房地产价格越低;风力越小,房地产价格越高。在正常情况下,风力小、通风好,房地产价格也相应得高。

8. 温度、湿度和降水量

正常情况下,温度、湿度和降水量对房地产价格的影响不是很大。但在特殊情况下,即在温度、湿度和降水量过剩或不足的地区,则会对房地产价格产生明显的影响,特别是降水量过多、地势又低洼的地区,房地产价格会相对较低。

9. 天然周期性的灾害

天然灾害主要有江、河、湖、海等形式的周期性水灾。一般来说,存在天然周期性灾害的地方,房地产价格自然较低。但是,如果投资建筑的防灾工程,由于成本增加,从而使房地产价格提高。然而,这样提高了的房地产价格可能没有市场。如果由于防灾工程的建设使这些地方具有旅游观光的价值,由此使这些地方的房地产价格上涨,则有经济的现实性。但是这种房地产价格的提高必须高于投资的成本才能降低自然对房地产价格的影响。

10. 建筑物的外观

建筑物的外观(包括建筑物的样式、风格和颜色)对房地产价格也有很大的影响。建筑物的外观样式新颖、颜色协调,消费者感觉好,房地产价格就高,反之,价格就低。

建筑物朝向、结构、内部格局、设备、施工质量等,对房地产价格均有重要的影响。

(三) 行政和政策因素

行政因素主要是关于影响房地产价格的制度、政策、法规、行政措施等因素,如土地制度、住房制度、城市规划、城市发展战略、土地利用规划、房地产价格政策、房地产税收、行政隶属变更、特殊政策等。

1. 土地制度因素

在传统体制下,土地不是商品,严禁土地买卖、出租或者以其他形式非法转让,因而根本不存在地租和地价。在商品经济条件下或在市场经济条件下,土地是商品,有价格。对土地需求不断的增长使其价格越来越高。在大城市的黄金地段形成了寸土寸金的状况。

2. 房地产价格政策因素

国家对房地产价格的政策一般来说可采取三种形式,即计划价格、幅度价格、市场价格。计划价格是由国家计划决定房地产的价格,任何人不能轻易变动房地产的价格;幅度价格就是国家规定房地产价格变动的一个幅度,房地产买卖者或经营者可以在一定的幅度范围内变动房地产的价格;房地产市场价格就是由房地产买卖者根据市场供求等情况,在市场上自由决定房地产的价格。在市场经济条件下,国家对房地产市场的价格大都采取了限制的政策。国家控制房地产价格的政策是多种多样的,对房地产价格涨落影响的程度和幅度也是不完全一样的。

3. 住房制度因素

在计划经济体制下,住房不是商品,住房是作为福利设施提供给居民的,因此房租和房价都很低。改革开放以来.根据社会主义市场经济发展的运行规律,国家逐步把住房纳入了市场经济运行的轨道,实行住房商品化政策,住房价格逐步接近或者基本上符合住房商品的价值,因而使房地产的价格不断提高。因此,实行住房商品化政策成为决定房价高低的重要因素。

4. 交通状况

交通状况对房地产价格的影响来源于两个方面:一方面是交通是否便利;另一方面是关于交通的管理情况。处于交通便利的地方,房地产的价格就高,否则房地产的价格就低。同时.交通虽然便利,但是受交通管制较多,使交通受到了限制,在这种情况下,房地产的价格就会受到影响。交通管制主要是严禁某种交通工具通行以及限制通行的时间等。交通管制对房地产价格的影响主要是看交通管制的内容和房地产的使用性质。对某些房地产来说,交通管制就可能降低房地产的价格,而对另外一些房地产来说,交通管制则可能提高房地产的价格。比如,对繁华的商业区,交通管制就有可能降低客流量,影响商业利润,从而影响房地产的价格。对住宅区来说,出于交通管制,减少了住宅区内的噪声和干扰,从而提高了房地产的价格。

5. 行政隶属关系的变动因素

在国家行政建制中,把农村升为集镇,把集镇升为城镇等,每升一级都会引起房地产价格上涨。同样,把比较落后的地区划归先进的行政区,也会使原来落后地区的房地产价格上升。当然,如果向反方向发展,也会使房地产价格相应地降低。所以,行政隶属关系对房地产价格也有重大的影响。

[例 8] 2015年上海市的静安区和闸北区进行合并，使得闸北区房地产价格暴涨，同样的情况也发生在浦东新区与南汇区合并的原南汇地区。

6. 税收政策和税收制度因素

不同的房地产税收政策和税收制度对房地产价格的影响是很大的。税种不同，税率不同，对房地产价格的影响也就不同。在设置房地产税种和税率的时候，必须考虑种类税，是否可以通过各种途径部分或全部地转嫁出去，如果能够转嫁出去，对房地产价格的影响就大，就起不到控制房地产价格的作用；如果转嫁不出去，就可以控制房地产价格，对房地产价格控制作用就大。房地产税收是控制和影响房地产价格的重要手段。

7. 特殊政策因素

实行一些特殊的政策会使房地产价格受到不同程度的影响。例如，对某些地区实行开放政策和优惠政策，就会使这些地区的房地产价格提高。中国改革以来建立的特区以及对外开放地区，房地产价格都有了很大的提高。

（四）环境因素

环境因素主要是指房地产周围环境的状况，如噪声、大气污染、视觉、清洁等。

1. 噪声

汽车、工厂、建筑工地、人群等都会形成各种噪声，这些噪声对人们的生产和生活都会产生许多不利的影响。因此，噪声大的地方，房地产价格相应的也就比较低；噪声小的地方，房地产价格也就相应的较高。

2. 环境整洁程度

环境卫生和整齐清洁以及景观对房地产价格也有很大的影响。一般来说，环境卫生好、环境整齐、景观美丽，房地产的价格就比较高，否则就比较低。

3. 空气状况

房地产所在地空气状况如何，对房地产价格也有很大的影响。空气清新的地方，房地产价格比较高；空气污染的地区，房地产价格比较低。所以，化工厂、屠宰场、酒厂、酱厂等造成的空气污染，特别是有害物质和粉尘造成的空气污染，对房地产价格会产生很大的影响。

（五）人口因素

房地产的需求主体是人，人口数量和人口素质以及家庭规模等对房地产价格有着很大的影响。随着人口数量的增长，对房地产的需求必然增加，从而促使房地产价格上涨。反映人口数量的相对指标是人口密度。人口密度从两方面影响房地产价格：一方面，人口密度提高有可能刺激商业、服务业等产业的发展，从而提高房地产价格；另一方面，人口密度过高就会造成生活环境恶化，有可能降低房地产价格。如果某一地区居民素质低、组成复杂、秩序欠佳，人们多不愿就居，房地产价格必然低。在总人口不变的条件下，家庭规模的变化会影响住宅使用面积数额的变动。随着家庭平均人口的下降，即家庭小型化，房地产价格有上涨的趋势。

（六）社会因素

影响房地产价格的社会因素主要有政治安定状况、社会治安程度、房地产投资和城市化水平。

1. 政治安定状况

一般来说，政治不安定、社会动荡，必然造成房地产价格下降。

2. 社会治安程度

社会治安较差，经常发生犯罪案件的地区，意味着人们的生命财产缺乏保障，将造成房地产价格低落；反之，社会治安较好，房地产价格就高。

3. 房地产投机

过度房地产投机扰乱市场，有许多危害。一般来说，投机对房地产价格的影响可分为以下三种情况：①引起房地产价格上涨；②引起房地产价格下跌；③起着稳定房地产价格的作用。至于究竟导致怎样的结果，要看当时的多种条件，包括投机者的素质和心理等。

4. 城市化

城市化意味着人口向城市地区集中，造成城市房地产需求不断增加，带动城市房地产价格上涨。一般来说，在城市化时期的房地产价格总是呈现上涨的趋势。

（七）心理因素

心理因素对房地产价格的影响有时也是一个不可忽视的因素，主要表现为购买或出售房屋时的心态，对未来的预期，欣赏趣味，时尚风气，接近名家的心理状态，讲究门牌号码和土地号码，讲究风水，价值观的变化等方面。

（八）国际因素

随着世界经济一体化的发展，国际因素对某一国家或某一地区房地产价格的影响日益明显，其中，国际经济状况、军事冲突、政治对立以及国际竞争等影响较大。

影响房地产价格的因素除了上述几类之外，还有一些其他因素，如房地产拥有者偶然发生资金调度困难，急需现金周转，因此贱售房地产以应急需等。

三、房地产价格的种类

（一）房地产价格体系定义

房地产价格体系是与各个国家房地产制度及房地产管理政策等相关的。各类房地产价格的形成都是客观需要的结果。不同种类的房地产价格，所起的作用也不尽相同，但相互之间存在着某种联系。既相互区别又相互联系的各种房地产价格构成一定的房地产价格体系。我国的房地产价格体系正在形成，目前，现行的价格种类主要有基准地价、标定地价、出让地价、重置价格、房地产交易价格和抵押、课税价格等。

（二）房地产价格的种类

1. 地产价格、房产价格和房地产价格

房地产在物质形态上是由地产和房产构成的。虽然在物质形态上，城市房地产是不可分的，但是在价值形态上，房地产可以分为地产价格、房产价格和房地产价格。

(1) 地产价格。地产价格就是土地价格，简称地价。在一定的情况下，即使在城市，土地也是可以单独存在的。

(2) 房产价格。房产价格就是房屋本身的价格，这种价格的原始形态就是房屋的造价，即建筑房屋花费的劳动所形成的价格。

(3) 房地产价格。房地产价格就是把房地产结合在一起所形成的价格，也就是地产价格和房产价格的综合体。

2. 市场价格、理论价格和评估价格

(1) 市场价格。市场价格，简称市价，是房地产交易双方的实际交易价格。它是已经完成了的事实。这种价格通常随时间、供求关系的变化及交易双方的心态、偏好、素质的不同而经常波动。

市场价格可分为公平市价和非公平市价。公平市价是指交易双方在正常情况下的成交价格，不受一些不良因素，如不了解市场行情、垄断、强迫交易等的影响。这个价格对交易双方来说较为公正、客观。反之，则为非公平价格。

如果在交易过程中受到不正常因素影响，如一方不了解行情、政府的过多干预，或买卖双方存在某种利害关系等，都会导致交易价格不正常，这种非公平竞争市场中形成的交易价格称为非公平交易价格。

(2) 理论价格。理论价格是经济学理论认为的房地产公开市场价格。理论价格不是事实，但它是客观存在的。

(3) 评估价格。评估价格，简称评估价，是评估人员对房地产客观合理价格做出的一种估计、推测或判断。评估价格也不是事实。评估价还可以根据评估时采用的估价方法不同而有不同的称呼。例如，用成本法评估求得的价格称为估算价格，用收益法评估求得的价格称为收益价格。

3. 所有权价格、使用权价格和其他权利价格

这是一组按照所交易的房地产权益来划分的价格。同一房地产，在交易中交易的可能是所有权，也可能是使用权，还可能是其他权利，如抵押权、地役权、租赁权、典权等。

(1) 房地产所有权价格。房地产的所有权价格是指交易的房地产的所有权的总和。房地产所有权价格还可根据所有权是否完全再细分，要是在所有权上限定了他项权利，如地上权、地役权等，使所有权价格变得不完全，其价格也因此而贬值。

土地的所有权价格是指人们为购买土地所有权而支付的经济代价。在私有制国家中，土地所有权价格一般包含在房地产所有权价格中。土地所有权是最完整的土地产权。在法律规定范围内，土地所有权一经买卖，则土地所有权人发生改变，由土地所有权垄断而获得的地租收益流向也发生改变，购买土地所有权，实际上是购买获取地租的权利。人们通常讲的“土地价格”就是指土地所有权价格。是地租的资本化，即$V=\frac{a}{r}$。

(2) 房地产使用权价格。房地产的使用权价格是指交易房地产使用权的价格。而土地使用权价格是指人们为取得土地使用权而支付的经济代价。在法律规定范围内对一定面积的土地使用的权利，包含土地占有权、土地经营权、部分土地收益权、部分土地处分权等权益。在我国，城市土地的所有权属于国家，土地使用单位只有使用权，因此地价只是土地使用权的价格，土地使用权价格可因土地使用年限的长短区分为各种年期的使用权价格，如30年、50年、70年的使用权价格。一般情况下，土地所有权的价格高于土地使用权价格。

在逐年支付的情况下，土地使用权一年的价格就是当年支付的地租；如果是一次性支付，则一定年期的土地使用权价格就是按现值计算的一定年期的地租的总和。其公式为

$$p=\frac{a}{r}\left[1-\left(\frac{1}{1+r}\right)^{n}\right] \qquad \text{公式 2.25}$$

式中：n——期限(一般按年)；

p——使用权价格；

a——土地纯收益；

r——资本还原利率。

当 $n \to \infty$ 时，使用权价格 p 就与所有权价格 V 一致，但在实际交易中，土地使用权价格一般总是小于土地所有权价格。

(3) 房地产抵押价格。抵押权价格是为房地产抵押而评估的房地产价格。抵押权价格由于要考虑抵押贷款清偿的安全性，一般要比市场交易价格低。

(4) 房地产租赁价格。租赁价格是承租方为取得房地产租赁权而向出租方支付的价格。土地也可以有单独的土地租赁价格，土地租赁价格是指在土地所有权或土地使用权不变的情况下，土地所有者或土地使用权人将土地经营权，部分土地收益权等在一定时期内有偿出租给承租人使用的价格，即指承租方为取得土地租赁权而向发租方支付的代价。土地租赁价格的实质是地租。

4. 拍卖价格、招标价格和协议价格

这是一组与房地产交易所采用的方式相联系的价格分类。在房地产的产权让渡过程中，最终的交易方式一般有拍卖、招标和协议三种方式。房地产交易时，采用拍卖方式形成的成交价格为拍卖价格，采用招标方式形成的成交价格称为招标价格，采用协议方式形成的成交价格称为协议价格。目前，这组价格在土地使用权出让过程中使用得最为普遍。

通常情况下，采用协议方式出让的地价最低，其次是招标，拍卖最有可能抬高地价。

5. 总价格、单位价格和楼面地价

(1) 总价格。房地产总价格，是指房地产的整体价格。

(2) 单位价格。房地产单位价格有三种情况：对土地而言，是指单位土地面积的土地价格；对建筑物而言，是指单位面积的建筑物价格；对房地价格而言，是单位建筑面积的房地价格。房地产的单位价格能反映地价水平的高低，而房地产总价格不能反映地价水平的高低。

(3) 楼面地价。楼面地价，又称单位建筑面积地价，是平均到每单位建筑面积上的土地价格。楼面地价＝土地总价格÷建筑总面积。因为建筑总面积÷土地总面积＝容积率，所以楼面地价＝土地单位价格÷容积率。

6. 其他政策性价格

由于房地产价格会随市场波动，且对国民经济影响较大，政府一般对建立一些政策性指导价格，如基准地价、标定低价、课税价格等。

(1) 基准地价。基准地价是指在城镇规划区范围内，对在现状利用条件下不同级别或同均质地域的土地，按照其商业、居住、工业等不同用途，分别评估确定的在某一估价期日上法定最高年期土地使用权的区域平均价格。

(2) 标定地价。标定地价是政府根据管理需要，评价的某一宗地在正常土地市场条件下于某一估价期日的土地使用权价格。它是该类土地在该区域的标准指导价格。

(3) 课税价格。课税价格是指政府为课征税负，由估价人员估定的作为房地产课税基础的价格。具体的课税价格如何，要视课税政策而定。在美国，房地产课税价值是由地方政府为课税目的而确定的房地产价值，通常以该房地产市场价值的百分数表示。

(4) 公告地价。公告地价是政府定期公布的土地价格，在有些国家和地区，一般作为征用土地增值税和征用土地补偿的依据。

美国巴洛维教授在《土地资源经济学——不动产经济学》一书中有一段描述，反映了市价、抵押价格、课税价格和征用价格的联系和区别：不动产经济价值的一些重要概念，可以用一个经营者花费 50 000 美元购置一块建筑物场地，然后再花费 200 000 美元修建一幢办公楼的例子来说明。他的财产中已投入 250 000 美元，表示投资成本的总和。当他将财产作为抵押贷款评估时，该财产只会有 210 000 美元的贷款价值，估税员以 130 000 美元估定财产收税价值。如果该财产所有者决定出售其财产，在与不动产经纪人谈妥后，他决定标价 300 000 美元。然而，在他确实得到标价以后，他会发现自己的财产正是某种公共项目所需的，可以得到 275 000 美元的征用价值。

以上这五个数字中，每一个都代表着一种经济价值的衡量，每一个数字都有一种解释和合理性。

四、住房供给的差别价格模式

（一）住房差别价格的含义

差别价格来源于西方经济学中关于垄断价格的理论。在完全垄断的条件下厂商所供应的同样成本的产品，对不同的购买者规定不同的价格；或者是不同成本的产品对不同的购买者规定同样的价格，因此产生价格歧视，或称为差别价格。根据价格歧视实行的方式不同，价格歧视可划分为完全价格歧视、数量价格歧视和买者价格歧视三种。这种差别价格的西方经济理论，同样可以应用于我国城市住宅供应政策的研究。

对于住房差别价格，是城市住房供给中的一项价格政策，它是指国家住房管理部门，对城市中不同收入层次和不同占用住房数量的居民户，采用不同的住房供给价格方式。其具体含义如表 2－9 所示。

表 2－9　住房差别价格释义简表

需求层次价格（元/平方米） 家庭入息（元/平方米/月）	需求定额标准部分		需求定额超标部分	
	房租（元/平方米使用面积）	房价（元/平方米建筑面积）	房租	房价
1 000	0.5	2 000	市场价	市场价
1 000～1 500	0.8	3 600	市场价	市场价
1 500～2 500	2.0	6 500	市场价	市场价
2 500 以上	市场价	市场价	市场价	市场价

住宅价格受市场供求、造价成本、居民收入、住宅需求层次等因素的影响，而差别价格理论主要是分析与考量收入和需求层次对住宅价格影响的合理性。

（二）住房差别价格的概念图

从住房差别价格的含义可以知道，城市居民的收入层次和住宅需求层次的高低，是实行住房差别价格政策的基本依据。由此，可以得到两种住房差别价格的概念图。

1. 概念图一

第一种概念图如图 2－2 所示。其中，三角形 ABC 所构成的面积，表示住宅供给总量。直线 L_1、L_2 是作为制定住房差别价格依据的家庭人均收入线，它一般是由政府加以强制性规定的。直线 L_1 和 L_2 把三角形 ABC 划分成三个住房差别价格的区域（Ⅰ、Ⅱ、Ⅲ）。政府对人均收入水平低于L_2的城市居民户实行补贴租赁价格；而对人均收入水平高于L_2而低于L_1的居民户实行补贴出售价格；对人均收入水平超过L_1的城市居民则实行商品化租赁和出售价格。

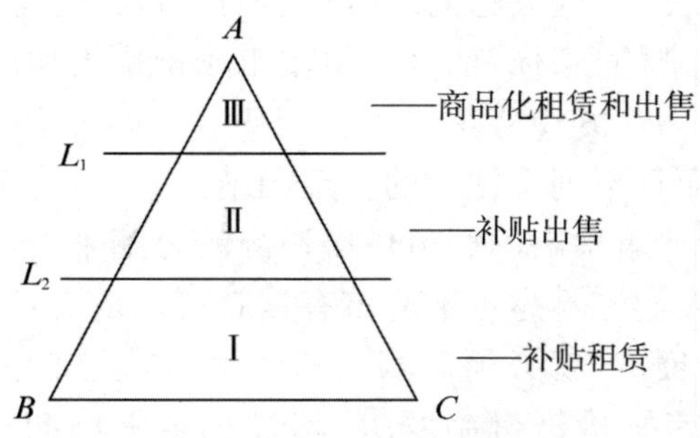

图 2－2　住房差别供给模式概念图一

从新加坡、英国、马来西亚等国家和我国香港地区的实施情况来看，在城市住宅供给上，基本上是实行上述住房差别价格模式的；而国内现行的经济适用房和廉租房制度设计就是概念图一的应用。

2. 概念图二

第二种概念图如图 2－3 所示。

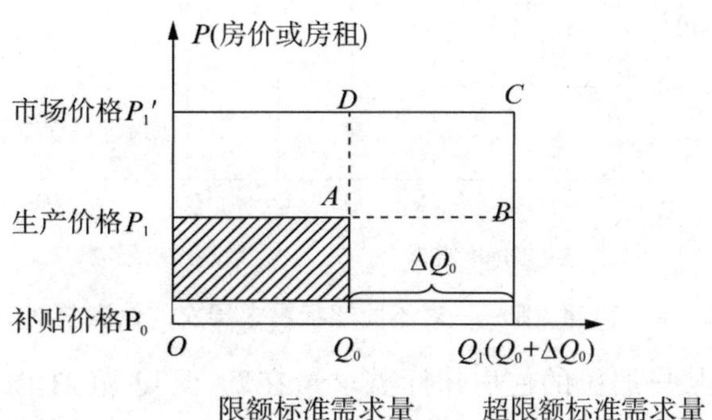

图 2－3　住房差别供给模式概念图二

首先需要说明的是，上述概念图二讨论的范围，一般限于实行补贴价格的对象，即概念图一中的（Ⅰ）、（Ⅱ）区域。因此，它实际上是从住房需求层次的角度，对概念图一的补充说明。

如概念图二所示，当某户城市居民的实际住房需求量小于或等于限额标准需求量Q_0时，他就只需按补贴价格P_0支付房价（及P_0AQ_0O区域内面积）。但是当该户居民的实际住房需求量从Q_0扩大到Q_1时，就除了需对原来的限额标准需求量OQ_0支付P_0AQ_0O这部分房价外，还应对新增住房需求量ΔQ_0按市场价格P_1'支付差别房价DCQ_1Q_0。这样，该户市民在住房需求量OQ_0的层次上，按差别价格共需支付房价为DCQ_1OP_0这一块，除去其在补贴价格P_0价位上的房价支付，尚需按市场价格P_1'多支付$DCBA$这部分差别房价。

在住房商品化过程中，广州市曾经实行的过这种概念图二的差别价格模式。

3. 概念图二的缺陷和修整

上述概念图二从理论思路上说，基本是正确的，但是从实践的可行性上说，这个图式尚存在以下两个缺陷：其一，它对超限额标准住房需求量的价格制约过于猛烈。由于我国住房计划分配的历史原因，一些家庭的现有住房需求量不同程度地存在"超标"现象，如果不加区分地对其住房需求的"超标"部分一律按市场价格去加以制约，显然是行不通的，也是不公正的。因为这种做法既违背了一般情况下住房需求的"刚性"原则，又忽视了人们实际支付能力的限制，而且不利于社会的安定团结。其二，这个图式中没有给出住房需求量的最高限额。这对于严重稀缺的城市住房资源的分配来说，它不仅是一个经济问题，同时也是一个社会问题，人们并不是也不应该有钱就可以随意获得住房的。因此，为了保证住房资源分配的公正合理性，就必须对家庭的住房需求量有一个有区别的最高限额规定。在"限额"之内的，用差别价格机制解决；超过规定限额的，则用强制性的行政可以解决。

根据上述分析，可以对住房差别价格概念图二作如下修整，如图 2－4。

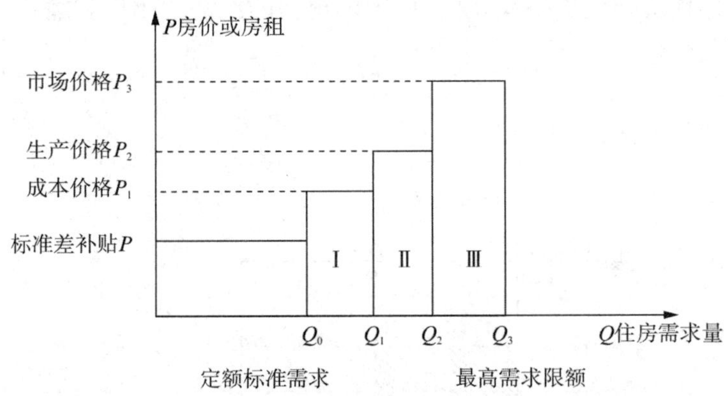

图 2－4　Ⅰ、Ⅱ、Ⅲ——对不同超标需求层次的住房差别价格

如图 2.4 所示，当某户居民的住房超标需求量在 Q_0 至 Q_1 范围里，他就需对"超标"部分用成本价格 P_1 支付房价或房租；在 Q_1Q_2 的范围里，就需以生产价格 P_2 支付房价或房租；同样，在 Q_2Q_3 范围里，他就得以市场价格 P_3 来支付。因此，这实际上是一个"超标累进计价"的住房差别价格模式。

（三）住房差别价格的合理性

注解城市住房差别价格供给模式的合理性，就必须研究这一模式的经济学原理问题。

1. 城市住房市场的总需求曲线

在城市住房市场上，对于住房商品的总需求就是每个消费者需求的总和。而每个消费者都有一条自己的住房曲线，这条曲线是根据住房商品的价格和他的相应的需求量画出来的。由于每个消费者的收入水平和消费偏好各不相同，因而各人对住房的需求曲线也是各不相同的。计算住房市场总需求，就是计算在某一房屋价格下全部消费者的住房需求总量。如下表 2－10 示案例，住房总需求也遵循一般需求规律。

表 2－10　住房市场总需求

房价 (元/平方米)	不同收入水平家庭的个别消费者需求量(万平方米)				总需求量 (万平方米)
	A组 (5 000 元/人・月)	B组 (4 000 元/人・月)	C组 (3 000 元/人・月)	D组 (2 000 元/人・月)	
60 000	1	0	0	0	1
50 000	3	1	0	0	4
40 000	5	3	1	0	9
30 000	8	5	3	1	17
20 000	10	8	5	3	26

如表 2－10 实例所示：A 组居民户的房价支付意愿≤60 000 元/平方米，B 组≤50 000 元/平方米，C 组≤40 000 元/平方米，D 组≤30 000 元/平方米，而当住房的供给价格低于各组居民户的房价支付意愿时，他们就会相应地增加其住房需求量。比如当房价从 60 000 元/平方米降到 50 000 元/平方米时，A 组居民户的住房需求量就相应从 1 万平方米增加到 3 万平方米。这样势必要陡增城市住房需求量，进一步加剧住房短缺状况。

根据上表，可以画出住房市场总需求曲线(如图 2－5)

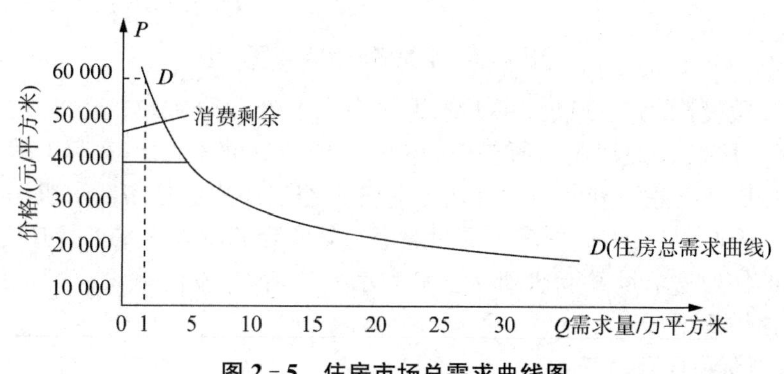

图 2－5　住房市场总需求曲线图

2. 市民的房价支付意愿

所谓“房价支付意愿”是指，人们为获得自己所需要的住房，有能力的最高支付意愿，或者有经济条件可以接受的住房价格。

实际情况表明，社会上人们的房价支付意愿是各不相同的。如 1987 年上海对 85 户购房储蓄户进行抽样调查测得其房价支付意愿如表 2－11 所示。

表　2－11

序号	抽调样本	占总体单位数 85 户的百分比(%)	房价支付意愿(元/平方米)
1	29	34.1	2 000～3 000
2	22	25.9	3 001～4 000
3	16	18.8	3 600～5 000
共计	67	—	5 000～6 000

人们的房价支付意愿差异，从商品经济的角度加以分析，主要原因还在于人们收入层次或实际支付能力的不同。

3. 住房"消费者剩余"

所谓住房"消费者剩余"，是指人们对住房商品需求的"支付意愿"与实际支付房价之间的货币差额。仍以表 2－10 为例，如人均月收入为 3 000 元的 A 组居民户，其支付意愿为 60 000元/平方米，而它实际支付房价为 40 000 元/平方米，这样(60 000 元/平方米－40 000 元/平方米)＝20 000 元/平方米，这 20 000 元就是 A 组居民户在 1 万平方米需求量的范围里，每购置 1 平方米住房所获得的"消费者剩余"。以 1 万平方米的购置量计算，A 组居民户共获得住房消费者剩余：20 000 元/平方米×10 000 平方米＝200 000 000 元，如图 2－6 所示。

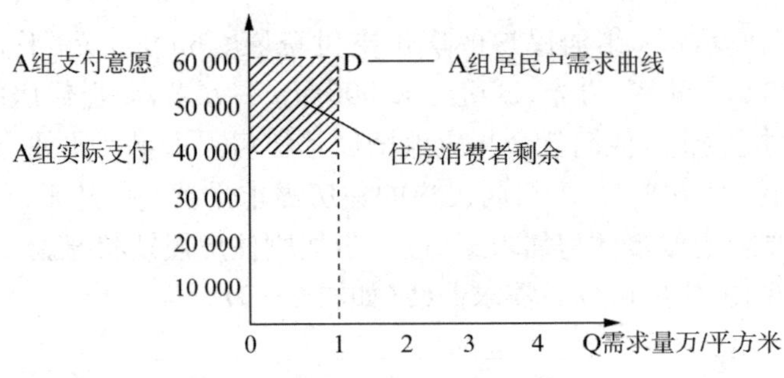

图 2－6　消费者剩余示意图

现在进一步假设，若 40 000 元/平方米为住房成本价，而 60 000 元/平方米为住房商品价(成本＋利润)，那么 A 组居民户所获得的消费者剩余总量 2 亿元，实际上就等于开发商损失了 2 亿元的住房开发建设利润。而且还会造成 A 组居民户的住房需求饥渴症和不合理的住房消费结构。因此，只要人们的房价支付意愿与其实际的收入水平保持适当的比例(比如 15%)，而他们的住户需求量又能达到社会平均水平的话，开发商就没有理由用低于其支付意愿的房价向他供房。

4. 住房差别价格与住房保障

由于房地产具有地域的垄断性，开发商利润最大化的住房价格，即住房的合理定价，就是住房的供给价格与人们的房价支付意愿相一致的价格，也就是使住房"消费者剩余"等于零的那种价格。由于居民户的家庭收入水平层次不同，房价支付意愿不同，所以住房的供给价格自然也应有相应的价格高低的差别。

从社会的角度上说，实行住房差别价格，是构建住房保障体系的一项重要措施。

假设某市进入住房销售市场的居民户按其收入层次的高低分为 A、B、C、D、E 五个组，它们的房价支付意愿和住房需求量如表 2－12 和图 2－7 所示。

表 2－12　某市住房总需求状况

购房居民户分类	房价支付意愿(元/平方米)	购房需求量(万平方米)
A	50 000(市场价格)	1
B	40 000(生产价格)	2

续表

购房居民户分类	房价支付意愿(元/平方米)	购房需求量(万平方米)
C	30 000(成本价格)	3
D	20 000(补贴价格Ⅰ)	3
E	10 000(补贴价格Ⅱ)	3
总需求(万平方米)	—	12

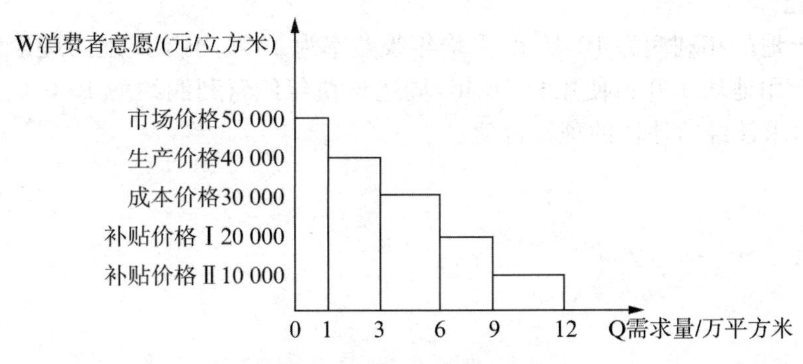

图 2-7　居民住房需求意愿图

如果该市完全采取市场价格销售，低收入的居民不会成为开发商的客户，造成大量居民户的住房难以得到改善，但若政府按成本价格限价，则房地产开发企业会缺少生产积极性，因此，由政府按成本价格，甚至补贴价格提供给低收入居民，可以解决人们的居住困难，提高低收入家庭的住房满意度。由于我国土地是由国家垄断，政府可以通过收取级差地租以及对房地产开发企业征税，来获得建设保障性住房的资金。

(四) 住房差别价格模式的社会经济目标

住房差别价格体系是完善城市住房供给体系的一个基本模式。实行这一模式，主要是为了达到如下的社会经济目标：

1. 保证社会低收入阶层能够以他支付得起的房价和租金，而获得满足其基本生活需要的住房，加强社会政局的稳定性。这也是我国城市房地产发展的重要社会目标。

2. 把政府对房地产的有限补贴，真正用在刀口上，充分发挥其"雪中送炭"的功能，实现稀缺的住房资源的最大社会经济效用和城市住房分配的社会公正合理性。

3. 通过"居民收入—住房价格"耦合机制的建立，逐步调整不合理的住房消费结构，最终确立起"居民收入—住房消费量—住房消费支出"三者之间的适度比例关系。

4. 对于中高收入者，运用市场机制，实现有限资源的最优配置，消除住房需求的无度膨胀，促使人们节约用房，合理用房。

5. 实施住房差别价格体系，政府可以通过征收房地产出让金及相关税收政策，从社会上高收入阶层中获得资金收益，用以补贴低房价和低租金造成的损失，以完善城市住房供给体系。

课后练习

一、思考题

1. 地租有哪些类型？级差地租如何转化为绝对地租？

2. 简述杜能的农业区位论、韦伯的工业区位论、廖什的市场区位论、克里斯塔勒的中心地学说的主要观点，及其理论贡献。

3. 土地使用权价格有哪些类型？土地价格有哪些特点？

4. 影响房地产的价格有哪些因素？住房差别价格有哪些经济意义？

二、计算题

1. 已知土地的年利润为10万元，平均年收益率为10%，求该土地的理论价值。

2. 某经营用地块100亩使用权50年，周边地块年经营利润约为10 000元/亩，平均年收益率为8%，求该经营地块的理论价值。

第三章　房地产项目开发的资金筹措

资金筹措是房地产开发的关键，也是房地产企业开发与经营的血液，一般情况下，在进行具体项目的开发建设时，房地产开发企业需要综合运用多种渠道，有效获得房地产项目开发的资金，并降低筹资成本是房地产项目开发成功及企业生存的重要基础。需要注意的是，房地产开发资金的筹集一般必须以房地产开发企业——法人为主体进行，因而需要从企业角度介绍开发资金筹集的各种渠道；而实际上，我们在进行开发项目的可行性研究、资金筹集方案比较时，一般都是以具体项目为主体而展开的。本章的学习重点包括：

◆ 房地产贷款的类型及考核指标；

◆ 房地产股权融资方式及股票分析依据；

◆ 房地产债券融资的类型，可转换债券的价值测算；

◆ 房地产基金的类型，房地产证券投资基金的运作实务。

第一节　房地产贷款

一、房地产贷款的含义

由于房地产开发资金需求特别大，房地产开发商的自有资金一般不可能完全满足需求，通过哪些渠道落实资金就成为房地产开发商必须解决的一个重要问题。随着我国房地产市场的逐步完善，房地产金融业的逐步发展，房地产开发资金的筹集渠道也越来越多。通常，房地产开发商的资金筹集渠道主要有：自有资金、银行贷款、发行债券及预收房款等形式，对股份制企业而言，发行股票也是有效的筹资方式。

任何房地产开发商要求的发展，都离不开银行和其他金融机构的支持。而且由于“杠杆效应”的存在，任何开发商都不可能，也不愿意完全靠自有资金周转而不利用银行或其他金融机构的借贷资金。

二、房地产贷款的类型

（一）房地产开发企业流动资金贷款

1. 定义

房地产开发企业流动资金贷款是房地产金融机构对开发企业发放的生产性流动资金贷款，其贷款对象是在规定贷款范围内的、具有法人地位、实行独立经济核算的从事房地产开发活动的企业。

2. 房地产开发企业流动资金贷款的条件

一般来说应具备以下贷款条件：

（1）必须具备开发企业资格。必须具有开发企业资格证书，必须持有工商营业执照；

（2）必须在贷款银行开立账户，持有贷款证；

(3) 必须拥有一定量的自有资金；

(4) 必须具有开发计划。必须具有有关部门下达的年度投资计划和开发项目的有关批准文件；

(5) 必须具有健全的管理机构和财务管理制度；

(6) 必须具有还本付息的能力等。

另外，贷款银行对企业的实有资本、信誉、拟开发项目的成本和效益情况、开发商在建工程情况(是否超能力开发)等也将进行审核。

3. *房地产开发企业流动资金贷款的主要考核指标*

考核房地产开发企业财务状况和还本付息能力的主要指标包括有短期偿债能力指标、长期偿还能力指标和盈利能力指标三大系列指标。

(1) 短期偿债能力指标。

① 流动比率，这是衡量企业短期常在能力的一个重要指标，计算公式为

$$\text{流动比率}=\frac{\text{流动资产}}{\text{流动负债}}\times 100\% \qquad \text{公式 3.1}$$

② 速动比率，这是衡量企业近期支付能力的一个指标，计算公式为

$$\text{速动比率}=\frac{\text{速动资产}}{\text{流动负债}}\times 100\% \qquad \text{公式 3.2}$$

③ 现金比率，又称变现比率，这是衡量即期偿付能力的指标，计算公式为

$$\text{现金比率}=\frac{\text{现金}+\text{短期证券}}{\text{流动负债}}\times 100\% \qquad \text{公式 3.3}$$

(2) 长期偿还能力指标。

① 资产负债率，这是衡量企业利用债权人提供的资金进行经营活动的能力，并反映债权人发放贷款的安全程度的指标，计算公式为

$$\text{资产负债比率}=\frac{\text{负债总额}}{\text{资产总额}}\times 100\% \qquad \text{公式 3.4}$$

② 产权比率，这是衡量负债人投入的资金受所有者权益保障程度的指标，计算公式为

$$\text{产权比率}=\frac{\text{负债总额}}{\text{所有者权益总额}}\times 100\% \qquad \text{公式 3.5}$$

③ 已获利息倍数，这是衡量企业是否有充足的收益支付利息费用的能力指标，计算公式为

$$\text{已获利息倍数}=\frac{\text{税前利润}+\text{利息费用}}{\text{利息费用}}\times 100\% \qquad \text{公式 3.6}$$

(3) 盈利能力指标。

① 资产总额收益率，这是衡量企业利用资产获取利润的能力指标，计算公式为

$$\text{资产总额收益率}=\frac{\text{净利润}}{\text{平均资产总额}}\times 100\% \qquad \text{公式 3.7}$$

其中，$\text{平均资产总额}=\frac{\text{资产总额年初数}+\text{资产总额年末数}}{2}$。

② 所有者权益利润率，这是衡量企业所有者权益获利能力的指标，计算公式为

$$\text{所有者权益利润率}=\frac{\text{净利润}}{\text{平均所有者权益}}\times 100\% \qquad \text{公式 3.8}$$

其中，平均资产总额$=\frac{\text{所有者权益年初数}+\text{所有者权益年末数}}{2}$。

此外，反映企业盈利水平的指标还有销售利润率、资本金利润率、销售毛利润等。

房地产开发企业流动资金贷款一般要经过贷款申请、贷款评估与贷款审核、核定贷款额度与期限、签订贷款合同和担保合同等过程，并办妥有关手续，最后由银行按贷款合同规定发放贷款。

（二）房地产开发项目贷款

1. 定义

房地产开发贷款是指对房地产开发企业发放的用于住房、商业用房和其他房地产开发建设的中长期项目贷款。它的特点是贷款只能用于规定的开发项目，贷款对象是一些投资额大、建设周期长的开发项目，如大型住宅小区等，承担项目开发的房地产开发企业是开发项目贷款债务承担者。房地产贷款的对象是注册的有房地产开发、经营权的国有、集体、外资和股份制企业。房地产开发贷款期限一般不超过三年(含三年)。

2. 房地产开发项目贷款条件

开发项目贷款，除必须符合房地产开发企业流动资金贷款条件外，还必须具备以下条件：

(1) 贷款项目必须列入当年的开发计划；

(2) 必须具备批准的设计文件；

(3) 前期工作必须准备就绪，落实施工单位，具备开工条件。

与房地产开发企业流动资金贷款不同，开发项目贷款时，银行参与项目的选择，参与可行性研究工作，并进行项目评估，未经评估的项目一般不承诺贷款。银行参与项目扩初设计及概算的审查，并根据项目有关情况参与销售价格的评估。银行参与项目年度计划的安排，并根据计划执行情况，编制年度贷款计划，核定贷款额度。

3. 房地产开发项目贷款的类型

按照开发内容的不同，房地产开发贷款又有以下几种类型。

(1) 住房开发贷款，是指银行向房地产开发企业发放的用于开发建造向市场销售住房的贷款。

(2) 商业用房开发贷款，是指银行向房地产开发企业发放的用于开发建造向市场销售，主要用于商业行为而非家庭居住用房的贷款。

(3) 土地开发贷款，是指银行向房地产开发企业发放的用于土地开发的贷款。

(4) 房地产开发企业流动资金贷款，是指房地产开发企业因资金周转所需申请的贷款，不与具体项目相联系，由于最终仍然用来支持房地产开发，因此这类贷款仍属房地产开发贷款。

4. 房地产开发项目贷款的利率

与房地产企业流动资金贷款相比，房地产开发项目贷款的利率具有一定的优惠，具体而言，其利率主要参照以下条件来制定。

(1) 人民币贷款利率执行中国人民银行规定的贷款利率。

(2) 外汇贷款利率根据银行的有关规定和经办行资金筹集成本及同业水平确定，可为固定利率，也可为浮动利率。

(3) 贷款期间的利率变动根据银行的通知执行。

(4) 如果展期贷款期限加上原期限达到新的利率期限档次的,从展期之日起按新的期限档次利率计收。

(5) 逾期贷款利率按中国人民银行规定的利率执行。

(6) 挤占、挪用贷款按银行规定的利率进行罚息。

(三) 房地产经营贷款

1. 定义

房地产经营贷款是以中小企业主或个体工商户为服务对象的融资产品,借款人可以通过房产抵押等担保方式获得银行贷款,贷款资金用于其企业或个体户的经营需要。

2. 房地产经营贷款的申请条件

借款人申请个人投资经营贷款除必须具备产品有市场、经营有效益、还贷有保障等基本条件外,同时还必须具备以下条件:

(1) 具有城镇常住户口或有效居留身份。

(2) 无不良社会信用记录,信用良好。

(3) 在贷款银行开立一般存款账户。

(4) 经营产品市场前景好、经济效益佳。

(5) 经营状况、财务状况良好。

(6) 能够提供贷款人认可的有效担保。

(7) 贷款人规定的其他条件。

3. 房地产经营贷款的贷款额度,期限及优势贷款额度

房地产经营贷款采用循环授信的方式,一般以住房抵押,最高可达房产评估价值的80%,商用房亦可。贷款期限最长5年,循环授信循环使用,按月/季还息,到期还本,还款非常灵活,配合正常经营现金流,可以减少利息负担和到期一次还本的资金流动压力。

房地产经营贷款的利率,一般执行人民银行规定的同期同档次基准贷款利率或适当上浮。

(四) 房地产抵押贷款

1. 定义

房地产抵押贷款是指借款人以借款人获第三人合法拥有的房地产以不转移占有的方式向银行提供按期履行债务的保证而取得的贷款。当借款人不履行债务时,银行有权依法处分作为抵押物的房地产,并优先受偿。当处分抵押房地产后的资金不足以清偿债务时,银行有权继续向借款人追偿不足部分。

房地产抵押贷款的对象可以是符合条件、具有可抵押的房地产的法人,也可以是具有可抵押的房地产、并具有完全民事行为能力的自然人。

房地产抵押贷款的贷款额度由贷款人根据借款人的资信程度、经营状况。申请借款金额和借款时间长短确定,一般最高不超过抵押物现行作价的70%。贷款的期限主要有两种:短期建设贷款以建设周期为限,一般3～5年;长期经营贷款15～30年。贷款利息实行按季结息的办法,利息的收取方法是由贷款人按季直接从借款人的存款账户中收取。

2. 抵押物管理与贷款对象

(1) 抵押物的要求。房地产抵押贷款可以设定抵押权的房地产有:依法取得的土地使

用权;依法取得的房屋所有权及相应的土地使用权;依法取得的房屋期权及可抵押的其他房地产等。以划拨方式取得的土地使用权设定抵押权的,依法处分该房地产后,应当从处分所得的价款中缴纳相当于应缴纳的土地出让金的款额后,贷款银行可优先受偿。在房地产抵押贷款中,不转移房屋的占有权、使用权、处分权和收益权,但产权人和受押者都不能随意处理房屋。

(2) 抵押物的占管。抵押物的占管方式一般而言有两种:抵押权人占管方式和抵押人占管方式。房地产商品的特性决定了房地产只能由抵押人占管,抵押权人保管房地产的产权证书及其他证明文件。未经抵押权人同意不得以任何方式或理由将房地产交由他人占管。抵押人在占管期间应维护已做抵押的房地产的安全和完整,并随时接受对方的监督和检查。抵押人未征得抵押权人书面同意,不得擅自将抵押物出租、变卖、拆除、赠予、改建,不得改变其性质。已做抵押的房地产在抵押期间内发生继承、遗赠时,继承人、受遗赠人应书面告知抵押权人。

(3) 抵押物的处分。抵押物的处分是房地产抵押权实现的最高形式,有下列情况之一的,抵押权人有权向有关部门申请处分抵押物:

① 抵押人未依约履行债务的,即合同期满后未还清贷款本息的。

② 抵押人死亡或被宣告死亡,或者失踪而又无人代其履行债务的。

③ 抵押人的继承权或受遗赠人代管人拒不履行债务的。

④ 抵押人被宣告解散或破产的。

获得抵押物处分权利后,抵押权人可以申请在房地产市场公开拍卖,或委托房地产交易市场出售,或经过当地房地产管理部门同意的其他适当方式。不论采取何种方式,均应按照当地有关规章办理。

抵押房地产处分所得价款的分配原则和分配顺序是:

① 支付处分抵押物的费用;

② 扣除抵押物应缴税费;

③ 偿还债权本金;

④ 偿还抵押权人的债权本金、利息以及违约金;

⑤ 所剩余的部分退还抵押人。

按照《企业破产法》规定,抵押物不属于破产财产,但抵押物处分价款超过偿还额的剩余部分属于破产财产;抵押物处分价款不足偿还贷款部分,作为破产债权依照破产程序受偿。

3. 房地产抵押贷款的申请条件与程序

(1) 房地产抵押贷款的申请条件。房地产抵押的条件除一般贷款的基本条件外,最主要的就是拥有可抵押的房地产。房地产抵押是建立贷款关系的前提,也是取得贷款的条件。

房地产抵押贷款的程序与房地产开发企业流动资金贷款基本相同,不同之处主要包括以下几个方面。

① 房地产贷款的额度由贷款银行根据借款人的资信程度、经营收益、申请借款金额和借款时间长短确定,但最高不超过抵押物现行作价的70%,并且抵押物的现行作价一般由具备专业资格条件的房地产评估机构评估确定。

② 抵押合同由借款人或抵押人与贷款银行双方共同签订,抵押合同是房地产抵押贷款合同不可分割的文件。

③ 房地产抵押贷款合同、房地产抵押合同签订后，必须办理抵押登记手续，若按规定须公证的，贷款合同和抵押合同必须经公证机关公证。

(2) 房地产抵押贷款的申请程序。房地产抵押一般需要经过提出申请、贷前审查、对抵押房地产的估价、合同的签订和登记等程序。

① 提出贷款申请。凡是符合贷款条件的借款人向银行申请房地产抵押贷款时须填写《房地产抵押贷款申请表》，并提供规定的文件，经贷款负责人认定后方可办理借款申请。比如借款人为房地产开发经营企业，则申请房地产抵押贷款时应提交的文件包括：房地产抵押登记申请书。抵押当事人身份证明或法人资格证明、经有权部门批准的立项文件。抵押房地产的清单及所有权证件、房地产抵押合同、贷款银行要求提供的借款人财务情况和其他有关文件。当以土地使用权做抵押向银行取得贷款时，还须提交抵押当事人的身份证明或法人资格证明、土地使用证、土地使用权出让合同及按合同付清出让金的凭据。

② 贷前审查。金融机构收到借款人的申请及相关文件后，要对借款人和抵押标的物进行全面的审查和分析。这是保证贷款安全的重要环节，审查包括以下内容。

首先，对借款人资格、资信的审查主要审查借款人是否具备相应的资格和确有还款能力。抵押人应具有完全民事行为能力，对抵押房地产拥有所有权，并领有所有权凭证；法人应具备独立核算、自负盈亏能力，且具有房地产开发权。同时，银行可要求企业提供验资证明。财务报表等资料审查抵押人的资信状况。在对借款人审查的同时也要审查承押人是否具有承押资格，这将由政府指定的房地产抵押贷款领导机关来进行。中国有些地区规定，房地产抵押贷款发放机构必须是国内的银行或者是在中国设立办事机构的外国银行。

其次，对抵押物的审查。对于抵押房地产的选择和审定，主要着眼于易于保值、易于变现、易于保管以及易于估价的房地产。抵押物要符合国家有关规定，不得抵押的房地产不能用于贷款抵押。

最后，对贷款用途。项目的审查和分析一是审查贷款的用途是否符合国家有关规定；二是对贷款项目进行可行性评估，从市场研究和经济研究两个方面分析贷款是否可行，主要有以下比率指标。

一是营业净收益与贷款本息比率。这是分析房地产抵押贷款还款能力的指标，根据预计项目年度营业净收益/年度偿还贷款本息金额计算。该比率越低，对金融机构而言风险越小；反之，风险越大。

二是营业费用比率。该指标也可以分析房地产抵押贷款的还款能力，根据营业费用/项目实际总收入计算。该指标越大，反映项目创造单位收益所需的投入越大，贷款人可将该指标与市场上平均水平比较，一般不能差距太大。

三是保本比率。这是指项目支出与收入的比例，根据(营业费用＋贷款本息)/潜在总收入计算。贷款人一般规定允许的最高比率范围为70％～95％，如果比率高于这一水平，则项目得不到保本的现金流。

四是贷款价值。根据抵押贷款金额/抵押房地产价值计算。这个比率对金融机构而言，越低则贷款安全性越大；反之，贷款安全性就越差。抵押贷款金额的确定取决于各方面因素，如银行可贷资金是否充裕、借款人的自筹资金能力、借款人的还款能力以及政府的法律、法令等。

③ 对抵押房地产的估价。房地产抵押估价是审核房地产产权证书的真实性及可靠性，

并在综合考虑市场变化、利率趋势等因素的基础上，对抵押房地产的价值进行评估，决定该贷款金额与抵押物价值的比率。房地产价值评估可分为住房估价和土地估价两个部分。住房估价方法较单一，其房价可根据房屋重置价×房屋成色计算，其中房屋重置价是按现有物价水平重新建设房屋的价值；房屋成色是用百分比表示的新旧程度。房屋估价还可以按各种建材数量构成评点计算，也可以采用立方尺法、平方尺法等。其基本思路是先计算其建设成本，然后减去折旧。

土地估计则较为复杂，常用的评估方法有市场比较法、收益还原法、剩余法、成本法等。房地产金融机构一般配有专职或兼职估价人员，对抵押房地产做出价值判断。通过上述方法计算出房地产现值后，金融机构根据房地产市场走势。贷款利率变动趋势等因素，决定贷款金额与房地产价值的比率，算出贷款额度。20 世纪初美国刚开始推行房地产抵押贷款时，贷款价值比仅为 50%～60%，后随经济发展，这一比率提高到 80%左右。第二次世界大战后，美国房地产抵押贷款由于二级抵押市场的建立，房地产的易售性、价值流动性增强，贷款风险分散，贷款价值比率高达 90%。中国由于刚刚开始推行房地产抵押贷款制度、贷款额度要根据福利性住房和盈利性经营房地产分别确定，前者可享受优惠，而后者则应从严掌握。

④ 合同的签订和登记。对贷款审查合格之后，借款双方应在平等协商的基础上，共同订立抵押贷款合同。房地产抵押贷款合同是指房地产抵押当事人。（包括借贷双方和担保人）按照一定的法律程序签订的书面契约，所签订合同应办理公证登记。另外，抵押人和抵押权人应在房地产抵押合同签订之日起 30 天内持抵押合同。有关批准文件及证件到当地房地产产权管理部门申请抵押登记。登记的目的是为防止产权不清或已经失效，以及一物两押。房地产产权管理部门应在规定日期内办完登记手续。抵押合同自抵押登记之日起生效。未经登记的房地产抵押贷款，法律不给予保护，如抵押合同变更。解除和终止，抵押双方当事人应自发生之日起 15 日内向原登记机关办理变更或注销登记手续。

⑤ 办理抵押房地产的保险。中国有些地方性法规和政策规定，房地产抵押人在申请抵押贷款前，应按银行指定的险种向保险公司投保，否则不能取得贷款。借款人可持购房合同或售房单位出具的住房交付使用证，办理投保手续。借款人自行组织施工或翻修住房的应办理“建修房综合保险”，至建修住房全部竣工时为止。保险金额的确定：凡以购建的住房做抵押的，不得少于购、建住房的价值；以优惠价购房的住房做抵押的，应按优惠价房的现值进行保险；旧房翻新后做抵押的，将旧房价值与翻修费用之和做保险金额。抵押期内，保险单由贷款人保管。抵押物的保险期应与抵押贷款期限相一致，借款人在抵押期间不能中断或撤销保险。如果借款人中断保险，贷款单位有权代为保险，费用由借款人负担。被保险的抵押物一旦出险，其责任范围内的灾害事故，由保险公司按保险单规定赔偿。贷款单位为抵押物保险赔偿的第一受益人，如果借款人未按合同履行还本付息者，贷款单位有权从保险赔偿金中扣除贷款本息。

4. 房地产抵押贷款的分类

房地产抵押贷款根据利息计算和本金偿还方式的不同，可以分为以下几种。

(1) 渐进式抵押贷款。渐进式抵押贷款是在偿还期根据借贷人的收益水平规定合理的、不等的偿还额，或每次还款额相同但还款的时间间隔逐渐变小，也被称为等额本息还款。计算每分段还款期的还款增加幅度可由借贷双方协商确定。

(2) 递减式还款抵押贷款。递减式还款抵押贷款是指先固定每个还款期所需偿还的本金,然后以日息计算每期应付的利息。例如在第二个还款期时,从总贷款额中扣除已还的本金,以此做基数来计算本期应付的利息,也被称为等额本金还款。因此,贷款人应付本息逐期相继减少。

(3) 定息抵押贷款。定息抵押贷款是指金融机构在进行房地产抵押贷款时,在整个还款期限内固定房地产抵押贷款利率的做法。这种抵押贷款方法对借贷人来说,好处是能够准确地测算出他在未来的一段时间内的支出,但要承担比目前市场利率还要高的抵押利率。这是因为通常金融机构为了减少风险,并不固定整个还款期的利率,只固定一段时间的利率水平。

(4) 重新协议利率抵押贷款。重新协议利率抵押贷款又称滚动抵押贷款,是指抵押贷款在还款期限内每隔 3 年、4 年或 5 年,允许双方重新协议抵押利率。有些金融机构将这种抵押形式与渐进式抵押贷款相结合加以运用,吸取二者各自的优点。利用渐进式抵押贷款可以减少初期偿还金额,能够促使更多的人利用抵押贷款,而利用重新协议利率抵押贷款可以使贷款人在利率上升后将损失转移给借贷人。但有时会给借贷人造成双重不利的影响,即一方面利率上升增加了借贷人的还款负担;另一方面渐进式抵押贷款又有计划地增加了借贷人的还款额。

此外,还有比例升值贷款、增快还本抵押贷款和可调整利率抵押贷款等形式。

5. 房地产抵押贷款的特征

与其他贷款相比,房地产抵押贷款具有以下特征。

(1) 是以房地产作为抵押物为前提来融通资金的贷款。房地产抵押贷款是以房产或地产为抵押而取得的贷款。与信用贷款相比,房地产权参与到抵押人与承押人之间的借贷活动中,减少了债权人的贷款风险,而且其贷款发放数额由抵押物的价值和贷款项目风险程度来决定,整个借贷活动的展开以房地产抵押品的存在为前提。但就借贷双方而言,其目的都不是为了取得抵押物,而是以抵押物为前提融通资金。借方是为了获得资金而将房地产抵押,贷方是为了保证贷款安全而要求取得抵押物的抵押权。

(2) 当事人具有双重关系。借贷双方不仅具有债权债务关系,而且还存在出押受押关系。借方既是债务人又是出押人;贷方既是债权人又是受押人。

(3) 抵押物权属关系复杂。房地产抵押中抵押权是从属主债权的担保物权,在抵押期间内,房地产抵押物设立抵押权,并办理登记,抵押权人保管房产的产权(所有权)证书和地产的使用权证书,但不转移房地产的占有权、使用权、处分权和收益权,仍归出押人。当贷款到期如出押人履行债务,房地产所有权证书归还出押人,如出押人不能清偿债务,承押人可以行使对房地产的所有权。

(4) 借贷双方须签订抵押合同,保护双方权利房地产抵押所涉及的权属关系较为复杂,为保证抵押双方的权利和义务,必须签订房地产抵押合同,并应到房地产管理部门进行抵押登记,使其发生法律效力。还清贷款全部本息后,房地产抵押合同即告终止。

(5) 涉及关系人及影响因素众多。房地产抵押贷款与其他标的物抵押贷款不同,它不仅涉及抵押人与承押人的双方利益,还涉及如房地产使用人、共有人以及他项权利人等各方面的权益。影响因素包括交易市场上房地产实际价格的波动情况,抵押期间房屋的使用、修缮、管理、养护对实际价格所产生的影响,以及意外灾害、人为事故等。

第二节　房地产股票

一、股票的定义与特征

（一）股票的定义

股票(stock)是指股份公司发行的公司资产(净资产)所有权凭证，即将为股东拥有股份公司资产所有权凭证，并凭借其股份(股票)获取股利(股息和红利)收益(投资收益)或资本增益(资本利得)的一种有价证券。

（二）股票的特征

根据股票的定义，股票具有以下特征。

1. 期限上的永久性

股东投资股票所获得所有权无固定的时间期限，只要公司存在，则权利始终保留，直至公司破产清算。例如，在清理国有企业向银行借款形成不良资产时，债权可以转换转股权，则银行由债权人转为无期限的股东；同样，资产管理公司可以通过购买企业在银行的债务转化而得到的股权，对企业投资。

2. 责任上的有限性

股票一般以拥有公司净资产所划分的股份为限承担责任。《中华人民共和国个人独资企业法》[①]第一章第二条规定：本法所称的个人独资企业是指依照本法在中国境内设立由一个自然人投资，财产为投资人个人所有，投资人以其个人财产对企业债务承担无限责任的经营实体。

3. 决策上的参与性

企业的股权投资人原则上可以参与企业的经营决策。在同股同权的情况下，按一股一票产生董事会，再由董事会成员一人一票产生董事长。但在美国纳斯达克等股票市场，也存在同股不同权的情况，部分股东(一般是创始人)所持一股具有数倍于普通股东的投票权。

4. 报酬上的剩余性

股权投资所获得的报酬是以未分配利润为限额的，而未分配利润是企业利润总额中扣除所得税、少数股东损益，并提取了法定公积金(净利润的10%)、任意盈余公积金(净利润的5%～10%)后的剩余部分。

5. 清偿上的附属性

股权投资的回报并非强制，在企业权益清算时，债券优先于股权获得偿还。

6. 交易上的流动性

一般股权投资具有更强的流动性，即股东可以在企业存续期间买卖股票。

7. 投资上的风险性

由于股票报酬取得的剩余性、清偿上的付属性，以及交易上的流动性，使得股权投资具有更强的风险，投资人需要承担企业经营的风险、交易波动的风险等诸多风险。

---

① 1999年8月30日第九届全国人民代表大会常务委员会第十一次会议。

8. 权益上的同一性

股票的收益是按股份来分配的,即使在同股不同权的情况下,股票收益也是按每股收益进行核算的,红利发放也是按每股计算的。

二、股票分类

(一) 普通股与优先股

按股东对公司拥有的权益(国际通行规则),可以将股票划分为普通股与优先股。

1. 普通股

(1) 定义。普通股(common stock)是指与股份公司存续期相同的,以表示对公司资产的所有权凭证。

(2) 特征。普通股具有以下主要特征(权利)。

① 公司经营决策的参与权(股东大会表决权)。股东参与公司经营,主要通过董事会和监事会。董事的选聘一般采用多数投票制(Majority Voting System)和累计股票制(Cumulative Voting System)。多数投票制是根据"一股一票"原则,行使股东大会的表决权,股东必须根据其所拥有的表决权就董事会的每一个董事席位进行表决;累积投票制下,股东的表决权是以其所持有的股票份数和董事会待选的董事人数来决定的。

② 盈余分配权。盈余分配权是指普通股股东可以从公司的经营利润中分配到股息的权利。普通股的股息不能超过税后利润扣除公积金(法定、任意)、公益金和优先股股息后的剩余部分。

③ 剩余资产清偿权。剩余资产清偿权是指股份公司破产或解体时,公司财产应先偿还债权人、优先股股东,剩余部分归普通股。

④ 优先认股权。优先认股权又称优先认缴权或股票先买权,是公司增发新股时为保护老股东的利益而赋予老股东的一种特权。其主要目的是维持现有股东的股份(占总股本)保持不变,或者公司股本扩张后,作为盈利稀释的补偿(配股价低)。

2. 优先股

(1) 定义。优先股(preferred stock)是指在普通股基础上发展起来的,对公司资产拥有的优先所有权,给予投资者某些优惠特权的股票。

(2) 特征。优先股与普通股相比,具有以下主要特征。

① 优先领取股息。优先股可先于普通股获得股息分红。

② 优先获得补偿。公司破产解体时,清偿债务后按可以先于普通股获得面价偿还。

③ 一般不参与公司的经营决策。优先股股东一般不能获得经营决策的投票权。

④ 不能分享公司利润增长的收益。优先股一般只能获得所约定的固定股息。

(3) 利弊。优先股对投资者而言,风险比普通股少,收入比债券高;对公司而言,不丧失经营决策权,不构成债务,融资成本较低,且对企业具有财务杠杆作用。

[**例 1**] 假设某公司的股东结构中只有普通股 500 万股,某年度税后利润为 400 万元,则每股收益为 0.8 元/股,若税后利润提高到 800 万元,则每股收益为 1.6 元/股,增长了 100%。

假设普通股、优先股同时存在,并必须支付优先股 300 万元,则普通股每股收益为 0.2 元/股(400 万元−300 万元=100 万元),若税后利润每提高到 800 万元。则(800 万元−300

万元＝500 万元）每股收益为 1.00 元（500 万元/500 万股），增长了 400％，反之亦然。

若税后利润减少到 200 万元，则每股收益 0.4 元/股，降低了 50％［（0.4－0.8）/0.8＝－50％］。

若优先股减少 100 万元，则每股收益为－0.2 元/股（－100 万元/500 万股），降低了 200％［（－0.2－0.2）/0.2＝－0.4/0.2］。

（二）流通股与非流通股

按我国现行制度，根据股份流通及股东持股主体可把股票划分为流通股与非流通股。其中，流通股又可以分为境内上市人民币普通股（社会流通 A 股）、境内上市的外资股（社会流通 B 股）、境外上市的外资股（H 股、S 股）及其他；非流通股又可以分为发起人股、筹集法人股、内部职工股、优先股或其他尚未流通股等，具体如图 3－1 所示。

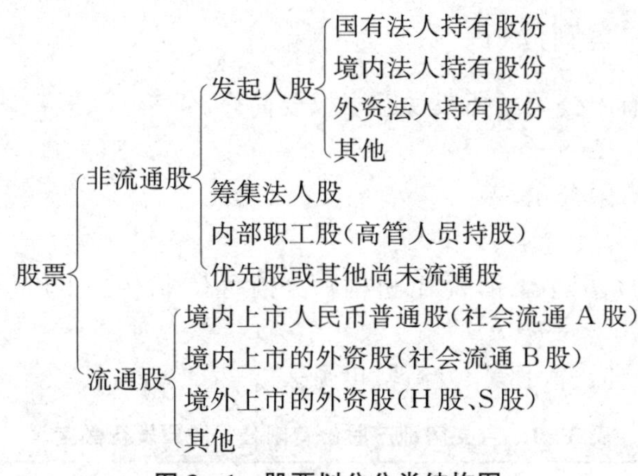

图 3－1　股票划分分类结构图

三、股票发行

（一）股票发行方式

1. 公募发行和私募发行

按资金募集方式，股票发行可以划分为公募发行和私募发行。

（1）公募发行。公募发行（社会募集）又称公开发行（Public Offering），是指以不特定的广大投资者为发行对象公开推销股票的方式。

（2）私募发行。私募发行又称非公开发行、私自发行（Private Placement），是指以特定的少数投资者为对象的发行。

2. 直接发行和间接发行

按有无发行中介，可以把股票发行划分为直接发行和间接发行。

（1）直接发行。直接发行是指发行人直接向投资者推荐推销出售证券。其优点是可以降低融资成本，节省中介机构手续费。但缺点是发行者需要承担所有的融资风险。

（2）间接发行。间接发行是指由筹融资公司（企业）委托投资银行或综合证券公司等金融中介机构出售股票的发行方式。投资银行（Investment Bankers）是指为公司筹融资在证券发行市场上代理发行有价证券（股票、债券等）的金融机构，其与普通银行不同，并不从事金融证券投资业务及货币存货金融业务，而是主要从事股票的发行、咨询服务和承购包销等业务。间接发行按受委托机构对股票发行所承担的责任不同,又可以划分为承购包销发行、代销发行和助销发行。间接发行的优点是发行人承担的发行风险较小,且筹集资金时间较短。缺点是需要支付手续费,资料完备,要求高。

(二)股票发行价格

1. 面额发行

面额发行又称平价发行、等价发行,是指以票面金额为发行价格发行股票。

2. 市价发行

市价发行是指以股票在流通市场上的价格为基准而确定的发行价格,根据市场流通价格是否高于发行面额,又可以分为溢价发行和折价发行。由于鲜有企业愿意折价上市,因此一般情况都是溢价发行。

四、股票发行的案例分析

宝文房地产股份有限公司的招股说明书概要简介。

1. 发行人

宝文房地产股份有限公司。

2. 金融中介机构

主承销商 A(机构)、副主承销商 B(机构)、分销商 C(机构)、上市保荐人 D(个人)。

3. 发行额度

宝文房地产股份有限公司股票发行额度见表 3-1。

表 3-1 宝文房地产股份有限公司股票发行额度表 单位:元

	面值	发行价	发行费用	筹集资金
每股	1.00	4.15	0.201 8	3.948 2
合计	50 000 000	207 500 000	10 090 000	197 410 000

其中发行费用 10 090 000(1 009 万元),具体分配见表 3-2。

表 3-2 发行费用分配表

项目	金额(万元)	比例(%)
承销商佣金	477	42.27
上市推荐人费用	110	10.90
会计师事务所费用	108	10.70
资产评估费用	66	6.54
发行人律师费用	40	3.96
土地评估费用	18	1.78
上网发行费用	140	13.88
其他费用	50	4.95

4. 发行(情况)概况

发行方式：上网定价发行。

发行日期：2013 年 8 月 13 日。

拟上市地：上海证券交易所。

招股说明书签署日期：2013 年 8 月 3 日。

5. 招股说明书内容

(1) 绪言。本招股说明书概要是根据《中华人民共和国公司法》《股票发行与交易管理暂行条例》《公开发行股票公司信息披露实施细则》《招股说明书的内容和格式》等国家现行证券管理有关法规、规定编制而成。

(2) 释言。本招股说明书中，除文中另有所指，以下用语具有特定的含义：本公司、发行人、股票、证件人、主承销商、元。

(3) 股票发售的相关当事人。

① 发行人：宝文房地产股份有限公司。

住所：广西壮族自治区某市某镇。

法定代表人：张云宝。

电话：略。

传真：略。

联系人：杨文华。

② 主承销商：A 公司。

③ 副主承销商：B 公司。

④ 上市保荐人：(略)。

⑤ 上市推荐人：(略)。

⑥ 发行人律师：(略)。

⑦ 主承销商律师：(略)。

⑧ 会计审计机构：(略)。

⑨ 资产评估机构：中资资产评估事务所。

⑩ 资产评估确认机构：中华人民共和国财政部财产评估公司。

⑪股票登记机构：深圳证券登记有限公司、上海证券中央登记结算公司。

(4) 发行情况。

① 股票种类：人民币普通股(A 股)。

② 每股面值：人民币 1 元/股。

③ 发行价格：4.15 元/股。

④ 发行时间：2013 年 9 月 3 日。

⑤ 承销起止时间：2013 年 9 月 3 日—10 月 3 日。

⑥ 发行价格计算依据：

(Ⅰ)公司 2013 年盈利预测为 27 071 160.40 元(所得税率为 15%)。

(Ⅱ)发行时间为 2013 年 9 月 3 日。

(Ⅲ)公司发行前股本总额为 9 851.486 8 万股，此次获得公司发行额度为 5 000 万股。

(Ⅳ)市盈率为 17 倍。

计算过程如下：

发行价格＝(发行当年预测利润/发行当年加权平均股本数)×市盈率
＝发行当年预测利润×市盈率/[发行前总股本数＋本次公开发行股本数×(12－发行月份)÷12]
＝27 071 160.40×17/[9 851.486 8＋5 000×(12－9)÷12]
＝4.15(元/股)

⑦ 本次公开发行数量：5 000 万股。

⑧ 发行总市值：20 750 万元(4.15 元/股×5 000 万股)。

⑨ 承销方式：余额包销。

⑩ 发行方式："上网定价"发行方式(利用深圳交易所交易系统)。

⑪发行地区：与深圳证券交易所交易网点所在地。

⑫发行对象：中华人民共和国法律规定可以从事股票投资的境内自然人、法人和经中国证监会批准的基金等(国家法律法规禁止购买者除外)。

根据中国证监会证监基字〔1998〕28 号文的有关规定，本次新股发行可向证券投资基金配售不超过本次公开发行 10%的新股，每只证券投资基金可申请配售的新股数量不超过本次大会的公开发行的 5%，详情请见本公司的股票发行公告。证券投资基金配售购入的股票。自该股票上市之日起持有时间应不少于两个月。

⑬拟上市地：深圳证券交易所。

⑭发行费用：见表 3－2。

(5) 风险因素与对策。

① 风险因素。

(Ⅰ)经营风险：原材料供应、生产过程、技术水平、能源交通、销售渠道、融资能力、外汇变动。

(Ⅱ)行业风险：产业政策、环境保护、经济规模(内部环境、规模经济、行业内部竞争)、行业经济(外部经济、行业之间竞争)。

(Ⅲ)市场风险：产品生命周期、市场规模(市场容量、市场占有率)、市场结构、国际市场。

(Ⅳ)政策性风险：国内宏观经济政策(财政政策、货币政策)、进出口贸易政策(出口退税、降低进出口关税)、税收优惠政策(三免三减半，降低所得税率)、财政补贴政策(为达到配股资格，地方财政补贴)、国际经济贸易政策(加入世界贸易组织货币经济)。

(Ⅴ)其他风险：募集资金投资(使用)风险、大股东风险(大股东控制对小股东权益的影响，大股东股权转让、变更)、关联交易风险(集团公司给购包销、供给)和股市风险。

② 风险对策：经营风险对策、行业风险对策、市场风险对策、政策性风险对策、其他风险对策。

(6) 募集资金运用。

① 投资项目概况。

略。

② 投资项目效益预测。投资项目效益预测见表 3－3。

表 3-3　项目效益预测表

序号	项目	投资总额（万元）	竣工年年销售额（万元）	竣工年年利润（万元）	投资利润率（%）	投资回收期（年）
1	宝文花苑	62 280	23 893	5 852	38	5.68
2	配套工程	2 211	3 185	875	39.8	3.75
……	……	……	……	……	……	……
合计		7 402 167	62 429	9 778	13.21	7.57

③ 投资项目公司资金计划。投资项目公司资金计划见表 3-4。

表 3-4　投资时间表

序号	项目名称	2011 年（万元）	2012 年（万元）	投资总额（万元）
1	宝文花苑	18 463.04		18 463.04
2	配套工程	1 365	864	2 211
……	……	……	……	……
合计		24 628.71	5 576	30 204.71

以上项目投资总额为 30 204.71 万元（10 463.71 万元－1 974 万元），资金缺口 10 463.71 万元，公司将通过银行贷款方式筹措（可发行企业债券）。

（7）股利分配政策。发行人股利分配的一般政策。

（8）发行人情况。

（9）董事、监事和高级管理人员。

（10）经营业绩。

① 根据《中华人民共和国公司法》和本公司章程规定，本公司税后利润按下列顺序分配：

（Ⅰ）弥补上一年度的亏损；

（Ⅱ）按税后利润的 10%提取法定公积金，当法定公积金累计额达到公司注册资金的 50%时，可不再提取；

（Ⅲ）按税后利润的 5%～10%提取法定公积金；

（Ⅳ）提取任意盈余公积金；

（Ⅴ）支付普通股股利。

② 除非股东大会另有决议，本公司股利每年分配一次。

③ 其他应说明的股利分配政策。

（11）股东。

① 在本公司注册资金（10 114.524 万元）。本次发行后，拟申请注册资本。

② 股本形成过程。

③ 超过面值缴入的资本及其用途。本次股票发行募集资金超过面值部分的溢价收入除本次发行费用后全部计入资本公积金。

④ 股票结构变动情况及原因。

⑤ 本次发行前后公司净资产总额、股本及每股净资产。

(12) 财务会计资料。

(13) 资产评估。

(14) 盈利预测。

(15) 公司发展规划。

(16) 重要合同及重大诉讼事项。

(17) 其他重要事项。

(18) 备查文件。

[**例 2**] 已知朝阳房地产开发集团股份有限公司预测 2015 年全年税后利润为 2 233 万元,股票发行预计于 2015 年 9 月进行,发行市盈率为 17.23 倍,公开发行前总股本为 6 000 万股,本次向社会大众发行 3 500 万股。

试求:(1) 发行价格。

(2) 发行总市值。

(3) 按 3.46%计的发行费用。

(4) 公司筹集(募集)资金。

解:(1) 发行价格=经审核的 2015 年预测利润/[发行前总股本数+本次公开发行股本数×(12－发行月份)÷12]×市盈率

=2 233/[6 000+3 500×(12－9)÷12]×17.23

=0.325×17.23

=5.60(元/股)

(2) 发行总市值=发行价格×发行数量

=5.60×3 500

=19 600(万元)

(3) 发行费用:

每股=5.60 元/股×3.46%=0.194(元/股)

总费用(合计)=0.194 元/股×3 500 股=679(万元)

(4) 筹集资金=发行总市值－发行费用

=19 600－679

=18 921(万元)

五、股票分析

(一) 股票价值

1. 票面价值

股票的票面价值(Pan Value)即面值,在股票票面上标明的金额。有的股票有票面金额,叫面值股票;有的不标明票面金额,叫份额股票。股票的票面价值在初次发行时有一定的参考意义。

2. 内在价值

股票的内在价值(Intrinsic Value)即理论价值,是股票未来收益的贴现值。股票的市场价格最终取决于股票的内在价值,并受多种因素影响,市场价格围绕其内在价值上下波动。

根据现有理论,股票的理论价值可以由即期的市场利率(资金报酬率)及股票的有效期

限将其未来的收益折算成现在价值，如公式 3.9 所示

$$P=\left[\frac{D_1}{(1+i_1)}+\frac{D_2}{(1+i_1)(1+i_2)}+\cdots+\frac{D_n}{(1+i_1)(1+i_2)\cdots(1+i_n)}\right]+\frac{F}{(1+i_1)(1+i_2)\cdots(1+i_n)}$$

公式 3.9

式中：P——股票价值，即理论价格；

D——每股股票收益(股息，红利)；

i——市场利率；

F——股票届时出售的市场价格；

N——股票持有年限。

假设该上市公司每年股息不变，即 $D_1=D_2=\cdots D_n$，$F=0$ 且市场利率不变，即 $i_1=i_2=\cdots i_n$，持有期永久，即 $n\to\infty$，则股票的理论价值可简化为：

$$P=\frac{D}{i}$$

公式 3.10

3. 账面价值

股票的账面价值(Book Value)即股票净值，每份股票所表示的实际资产净值，其值由公式 3.11 确定。

$$每股净资产=\frac{报告期末股东权益}{报告期末普通股股份总额}$$

公式 3.11

$$调整后的每股净资产=\frac{报告期末股东权益-三年以上应收账款-开办费-长期待摊费用}{报告期末普通股股份总额}$$

公式 3.12

［**例 3**］　永安林业 1999 年度中期报告：

$$每股净资产=\frac{股东权益合计}{股本}=\frac{499\ 726\ 030.63}{167\ 232\ 600.00}=2.99(元/股)$$

$$调整后的每股净资产=\frac{报告期末股东权益-三年以上应收账款-开办费-长期待摊费用}{报告期末普通股股份总额}$$

$$=\frac{49\ 949\ 9726\ 030.63-3\ 248\ 331.24-2\ 405\ 469.36-0-0-5\ 366\ 216.40-2\ 517\ 566.69}{167\ 232\ 600.00}$$

$$=\frac{486\ 188\ 446.9}{167\ 232\ 600.00}=2.91(元/股)$$

4. 清算价格

股票的清算价格是指公司清算时每一股份所代表的实际价格。从理论上讲，股票的每股清算价格应与股票的账面价值相一致，但企业在破产清算时，其财产价值是以实际的销售价格来计算的，而在进行财产处置时，其售价一般都会低于实际价值。股票的清算价格只是在股份公司因破产或其他原因丧失法人资格而进行清算时才被作为确定股票价格的依据，在股票的发行和流通过程中没有意义。

5. 市场价格

股票的市场价格一般是指股票在二级市场上交易的价格。股票的市场价格由股票的价值决定，但同时受到许多其他因素的影响。其中，供求关系是直接的影响因素，其他因素都是通过作用于供求关系而影响股票价格的。由于影响股票价格的因素复杂多变，所以股票的市场价格呈现出高低起伏的波动性特征。

（二）股票收益

股票收益是指投资者从股票购入起到售出整个持有期的股息、红利和资本（利得）损益收入。

1. 股票收益率

股票收益率又称股票获利率，是指上市（股份）公司以现金形式派发股息与股票市场价格的比率，可根据公式 3.13 进行计算。

$$股票收益率=\frac{D}{P_0}\times 100\% \qquad 公式\ 3.13$$

式中：D——年现金股息、红利；

P_0——股票买入价。

［例 4］　投资人买入青岛海尔 20 元/股，1996 年度分配现金红利 0.43 元/股，则其股票收益率为多少？

解：$股票收益率=\frac{0.43}{20}\times 100\%=2.15\%$

2. 持有期收益率

持有期收益率是指投资者持有股票期间的股息（收入）红利收入和买卖差价占股票买入价格的比率，可根据公式 3.14 进行计算。

$$持有期收益率=\frac{D+(P_1-P_0)}{P_0}\times 100\% \qquad 公式\ 3.14$$

式中：P_1——股票卖出价。

［例 5］　在［例 4］中，若在分得现金红利后，持股两个月将以 23.20 元/股的市场价格售出，则投资人的持有期收益率是多少？

解：$持有期收益率=\frac{0.43+(23.20-20)}{20}\times 100\%=18.15\%$

3. 持有期回收率

持有期回收率又称投资回收率，是指投资者持有股票期间的现金、股息、红利收入和股票卖出价占买入价的比率，可根据公式 3.15 进行计算。

$$持有期回收率=\frac{D+P_1}{P_0}\times 100\% \qquad 公式\ 3.15$$

持有期回收率与持有期收益率的差别在于是否需要扣除初始投资。

$$\because 持有期收益率=\frac{D+P_1-P_0}{P_0}\times 100\%=(\frac{D+P_1}{P_0}-\frac{P_0}{-P_0})\times 100\%$$

$$=\frac{D+P_1}{P_0}\times 100\%-1=持有期回收率-1$$

$\therefore$持有期回收率=1+持有期回收益率

［例 6］　在［例 5］中，若以 15.80 元/股的市场价格售出，投资人出现亏损，则投资人的亏损持有期回收率为多少？

解：$持有期收益率=\frac{0.43+(15.80-20)}{20}\times 100\%=-18.85\%$

$持有期回收率=\frac{0.43+15.80}{20}\times 100\%=81.15\%$

或：持有期回收率＝1＋持有期回收益率＝1＋(－18.85％)＝81.15％

因此，投资人持有期回收率为81.15％。

（三）优先认股权

1. 定义

优先认股权是指当公司在筹集资金时，为了维持现有股东对公司的权益不受损失而享有优先认购股票的一种特权。即原有股东按所持有股份比例自己多购买一定数量的新增股份。

优先认股权有三大主要功能：一是不改变原有股东对公司所拥有的权益份额；二是增配股份而导致每股盈利稀释的补偿；三是优先认股权有一定价值，可以按质转让。

2. 优先认股权的价值

优先认股权有一定价值，可以与股票同时或单独在市场交易。

(1) 附权优先认股权的价值。（自董事会宣布增资配股的股票价格列除权基准日之前）优先认股权附在股票上，当股票出售时，为附权股票。

优先认股权的理论计算公式如公式3.16所示。

$$R_1=\frac{P_0-S}{N+1} \qquad \text{公式 3.16}$$

式中：R_1——附权股票的(一个)优先认股权价值；

P_0——附权股票的市场价格；

S——配资股票价格；

N——配资一股所需股份(权)数。

投资者在配资股票的除权基准日之前有两种选择：一是以P_0购买一股股票，该股票股权附带一份优先认股权；二是以$(R_{1N}+S)$的价格购买一股配资股票，这仅是一份配资股权。这两种选择方案的差额即为一个优先认购权的价值。

$\because R_1=P_0-(R_{1N}+S)\Rightarrow R_1+R_{1N}=P_0-S$

$\therefore R_1=\dfrac{P_0-S}{N+1}$

［例7］　某上市公司的股票市场价格为12.40元/股，其配股价格为10元/股，若配资一股需5个优先认股权(10股配资2股)，则求每个优先认股权的理论价值为多少？

解：已知P_0＝12.40元/股，S＝10元/股，N＝5个优先认股权。

$$R_1=\frac{P_0-S}{N+1}=\frac{12.40-10.00}{6}=0.40(\text{元/股})$$

(2) 附权优先认股权的应用。

在实际操作中，优先认股权的理论价值一般难以精确计算，而是通过除权后的价格波动来体现的。

当某公司股票按一定比例进行配股时，股票的市场价格一般取股权登记日的价格，股票的除权价格则可以根据公式3.17来确定。

$$\text{股票除权价格(DR)}=\frac{\text{股权登记日股票市场价格}+\text{配股价格}\times\text{配股比例}}{\text{配股后股数}} \qquad \text{公式 3.17}$$

同理，若某公司采用送股方式分红时，股票的市场价格一般取股权登记日的价格，送红股股票的除权价格则可以根据公式3.18来确定。

$$送红股股票除权价格(DR)=\frac{股权登记日股票市场价格}{送股后股数}$$ 公式 3.18

［例 8］ 如［例 7］中的配股方案，则该股票的除权价格为多少？

$$DR=\frac{12.40+10\times\frac{2}{10}(5个优先认股权)}{1+\frac{2}{10}}=\frac{14.4}{1.2}=12.00(元/股)$$

若除权上市后，股票价格恢复到股权登记日的价格，则相当于送红利比例为 1.03 (12.40/12.00)。

若以每 10 股配资 2 股，其配股价为 10 元/股，则相当于送红股比例为每 30 股送一股。

由此可见，若除权上市后，其股价越涨，优先认股权的价格也越涨，且涨幅大于股价涨幅；而股价越跌，优先认股权的价格也越跌，且跌幅大于股价跌幅。

(3) 优先认股权的杠杆作用。根据优先认股权的价值公式，可以看到，只有当股票的市场价格高于优惠认购价格，优先认股权才有价值；当股票的市场价格低于或等于优惠认购价格时，优先认股权没有价值，原有股东会放弃这一权利。因此，配资股票的主承销商一般会在配股前炒高该股票。

［例 9］ 2015 年锦华投资开发股份有限公司进行配股，配股价为 7 元/股，每 10 股配售 3 股。配股的股权登记日市场价格为 7.30 元左右，但在实施配股前，该股的股价基本保持在 8 元以上，甚至曾超过 9 元，待配股完成上市后股价就跌至 7 元左右。

(四) 认股权证

1. 定义

认股权证是指投资者在规定的有效期内以特定的价格购买一定数量股票的看涨期权。

所谓看涨期权即买入期权，是期权的买方在约定的期限内有按协议价格买入一定数量金融资产的权利，其购买的前提是预期该种金融资产在近期内会上涨，如判断正确，获取市价与协议价之差额；如判断失误，损失期权费。

与看涨期权相反的是看跌期权，即卖出期权，是期权的买方在约定的期限内有按协议价格卖出一定数量金融资产的权利。

认股权证的有效期一般为 5～10 年。特殊情况也会存在永久性认股权证，即没有到期日的认股权证，投资者可以在任何时间按规定价格和比例购买公司的普通股票。认股权证的有效期是决定认股权证的价值因素之一，一般而言有效期越长，价值越大。

2. 认股权证的理论价值

认股权证的理论价值可以按公式 3.19 计算。

$$V_w=(P_m-P_0)\times M$$ 公式 3.19

式中：V_w——认股权证的价值；

P_m——股票市场价格；

P_0——认股权证的执行价格；

M——每张认股权证购买股票数。

执行价格是指认股权证规定的购买价格，一般均高于认股权证发行时的公司普通股票的市场价格，此时认股权证并不具有价值。这是为了避免稀释每股盈利，阻止认股权证的投资者过早使用认股权证购买股票。

一旦当股票市场价格高于执行价格，则认证股权证具有理论价值。

3. 主要影响因素

影响认股权证理论价值的主要因素有以下三点。

（1）股票市场价格与执行价格的相差程度。市场价格与执行价格相差越大，认股权证的理论价值越大。

（2）认股权证的有效期长短。有效期越长，认股权证价值越大，一般情况下，认股权证离行权日越远，其理论价值越高。

（3）人们对该公司股票价格的预期。投资人对该公司股票的预期价格越高，认股权证的理论价值越大。

第三节　房地产债券

一、债券概述

（一）债券的含义

1. 定义

债券（Bonds/Debenture）是一种金融契约，是政府、金融机构、工商企业等直接向社会借债筹措资金时，向投资者发行，同时承诺按一定利率支付利息并按约定条件偿还本金的债权债务凭证。债券的本质是债的证明书，具有法律效力。债券购买者或投资者与发行者之间是一种债权债务关系，债券发行人即债务人，投资者（债券购买者）即债权人[①]。

债券是一种有价证券。由于债券的利息通常是事先确定的，所以债券是固定利息证券（定息证券）的一种。

债券发行的要素包括期限、面值（额）、利率（息）、求偿等级（债券按索取权的排列次序分为不同等级）、税前支付利息、抵押与担保、赎回或回售的选择权等要素。其中债券的限制性条款一般包括没有表决权或投票权；否定性条款则是对股东做某些事情的权限限制，如债券持有人要求公司按时付息或偿还债务的债券清偿条款；肯定性条款则是对发行人（公司）应履行某些责任的规定，如经营资金或权益资本达到一定水平，公司进行重大资产调整（或重组）时要征求大债权人的意见，公司破产时，债权人有钱决定公司是清算还是重组等，从而最大限度地保障债权人的权益。

2. 债券与股票的区别与联系

（1）证券持有期限的差别。股票是一种永久性的证券，发行人无须偿还，一般情况下发行越多，公司破产的可能性越小。而债券则是一种有期限性的证券，发行人到期偿需要偿还本金，发行越多，公司承担的风险越大，甚至可能资不抵债而破产。

（2）投资收益的税负差别。股票是通过对税后利润的再分配，获取红利，因此，股息是税后收益；而债券利息是在企业税前列支，属于企业的经营成本。

（3）证券价值的稳定性差别。股票价值随市场的波动很大，而债券价值的变动可能性很小，只有在非严重通货膨胀或者紧缩的情况下才会出现较大的波动。

---

① 吴晓求：《证券投资学》，23－27页中国人民大学出版社，2000。

(4) 破产清算的顺序差别。公司破产时,股票投资人的权益排列在债权人之后获得清偿;而债券投资人作为企业的债权人在债务清算时排列在股东之前。

(5) 企业经营的参与权差别。股票投资人作为股东,可以参与企业的重要经营决策;而债券投资人作为债权人仅具有行政规定的发言权,其经营参与权是受到限制的。

(6) 投资性质的差别。股票的实质是权益投资,不需要抵押担保,但需要承担资本风险;债券的实质是债务投资,一般需要抵押担保,投资者承担的是违约风险(或称信用风险)。

(7) 股票与债券的转换方式。企业发行的优先股与债券的收益方式类似,是一种特殊的债权关系;而企业发行的可转换债券在触发一定条件的情况下,可以转化为普通股。

(二) 债券的类型

债券按发行主体不同,一般可分为政府债券、公司债券、金融债券。

1. 政府债券

政府债券是指政府为了弥补财政赤字或筹集建设资金而发行的债务凭证,即以政府信誉作为保证向社会举债,是资本市场投资工具,风险最小、无抵押品。政府债券是建立在以权力为基础的国家信用至上的债券。

根据不同的政府机构,政府债券又可以分为中央政府债券、政府机构债券和地方政府债券。

(1) 中央政府债券

① 定义。中央政府债券又称国家公债、金边债券,是指由中央政府财政部发行的国家财政收入做保证的债券。

② 特点。中央政府债券具有风险低、税收优惠等特点。除非国家破产,如希腊主权债券危机,否则中央政府债券不存在违约风险。此外中央政府债券一般可以享受利息收入免所得税的税收优惠。

③ 分类。中央政府债券根据发行期限,有 1 年以内的短期国债(Treasway bills),又称国库券、1～10 年的中期国债(Treasway Notes)和 10～30 年的长期国债(Treasway Bonds),我国外汇储备所购买的美国国债主要以短期国债为主。

根据国债发行是否附息,可以分为有息债券和无息债券。有息债券又可以分为固定利率的公债和保值公债。固定利率公债的名义利率包括真实利率与通胀率;而保值公债的本金按通胀率调整,利息则按调整后的本金计算,具有贴息保值的作用。无息债券则采用贴现的方式,发行时通过招标的方式以低于票面的价格附息。

(2) 政府机构债券。政府机构债券是由一些政府职能机构发行的债券,一般债券的收支偿付均不列入政府预算,由发行单位同行负责。

有权发行债券的政府机构包括授权的政府部门机构以及政府直属企事业单位。如美国联邦住宅和城市发展部直属的政府全国抵押协会(GNMA)(政府国民抵押协会),以及政府主办属于私营机构的联邦全国抵押贷款协会(FNMA)、联邦住宅贷款公司(FALMC)。在 2008 年金融危机期间,美国财政部还拨款 1 480 亿美元救助两房(联邦住房抵押公司)。

政府机构发行债券的目的一般是在经济危机期间增加信贷资金以刺激经济增长,降低融资成本。政府机构债券最终是依靠中央政府做后盾发行的。

(3) 地方政府债券。地方政府债券是指某一国家中有财政收入的地方政府以及地方公共机构发行的债券。地方政府债券一般用于交通、通信、住宅、教育、医院和污水处理系统等地方性公共设施的建设。地方政府债券一般也是以当地政府的税收能力作为还本付息的担保。其特点是有地方政府信用做保证，风险较小，且一般可获得税收豁免。

地方政府债券可以分为普通债券和收益债券两大类。

普通债券是以地方政府的无限征税能力为担保，主要用于提供基本的政府服务如教育、治安、防火、抗灾等，其偿还列入地方政府的财政预算（公益事业）。

收益债券则是以建设项目的收入为担保，用于某一特定的盈利建设项目，如（公用事业）电力、自来水、煤气设施的建设、收费的公路、桥梁、城市轨道交通，其偿付依靠这些建成后的营运收入。

2. 公司债券

（1）定义。公司债券是指公司为筹措生产经营资金（营运资本）而发行的债务凭证。

从信用风险的角度来看，政府债券＜公司债券＜基金＜股票；而从投资收益的角度来看，政府债券＜公司债券＜基金＜股票。

（2）分类。由于债券发行的要素很多，对于公司债券而言，根据不同的发行要求，存在不同的分类标准，如可以按抵押担保条件、利率条件等。

第一，按抵押担保划分。

① 信用债券。信用债券又称无抵押债券（Debentune Bonds），是指全凭公司信誉，不提供抵押品而发行的债券。

信用债券的特点是以公司信誉作为保证，求偿权位于抵押债权人之后。

② 有抵押债券。有抵押债券根据抵押品性质的不同，又可以分为不动产抵押债券、担保信托债券及设备信托证。

不动产抵押债券又称固定抵押公司债，是指以土地、房屋等资产作为抵押品而发行的一种公司债务凭证（债券）。

若以同一不动产为抵押品多次发行债券，则按发行顺序可以分为第一抵押债券和第二抵押债券，前者可以获得第一置留权，即在破产时首先得到清偿，而后者是以抵押品的剩余款偿还，如荷兰、瑞典的房地产抵押，先后抵押给银行、政府机构。

担保信托债券（Equipment Trust Ceitipicates）又称动产抵押债券或流动抵押公司债，是以公司特有的各种动产或有价证券为抵押品而发行的公司债券，用作抵押品的债券必须交由受托人保管，但公司仍保留投票表决及接受股息的权利。

设备信托公司债又称信托抵押债券，是以公司的特定设备作为抵押而发行的债券，是抵押证券的一种。常用于铁路、航空等运输部门。公司为了筹资购买设备，并以该设备为抵押品而发行的公司债券，抵押期间受托人获得设备所有权，直至债务清偿设备所有权才返回发行公司。设备信托公司债一般采取一年以上一次还本付息的方式。

第二，按利率划分。

① 固定利率债券。固定利率债券（Fixed Rate Bond）是指在发行时规定利率在整个偿还期内不变的债券，其利率一般在券发行时确定。

② 浮动利率债券。浮动利率债券（Floating Rate Notes，FRNs）是指发行时规定债券利率随市场利率定期浮动的债券，也就是说，债券利率在偿还期内可以进行变动和调整。浮动利率债券往往是中长期债券。浮动利率债券的利率通常根据市场基准利率加上一定的利差来确定。采取浮动利率债券形式可以避免债券的实际收益率与市场收益率之间出现任何重

大差异,使发行人的成本和投资者的收益与市场变动趋势相一致。但债券利率的这种浮动性,也使发行人的实际成本和投资者的实际收益事前带有很大的不确定性,从而导致较高的风险。

③ 指数债券。指数债券(Indexed Bonds)是指通过利率与通货膨胀率挂钩来保证债权人不至于因为物价上涨而遭受损失的公司债券,挂钩办法通常为债券利率=固定利率+通胀率。有时,用来计算利息的指数不与通胀率相联系,而与某一特定的商品价格(油价、金价)挂钩,这种债券又称商品相关债券。

④ 零息债券。零息债券(Zero-Coupon Bonds)又称贴现债券(Discount Bonds),是指以低于面值的贴现方式发行,不附息票,而于到期日时按面值一次性支付本利的债券。

零息债券的最大特点是避免了投资者所获得利息的再投资风险,因此对利率的改变特别敏感。一般而言,债券价格与利率变动成反比例关系。

⑤ 累进利率债券。累进利率债券又称利率递增债券,是指以利率逐年累进方法计息的债券。其利率随着时间的推移,后期利率将比前期利率更高,有一个递增率,呈累进状态,例如第一年为5%,第二年为6%,第三年为7%,等等。

第三,按内含选择权划分。

① 可赎回债券。可赎回债券(Redemption Bonds)是指允许发行公司选择于到期日之前购买全部或部分的公司债券。当市场利率降到债券利率以下时,购回(赎回)债券或呆滞以新发行的低利率债券。可赎回条款通常在债券发行几年之后才开始生效。

② 偿债基金债券。偿债基金债券(Sinking Fund Bonds)是指发行公司根据债券契约的要求,每年从盈利中提取一定比例存入信托基金,定期偿还本金。

③ 可转换债券。可转换债券(Conwrititle Bonds)是指公司债券附加可转换条款,并赋予债券持有人按预先确定的比例(转化比率)转换为公司普通股的选择权。

④ 附认股证的债券(债券+认股证)。附认股证的债券(Equity Warrant Bonds, WBs)是指公司债券附有认股权证,持有人依法享有在一定期间内按约定价格(执行价格)认购公司股票的权利,是债券加上认股权证的产品组合。

第四,其他公司债券。

① 保证公司债券。保证公司债券是公司发行的由第三者作为还本付息担保的债券,是担保证券的一种。

② 参加公司债券。参加公司债券是指依公司利益有无而确定其利息的公司债。利益分派与股份利益分派相类似。分为所得公司债和利益参加公司债。前者以公司盈余为条件支付利息;后者债权人除享受一定利率的利息外,尚能参加公司盈余分派。

③ 通知公司债券。通知公司债券是指发行公司可随时发出通知,提前偿还全部或部分债券本息的一种公司债券。对于投资者而言,提前偿还意味着减少了利息收入,所以发行公司在部分提前偿还时,一般采取抽签的方式,同时偿还价格通常还要附加一定的贴水。

3. 金融债券

金融债券是指银行等金融机构为筹集信贷资金而发行的债券。如1998年财政部发行2 700亿元特别国债用于补充四大国有商业银行资本金,西方国家一般把金融债券纳入公司债券的范围。金融债券是银行资产负债管理的重要手段,由于银行的资信度一般比公司高,因此,发行金融债券可以吸收低利率资金。

二、房地产公司债券

公司债券是公司为筹措营运资本而发行的债券，其合同要求不管公司业绩如何都应优先偿还其固定收益，否则将在相应破产法的裁决下寻求解决，因而其风险小于股票，但比政府债券风险高。公司债券的种类很多，通常可分为以下几类。

（一）按抵押担保状况分

公司债券按抵押担保状况可分为信用贷款、抵押贷款、担保信托债券和设备信托证。

1. 信用债券

信用债券(Debenture Bonds)是完全凭公司信誉，不提供任何抵押品而发行的债权。其持有者的求偿权排名于有抵押债权人对抵押物的求偿权之后，对未抵押的公司资产有一般求偿权，即和其他债权人排名相同，发行这种债券的公司必须有较好的声誉，一般只有大公司才能发行而且期限较短，利率较高。

2. 抵押债券

抵押债券(Mortgage Bonds)是以土地、房屋等不动产为抵押品而发行的一种公司债，又称固定抵押公司债。如果公司不能按期还本付息，债权人有权处理抵押品以资抵偿。在同一不动产为抵押品多次发行债券时，应按发行顺序分为第一抵押债券和第二抵押债券，前者对抵押品有第一置留权，首先得到清偿；后者只有第二置留权，只能待前者清偿后，用抵押品的剩余款偿还本息。

3. 担保信托债券

担保信托债券(Collateral Trust Bonds)是以公司特有的各种动产或有价证券为抵押品而发行的公司债券，又称流动抵押公司债。用作抵押品的证券必须交由受托人保管，但公司仍保留股票表决及接受股息的权利。

4. 设备信托证

设备信托证(Equipment Trust Certificates)是指公司为了筹资购买设备并以该设备为抵押品而发行的公司债券。发行公司购买设备后，即将设备所有权转交给受托人，再由受托人以出租人的身份将设备租赁给发行公司，发行公司则以承租人的身份分期支付租金，由受托人代为保管及还本付息，在债券本息全部还清后，该设备的所有权才转交给发行公司。这种债券常用于铁路、航空或其他运输部门。

（二）按利率分

公司债券按利率可分为固定利率债券、浮动利率债券、指数债券和零息债券。

1. 固定利率债券

固定利率债券是指事先确定利率，每半年或一年付息一次，或一次还本付息的公司债券。这种公司债券最为常见。

2. 浮动利率债券

浮动利率债券是在某一基础利率(例如同期限的政府债券收益率、优惠利率、LIBOR)等之上加一个固定的溢价，如100个基点即1%，以防止未来市场利率变动可能造成的价值损失。对某些中小型公司或状况不太稳定的大公司来说，发行固定利率债权发生困难或成本过高时，可考虑选择浮动利率债券。

3. 指数债券

指数债券(Indexded Bonds)是通过将利率与通货膨胀率挂钩来保证债权人不致因物价上涨而遭受损失的公司债券,挂钩办法通常为:债券利率为=固定利率+通胀率+固定利率×通胀率。有时,用来计算利息的指数并不与通胀率相联系而与某一特定的商品价格(油价、金价等)挂钩,这种债券又称商品相关债券(Commodity-Linked Bonds)。

4. 零息债券

零息债券(Zero-Coupon Bonds)即以低于面值的贴现方式发行,到期按面值兑现,不再另付利息的债券,它与短期国库券相似,可以省去利息再投资的麻烦,但该债券价格对利率变动极为敏感。

(三) 按内含选择权分

公司债券按内含选择分为可赎回债券、偿还基金债券、可转换债券和带认证股权证的债券。

1. 可赎回债券

可赎回债券(Redemption Bonds)是指公司债券附加早赎和以新偿旧条款(Call and Refund Provisions),允许发行公司选择于到期日之前购回全部或部分债券。当市场利率降至债券利率之下时,赎回债券或代之以新发行的低利率债券对债券持有人不利,因而通常规定在债券发行后至少5年内不允许赎回。

2. 偿还基金债券

偿还基金债券(Sinking Fund Bonds)是要求发行公司每年从盈利中存一定比例于信托基金中,定期偿还本金,即从债券持有人中购回一定量的债券。这种债券与可赎回债券相反,其选择权在债券持有人一方。

3. 可转换债券

可转换债券(Convertible Bonds)是指公司债券附加可转换条款,赋予债券持有人按预先确定的比例(转换比例)转换为公司普通股的选择权。大部分可转换债券都是没有抵押的低等级债券,并且是由风险较大的小型公司所发行的。这类公司筹措债务资本的能力较低,使用可转换债券的方式可增强对投资者的吸引力。另外,可转换债券可被发行公司提前赎回。

4. 带认证股权证的债券

带认证股权证的债券是指公司债券可把认股证作为合同的一部分附带发行可转换债券一样,认股证允许债券持有人购买发行人的普通股,但对于公司来说,认股证是不能赎回的。

三、公司可转换债券

(一) 含义

可转换债券是指投资者在一定时期内按一定比例或价格将其持有的可转换债券转换成一定数量的另一种证券,其实质是一种长期普通股票的看涨期权,投资者可获得将发行的公司信用债券转换成普通股票的期权。

由于可转换债券利率低于同类信用债券,因此发行可转换债券可以在吸引投资者的同时低成本融资。

（二）公司可转换债券的发行

1. 可转换公司债券的发行条件

根据我国《证券法》及相关法律，发行可转换公司债需要满足以下条件。

(1) 最近3年连续盈利，且最近3年净资产利润率平均在10%以上；属于能源、原材料、基础设施类的公司可以略低，但是不得低于7%。

(2) 可转换公司债券发行后，资产负债率不高于70%。

(3) 累计债券余额不超过公司净资产额的40%。

(4) 募集资金的投向符合国家产业政策。

(5) 可转换公司债券的利率不超过银行同期存款的利率水平。

(6) 可转换公司债券的发行额不少于人民币1亿元。

(7) 国务院证券委员会规定的其他条件。

2. 可转换公司债券的发行方式

根据《证券法》第十三条规定，可转换公司债券采取的是记名或无纸化发行。

3. 可转换公司债券的发行期限

根据《证券法》第十四条规定，可转换公司债券的发行期限最短为3年，最长为5年。

（三）可转换债券的价值

1. 可转换债券的理论价值

可转换债券的理论价值是将未来一系列债息（或股息）收益加上债券面值按一定市场利率折成的现值。

$$P_b=\sum_{t=1}^{n}\frac{C}{(1+r)^t}+\frac{F}{(1+r)^n}=\frac{C}{r}\left[1-\frac{1}{(1+r)^n}\right]+\frac{F}{(1+r)^n} \qquad \text{公式 3.20}$$

式中：P_b——债券的理论价值；

C——债券年利息收益（元）；

F——债券面值；

r——市场平均利率（投资报酬率、期望收益率）；

n——债券离到期的年限（债券实际年限）。

若考虑可转换债券的转换因素，债券转换成普通股后，债券不复存在，则可将公式修正如下：

$$P_b=\sum_{t=1}^{N}\frac{C}{(1+r_c)^t}+\frac{CV}{(1+r_c)^N}=\frac{C}{r_c}\left[1-\frac{1}{(1+r_c)^N}\right]+\frac{CV}{(1+r_c)^N} \qquad \text{公式 3.21}$$

式中：CV——债券转换价值；

r_c——可转换债券预期收益率（$r_c\geqslant$可转换债券收益率）；

N——转换前的年份数。

2. 可转换债券的转换价值(CV)

可转换债券的转换价值是指可转换债券实际转换时，以转换成普通股的市场价格计算的理论价值，因此，转换价值(CV)与可转换的股票价格相关。若不考虑一段时间的股票市场价格预期增长率，则转换价值如公式3.22所示

$$CV=P_0\times CR \qquad \text{公式 3.22}$$

式中：P_0——即时股票市场价格；

CR(R)——债券转换率。

若考虑一段时间的股票市场价格预期增长率，则上述公式可修正为

$$CV=P_t\times CR$$ 公式 3.23

式中：P_t——t 期末股票市场价格，因此 $P_t=P_0(1+g)\times t$；

g——股票价格预期增长率。

［例 10］ 某房地产公司可转换债券面值为 1 000 元，票面利率为 8%(每年支付 80 元利息)，转换率为 40(转换价格为 25 元/股)，转换年限为 5 年。若当前普通股市场价格为 20 元/股，股票价格预期每年上涨 10%，而投资者预期的可转换债券收益率为 9%；则求该可转换债券的理论价值(P_b)。

已知：$P_0=20$ 元/股，CR=40，$g=10\%$，$r_c=9\%$，$C=1\,000\times8\%=80$ 元，$N=5$ 年

解：$CV=P_0(1+g)t\times CR=20\times(1+10\%)5\times40=1\,288$(元)

$$P_b=\sum_{t=1}^{N}\frac{C}{(1+r_c)^t}+\frac{CV}{(1+r_c)^N}=\frac{C}{r_c}\left[1-\frac{1}{(1+r_c)^N}\right]+\frac{CV}{(1+r_c)^N}$$

$$=\frac{80}{9\%}\left[1-\frac{1}{(1+9\%)^5}\right]+\frac{1\,288}{(1+9\%)^5}=311.17+837.11=1\,148.28(\text{元})$$

若以该例中当前普通股市场价格 20 元/股为参考，则以 20 元/股计算的可转换债券转换价值

$$CV=P_0\times CR=20\times40=800\text{ 元}<1\,000\text{ 元}(CV_0=1\,000\text{ 元})$$

由于此时转换价值=800 元<理论价值(内在价值)=1148 元，所以投资者不会行使转换权，因为投资者继续持有可转换债券，仍然可以每年获得固定债息，且可以等待普通股股价上涨。

3. 可转换债券的处置

(1) 持有至债券的转换期满。若股价上涨幅度不足，则转换价值会小于理论价值，此时投资者不会行使转股权利，发行者可以按面值偿还本金；若股价上涨幅度满足，则转换价值大于理论价值，投资者会行使转换权。

(2) 债券转换期间。在债券的转换期间，投资者可以按债券市场价格出售，债券的市场价格应以可转换债券的理论价值为基础。

［例 11］ 在［例 10］中，股票市场价格上涨多少时，才能使其(实际)转换价值大于理论价值，投资者才会行使转换权？

解：设 $40x=1\,148$ 元

则 $x=1\,148/40=28.7$(元/股)

因此，只有当股票市场价格上涨至 28.7 元/股时，才会行使转换权。

4. 可转换债券的升水与贴水

(1) 转换升水或贴水的绝对数计算。可转换债券的升水与贴水的绝对数是指债券的市场价格与其转换价值的差额，如公式 3.24 所示。

$$P_1=P_m-CV$$ 公式 3.24

式中：P_1——转换升水或贴水；

P_m——债券的市场价格；

CV——债券的转换价值(理论价值)。

当 $P_1=0$ 时，可转换债券市场价格等于其理论价格，称为转换平价；当 $P_1>0$ 时，可转换债券市场价格高于其理论价格，应售出可转换债券；当 $P_1<0$ 时(出售)，可转换债券市场价格低于其理论价格，应持有或买入可转换债券。

公式 3.25 也可以表示为

$$P_1=\frac{P_m-\mathrm{CV}}{\mathrm{CV}}\times 100\% \qquad \text{公式 3.25}$$

(2) 转换升水或贴水的相对数计算。可转换债券的升水与贴水的相对数是指债券的市场价格与其转换价值的差额与债券理论价值比例，如公式 3.26 所示。

$$P_2=\mathrm{CV}'-P_b \qquad \text{公式 3.26}$$

$$P_2=\frac{\mathrm{CV}-P_b}{P_b}\times 100\%$$

式中：P_2——转换升水或贴水；

P_b——债券理论价值(投资价值)；

CV'——(实际)转换价值；

P_O——转换时的股票价格。

[例 12]　在[例 11]中，若在第 5 年年末该债券市场价格为 1 100 元，求此时的转换升水(或贴水)。

解：$P_1=P_m-\mathrm{CV}=1\,100-1\,228=-128$(元)

或 $P_1=\frac{P_m-\mathrm{CV}}{\mathrm{CV}}\times 100\%=\frac{1\,100-1\,228}{1\,228}\times 100\%=-10.42\%$

即产生了转换贴水，债券投资者应继续持有(或从市场买入)，不宜出售。

若届时的转换债券市场价格为 1 100 元，在不考虑股票市场价格的预期固定增长率的情况下，其理论价值修正为

$$\mathrm{CV}=P_0\times \mathrm{CR}=20\text{ 元/股}\times 40\text{ 股}=800(\text{元})$$

则此时　$P_1=P_m-\mathrm{CV}=1\,100-800=300$(元)

或 $P_1=\frac{P_m-\mathrm{CV}}{\mathrm{CV}}\times 100\%=\frac{1\,100-800}{800}\times 100\%=37.5\%$

此时反而产生了转换升水，投资者会把可转换债券在债券市场出售，然后买入股票。

由此可见，对股票未来价值及投资收益率的预期会影响投资者在可转换期内的决策。

[例 13]　在[例 12]中，若在第 5 年年末可转换债券市场价格 1110 元，股票市场价格为 26 元/股，则产生的是转换升水还是贴水？

解：$\mathrm{CV}'=P_t\times \mathrm{CR}=26\times 40=1\,040$(元)

$P_2=\mathrm{CV}-P_b=1\,040-1\,228=-188$(元)

或 $P_b=\sum_{t=1}^{N}\frac{C}{(1+r_c)^t}+\frac{\mathrm{CV}}{(1+r_c)^N}=\frac{C}{r_c}\left[1-\frac{1}{(1+r_c)^N}\right]+\frac{\mathrm{CV}}{(1+r_c)^N}$

$\frac{80}{9\%}\left[1-\frac{1}{(1+9\%)^5}\right]+\frac{1\,040}{(1+9\%)^5}=311.17+675.93=987.10$(元)

$P_2=\mathrm{CV}-P_b=800-987.10=-187.10$(元)

$P_2=\frac{\mathrm{CV}-P_b}{P_b}\times 100\%=\frac{1\,040-987.10}{987.10}\times 100\%=5.36\%$

此时产生了转换贴水，投资者不会把转换债券转换为股票，即不行使转换权。但投资可以在债券市场卖出债券，并在股票市场买入股票。

在考虑股票价格的预期固定增长率的情况下，则 $CV=P_0(1+g)t\times CR=26\times(1+10\%)5\times40=1\ 675$ 元；则 $CV'=1\ 088.64$ 元。

$$P_b=\sum_{t=1}^{N}\frac{C}{(1+r_c)^t}+\frac{CV}{(1+r_c)^N}=\frac{C}{r_c}\left[1-\frac{1}{(1+r_c)^N}\right]+\frac{CV}{(1+r_c)^N}$$

$$=\frac{80}{9\%}\left[1-\frac{1}{(1+9\%)^5}\right]+\frac{1\ 675}{(1+9\%)^5}=1\ 400(\text{元})$$

$$P_2=CV-P_b=1\ 088.64-1\ 400=-311.36(\text{元})$$

$$P_2=\frac{CV-P_b}{P_b}\times100\%=\frac{1\ 088.64-1\ 400}{1\ 400}\times100\%=-22.24\%$$

第四节　房地产基金

一、基金概述

（一）投资基金的定义与特征

1. 定义

投资基金是金融信托的一种，通过发行基金的收益（普通股优先股、基金份额、债券）募集社会公众投资者闲散资金；并委托具有专门知识与经验的专业人员管理操作，投资于有价证券和实物，把获取的收益按份额分配给基金投资人。投资基金的投资领域可以是股票、债券，也可以是实业、期货等。

2. 投资基金与股票、债券的差别

投资基金与股票、债券相比，具有以下差别。

(1) 性质不同。投资基金与股票、债券的投资性质不同，债券是证券的直接投资，而投资基金是通过中介，对证券的间接投资。

(2) 关系不同。股票、债券和投资基金的投资人与受托人之间的关系是不同的，股票体现的是一种产权关系，债券体现的是一种债务关系，而投资基金体现的是一种信托关系。

(3) 收益与风险不同。股票、债券和投资基金的收益与风险不同。股票收益不固定，风险较大；债券收益固定，风险较小；投资基金的收益比债券高，风险比股票小。

（二）基金的类型

投资基金按组织形式划分为三种：公司型和信托型（或称为契约型）。公司型与契约型投资基金源于 19 世纪的欧洲，在 19 世纪末盛行于英国，20 世纪初传入美国，而其他类型的投资基金在 20 年代起流行于美国。

1. 公司型投资基金

公司型投资基金是以营利为目的及证券投资信托业务为经营内容并按《公司法》组建的，以股份公司为组织形式的投资基金。投资公司通过发行股票募集资金，并代表投资人的利益进行证券投资，投资人购买投资公司的股份，即为公司股东，享受公司投资证券而获得的投资收益。

投资公司与其他股份公司的唯一区别就是投资公司不直接从事生产经营活动。

根据投资期内资金是否可以赎回,可以分为封闭型投资基金和开放型投资基金。

(1) 封闭型投资基金。封闭型投资基金亦称为不可赎回的投资公司、定额投资公司或投资信托公司。其特点是基金发行总额有限,且发行的股份不允许赎回,即公司不回购股份,股东投资在封闭期内不退还。封闭型投资基金的交易方式类似于普通股股票,其交易价格受基金每股净资产制约,也受市场供求关系影响。

(2) 开放型投资基金。开放型投资基金也称为投资公司、共同基金、互助基金。其特点是基金总额可以不断追加,新增的股份是公司净资产与利润的合计。投资人可以在每个交易日,依基金净值向基金公司进行买卖,交易价格由基金每股净资产决定。

2. 信托型投资基金

经营信托业务的机构(如信托投资公司银行信托部、证券公司、投资银行)。

接受社会公众投资人的委托,办理以第三人(也可以是委托人)为受益人的信托投资业务。

(1) 信托型投资基金的优点。

① 基金存续期间可以事先决定。

② 基金无法人资格,可以负征营利事业所得税。

③ 基金的设立、投资政策、解散、追加发行或回购等均依公司法的规定办理。

④ 依据不同的投资偏好设立不同投资政策的基金。

⑤ 受益人对基金所负的责任以出资额为限。

[例 14] 日本、韩国的共同基金业务及中国台湾发行的国际光华、建弘及中华的受益凭证都是契约型基金。

(2) 三方构成。

① 受托人——投资基金的设定人,即设定组织各种基金的类型,发行受益凭证,把所筹集资金交授托人管理,并对所筹资金进行具体的投资运用。

② 受托人——银行(或信托公司)根据信托契约规定,具体办理证券、现金的管理及其他有关的代理业务和会计核算业务。

③ 受益人——基金的投资人,以购买受益凭证的方式参与基金投资,享有投资收益,是契约的主要当事人。

二、房地产证券投资基金

(一) 证券投资基金的含义

证券投资基金(Securities Investment Fund)是指通过公开发售基金份额募集资金,由基金托管人托管,由基金管理人管理和运作资金,为基金份额持有人的利益,以资产组合方式进行证券投资的一种利益共享、风险共担的集合投资方式。

(二) 证券投资基金的起源与发展

投资基金起源于1868年的英国,是在产业革命的推动后产生的,而后兴盛于美国,现在已风靡于全世界。在不同的国家,投资基金的称谓有所区别,英国和我国香港称为"单位信托投资基金",美国称为"共同基金",日本则称为"证券投资信托基金"。这些不同的称谓在内涵和运作上无太大区别。投资基金在西方国家早已成为一种重要的融资、投资手段,并在当代得到了进一步发展。20 世纪 60 年代以来，一些发展中国家积极仿效，越来越运用投资基金这一形式吸收国内外资金，促进本国经济的发展。在我国，随着改革金融市场的发展，也在 80 年代末出现了投资基金形式，并从 90 年代以后得到了较快的发展，这不仅支持了我国经济建设和改革开放事业，而且也为广大投资者提供了一种新型的金融投资选择，活跃了金融市场，丰富了金融市场的内容，促进了金融市场的发展和完善。

（三）证券投资基金的性质

根据证券投资基金的含义，我们可以看出其性质体现在以下几个方面。

(1) 证券投资基金是一种集合投资制度。证券投资基金是一种积少成多的整体组合投资方式，它从广大的投资者那里聚集巨额资金，组建投资管理公司进行专业化管理和经营。在这种制度下，资金的运作受到多重监督。

(2) 证券投资基金是一种信托投资方式。它与一般金融信托关系一样，主要有委托人、受托人、受益人三个关系人，其中受托人与委托人之间订有信托契约。但证券基金作为金融信托业务的一种形式，又有自己的特点。比如从事有价证券投资主要当事人中还有一个不可或缺的托管机构，它不能与受托人（基金管理公司）由同一机构担任，而且基金托管人一般是法人；基金管理人并不对每个投资者的资金都分别加以运用，而是将其集合起来，形成一笔巨额资金再加以运作。

(3) 证券投资基金是一种金融中介机构。它存在于投资者与投资对象之间，起着把投资者的资金转换成金融资产，通过专门机构在金融市场上再投资，从而使货币资产得到增值的作用。

(4) 证券投资基金是一种证券投资工具。它发行的凭证即基金券（或受益凭证、基金单位、基金股份）与股票、债券一起构成有价证券的三大品种。投资者通过购买基金券完成投资行为，并凭之分享证券投资基金的投资收益，承担证券投资基金的投资风险。

（四）证券投资基金特征

证券投资基金作为一种现代化的投资工具，主要具有以下三个特征。

1. 集合投资

基金是这样一种投资方式：它将零散的资金巧妙地汇集起来，交给专业机构投资于各种金融工具，以谋取资产的增值。基金对投资的最低限额要求不高，投资者可以根据自己的经济能力决定购买数量，有些基金甚至不限制投资额大小，完全按份额计算收益的分配，因此，基金可以最广泛地吸收社会闲散资金，集腋成裘，汇成规模巨大的投资资金。在参与证券投资时，资本越雄厚，优势越明显，而且可能享有大额投资在降低成本上的相对优势，从而获得规模效益的好处。

2. 分散风险

以科学的投资组合降低风险、提高收益是基金的另一大特点。在投资活动中，风险和收益总是并存的，因此，“不能将所有的鸡蛋都放在一个篮子里”，这是证券投资的箴言。但是，要实现投资资产的多样化，需要一定的资金实力，对小额投资者而言，由于资金有限，很难做到这一点，而基金则可以帮助中小投资者解决这个困难。一方面，基金可以凭借其雄厚的资金，在法律规定的投资范围内进行科学的组合，分散投资于多种证券，借助于资金庞大和投资者众多的公有制使每个投资者面临的投资风险变小；另一方面，基金也可以利用不同的投资对象之间的互补性，达到分散投资风险的目的。

3. 专业理财

基金实行专家管理制度，这些专业管理人员都经过专门训练，具有丰富的证券投资和其他项目投资经验。他们善于利用基金与金融市场的密切联系，运用先进的技术手段分析各种信息资料，能对金融市场上各种品种的价格变动趋势做出比较正确的预测，最大限度地避免投资决策的失误，提高投资成功率。对于那些没有时间，或者对市场不太熟悉，没有能力专门研究投资决策的中小投资者来说，投资于基金，实际上就可以获得专家们在市场信息、投资经验、金融知识和操作技术等方面所拥有的优势，从而尽可能地避免盲目投资带来的失败。

（五）证券投资基金的作用

(1) 基金为中小投资者拓宽了投资渠道。对中小投资者来说，存款或购买债券较为稳妥，但收益率较低；投资于股票可能获得较高收益，但风险较大。证券投资基金作为一种新型的投资工具，将众多投资者的小额资金汇集起来进行组合投资，由专家来管理和运作，经营稳定，收益可观，为中小投资者提供了较为理想的间接投资工具，大大拓宽了中小投资者的投资渠道。在美国，有50%左右的家庭投资于基金，基金占所有家庭资产的40%左右。因此可以说，基金已进入寻常百姓家，成为大众化的投资工具。

(2) 有利于证券市场的稳定与发展。第一，基金的发展有利于证券市场的稳定，证券市场的稳定与否同市场的投资者结构密切相关。基金的出现和发展，能有效地改善证券市场的投资者结构。基金由专业投资者经营管理，其投资经验比较丰富，收集和分析信息的能力较强，投资行为相对理性，客观上能起到稳定市场的作用。同时，基金一般注重资本的长期增长，多采取长期的投资行为，较少在证券市场频繁进出，能减少证券市场的波动。第二，基金作为一种主要投资于证券市场的金融工具，它的出现和发展增加了证券市场的投资品种，扩大了证券市场的交易规模，起到了丰富和活跃证券市场的作用。随着基金的发展壮大，它已成为推动证券市场发展的重要动力。

（六）证券投资分析方法

1. 技术分析

技术分析是以预测市场价格变化的未来趋势为目的，通过分析历史图表对市场价格的运动进行分析的一种方法。股票技术分析是证券投资市场中普遍应用的一种分析方法。

2. 基本分析

基本分析法通过对决定股票内在价值和影响股票价格的宏观经济形势、行业状况、公司经营状况等进行分析，评估股票的投资价值和合理价值，与股票市场价值进行比较，相应形成买卖的建议。

3. 演化分析

演化分析是以演化证券学理论为基础，将股市波动的生命运动特性作为主要研究对象，从股票市场的代谢性、趋利性、适应性、可塑性、应激性、变异性和节律性等方面入手，对市场波动方向与空间进行动态跟踪研究，为股票交易决策提供机会和风险评估的方法总和。

（七）发行方式

基金的发行是指投资基金管理公司在基金发行申请经有关部门批准之后，将基金受益凭证向个人投资者、机构投资者或向社会推销出去的经济活动。

基金的发行方式主要有两种。

一是基金管理公司自行发行(直接销售方式)。基金的直接销售方式是指投资基金的股份不通过任何专门的销售组织而直接面向投资者销售。这是最简单的发行方式。在这种销售方式中,投资基金的股份按净资产价值出售,出价与报价相同,即所谓的不收费基金。

二是通过承销机构代发行(包销方式)。在这种方式下,投资基金的大部分股份是通过经纪人包销的。也就是基金的承销人。我国基金的销售大部分采取这种方式。

在基金的分销渠道方面,目前最新的发展是银行和保险公司参与基金的分销业务。

(八) 证券投资基金的交易

开放式基金只能在符合国家规定的场所申购、赎回。封闭式基金成立后,基金管理人、基金托管人可以向中国证监会及证券交易所提出基金上市申请。基金上市规则由证券交易所制定,报中国证监会批准。

(九) 证券投资基金的类型

1. 按基金的组织方式分类

(1) 契约型基金。契约型基金又称为单位信托基金,是指把投资者、管理人、托管人三者作为基金的当事人,通过签订基金契约的形式,发行受益凭证而设立的一种基金。契约型基金起源于英国,后在中国香港、新加坡、印度尼西亚等国家或地区十分流行。

契约型基金是基于契约原理而组织起来的代理投资行为,没有基金章程,也没有董事会,而是通过基金契约来规范三方当事人的行为。基金管理人负责基金的管理操作。基金托管人作为基金资产的名义持有人,负责基金资产的保管和处置,对基金管理人的运作实行监督。

(2) 公司型基金。公司型基金是按照公司法以公司形态组成的,该基金公司以发行股份的方式募集资金,一般投资者则为认购基金而购买该公司的股份,也就成为该公司的股东,凭借其持有的股份依法享有投资收益。这种基金要设立董事会,重大事项由董事会讨论决定。

公司型基金的特点是:基金公司的设立程序类似于一般股份公司,基金公司本身依法注册为法人,但不同于一般股份公司的是,它是委托专业的财务顾问或管理公司来经营与管理;基金公司的组织结构也与一般股份公司类似,设有董事会和持有人大会,基金资产由公司所有,投资者则是这家公司的股东,承担风险并通过股东大会行使权利。

(3) 契约型基金与公司型基金的比较。

契约型基金与公司型基金的不同点主要体现在以下几个方面。

① 法律依据不同。契约型基金是依照基金契约组建,信托法是其设立的依据,基金本身不具有法律资格。公司型基金是按照公司法组建的,具有法人资格。

② 资金的性质不同。契约型基金的资金是通过发行基金份额筹集起来的信托财产;公司型基金的资金是通过发行普通股票筹集的公司法人的资本。

③ 投资者的地位不同。契约型基金的投资者购买基金份额后成为基金契约的当事人之一,投资者既是基金的委托人,即基于对基金管理人的信任,将自己的资金委托给基金管理人管理和营运,又是基金的受益人,即享有基金的受益权;公司型基金的投资者购买基金的股票后成为该公司的股东。因此,契约型基金的投资者没有管理基金资产的权利,而公司型基金的股东通过股东大会享有管理基金公司的权利。

④ 基金的营运依据不同。契约型基金依据基金契约营运基金;公司型基金依据基金公司章程营运基金。

由此可见,契约型基金和公司型基金在法律依据、组织形态以及有关当事人扮演角色上是不同的。但对投资者来说，投资于公司型基金和契约型基金并无多大区别，它们的投资方式都是把投资者的资金集中起来，按照基金设立时所规定的投资目标和策略，将基金资产分散投资于众多的金融产品上，获取收益后再分配给投资者。

从世界基金业的发展趋势看，公司型基金除了比契约型基金多了一层基金公司组织外，其他各方面都与契约型基金有趋同化的倾向。

2. 按基金运作方式分类

(1) 封闭式基金。封闭式基金是指基金的发起人在设立基金时，限定了基金单位的发行总额，筹集到这个总额后，基金即宣告成立，并进行封闭，在一定时期内不再接受新的投资。又称为固定型投资基金。基金单位的流通采取在证券交易所上市的办法，投资者日后买卖基金单位都必须通过证券经纪商在二级市场上进行竞价交易。

封闭式基金的期限是指基金的存续期，即基金从成立到终止的时间。决定基金期限长短的因素主要有两个：一是基金本身投资期限的长短；二是宏观经济形势，一般经济稳定增长，基金存续期可长一些，若经济波浪起伏，则应相对的短一些。当然，在现实中，存续期还应根据基金发起人和众多投资者的要求来确定。基金期限届满即为基金终止，管理人应组织清算小组对基金资金进行清产核资，并将清产核资后的基金净资产按照投资者的出资比例进行公正合理的分配。

如果基金在运行过程中，因为某些特殊的情况，使得基金的运作无法进行，报经主管部门批准，可以提前终止。

(2) 开放式基金。开放式基金是指基金管理公司在设立基金时，发行基金单位的总份额不固定，可视投资者的需求追加发行。投资者也可根据市场状况和各自的投资决策，或者要求发行机构按现期净资产值扣除手续费后赎回股份或受益凭证，或者再买入股份或受益凭证，增持基金单位份额。为了应付投资者中途抽回资金，实现变现的要求，开放式基金一般都从所筹资金中拨出一定比例，以现金形式保持这部分资产。这虽然会影响基金的盈利水平，但作为开放式基金来说，这是必需的。

(3) 封闭式基金与开放式基金的区别。

① 期限不同。封闭式基金通常有固定的封闭期，通常在 5 年以上，一般为 10 年或 15 年，经受益人大会通过并经主管机关同意可以适当延长期限。而开放式基金没有固定期限，投资者可随时向基金管理人赎回基金单位。

② 发行规模限制不同，封闭式基金在招募说明书中列明其基金规模，在封闭期限内未经法定程序认可不能再增加发行。开放式基金没有发行规模限制，投资者可随时提出认购或赎回申请，基金规模就随之增加或减少。

③ 基金单位交易方式不同。封闭式基金的基金单位在封闭期限内不能赎回，持有人只能寻求在证券交易场所出售给第三者。开放式基金的投资者则可以在首次发行结束一段时间(多为 3 个月)后，随时向基金管理人或中介机构提出购买或赎回申请，买卖方式灵活，除极少数开放式基金在交易所做名义上市外，通常不上市交易。

④ 基金单位的交易价格计算标准不同。封闭式基金与开放式基金的基金单位除了首次发行价都是按面值加一定百分比的购买费计算外，以后的交易计价方式不同。封闭式基金的买卖价格受市场供求关系的影响，常出现溢价或折价现象，并不必然反映基金的净资产值。开放式基金的交易价格则取决于基金每单位净资产值的大小，其申购价一般是基金单

位资产值加一定的购买费，赎回价是基金单位净资产值减去一定的赎回费，不直接受市场供求影响。

⑤ 投资策略不同。封闭式基金的基金单位数不变，资本不会减少，因此基金可进行长期投资，基金资产的投资组合能有效在预定计划内进行。开放式基金因基金单位可随时赎回，为应付投资者随时赎回兑现，基金资产不能全部用来投资，更不能把全部资本用来进行长线投资，必须保持基金资产的流动性，在投资组合上需保留一部分现金和高流动性的金融商品。

⑥ 基金份额资产净值公布的时间不同。封闭式基金一般每周或更长时间公布一次，开放式基金一般在每个交易日连续公布。

⑦ 交易费用不同。投资者在买卖封闭式基金时，在基金价格之外要支付手续费；投资者在买卖开放式基金时，则要支付申购费和赎回费。

从发达国家金融市场来看，开放式基金已成为世界投资基金的主流。世界基金发展史从某种意义上说就是从封闭式基金走向开放式基金的历史。

3. 按投资目标分类

(1) 成长型基金。成长型基金是基金中最常见的一种，它追求的是基金资产的长期增值。为了达到这一目标，基金管理人通常将基金资产投资于信誉度较高、有长期成长前景或长期盈余的所谓成长公司的股票。成长型基金又可分为稳健成长型基金和积极成长型基金。

(2) 收入型基金。收入型基金主要投资于可带来现金收入的有价证券，以获取当期的最大收入为目的。收入型基金资产成长的潜力较小，损失本金的风险相对也较低，一般可分为固定收入型基金和股票收入型基金。固定收入型基金的主要投资对象是债券和优先股，因而尽管收益率较高，但长期成长的潜力很小，而且当市场利率波动时，基金净值容易受到影响。股票收入型基金的成长潜力比较大，但易受股市波动的影响。

(3) 平衡型基金。平衡型基金将资产分别投资于两种不同特性的证券上，并在以取得收入为目的的债券及优先股和以资本增值为目的的普通股之间进行平衡。这种基金一般将25%～50%的资产投资于债券及优先股，其余的投资于普通股。平衡型基金的主要目的是从其投资组合的债券中得到适当的利息收益，与此同时又可以获得普通股的升值收益。投资者既可获得当期收入，又可得到资金的长期增值，通常是把资金分散投资于股票和债券。平衡型基金的特点是风险比较低，缺点是成长的潜力不大。

4. 按投资标的分类

(1) 债券基金。债券基金是一种以债券为主要投资对象的证券投资基金。由于债券的年利率固定，因而这类基金的风险较低，适合于稳健型投资者。

债券基金收益通常会受货币市场利率的影响，当市场利率下调时，其基金收益率就会上升；反之，当市场利率上调时，其基金收益率就会下降。除此以外，汇率也会影响基金的收益，管理人在购买非本国货币的债券时，往往还在外汇市场上做套期保值。

(2) 股票基金。股票基金是指以股票为主要投资对象的证券投资基金。股票基金的投资目标侧重于追求资本利得和长期资本增值。基金管理人拟定投资组合，将资金投放到一个或几个国家或地区，甚至是全球的股票市场，以达到分散投资、降低风险的目的。

投资者之所以钟爱股票基金，原因在于可以有不同的风险类型供选择，而且可以克服股票市场普遍存在的区域性投资限制的弱点。此外，还具有变现性强、流动性强等优点。由于聚集了巨额资金，几支甚至一支基金就可以引发股市动荡，所以各国政府对股票基金的监管都十分严格，不同程度地规定了基金购买某一家上市公司的股票总额不得超过基金资产净值的一定比例，防止基金过度投机和操纵股市。

(3) 货币市场基金。货币市场基金是以货币市场为投资对象的一种基金，其投资工具期限在一年内，包括银行短期存款、国库券、公司债券、银行承兑票据及商业票据等。通常，货币基金的收益会随着市场利率的下跌而降低，与债券基金正好相反。货币市场基金通常被认为是无风险或低风险的投资。

(4) 指数基金。指数基金是20世纪70年代以来出现的新的基金品种。为了使投资者能获取与市场平均收益相接近的投资回报，产生了一种功能上近似或等于所编制的某种证券市场价格指数的基金。其特点是投资组合等同于市场价格指数的权数比例，收益随着当期的价格指数上下波动。当价格指数上升时基金收益增加，反之收益减少。基金因始终保持当期的市场平均收益水平，因而收益不会太高，但也不会太低。指数基金的优势有：第一，费用低廉，指数基金的管理费较低，尤其交易费用较低。第二，风险较小。由于指数基金的投资非常分散，可以完全消除投资组合的非系统风险，而且可以避免由于基金持股集中带来的流动性风险。第三，以机构投资者为主的市场中，指数基金可获得市场平均收益率，可以为股票投资者提供更好的投资回报。第四，指数基金可以作为避险套利的工具。对于投资者尤其是机构投资者来说，指数基金是他们避险套利的重要工具。指数基金由于其收益率的稳定性和投资的分散性，特别适用于社保基金等数额较大，风险承受能力较低的资金投资。

(5) 黄金基金。黄金基金是指以黄金或者其他贵金属及其相关产业的证券为主要投资对象的基金。其收益率一般随贵金属的价格波动而变化。

(6) 衍生证券基金。衍生证券基金是指以衍生证券为投资对象的证券投资基金，主要包括期货基金、期权基金和认购权证基金。由于衍生证券基金一般是高风险的投资品种，因此，投资这种基金的风险较大，但预期的收益水平比较高。

5. 按基金资本来源和运用地域分类

(1) 国内基金。国内基金是指基金资本来源于国内并投资于国内金融市场的投资基金。一般而言，国内基金在一国基金市场上应占主导地位。

(2) 国际基金。国际基金是指基金资本来源于国内但投资于境外金融市场的投资基金。由于各国经济和金融市场发展的不平衡性，因而在不同国家会有不同的投资回报，通过国际基金的跨国投资，可以为本国资本带来更多的投资机会以及在更大范围内分散投资风险，但国际基金的投资成本和费用一般也较高。国际基金有国际股票基金、国际债券基金和全球商品基金等种类。

(3) 离岸基金。离岸基金是指基金资本从国外筹集并投资于国外金融市场的基金。离岸基金的特点是两头在外。离岸基金的资产注册登记不在母国，为了吸引全球投资者的资金，离岸基金一般都在素有“避税天堂”之称的地方注册，如卢森堡、开曼群岛、百慕大等，因为这些国家和地区对个人投资的资本利得、利息和股息收入都不收税。

(4) 海外基金。海外基金是指基金资本从国外筹集并投资于国内金融市场的基金。利用海外基金通过发行受益凭证，把筹集到的资金交由指定的投资机构集中投资于特定国家的股票和债券，把所得收益作为再投资或作为红利分配给投资者，它所发行的受益凭证则在国际著名的证券市场挂牌上市。海外基金已成为发展中国家利用外资的一种较为理想的形式，一些资本市场没有对外开放或实行严格外汇管制的国家可以利用海外基金。

除了上述几种类型的基金，证券投资基金还可以按募集对象不同分为公募基金和私募基金；按投资货币种类不同分为美元基金、英镑基金、日元基金等；按收费与否分为收费基金和不收费基金；按投资计划可变更性分为固定型基金、半固定型基金、融通型基金；还有专门支持高科技企业、中小企业的风险基金；因交易技巧而著称的对冲基金、套利基金及投资于其他基金的基金中基金等。

我国基金事业的发展尚属初级阶段，而基金的设立又是基金运作的第一步，因此，为了保证基金成立后能够规范正常地管理、运作，需要严把基金设立关，实行严格的"核准制"。

（十）基金设立的程序

证券投资基金的设立包括以下四个主要步骤。

(1) 确定基金性质。按组织形态不同，基金有公司型和契约型之分；按基金券可否赎回，又可分为开放型和封闭型两种，基金发起人首先应对此进行选择。

(2) 选择共同发起人、基金管理人与托管人，制定各项申报文件。根据有关对基金发起人资格的规定慎重选择共同发起人，签订"合作发起设立证券投资基金协议书"，选择基金保管人，制订各种文件，规定基金管理人、托管人和投资人的责、权、利关系。

(3) 向主管机关提交规定的报批文件。同时，积极进行人员培训工作，为基金成立做好各种准备。

(4) 发表基金招募说明书，发售基金券。一旦招募的资金达到有关法规规定的数额或百分比，基金即告成立，否则，基金发起便告失败。

（十一）申请设立基金应提交的文件和内容

根据《证券投资基金管理暂行办法》及其实施细则，基金发起人在申请设立基金时应当向证监会提供的文件有：

(1) 申请报告。申请报告主要包括基金名称、拟申请设立基金的必要性和可行性、基金类型、基金规模、存续时间，发行价格、发行对象、基金的交易或申购和赎回安排、拟委托的托管人和管理人以及重要发起人签字、盖章。

(2) 发起人情况。发起人情况主要包括发起人的基本情况、法人资格与业务资格证明文件。

(3) 发起人协议。发起人协议主要包括拟设立基金名称、类型、规模、募集方式和存续时间；基金发起人的权利和义务，并具体说明基金未成立时各发起人的责任、义务；发起人认购基金单位的出资方式、期限及首次认购和在存续期间持有的基金单位份额；拟聘任的基金托管人和基金管理人；发起人对主要发起人的授权等。

(4) 基金契约与托管协议。

(5) 招募说明书。

(6) 发起人财务报告。发起人财务报告主要包括主要发起人经具有从事证券相关业务资格的会计师事务所及其注册会计师审计的最近 3 年的财务报表和审计报告，以及其他发起人实收资本的验资证明。

(7) 法律意见书。法律意见书主要包括具有从事证券法律业务资格的律师事务所及其律师对发起人资格、发起人协议、基金契约、托管协议、招募说明书、基金管理公司章程、拟委任的基金托管人和管理人的资格，本次发行的实质条件、发起人的重要财务状况等问题出具法律意见。

(8) 募集方案。募集方案主要包括基金发行基本情况及发行公告。

申请设立开放式基金时，除应报送上述材料外，基金管理人还应向中国证监会报送开放式基金实施方案及相关文件。

(十二) 销售与申购申购程序

投资者在认购封闭式基金的基金份额时，须开设证券交易账户或基金账户，在指定的发行时间内通过证券交易所的各个交易网点以公布的价格和符合规定的申购数量进行申购。如果有效申购总量超过封闭式基金发行总量，则以抽签配号方式决定投资者实际认购量。改制基金的扩募由原基金持有人按照规定比例和价格在规定时间内配售。投资者投资开放式基金时，应先到基金管理公司或其指定的代销机构开设专用基金账户及相应的资金账户；一名投资者只能在一个销售网点开户，且只能开设一个基金账户；投资由不同基金管理公司管理的不同的开放式基金时，应该到不同的基金管理公司或其代理机构分别办理手续。

我国封闭式基金都是采用自办发行方式通过证券交易所交易系统进行基金券发行的，但开放式基金由于其交易(认购、申购、赎回)是在投资者与基金管理人或其代理人之间进行的，故开放式基金券除了由基金管理人自办发行外，一般还选择一些机构(如银行、证券公司等)代理销售。

按照规定，证券投资基金的发行只有在符合以下条件时才能成立。

(1) 封闭式基金的募集期限为自该基金批准之日起计算的 3 个月，只有在募集期限内募集的资金超过该基金批准规模的 80%时，该基金方可成立。

(2) 开放式基金的募集期限也是 3 个月，在募集期限内净销售额超过 2 亿元时，基金方可成立。

如果基金的募集未达到上述要求，基金的发行即告失败，基金发起人应承担募集费用，并将已募集资金加计银行活期存款利息于30 日内退还给基金认购人。

(十三) 变更与终止

1. 基金存续期

我国《证券投资基金管理暂行办法》规定，封闭式基金的存续期不得少于 5 年，在具备下列条件时，经中国证监会审查批准可以扩募或者续期。

(1) 年收益率高于全国基金平均收益率。

(2) 基金托管人、基金管理人最近 3 年内无重大违法、违规行为。

(3) 基金持有人大会或基金托管人同意扩募或者续期。

(4) 中国证监会规定的其他条件。

2. 扩募或续期

申请基金扩募或续期时，应当按照中国证监会的要求提交有关文件。

对开放式基金而言，除非出现导致基金终止的情况，否则基金将长期存续。

3. 基金的变更

以下情况属于基金的变更，但事前必须报经主管机关核准。

(1) 改变基金券的认购办法、交易方式及净资产值的计算方法。

(2) 基金扩募或续期。

(3) 更换基金管理人或基金托管人等。

4. 基金的终止

在下列情况下,经主管机关批准,基金应该终止,结束营业。

(1) 基金封闭期满,未获批准续期的。

(2) 因原基金管理人或原基金托管人退任而无新的基金管理人或基金托管人承接的,或在基金存续期内有超过基金招募说明书规定的连续数量工作日以上,基金持有人数量不足100人或基金资产净额低于5000万元的。

(3) 经基金持有人大会表决终止的。

(4) 因重大违法违规行为,被中国证监会责令终止的。

(5) 由于投资方向变更而引起基金合并、撤销的。

(6) 法律、法规或中国证监会允许的其他情况。

5. 基金的清算

基金终止时,必须组成清算小组对基金资产进行清算,清算结果应当报中国证监会批准并予以公告。

(十四) 交易方式

基金交易方式因基金性质不同而不同。封闭式基金因有封闭期规定,在封闭期内基金规模稳定不变,既不接受投资者的申购也不接受投资者的赎回,因此,为满足投资者的变现需要,封闭式基金成立后通常申请在证券交易所挂牌,交易方式类似股票,即在投资者之间转手交易。而开放式基金因其规模是“开放”的,在基金存续期内其规模是变动的,除了法规允许自基金成立日始基金成立满3个月期间,依基金契约和招募说明书规定,可只接受申购不办理赎回外,其余时间如无特别原因,应在每个交易日接受投资者的申购与赎回。因此,开放式基金的交易方式为场外交易,在投资者与基金管理人或其代理人之间进行交易,投资者可至基金管理公司或其代理机构的营业网点进行基金券的买卖,办理基金单位的随时申购与赎回。

(十五) 封闭式基金的交易及交易价格

1. 封闭式基金的上市申请及审批

如前所述,封闭式基金的交易方式为在证券交易所挂牌上市,因此,封闭式基金在募集成立后,应及时向证券交易所申请上市。上市申请及主管机关审批的主要内容包括:基金的管理和投资情况;基金管理人提交的上市可行性报告;信息披露的充分性;内部机制是否健全,能否确保基金章程及信托契约的贯彻实施等。上述材料必须真实可靠,无重大遗漏。

2. 封闭式基金的交易规则

(1) 基金单位的买卖遵循“公开、公平、公正”的“三公”原则和“价格优先、时间优先”的原则。

(2) 以标准手数为单位进行集中无纸化交易,电脑自动撮合,跟踪过户。

(3) 基金单位的价格以基金单位资产净值为基础,受市场供求关系的影响而波动,行情即时揭示。

(4) 基金单位的交易成本相对低廉。

3. 影响封闭式基金价格变动的因素

基金单位净资产和市场供求关系是影响封闭式基金市场价格的主要因素,但其他因素也会导致其价格波动。

(1) 基金单位净资产值。基金单位净资产值是指某一时点上某一基金每份基金单位实际代表的价值，是基金单位的内在价值。由于基金单位净资产值直接反映一个基金的经营业绩和相对于其他证券品种的成长性，同时，也由于基金单位净资产值是基金清盘时，投资者实际可得到的价值补偿，因此，基金单位净资产值构成影响封闭式基金市场价格的最主要因素。在一般情况下，基金单位的市场价格应围绕基金单位净资产值而上下波动。

(2) 市场供求关系。由于封闭式基金成立后，在存续期内其基金规模是稳定不变的，因此，市场供求状况存在对基金交易价格产生重要影响。一般而言，当市场需求增加时，基金单位的交易价格就上升；反之，就下跌，从而使基金价格相对其单位净值而言经常出现溢价或折价交易的现象。

(3) 市场预期。市场预期通过影响供求关系而影响基金价格。当投资者预期证券市场行情看涨，或基金利好政策将出台，或基金管理人经营水平提高基金净资产值将增加，或基金市场将"缩容"等时，将增加基金需求从而导致基金价格上涨；反之，将减少基金需求从而导致基金价格下跌。

(4) 操纵。如同股票市场一样，基金市场也存在着"坐庄"操纵现象。由于封闭式基金的"盘子"是既定的，因此资金实力大户往往通过人为放大交易量或长期单向操作来达到影响市场供求关系及交易价格，从中获利的目的。

(5) 开放式基金的出现及基金清算。由于开放式基金的交易价格是完全由基金单位净资产值决定的，因此，当同为证券投资基金的开放式基金出现时，封闭式基金的投资将逐渐趋向理性，基金交易价格将逐渐与基金净资产值趋于一致。同样，随着封闭式基金存续期逐渐走向完结，基金终止清算期的来临，基金交易价格也将逐渐恢复到其净资产值的水平上。

(十六) 开放式基金的交易及交易价格

1. 开放式基金的认购、申购、赎回

投资者在开放式基金募集期间，基金尚未成立时购买基金单位的过程称为认购。认购价通常为基金单位面值(1元)加上一定的销售费用。基金初次发行时一般会对投资者有费率上的优惠。投资者在认购基金时，应在基金销售点填写认购申请书，交付认购款项，注册登记机构办现有关手续并确认认购。只有当开放式基金宣布成立后，经过规定的日期，基金才能进入日常的申购和赎回。

基金成立后，投资者通过基金管理公司或其销售代理机构申请购买基金单位的过程称为申购。投资者办理申购时，应填写申购申请书并交付申购款项。申购基金单位的金额是以申购日的基金单位资产净值为基础计算的。

投资者为变现其基金资产，将手持基金单位按一定价格卖给基金管理人，并收回现金的过程称为赎回。赎回金额是以当日的单位基金资产净值为基础计算的。

2. 开放式基金申购、赎回的限制

根据有关法规及基金契约的规定，开放式基金的申购与赎回主要有以下限制。

(1) 基金申购限制。基金在刊登招募说明书等法律文件后，开始向法定的投资者进行招募。依据国内基金管理公司已披露的开放式基金方案来看，首期募集规模一般都有一个上限。在首次募集期内，若最后一天的认购份额加上在此之前的认购份额超过规定的上限，则投资者只能按比例进行公平分摊，无法足额认购。开放式基金除规定有认购价格外，通常还规定有最低认购额。另外，根据有关法律和基金契约的规定，对单一投资者持有基金的总份额还有一定的限制，如不得超过本基金总份额的10%等。

(2) 基金赎回限制。开放式基金赎回方面的限制，主要是对巨额赎回的限制。根据《开放式证券投资基金试点办法》的规定，开放式基金单个开放日中，基金净赎回申请超过基金总份额的10%时，将被视为巨额赎回。巨额赎回申请发生时，基金管理人在当日接受赎回比例不低于基金总份额的10%的前提下，可以对其余赎回申请延期办理。也就是说，基金管理人根据情况可以给予赎回，也可以拒绝这部分的赎回，被拒绝赎回的部分可延迟至下一个开放日办理，并以该开放日当日的基金资产净值为依据计算赎回金额。当然，发生巨额赎回并延期支付时，基金管理人应当通过邮寄、传真或者招募说明书规定的其他方式，在招募说明书规定的时间内通知基金投资人，说明有关处理方法，同时在指定媒体及其他相关媒体上公告。通知和公告的时间，最长不得超过3个证券交易日。

3. 开放式基金的申购、赎回价格

开放式基金的交易价格即为申购、赎回价格。开放式基金申购和赎回的价格是建立在每份基金净值基础上的，以基金净值再加上或减去必要的费用，就构成了开放式基金的申购和赎回价格。

基金的申购价格，是指基金申购申请日当天每份基金单位净资产值再加上一定比例的申购费所形成的价格，它是投资者申购每份基金时所要付出的实际金额。基金的赎回价格，是指基金赎回申请日当天每份基金单位净资产值再减去一定比例的赎回费所形成的价格，它是投资者赎回每份基金时可实际得到的金额。

4. 收入及利润分配

(1) 收入来源。证券投资基金收入是基金资产在运作过程中所产生的各种收入，主要包括利息收入、投资收益及其他收入。基金资产估值引起的资产价格变动作为公允价值变动损益计入当期损益。

(2) 利润分配。证券投资基金利润分配是指基金在一定会计期间的经营成果。利润包括收入减去费用后的净额、直接计入当期利润的利得和损失等，又称基金收益。证券投资基金在获取投资收入和扣除费用后，须将利润分配给受益人。基金利润(收益)分配通常有两种方式：一是分配现金，这是最普遍的分配方式；二是分配基金份额，即将应分配的净利润折为等额的新的基金份额送给受益人。

按照《证券投资基金管理办法》的规定，封闭式基金的收益分配每年不得少于一次，封闭式基金年度收益分配比例不得低于基金年度已实现收益的90%。封闭式基金一般采用现金方式分红。

开放式基金的基金合同应当约定每年基金利润分配的最多次数和基金利润分配的最低比例。开放式基金的分红方式有现金分红和分红再投资转换为基金份额两种。根据规定，基金利润分配应当采用现金方式。开放式基金的基金份额持有人可以事先选择将所获分配的现金利润按照基金合同有关基金份额申购的约定转为基金份额；基金份额持有人事先未做出选择的，基金管理人应当支付现金。

对货币市场基金的利润分配，中国证监会有专门的规定。《货币市场基金管理暂行规定》第九条规定："对于每日按照面值进行报价的货币市场基金，可以在基金合同中将受益分配的方式约定为红利再投资，并应当每日进行收益分配。"2005年3月25日中国证监会下发的《关于货币市场基金投资等相关问题的通知》规定："当日申购的基金份额自下一个工作日起享有基金的分配权益，当日赎回的基金份额自下一个工作日起不想有基金的分配权益。"具体而言，货币市场基金每周五进行利润分配时，将同时分配周六和周日的利润；每周一至周四进行分配时，则仅对当日利润进行分配。投资者与周五申购或转换转入的基金份额不享有周五和周六、周日的利润；投资者与周五赎回或转换转出的基金份额享有周五和周六、周日的利润。

5. 投资风险

证券投资基金是一种集中资金、专家管理、分散投资、降低风险的投资工具，但投资者投资于基金仍有可能面临风险。证券投资基金存在的风险主要有以下几个方面。

(1) 市场风险。基金主要投资于证券市场，投资者购买基金，相对于购买股票而言，由于能有效地分散投资和利用专家优势可能对控制风险有利。分散投资虽能在一定程度上消除来自个别公司的非系统性风险，但无法消除市场的系统性风险。因此，证券市场价格因经济因素、政治因素等各种因素的影响而产生波动时，将导致基金收益水平和净值发生变化，从而给基金投资者带来风险。

(2) 管理能力风险。基金管理人作为专业投资机构，虽然比普通投资者在风险管理方面确实有某些优势，如能较好地认识风险的性质、来源和种类，能较准确地度量风险，并通常能够按照自己的投资目标和风险承受能力构造有效的证券组合，在市场变动的情况下，及时地对投资组合进行更新，从而将基金资产风险控制在预定的范围内等，但是，不同的基金管理人的基金投资管理水平、管理手段和管理技术存在差异，从而对基金收益水平产生影响。

(3) 技术风险。当计算机、通信系统、交易网络等技术保障系统或信息网络支持出现异常情况时，可能导致基金日常的申购或赎回无法按正常时限完成、注册登记系统瘫痪、核算系统无法按正常时限显示基金净值、基金的投资交易指令无法即时传输等风险。

(4) 巨额赎回风险。这是开放式基金所特有的风险。若因市场剧烈波动或其他原因而连续出现巨额赎回，并导致基金管理人出现现金支付困难，基金投资者申请巨额赎回基金份额，可能会遇到部分顺延赎回或暂停赎回等风险。

6. 信息披露

为了加强对基金投资运作的监管，提高基金运作的透明度，保障基金份额持有人合法权益，基金必须履行严格的信息披露义务。我国《证券投资基金法》规定，基金管理人、基金托管人和其他基金信息披露义务人应当依法披露基金信息，并保证所披露信息的真实性、准确性、完整性和及时性。

(1) 公开披露的基金信息。

公开披露的基金信息包括：

① 基金招募说明书、基金合同、基金托管协议、基金份额发售公告；

② 基金募集情况；

③ 基金份额上市交易公告书；

④ 基金资产净值和基金份额净值公告；

⑤ 基金份额申购、赎回价格；

⑥ 基金财产的资产组合季度报告、财务会计报告及中期和年度基金报告；

⑦ 临时报告；

⑧ 基金份额持有人大会决议；

⑨ 基金管理人、基金托管人的专门基金托管部门的重大人事变动；

⑩ 涉及基金管理人、基金财产、基金托管业务的诉讼；

⑪ 依照法律、行政法规有关规定，由国务院证券监督管理机构规定应予披露；

(2) 其他信息披露的规定。

公开披露基金信息，不得有下列行为：

① 虚假记载、误导性陈述或者重大遗漏；

② 对证券投资业绩进行预测；

③ 违规承诺收益或者承担损失；

④ 诋毁其他基金管理人、基金托管人或者基金份额发售机构；

⑤ 按照法律、行政法规有关规定，由国务院证券监督管理机构规定禁止的其他行为。

(十七) 投资范围

我国《证券投资基金法》规定，基金财产应当用于下列投资：第一，上市交易的股票、债券；第二，国务院证券监督管理机构规定的其他证券品种。因此，证券投资基金的投资范围为股票、债券等金融工具。目前我国的基金主要投资与国内依法公开发行上市的股票、非公开发行股票、国债、企业债券和金融债券、公司债券、货币市场工具、资产支持证券、权证等。

第五节　房地产资金其他来源

房地产公司除上述主要资金筹集渠道以外，还可以利用以下几种渠道等筹集资金。

一、房地产信托融资

各类信托基金。各类信托资金除将部分资金用于购买可以确保其利息收入的政府债券等风险较小、收益水平相对较低的投资外，仍有愿望将基金的一部分用于有一定风险性、但收益相对较高，又有相对较高安全保证的房地产投资，作为其投资组合的一部分。开发商可以约定的利率向各类基金组织融资，也可以吸收其投资入股。尽管其利率水平相对高于银行贷款，但对资金需求量很大的房地产开发企业而言仍不失为一条有效的筹资渠道。

二、房地产开发自有资金

房地产业开发商对任何房地产开发项目都必须投入相当量的自有资金，这是房地产开发的基本条件之一。通常，开发商可以筹集的自由资金包括现金和其他速动资金，以及近期可收回的各种应收款。另外，企业内部一些应计费用和应交税费，通过合理安排，也可应付临时的资金需求。

一般情况下，开发商不可能在银行存有大量的货币资金等待开发项目，货币资金只有采取自有资金筹集，速动资产的变现也是重要的资金来源之一，它包括企业持有的各种银行票据、股票、债券等(可以转让、抵押或贴现而获得货币资金)，以及其他可以立即售出的建成楼宇等。至于各种应收款，包括已定合同的应收售楼款及其他应收款。

只要开发项目的预期收益高于企业自有资金的机会收益(如银行存款利息等)或速动资

产变现损失（包括机会损失）等，开发商都可以根据自身的能力，适时投入自有资金。

三、房地产项目预收款

房地产项目预收款一般是指预收购房定金或购房款。在地产开发进行到一定的程度（通常规定是建安工程量完成25%以上），政府允许房地产企业预售房屋。预售房屋对于购房者来说，由于只需要支付少量定金或部分房款，即可享受未来一段时间的房地产增值收益。而对开发商来说，预售部分房屋，既可以筹集到必要的建设资金，又可降低市场风险。尽管可能损失部分未来收益，但对于习惯于"借鸡生蛋"的开发商来说，适时、适价地预售部分房屋仍是必要的。尤其对自有资金实力不强的开发商来说，成功地组织预售是房地产开发成败的关键。

四、房地产金融租赁

寻找经济实力雄厚的承包商。一方面，可以在资金临时短缺时，争取由承包商垫付部分费用，而将部分融资困难和风险分担给承包商，同时，延期支付工程款的利息通常不会超过银行贷款利息。另一方面，对于一些预期效益好的开发项目或具有投资价值的房地产，开发商可以吸引承包商投资参与房地产开发，承包商和开发商共担融资风险和筹集资金。

五、政府财政拨款

财政拨款是政府无偿拨付给企业的资金，通常在拨款时明确规定了资金用途。其资金来源一般为本级政府财政收入，一般用于公共事业（教育、卫生、交通、市政、科研、国家大中型建设项目等）的资金。

（一）定义

财政部门拨付给企业用于购建固定资产或进行技术改造的专项资金，鼓励企业安置职工就业而给予的奖励款项，拨付企业的粮食定额补贴，拨付企业开展研发活动的研发经费等，均属于财政拨款。

（二）财政拨款的确认

根据《国家税务总局关于中国科学院及其所属科学事业单位交纳企业所得税问题的通知》（国税函〔2000〕26号），财政拨款的确认有以下依据。

1. 直接取得

（1）财政部直接拨付的经费：以财政部门和主管部门拨款单为财政拨款的确认证明。

（2）中科院及其所属事业单位之间转拨的经费：以取得的转拨单和汇款单为财政拨款的确认证明。

2. 间接取得

间接取得是指取得的不是由财政部直接拨付，而是从其他部门取得的由财政资金设立的科技项目（课题）经费，以中科院及其所属事业单位与有关部门签订承担该项目（课题）的合同、协议、计划任务书，作为财政拨款的确认证明。

（1）国家自然科学基金（由国家自然科学基金委员会管理）；

（2）国家高技术研究发展计划即863计划（由国家科技部管理）；

（3）攀登计划及攀登计划预选项目（由国家科技部管理）；

(4) 国家重点基础研究项目即 973 项目(由国家科技部管理);

(5) 国家其他任务;

(6) 国家科技三项费用项目(包括技术创新项目、引进技术消化吸收项目、中小企业创新支撑体系建设项目、产学研联合开发工程示范项目等)(由国家计委管理);

(7) 国家一次性科学事业费专项经费(由国家科技部管理);

(8) 国家科学事业费政策性调节费(由国家科技部管理);

(9) 国家基础研究特别支持费(由国家科技部管理);

(10) 国家科技攻关项目(由国家计委、科技部管理);

(11) 国家产业化示范工程项目(由国家计委管理);

(12) 国家工程研究中心项目(由国家计委管理);

(13) 国家技术工程研究中心项目(由国家科技部管理);

(14) 国家载人航天项目;

(15) 地方政府财政资金设立的项目。

3. 合同与税收的关系

项目合同、协议、计划任务书是财政拨款经费的证明,同时也是税务部门认定不征税收入的确认依据。

4. 要求

加强项目(课题)的合同、协议、计划任务书的规范管理。项目(课题)的合同、协议、计划任务书由科技处专人管理,无项目(课题)合同、协议、计划任务书,经费到位时财务处不得予以入账或不予办理经费转拨,由此带来的费用开支,由该项目(课题)自行承担。

横向收入必须签订技术合同,并须经技术市场登记认证。若不办理技术市场登记认证手续,该项经费收入所需缴纳的税款(流转税税率为 5.5%,所得税税率为 33%),由课题组自行承担。

课后练习

一、思考题

1. 房地产开发有哪些资金筹集方式?简述各种筹集方式的定义与流程。

2. 简述房地产开发企业流动资金贷款和项目开发贷款的区别,并分析流动资金贷款的考核依据。

3. 股票有哪些类型?股票的票面价值、内在价值、账面价值、清算价格和市场价格之间有什么联系与区别?

4. 债券有哪些类型?可转换债券的理论价值和转换价值有何区别,如何计算?

5. 房地产证券投资基金有哪些类型?简述其运作过程。

6. 房地产信托融资与房地产金融租赁有何区别?

二、计算题

1. 已知众生房地产投资股份有限公司经审核预测的 2017 年全年税后利润为3 961.57 万元。(根据北京兴华会计师事务所有限责任公司审核的本公司 2017 年税后利润)股票发行预计于 2017 年 8 月实施,发行市盈率为 18.63 倍。发行前总股本为 10 114.524 万股,拟向社会大众发行 3 500 万股。

试求：(1) 发行价格。

(2) 发行总市值。

(3) 按 4.37%计的发行费用。

(4) 公司筹集资金。

2. 某上市公司的股票市场价格为 12.40 元/股，以每 10 股配资 2 股，其配股价为 10 元/股，且在优先认股权有效期内，该公司股价从 12.40 元涨至 14.80 元，则该优先认股权的价值及涨幅是多少？若反之，股价从 12.40 元跌至 11.20 元，则该优先认股权的价值及涨幅是多少？

3. 已知一可转换债券，$P_0=12$ 元/股，$R=40$ 股，$g=8\%$，$r_c=6\%$，$N=5$ 年，$C=200\times 3.25\%=6.5$ 元，求此时可转换债券存在风险升水还是风险贴水？其绝对值与相对值是多少？

三、分析题

若开发商以房地产商品作为抵押物贷款，现参与危旧房屋改造获得城区土地，但没有发生现金流量归还银行，则如何解决这一问题？

第四章　房地产投资分析

房地产开发与经营的周期长，资本投入量大，影响因素多，风险大。因此，房地产投资决策必须慎重，缜密的投资分析也是项目获得成功的重要基础。本章的学习重点包括：

◆ 房地产项目投资可行性分析的作用与主要内容；
◆ 房地产投资对象的选择及投资决策风险的衡量；
◆ 房地产项目投资成本的测算；
◆ 房地产项目资金成本的测算；
◆ 房地产项目收益的测算。
◆ 房地产项目投资财务评价。

第一节　房地产项目投资可行性研究

一、项目可行性研究的含义

可行性分析又称可行性研究，是指对一项投资或研究计划做全面的调查研究，以保证项目在技术可行、环境上允许、经济上合理及效益上显著，并对多个方案进行优选的科学方法。房地产开发项目的可行性分析是在投资决策之前对拟开发的房地产项目进行全面、系统的调查研究分析，运用科学的技术评价方法，计算一系列经济评价指标，最终确定该项目是否可行的综合研究。由于房地产投资是一种高风险、高收益的投资，对投资项目进行分析论证和可行性研究可以大大降低投资风险，因此是房地产开发决策过程中的关键步骤。房地产项目可行性研究人员要熟知国家的法律法规限制，考虑项目在规划定位、融通资金、土地取得、建设开发、利润回流等环节实施操作的可行性，并力图使投资者获得最大报酬。因此，严谨的可行性研究程序是工作得以顺利进行的保障。

二、项目可行性研究的作用

房地产开发项目的关键是决策，而决策的依据是可行性研究报告。早在20世纪初，西方国家就开始使用可行性研究作为项目规划的重要方法，经过几十年的发展完善，这种方法在西方项目投资决策中已经占据了相当重要的地位。实践证明，可行性研究对提高项目的经济效益，优化项目开发方案具有重要的作用。可行性研究在我国起步较晚，作为一种科学的管理方法，可行性研究已被人们认同，并且已经演变成为一个法定的必要环节。房地产可行性研究具有非常重要的作用，具体体现在以下几个方面。

（一）可行性研究是投资决策的重要依据

可行性研究是投资决策的重要依据，主要体现在以下三个方面：首先，可行性研究确保投资方案的科学性和合理性。相关投资决策，尤其是大型项目的投资决策的科学性，是以可行性研究报告中的详细可靠的市场预测、成本分析、效益估算和准确的项目评价分析为重要依据的。只有进行了细致调查、严谨科学的数据分析，才能进行全面的评价、决策。其次，可行性报告确保投资方案的优化。任何一个项目投资都会存在多种投资方案，每个方案各具特点，不同的方案其效益也有所不同，只有经过可行性研究分析，才能评选出最优方案，保障投资者的最大利益。最后，可行性报告确保投资的有序性。房地产投资项目的可行性研究过程实质上就是对未来项目的实施进行周密安排的过程，尤其是围绕项目开发进度进行的资源配置、资金筹措、现金流量、还贷能力等进行一系列分析研究，可初步确定项目开发建设过程中各阶段的资金供给与资金使用、原材料和设备的供应、配套工程实施步骤等，使整个项目的实施有条不紊地进行，以达到预期目的。

（二）可行性研究是项目审批的依据

在我国，房地产项目要经过政府相关职能部门立项、审批，而立项、审批的依据之一就是可行性研究报告。

（三）可行性研究是项目资金筹措的依据

根据项目可行性研究报告的相关数据，不仅开发商可以了解项目所需资金的种类和数量，而且金融机构可以了解项目的清偿能力和盈利能力，并结合贷款的收益性和安全性原则，确定项目的贷款额度。因此，项目可行性研究报告可作为企业筹集资金和金融机构提供信贷的依据。

（四）可行性研究是编制设计任务书的依据

可行性研究对开发项目的建设规模、建设标准等都做出了安排，而这些都是项目设计任务书需要明确的内容。并且，我国有规定指出，凡是没有经过可行性研究的开发建设项目，不能批准设计任务书，不能进行设计，不能列入计划。

（五）可行性研究是开发商与项目参与各方签订合同的依据

开发项目立项之后，开发商将在可行性研究确定的项目实施方案内，落实项目的各项工作并与设计、监理、施工、供应、资金融通等单位签订有关合同。因此，可行性研究也是开发商与项目参与各方签订合同的依据。

三、项目可行性研究的阶段

房地产市场状况不仅与国民经济发展状况、人口规模和结构、居民收入、社会政治稳定性、政策法规完善性和连续性、产业结构、通货膨胀率和国家金融政策等方面存在较强的关联性，而且对城市的经济、社会、资源、环境等方面有巨大的影响。因此，房地产投资可行性研究是一个复杂的工作过程，其研究必须具有很强的科学性及条理性，这就需要根据不同物业的特点，分阶段、分步骤地对投资项目进行调研和分析。

（一）房地产投资可行性研究的工作阶段

1. 投资机会可行性研究阶段

投资机会可行性研究阶段的主要任务是在一定的区域内，以资源条件和市场预测为基础，建议投资方向，选择投资项目，寻找最有利的投资机会，可分为一般投资机会研究和具体项目投资机会研究。一般投资机会研究是指通过市场调查分析，选样投资区域、确定投资行业，即对投资方向进行初步的研究。具体项目投资机会研究是指在确定投资方向的基础上，对已选定的投资地点和行业提出的具体投资项目所进行的机会研究。

该阶段的研究工作比较粗略，主要是笼统的估计而不是详细的分析，一般是根据已有的类似工程来估算投资额，按照当时的市场价格来估算项目收入和税费支出，所以精确度较低，允许误差为±30%。研究费用占项目总投资的0.1%～1%，所需时间为1～2个月。

2. 初步可行性研究阶段

初步可行性研究属于一种过渡性研究，适用于大型投资项目。目的是初步判断项目投资是否可行，决定是否进行下一阶段的详细研究。其优点在于，可以使投资者尽早发现项目的问题，从而做出正确决策，避免时间、金钱和人力的浪费。

这一阶段与下一阶段详细可行性研究的不同之处在于，获得资料的详尽程度及计算精度不同，并且研究分析的深度也有差异。其投资估算的精度稍高于投资机会研究，可达±20%，所需费用占总投资的0.25%～1.5%，所需时间为2～4个月。

3. 详细可行性研究阶段

详细可行性研究阶段是项目投资可行性研究全过程中最重要的一个阶段，需占有大量的原始资料，对拟投资项目进行全面的技术经济论证及效益评价。其投资估算精度最高，可达±10%，所需费用小型项目占总投资的1%～3%，大型项目占0.2%～1%。

（二）房地产可行性研究的工作步骤

1. 组织准备

进行项目可行性研究首先要组建研究小组，负责可行性研究的构想、经费筹集、制订研究计划方案等。其中，项目研究小组的成员应包括了解房地产市场的专家、熟悉房地产开发的工程技术人员、熟悉城市规划及管理的专家，并由熟悉房地产市场、工程技术、经济管理和经营、善于协调工作的专业人员来主持。

2. 现场调查与资料收集

现场实际调查主要包括投资现场的自然、经济、社会、技术现状的调查，如居民人数、户数及结构现状调查，市政基础设施状况调查，区域生产经营状况调查等。收集的资料主要有政府的方针政策，城市规划资料，各类资源资料，有关社会经济发展、交通、地质、气象等方面的技术资料，房地产市场分析的资料等。

3. 开发方案的设计、评价和选择

这一阶段的工作主要是根据项目前期工作的有关成果，结合开发商的现行资源情况和国家政策等，对项目开发方案进行设计、评价、对比优选，确定具体的项目开发方案。当然，选择不同的开发方案会产生不同的社会经济效益。

4. 详细研究

采用先进的技术经济分析方法，对优选出的项目开发方案进行财务评价、国民经济评价，从而分析项目的可行性。

5. 编写研究报告书

可行性研究报告书是对可行性研究全过程的描述，其内容要与研究内容相同，且全面、翔实。

四、项目可行性研究的主要内容

（一）项目的基本资料

(1) 项目的基本资料。包括：①项目的位置；②项目总占地面积；③项目规划总建筑面积（住宅、商业、停车场、附属建筑等）；④容积率；⑤项目的建设背景。

(2) 项目定位环境的基本评价。包括：①政策背景；②商业(或住宅、写字楼)背景；③项目所属类物业市场背景；④项目的区位条件；⑤项目的建设地点条件；⑥项目的实施条件。

(3) 项目定位的基本构想。包括：①项目产品概念形象定位；②项目商业业态定位(或住宅、写字楼形式与档次定位)。

(4) 项目建设的必要性和社会经济意义。

(二) 项目投资环境分析

投资环境分析包括宏观投资环境和地区投资环境两个方面。宏观投资环境是指一个国家或地区总体的经济和政策环境，这对每个行业都会产生重大的影响和指导性作用。其中，宏观经济指标包括国民生产总值、国民经济增长率、居民收入及存款额、物价指数、人均可支配收入、人均消费性支出等。宏观政策环境包括国家对土地审批、项目报审、产权管理、房改、拆迁、金融税收、招商引资等方面的政策，这对投资者而言也具有重要的指导意义。只有熟知政府政策，明确项目所在地的城市规划及建设发展目标，对国家及地方政府的政策有准确的预测，才能更好地对项目进行分析研究。在项目投资环境的可行性分析当中，不仅要关注宏观环境，还要认真分析地区投资环境。除了对该地区的经济政策进行研究外，一个城市的地理条件、交通状况、城市规模、人口结构等对房地产项目也会产生重大的影响，因此要分别加以分析。

无论宏观投资环境还是地区投资环境，都可以从两个视角展开。一是从时间连续性上进行，从历史的波动推测未来的走势；二是从时间的横断面上进行，分析某一时点或某一时期中各种影响因素的作用方向、部位、结果等。在投资分析中，可借鉴的宏观经济分析及地区经济分析成果包括：专家分析成果、景气分析预测、企业调查报告以及我国一些专业机构定期及时公布的景气报告，其中，最具权威性的机构是国家信息中心的“中经宏观景气动向”。

(三) 项目的市场调研

房地产投资项目市场调查包括市场现状及对未来的趋势分析，如市场供给量现状及对未来的估计，同类楼盘的分布及其现状，市场价格水平及其走势，市场吸纳量的现状及未来估计，市场购买力的分布状况，市场需求的未来发展趋势等。特别需要判断未来在该地区市场的主要竞争对手情况，了解对手的优势与劣势，以便在以后的竞争中发挥自己的优势，在激烈的市场竞争中占据有利地位。另外，对所属企业实力(商业背景、经济实力、企业战略、土地储备、开发类型、近期作品等)及营销策略都要进行综合的分析。

在上述市场调研工作中，市场供需关系调查是极为重要的一项，供需关系是影响房地产市场价格的重要因素，因而项目所在区的供需比例对投资者制定价格具有指导意义。此外，消费力的调查也是一项不可忽视的内容。由于不同的项目针对不同的消费人群，因此，在项目销售设计时，可以针对大、中、小客户设置不同的模式。这就需要对各类人群的购买目的、购买心理、购买特点及购买障碍逐一进行分析，最终达到把握消费者的消费个性、准确估测市场消费能力、使项目概念符合消费者偏好的目的。

房地产项目的市场调研看起来是对市场的某个时点的状况进行判断，但事实上，分析者必须在对市场进行长期跟踪的基础上进行判断。即不仅要在时间上跨越过去、现在、未来，在空间上也要覆盖整个地区市场和项目所在地，而且分析的每个环节都应是相互联系、相互影响的。因此，从事房地产市场调研分析的工作人员需要有专业的素质以及细致认真的精神。

（四）项目规划设计方案的选择

（1）市政规划方案选择。市政规划方案的主要内容包括各种市政设施的布置、来源、去路和走向，大型商业房地产开发项目重点要规划安排好场地内外交通组织和共享空间等。

（2）项目构成及平面布置。即项目的构成和总平面布局，主要建筑物的造型设计等。

（3）建筑规划方案选择。主要包括各单项工程的占地面积、建筑面积、层数、层高；房间布局、各种房间的数量、建筑面积分配等。应附规划设计方案详图。

（4）项目环境影响评价。主要包括建设地区的环境现状、主要污染源和污染物、开发项目可能引起的周围生态变化、设计采用的环境保护标准、控制污染与生态变化的初步方案、环境保护投资估算、环境影响的评价结论和环境影响分析、存在的问题及建议。

在对可供选择的规划方案进行比较分析的基础上，优选出最为合理、可行的方案作为最后方案，并对其进行详细说明。

（五）项目开发建设实施计划

该部分是对项目的建设工期、进度控制和交付使用的初步安排。可以按照前期工程（立项、可行性研究、下达规划任务、征地拆迁、委托规划设计、取得开工许可证直至完成开工前准备等一系列工作）、主体工程（各个单项工程的开工、竣工时间）、附属工程、交工验收等分阶段进行。对于大型项目，一般需要进行分期开发，更需要对开发的内容做统筹安排。

（六）项目资金分析

（1）项目成本概算。房地产投资项目的成本一般包括：征地及拆迁成本、前期费用、基础设施费用、工程咨询费用、建安成本、各项税费、管理成本、营销费用、不可预见费用等。

（2）项目投资收益概算。房地产投资收入一般包括销售收入和租金收入。

（3）资金运作分析。资金是支撑项目运转的关键环节，在资金运作分析中要考虑以下因素：①企业可调动资金和预期可调动资金情况；②项目所需总投资金额；③项目最大资金缺口金额及时间推断；④相关单位垫资的承受力分析；⑤当地融资渠道与成本；⑥销售回款不畅的应急措施。

（4）其他资金情况分析。包括房地产资金来源状况分析、筹资方式分析、筹资的财务杠杆分析和财务风险分析等。其中，特别要强调项目融资的可能性和具体途径。

（七）项目财务分析

在投资报告中，应依据财务报表进行项目的盈利能力，以及偿债能力等一系列经济技术指标的计算、比较和分析。比如借助现金流量表的现金流量分析，反映项目在建设期和生产经营期内各年的现金流入与流出情况。由此可详细估算项目的资金需求量和需求时机，考察资金筹措方案的可行性，清楚反映项目收入状况和还贷计划安排，计算项目的还款清偿能力与投资回收期，计算与评价项目的净现值、内部收益率、投资收益率等经济效益评价指标。

（八）不确定性分析

首先应该明确财务分析评价中的不确定性变量，通过预测这些因素发生变化时对项目财务评价指标的影响，从中找出敏感因素并确定其影响程度。在进行投资敏感性分析时通常要分析租金、售价、建造成本、开发期、贷款利息、销售进度、融资比例等因素单独变化或多因素变化对内部收益率的影响，必要时也要分析对投资回收期、借款偿还期、利润等的影响。除敏感性分析外，有时还有必要进行投资项目的盈亏平衡分析、概率分析等。

（九）项目风险分析

投资风险是客观存在的，尤其是房地产行业，较长的产业链条、较广泛的业务联系，使房地产投资的风险更大。为了认识风险，在实际工作中防范控制风险，保证投资项目的正常运营与盈利，减少风险损失，就必须在风险分析中对国家政策风险、拆迁风险（地上建筑调查、拆迁户调查、政财支持力度评估及潜在钉子户对项目造成影响评价）等做出全面考察与预测。同时，对一些不确定因素的分析要一并考虑。例如，市场售价、租金的变动，建造成本、开发期、贷款利息的变化等，这些因素对项目的投资回报都会产生影响。

（十）项目的综合评价分析

综合评价分析主要包括综合盈利能力分析和社会影响分析。综合盈利能力分析是依据房地产项目的直接效益和直接费用，以及可以用货币计量的间接效益和间接费用，计算综合内部收益率，考察项目投资的盈利水平。社会影响分析主要包括就业效果分析、对区域资源配置的影响、对节约及合理利用国家资源的影响、对提高人民生活品质及社会福利的影响、对国家远景发展目标的影响等。当从企业的角度对项目进行的财务评价与宏观的社会经济评价发生矛盾时，应以后者的结论为主来决定开发项目是否实施。然而目前，我国房地产开发可行性研究中还存在不规范现象，表现为对项目的综合评价分析普遍不充分，往往只是简略地叙述，甚至完全没有涉及该内容，因此，现阶段我国的房地产投资项目可行性研究还未达到最优选择的目标，有待进一步完善与规范。

第二节 房地产投资决策

一、房地产投资的目标

（一）房地产投资的主要目标

房地产投资的目标很多，获取高额利润、无形收益、社会效益、环境效益等都是投资所追求的。但在房地产投资中获取高额利润是主要目标。对于任何房地产投资者而言，不论个人还是企业，也不论外资企业还是内资企业，更不论国有企业还是非国有企业。它们都是一个自主经营、自负盈亏、自我积累、自我发展的房地产开发经营者，都必须且只能依靠不断获取的利润来求得生存与发展，否则将会被房地产市场淘汰。所以，任何一个房地产投资者都是在获取高额利润这个主要目标前提下，去追求社会效益和环境效益。

房地产投资的主要目标是获取高额利润，并不意味着不考虑投资的社会效益和环境效益，这是因为一项社会效益和环境效益不好的房地产投资项目，不可能获得政府的批准。房地产投资者在进行一项投资时都应综合考虑房地产投资的经济效益，社会效益和环境效益。

在追求高额投资利润时，投资者不可能不考虑到房地产本身的特性，如房地产变现性差，价值大，具有升值潜力等。因此，在考虑投资利润这个总目标前提下还应考虑：①投资本金的安全性；②变现性；③现期与远期收入；④对通货膨胀的防护能力等。不同的投资者在不同的投资项目上对这些分目标的着重点不同。

1. 投资本金的安全性

本金是投资的本钱也是投资活动盈亏的界限。本金的损失就意味着下一次投资规模的缩小。因此，保证本金的安全是从事房地产投资的基本任务。有时，即使房地产投资对象投资利润较低但非常安全，房地产投资者也愿意投资，如政府机关办公楼开发投资、金融机构办公楼开发投资、康居工程住宅小区等。相反，对于那些投资利润较高但安全性很差的房地产投资对象，房地产投资者也敬而远之，不愿意投资，如新开发旅游区的商场投资、新开发度假区的别墅投资等。

2. 变现性

由于房地产投资的回收期长，房地产的变现能力差，甚至有时越想出手反而越出不了手。所以房地产投资者非常重视投资对象的变现性。在房地产市场上，急于变现而将房地产降低出售的现象屡见不鲜。为减小变现损失，房地产投资者在追求高额利润的同时，也必须考虑房地产投资对象在市场上的变现性，应选择那些较易出手的房地产项目进行投资。在目前的房地产市场上，商业店铺、普通住宅等都是变现性较好的房地产项目。值得注意的是，投资者应在收益性和变现性之间做出合理选择。

3. 现期与远期收入

由于房地产投资的主要目标是获取高额利润，所以房地产投资者都特别关心投资对象的收入大小。投资对象的收入，可以分为现期收入和远期收入。注重现期收入的房地产投资者应选择那些高风险高收益的投资对象，如旅游房地产、高级别墅、高档写字楼等房地产项目。注重远期收入的房地产投资者，应选择那些升值潜力较大的拟开发区进行投资，如沿着经济增长的路线进行土地投资，在预期的人口增长区建造购物中心等。

4. 对通货膨胀的防护能力

在市场经济条件下，通货膨胀不可避免，投资者必须对它有所防备。房地产投资之所以具有抗通胀的能力，是因为房地产会随物价上涨而价格上扬，房地产本身也具有升值能力。但是，并不是所有的房地产都在增值，也并不是所有的房地产的价值都在和物价指数同步增长，甚至不是所有的房地产都在按同一速度增值。尽管房地产价值的长期趋势是增长，但是，通货膨胀的影响也依然长期存在。因此，投资者一般都试图寻找能有效抗通胀的房地产项目标的。

上述房地产投资的子目标是相互联系的，但有时也是相互矛盾的。投资者在进行房地产投资时必须统筹考虑，不可偏废。如果投资者只看到利润而看不到风险，或者只看到风险而看不到利润，只看重现期收入而轻视远期收入或者反之，他最终必然导致失败。

（二）影响房地产投资目标的因素

房地产业与国民经济关联度大，产业内部组成复杂、市场竞争激烈、投资主体多。导致对房地产投资目标的影响因素非常之多，且非常复杂。这些因素包括房地产生产、流通、消费各个环节，以及经济、社会、人民生活等各方面，主要应注意以下几个方面的因素。

1. 投资能力

房地产投资能力是指投资者可用于房地产投资的资金多少，包括自有资金（或资本）以及通过各种渠道可筹集到的资金。对于房地产投资而言，投资能力越大越可获得乘数效应越大，越可获取高额利润。对于资金（本）雄厚、投资能力强的投资者而言，投资目标应定得较高；反之，应将投资目标定得较低。

2. 投资经验

一般情况下，高额利润同投资者投资经验的多少成正比。房地产投资者投资经验越多，投资目标应定得越高，特别是对于投资者本身较熟悉的项目或有特长的项目更应如此。反之，对于实力差、经验少，或投资者不擅长的投资项目，投资目标应定得低一些。投资经验在房地产投资中发挥着重要的作用。

3. 投资风险

房地产投资风险可分为可控的个别风险和投资者本身不可控的系统风险，也可分为投资项目自身风险和投资者是否愿意承担的风险。对于系统风险大、投资者又不愿意承担风险的项目投资，投资目标应定得低一些，对于投资者自身可以承受或风险小的项目，投资目标可定得高一些。

4. 投资回报

在房地产投资中，对于回报率高，或经预测可获得较乐观回报的项目而言，投资目标应定得高一些；或预测乐观的把握大、可获得较高收益的项目，投资目标应定得高一些。反之，对于回报率较低，或经预测收益不乐观的项目，投资目标应定得低一些。

5. 市场需求

市场需求包括市场需求实现和市场需求预测。一般来讲，房地产市场需求现在实现越景气，投资目标定得应越高些；房地产市场需求预测结果越令人鼓舞，投资目标定得应越高，反之，应定得低一些。

6. 市场供给

如果房地产供给竞争越激烈，供给量越大，则投资目标定得应越低些。如果投资者的投资对象在市场竞争中处于优势，有自己特色，或市场紧缺，则投资目标定得可以高些。

7. 融资条件

一般而言，房地产投资的可融资额高、融资成本低，投资目标可定得高一些。反之，融资难度大、融资成本高，投资目标相应定得低些。此外，融资利率的形式与高低对投资目标也有较大影响。融资采取固定利率还是浮动利率、利率多高，在制订投资目标时应视具体情况及今后金融状况而具体分析。

8. 经济状况

国家和本地区经济发展状况对制定房地产目标影响较大。国民收入增长较快、经济形势看好、本地区经济越发达、职工工资收入越高，投资目标应定得高些。反之，经济疲软、市场需求低，投资目标应定得低些。

9. 物价水平

物价水平的高低是房地产投资重要的参考因素。物价上涨幅度大，在较长一段时间里维持较高的通货膨胀率，投资目标应定得高些。反之，物价上涨水平幅度小，在较长一段时间里维持较低通货膨胀率，投资目标应定得相应保守一些。

10. 储蓄水平

储蓄水平包括储蓄额、储蓄比率、储蓄利率三个方面。一般来讲，储蓄额越高，可供房地产贷款的资金越多越优惠，投资目标应定得越高些；储蓄比率越大，说明资金流入银行的越多，用于消费的资金越少，投资目标定得应越低些；储蓄利率越高，吸收存款越多，消费资金越少，贷款利率越高，投资目标定得应越低些。

（三）房地产投资的杠杆原理

1. 项目投资杠杆的含义

杠杆原理源自物理学，在房地产投资中，主要是指财务杠杆效应，以及用自己最少的钱进行投资，以期获得更大的回报。由于房地产投资属于资金密集性投资，仅靠房地产企业自有资金难以实现规模效应，而运用财务杠杆效应，通过合理的借贷，既为房地产投资提供了投资的可能性，同时也提供了操作的可能性。但得注意的是，杠杆原理的运用，必须根据一国的金融政策来调整实行，也就是说，每个国家的住房金融政策都是不同的，投资者当然应该因地制宜，而不能够照搬其他国家的做法。财务杠杆被视为筹资中适当举债，调整资本结构给企业带来额外收益。如果房地产开发企业采取负债投资的项目使得项目的利润上升，便称为正财务杠杆；如果使得项目的利润下降，通常称为负财务杠杆。

2. 项目投资杠杆的测算

在财务管理中，通常采用财务杠杆系数(Degree Of Financial Leverage，DFL)①来衡量这一风险的大小，借鉴这一理念，相应的在项目投资中，项目投资的杠杆系数可以用以下公式表示：

房地产项目投资杠杆倍数＝项目投资净收益率/项目自有资金比率　　公式 4.1

杠杆作用实质上是指用借款来加大收益或亏损。"运用 80％的杠杆作用"，即是说，20％使用自有本金，80％使用借贷，以此满足房地产投资需要。财务杠杆是否给房地产项目带来正面或者负面影响，关键在于该房地产项目的总投资回报率是否大于贷款利率的水平。

［例 1］　以下案例说明了杠杆作用的原理。第一种情况：自有资金 1 000 万元，贷款与自有资金比例为 2∶1，即自有资金比例为 1∶3，贷款利率为 10％，投资收益率为 20％，投资期限为一年。

投资收益＝(1 000＋2 000)×20％×1＝600(万元)

贷款利息＝2 000×10％×1＝200(万元)

投资净收益＝600－200＝400(万元)

自有资金收益率＝(400/1 000)×100％＝40％

第二种情况：贷款与自有资金的比例为 5∶1，即自有资金仅为总投资的 1/6，其他条件不变。

投资收益＝(1 000＋5 000)×20％×1＝1 200(万元)

贷款利息＝5 000×10％×1＝500(万元)

投资净收益＝1 200－500＝700(万元)

自有资金收益率＝700/1 000×100％＝70％

第三种情况：总投资的构成同第一种情况，但投资收益降低为 8％。

投资收益＝(1 000＋2 000)×8％×1＝240(万元)

贷款利息＝2 000×10％×1＝200(万元)

投资净收益＝240－200＝40(万元)

自有资金收益率＝40/1 000×100％＝4％

由此可见，当贷款利率低于投资收益率时，杠杆原理对投资者产生积极的作用，贷款越多，效益越高。若贷款利率高于投资收益率，杠杆原理对投资者产生消极的影响，贷款越多，投资收益率越低，甚至会造成亏损。

［例 2］　某房地产项目年化投资利润率是 30％(按 3 年计算)，贷款利率是年息 10％，贷

① 财务杠杆系数(DFL)＝普通股每股收益变动率/息税前利润变动率。

款期3年，求自有资金为项目总投资的20％时的投资杠杆倍数。

解：项目总投资收益率＝30％×3＝0.9

贷款总利息率＝10％×3＝0.3

项目净收益率＝0.9－0.3＝0.6

投资杠杆倍数＝＝0.6/0.2＝3

所以，该项目的自有资金杠杆倍数是3倍。

3. 运用项目投资杠杆需要注意的问题

投资者在利用杠杆原理时需要注意以下问题。

(1) 如何向银行还款。贷款人必须定期向银行偿还贷款额及利息。一般来说，贷款合同除了约定利率以外，还会约定还款期限和还款方式：还款期限有按年、按季、按月，甚至按天还款；而还款方式包括本金和利息的归还方式。如何向银行还款，就要看银行的运作和具体规定，一般来讲，银行规定许多不同种类的还款计划，如等额本金还款、等本还款、到期一次还本付息等，每种还款计划都有其特殊性。所以投资者必须了解银行采取的还款计划对自己的优劣面。

(2) 了解银行拥有的权利。银行一旦以抵押权人的面目出现，就一定会负有抵押权人的权利和义务。例如，抵押人如果拖欠利息，银行就会向抵押人发出催缴通知，若抵押人在接获通知后一段时间里仍然置之不理，银行就有可能行使其抵押权人的权利：将该房产收回，或对抵押人采取其他的惩罚措施。所以，抵押人不能只知自己抵押人的权利和义务，还须知道银行作为抵押权人的权利和义务。

(3) 注意把握银行利率的走势。银行利率的波动对还款影响重大，利率升高使还款额增加，即加重投资者的负担，有时甚至使投资者的房产变得毫无投资价值，所以对银行利率的把握，是投资者最需要加倍留意的。

(4) 了解融资贷款的有关手续。房产从申请抵押、签订抵押合同、获得贷款、还款及其中发生任何问题，都需要抵押人按一定程序向银行交涉，而其中就会牵扯复杂的手续及与此有关的费用。对此，投资者必须十分清楚，否则，稍有不慎，自己的权利就有可能受到损害。

(5) 疏通多种融资渠道。实际上，有许多银行或其他金融机构可供选择。尤其是在申请贷款之前，投资人应该全面地了解数家银行及金融机构，进行比较，然后选择其中最好的一家。即便是已在一家银行获得了抵押贷款，投资者仍有选择的余地。比如，他可以将其房产再抵押给另一家银行。所以，为了自己的投资，无论何时，都不要放弃选择最好的银行。

二、房地产投资的要素

（一）房地产投资的三大要素

房地产投资策略的形成是一个复杂的过程，它会依投资项目的不同，投资者自身条件的不同而有较大的差异。房地产投资既会带来巨大的收益，同时也伴随着极大的风险。在房地产投资的长期实践中，有许多成功的经验，也有许多失败的教训。房地产投资的先驱者将这些经验和教训总结出来，形成了房地产投资的格言，即房地产投资的成败取决于投资的时机、地段、质量三个要素。

房地产投资之所以特别强调投资三要素，主要是由于影响房地产投资的因素特别多，在决策中难以全盘考虑，因此应选择重点因素进行分析，而且房地产投资的许许多多影响因素都或多或少地间接或直接与房地产投资三要素有关，房地产投资三要素的分析结果代表了其他各项因素综合分析的结果，具有“纲举目张”的效果。

进行房地产投资三要素分析，既容易形成系统分析方法、便于开展投资分析工作，又便于及时进行投资决策，免误“战机”。

1. 投资时机

投资时机是指房地产投资的最佳有利时间和房地产出售的最佳机会。房地产投资时机并不总是存在，它可能维持在一段时间中，也可能稍纵即逝，投资者应及时发现并把握住，房地产投资时机的把握，既需要投资者具有较强的专业业务知识，又需要投资者具有较强的敏感性智慧。也就是说，房地产投资者对投资时机的把握，既是一个科学技术问题，又是一个决策艺术问题。为此，房地产投资者，要通过市场调查研究，掌握大量的一手材料，并对这些资料进行加工处理，以便于利用。同时，还要根据经验判断和洞察力对那些不易表面化的因素进行分析，从而做出符合投资时机要求的房地产投资决策。

时机的掌握存在于房地产开发和经营的各个阶段，如什么时候买入土地、什么时候购入物业、投资于开发的哪一个阶段等。时机的掌握需要投资者具有多方面的知识和发挥个人的智慧，还有作为职业房地产投资专家的高度敏感性，因为每一个时机的到来，无不蕴含在政治形势的变化、经济发展趋势、人口的增减、收入水平的升降、消费者心理的变化等政治经济信息之中。

2. 投资地段

投资地段是指房地产投资对象所在的具体位置，它包括房地产投资对象所在的地理位置和社会位置。

房地产投资者应根据所选地段的不同建造不同的房屋或投资不同类型的房地产。比如购物中心和商场之类的商业房屋建在繁荣的商业中心，那里有成群的顾客；把别墅建在远离城市的地方，那里风景好，环境幽静，气候宜人，便于别墅主人修身养性；把住宅楼选在交通方便、购物便利的地方，便于住户的工作和生活。

房地产地段的选择，对房地产投资的成败有着至关重要的作用。房地产具有的增值性，且在很大程度上是土地在增值。掌握好时机，以便宜的地价买下土地，但却未必能获得土地的增值。土地增值潜力的大小、利用效果的好坏程度，都与地段有着密切的联系，增值潜力大的地段是房地产投资获利的首要条件，地价和投资资金也许倒在其次。所以，海内外房地产界都有句行语，认为房地产的要素是 Location（地段）、Location、Location。

房地产地段不仅指其所处的地理位置，同时还包括其社会位置，后者主要包括人口素质、教育水准、服务业水平、交通、通信、生活设施等。一个好的住宅区不仅景观优越、交通便利，而且也要求治安良好、教育和商业等服务设施齐全，住宅区内居民有比较一致的生活水准。一个好的购物中心旁边当然少不了居住区，或者是处在传统的商业中心，加油站要处于交通干道边。停车场要靠近展览中心、会议大楼等。

3. 投资质量

投资质量具有较广的含义，它既包括房地产投资对象的优劣程度，又包括投资决策的质量。

房地产本身质量越好，越容易吸引顾客。但其质量高低与建造成本有直接关系，这就要求开发商或投资者应根据市场需求将房地产本身质量与不同顾客的要求联系起来。比如大众化住宅应以满足使用功能为主,高档次房屋应以高质量为主。但是,不论哪类房屋,设计的陈旧与新颖、材料的低劣与优良、施工的粗糙与精良等都会给投资者的形象和利润带来截然不同的效果。

对于出租物业来说,管理和服务的质量同样具有重要的作用。房地产管理服务水平高,既是吸引顾客、留住顾客的常用手段,也是扩大宣传、增加收入的有效措施。它与房地产本身质量相辅相成,房地产本身质量再好,房地产管理服务水平很差,与管理服务较好、房地产本身质量很差同样不受顾客欢迎。

房地产投资决策水平的高低将直接影响投资质量,它是衡量投资质量好差与否的关键因素,一个好的投资决策可以抓住最佳投资时机,获得最有利的投资地段,并发挥该地段的最大效益。

(二) 房地产投资时机分析

1. 房地产投资阶段的划分

一项房地产开发项目从投资决策开始一直到被拆除为止的整个时间被称为房地产全寿命周期。房地产项目的寿命周期一般为40～70年或更长。在项目的寿命周期中可分为八个投资阶段,每个阶段都存在着不同的投资时机。

(1) 投资决策及设计阶段。是指建设项目前期工作阶段,具体包括可行性研究、购置土地及其开发、项目方案设计等内容。

(2) 资金筹措阶段。是指开发项目设计方案完成到开工前的工作阶段,也可能是从建设项目前期工作阶段某一具体时间开始到开工为止的某一段时间。该阶段的主要工作任务就是筹措资金或寻找合作伙伴。

(3) 项目建设阶段。是指开发项目破土动工到项目竣工验收为止的整个工作阶段。该阶段的主要工作就是签订与执行各种合同,按时保质地完成建设任务。

(4) 项目试运营阶段。是指开发项目验收后试运营到正常运营的工作阶段(有的项目无此阶段)。

(5) 项目正常运营阶段。是指开发项目正常使用到项目更新改造前的阶段。该阶段开发项目提供正常服务。

(6) 项目更新改造阶段。是指开发项目从更新改造开始到修复项目、恢复正常使用状态为止的阶段。该阶段需追加投资,使开发项目的功能得到改善、服务水平得到增强。

(7) 项目修复后正常运营阶段。是指项目经过更新改造后到拆除为止的阶段。该阶段项目提供正常服务,但服务水平随服务寿命周期的临近而逐渐降低。

(8) 项目拆除阶段。是指开发项目准备拆除到全部拆除为止的阶段。该阶段,重新规划土地用途、拆除原有建筑、为开发新项目提供基础条件。

房地产开发项目随类型、功能不同,其自身特点和服务寿命、服务质量而异,因此,有些房地产开发项目不一定完全经历上述全部阶段。

2. 房地产投资阶段的特点

(1) 房地产寿命周期的每一个阶段都需要资金的支持。房地产项目的开发经营需大量和充足的资金,而房地产投资者投放的资金往往都是有限的,因此,投资者往往都是先投入一笔资金,获得某一阶段的开发经营成果后再行转让或融资。这种在房地产寿命周期内的阶段性转让或融资为其他房地产投资者提供了多种可供选择的投资机会。

(2) 房地产寿命周期每一阶段的开发项目均可在房地产市场上交易。房地产项目的开发经营,既可以按整个寿命周期进行,也可以在每一阶段暂时停止。每一阶段性成果都可以在市场上进行交易,而房地产项目的阶段性交易为房地产投资提供了相当多的投资机会。所以说,房地产项目的阶段性交易,是房地产投资机会增多的保证。

(3) 投资者对自身条件和外部环境的分析和认识的不同,使不同阶段的开发项目交易频繁。由于市场供求状况的不同,投资者对市场预测和房地产价值判断的差别,处于不同房地产寿命周期阶段的项目必然进入市场流通,从而给投资者带来更多的投资机会。

(4) 随着城市人口的增加和社会的发展,对新房地产项目的需求不断出现,从而使得房地产投资机会大大增多。随着社会的发展,人们对于房地产功能的要求不断增加。为了适应此种市场变化需要,房地产投资者除了对原有房地产项目进行改建、扩建之外,还需要进行新房地产项目的开发建设。这就给房地产投资提供了更多的投资对象,提供了更多的投资机会。

总之,房地产投资机会是丰富多彩、层出不穷的,而这与房地产项目的寿命周期息息相关。

3. *房地产投资意向与房地产投资时机*

房地产投资意向是指房地产投资者对投资对象的潜在意识和对投资对象的认识。房地产投资者对投资对象的潜在意识,其含义包括投资者对投资收益的追求,根据以往经验,产生的想法,希望出现的结果等。房地产投资者对投资对象的认识,其含义包括投资者对投资对象的客观认识和主观认识及其认识程度。投资意向实质上是房地产投资者对房地产投资对象的积极能动的综合认识判断,是将潜在意识和投资对象进行联系和构造的过程。

房地产投资意向与房地产投资时机密切相关。只有在房地产投资者对房地产项目的认识和判断符合对投资对象的潜在意识,满足主观需求的时候,房地产投资者才能进行投资。

由于房地产投资者的投资意向不同,对房地产投资时机的判断和利用也不同。比如,有的投资者,其潜在意识是追求近期收益,选择容易转手的房地产项目,当他们认为某项房地产短期内就可升值而且极易转手时,他们认为投资时机来临,应及时抓住;但对于那些追求长期未来收益的投资者而言,只具有短期收益的房地产项目,并不是他们的投资对象。再比如,对于追求避税收入和物业保值升值的投资者而言,当地段位置好的大规模房地盘项目允许建设或原有者愿意出售时,他们认为投资时机来到,必定想方设法地前去投资;而对于资金短缺或周转资金需求大的投资者而言,投资少而且容易出手的房地产项目出现时,他们才会认为最佳投资时机来临。还比如,对于那些急于安置就业并希望保留房地产的投资者而言,当他们认识某项房地产的经营效果非常诱人的时候,他们就会觉得最佳投资时机来临;而对于那些"善炒爱炒"的房地产投资者而言,经营效果再好的房地产项目出现,也不会促使他们去租赁经营该项房地产。

4. *房地产开发价值与房地产投资时机*

这里的房地产开发价值是指房地产投资者对特定房地产项目的投资后的价值判断,或者说是对开发后房地产价值预期。

房地产开发价值是由房地产投资者根据已知客观条件,通过主观条件判断后,综合确定的。由于不同投资者对客观条件的已知程度不同,不同投资者的主观条件不同,所以不同投资者对同一房地产项目的开发价值的判断,可能完全不同。"十家投资者的房地产开发价值十个样”，这是房地产投资的常用语，也充分说明了房地产开发价值的因人而异性。

房地产开发价值与房地产评估价格和房地产成交价格有着严格的区别。以某块土地为例，为便于分析，现做以下假设。

(1) 房地产投资者和出售者都是富有房地产投资经验的。

(2) 房地产买卖双方均知道该土地的评估价格，评估价格为100个单位。各自都知道对方能知道此评估价格。

在正常情况下，如果房地产投资者愿意购买此地块的话，一定认为该宗土地的开发价值比评估价格高，即房地产投资者认为该宗土地的开发价值大于100个单位。对于这一点，该宗土地的出售者也心中清楚。为了获取更多的出售收入，该宗土地出售者肯定将出售价格定得高于100个单位，假设定为120个单位。当该宗土地出售时，如果投资者A第一个报价，并且直接报出120个单位的话，假定在其他投资者报价之前，出售者就已同意成交，那成交价格就是120个单位。此时，成交价格等于开发价值，成交价格高于评估价格。如果投资者B竞争报价的话，假定其最高报价＝评估价格＋(开发价值－评估价格)×50%，竞争结果以130个单位成交，土地买主将是投资者B。此时，开发价值＞成交价格＞评估价。

以上说明，在一般情况下，成交价格高于市场评估价格而低于开发者的开发价值。特殊情况下，也有可能发生成交价格低于评估价格或者成交价格高于开发价值，比如，当房地产出售者急于出手时，有可能以低于评估价格的价格成交。当房地产投资者购买某宗房地产带有其他非本宗房地产以外的收益或目的时，有可能以高于开发价值的价格成交。

当房地产开发价值低于房地产评估价格时，投资者没有兴趣，不能形成投资。

不论哪种情况，都说明房地产开发价值与房地产投资时机息息相关。房地产开发价值减去房地产评估价格后的差额越大，投资时机越吸引人，越容易形成投资。房地产开发价值减去房地产成交价格后的余额越大，投资收益越大，投资成功的机会越多。

房地产投资者的主要任务之一就是深入研究房地产的开发价值，房地产的评估价格以及房地产出售者的出售价格和出售心理，并且进行综合比较，以便及时发现、抓住投资时机。

5. 把握房地产投资时机的要点

房地产投资时机是“仁者见仁”的事，对房地产投资时机的把握，没有固定模式，需要房地产投资者多动脑筋，充分发挥创造性，灵活掌握。下面几点是在把握房地产投资时机时应掌握的基本要点。

(1) 加强预测。只有在房地产投资时机出现之前发现它，才能及时抓住它、利用它。为了尽早发现投资最佳时机，只能依靠房地产市场预测来保证实现。“凡事预则立，不预则废”，这句古语也充分说明了加强预测对房地产投资时机的重要性。抓住最佳时机进行房地产投资的实例，无一不是加强预测、准确预测的结果。

(2) 创造性思维。把握最佳房地产投资时机，需要在其他投资者意识到之前来实现，即需要抢占先机。而这需要投资者进行创造性思维，不能人云亦云，追随潮流。在城市里盛行四大一小(大方厅、大厕所、大阳台、大厨房、小卧室)的时候，推出跃层式住宅或半跃层式住宅就是一种创造性思维。在市场上强调即时进住的潮流中，投资开发“支撑体住宅”也是一种创造性思维。

(3) 扬长避短。每一个投资者都有长处和短处，每一个房地产项目都有优有劣，正所谓“金无足赤，人无完人”。关键是要发挥长处，利用优点。资金雄厚者以大项目的出现为主要投资时机,资金量小者应以短平快项目出现为主要投资时机。

(4) 不求全责备。每一个房地产项目既有利于投资的因素,也有不利于投资的因素。投资者必须综合考虑,抓住要点,及时决策,不使房地产投资时机流失。

(5) 审时度势,机动灵活。房地产投资的环境时刻在变化着,投资者必须审时度势,及时发现有利的投资时机。房地产投资需要有明确的投资意向,以便于及时发现投资机会,利用投资机会。同时,房地产投资者又要灵活掌握投资意向,以便及时地、更好地利用投资机会。

(6) 有决断魄力。发现好的投资机会不容易,而且好的投资机会稍纵即逝,所以在把握投资时机时,既需要仔细斟酌,又需要及时决策,需要在有较大风险的条件下敢于拍板。把握投资时机时,最忌讳优柔寡断。

(7) 发挥智囊作用。专家学者在特定领域具有独到的深刻见解,充分利用他们的作用,是把握房地产投资时机的常用方法。

(8) 分清主次,抓住重点。有时,房地产投资者可供选择的房地产投资项目很多。在这种情况下,房地产投资者就应该分清主次,抓住重点,及时决策投资。切忌"贪多嚼不烂"的投资方式。如果"一视同仁"地进行投资,由于资金分散使用而使回收期拖长,必然影响到下一次投资时机的把握。

(三) 房地产投资地段分析

1. 地段的影响因素分析

房地产投资地段的影响因素很多,不同地段的影响因素种类多少不一样,影响程度也不同。具体分析时,应结合实际,灵活掌握。下面所述是常见的影响地段优劣的因素。

(1) 市场供求行情。一宗地块的好坏与市场行情的关系非常密切。如果一宗地块的需求呈上升趋势,其价格必然上涨,而且容易出手,房地产投资者随之就可以获得较高的投资回报,那么该地块是较好的投资地段。如果一宗地块的需求呈下降趋势,那么,该地块的价格将相对降低,而且买者寥寥,房地产投资回报随之降低,也就是说,该地块不是好的投资地段。

(2) 自然条件。地块的自然条件包括地块与市中心的距离、土地承载力、地形地势、土地面积、地块形状、日照、风力和风向、温度、降水量、自然灾害等。

地块与市中心的距离,是影响房地产投资地段的主要因素之一。一般来讲,地块越接近市中心,地价越高,越容易出手,但所需投资越多。地块越远离市中心,地价越低,实现升值的时间越长,越不容易出手,所需投资越少。

土地承载力越大,越应作为好的投资地段来对待。

地形地势直接影响到建筑物与相邻房地产的高低关系,直接影响到土地的利用效果,直接影响到建设费用的高低,所以,它对投资地段有着相当的影响作用。一般来讲,土地越平坦,越应作为好的投资地段来对待。

土地面积的大小直接影响到土地利用效果,所以土地面积大小对投资地段的选择有着很大的影响作用。一般来讲,当相邻土地拥有者急于扩大地盘时,不论面积大小,该土地都是较好的投资地段。在城市繁华地区,土地面积越大,越是好的投资地段。在市郊或农村地区,土地面积的大小对投资地段好坏的影响程度,相对来讲,不十分敏感。当某地区适于高层建筑时,土地面积越大,越是好的投资地段。当某地区适于低层建筑时,土地面积越大,有可能越不是好的投资地段。

地块形状也直接影响到土地的利用效果，所以地块形状也对投资地段的选择有着很大的影响作用。地块形状越规则，越接近长方形，且长方形临街长度越大，则该地块越应作为好的投资地段来对等。

日照对投资地段既有正面影响作用，又有负面的影响作用。比如，某地块周围巨大建筑物较多，日照量较小，当此地块建造住宅时，对投资地段的影响越不好。再比如，当炎热地区的同一街道两边的商业用地比较时，日照量越小，越背阴的那一边，人流量越大，越应作为好的投资地段来对待。

风向和风力对投资地段的影响，一般体现如下：①上风地区的地块是好的投资地段，下风地区的地块是差的投资地段；②风力越大的地块，越不是好的投资地段；风力越适中的地块越是好的投资地段。

温度过高或过低地区的地块，都不是好的投资地段。那些温度适中、空气清新的地块，才是好的投资地段。

降水量大小适中的地块，是好的投资地段。降水量大且地势低的地块，肯定不是好的投资地段。

自然灾害发生频繁的地区，不是好的投资地段。

(3) 社会条件。地块的社会条件包括地块附近的城市基础设施情况、附近的房地产情况、社会治安情况、政局稳定情况等。

城市基础设施越齐全的地块，越容易发挥作用，越是好的投资地段。按照基础设施建设条件，选择建设地块，也是一种常用策略。

附近房地产的情况，对投资地段也有很大的影响作用。如果某地块靠近一大型商场，而且该商场生意兴隆，顾客盈门的话，那么该地块是一个好的投资地段。如果某一住宅规划用地附近有化工厂存在的话，肯定不是好的投资地段。

如果某地区经常发生偷盗、抢劫、杀人、强奸等犯罪行为的话，那么该地区的任何地块都不是好的投资地段。如果某地区治安良好的话，在此地区投资有安全感，那么该地区的有些地块将是好的投资地段。

如果某地区的政局稳定、政策宽松，那么该地区是较好的投资场所。如果某地区有发生政变的可能性或发生战争的潜在威胁的话，那么必须远离此地投资。

(4) 环境条件。地块的环境条件包括空气污染程度、噪声大小、绿化程度、视觉效果、清洁程度等。

空气污染严重的地区，人们不愿意在此生活和工作，因此，不是好的投资地段。

噪声大小对人的情绪及人的健康都有影响，所以，噪声太大的地区，人们都不愿意居住，不愿意逗留。靠近噪声源的地块，如工厂、车库、人群附近的地块，都不是好的投资地段。

绿化程度越好，生活工作的环境越好，地块越受欢迎，越是好的投资地段。靠近公园、绿地、树林的地块，都是好的投资地段。

视觉效果好的地块，比较受人欢迎，当然应是好的投资地段。视觉效果差的地块，给人以不愉快的感觉，当然不是好的投资地段。视觉效果的影响因素有：房地产平面布局、各种线条的悬挂状态、各种牌杆的树立状态等。

干净清洁的地块，自然给人以舒服的感觉，人的感觉越好，就越愿意投资，所以，干净清洁的地块是好的投资地段。

(5) 地块周围的经济条件。地块周围的经济条件包括当地的经济发展状况、物价水平、工资水平、储蓄利率、投资水平等。

经济发展状况好的地区,投资比较活跃,房地产的需求比较旺盛,所以,这些地区的许多地块是好的投资地段。尤其是那些经济发展势头猛的地区,其许多地块是相当好的投资地段。物价水平,尤其是建筑材料价格,对房地产投资地段选择影响很大。在其他条件相同的条件下,物价水平越高的地区,越不是好的投资地段。

工资水平越高,房地产购买力越强。所以工资水平高的地区,往往是好的投资地段较多。

银行储蓄利率较高,吸收存款越多,用于购买房地产保值增值的资金就越少,越不利于房地产投资,所以银行储蓄利率总是调高的地区,不是理想的投资地段。相反,对于银行储蓄利率较低或调低的地区,房地产投资的好地段往往较多。

一个地区投资力度的大小,对于房地产市场的繁荣与否,至关重要。投资力度大的地区,是好的投资地段。投资力度呈下降趋势的地区,不是好的投资地段。

(6) 政策限制。政策限制包括价格限制、税收限制、优惠政策、土地制度等。

房地产价格限制严格的地区,不利于房地产投资收益,不是好的投资地段。房地产价格放开的地区,有利于市场竞争,有利于投资收益,是好的投资地段。

税收种类越多,税费越重,越不利于吸引投资,越不是好的投资地段。税收减免程度越大,越易于吸引投资,越是好的投资地段。税收政策的稳定程度也对投资地段有影响,税收政策越稳定,越利于房地产投资收益。

优惠政策是相对其他地区而言的政策性政策。优惠政策越多越实惠的地区,越应是好的投资地段。

土地制度对投资地段的选择关系重大。土地制度越科学合理,越有利于房地产投资。

(7) 人口因素。人口因素包括人的数量、人的素质、家庭规模等。

人口数量越多,人口密度越大的地区,房地产供给越相对短缺,越是好的投资地段。

人口素质越高,越有利于促进经济发展,越有利于对房地产的需求,越有利于社会秩序稳定,越有利于地区档次的提高,所以人口素质高的地区是好的投资地段。

家庭规模的变化影响人们对房地产的需求,家庭规模变小的地区,对房地产需求增长较快,较利于房地产投资,因此是好的投资地段。

(8) 城市规划因素。城市规划因素包括土地用途、容积率、建筑高度、交通道路、行政隶属变更等。

土地用途允许范围越大,越便于规划设计,越利于投资收益,所以越是好的投资地段。土地用途改变的地块,更是好的投资地段,因为土地用途改变的地块,必定是升值潜力巨大的地块。

容积率的大小直接决定了建筑面积的大小。容积率大的地块,往往投资效益较好,因而是好的投资地段。

允许建筑高度越高,可以建造的层数越多,建筑面积越大,越有利于投资者,因而越应按好的投资地段看待。

交通道路规划对地段影响很大,越接近交通要道的地块,临街长度越大的地块,越应按好的投资地段看待。

行政隶属关系变更的地区，往往使得房地产价格迅速抬高，因而是好的投资地段。

(9) 心理影响。心理影响包括地块风水、土地号码、名人效应、风俗习惯等。

地块风水是按迷信思想对地块的好坏判断。地块风水越好，越容易升值，越是好的投资地段。

土地号码越吉祥，越容易被人接受，越应按好的投资地块对待。

名人效应是指是否有名人在某地居住或居住过。凡是有名人居住过的地块，往往都是好的投资地段。当然，名人指的是名声好的名人，不是指名声坏的名人。

风俗习惯对投资地段影响很大。符合风俗习惯要求的地块，是好的投资地段。违背风俗习惯要求的地块，最好是远远离开。

(10) 国际关系。国际关系好的边境地区，往往是好的投资地段。国际关系紧张的边境地区，往往是没人敢投资的地段。

2. 房地产投资地段选择的重点

投资地段选择的好坏，关系到房地产投资的成败。投资地段选择是一个较复杂的内容，也没有一个固定的模式。一般情况下，其选择的重点有以下几方面。

(1) 选择最有升值潜力的土地进行投资。不同地块的升值潜力是有大小的，房地产投资地段分析的目的就是把那些最具升值潜力的地块找出来，并进行投资。为选择出升值潜力大的地块，往往需要对地块划分类型后进行分析比较。比如，把建筑用地划分为未开发的土地、开发中的土地、已开发的土地三类，并且对这三类土地进行以下分析比较。

在未开发的土地上建设房屋，虽然价格看起来并不贵，但建设过程中的配套投资却相当大，如果该地块的经济发展不是很快，这类土地上建设的房地产在中短期内增值幅度不会很大。

已开发的土地是指已经具备城镇规模的土地。在西方发达国家里，这类土地不仅价格比较高，而且可供利用的空间也相当少，建筑规模和居住人口已趋于饱和，房地产在日后增值的可能性不会太大。在西方发达国家里，现在到城市中心买房居住的人越来越少了，闹市区居住的人多是低收入的家庭，投资者当然不会在这类地区再花钱。在我国目前情况下，这类土地可供再利用的价值较大，升值潜力尚得开发，国家又有政策鼓励投资，所以，在一段时间内，还将是可供选择的投资地段。

开发中的地块是已经完成了区域规划，具备基本的交通条件的供水、供电等保障的地区，多指城镇周围的郊区或新开发区。比较起来，这类土地的价格适中、投资后的增值潜力比较大，最为房地产投资者看好。在美国许多大城市的郊区，由于房地产投资的消费引导，如今已形成大片大片的住宅区，这是典型的投资地段选择的结果。在中国的许多地区，开发区已得到极大发展，这也是典型的投资地段选择的结果。人们到郊区或开发区投资建房、买房，也疏散了市中心的人口，促进了新社区的建立和发展，这样的选择对于人们和市场均有益处。

(2) 掌握并应用地段选择的理论和经验。投资地段选择的理论和经验很多，主要有上风口发展理论、高走理论、近水发展理论、沿边发展理论等。

上风口发展理论的含义是：市场将主要向上风口方向发展，上风口地段是好的投资地段。由于城市的烟尘污染严重，为免受其害，人们必然涌向城市的上风口，从而使得上风口地段成为好的投资地段。

高走理论的含义是：市场将主要向地势高处发展，明显高于周围地区的地段是好的投资地段。由于地势高的地块受周围环境干扰小，有居高临下的感觉，所以人们必然愿意选择地势高的房地产。地势高的地块，是投资者选择的热点所在。

近水发展理论的含义是：城市将主要向河、湖、海的方向发展，从市区到水边的地段是好的投资地段。有水的地方景色美好、空气清新，所以人们愿意到这里来。水有财意，近水有便于发财之愿望，所以人们很愿意离水较近。

沿边发展理论的含义是：城市将主要沿着铁路或公路道边、江河岸边、境界边发展，沿边地段是好的投资地段。道边的交通方便，货物运进运出、人员走进走出都很便捷。所以，道路两边地块是好的投资地段。江河岸边的交通也较方便，而且环境优美，所以岸边地块是好的投资地段。境界边有过境贸易的地理优势，所以境界边地块也是好的投资地段。

(3) 总览全局选择投资地段。房地产投资地段仅是整个城市土地的一个组成部分，因此必须从整个城市布局、整个城市规划的全局角度来考察地块投资利弊。在选择投资地段时，既要判断出近期的投资热点地段，又要判断出中长期的投资热点地段，还要判断出隐蔽的投资地段所在。为达到此目标，首先要用全局的观点来考虑问题；其次要认真调查研究，充分掌握第一手材料；最后要透过表面看本质，通过材料分析，找出关键所在。

(4) 积极稳妥，敢冒地段风险。投资任何地段，都要冒一定的风险，只不过风险有大有小而已。世界上不存在只有收益没有风险的投资地段。在选择投资地段时，既需要认真分析，尽量避免投资地段风险，又要敢于冒险。以敢冒风险的勇气去争取投资的巨大收益。

(四) 房地产投资质量分析

1. *房地产投资质量的影响因素分析*

投资质量是指房地产投资对象的优劣程度，它包括房地产本身质量和管理服务质量。在对房地产投资质量的影响因素进行分析时，要按房地产本身质量和管理服务质量分别进行分析。

(1) 房地产本身质量影响因素分析。

① 用户质量要求。房屋本身质量包括性能、寿命、可靠性、安全性、经济性五个方面。不同的用户，在不同时期，对房屋本身质量要求是不相同的。在无房可住又资金短缺时，用户最为关心的是经济性问题。这些用户希望，在其他方面基本满足要求的条件下，房屋造价越低越好，在资金充裕，需要显示身份时，用户最为关心的是性能问题，尤其是内外装修水平。这些用户希望，在房屋性能方面要齐全高档，在内外装修方面要讲究气派豪华。所以，房地产投资时，必须针对服务对象的不同，决定投资质量，从而保证房地产及时出售，取得投资成功。

② 周围房地产的质量水平。投资地段周围的房地产质量水平，对投资质量起着制约作用。如果周围全是高档房地产，那么所投资的房地产质量也不能太低档。否则，一是与周围环境不协调，市政规划不允许；二是销售市场也不会太乐观；三是房价和地价也不匹配。所以，房地产投资时，必须结合周围房地产的质量水平，决定投资质量，从而保证房地产在质量方面满足用户需求，具有较强的竞争能力。

③ 房地产类型要求。不同类型的房地产，其本身对质量要求就不一样。例如，"解困房"以实用为主，对外装修和格局考虑较少，对房屋造价考虑较多。又如，高级别墅以讲究美

观为主，对内外装修、设备配套考虑较多，对房屋造价考虑较少。所以，房地产投资时，必须从房地产类型本身要求出发来考虑投资质量问题，从而恰当地确定投资质量，取得理想的投资效益。

④ 投资者的资金限制。不同质量水平的房地产投资对象，需要数额不等的房地产投资支持，且不同房地产投资者的资金也不相同，所以，房地产投资质量，需结合投资者的可投入资金来确定。

(2) 管理服务质量影响因素分析。

① 投资商的经营方针。不同房地产投资者的经营方针不一样，房地产管理服务水平也随之不同。例如，有的房地产投资者以专营房地产开发为主，这些公司对房地产管理服务考虑较少，水平不高。又如，有的房地产投资者对物业经营很感兴趣，愿意通过物业管理来进行广告宣传和取得较固定的收益，这些公司对房地产管理服务考虑较多，水平较高。

② 用户的支付能力。房地产管理服务水平的提高，相应地提高了房地产的"总价格"，而不同的房地产用户，其支付能力大不相同，所以房地产管理服务水平的高低，必须结合用户的支付能力来确定。对于支付能力强的用户，可以提供 24 小时保安服务，提供生活方面的"一条龙"服务。但对于支付能力弱的用户，只能提供那些收费较低的简单服务。

③ 房地产本身质量要求。房地产本身质量高，一般要求管理服务的水平也较高；房地产本身质量低，往往对管理服务水平的要求也较低，普通住宅区的管理服务水平低于高级别墅区的管理服务水平。当然，有时也可能出现房地产本身质量不高　但通过高水平管理服务来提高档次的现象。不论哪种情况，都说明房地产本身质量与管理服务质量大有关系。

④ 管理服务的效益大小。房地产投资者的每一项工作，都是围绕着提高投资效益而开展的。如果房地产管理服务水平的提高，能够带来明显的经济效益，那么房地产投资者肯定乐意去做。反之，如果房地产管理服务水平的提高，无利可图或利益微薄，那么房地产投资者必然能免则免。

2. *房地产投资者和用户的不同质量观点*

对于房地产的质量，投资者和用户的观点有着明显的区别。主要区别见表 4-1。

从表 4-1 中可以看出，房地产投资者和用户对房地产质量的观点是截然不同的，甚至是对立的。房地产投资质量分析的目的，就是要从投资者和用户双方的角度来考虑质量问题，使双方对于质量的认识达到协调。

表 4-1　房地产投资者和用户的质量观点比较

项　目	用户的观点	投资者的观点
购销的着眼点	用户所需要的一种服务或用途	投资者所需要的一切房地产
质量定义	购买到的房地产，符合使用要求(舒适性)	经验收后符合标准要求(符合性)
成本	购买价格、维修成本、运营成本等	质量成本
质量分析的目的	得到最有价值的高质量的房地产	投资兴建用户愿意购买且成本又低的适当质量的房地产

对于房地产投资者而言，在确定房地产质量目标时，应当综合考虑用户要求的质量、价格及建设成本和盈利，从而确定出适宜的房地产质量目标。这个质量目标，既不是用户要求的最高的质量水平，也不是投资者希望的较低的质量水平，而是用户愿意购买、投资者对回报满意的质量水平。

然而，具体到某一房地产项目，很难找到一个绝对的尺度来评价质量目标是否合适。对于房地产投资者而言，可以从房地产的销售结果来看质量目标的合适程度。如果房地产很畅销，投资者盈利令人很满意的话，那么就说明该房地产的质量目标走得较合适。但这是事后评价，事先评价只能依靠质量分析经验和市场预测来进行。

三、房地产投资对象

房地产投资对象按不同的划分方法，可以分成很多种。本节主要对土地投资、房地产开发投资、房地产开发销售阶段投资、房地产经营投资四种投资对象进行分析。

（一）土地投资分析

土地是房地产投资的主要对象之一，土地投资又可以分为出让、转让、租赁、抵押和入股经营土地投资这几种。

1. 出让土地投资分析

出让土地是房地产投资者以支付土地出让金为代价，从国家手里直接获得一定年限的使用权的土地。

出让的土地，一般都明确规定期限、用途、规划指标等内容。房地产投资者首先必须弄清楚这些规定，然后再决定是否投资。

出让土地的方式有协议出让、招标出让、拍卖出让及挂牌出让等。协议出让方式的灵活性最强，竞争程度最弱，但一般难以获得。拍卖出让与挂牌出让方式的竞争性强，透明度最好，成交价普遍较高，这是最主要的土地出让方式。招标出让方式居中。房地产投资者必须清楚土地出让方式的规定及其特征。

出让土地下面的各类自然资源，如矿产、埋藏物和市政公用设施等不在土地使用权有偿出让的范围内。土地的所有权也不在出让之列。房地产投资者应明白，国家拥有土地所有权，地下资源归国家所有，出让土地期满后，土地及其地上建筑物和其他附着物所有权由国家无偿取得或收回。

出让土地使用权仅限于城镇国有土地，集体所有土地须经政府征用转为国有后才能由政府出让土地使用权。原行政划拨土地使用权需要转让、出租、抵押的，要事先向所在地市(县)人民政府土地管理部门申请并经批准、补交土地使用权出让金，签订土地使用权出让合同，办理土地使用权出让登记手续后，才能取得合法的转让、出租、抵押的权利。

房地产投资者购买出让的土地后，可以转让、出租、抵押等。但有时当地政府可能规定出让土地必须在投资达到一定比例后才允许转让。国家同时还对土地转让征收土地增值税，这些规定，一定程度上限制了炒地行为，但也对房地产投资者的收益有限制性作用。

投资出让土地，虽然风险较大，但回报高且收益稳定。

2. 转让土地投资分析

转让土地是房地产投资者以支付土地转让金为代价，从土地使用权转让人手中得到的一定年限使用权的土地。

房地产投资者得到转让土地使用权的同时，也得到了其地上建筑物、其他附着物的所有权利，这是因为房地产的买卖实行房地合一政策。房地产投资者得到的转让土地，其使用年限为土地使用权出让合同规定的年限减去原土地使用者已使用年限后的剩余年限。房地产投资者在得到转让土地的同时，就使得土地使用权出让合同规定的全部权利和义务都转移到自己名下。

转让土地使用权的形式很多，比如土地使用权买卖、土地使用权互易、土地使用权赠与、企业兼并转让土地、土地入股联建或联营等。对房地产投资而言，使用最多的形式是土地使用权买卖、土地入股联建或联营两种。不同转让方式的法律规定不同，操作技巧不同，所花代价不同，取得效益也不同，所以房地产投资者必须事先进行详细的分析评价。然后再选出适当方式付诸实施，这样才能取得满意结果。

通过土地转让取得土地使用权后，可以进行出租、抵押、买卖、入股经营等，但是，不论如何处置转让土地，都必须签订合同，以便明确双方的权利义务关系。转让土地不论采取什么方式进行交易，也不论交易次数多少，土地使用者（或土地经营者）都必须遵守土地出让合同规定的各项内容。

对于以上内容，房地产投资者必须牢牢记住，千万不能凭想象或一厢情愿地进行土地投资活动，以防吃亏上当。

3．租赁土地投资分析

租赁土地是房地产投资者以支付土地租金为代价，从土地出租人手中得到的一定年限使用权的土地。

租赁土地与出让土地和转让土地不同。通过出让或转让方式得到土地使用权时，房地产投资者对土地使用权拥有所有权和使用权；通过租赁方式得到土地使用权时，房地产投资者只对土地使用权拥有租赁期内的使用权，并不拥有所有权。出让土地和转让土地的期限通常较长，投资额较大；租赁土地的期限较短，投资额较小。

房地产投资者通过租赁得到土地后，只有使用的权利，不能改变土地作用，也不能将承租权转让或转租。如需转让或转租，必须经得原土地使用权所有者的同意。

作为土地出租的，必须具有法律上的依据，即必须是法律允许的地块。目前只有通过出让取得土地使用权的民事主体才具备这一权利。如果土地的民事主体无合法原因擅自出租土地，则属于非法行为。比如，通过行政划拨取得的土地使用权，未经有权部门批准，土地使用权拥有者擅自出租土地的行为，就是非法行为。他们签定的土地合同也是无效经济合同。对此，房地产投资者在进行出租土地的投资时。首先须弄清楚出租土地的许可性，然后再决定是否投资。

虽然租赁土地的承租者不具有土地处分权，但一经签订土地租赁合同，承租人法律地位的特殊性就体现出来，当出租人的土地使用权发生转移时，新的土地使用权人也必须遵守承租人的合法权利。也就是说，土地承租人的权利不会因为土地使用权人的改变而消失。

4．抵押土地投资分析

抵押土地是房地产投资者以抵押贷款为代价，从土地抵押人手中得到抵押权的土地，其实质是土地抵押人为筹措资金，以土地使用权作为押抵财产向抵押权人（房地产投资者）借贷资金的行为。

土地使用权的抵押人必须是土地使用权的享有人，即通过出让或转让方式取得土地使用权,并且已经办理了土地登记手续的土地使用权所有者。

土地抵押权设定本身并不发生土地使用权的转移,即土地使用权抵押后,土地使用者可继续对土地进行占有、使用、收益。只有在债务不能履行时,抵押权人才能依据法律规定和法定程序处分土地使用权,此时土地使用权才能发生转移。土地抵押对于抵押人来说,既可以获得需用的资金,又可以保持对土地的占有、使用、收益权利,所以愿意采用。土地抵押对于抵押权人来说,既可获得贷款利息,又无对土地保护的责任,还能在抵押人无法还债时通过对土地使用权的处分得到必要补偿,所以也愿意采用。

抵押土地实行房地合一原则,即土地使用权及土地上建筑物、其他附着物必须同时抵押。

土地抵押权的消失是随着债务清偿的完成而实现的。除此之外,下列情况的发生也使得土地抵押权消失:①抵押权人放弃抵押权;②当事人双方协议消灭抵押权;③抵押物灭失,即设定抵押的土地及地上建筑物消失,比如地震等自然灾害原因导致抵押土地灭失;④作为抵押物的土地使用权连同其地上建筑物、其他附着物所有权归于抵押权人时,抵押权归于灭失。

作为房地产投资者,必须熟悉上述关于抵押土地的规定,以便合理利用抵押土地。

需要说明的是,在这里抵押土地是作为抵押权人的投资对象来进行讨论的,而抵押土地的抵押权人往往是金融部门或其他放款收息者。而抵押土地是房地产融资的一种主要方式,从融资的角度讲,抵押土地的抵押人是房地产投资者,抵押土地是其融资的一种手段,在理解时,要对此区分开。

5. 入股经营土地投资分析

入股经营土地是房地产投资者以出让分成房屋或分成收益为代价,从土地入股人手中取得一定期限土地使用权的土地。

入股经营土地投资的表现方式一般分为两种:一种是一方出土地,土地作价算作投资资金,另一方提供后续开发建设所需全部资金,双方对开发建设成果分成;另一种是一方既出土地又出钱,土地作价算作投资资金,另一方提供不足之部分资金,双方对开发建设成果分成。有时第一种方式也有变形,比如现实中常见的一方出地,另一方出钱,建成后按五五分成或四六分成的做法,就是一方出地但不作价为投资,而只是商定分成比例。到底选定哪种方式,须根据地块和市场行情综合考虑。

入股经营土地投资的关键是双方的分成比例。分成比例可以是项目建成后,整个房地产的分成比例,也可以是利润分成比例。以开发后整个房地产作为分成对象,对于入股经营双方来说,所商定的分成比例是否合适,须经过较详细的分析。分析的基本思路是:根据项目的规划设计方案和市场情况,确定开发项目建成后的总楼价,当土地入股后所分得的楼价大于目前土地的市场价格时,按商定的分成比例,对土地入股后是有利的。

[**例 3**] 用以下案例说明分成比例的分析问题。

1. 地块概况

A 地块位于某商业发达地区,两侧临街,形状规则,呈 L 形,如图 4-1 所示。A 地块面积为 2 450.2 平方米,规划用途为商业、办公混合,允许容积率为 4,建筑物限高 47 米,允许建筑密度不超过 50%。

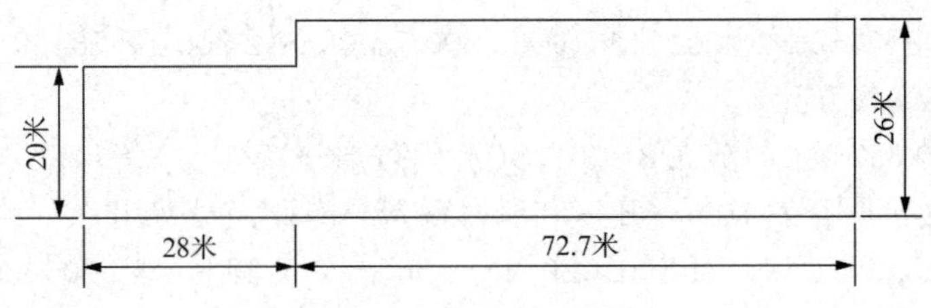

图 4-1　A 地块示意图

A 地块已由顺发公司(土地使用权拥有者)立项开发，现已完成拆迁安置、初步设计、立项审批等工作，到了办理工程建设许可证阶段。按初步设计安排，名为顺发大厦，总建筑面积为 9 768.8 平方米，其中商店面积为 842 平方米、酒店面积为 496.9 平方米、写字间面积 4 665平方米、宾馆面积为 3 764.9 平方米。框架结构，局部设剪力墙。建筑高度 45.5 米，其中一层 3.9 米、二层 3.5 米、3～12 层为 3.3 米，东部为 8 层，西部为 12 层。建筑地面南北总长度为 20 米，东西总长度为 68.4 米，建筑东侧设有停车场。

由于顺发公司缺乏开发建设资金，决定以土地入股合作开发经营，寻找合作伙伴，提出按市面常见的五五分成方式进行合作。

2. 基本要求

(1) 对五五分成方案进行评价。

(2) 对四六分成方案进行评价。

(3) 计算合理分成比例。

3. 评价分析过程

(1) 计算地价。根据市场调查，结合该地块特征，考虑到销售期限，最后确定顺发大厦的售价为：商店为 3 800 元/平方米、酒店为 4 000 元/平方米、写字间为 3 200 元/平方米、宾馆为2 800元/平方米。

根据概预算人员的估算，确定开发成本为 1 500 万元，具体计算过程见表 4-2。

表 4-2　项目开发成本估算表

项　　目	单方造价(元/平方米)	建筑面积(平方米)	总造价(万元)
土建工程	850	9 769.8	830.43
土建装修工程	420	9 769.8	410.33
采暖工程	30	9 769.8	29.31
给排水工程	35	9 769.8	34.19
电照工程	40	9 769.8	39.08
通信工程	10	9 769.8	9.77
消防工程	18	9 769.8	17.59
设计费	28	9 769.8	27.36
其他工程	84.5	9 769.8	82.55
预备费	20	9 769.8	19.54
合计	1 535.5	9 769.8	1 500.15

总楼价＝3 800×842＋4 000×496.9＋3 200×4 665＋2 800×3 764.9

＝3 065.7(万元)

平均楼价＝30 657 000/9 769.8＝3 138(元/平方米)

总地价＝总楼价－开发成本－开发利润－税费－专业人员费用

＝3 065.7－1 500－1 500×20%－3 065.7×5.48%－1 500×6%

＝1 007.7(万元)

通过比较A地块附近的土地成交价格分析、判断，该地块的土地价格4 113元/平方米，是比较合适的。

(2) 对五五分成方案评价。

顺发公司投入：入股土地2 450平方米，转让1 225平方米。

土地的使用权为50年。

顺发公司产出：

① 房地产面积：土地1 225平方米，房屋4 884.4平方米。

② 房地产总价值＝4 884.4×3 138＝1 532.7(万元)

这说明，按五五分成，对顺发公司有利。

为保证五五分成对顺发公司有利，应有下列关系：

平均楼价×总建筑面积×分成比平方地价×土地面积，即应有平均楼价＝2 063元/平方米。

也就是说，在五五分成的条件下，只要平均楼价不低于2 063元/平方米，对顺发公司来说，入股合作开发就比出让土地合算。

(3) 对四六分成方案评价。

顺发公司投入：入股土地2 450平方米，转让1 470平方米。

土地使用权为50年。

顺发公司产出：

① 房地产面积：土地980平方米，房屋3 970.52平方米。

② 房地产总价值＝3 970.52×3 138＝1 245.9(万元)

这说明，按四六分成，对顺发公司仍有利。

为保证四六分成对顺发公司有利，应有下列关系：

也就是说，在四六分成条件下，只要平均楼价不低于2 579元/平方米，对顺发公司而言，入股合作开发就比转让土地合算。

(4) 最低分成比例计算。在这里，最低分成比例是指按土地转让费获取房地产价值时的分成比例。

4 113×2 450＝3 138×9 768.8×最低分成比例

在平均地价为4 113元/平方米，平均楼价为3 138元/平方米的条件下，分成比例只要大于0.33，入股合作开发就比转让土地划算。

(二) 房地产开发投资分析

房地产开发投资是指对拟开发或已在开发的房地产项目进行的投资。

房地产开发投资，按房地产开发的阶段划分，有房地产开发策划阶段投资、房地开发前期工作阶段投资、房地产开发建设阶段投资和房地产开发销售阶段投资四种。

1. 房地产开发策划阶段投资分析

房地产开发策划阶段的主要目的是决定投资开发的对象。为了实现此目的，房地产投资者通过房地产市场研究，寻找投资开发机会；通过项目建议书初步论证开发项目的可行性；通过可行性研究来做出是否投资开发的决策；通过房地产开发经营流程设计对开发项目的实施做出初步安排。

正是由于房地产开发策划阶段的工作如上所述，所以此阶段的投资的风险性最高，但一旦投资成功，整个项目所获利润也最高。

在房地产开发策划阶段，投资的主要风险包括如下。

(1) 寻找不到合适的投资机会或投资项目。

(2) 设想项目从一开始就误入歧途。

(3) 设想项目得不到有关部门批准。

(4) 项目的可行性研究通不过审查。

(5) 项目的开发经营流程严重脱离实际等。

由于对策划阶段的风险没有切实有效的防范措施，所以此阶段投资的风险很大。

在房地产开发策划阶段投资，投资者应具备以下条件。

(1) 对房地产开发投资富有经验。

(2) 人员素质高，具备丰富经验及专业齐全配套的经济技术管理人员。

(3) 社会信誉好，资质等级高。

(4) 资金推厚。

(5) 有良好的社会背景。

2. 房地产开发前期工作阶段投资分析

房地产开发前期工作阶段的主要目的是为开工建设做好准备。通过征地拆迁落实建设场地问题，通过工程勘察、规划、设计得到一个满足城市总体规划要求的项目实施蓝图。通过开工准备工作为开工建设创造必需条件，通过房地产的预租、预售来早日落实客户，及早收取租金或销售收入。

正是由于房地产开发前期工作阶段的主要工作如上所述，所以在此阶段投资的风险很大，但是一旦投资成功，所获利润也很高。

在房地产开发前期工作阶段，投资的主要风险包括如下。

(1) 征地工作困难重重。

(2) 融资工作进展缓慢、资金缺口较大。

(3) 地质情况不好，规划条件限制过严，施工图纸出现问题。

(4) 开工条件难以具备，比如满意的施工队伍未找到，施工用水占道不允许等。

(5) 预期的预租、预售工作开展不起来，给资金造成更大缺口。

(6) 设备材料价格上涨太高，人工费用涨幅过大等。

由于前期工作阶段的风险可采取一些措施在一定程度上加以防范，所以虽然风险仍然很大，但要比策划阶段小。

在房地产开发前期工作阶段，投资的主要作用包括如下。

(1) 有对场地、规划、设计的影响力，从而对保证投资收益有好处。

(2) 投入资金虽多，但能很快见到阶段性成果、便于及时转手。

(3) 在参与前期工作时,可得到一些潜在收益。

(4) 此时投资的回报承诺高,投资收益大。

(5) 便于及早抓住有利的投资项目。

由于房地产开发前期工作阶段投资的好处很多,所以很多投资者也都积极争取在此阶段投资。

在房地产开发前期工作阶段投资,投资者应具备以下条件。

(1) 对房地产开发前期工作富有经验。

(2) 有配售的高素质专收入员,有经验丰富的勘察、规划、设计人员,招标投标人员,市场营销人员等。

(3) 对设想项目的前景看好。

(4) 有一定的融资能力。

(5) 社会信誉好,资质等级高,资金雄厚。

(6) 熟悉建设地点的各种关系。

(7) 对房地产预租预售前景看好,有客户来源。

3. *房地产开发建设阶段投资分析*

房地产开发建设阶段的主要目的是保证按期、按质、按量、节约、安全地完成房地产开发项目的建设。通过落实监理单位,实现工程建设有人管理和分担风险;通过工程控制使得开发项目的工期短、投资省、质量好;通过施工验收全面检验工程建设成果,并结清与有关单位的权利义务关系;像前期工作一样,通过预租预售早日落实客户并收取资金。

正是由于房地产开发建设阶段的工作如上所述,所以在此阶段投资的风险较大,但是一旦投资成功,所获利润也较高。

在房地产开发建设阶段,投资的主要风险包括如下。

(1) 由于材料、设备、人工费的价格上涨,致使工程造价上升。

(2) 出于设计或施工问题,致使发生重大质量事故。

(3) 由于社会动荡或气候影响,使工期严重拖长。

(4) 竣工验收时交不了工。

(5) 发生自然灾害或意外事故。

(6) 商品房预售落空。

(7) 新的竞争性项目出现。

(8) 筹措资金不到位。

由于开发建设阶段的风险多数可采用措施加以防范,所以投资风险要比前期降低,但仍有较多不可防范的风险存在。

在房地产开发建设阶段,投资的主要作用包括如下。

(1) 对施工过程的开展有影响力,便于主动发挥作用。

(2) 投入资金虽多,但能很快见到最终性成果,心里比较踏实。

(3) 投资回收期较短。

(4) 便于选择比较好的楼层或位置,为经营房地产创造好的条件。

(5) 对所经营的房地产重点对待,节约二次装修费。

(6) 便于介绍自己熟悉的加工队伍承揽施工任务。

(7) 便于及时抓住盈利高的房地产项目。

由于房地产开发建设阶段的好处很多很直接,所以有许多房地产投资者都在此阶段投资。

在房地产开发建设阶段投资,投资者应具备以下条件。

(1) 对房地产开发建设阶段的管理有丰富的经验。

(2) 有工程建设管理方面的高素质人才。

(3) 对房地产项目的市场前景看好。

(4) 对房地产项目中的某些有利楼层或位置兴趣极大。

(5) 自己拥有施工队伍,或与施工队伍有密切关系。

(6) 资金雄厚,对建设地点的各种社会关系熟悉。

4. 房地产开发销售阶段投资分析

房地产开发销售阶段的主要目的是找到用户,实现房地产开发项目的价值。通过经营方式的选择,确定是出售还是出租或部分出租部分出售,通过评估促销工具确定采用哪些推销方法,通过确定出租或出售价格来做到租售时的心中有数,通过开展切合实际、丰富多彩的租售活动来实现房地产开发项目的价值,即租出或售出房地产并获得租金或销售收入。

正是由于房地产开发销售阶段的工作如上所述,因此在此阶段投资风险仍较大,但是一旦投资成功,所获利润也仍较高。

在房地产开发销售阶段,投资的主要风险包括如下。

(1) 市场行情跌落。

(2) 竞争性项目出现。

(3) 促销费用上升。

(4) 定价不适当。

(5) 分期付款时,后期款项无着落。

由于开发项目的销售期较短,不定因素及新的投资风险已减小很多,但仍存在一些不良因素,因此投资风险仍较大。

在房地产开发销售阶段,投资的主要作用包括如下。

(1) 投资回收期短。

(2) 赚取"批发"与"零售"的差价。

(3) 获得物业升值的利益。

由于房地产开发销售阶段的好处不少并且容易看到,所以有许多房地产投资者在此阶段投资。

在房地产开发销售阶段投资,投资者应具备以下条件。

(1) 对市场行情看涨。

(2) 对市场销售有丰富经验。

(3) 有客户来源。

(4) 资金雄厚。

(5) 市场关系熟悉。

(三) 房地产经营投资分析

1. 房地产经营投资的含义

房地产经营投资是指房地产投资者以购买房地产后自行经营为目的而进行的投资。房地产投资者的投资目的是通过经营房地产而获取盈利。房地产投资收益主要是通过使用阶段的经营来实现的，所以，以房地产经营项目为投资对象来开展投资活动，在实践中非常常见。

房地产经营投资相对土地投资和房地产开发投资而言，具有自己的特点，主要有以下几个方面。

(1) 投资需要量较小，投资回收较慢。相对而言，土地投资和房地产开发投资的规模较大，需要的资金量也较大。而房地产经营投资可选择开发项目的一部分进行，因而规模较小，投资量也不大。但由于房地产经营投资主要依靠租金或经营收益来回收投资，所以回收投资速度较慢。土地投资和房地产开发投资，出售后就可回收投资，速度较快。

(2) 投资风险较小，投资利润较低。房地产经营投资由于有较为固定的租金收入或经营收入，而且还有物业升值的保证，所以风险比土地投资和房地产开发投资都低。按风险与利润成正比的规律判断，投资利润自然相对较低。

(3) 灵活性较大，适应性较强。房地产经营投资的方式和内容可以根据需要与可能灵活掌握，而土地投资和房地产开发投资则不易变化。

2. 房地产经营投资的原则

(1) 把握最佳时机。把握房地产经营投资时机时，应主要考虑三方面因素：一是购买能力大小，即应在具有购买能力时投资。二是房地产价格的高低。应在房地产价格较低时投资，这样便于节省投资，减小经营成本。三是银行贷款利率的高低。应在银行贷款利率较低时投资，这样便于贷款，也便于节省利息支出。

在把握上述三方面因素时，应综合考虑。因为三方面因素是相互关联的。例如，购买能力较大时，只要价格合适，不论银行贷款利率高低都应投资。又如，在银行贷款利率较低优惠时，即使房地产价格稍高，但只要有盈利把握，就应及时贷款投资。

(2) 寻找最佳位置。房地产位置的好坏，一般取决于所处的地势、地质、层次、朝向、视野、周围环境等因素。

(3) 查清核实楼龄。楼龄的长短，与楼价、装修费、经营成本等有关。楼龄越长，破损越多，楼价应越低；越需装修，装修费用越高；维修保养费用越多，经营成本越高。

另外需要注意的是，有的房地产其各个组成部分的楼龄不一样，而对楼龄可能只有一个说法，比如，在我国，对于拆除翻建的房屋，其楼龄从翻建的年份开始计算；对于扩建的房屋、面积超过原房面积的，其楼龄从扩建的年份计算；未超过的，从原房的建成年份开始计算。

(4) 注重使用面积。房地产销售时按建筑面积计算。房地产经营时利用使用面积。建筑面积包括使用面积、辅助面积和结构面积。建筑面积与使用面积有严格的区别。房地产经营投资者，最关心的是使用面积，所以应对使用面积计算准确。

同样大小的建筑面积，使用面积越大的房地产，其经营效果必然越好。房地产出租时的面积通常按使用面积计算。这也说明了注重使用面积的必要性。

使用面积相同的房地产，还应注意平面布置。比如，使用面积相同的两处商店，一处中间有柱子，另一处没有柱子，那么中间没有柱子的商店当然更受欢迎。

(5) 重视房地产质量。房地产质量关系到售价的高低。质量好的房地产因使用年限长和性能好而价格贵，房地产质量关系到经营成本的高低。质量好的房地产，其维修保养费用低，经营成本也随之降低；房地产质量关系着对客户的吸引力，关系到房地产经营投资的效果。质量好的房地产往往受到客户的好评和好感，出租率高且租金水平可以提高。

选择高质量的房地产，主要应从卖主的信誉入手，然后进行细致检查。购买那些信誉高的房地产开发商开发的房地产；购买那些信誉高的建筑商承建的房地产；购买那些信誉高的房地产经营者经营过的房地产。

(6) 慎选房地产设计模式。不同设计模式的房地产，其特点不一样，有的符合经营业务的需要，有的则不一定符合经营业务的需要，所以，房地产投资者必须慎重比较每一种设计模式，从中选择最恰当的模式进行投资。

(7) 查清房地产用途。房地产的用途在规划审定时有着明确的规定。有些房地产可有条件地改变，有些房地产绝对不能改变。对此房地产投资者必须搞清楚。除了要考察房地产现用途与拟用途是否符合外，还要考察现用途是否符合审核批准的用途。如果房地产原有者未经许可擅自改变了房地产用途，则应非常慎重，一定要让出售者办完有关手续后再成交。

(8) 选择适当的付款方式。房地产经营投资的付款方式有许多种，比如一次性付清房款、分期付款、抵押贷款购房等。不同付款方式的首期款大小不一样，付款总额不一样，支付利息不一样，其结果也导致房地产经营的成本费用不一样。

在选择付款方式时，要考虑到优惠程度问题。要考虑到投资购买力问题，要考虑到经营过程中资金承受力问题等。

(9) 注意难辨的僭建物。僭建物是指违反有关部门的规定，未经批准，私自扩建或加建的附属建筑。比如有的人在楼房外面建造花笼；有的人在原房基础上加长或增宽房屋，或往上加高一层房屋；有的人在后巷或天台上加建附属建筑，如厨房等；有的人把楼房铁闸延伸至走廊外面等。这些加建的附属物往往构造精密、小巧玲珑，如不认真察看、很难发现其违法存在。这些违法存在的僭建物，一经发现，是会被拆除或罚款的，所以房地产投资者必须辨清它们，防止吃亏上当。辨别僭建物的最好办法就是向有关部门查阅房屋的平面图，然后与房屋现状比较，对不同的地方，问清原因。

(10) 考察房地产管理水平。房地产管理水平既影响房地产的信誉，又影响房地产的维修保养水平。而这两点都对房地产经营有着至关重要的影响，所以房地产经营投资者，也要考察房地产管理水平，尽量选择房地产管理水平高的房地产。

四、房地产开发投资的经济评价

(一) 房地产开发投资经济评价的含义

房地产开发投资经济评价是指采用现代科技方法，运用技术经济理论，对房地产开发投资项目的经济可行性与合理性进行分析、论证、对比、选择的过程。房地产开发投资经济评价一般是在损益表(利润表)、现金流量表和资产负债表的测算基础上进行的项目财务评价与国民经济评价。

(二) 房地产开发投资经济评价的基础报表

一般在完成了房地产市场调查与预测、开发项目策划、开发项目投资与成本估算，以及开发项目收入估算与资金的筹措计划编制等基础工作之后，就可以通过编制财务报表，测算财务评价指标，对开发项目的盈利能力、清偿能力等情况进行财务评价，看项目在财务上是否可行。

财务评价使用的基本报表有现金流量表、损益表、资产负债表、资金来源与运用表及外汇平衡表。

1. 损益表

损益表反映了项目计算期内每年利润总额，所得税及税后利润分配情况，可以用来计算投资利润率，分析项目盈利能力。同时损益表测算的所得税，也是编制现金流量表的数据基础。

对于开发的持有类房地产项目，如用于出租、生产的房地产项目，可以在运营期内提取折旧，因此不同类型的房地产项目损益表存在一些差异。表 4 - 3、表 4 - 4、表 4 - 5 分别为销售类、租赁类和经营类房地产项目的损益表。

表 4 - 3　销售类房地产项目损益表

序号	项目	合计	建设期		销售期		
			1	2	3	4	5
1	经营收入						
1.1	销售收入						
1.2	定金或预售收入						
1.3	其他收入						
2	经营成本						
2.1	销售费用及税金						
2.2	开发成本						
3	管理费用						
4	财务费用						
5	利润总额(1—2—3—4)						
6	所得税						
7	净利润(5—6)						

表 4 - 4　租赁类房地产项目损益表

序号	项目	合计	建设期		租赁期		
			1	2	3	4～(*N*—1)	*N*
1	经营收入						
1.1	租金收入						
1.2	物业管理费						
1.3	回收残值						
1.4	其他收入						
2	经营成本						
2.1	营销费用及税金						
2.2	管理费						

续表

序号	项目	合计	建设期		租赁期		
			1	2	3	4～(N−1)	N
2.3	维修费						
2.4	折旧费						
2.5	保险费						
2.6	其他费用						
3	管理费用						
4	财务费用						
5	利润总额(1−2−3−4)						
6	所得税						
7	净利润(5−6)						

表 4-5　经营类房地产项目损益表

序号	项目	合计	建设期		租赁期		
			1	2	3	4～(N−1)	N
1	经营收入						
1.1	(产品)销售收入						
1.2	回收固定资产残值						
1.3	其他收入						
2	经营成本						
2.1	营销费用及税金						
2.2	生产成本						
2.3	管理费						
2.4	维修费						
2.5	固定资产折旧费						
2.6	其他费用						
3	管理费用						
4	财务费用						
5	利润总额(1−2−3−4)						
6	所得税						
7	净利润(5−6)						

2. 现金流量表

(1) 现金流量表的作用

现金流量表反映了计划投资项目每年的现金流入和现金流出量，以及累计净现金流量，根据这些数据可以计算财务内部收益率，财务净现值，以及静态、动态投资回收期等评价指标，来分析项目财务盈利能力。

(2) 现金流量表的类型

根据资金来源不同，现金流量表可以分为全部资金现金流量表和自有资金现金流量表。项目筹资时，投资人更关心的是全部资金的盈利能力与财务风险，应提供全部资金现金流量表，如表4-6所示；房地产企业内部则更关注自有资金的获利能力，需要自有资金现金流量表，如表4-7所示。全部资金现金流量表与自有资金现金流量表主要差异体现在银行贷款及利息支出上。

表4-6 全部资金现金流量表

序号	项目	合计	建设期		销售期		
			1	2	3	4～(N-1)	N
1	现金流入						
1.1	主营业务收入						
1.2	回收残值						
1.3	其他现金流入						
2	现金流出						
2.1	主营业务成本(不含折旧)						
2.2	管理费						
2.3	其他现金流出						
3	净现金流量(1-2)						
4	累计净现金流量						
6	净现金流量现值(3×现值系数)						
7	累计现值净现金流量现值						

表4-7 自有资金现金流量表

序号	项目	合计	建设期		销售期		
			1	2	3	4～(N-1)	N
1	现金流入						
1.1	主营业务收入						
1.2	回收残值						
1.3	银行贷款						
1.4	其他现金流入						
2	现金流出						
2.1	主营业务成本(不含折旧)						

续表

序号	项目	合计	建设期		销售期		
			1	2	3	4～(N－1)	N
2.2	管理费						
2.3	还本付息						
2.4	其他现金流出						
3	净现金流量(1－2)						
4	累计净现金流量						
6	净现金流量现值(3×现值系数)						
7	累计现值净现金流量现值						

(3) 现金流量表与现金流量图

现金流量表还可以用图形表示。

现金流量图有两种表现方式，一是用图 4－2 所示的各个时期的投入额和回收额表示；二是用如图 4－3 所示的各个时期的累计投入额和累计回收额表示。

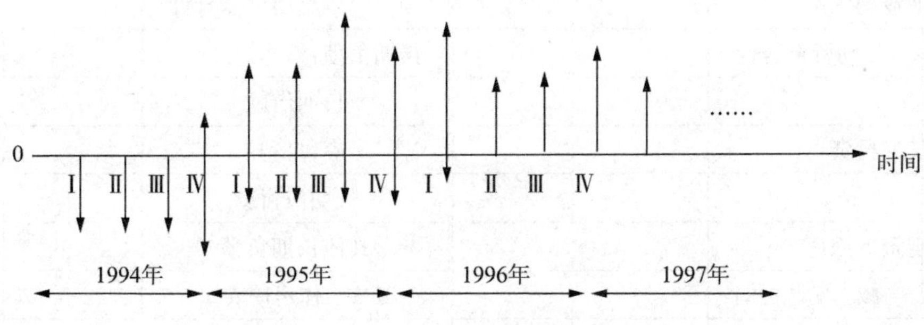

图 4－2　各期净现金流量图

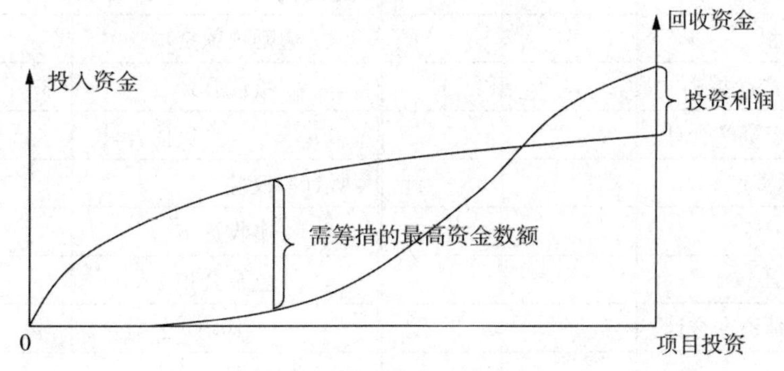

图 4－3　累计现金流量图

3. 资产负债表

资产负债表反映项目计算期内全部资产、负债和所有者权益情况，可以用来计算资产负债率、流动比率、速动比率等评价指标，来反映企业财务状况和清偿能力，并考察项目资产、负债、所有者权益结构是否合理，如表 4－8 所示。

表 4-8　资产负债表

资产	期初余额	期末余额	负债及所有者权益	期初余额	期末余额
流动资产			流动负债		
货币资金			短期借款		
短期投资			应付账款		
应收账款			其他应付款		
减：坏账准备			应付工资		
应收账款净额			应付福利费		
应收补贴款			未交税金		
其他应收款			未交利润		
存　货			其他未交款		
待摊费用			预提费用		
待处理流动资产净损失			一年内到期的长期负债		
一年内到期的长期债券投资			其他流动负债		
其他流动资产			流动负债合计		
流动资产合计			长期负债：		
长期投资：			长期借款		
长期投资			应付债券		
固定资产			长期应付款		
固定资产原值			其他长期负债		
减：累计折旧			其中：住房周转金		
固定资产净值			长期负债合计		
固定子产清理			递延税项		
在建工程			递延税款贷项		
待处理固定资产净损失			负债合计		
固定资产合计			负债合计		
无形资产及递延资产			所有者权益		
无形资产			实收资本		
递延资产			盈余公积		
无形资产及递延资产合计			其中：公益金		
其他长期投资			未分配利润		
其他长期资产			所有者权益合计		
递延税项					
递延税款借项					
资产总计			负债及所有者权益总计		

（三）房地产投资的财务评价

房地产开发项目的财务评价是从财务角度考察项目的盈利能力和清偿能力，从而判断项目的经济可行性。房地产开发项目的财务评价指标分为不考虑时间因素的静态评价指标和考虑时间因素的动态评价指标。如图 4－4 所示。

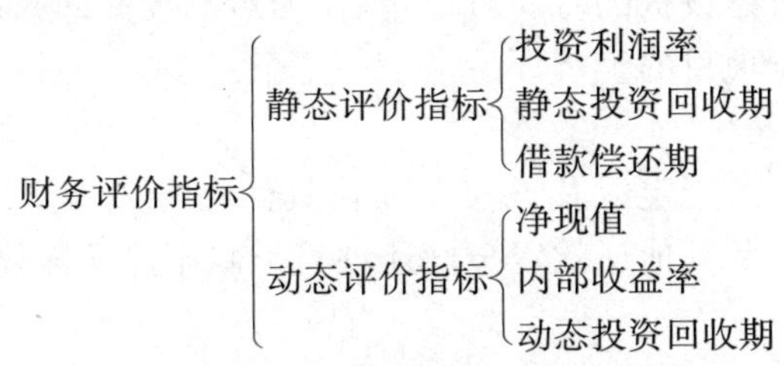

图 4－4　财务评价指标

其中静态评价指标是在不考虑资金的时间价值因素影响的情况下，直接通过利润表（损益表）和现金流量表计算得来的经济评价指标。其计算简便，通常只在粗略评价时采用。而动态评价指标是考虑了资金的时间价值因素的影响，要通过现金流量表对发生在不同时间的效益、费用计算资金的时间价值。动态评价指标能较全面地反映投资方案整个计算期的经济效果。适用于详细可行性研究阶段的经济评价和计算期较长的投资项目。

1. 静态财务评价

(1) 投资利润率

投资利润率指项目经营期内一个正常年份（指项目达到设计生产和服务功能后的年份）的年利润总额或项目经营期内年平均利润总额与项目总投资的比率。

$$投资利润率=\frac{年利润总额或年平均利润总额}{项目总投资}\times 100\% \qquad 公式 4.2$$

它是考察项目单位投资盈利能力的静态指标。如果是对经营期内多年利润变化幅度较大的项目，如销售类的房地产项目，应按年平均利润总额代入公式。

式中：利润总额＝经营收入－经营成本运营费用－销售税金及附加

开发项目总投资＝开发建设投资＋经营资金（日常经营周转资金）

这些数据可以根据财务报表中损益表的数据查到。

在进行财务评价时，可以将投资利润率与行业平均利润率相比，来判别项目单位投资盈利能力是否达到本行业的平均水平，据以判断该项目是否可行。

投资利润率因不考虑时间因素，比较适合于开发经营期短，规模不大的项目的经济评价，也可以作为其他项目评价的辅助分析指标。

(2) 静态投资回收期

静态投资回收期是指在不考虑资金时间价值的条件下，项目以净收益抵偿全部投资所需的时间。计算公式为

$$\sum_{t=0}^{P_t}(CI-CO)_t=0 \qquad 公式 4.3$$

式中：CI——现金流入量；

CO——现金流出量；

$(CI-CO)_t$——第 t 年的净现金流量；

P_t——回收全部投资的年份，即静态投资回收期。

P_t 可以根据现金流量表中的累计净现金流量计算求得，即：

$$P_t = \text{累计净现金流量开始出现正值的年份} - 1 + \left|\frac{\text{上年累计净现金流量}}{\text{当年净现金流量}}\right| \quad \text{公式 4.4}$$

静态投资回收期未考虑投资的时间价值，仅作为短期投资回收能力的粗略判断，适用于规模较小的出售类房地产项目的经济评价。

(3) 借款偿还期

借款偿还期是指在国家规定以及该投资项目具体财务条件下，项目开发经营期内可用作还款的利润、折旧、摊销及其他还款资金偿还项目借款本息所需要的时间。计算公式为

$$I_d = \sum_{t=1}^{P_d} R_t \quad \text{公式 4.5}$$

式中：I_d——项目借款还本付息总额；

P_d——借款偿还期(从借款开始年计算)；

R_t——第 t 年可用于还款的资金(包括利润、折旧、摊销及其他还款资金)。

借款偿还期可用资金来源与运用表或者借款还本付息计算表直接计算：

$$P_d = \text{借款偿还后开始出现盈余年份} - \text{开始借款年份} + \frac{\text{当年偿还借款额}}{\text{当年可用还款金额}} \quad \text{公式 4.6}$$

当计算结果所得的借款偿还期满足贷款机构的要求期限时，即认为项目有清偿能力。

2. 动态财务评价

(1) 净现值

净现值是指按设定的基准收益率(贴现率)，将每年的净现金流量折现到投资期初的现值的代数和，这是房地产开发项目财务评价中的一个重要经济指标。计算公式为

$$\text{NPV} = \sum_{i=1}^{n} \frac{(\text{CI} - \text{CO})_i}{(1 + i_t)^t} \quad \text{公式 4.7}$$

式中：NPV——项目在投资期初的净现值；

i_t——第 i 年的基准收益率；

$(\text{CI}-\text{CO})_t$——第 t 年的净现金流量；

n——项目的计算周期。

如果 NPV 大于或等于 0，说明该项目的盈利能力超过或达到了基准收益率要求的投资收益水平，就认为该项目在财务上是可以接受的，在经济上是可行的、可取的。NPV 可以运用现金流量表来计算。

(2) 内部收益率

内部收益率是指项目在投资活动期内(整个计算期内)每年净现金流量现值累计等于 0 时的贴现率，是评价项目盈利性的基本指标。计算公式为

$$\sum_{t=0}^{n} \frac{(\text{CI} - \text{CO})_t}{(1 + \text{IRR})} = 0 \quad \text{公式 4.8}$$

式中：IRR——项目内部收益率；

$(\text{CI}-\text{CO})_t$——第 t 年的净现金流量；

n——项目的计算周期。

将 IRR 与基准收益率相比较，如果 IRR 大于或等于基准收益率，则认为该项目是可行

的；否则该项目在财务上不可行，是不可取的。

通过上面公式计算 IRR 比较烦琐，一般通过试算内插法求得。即先按目标收益率或基准收益率求得项目的净现值，若为正，则采用更高的贴现率使净现值为接近于 0 的正值或负值各一个。

计算公式为

$$IRR = i_1 + \frac{NPV_1}{NPV_1 + |NPV_2|} \times (i_2 - i_1) \qquad \text{公式 4.9}$$

NPV_1 与 NPV_2 分别为采用 i_1 时的净现值与 i_2 之差一般在 1%～2%之间。

在对两个不同方案进行比选时，由于两个备选方案的初始投资规模不同，或者由于资金回收和支出的时间不同，可能出现这样的情况：甲方案的内部收益率大于乙方案，而乙方案的净现值指标却大于甲方案。当内部收益率法与净现值法评价的结果产生矛盾时，一般以净现值法评价的结果为依据。

（3）动态投资回收期

动态投资回收期表示自投资初期算起，净现金流量累计现值等于零时的年份即为投资回收终止年份。计算公式为

$$\sum_{t=0}^{P'_t} \frac{(CI - CO)_t}{(1 + i_t)} = 0 \qquad \text{公式 4.10}$$

式中：P'_t——项目动态回收期；

$(CI-CO)_t$——第 t 年的净现金流量；

i_t——基准收益率。

P'_t 也可以根据现金流量表求得，即

$$P'_t = \text{累计净现金流量现值开始出现正值的年份} - 1 + \left| \frac{\text{上年累计净现金流量现值}}{\text{当年净现金流量现值}} \right|$$

公式 4.11

动态投资回收期 P'_t 与基准动态投资回收期 P'_{t0} 相比较，如果 $P'_t \leqslant P'_{t0}$ 则开发项目在财务上是可以接受的，也是可行的，P'_{t0} 一般取同类房地产项目的行业平均投资回收期作为基准。动态投资回收期比静态投资回收期更精确一些，可以用于评价出租经营或自营类的房地产开发项目，也可用来评价置业投资项目。但是该指标对回收投资后的获利能力及总收益状况无法反映出来，因此，与静态投资回收期一样，主要用于短期分析，作为评价房地产开发效益的辅助分析。

（四）房地产开发投资的国民经济评价

国民经济评价是按照资源合理配置的原则，从国民经济的角度出发，用一套参数（包括影子价格、影子工资、影子汇率和社会贴现率等）计算、分析项目对国民经济的净贡献，以评价项目经济合理性的经济评价方法。国民经济评价是项目评价的重要组成部分，也是投资决策的重要依据。国民经济评价包括社会效益评价和环境效益评价。社会效益指项目投资为满足社会需求所做贡献的大小，如对社会经济增长、对提高居住水平、对城市经济发展及其他关联企业的发展、对国家财政税收所做贡献等。环境效益是指项目开发给城市环境改善带来的效益。如项目对于美化居住环境、改善居住条件和投资环境、美化城市及消除污染等所做的贡献。

1. 国民经济评价与财务评价的主要区别

(1) 经济目标不同

财务评价是从企业角度，考察项目的微观获利状况，追求的经济目标是企业的盈利。国民经济评价是从国家整体角度进行宏观分析与评价，不仅仅考虑微观获利状况，还要考虑项目对整个国民经济的贡献。

(2) 价值尺度不同

财务评价是计算现行价格水平和财税制度下的项目获利水平，所以度量效益和费用的价值尺度是现行价格水平。国民经济评价要考虑资源的稀缺性和有效使用，以及国民经济的最佳投资方向和投资结构，作为价值尺度的价格应是满足以上要求的合理价格，即影子价格。

(3) 贴现率不同

财务评价采用的是各部门、各行业的基准收益率或无风险利率加风险调整值。不同的项目有不同的贴现率。国民经济评价采用的是全国统一的社会贴现率。

(4) 汇率不同

财务评价采用的是市场汇率，国民经济评价采用的是考虑货币购买力影响的影子汇率。

2. 国民经济评价的基本步骤

国民经济评价采用费用——效益分析法，可在财务评价的基础上进行。

(1) 效益和费用范围的调整

这需要在考虑项目内部效益和费用的基础上，识别项目的外部效益和外部费用，对能够定量计算的进行定量计算，不能定量计算的进行定性描述，并需要扣除列入财务效益和费用中的转移支付。

(2) 效益和费用数值的调整

通过影子价格、影子工资、影子汇率等调整建设投资成本、前期费用、流动资金、销售(租赁)收入及经营费用等。

(3) 编制项目的国民经济效益费用流量表并计算评价指标

将项目的全部投资(包括自有资金和借入资金)作为投资额，即编制全部投资的国民经济效益费用流量表，并据此计算全部投资的经济内部收益率(EIRR)和经济净现值(ENPV)指标。如果使用国外借款，还应编制国内投资的国民经济效益费用流量表，并计算国内投资的经济内部收益率和经济净现值指标。

第三节　房地产开发经营成本分析

一、房地产开发经营成本构成

房地产开发经营包括两个方面内容：一是属于生产领域的开发与建造；二是属于流通领域的出售和出租。因此，房地产开发经营成本也由两个部分构成，即房地产商品的开发、建造成本和出售出租时发生的流通成本。

(一) 房地产开发成本

房地产开发成本包括单纯进行城市土地开发活动时发生的成本，即土地开发成本，以及对房屋和土地进行开发时的成本，即房地产开发成本两个部分。

1. 土地开发成本

当单纯进行城市土地开发经营活动时，其开发成本包括如下。

(1) 土地使用费。土地使用费包括为获取土地使用权而支付的土地出让金、转让费及按规定缴纳的土地增值税、土地使用费(税)及某些城市地方政府规定的实物地租形式的各类附加费用。

(2) 土地征用及拆迁补偿费。土地征用及拆迁补偿费包括新征土地应支付的劳动力安置费、青苗补偿费、土地附属物拆迁补偿费的净支出、土地补偿费及坟场、鱼塘、养殖物等拆迁安置费，旧城区开发应支付的私房征购费、拆迁安置费等。

(3) “七通一平”费。“七通一平”费是指开发区内的市政工程等基础设施建设费用，包括供水、供电、排洪、排污、供气、通信、道路建设及场地平整费用等。

(4) 管理费。管理费是指为组织与管理土地开发工程而支付的各种费用，包括管理人员工资、办公费等。

(5) 利息。利息是指因土地开发工程投资贷款及发行债券等支付的利息。

2. 房地产开发成本

房地产开发成本除了应包括土地开发成本外，还应包括房屋开发成本，房屋开发成本的内容包括如下。

(1) 勘察设计成本。勘察设计成本包括规划费、建筑设计费、地质勘察费、施工执照费等。

(2) 建筑安装工程成本。建筑安装工程成本包括附属房屋建筑的建筑及安装工程费、配套工程费、大行政工程费、规费等。

(二) 房地产综合开发成本

当进行房地产综合开发时，其开发成本包括如下。

(1) 土地开发费用，是指为取得建筑用地而投入的各种费用。

(2) 公共服务及生活设施配套费，是指开发区内按规划要求兴建非经营性的中小学校、幼儿园、卫生院、医院、派出所、居委会等公共服务设施及生活配套设施而发生的费用。

(3) 市政工程建设费，是指道路、排水、排污、供水、供电、通信、园林绿化、路灯照明等小区内市政建设工程费用。

(4) 建筑及安装工程费，是指全部新建或改建建筑物、构筑物所发生的施工及设备购置费，包括人工费、材料费、机械使用费、间接费、设备购置费及安装费等，以及工程承包单位由于承揽工程施工而赚取的利润、税金等。

(5) 勘察设计费，包括工程地质勘察、钻探地形测量、小区规划、建筑设计、模型制作等发生的费用。

(6) 各种税费，是指国家和地方政府征收的各种税收与各类费用，包括投资方向调节税、营业税、土地使用税、市政建设费、城市道路占用费等。

(7) 利息，是指因筹集开发资金而支付的贷款利息、债券利息、股息等。

(8) 管理费，是指开发企业为组织与管理开发活动而发生的各种费用、占前述(2)～(6)之和的1%～3%。

(9) 其他支出，包括不可预见费、列项费、报建费、项目用投标活动费、工程质量检验费等。

（三）房地产经租成本

房地产流通领域内的成本，是房地产商品在交换流通过程中所发生的费用。

房屋经租是一种特殊的商品交换方式，在房屋租赁中，参加交换的是商品（房屋）一段时间的使用权，而不是商品（房屋）的所有权。

房屋经租成本是指房产经营企业为完成经营房产流转，实现房产交换价值所发生的房产费用的总和。它应当包括房屋生产和流通中的所有费用，主要有房屋的折旧费、维修费、管理费、税费、保险费、投资利息、地租七项费用。

(1) 房产价值补偿费（折旧费）。房产价值补偿费即房屋折旧费，是房屋建造价值的平均损耗。房屋租赁就是将房屋零星出售，以租金作为价格，分期实现房屋价值的过程。因而租赁成本中的折旧费也可看作是按耐用年限平均收回的房屋造价。其计算公式为

$$\text{年折旧费}=\frac{\text{房屋造价}\times(1-\text{残值率})}{\text{耐用年限}} \qquad \text{公式 4.12}$$

房屋造价是指房屋建造的投资，通常是指重置平均价，即某种结构的房屋在现时若干年内的平均造价。

耐用年限应指房屋的经济耐用年限，即房屋能够正常使用的年限。房屋耐用年限因结构和质量不同，差异很大。因此，在考虑耐用年限时，不可能很准确，往往只是对同类结构规定一个时间幅度标准。例如，钢筋混凝土结构 35～60 年，砖混结构30～50 年，砖木结构30～40年。

房屋残值是房屋在达到耐用年限失去其使用价值后，所剩余物质的价值。残值与房屋造价的比率为残值率。其计算公式为

$$\text{残值率}=\frac{\text{每平方米建筑面积残值(元)}}{\text{每平方米建筑面积造价(元)}}\times 100\% \qquad \text{公式 4.13}$$

各类结构房屋的残值率也有一定的幅度规定。比如钢筋混凝土结构为 0，砖混结构为 2%～6%，砖木结构为 3%～4%，简易房屋为 3%。

(2) 维修费。房屋在长期使用过程中，其结构和设备会逐渐损坏、陈旧，为了保证房屋及其设备的正常使用，应投入相应的人力、物力和财力进行定期修缮和维护，这部分投资便构成了租赁成本中的维修费。

维修费在房屋租赁成本中占有极重要的地位，这不仅是修缮劳动属于房产流通费用的主要构成部分，而且由于修缮劳动的存在，是房屋租赁流通过程区别于一般商品流通和一般商品租赁流通的主要标志。

维修费的计算比较复杂。一般来讲，维修费属于出租房屋经营直接支付的费用，即属于各成本核算对象各自单独发生的费用，应当根据准确可靠的原始凭证，分别计入其归属的各成本核算对象。实际计算时，房屋的大修费虽然也是直接费，但因大修间隔期长，一次支付的数额又较多，成本计算只能按房屋使用年限平均分担，一般按价值比率法分摊成本，中小维修费则可按实际发生额计入成本。为了简化手续也可按实际发生数求出一个标准平均数，然后按核算受益对象进行分配。

(3) 管理费。管理费是指经营出租房屋进行必要的管理和服务所需要的开支，如工作人员的工资、办公费、差旅费、劳动保护费、教育费等，为维修费的 10%～18%。

管理劳动也是房屋租赁流通过程中的一种劳动形式。管理费是构成房屋租赁成本的主要内容。由于管理费属间接成本,即属于若干成本核算对象所共同发生的费用,因而管理费应采用简便的分配办法按分配数额计入收益的成本核算对象。一般有两种分配计算方法:一种是按接管房面积平均计算每平方米面积应分摊的管理费额;另一种是按占租金的一定比例计算每元租金应分摊的管理费额。

(4) 税费。税费是房屋经营部门向社会提供积累的方式和义务。比如房产税、土地使用税、印花税等。房屋租赁经营的税费,大部分是以租征税的形式计征的,即按租费收入的一定比例征税。国家按宏观经济调节的需要,确定税率和减免优待办法。我国大部分地区的住宅部分免征或少征税费。按商业性经营的出租物业,则应按规定缴纳各种税费。

以上四项,构成了我国现行住宅房屋租赁交换中的经租成本。

房屋经租按商品化经营后,经租成本除了上述四项以外,还应包括以下几项。

(5) 地租(土地使用费)。地租即土地使用者向土地所有者提供的土地使用报酬。土地实行所有权与使用权分离,开始执行土地的有权使用与转让以后,土地使用费就应作为地租的形式成为房屋租赁成本之一。

(6) 保险费。保险费是房费所有者为了使自己的房产免遭意外损失,而向房屋承保单位支付的费用。出租房屋投保后,其投保费用应作为房屋经租成本考虑,其额度一般为房屋造价的 1.5%~2.0%。

(7) 投资利息。投资利息是房产经营单位在建造开发或购置房地产的贷款利息时,应当通过房屋的出售或出租收回。因而,房屋租赁成本中应包括投资利息。

二、房地产开发经营成本分析方法

成本分析的方法多种多样,并且随着科学技术和经济的发展,将会出现越来越多的新的分析方法。以下仅简单地介绍一下成本分析中常用的方法。

(一) 比较分析法

比较分析法又称对比分析法,简称比较法,它是成本分析的主要方法。

比较分析法就是通过经济指标对比,从数量上确定差异,检查经济活动的好与坏,研究产生差异的原因和影响程度,采取有效措施挖掘增产节约潜力的一种方法。其一般可采取以下几种形式的比较。

1. 实际成本与计划成本的比较

通过实际成本与计划成本的对比,可以将计划完成或超额完成以及未能完成的基本情况,用差值数据反映出来。即:

$$成本降低额=计划成本-实际成本 \qquad 公式\ 4.14$$

如果是正数差异说明成本计划完成;反之,说明因超支而没有完成计划。

2. 实际成本和先进成本比较

通过实际成本和先进成本的比较,可以将本企业的实际成本与国内外同行业的先进成本进行对比,从对比中找出本单位与先进单位的差异,从而采取有效措施,降低成本,赶超先进水平。

应用比较分析时,应注意指标之间的可比性,房地产行业的成本,受地域、地理位置、人文状况、经济发达程度等影响很大,因而在分析时,应特别注意其指标的可比性,剔除或消除不可比因素。只有在指标构成的具体内容、计算口径、计算方法等方面取得基本一致时，进行比较分析才有意义。

（二）比率分析法

比率分析法又称百分率分析法，是日常工作中经常使用的一种分析方法。分析时，可以将实际完成数与计划数进行对比，计其实际完成计划的程度。即：

$$计划完成程度(\%)=\frac{实际完成数}{计划数}\times 100\% \qquad 公式\ 4.15$$

此外，还可以将成本降低额与计划成本相比较计算成本降低率，反映成本计划完成情况。即：

$$成本降低率(\%)=\frac{成本降低额}{计划成本}\times 100\% \qquad 公式\ 4.16$$

另外，分析方法还有因素分析法、平衡关系分析法、动态分析法等。

三、房地产开发经营成本预测分析

预测是以事物发展的历史和现状为出发点，以历史资料和调查研究资料为依据，在对事物过程进行定性和定量分析的基础上，研究并认识事物发展变化的规律，进而对事物发展的未来发展趋势预先做出科学的推测。

研究预测，就要从事物的过去和现在已经发生和正在发生的情况出发，对事物的运动做出科学的认识和判断。由于事物运动过程是稳定性与变动性的辩证统一，所以，预测的过程如图 4－5 所示。

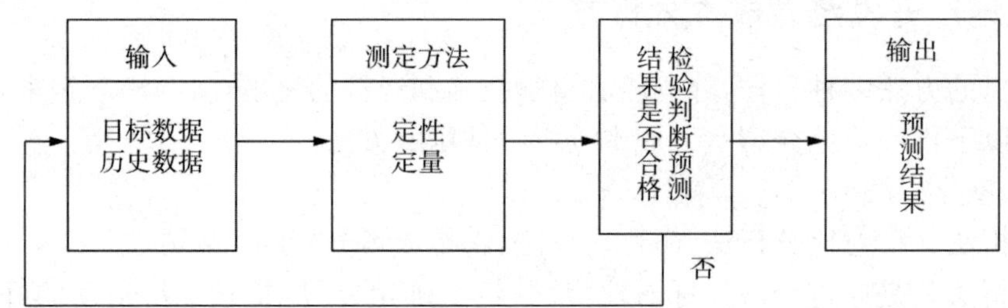

图 4－5　预测过程图

成本预测分析是有关人员在调查研究和掌握有关数据资料的基础上，通过对影响成本变动诸因素的变动情况及其对成本的影响情况的分析，测算开发经营项目在计划期内成本的发展变化趋势。

成本测算分析的内容主要概括为：①预测确定项目的目标成本和成本降低指标。②根据资料，分离固定成本和变动成本。这是制订计划阶段成本预测的关键所在。③进行成本降低额和成本降低率的预测分析。④根据项目工程进度，预测成本计划的完成情况等。

（一）制订计划阶段的成本预测

房地产开发经营项目在编制年度计划阶段，要根据主管部门的要求，结合计划年度的开发任务和其他信息资料，对开发经营成本进行预测，以便作为编制成本计划的依据。

通过预测来确定项目计划期的目标成本及达到目标成本的最佳途径。目标成本是作为奋斗目标所要努力实现的成本，它比已经达到的实际水平高，但又是经过努力可以达到的。

确定目标成本通常有以下两种方法：一是选择某一先进成本作为目标；二是先确定目标利润，然后从产品的销售收入中减去税金和目标利润所余便是要努力实现的目标成本。

成本预测的步骤一般是：①确定预测目标。明确预测的范围、期限和方法；②收集和分析所需的历史资料和数据，检查资料和数据的可靠性、完整性和代表性，排除偶然因素的干扰；③建立成本预测模型，根据数据，利用模型进行预测；④比较各种方案在不同状态下的成本或将预测的成本同收益进行对比，从中选择技术上先进、经济上合理的最优方案。

从方法论的角度而言，成本预测又可分为定性预测和定量预测两大类。定性预测是通过调查研究，利用直接材料，依靠个人经验的主观判断和综合分析能力对未来成本水平及其变动趋势进行的预测，因而又称为直观判断预测，或简称为直观法。这种方法使用起来比较简便，一般是在资料不多，或难于进行定量分析时采用，比如开座谈会、访问、现场观察、函调等方法。定量预测是根据成本特性以及有关历史和其他项目数据资料和情况，运用数理统计的方法对未来的成本及变动趋势进行预测。这类方法大体上又可分为两类：一是外推法，它是利用成本的历史资料来预测未来成本的变动趋势。常用的是时间序列分析法，它是按时间(年或月)顺序排列历史的数据，承认事物发展的连续性。从这种排列的数据中推测出成本降升的趋势。其优点是简单易行，只要有过去的成本资料，就可以进行成本预测；缺点是撇开了成本各因素之间的因果关系，因为未来成本不可能是过去成本据某一模式的翻版，所以，用于长期预测时，准确性较差。二是因果法，它是按照成本与各种费用、产量、质量、劳动生产率等技术经济指标或因素之间的因果关系来预测未来的成本水平的方法，其优点是测算的数值比较准确，缺点是计算比较复杂，如高低点分析法等。

如前所述，房地产开发经营成本按成本额的大小与经营工程量的关系可分为固定成本和变动成本两个部分。由于房地产开发经营成本的固定成本是相对稳定的，每年不会有较大的变动，故而只要能求出变动成本额随工程量变化的比率，就不难根据房地产开发计划期的开发工程量计划或房地产经营计划预测出成本总额，所以，制订计划阶段的成本预测的关键是固定成本与变动成本的分离。

1. 固定成本与变动成本的分离

当预测结果的精度要求不十分高时，或者无法获得成本实际发生值的项目分类资料时，根据以前的类似工程与成本额对应数据历史资料，采用回归分析法和高低高分析法等统计分析法分离固定成本和变动成本。

(1) 回归分析法。回归分析是建立在因果关系基础上的一种经济分析方法，对于具有相关关系的变量，依据已查明的关系形态，选择一个合适的数据模型(回归模型)，利用回归分析技术建立这个数学模型，用于预测计算。回归模型按其自变量的多少分为一元的和多元的两类；按模型的形态分为线性和非线性两类。

一元线性回归方程的标准形式为

$$y=a+bx \quad \text{公式 4.17}$$

如果设 y 为每年的经营成本总额，x 为每年的开发工作量，则方程的两个系数便具有特殊的意义。

a 为截距，表示 y(成本)不随 x(工作量)而变化的部分，即固定成本额。

b 为斜率，表示 y(成本)随 x(工作量)变化的变化率，即变动成本率。

对于上述一元线性回归，可直接利用下面公式求得 a 和 b，从而建立成本预测模型。

$$a=\bar{y}-b\bar{x}=\frac{\sum y}{N}-\frac{b\sum x}{N}$$ 公式 4.18

$$b=\frac{N\sum xy-\sum x\sum y}{N\sum x^2-(\sum x)^2}$$ 公式 4.19

式中：N——年；

$\bar{x}$——x 的平均值；

$\bar{y}$——y 的平均值。

[例 4] 某开发项目历年的开发工作量与经营成本总额的统计资料见表 4-5。试据此建立回归预测模型，并预测该项目下一年度(开发工作量 $x=3\,500$)的开发经营成本。

解：列表运算如下。

表 4-9 历年开发量与经营成本总额的统计表

年份	y(成本)(万元)	x(工作量)	y^2	x^2	xy
1993	1 900	2 500	3.61×10^6	6.25×10^6	4.75×10^6
1994	2 600	3 400	6.76×10^6	11.56×10^6	8.84×10^6
1995	3 000	3 900	9.0×10^6	15.21×10^6	11.70×10^6
Σ	7 500	9 800	19.37×10^6	33.02×10^6	25.29×10^6

将表中各有关数据代入公式 4.10 与公式 4.11 便得：

$$b=\frac{3\times25.29\times10^6-7\,500\times9\,800}{3\times33.02\times10^6-9\,800^2}=\frac{2.37}{3.02}=0.785$$

$$a=7\,500\div3-0.785\times9\,800\div3=2\,500-2\,564.33=-64.33$$

代入回归方程式 4.9 得：

$y=a+bx \quad x=3\,500$

$y=-64.33+0.785\times3\,500=2\,683.17$(万元)

即：下一年开发工作量为 3 500 万元的经营总成本的预测值为 2 683.17 万元。

(2) 二元线性回归分析法。二元线性回归分析法是当有两个自变量x_1、x_2与因变量y_i间发生线性关系时的预测方法。它与一元线性回归分析的原理基本相同，假设二元线性回归方程为

$$y=a+b_1x_1+b_2x_2$$ 公式 4.20

式中：y——代表成本总额；

x_1、x_2——代表影响总成本的两种因素；

a——代表固定成本；

b_1、b_2——分别对应于x_1、x_2的变动成本率。

a、b_1、b_2可用以下方法确定。

以总和的形式表示上式中的各项：

$$\sum y=na+b_1\sum x_1+b_2\sum x_2$$ 公式 4.21

以x_1、x_2分别乘以回归方程各项并以综合形式表示如下：

$$\sum x_1y=a\sum x_1+b_1\sum x_1+b_2\sum x_1\sum x_2$$ 公式 4.22

$$\sum x_2 y = a\sum x_2 + b_2\sum x_2 + b_1\sum x_2\sum x_1$$ 公式 4.23

根据历史数据，经加工后代入由(1)(2)(3)式联立方程式组，即可确定 a、b_1、b_2 的值。

(3) 高低点分析法。高低点分析法是以所取历史资料中工程数量最高和最低时期的两组成本数据为样点，来推算固定成本和变动成本，采用此法，首先要比较最高和最低两个时期的成本变动差额与工程数量变动差额，求出变动成本率。即单位工程量的变动成本，然后依次计算变动成本总额与固定成本总额。为了便于统计分析，工程数量往往用工程量(价值)指标来替代。

高低点分析法与一元线性回归分析法应用的前提条件一样，必须是工程量与成本之间线性相关。回归分析法是一种比较精确的预测方法，而高低点分析法则是一种近似计算的简便方法，适于在成本变动不大的情况下采用。其成本预测方程为

$$y = a + bx$$ 公式 4.24

式中：y——总成本；

a——固定成本总额；

b——变动成本率；

x——工程数量。

系数 a、b 的计算公式为

$$b = \frac{(\text{最高工程量期成本} - \text{最低工程量期成本})}{\text{最高工程量} - \text{最低工程量}} \times 100\%$$ 公式 4.25

变动成本总额 $= bx$

$$a = y - bx$$ 公式 4.26

在以上所述的几种分析方法中，以高低点分析法最为简便，由于各期成本点回归线的距离不一样，有可能因为所选的最高或最低计算期的费用点与实际回归线距离较大，而使计算结果不太准确，线性回归法建立数学模型进行推算，比较而言，最为准确，但计算工作量较大，使用时根据具体情况选定。

2. 成本降低额和成本降低率的预测

成本降低指数的试算平衡，是编制成本计划的一个重要步骤。所谓试算平衡，就是根据计划期影响成本降低的各项主要因素，测算成本可能降低的数额和比率，预测本期成本降低额(率)能否达到本项目预期目标。成本降低指标试算平衡的方法如下。

(1) 计算由于材料物资消耗定额下降而形成的成本降低率 1 和降低额 1。

成本计划降低率 1＝材料费用占总成本的百分比×材料费用预计降低百分比

公式 4.27

成本降低额 1＝按基期平均单位成本计算的计划期总成本×成本降低率

公式 4.28

(2) 计算由于劳动生产率提高超过平均工资增长率而形成的成本降低率 2 和降低额 2。

$$\text{成本降低率 2} = \text{生产工人工资占总成本的百分比} \times \left(1 - \frac{1 + \text{平均工资增长百分比}}{1 + \text{劳动生产提高百分比}}\right)$$

公式 4.29

成本降低额 2＝计划期总成本×成本降低率 1　　公式 4.30

(3) 计算由于工程数量增长使固定费用相对节约而形成的成本降低额 3。

$$成本降低率3=固定费用占总成本的百分比\times(1-\frac{1+管理费增长百分比}{1+工程量增长百分比})$$

公式 4.31

$$成本降低额3=计划期总成本\times成本降低率2$$ 公式 4.32

(4) 计算由于节约开支，压缩固定费用支出（如房地产企业管理费等）而形成的成本降低率 4 和降低额 4。

$$成本降低率4=固定费用占总成本的百分比\times压缩费用降低百分比$$ 公式 4.33

$$成本降低额4=计划期成本总额\times成本降低率4$$ 公式 4.34

计划期成本总额的降低值便是上述各分项降低额之和。

以上分析计算方法仅适用于企业自行组织施工的开发经营项目，如开发公司自己承建的商品房，自己组织的施工的房屋大中修工程。因为只有企业自行组织施工，才有条件采取提高活动生产率等措施来降低工程成本。

将求出的成本计划降低总额及成本计划总降低率与项目确定的目标值相比较，假如有以下关系式成立：

成本计划降低总额≥成本降低额指标

成本计划降低率≥成本降低率指标

则可确定试算结果达到预定的目标，否则，就应对各项费用重新检查，增加技术组织措施，降低成本措施等重新试算。

[**例 5**] 以[例 4]为例，开发项目预计 1996 年度开发产品为 3 500 万元，有关部门要求该项目成本总额要降低 2%，试进行成本降低额平衡分析。

该工程 1995 年已完工程的成本构成见表 4-10。

从[例 4]中可知，该项目 1996 年预测成本额为 2 683.17 万元，所以应降低的成本额为

$$S=2\ 683.17\times2\%=53.66(万元)$$

为达到此降低目标，根据项目的具体条件，拟从节约管理费和建安工程费两项中实现目标。

表 4-10 已完工程成本构成表

年份 费用	成本总额	征地拆迁费	前期工程费	基础设施费	建立工程费	配套设施费	管理费
金额(万元)	3 000	225	120	90	2 400	21	144
比例(%)	100	7.5	4	3	80	0.7	4.8

采取节约管理费的措施后，可降低管理费用 10%左右，因此，成本节约额为

$$S_1=2\ 683.17\times4.8\%\times10\%=12.88(万元)$$

采取相应措施后，土建工程费将平均下降 2%左右，成本节约额为

$$S_2=2\ 683.17\times80\%\times2\%=42.93(万元)$$

$$S_1+S_2=12.88+42.93=55.81(万元)>53.66(万元)(计划数)$$

显然，采取上述两项措施后，已基本满足有关部门要求成本降低 2%的要求。

(二) 计划实施过程中的成本预测

在计划实施过程中，应通过预测分析掌握下阶段成本计划可能完成的程度，以便采取相

应措施,保证成本计划的完成。

由于房地产开发项目工程施工进度的不均衡性,其成本计划的完成进度亦不可能是均衡的,所以必须按工程进度分项目测算成本计划的执行情况。有些项目,如管理费,房屋维修费、税费等,每季度的投资支出大体上是均衡发生的,可按平均发生额对未来将要发生的成本费用进行结算,但是,诸如大修理费、建筑安装工程费的项目就只能按工程进度进行测算。总之,在计划实施过程中的成本预测分析,应注意针对具体情况采用相应的预测方法。

假设某开放项目的全部开发过程共分四期完成,现以第四期成本预测为例,简述计划执行过程中的成本预测分析。

(1) 成本费用的发生不均衡时,可采用项目比较法,分项预测,分项比较,如建筑安装工程费等。

$$\text{项目第四期某项成本费用余额}=\text{该项成本费用年度计划值}-\text{前三期该项总成本支出总额}\qquad \text{公式 4.35}$$

(2) 成本费用的发生较均衡时,可采用平均成本法,如管理费、税费等。

$$\text{项目第四期单位平均成本}=\frac{\text{前三期实际成本总额}}{\text{前三期实际工程数量}}\qquad \text{公式 4.36}$$

$$\text{项目第四期成本总额}=\text{第四期平均单位成本}\times\text{第四期计划工程数量}\qquad \text{公式 4.37}$$

然后,将前三期已发生的成本总额加上预测的第四期成本总额与开发项目的计划成本相比较,便可知成本计划执行的预测结果。

四、房地产开发经营成本控制分析

成本控制是在产品形成的整个过程中,通过经常对产品成本形成的监督和及时纠正发生的偏差,使产品成本的形成和各种费用消耗控制在成本计划和目标成本的范围之内。

成本控制分析,是在成本控制过程中,分析实际成本偏离成本计划和目标成本的差异,找出原因、并提出相应改进措施,从而实现成本的有效控制的一种分析方法。

房地产开发经营成本控制分析是指在开发经营成本的形成过程中,定期对成本开支情况所进行的差异分析。成本控制分析的主要内容是严格按照定额和费用标准使用人力、物力如财力,控制各种消耗。对费用开支不仅要从数量上进行控制,使其符合规定,更要从开支时间、用途等方向进行控制,使其在最有利的时机开支,取得最大的经济效益,以达到降低成本的目的。

成本控制分析主要从计划阶段和实施过程两个阶段进行。

(一) 计划阶段成本控制分析

计划阶段成本控制分析是成本控制的决策阶段,其任务是确定目标成本,其含义一是在计划阶段通过成本预测,综合考虑开发项目生产经营条件所确定的目标成本;二是对责任者按责权结合、责任到人的原则所划分的责任成本。前者是成本预测与计划编制阶段应做的工作,后者则是用于成本控制的成本责任制的主要内容。

1. 目标成本的确定

目标成本即开发经营成本应达到的预算水平。目标成本是衡量实际成本节约或超支情况的标准,目标成本的确定通常有以下几种方法。

(1) 预算法,即对生产费用投资支出事先编制预算,成本开支以预算为标准进行控制,如开发工程的工料机费开支均以施工预算为目标成本，把工料机费开支水平控制在施工预算之内。

(2) 分管法，即把各部门的费用开支计划汇集起来，经过补充、修改审定后，把成本费用开支计划和指标分管结合起来作为指标，然后按责任成本的划分分解到各级有关部门，实行指标分管。这种方法多适用于非定额开支的成本费用控制。

(3) 定额法，即对某些成本项目，以定额为依据，制定控制标准，并以此作为目标成本，控制开支，如施工管理费开支、工具消耗等。

2. 责任单位的划分

责任成本制的第一步工作，便是根据项目的特点和成本发生的关系程度，划分各种不同的责任单位，并明确各责任单位可以控制的成本与费用，建立各责任单位的责任成本指标考核形式与奖惩办法。

划分责任单位的标准是管理上可分的，责任可以辨认、业绩可以单独考核的都可以划分为责任单位或责任者，由于房地产开发经营的项目规模差别大，经营形式也各不相同，因此成本责任单位的划分，要结合具体情况分别确定。

(二) 实施过程成本控制分析

实施过程的成本控制分析一般从两个方面进行：一是对成本范围及成本开支标准的监督控制，二是对成本计划执行情况的控制分析。

1. 成本开支的监督控制

成本管理部门，应以国家的有关规定和企业成本计划中的目标成本、各责任单位分摊的责任成本为依据，对经营成本形成过程实施有效监督与控制。监督其超过定额消耗，超标准开支，超越成本开支范围以及超过目标成本等方面的情况和问题。为此，应建立与健全各项成本管理制度，如前所述的责任成本制、成本开支的审批制度、材料管理的限额领料制、工具管理的个人承包制等，把可能导致的损失和浪费消灭在萌芽状态。

2. 成本计划执行情况的控制分析

成本计划执行情况的控制分析，是指从项目初始投资起对成本的形成和偏离成本目标和成本计划的差异进行日常控制分析。也就是在执行成本计划过程中，对日常的单项成本开支的控制分析，它是成本控制分析的重点。成本控制分析包括材料成本项目的分析、人工成本项目的分析、机械成本项目分析、间接费用项目分析等。

3. 责任成本的控制分析

责任成本控制应着重从各责任单位内部入手，同时应配合房地产开发企业的协调与指导。责任成本控制包括房地产开发企业调控与施工单位自控两个层次的控制分析。

(1) 房地产开发企业对责任成本的控制。重点在于指导、督促、协调三个方面，其具体工作包括：①推行以质量、成本、产量三大指标为核心的经济责任制；②运用合同、组织与管理的方法，及时、合理地调解与裁决各责任单位之间责、权、利方面纠纷；③建立合理的工程结算制度，保证责任成本核算的正确性；④设立责任成本核算管理机构；⑤建立合理的施工变更审核批准制度，加强对施工过程中各类变更的管理。

(2) 施工单位对责任成本的控制。施工单位应对其内部发生的责任成本实行更直接、更有效的控制。由于各施工承包单位工作性质和成本责任内容不同，其控制内容与方法自然不一样。一般来说，各责任单位的成本控制应做好以下几个方面的工作。

① 密切结合本施工单位的工作实际，制定各种成本降低措施与成本计划。

② 为每项成本降低计划和降低措施制定考核指标与标准。

③ 为每项成本降低计划和成本控制标准制定切实可行的控制方法。

第四节　房地产资金成本分析

一、资金成本的含义

（一）资金成本的定义

资金成本(Cost of Funds)是指企业为筹集和使用资金而付出的代价。资金成本包括资金筹集费用和资金占用费用两个部分。资金筹集费用是指资金筹集过程中支付的各种费用，如发行股票，发行债券支付的印刷费、律师费、公证费、担保费及广告宣传费等。

（二）资金成本的特点

资金成本具有以下特点。

(1) 资金成本是商品经济条件下资金所有权和资金使用权分离的产物，是较满意的财务结构前提下的产物。

(2) 资金成本具有一般产品成本的基本属性即同为资金耗费，但又不同于账面成本，而属于预测成本，其一部分计入成本费用，相当一部分则作为利润分配处理；着眼于税后资金成本，即考虑筹资方式的节税效应后的成本。

(3) 资金成本的基础是资金时间价值，但通常还包括投资风险价值和物价变动因素，强调资金成本率和加权平均资金成本率。

二、筹资成本的分析

利用不同的筹资方式，筹资成本有高有低。筹资决策的核心在于选择利用各种有利的筹资方式，在及时、充分满足企业生产经营对资金需要的前提下，力求使筹资成本达到最低水平。因此，正确地测算筹资成本，是正确地进行筹资决策和投资决策的一个重要条件。

（一）债券筹资成本率的计算

由于债券利息支出是列作公司的费用开支，使利润减少，因而使公司少缴一部分所得税、两者抵销后，实际上公司因支付债券利息而增加的开支只是债券利息×(1－所得税税率)。另外，在发行债券时，也要支付一些筹资费。因此，债券筹资成本率的计算公式为

$$K_B=\frac{I(1-T)}{B_0(1-f)} \qquad \text{公式 4.38}$$

或

$$K_B=i\,\frac{(1-T)}{(1-f)} \qquad \text{公式 4.39}$$

式中：K_B——债券筹资成本率；

B_0——债券票面价值；

I——债券年利息额；

i——债券年利息率；

f——筹资费率；

T——所得税税率。

如果债券溢价或折价发行，则应将发行差额按年进行摊销，这时的筹资成本率为

$$K_B=\frac{\left[I+(B_0-B_1)\times\frac{1}{n}\right](1-T)}{\frac{(B_0+B_1)}{2}-F}\times 100\% \qquad \text{公式 4.40}$$

式中：B_1——债券的发行价格；

n——债券的偿还年限；

I——债券年利息额；

F——债券的发行费用。

（二）优先股筹资成本率的计算

筹资者发行优先股票，也需要支付筹资费（包括注册费、代销费等），其股息也要分期支付，但与债券利息不同，其股息是以税后净利支付的，不会减少筹资者应上缴的所得税。优先股的利息率一般高于债券的利息率，这是因为优先股持有人的投资风险比债券持有人高，按照风险与利润成正比的规律要求，优先股持有人当然要求得到高于债券的报酬，另外，发行优先股股票的筹资费也较高。所以，优先股的筹资成本明显高于债券的筹资成本，发行可赎回优先股的筹资者，在必须赎回优先股时，需要一次性偿还股票持有人的股本。可赎回优先股的筹资成本率，按下列公式进行计算：

$$K_p=\frac{P_0 i}{P_0(1-f)} \qquad \text{公式 4.41}$$

或

$$K_P=\frac{O_P}{P_0(1-f)} \qquad \text{公式 4.42}$$

式中：K_p——优先股筹资成本率；

P_0——优先股股票销售价格；

i——股息率；

O_P——优先股年股息。

（三）普通股筹资成本率的计算

普通股股息是不固定的，普通股股票持有人的投资风险最大，股息率也最高。另外，普通股股息率将随着项目经营状况的改善而逐年增加，发行普通股股票也需要较高的筹资费，所以普通股筹资成本率很高。

普通股的筹资成本率可以用以下方法确定。

(1) 如果普通股各年的股利固定，则普通股筹资成本率的计算公式为

$$K_C=\frac{D}{P_0(1-f)} \qquad \text{公式 4.43}$$

式中：K_C——普通股筹资成本率；

P_0——普通股的市场价格；

D——每年固定股利；

f——筹资费率。

(2) 按股息每年的固定比率增长计算普通股筹资成本率的公式为

$$K_C=\frac{D_1}{P_0(1-f)} \quad \text{公式 4.44}$$

设普通股股息每年按 g 增长,则有:

$$K_C=g+\frac{D_1}{P_0(1-f)} \quad \text{公式 4.45}$$

(四) 留用利润筹资成本率的计算

公司的税后利润除了用于支付股息以外,一般都要留存一部分用于投资,以发展生产,留存这部分即留用利润,又称保留收益,是企业内部形成的资金来源,实际上是普通股资金增加额。普通股持有者虽然没有以股息形式取走这部分收益,但可以在股票价值(市价)的提高中得到补偿,等于股东对企业追加了投资。股东对这一部分追加投资也要求得到报偿,企业对这项资金并不是无偿占有,所以也应计算筹资成本。用于留用利润和扩大投资并不需要支付筹资费,所以其筹资成本率略低于普通股筹资成本率。

留用利润筹资成本率的计算公式为

$$K_n=\frac{D_1}{P_0}+g \quad \text{公式 4.46}$$

式中:K_n——留用利润筹资成本率。

(五) 银行贷款筹资成本率的计算

影响银行贷款筹资成本率高低的因素是贷款利息率的高低。市场利率一般是受社会平均投资利率和通货膨胀率制约的。前者是金融市场上放款利率波动的上限,因为当市场利率高到这个水平时,就无人要借款,后者则是下限,因为当市场利率低于这个水平时,就无人肯放款。在这个范围内,市场利率还要受资金供求变化和政府根据其金融政策进行干预的影响。政府进行干预的手段是指国家制定贷款的优惠利率。所谓"优惠利率",是指只贷给信誉可靠客户的利率,国家在需要吸收外资或紧缩通货时,这个利率就定得高一些;反之,就定得低一些。

企业从银行和其他金融机构取得贷款,其成本率不等于贷款利息率。这是因为贷款不仅要支付利息,而且要按规定支付各种费用,如国际银行贷款,借款人要支付管理费、代理费、杂费和承担费等。在签订贷款协议时,支用贷款之前发生的费用,可称为期中费用,属于筹资费;在贷款协议签订之后,支用贷款过程中发生的费用,可称为期中费用。贷款的利息和费用列作企业的费用开支,相应减少一部分利润,会使企业少缴一部分所得税,因而使企业的实际支出相应减少。

银行贷款的筹资成本率,按下列公式计算:

$$K_g=\frac{\left(I+\frac{F_0}{n}\right)(1-T)}{G-F} \quad \text{公式 4.47}$$

式中:K_g——银行贷款成本率;

G——贷款额;

F——贷款期初费用;

F_0——贷款期中费用;

I——贷款年利率;

n——贷款年限;

T——所得税率。

三、资本结构比率分析

（一）筹资组合分析

筹资者从不同来源渠道取得资金，其筹资的成本率是各不相同的。由于种种条件的制约，筹资者可能无法做到只从某种筹资成本率较低的来源筹集资金。相反地，从多种来源取得资金的可能性很大，而且有时多渠道组合筹资，可能对筹资者更为有利。这样，为了进行筹资决策和投资决策，就要计算全部资金来源的综合筹资成本率。

综合筹资成本率＝某种来源资金成本率×该种来源资金占全部资金的比重

公式 4.48

综合筹资成本率实际上就是加权平均的筹资成本率。

［例 6］ 某房地产筹资者从各种来源获得资金的筹资成本率和筹资额见表 4－11，试计算出该筹资方案的综合筹资成本率。

表 4－11 筹资方案综合筹资成本率计算表

资金来源		比重（%）	筹资成本率（%）	综合筹资成本率（%）
项目	金额（万元）			
优先股	250	10	8.3	0.83
普通股	750	30	10.85	4.95
债券	600	24	3.2	0.76
银行贷款	400	16	9.2	1.47
留用利润	500	20	16	3.20
合计	2 500	100	—	11.22

解：从表中得知，该筹资方案的综合筹资成本率为 11.22%。

（二）风险状况筹资分析

任何投资都或多或少地存在风险，风险越大的投资项目，要求的报酬越高，以便补足不利结果出现时的损失。投资者要求得到的报酬率包括两个部分：一是无风险利率，它是资金的时间价值；二是风险报酬率，它是指超过时间价值的那部分报酬率，它因项目的大小和性质而异。筹资者按风险调整的筹资成本率就是这二者之和。

筹资成本率＝无风险利率＋风险报酬率

＝无风险利率＋风险系数×风险程度　　公式 4.49

式中的风险系数是经验数字，是用来反映风险程度变化对风险调整筹资成本率的影响大小。风险系数可以通过历史资料用专门方法求出，也可以从 0～1 之间选择作为主观概率。

但是，风险系数不是任意确定的，应以无风险价值为基础，并在其上下浮动。确定系数可因项目而异，但就某一国家、某一地区、某一行业来说，应该是个常数。

式中的风险程度用标准离差率来表示。标准离差率的计算公式为

$$标准离差率=\frac{综合标准离差率}{现金收入预期现值}$$　　公式 4.50

值得注意的是，筹资成本率只是一个预测的估计值，而不是精确的计算值。在运用筹资成本率进行筹资方案的评价选择时，应当考虑到各种因素可能发生的变化，从而在筹资成本率的基础上，结合经验和洞察力来做出决策。

四、资金筹措方案

（一）资金筹措方案的含义

房地产投资的资金筹措方案是指房地产投资者在筹措资金之前所制订的计划方案，简称为筹资方案。

资金筹措是为满足房地产投资需要而开展的活动，这种活动具有一定的风险，可能筹措不到资金，也可能筹措费用太高，以致筹资者得不到太多的利益或者甚至破产，这些都是不成功的筹资。因此，在筹措资金之前，进行周密细致的分析，做出切实有效的行动决策，即要求做好筹措资金方案的工作。

一般来说，资金筹措方案应在币种、数量、期限、成本四个方面满足房地产项目对资金的要求。在这里，币种是指房地产项目所需资金的货币种类。比如人民币或美元或日元等；数量是指房地产项目所需资金的总额和分期使用额；期限是指房地产项目所需资金从使用到偿还的时间；成本是指房地产项目所能承受的资金筹措成本。

为满足房地产项目对资金的上述四个方面要求，资金筹措方案应包括以下内容。

（1）资金筹措的币种和数额。

（2）资金筹措的流量，即与房地产项目资金投入和偿还的要求相适应的不同时间内筹措资金和偿还资金的数量。

（3）资金来源结构，即从各个资金来源渠道筹措资金所占的比重。

（4）资金筹措的风险评价，即预测筹措资金的风险，提出降低风险的措施等。

（5）资金筹措成本，即估算为合理有效地筹措到所要求的资金将付出的各种费用。

（6）资金筹措方式，即选择是直接筹资还是委托筹资。直接筹资即由房地产企业直接筹集房地产项目所需资金；直接筹资的成本费用较低，也比较放心，但经验不足，容易出差错。委托筹资即由房地产企业委托银行证券公司或者其他的金融机构代为筹集房地产项目所需资金，委托筹资的成本费用稍高，但比较稳妥。筹资时应做出分析选择。

（7）资金筹措的步骤，即详细安排筹资工作各个阶段的具体目标、任务、时间、地点、负责人员等。

（二）资金筹措方案的制订过程

（1）确定筹资的最终目标，进行筹措方案的总体设计，原则性地规定筹资条件。

（2）调查资金需要，确定按设计进度进行开发建设的准确现金流量和不同流量对项目的影响。

（3）调查资金的来源渠道，确定适用于本项目的资金来源范围，以及各种资金来源的数量、条件、期限、风险和筹措资金成本。

（4）设定所筹措资金的币种、数量、期限，计算出筹措资金成本。

（5）研究筹资风险，提出降低风险的措施。

（6）确定筹资方式，如果是委托筹资的话，则应提出委托筹资的代理机构。

（7）提出筹措资金的分阶段工作计划。

(8) 准备筹措资金方案文件,包括所需要的各种法律条文和政策文件。在认真研究这些文件的基础上准备筹资协议,合同的文本。

(9) 形成正式的资金筹措方案。

由于房地产投资需求量大,资金来源复杂,筹资工作涉及金融、法律和涉外等许多领域,一般的房地产企业都很难单独完成资金筹措方案的制订工作。因此,资金筹措方案多委托有资格的银行或证券公司或其他金融机构代为制订。为了得到成本低廉而条件优惠的资金,房地产投资者可利用招标的形式来选择那些信誉卓著、分支机构多、活动范围广的大银行等金融机构代为筹资,以减少风险。

(三) 资金筹措方案的评价选择

资金筹措的目的是为了保证房地产项目的开发经营能顺利地完成并做到成本低廉。为实现此目的,房地产投资的资金筹措方案必须在安全性、经济性和可行性三个方面满足要求,即要求做到筹资风险尽可能小,筹资成本尽可能低,筹资渠道和筹资方式尽可能可行。

资金筹措方案评价选择就是要对每个可行的资金筹措方案的安全性、经济性和可行性进行比较分析,择优选用。

在实践中,对资金筹措方案的安全性、经济性和可行性采取分级评价法进行评价,具体做法如下。

1. 安全性

按风险程度分为A、B、C、D四级。

A级(风险性很小):筹资的主要风险,如利率风险、汇率风险等,均已做了调整,甚至基本消除;提供资金的国家财政机关或金融机构资信等级很高,承担筹资代理的金融机构有很好的资信,并已承担了部分风险;整个筹资过程发生较大事故而导致房地产项目产生损失的可能性很小。

B级(风险性较小):筹资的主要风险通过采取措施已在一定程度上减小,但未完全消除;提供资金者资信等级较高;代理筹资者资信较好;整个筹资过程发生意外事故致使发生损失的可能较小。

C级(风险较大):对于筹资的风险虽然采取一些措施加以防范,但未消除的风险仍然很大;提供资金者资信不高;没有委托金融机构代理筹资;整个筹资过程可能因意外事故的发生而导致损失。

D级(风险很大):对于筹资的风险没有防范措施;提供资金者资信很低;没有金融机构承担代理筹资;整个筹资过程因意外事故而发生损失的可能性很大。

2. 经济性

按综合筹资成本分为A、B、C、D四级。

综合筹资成本费用率的计算公式为

$$筹资成本率=\frac{筹资成本额}{筹资总额}\times 100\% \qquad 公式\ 4.51$$

或

$$C_T=\frac{\sum C_D+\sum C_I}{\sum M} \qquad 公式\ 4.52$$

式中：C_T——综合筹资成本费用率；

$\sum C_D$——各种筹资渠道直接筹资成本之和；

$\sum C_I$——各种筹资渠道间接筹资成本之和；

$\sum M$——筹资总额。

如果用 i 表示筹资同期银行贷款利率，则经济性的 A、B、C、D 四级分类标准如下。

A 级(筹资成本低)：$C_T<0.7i$。

B 级(筹资成本较低)：$0.7i\leqslant C_T<i$。

C 级(筹资成本较高)：C_T接近或略高于 $1.3i$。

D 级(筹资成本高)：$C_T>1.3i$。

3. 可行性

按资金落实程度分为 A、B、C、D 四级。

A 级(资金完全落实)：全部资金渠道都已承诺，并且得到了计划部门的认可。

B 级(资金基本落实)：筹资方案提出的资金渠道已得到计划部门的认可，资金总额的 90%以上资金全部已得到承诺。

C 级(资金不太落实)：筹资方案提出的资金渠道已得到了计划部门的认可，筹资总额的 80%～90%资金得到了承诺。

D 级(资金没有落实)：筹资方案提出的资金渠道尚未得到计划部门的认可，筹资总额的 80%以下资金得到了承诺。

筹资方案的评价选择，要对筹资方案的安全性、经济性、可行性进行综合分析评价，如果安全性、经济性、可行性三者之中有一个 D 级则此筹资方案即被淘汰。如果上述三者都是 A 级，则此方案为最优。如果上述三者是 A 级、B 级、C 级的组合，则应按安全性、可行性、经济性的优先顺序来评选筹资方案。例如，甲筹资方案的安全性是 A 级、经济性是 B 级，可行性是 A 级；乙筹资方案的安全性是 A 级，经济性是 A 级，可行性是 B 级。两个方案都是二 A 一 B，但可行性优先于经济性，所以甲筹资方案优于乙筹资方案。

第五节　房地产投资收益分析

一、房地产投资收益的含义

房地产投资收益是指房地产投资者因投资而获得的种种经济好处。它一般分为拥有房地产时的现金流量收益、避税收入、销售收益、无形收益四种。

(一) 现金流量收益的含义

拥有房地产时的现金流量收益，是指从经营房地产而获取的经营、租金收入中扣除各种支出后的余额，它是房地产投资者因拥有房地产从事经营所获得的净收入。

除了用以自行消费的用户外，对于经营性房地产投资者来说，投资的主要目的是为了获取现金流量收益。由于现金流量收益具有长期性的特点，从而造成房地产投资者对于投资项目是否能产生现金流量收益，其收益多大不容易判断，形成了房地产投资的成功与失败。当然，如果房地产不具有产生现金流量的收益，或者现金流量收益小，房地产就卖不上好价格,也就不能产生较大的销售收益。

(二) 避税收入的含义

拥有房地产时的避税收入,是指因提取房地产折旧而降低纳税基数,给投资者带来的收益。它是房地产投资者因拥有房地产而间接获得的收益。

避税,这个问题在任何国家都是十分敏感的,往往有偷税漏税之嫌。但实际上,房地产避税收入和偷漏税是完全不同的,偷漏税是违法的,而避税收入是房地产投资者由于进行了房地产投资,从税收方面获得的好处,是合法收益。房地产投资者进行房地产投资不可能只为了追求避税收入,而不考虑现金流量和销售收益。避税收入是现金流量和销售收益的间接收益,是附加收益。

(三) 销售收益的含义

拥有房地产时的销售收益,是指房地产销售收入减去房地产开发经营成本之后的差额。它是房地产投资者在卖出房地产时,得到的房地产投资收益。

在所有房地产投资收益中,销售收益是最大的。对于房地产开发投资商来说,主要目的是为了获取销售收益。销售收益和现金流量收益比较,什么时候卖房地产,什么时候获得销售收益,其时机非常重要。对于开发商来说,如果开发的时机不适宜,可能造成开发的房地产销售不出去,或者卖不上好价格,就会造成很小或负的销售收益,从而亏损,对经营性投资来说,也可能遇到一段时期没有现金流量收益的情况,但由于其收益是长期的,则对其影响也是较小的。对于经营性房地产投资者来说,要想把现金流量收益转化成销售收益,则应该是在房地产产生现金流量收益的高峰期,或者是在房地产已无法获得避税收入的时期。

(四) 无形收益的含义

房地产投资的无形收益,指的是房地产投资者因进行成功的投资而在社会和公众中提高的形象和信誉,从而可能给房地产投资者带来潜在的、无形的收益。房地产的无形收益很难量化,不好具体确定大小,一般只能从投资者主观判断来大致衡量。

房地产投资的无形收益与投资者的直观判断有关,它与可计量投资收益不直接挂钩,无形收益和避税收入一样,房地产投资者不可能只为了追求无形收益,而不考虑现金流量和销售收益,无论对于开发投资者还是房地产经营投资者,如果能得到可观的销售收益和现金流量收益,又能获得无形收益,那当然是最受投资者欢迎的了。

二、现金流量收益分析

(一) 现金流量的决定因素

房地产投资者拥有房地产时,可凭借拥有房地产的权力,取得房地产的经营收入(一般主要表现为房地产的租金收入),这是拥有房地产的最主要诱惑。当然,在房地产经营过程中,也必须支出各种营运费用。经营收入扣除总营运费用后的余额,就是房地产现金流量收益。

现金流量=经营收入－总营运费用　　　　公式 4.53

因此,房地产现金流量的决定因素有两个:经营收入和总营运费用。

(二) 经营收入分析

收益性物业的经营收入既是房地产投资者收回投资的来源,也是获取现金流量的来源。该经营收入包括出租建筑物楼面和其他附属配套设施的租金收入和其他业务收入。其他业务收入则包括管理费、附属性的餐饮、购物、商务中心、交通等项服务所得。

1. 物业租金确定

房地产租金收入＝出租价格×出租面积×出租率 公式 4.54

由于出租面积是确定值，所以房地产租金收入主要取决于出租价格和出租率。出租价格越高，出租率越大，则租金收入越多。但是，由于出租率与租价密切相关，出租价格高可能会降低出租率，所以，在确定出租价格时，必须综合考虑。基本原则是以租金收入最大为目标。

2. 租金水平的影响因素

从理论上来说，租金水平的确定是基于营运成本、固定的税费和业主希望的投资回报率，而实际上租金的高低主要取决于同类物业的市场供求关系。维护较好的旧建筑，由于其建造成本和融资费用较低，往往限制了新建筑的租金水平。因此对旧建筑而言，租金收入常常使回报率超出预期的水平，且建造成本和融资费用上升越快，这种情况就越明显。

从总体上来说，物业租金收入必须能抵偿所有投资成本，并能为投资者带来一个合理的投资回报。否则，就不会有人再来开发建设投资。投资者还必须了解市场，过高或过低的租金都有可能导致租金收入的损失，因为若确定的租金高于市场租金水平，则意味着出租率的降低、空置率的提高；而降低租金水平，虽可能使出租率达到 100%，但可获得的总租金收入并不一定理想。

一般来说，影响物业租金收入的主要因素除了宏观的社会经济状况和供求关系外，还有物业所处的位置、物业的类型及临街状况、租客的类型、租期、楼层、朝向、面积等诸多因素。

物业的位置决定了其使用者与外界交往过程中的便利程度。位置好的房地产，即使出租价格高，出租率也照样高。例如，北京王府井饭店和香格里拉饭店同属五星级，但其客房的租金却相差近一倍；北京西单购物中心虽不如燕莎友谊商城高档，但前者单位面积营业额却比后者高得多。这主要是位置不同导致客流量、购买力等不同而带来的影响。

物业的类型对租金的影响也十分大。一般来说，在其他条件相同的情况下，收益性物业租金从高到低的顺序是：商场、康乐中心、写字楼、公寓。对于零售商业物业来说，其租金高低还与经营的内容有关，一般认为，经营内容不同而使租金承受能力或获利能力从低到高的顺序是：杂货店、百货店、家具店、餐馆、电器商行、男子时装店、书店和体育用品商店、妇女时装店、化妆品商店、珠宝首饰商店。

从投资的角度来说，租客类型对物业收益的影响也很大。通常来说，物业出租给大型综合性公司在获取租金收益方面有着特殊的安全保障。因为在整个租期内，即使这些公司的某些分支机构的利润水平不尽如人意，也能通过公司内部的协调来支付租金。但如果租给小型公司则不同了，由于小公司的资金有限，其业务亏损的可能性就会较大，不能按时支付租金的危险就加大了。所以，同样的物业，租客的类型不同，租金也可以有一些差异，但给大公司的租金通常要低一些。

物业租金收入与物业质量也有关系。质量很差的物业，不可能以高价租金出租出去，甚至低价出租都很困难。由于上流租户有趋向高质量房地产的规律，所以不要指望有名望的租户去租低质量的房地产。

是由租客来负责装修，还是由物业所有者负责装修，对租金有很大影响。此外租期的长短也很重要。业主一般更愿意一次签约一个较长的租期，但租金可以定期调整。由于短租比长租租金要高，但空置的风险加大，所以业主在同一栋大厦内，通常也要寻求一个短租面积和长租面积的合理比例，以期在承担较小风险的情况下，获得尽可能高的收益。

物业的租金收益还与楼层朝向和面积大小有关。例如，对写字楼和公寓来说，楼层越高租金也越高；而对商场而言，楼层越低租金越高；良好的朝向和室外景观能提高人们的工作效益和身心愉快的程度，故对大多数建筑物来说，良好朝向的楼面租金要高一些；面积也同样重要，不同的面积租金水平也有较大差异。通常物业出租中，租金是指单位面积楼面(包括内隔墙结构的面积)的租金。为了避免就实际面积可能发生的争议，一般要规定面积测量或计算的公式。

(三) 总营运费用分析

房地产的总营运费用是指房地产营运过程中必须花费的各项支出。对于收益性物业，在营运过程中营运费用一般包括以下内容。

(1) 建筑物的维护费用。维护费是指对经租房屋的各种修理性和维护性支出。包括维修费和养护费。质量好的房地产，维护费用相对较少。经常性维修保养工作好的房地产，其损坏较少，总维修费较低。建筑物的维护费用还取决于建筑物建造和设计的类型、建筑物的楼龄及租约中规定的租客承担的责任范围。在租客仅对内部装修负有责任的情况下，业主实际上要负担维护的全部费用，所以必须安排一笔数量相对很大的准备费用。

(2) 服务及其设备的费用。这方面包括的费用依物业的类别有较大的差别。一般的租约是要尽量增加收费项目的范围，且向租客的此项收费，不仅要补偿实际成本，还要包括服务监督所需的费用。另外，要考虑到有关服务设备的折旧，所收的费用是否足以补偿提供服务过程中实际发生的成本。下述项目通常包括在服务及其设备的收费内容中。

① 供热和热水供应。集中供热的年成本很大程度上取决于供热设备的类型、使用年限以及所使用的原料。

② 空调设备。许多收益性物业均有完善的空调设备。一般认为，这种设备不论运行成本还是维护成本都很昂贵。中央空调的成本又大大超过分离式空调。

③ 照明费用。租客通常负责其所租用部分内部的照明，但楼梯间和其他公共部分的照明要通过收费来补偿。费用的大小主要取决于所提供照明的范围大小，还包括灯具更换的费用。

④ 电梯。通常认为，电梯的年维护费变动很大，这主要取决于电梯的类型和已使用的年数，客流量的大小也会对此项费用有较大的影响。

⑤ 清洁费用。业主如提供清洁服务，则费用主要取决于所雇用清洁工数量的多少，在租客自己负责提供服务的情况下，除非这种服务会影响到物业的租金，否则其成本不必考虑在内。

⑥ 管理费。管理费也是必不可少的费用，是指对经租房屋的各种管理性支出。其中包括大厦保安人员、行政管理人的工资、办公费等。

⑦ 保险费。在服务费内，一般应包括许多种保险费。火灾险是最主要的项目，但还要包括公众责任保险、电梯保险及供热险等。

有时还必须增加一笔由于某类物业的供给超过需求或面积空置所造成的租金损失，作为增加的费用对待。

(3) 有关税费。物业出租经费过程中的主要税费包括房产税、营业税、城市建设维护税、教育费附加和土地使用税以及在出租过程中的代理费或中介费用。

三、避税收入分析

（一）房地产投资避税收入原理分析

房地产投资的所得税是以总经营收入扣除经营成本、贷款利息、营业税、建筑物折旧等后的净经营收入为基数以固定税率征收的。从会计的角度来说，建筑物随其楼龄的增长，每年的收益能力都在下降，所以税法中规定的折旧年限相对于建筑物的自然寿命和经济寿命来说要短得多。这就使建筑物每年的折旧额要比物业年收益能力的实际损失高得多，致使物业投资者账面上的净经营收益减少，相应地也就减少了投资者的纳税支出。

[例7]　假设有某物业，其重置价格为1 000万元，年经营收入300万元，经营成本100万元，营业税、城市建设维护税、教育费附加为经营收入的5%；税法规定的折旧年限25年，物业的经济寿命为60年；所得税率33%；不计残值。

物业每年的所得税计算公式为

所得税＝应纳税所得额×所得税税率　　公式4.55

应纳税所得额的计算，对于不同行业的企业，有不同的计算公式。但都可用下列公式表示

应纳税所得额＝收入总额－营业税及附加－（经营成本＋折旧＋摊销＋应偿还的借款利息）　　公式4.56

对于上例，税法中所规定的年折旧额为40万元（1 000/25），则应纳税所得税额为145万元[300－300×5%－(100＋40)]，年所得税为47.85万元（145×33%）。

该物业虽然在税法中规定从账面上每年提取了40万元的折旧，但这笔钱并没有提出来支付给其他任何人，仅仅是为了补偿该物业每年的损耗，而实际上该物业每年损耗16.67万元（1 000/60）。（按自然寿命60年计算年折旧值）。若用实际损耗计算所得税，则应纳税所得额为168.33万元[300－300×5%－(100＋16.67)]。年所得税为55.55万元（168.33×33%）。

从以上分析可以看出，按物业实际损耗计算所得税为55.55万元，按税法规定的折旧年限实际缴纳了47.85万元所得税，物业投资在税收方面（所得税）得到了7.7万元（55.55－47.85）的好处。

若采用加速折旧法，则物业在经营前些年所得税将更少。这样，物业在经营前期，所获得的避税收入更大，使得所得税缴纳时间延期，从而使得房地产投资者获取了延期缴纳所得税的时间收益，可以得到延期纳税的好处。

按上例，若采用年数合计法计算折旧，则物业每年折旧额为

第1年折旧额：$\frac{25}{1+2+3+\cdots+25}\times 1\,000=76.92$（万元）

第2年折旧额：$\frac{24}{1+2+3+\cdots+25}\times 1\,000=73.85$（万元）

……

第25年折旧额：$\frac{1}{1+2+3+\cdots+25}\times 1\,000=3.08$（万元）

则每年缴纳所得税为：

第 1 年所得税：[300－300×5%－(100＋76.92)]×33%＝35.67(万元)

第 2 年所得税：[300－300×5%－(100＋73.85)]×33%＝36.68(万元)

……

第 25 年所得税：[300－300×5%－(100＋3.08)]×33%＝60.03(万元)

从以上计算可以看出，若采用加速折旧法，则物业经营前些年的所得税将更少，如第 1 年为 35.67 万元，时间越往后，所得税将越大，从而使房地产投资者获取了延期纳税的时间收益。

由于房地产开发项目的租售收入和成本投入是逐年实现的，其租售比例与投入的比例又不一定匹配(例如第 1 年预售 40%，但成本费用只投入 30%；或第 1 年预售 20%，但成本费已投入 25%)，所以，这给房地产投资者根据需要安排应纳税所得额提供了机会和可能。这是房地产投资避税收入的又一可能机会。

按规定，外商投资企业的所得税，纳税年度以开始获利之年算起。开始获利的年度，是指外商投资兴建企业开始生产经营后，第一个获得利润的纳税年度。如果外商投资兴建企业开办初期发生年度亏损，可以用下一年的应纳税所得额弥补，并可以逐年结转弥引，但最长不得超过 5 年。正因为有这样的规定，所以房地产投资者可以通过操纵开始获利年度，以达到前几年不缴纳所得税的目的。举例说明见表 4－12。

表 4－12 纳税计算表

项目 \ 年度	1	2	3	4	5	6	7
销售利润	－15	2	2	2	2	2	2
当年亏损	－15	0	0	0	0	0	0
结转下年度的亏损	－15	－13	－11	－9	－7	－5	0
应纳税所得	0	0	0	0	0	0	2

从表 4－11 可以看出，投产后第 1 年的亏损可用第 2 年至第 6 年共 5 年的销售利润去弥补，结果这 6 年企业仍然没有利润。到了第 7 年，尽管亏损还没有冲销，但亏损结转已满 5 年，不能再往下年结转，故把第 7 年视为该企业的开始获利年度。

(二) 提高房地产投资避税收入的途径

由于每一个房地产投资者所处条件不同，所以提高房地产投资避税收入的具体做法也不相同，可以说是各显神通。但提高房地产投资避税收入的主要途径一般有以下几条。

(1) 扩大房地产投资规模。房地产投资规模越大，提供避税收入的潜力越大，越容易实现提高避税收入的目的。

(2) 争取加速折旧。房地产加速折旧可以使得所得税延期缴纳，加速度越大，延期缴纳效果越明显，越容易实现提高避税收入的目的。

(3) 操纵应纳税所得额。通过操纵收入总额和经营成本等支出费用，使得应纳税所得额按预期变化，从而实现提高避税收入的目的。

(4) 控制开始获利年度。通过控制第 1 年度的亏损额来实现控制开始获利年度的目的，进一步达到提高避税收入的目的。

四、销售收入分析

（一）房地产销售收益与销售方式

房地产销售收益是指房地产投资者在卖出房地产时，得到的销售收入减去房地产开发成本后的差额。它的大小与销售价格直接相关，而销售价格又与选择的销售方式有关。恰当的销售方式，可以促进房地产销售收益的提高。

成功的房地产销售过程一般包括两个阶段：一是为使潜在的购买者了解物业状况而进行的宣传、沟通阶段；二是就有关价格及合同条件而进行的谈判阶段。房地产销售方式有很多种，下面对几种销售方式进行简单的分析。

1. 自行租售和委托租售

（1）自行租售。由于委托租售要支付相当于售价1.5%～3%的佣金，所以开发商如果能自行销售，则可以节约一笔可观的佣金，增加销售收益。一般在下述情况下开发商愿意自行销售。

首先是大型开发公司，它们往往拥有自己专门的市场推广队伍和世界性或地区性的销售网络，它们提供的自我服务有时比委托租售代理更为有效。

其次是房地产市场高涨，所开发的项目很受投资置业人士欢迎，开发商预计在项目竣工后很快便能销售出去。

另外，当开发商开发项目已有较明确，甚至是固定的销售对象时，也无须再委托销售代理。

（2）委托租售。房地产代理机构通常拥有熟悉市场情况，具备丰富的租售知识和经验的专业人员，是房地产买卖双方都愿意光顾的地方。优秀的房地产代理机构往往对其所擅长的市场领域有充分的认识，对市场当前和未来的供求关系非常熟悉，或就某类物业的销售有专门的知识和经验。此外，为了更有效地提供服务，代理机构需要经常地关注市场状况，所以它们对市场情况的变化了如指掌。所以，委托租售能促进物业的销售，保证销售收益的实现。虽然委托代理要支付一定的佣金，但有时采用委托代理，可以提高物业的售价，使销售收益提高。

房地产租售代理有“独家代理”和“联合代理”两种形式。例如，某一综合性发展项目可能包括公寓、写字楼和商场等内容，开发商既可以委托一家代理机构独家代理，也可以就不同物业类型和代理机构的特长分别委托不同的代理机构代理不同的物业类型进行租售。即使对同一类物业，当面积规模较大时，也可以委托几家代理机构联合代理。

当仅由一个代理机构独家代理物业租售时，则依每起租售交易收代理费。收费标准是出租收取年租金的10%，出售收取售价的1.5%～3%。对联合代理的情况，开发商需要对每宗出租或出售交易支付较高的代理费，通常为独家代理时的1.5倍，各代理机构之间要依事先协议来分割这笔佣金。一般来说，代理商只应从买方或卖方单方面收取佣金。如果有客户委托代理机构帮助买楼或租楼，则代理商相对于开发商而言就相当于“顾客”，此时的代理商应从买方或承租方获取佣金，不能再从开发商那儿得到另外一份佣金。尤其是代理商为其客户向房地产开发商预定楼面时，更不应从开发商处获取佣金。如果没有客户向代理机构预定，而是代理机构申请为开发商推销，则开发商应支付佣金，买房或租房的客户就不需要支付佣金给代理商了。

委托租售代理是房地产销售的重要方式,其优点在于:第一,他们将带给发展项目附加的知识和经验;第二,能为开发商提供专业化销售经验及服务;第三,他们拥有位置很好的办公地点和销售网络,易于推销工作的开展。

2. 预售

房地产预售是在房地产建成之前卖掉的销售方式。房地产预售可以提前收取房款,因而减轻房地产建设中的资金压力。预售可以降低银行贷款,因而节约了利息,减少了投资成本。预售还可以避免房价下跌带来的损失,因而减少了投资风险。总之,房地产预售的销售方式,能给房地产投资者带来许多好处,是提高房地产销售收益的较好的销售方式。

3. 分期付款销售

在房地产价格高涨,市场趋于饱和的情况下,房地产投资者为了促销和加速资金周转,普遍接受分期付款的方式来销售房地产。采用这种方式时,房地产出售者可以首先得到20%～30%(甚至更高比例的)的售价,这部分资金又可以用于其他房地产项目的投资,同时,剩余部分房款又可以有一定的利息,使得房地产出售者得到双份利益。另外,分期付款销售时的价格可以定得稍高一些,使房地产出售者得到更多的利益。对于房地产购买者而言,用较少的资金即可得到房地产的部分所有权和全部使用权,也是求之不得的利益。

(二) 房地产销售收益与出售时机

选择房地产的出售时机一般有三种情况:即时出售、滞后销售、提前销售。

即时销售是指房地产建成后即时推入市场进行销售的做法。由于房地产市场行情随机性大,价格有高有低,所以即时销售时,有可能销售收益很大,也有可能销售收益很小。

滞后销售是指在房地产需求呈上升趋势时,房地产出售者拖延房地产的销售,等待价格继续上涨,只有当价格上涨到峰值时抛出销售的做法。由于滞后销售使前期房地产短缺加剧,所以滞后销售使房地产价格升得更高。

提前销售是指在房地产需求呈下降趋势时,房地产出售者抓住时机,在价格降低的前期就及时售出或预售的做法。由于提前销售使市场供给量突然增大,所以提前销售使房地产价格降得更快。

下面通过分析滞后销售和提前销售情况下的价格及利润变化,来说明出售时机对房地产销售收益的影响。

为便于分析,我们假设房屋建造成本保持不变,如果在房地产一进入市场就成交,则售价为A。经过一段时间T后,如考虑银行利息,房地产的价值将为A'。再假设房地产出售者在房地产开发完成后,不马上出手,而是根据市场价格的变化趋势等待好的时机,在房地产价格达到峰值的时间T时出售,这时的房地产售价为B。那么由于拖延销售,房地产出售者多得销售收益为

$$\text{销售收益增加}=B-A'=B-(A+Ar)=B-A-Ar \qquad \text{公式 4.57}$$

式中:r——T时间内银行利率。

即此时销售收益增加为T时的售价减去0时售价A及其银行利息Ar。如果房地产价格的上升速度不能弥补银行利息,则滞后销售将后使收益降低。所以滞后销售的条件为

$$(B-A)>Ar \qquad \text{公式 4.58}$$

$(B-A)$是价格变化,它等于0时的价格乘以价格上升速度f,则:

$$(B-A)=Af \qquad \text{公式 4.59}$$

$Af > Ar$　即 $f > r$

则滞后销售的条件是房地产价格上升速度大于同期的银行利率。

随着房地产需求的降低,房地产价格将下降。房地产出售者为了避免损失和提高收益,会在房地产价格下降的前期就将房地产抛售或预售。

假设在时间 0 时,房地产价格已有下降趋势,房地产出售者这时可能以价格 A 进行预售,这时的单位成本为 C,则这时每单位房产的销售收益为(A—C)。假设房地产出售者不预售房地产,而是要等到房地产开发完成后,即在时间 T 时才以价格 B 售出成品房地产。由于 T 时比起 0 时的房地产价格已降低,而成本和考虑银行利息则上升到 C',这时的销售收益为($B-C'$)。因为 $A>B$,$C<C'$,所以($A-C$)远远大于($B-C'$)。如果房地产预售允许找价差的话,则预售房地产的好处将更大。

(三)几种类型房地产的销售收益分析

1. 写字楼的销售收益分析

影响写字楼销售收益的最大因素是地段。写字楼的销售或出租,与地段关系密切,所以,选择地段,是提高写字楼销售收益的最关键环节。

写字楼的地段与规模也存在制约关系,较小写字楼的最好位置是在郊区,较大写字楼的最好位置是在市内繁华区或交通要道。写字楼的规模对销售收益关系重大,写字楼的规模越大,公共服务设施的利用率越高,单位面积收益越大;写字楼的规模越大,获取收益的面积越多。因此,规模越大的写字楼,其销售收益越可观。但是,写字楼的规模越大,需要承受的投资风险也越大。

写字楼的地段与专业化趋势有关。尽管大多数人都认为,"同行是冤家",但是,同一行业的人员喜欢聚在一起,却是事实。其理由就是为了形成行业的规模效益。为了吸引更多的同行人员到同一写字楼办公,关键应吸引到那些有名望的大用户。这类似于通过引导"头羊",来引导"羊群"的原理一样。当写字楼的专业化趋势越明显时,越容易提高写字楼的销售收益。

写字楼对用户的最初吸引,既与写字楼的位置有关,又与用户的个人需要及其特殊业务的需要有关。一个公司的首脑机构,希望靠近其他公司的首脑机构,并且希望自己的写字楼至少不能比同行的差。我们不能期望,世界上那些大石油集团的各地代表会在地段差而又简陋的写字楼中办公,因为那与他们的地位和经济实力不相称。

2. 商铺的销售收益分析

商铺销售收益的最大影响因素是商铺的销售额。商铺的销售额包括现实销售额和预期销售额。现实销售额大的商铺,能够带来明显的可信赖的收益,所以,如果这类商铺销售的话,那必然会卖上一个好价钱,从而取得可观的销售收益,预期销售额大的商店,能够吸引顾客肯花高价购置,从而取得较高的销售收益。正因如此,房地产投资者,往往在商铺销售额处于上升时期出售商铺,或者先说明人们相信商铺的销售额会很大,然后再高价出售。低价购买销售额较低的商铺,通过改善经营管理,使得销售额提高,然后再高价出售,这是高明的房地产投资者常用手段。

商铺的销售额与商圈密切相关,每一地区,都有比较集中的商圈。商圈内的商铺,其销售额明显高于商圈外的商铺,所以,位于商圈内的商铺,往往可以卖上一个好价钱。而商圈外的商铺,其销售价格则相对较低。商圈内的商铺,尤其是位置好的商铺,不容易得到,即使得到,也代价昂贵,所以这类商铺投资的机会较少。随着社会的发展,新的商圈将会不断涌现,房地产投资者应该预见到这种商圈的出现,从而在新商圈出现之前,事先投资好的地段,等到新商圈出现时,再高价格销售商铺,就可以获取丰厚的销售收益。

商铺的销售额还与楼层、朝向、临街状态等因素有关。临街的低楼层商铺,由于客流大,其销售额往往较大,这样的商铺,其销售价格自然较高,销售收益必然较大。在炎热地区的夏天,背阴一面的商铺,其客流量相对朝阳一面的商铺而言,要大出很多,从而导致背阴面商铺的销售额大,如果销售商铺店的话,价格当然高,销售收益当然大。在寒冷地区的冬季,朝阳一面的商铺要比背阴一面的商铺销售量大,如果销售商店的话,价格高,收益大。商铺的销售额与临街状态息息相关。我们经常有这样的体会,仅一墙之隔的两家商铺,其销售额相差悬殊,这就是临街状态所致。

3. 住宅的销售收益分析

影响住宅销售收益的最主要因素,除住宅本身因素之外,就是配套服务设施水平。比如附近有没有重点中小学,附近有没有公园和绿地,附近交通的便利程度,附近购物和就医的方便程度等。

由于人们对下一代的异常重视,所以靠近重点中小学的商品住宅,往往开高走高,销售收益丰厚。有许多房地产开发商,在开发住宅小区的同时,建设出高档次的中小学校舍,并聘请高水平的教师来任教,从而使得中小学的知名度提高,间接提高住宅售价,提高住宅的销售收益。

人们越来越重视户外活动和环境质量,靠近公园和绿地的商品住宅,正好满足了人们的这种需求,所以,公园绿地附近的商品住宅,价格往往偏高,并且开高走高。投资这样的商品住宅,当然会取得可观的销售收益。许多房地产开发商,肯花大本钱建设公园和绿地,其实是为了获取更大的商品住宅的销售收益。

人们生活中的人际交往越来越频繁,对交通便利的要求越来越迫切,所以,交通便利的商品住宅,往往受人欢迎,可以卖上一个好价钱,赚取令人满意的销售收益。许多房地产开发商,为城市公交系统赠送公共汽车,其目的就是为了改善交通条件,从而实现商品住宅的高价格和高收益。

购物方便和就医便利的商品住宅,必然深受人们的欢迎,所以,靠近购物中心和大医院的商品住宅,其销售价格往往相对较高,销售量很大,销售收益令人满意。

五、无形收益分析

(一) 房地产投资无形收益的成因分析

房地产投资无形收益是指那些难以用定量数字计量的、用以反映投资者心理享受的投资收益。它是相对于房地产投资有形收益而言的一个概念。房地产投资的现金流量、避税收入、销售收益都属于有形收益,它们的共同特点是可以用定量数字计量,是用以反映投资者经济报酬的投资收益。

现代管理心理学认为,不能把人单纯地看作“经济人”,也不能把人完全作为“社会人”,更不能把人纯粹地作为“自动人”,而应当是因时、因地、因主客观系统不同,把人看作有适当反应的“复杂人”。所谓“复杂人”,从管理心理学角度来看,就是人们都把满足需要中的一种或几种的结合作为自己的目的。任何人都有动机,因为大家都有需要,都有目标。对社会中大部分人来讲，满足需要的方式各有所异，较高的经济报酬，除了满足人们金钱需要外，还能给人的社会地位、受到尊重等方面带来满足。“经济人”主要追求个人的经济报酬；“社会人”除了追求经济报酬外，还追求社会和心理方面的尊重和享受；“自动人”都有一种自我实现的需要，在良好的条件下，都会充分发挥自己的聪明才智，使自己成为理想中人物的那种需要。按“复杂人”的观点来讲，房地产投资者也是“复杂人”，他的需求也很复杂。房地产投资者的目的，既会有纯有形收益的，也会有纯无形收益的，还会有二者的结合。“复杂人”的投资目的，可能是千奇百怪、复杂多变的。正因如此，房地产投资者会在投资收益中，考虑并追求无形收益。总而言之，由于房地产投资者是有多种追求的“复杂人”，所以会追求房地产投资无形收益。

房地产投资无形收益的另一个成因是无形收益与有形收益相辅相成。无形收益虽然不直接构成经济收益，但无形收益能给投资者带来心理享受，从而影响他的心情，进而影响工作效率，最终影响经济收益。无形收益还能提高房地产投资者的社会名望，而社会名望对经济收益有着至关重要的影响。无形收益有时就是广告宣传，如接待室和大门的高级装修，主要目的是显示公司的兴盛，给人以信任感，促进经济收益的增加。也就是说，房地产投资者追求无形收益的目的还是有形收益，只不过是间接而已。

（二）房地产投资无形收益的主要表现

房地产投资无形收益主要是投资者的心理享受，而人的心理是千变万化的，所以房地产投资无形收益的表现，也因人因时因地不同而不同。下面所讲的是一些常见表现形式。

当房地产投资者建房自用时，心理因素起着重要的作用，无形收益是重要追求目标。许多公司花大笔资金用在办公楼的选址、设计、建造和装修上，其目的就是心理享受，就是无形收益。他们觉得，外部装饰可以显示公司的雄厚实力，可以提高公司的知名度，可以给用户以信赖感，可以使公司的“风水”好，可以使公司的营业额增加，可以使公司的收益增大。当两个相似的公司坐落在相近地区时，心理因素的作用更加明显。比如，坐落在美国曼哈顿的两家大公司——IBM公司和ATT公司就曾经在建筑外观设计上展开过一次竞赛，结果花费了大量房地产投资。这种房地产投资的追求目标，主要是心理享受，是无形收益，而对于有形收益来讲，考虑得较少。

房地产购买者比较喜欢浅颜色的建筑物，或者是流行色彩的建筑物。虽然建筑物的颜色与使用功能并没有直接联系，为什么建筑物的颜色会影响用户的选择呢？其实质就是人的心理在起作用。一般人都喜欢浅颜色的明快，而不喜欢黑颜色的深沉、呆板。房地产投资者在投资开发房地产时，必须对颜色，尤其是流行色，进行深入研究，选择一个与建筑物本身物性相称，又符合消费者心理需要的颜色。比如白色、粉色、绿色建筑；深色砖建筑配以浅色的托梁和白色的立柱，形象鲜明，也令人满意。

房地产购买者都喜欢“风水”好的建筑物，其实质也是心理作用。房地产的“风水”除与所在地段有关外，还与风俗习惯和人们心理有关。后者属于心理因素，追求“风水”的实质有很大一部分是追求无形收益。但是，在现实生活中，人们对房地产“风水”的判断，对房地产价格，对房地产的销售等起着至关重要的影响。所以，房地产投资者在投资开发房地产时，必须考虑到“风水”方面的影响，使得房地产符合风水方面的要求。例如，把房屋建在靠近流水的地方，以示财源旺盛。又如，把房屋建在地势高的地方，以示高人一筹、出类拔萃。

在个人收入增加的年代，进住豪华高层公寓是很时髦的。其原因就是心理因素和无形收益。进住豪华高层公寓，是提高个人地位的最有效方法之一。豪华高层公寓的知名度往往很高，进住者对外宣称自己住在那里，会产生一种自豪感。豪华高层公寓具有的宽敞门厅，显示着华丽；美丽的景观，显示着高雅；身着华贵制服的警卫，显示着庄严；堂皇的接待处，显示着华贵；宜人的花园，显示着高品位。虽然这些对住户居住的实际舒适程度并没有直接相关，但对住户来讲，看到这些或对别人讲这些，都有一种心理享受。所以，即使多花些钱，也心安理得。

第六节　房地产投资的不确定性分析

房地产开发投资是一个动态的过程，有周期长、资金投入量大等特点，整个过程中不确定性因素很多。在可行性研究阶段，就要分析一些不确定性因素对项目可能造成的影响，分析可能出现的风险，尽量使开发投资项目经济评价的结果更加真实可靠，从而为开发投资项目的决策提供更科学的依据。

一、房地产投资主要的风险因素

1. 房地产投资商业风险

由于房地产投资期长且内外部环境复杂，所以房地产投资商业风险大。根据房地产投资环境和投资水平，房地产投资商业风险的主要影响因素有以下几个：

(1) 房地产类型

不同类型、不同地点的房地产，其投资大小不一样，年经营费用不一样，年经营收益也不一样，所以投资于不同类型的房地产，需要承担的投资商业风险也不相同。一般来讲，房地产投资比地产投资的商业风险要小，因为房地产比地产转手要容易一些，房地产比地产更容易获得收益；投资普通住宅的商业风险比投资高档旅馆的商业风险小得多，因为前者功能灵活且需求量相对稳定，而后者功能单一且需求量波动较大。

此外，房地产的户型设计和装修也直接影响着未来的收益状况。户型设计是房地产建筑设计的一个重点，它不仅要满足功能，还要符合时尚和人体工程的需要，否则，投资风险将会加大。另外，诸如“清水房”等未经装修或简单装修的房地产给用户提供了相当大的改进、改造余地，颇受顾客欢迎，也不失为一种较好的投资策略。

(2) 房地产管理水平

房地产管理水平的高低，决定了房地产项目收入支出的大小，也就决定了房地产项目抗商业风险的能力。管理水平高的房地产项目，其经营支出低而经营收益高，这样就保证了尽快收回投资，保证了在外部环境变坏的情况下也能维持运营，所以管理水平高的房地产项目，其抗商业风险的能力强。相同类型的房地产项目，为什么有的亏损。有的盈利？很大程度上取决于房地产的管理水平。房地产投资者在投资时，为降低商业风险，必须对房地产项目经营过程中的管理水平做出正确评价。必要时，甚至可以高薪聘请专业管理公司来进行房地产管理，从而保证房地产管理的高水准。

(3) 房地产市场变化

房地产市场中竞争对手的情况，直接影响到房地产项目的收益大小，所以房地产市场变化对投资商业风险关系很大。比如，当同类型竞争性房地产出现后，所投资的房地产项目，其经营收益必然要受到影响，多数都是经营收益下降，这样就加大了商业风险。对于竞争性房地产项目是否出现，出现时间的早晚等问题，必须在房地产投资决策之前进行详细研究。再比如，处于闭塞地区的房地产项目，其对所投资的房地产项目的威胁并不明显，但当交通要道通到闭塞地区的房地产项目时，其对所投资房地产项目的威胁将明显化，将会使所投资房地产项目的收益呈下滑情形，结果使得商业风险加大。房地产投资者在投资之前，一定要弄清楚一段时间内道路的建设情况及安排。

(4) 经济形势

经济是否景气，直接影响到某一地区的投资规模和需求量，某一地区的经济发展情况若是不景气，会导致该地区原有发展规划和投资计划发生削减，造成房地产需求减少，房地产价格下降，从而加大了房地产投资的商业风险。比如，世界上最大的房地产巨头奥林匹亚-约克公司(Olympia & York Development Ltd. 简称 O&Y 公司)曾在英国投资建造所谓英国华尔街的金丝雀码头工程，当时该公司雄心勃勃地想在这里建造一片欧洲最大的商业建筑群，试图同繁华的伦敦西区、中央区鼎足而立。人们都说金丝雀码头是 O&Y 王国上的一颗宝石。这个占地 71 亩的商业和办公中心，耗资达 69 亿美元。

在该工程完成一半左右时，O&Y 公司就遇上了严重的麻烦。英国的经济衰退，使伦敦物业楼宇闲置率大幅上升，达 20%，有 3 300 平方英尺的楼面无法找到租户，租金也由两年前的高峰下跌 35%，使金丝雀码头工程失去了对租户的吸引力。只有 60%的楼宇有人愿意承租，但条件苛刻。英国政府也撤销了原定承租的 50 万平方英尺用房的计划和修建地铁及辅助工程的计划。这就使世界上最大的房地产大王陷入困境，前有债主上门讨债，后有威胁退租，使金丝雀码头这座豪华的商业中心 40%的楼宇一文不值。在此绝境面前，O&Y 公司不得不申请破产保护。世界房地产的巨头都承受不了经济发展不景气带来的商业风险，所以投资前更应对此给予足够的认识。

(5) 房地产政策

房地产政策的改变，尤其是调整性政策的出台，必然导致某些房地产成为牺牲品，结果导致此类房地产项目的商业风险加大。在房地产投资中，楼堂馆所投资的商业风险，受政策改变的影响最大。因为每当经济状况出现过热，或者政府实行调整政策时，收缩固定资产投资规模几乎成了惯用的手段，而每当压缩固定资产投资规模时，楼堂馆所必然首当其冲地受到压缩。这样做，既与楼堂馆所的性质有关，又与国力有关。

政策变化也是形成房地产周期的最主要因素。房地产周期是形成投资商业风险的一个因素。

许多资本主义国家都经历了房地产周期。例如，在 1971—1973 年，英国的房地产高潮期间，市场处于不断上升的势头。许多投资者不再考虑风险问题，因为房地产投资所获得的收益总比预期的高，因此越来越多的机构进入了房地产市场，小心谨慎被认为是过时的风气，盲目乐观才是当时的潮流。但在 1973 年末和 1974 年初，英国利率上调、房价下跌，物业出租需要的时间越来越长，甚至一点都租不出去，造成成本上升，预期的收益变成了实际的亏损。

(6) 政治风波

经济和政治密不可分，政治风波一旦发生，必然导致经济震荡的发生，从而使房地产价值发生骤变,加大房地产投资的商业风险。比如,1991 年伊拉克入侵科威待时,科威特的建设计划纷纷下马,物业贬值,出租率极低,投资者纷纷退出该国市场。1992 年,科威特在美国帮助下收回失地,在安全有保障后,投资日渐升温,大兴土木,外国投资者又纷纷进入该国物业市场。可见政治因素对房地产投资商业风险的影响是巨大的,需投资者引起高度的重视。

2. 房地产投资金融风险

房地产是投资额大、投资回收期长的产业。在其发展中,必须与金融业密切配合才能得以发展。金融业的变化直接影响房地产的发展变化。由于金融业的可变因素很多,所以房地产投资金融风险的影响因素也很多。主要有以下几个方面:

(1) 金融政策的调整

由于房地产与金融业关系密切,所以国家在调控固定资产投资时,往往是通过金融政策的调整来实现的。比如,1993 年下半年,我国加大宏观调控力度,提高利率,紧缩银根。这些金融政策的调整,使得房地产价格下降,投资速度减慢,许多房地产公司由于贷款利率增加,导致收入减少、支出增加,投资成本增大,纷纷倒闭。一般来说,银行贷款利率的提高,往往会使房地产价格下降,利息支出增加,投资成本增大,形成房地产投资金融风险。

(2) 取消抵押品赎回权的威胁

房地产投资大多使用抵押贷款,而使用抵押贷款的最大风险就是取消抵押品赎回权。

借钱是必须要归还的。还款的承诺是在进行抵押贷款时就写入条款的。用物业作贷款抵押本身并不能解除借款人还款的义务。如果不能保证按期还款,不能履行抵押贷款条款中的承诺,贷款银行就有权拍卖抵押品,取消抵押品的赎回权。应当说明,抵押品拍卖和取消抵押品赎回权并不是一回事。取消抵押品赎回权的过程实际上就是贷款银行收回贷款的过程,而抵押品拍卖只是取消抵押品赎回权的形式和方法而已。取消抵押品的赎回权,并不是人们平常所讲的那样,就是贷款银行接管并要拥有抵押品。事实上,贷款银行是货币所有者,接管并出售抵押品是银行收回贷款的一种方法。所以,贷款银行接管抵押品是为了出售,而不是为了拥有它。这就是说,取消抵押品赎回权是通过拍卖抵押品来完成的。

对于房地产投资者而言,由于拍卖抵押品是被迫的,所以拍卖的结果往往是很不利又无可奈何的。拍卖的结果不利的原因主要有:①在出售时机上没有选择权,出售时机不好,就卖不上好价钱;②拍卖对于抵押品的声誉有不利影响,也使得价格上不去;③贷款银行急于出手时,价格往往更低。

总之,由于存在取消抵押品赎回权的威胁,所以,房地产投资的商业风险总是存在的。

(3) 银行催还贷款的要求

银行贷款是要收回的,为防止贷款流失,银行往往越是在房地产投资者财政状况不妙时,越加紧催还贷款。结果形成了“雪上加霜”或者是“釜底抽薪”的局面,给房地产投资者带来了相当大的投资风险。

3. 房地产投资购买力风险

房地产投资购买力风险是指由于通货膨胀的发生而导致实际收益降低的风险。通货膨胀是不可避免的,所以房地产投资的购买力风险是不可避免的。投资回收期越长,房地产投资购买力风险越大。

对于房地产投资而言,通货膨胀将会使房地产投资项目的现金收入贬值,使房地产投资项目的实际净现值减小，给房地产投资带来购买力风险。

为了清楚地揭示通货膨胀对房地产投资购买力的影响，假设有经过简化的房地产项目的现金流量表，如表 4－13 所示，表中各分项金额均使用不变价格（第 0 年价格）表示，另外假设：

(1) 房地产项目交用期内各年的经营收入及经营支出均相同，分别以 S 和 C 表示；

(2) 通货膨胀对经营收入和经营支出的影响相同，且两者的上涨率数量上等于通货膨胀率；

(3) 折旧期为 N 年，直线折旧，而且不计残值；

(4) 房地产项目使用期每年交纳所得税，且税后净现金流量大于零；

(5) 总投资成本为自有成本。

表 4－13　房地产投资项目的简化现金流量表

年份 / 费用	建设期	使用期	
		折旧期（n 年）	无折旧期
	0	$1,\cdots,n$	$n+1,\cdots$
总投资	E	0	0
经营收入	0	$S,\cdots,S$	$S,\cdots,S$
经营支出	0	$C,\cdots,C$	$C,\cdots,C$
折旧	0	$D,\cdots,D$	$0,\cdots,0$
所得税	0	$t_1,\cdots,t_n$	$t_{n+1},\cdots,t_m$
税后净现金流量	$-E$	$F_1,\cdots,F_n$	$F_{n+1},\cdots,F_m$

显然，考虑通货膨胀时，除折旧 D 之外，表 4－13 中使用期各分项指标均应用当年价格表示。考虑通货膨胀后的经营收入用 S'_t 表示，经营支出用 C'_t 表示。则应有

$$S'_t = S\times(1+R)^t \quad \text{公式 4.59}$$

$$C'_t = C\times(1+R)^t \quad \text{公式 4.60}$$

式中：R——使用期内的平均通货膨胀率；

t——年数

假如用 K 表示项目所得税率，则考虑与不考虑通货膨胀时，房地产项目在使用期的税后净现金流量如表 4－14 所示。

表 4－14　税后净现金流量

	房地产项目使用期	
	折旧期	非折旧期
F_t	$(S-C)(1-K)+KD$	$(S-C)(1-K)$
F'_t	$(S-C)(1+R)^t(1-K)+KD$	$(S-C)(1-K)(1+R)^t$

F_t 和 F'_t 分别表示考虑和不考虑通货膨胀时，房地产项目在使用期内的每一年的税后净现金流量，从数值上看，由于通货膨胀，使用期内每年的税后净现金流量有所增加，但实质

上看，由于通货膨胀的作用，实际税后净现金流量却没有增加，反而在折旧期内减少。

用 F'_{t0} 表示不变价格(第 0 年价格)计算得到的实际税后净现金流量，则应有

$$F'_{t0}=\frac{F'_t}{(1+R)^t} \qquad \text{公式 4-61}$$

在折旧期内，$F'_t=(S-C)(1+R)^t(1-K)+KD$，

$$F_t=(S-C)(1-K)+KD$$

$$\begin{aligned}F'_{t0}&=\frac{F'_t}{(1+R)^t}\\&=\frac{(S-C)(1+R)^t(1-K)+KD}{(1+R)^t}\\&=(S-C)(1-K)+\frac{KD}{(1+R)^t}\end{aligned}$$

$\because (1+R)^t>1$

$\therefore F'_{t0}<F'_t$

即在房地产项目的折旧期，实际税后净现金流量小于不考虑通货膨胀时的税后净现金流量。

在非折旧期内则有

$$F_t=(S-C)(1-K) \qquad \text{公式 4-62}$$

$$F'_t=(S-C)(1+R)^t(1-K) \qquad \text{公式 4-63}$$

$$\begin{aligned}F'_{t0}&=\frac{F'_t}{(1+R)^t}\\&=\frac{(S-C)(1+R)^t(1-K)}{(1+R)^t} \qquad \text{公式 4-64}\\&=(S-C)(1-K)\end{aligned}$$

$\therefore F'_{t0}=F'_t$

即在房地产项目的非折旧期，实际税后净现金流量等于不考虑通货膨胀的税后净现金流量。

假设用 I 表示贴现率，NPV'_0 表示考虑通货膨胀时的实际净现值，NPV 表示不考虑通货膨胀时的实际净现值，则有

$$NPV=\sum_{t=1}^{m}\frac{F'_t}{(1+I)^t}-E$$

$$NPV'_0=\sum_{t=1}^{m}\frac{F'_{t0}}{(1+I)^t}$$

$$\begin{aligned}\Delta NPV&=NPV-NPV'_o\\&=\sum_{t=1}^{m}\frac{F'_t}{(1+I)^t}-E-\left[\sum_{t=1}^{m}\frac{F'_{t0}}{(1+I)^t}-E\right]\\&=\sum_{t=1}^{m}\frac{F'_t}{(1+I)^t}-\sum_{t=1}^{m}\frac{F'_{t0}}{(1+I)^t}\\&=\sum_{t=1}^{n}\frac{F'_t}{(1+I)^t}-\sum_{t=1}^{n}\frac{F'_{t0}}{(1+I)^t}+\sum_{t=n+1}^{m}\frac{F'_t}{(1+I)^t}-\sum_{t=n+1}^{m}\frac{F'_{t0}}{(1+I)^t}\end{aligned}$$

$$= \sum_{t=1}^{n} \frac{F'_t}{(1+I)^t} - \sum_{t=1}^{n} \frac{F'_{t0}}{(1+I)^t}$$

$$= \sum_{t=1}^{n} \frac{[(S-C)(1-K)+KD]}{(1+I)^t} - \sum_{t=1}^{n} \frac{[(S-C)(1-K)+\frac{KD}{(1+R)^t}]}{(1+I)^t}$$

$$= \sum_{t=1}^{n} \frac{KD}{(1+I)^t} - \sum_{t=1}^{n} \frac{KD}{(1+I)^t (1+R)^t}$$

$\because (1+I)^t (1+R)^t = [(1+I)(1+R)]^t = (1+I+R+IR)^t$

由于 $I<1, R<1$，故 IR<1。

$\therefore (1+I+R+IR)^t \approx (1+I+R)$

代入 ΔNPV 中，有

$$\Delta NPV = \sum_{t=1}^{n} \frac{KD}{(1+I)^t} - \sum_{t=1}^{n} \frac{KD}{(1+I)^t (1+R+I)^t} \qquad \text{公式 4-65}$$

$$= KD[\sum_{t=1}^{n} \frac{1}{(1+I)^t} - \sum_{t=1}^{n} \frac{1}{(1+I)^t (1+R+I)^t}]$$

设 $A = \sum_{t=1}^{n} \frac{1}{(1+R+I)^t}$

运用罗必塔法则，可以证明，对于初等函数 $A(R)$，当 R 在 $(0, +\infty)$ 区间内连续变化时，有

当 $R \to +\infty$ 时，$\lim A = 0$

当 $R \to 0$ 时，$\lim A = \sum_{t=1}^{n} \frac{1}{(1+I)^t}$

所以，当 R 在 $(0, +\infty)$ 区间内连续变化时，下式成立

$$0 \leqslant \Delta NPV \leqslant KD \sum_{t=1}^{n} \frac{1}{(1+I)^t}$$

或者

$$0 \leqslant \Delta NPV \leqslant KD \frac{[(1+I)^n - 1]}{I(1+I)^n}$$

该结果用图表示时，可以得到 4-6 所示曲线：

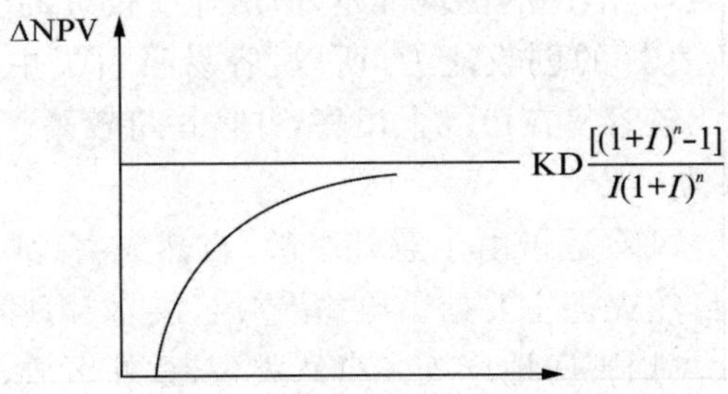

图 4-6　通货膨胀对净现值的影响

综上所述，通货膨胀使房地产投资项目的实际净现值减小，使房地产投资的购买力风险加大。房地产租金和售价也是一种价格。它会随着通货膨胀的发生而一起价格上涨。所

以，房地产投资具有防范通货膨胀的作用。但是，对于预售或预租以及不变租金的物业，通货膨胀会带来很大的购买力风险。

4. 房地产投资变现风险

由于房地产必须经过一个合理的较长时间才能在市场上出手，所以房地产投资的变现性很差。一般来讲，常见投资种类的变现顺序排列为：现金、支票和存款、股票、债券、房地产。房地产投资的变现性在常见投资种类中列最后，房地产投资变现风险较大。根据"风险与利润同在"的规律判定，房地产投资的收益也是较大的。

决定房地产投资变现性的因素很多，主要有以下几条：

(1) 房地价值量的大小

房地产价值量越大，所需资金就越多，其风险也就越大，越不易在房地产市场上找到买主，因而变现性越差。比如，高级公寓的变现性弱于普通住宅，大型商场的变现性弱于临街小店，整栋楼房变现性弱于分户出售房屋的变现性。

(2) 房地产的建设程度

房地产的建设越处于低级状态，其变现性越差。比如，生地投资比熟地投资的变现性要差，单纯的土地投资比一般房地产投资的变现性要差，半成品房地产投资比完工房地产投资的变现性要差。所以在单纯土地投资时，一定要充分考虑是否拥有实力，保证持有土地等到恰当时机再出手。

(3) 房地产地段好坏

房地产所处地段越好，升值潜力越大，则变现性越好，房地产投资的变现风险越小，比如，市区房地产比郊区房地产的变现性要好，处于商圈内的房地产比商圈外的房地产变现性要好。

(4) 房地产的市场行情

在房地产市场的繁荣时期出售房地产比在房地产市场的萧条时期出售房地产要容易得多。即房地产市场行情越好，房地产投资的变现性越好，房地产投资的变现风险越小。比如：2010 年上半年我国房地产市场处于繁荣时期，房地产交易频繁，房地产极易在市场中脱手；2014 年，房地产市场处于低潮中，许多房地产商手中积压了大量房地产，因为整个市场中大量资金被"套牢"，即使降价也难以出手。

(5) 房地产净现金流量

房地产净现金流量越大，房地产的变现性越好，房地产投资的变现风险越小。因为净现金流量大的房地产，显示着良好的创收能力，所以，容易吸引买主购买。比如，经营状况良好、经营收益可观的酒店，比较容易在市场上出售，并且售价较高。

5. 房地产投资不可抗力风险

房地产投资的不可抗力风险是指由于意外事故、自然灾害、战争、政变等异常变化引起的房地产投资价值损失。自然灾害主要指雷电、龙卷风、洪水、海啸、地震、雪灾和雹灾等；意外争故主要指飞机失事、火灾损害房地产等。自然灾害、意外事故、战争和政变等不可抗力，一旦发生就会给房地产投资者带来巨大的损失。

不可抗力风险的影响因素主要有以下几条。

(1) 房地产所在的地理位置

不同的地理位置，发生自然灾害和意外事故的可能性不同。比如，靠近海边的地区，发生海啸的可能性较大；而远离海边的地区，不存在发生海啸的风险。南方多雨地区.发生火灾的风险就小；而北方干旱地区，发生火灾的风险就大。南方地区容易发生水灾，而北方地区容易发生雪灾。在政变和战争多发地，则政变和战争给房地产投资者造成的损失可能性就大。

(2) 房地产本身特性

不同类型的房地产发生意外事故的可能性不同。比如，大型商业店铺，发生火灾的风险就较大；而游泳馆，发生火灾的风险就较小。大型体育场馆，发生骚乱和拥挤的可能性较大；社会或军事重要场所，遭受不法分子破坏的可能性较大等等。

不同结构的房地产，其发生意外事故的可能性也不同。比如，木结构房屋比钢筋混凝土结构房屋发生火灾的可能性大，砖混结构房屋比框架结构房屋发生倒塌的可能性大，现浇结构房屋比预制结构房屋倒塌的可能性要小，等等。

(3) 保险事业发展水平

保险事业发展水平高的地区，其所建房屋发生意外事故的损失往往较小。保险事业发展水平高，表现为保险险种多，工作人员工作认真，防范措施得当，保险教育普及等。

(4) 抗灾自救能力

自然灾害和意外事故是不可避免要发生的，其造成的损失，除与自然灾害和意外事故本身大小有关外，还与抗灾救灾的能力有关。抗灾救灾能力大的地方，房地产投资的自然灾害风险和意外事故风险就小一些，因为抗灾救灾能力大的地方，可以把自然灾害和意外事故带来的损失降低到最低程度。

(5) 房地产管理水平

房地产管理水平高，能够把防范工作做好，从而可以避免或延缓自然灾害和意外事故的发生，可以减轻自然灾害和意外事故造成的损失。所以，管理水平高的房地产投资项目，其自然灾害风险和意外事故风险就相对较小。

二、房地产开发投资风险分析的方法

在认识风险因素的基础上，要对可能的风险进行分析，这样才能为开发商提供更多的决策依据，并使这些风险在以后的开发投资过程中得到有效控制。通常采用不确定性分析法对风险讲行分析。

不确定性分析是指对决策方案受到各种事前无法控制的外部因素变化与影响所进行的研究和估计。它是决策分析中常用的一种方法。通过该分析可以尽量弄清和减小不确定性因素对经济效益的影响，预测项目投资对某些不可预见的政治与经济风险的抗冲击能力，从而证明项目投资的可靠性和稳定性，避免投资后不能获得预期的利润和收益，以致使企业亏损。

不确定性分析所做出的比较可靠、接近客观实际的估计或预测。对决策者和未来的经营者具有十分重要的参考价值。通常不确定性分析可分为盈亏平衡分析、敏感性分析和概率分析。其中盈亏平衡分析只用于财务评价，敏感性分析和概率分析可同时用于财务评价和国民经济评价。

1. 盈亏平衡分析

盈亏平衡分析是通过盈亏平衡点(BEP)分析项目成本与收益平衡关系的一种方法。各种不确定因素(如投资、成本、销售量、产品价格、项目寿命期等)的变化都会影响投资方案的经济效果，当这些因素的变化达到某一临界值时，就会影响方案的取舍。盈亏平衡分析的目的就是找出这种临界值，即盈亏平衡点(BEP)，以此判断投资方案对不确定因素变化的承受能力，为决策提供依据。盈亏平衡点越低，说明项目盈利的可能性越大，亏损的可能性越小，因而项目具有较大的抗经营风险能力。因为盈亏平衡分析是分析产量(销量)、成本与利润的关系，所以又称量本利分析。

由于房地产项目的开发量一般由地块的容积率决定，并不需要通过盈亏平衡来确定开发量，因此，盈亏平衡分析主要用于评价市场风险引起的价格波动，为开发商合理定价提供依据。

(1) 出售类房地产的盈亏平衡分析

对于用于出售的房地产项目，盈亏平衡主要用于分析保本价格。

$$\text{销售单价盈亏平衡点} = \frac{\text{开发成本}+\text{销售费用}+\text{总税负}+\text{财务费用}+\text{其他费用}}{\text{销售面积}} \quad \text{公式 4-66}$$

[**例**] 松江大学城某房地产项目可用于开发的用地面积 86 000 平方米，项目容积率≤1.4，拟开发为高层纯住宅。项目楼面地价 39 000 元/平方米，高层建安成本为 4 500 元/平方米，假设前期工程费按建安工程费 6%计算，基础设施费按建安工程费 5%计算，开发期间税费按建安工程费 12%计算；不可预见费按建安工程费的 4%计算；管理费用按不含土地成本的开发成本的 5%算；销售费用按 6 500 万元计算。

(1) 试估算项目的开发成本(单位：万元)。

(2) 假设总投资中暂不考虑公建配套费、财务费用和其他费用，试估算总投资额。

(3) 设销售税金及附加和土地增值税按销售收入 7%测算，要保证 10%的项目税前投资利润率，则项目上市均价至少应达到多少钱每平方米？

(2) 租赁类房地产的盈亏平衡分析

影响租赁类房地产项目盈亏平衡的因素主要有两个：租金和出租率，而这两个因素都会因市场环境变化而产生变动，影响项目盈利。因此，租赁类房地产项目的盈亏平衡需要测算保本单位面积租金和保本出租率。

$$\text{单位面积租金盈亏平衡点} = \frac{\text{开发成本}+\text{销售费用}+\text{财务费用}+\text{其他费用}}{\text{租赁面积}\times\text{预期出租率}\times(1-\text{租赁税率})} \quad \text{公式 4-67}$$

$$\text{出租率盈亏平衡点} = \frac{\text{开发成本}+\text{销售费用}+\text{财务费用}+\text{其他费用}}{\text{租赁面积}\times\text{预期单位面积租金}\times(1-\text{租赁税率})} \quad \text{公式 4-68}$$

(3) 经营类房地产的盈亏平衡分析

经营类房地产开发项目的投资回收主要靠产品的销售，如工业厂房开发，因此盈亏平衡主要受产品售价及销售量的影响，需要测算保本销量和保本单价。

$$\text{产量盈亏平衡点} = \frac{\text{固定成本}}{[\text{产品单价}(1-\text{销售税金})]-\text{单位产品可变成本}} \quad \text{公式 4-69}$$

$$\text{单价盈亏平衡点} = \frac{\text{固定成本}+\text{设计生产能力}\times\text{可变成本}}{\text{设计生产能力}(1-\text{销售税金})} \quad \text{公式 4-70}$$

2. 敏感性分析法

敏感性分析是通过研究房地产项目不确定性因素发生变化时，对项目经济效益产生的影响程度。从众多不确定因素中找出对投资项目经济效益指标有重要影响的敏感性因素，并分析、测算其对项目经济评价指标(如内部收益率、净现值、投资回收期等)的影响程度和敏感性程度，进而判断项目承受风险的能力，并且对这些有不利影响的敏感性因素制定控制对策的一种不确定性分析方法。

敏感性分析分为单因素敏感性分析和多因素敏感性分析。单因素敏感性分析是敏感性分析最基本的方法。它只考虑一个影响因素变化时项目经济评价指标的变化情况。多因素敏感性分析是考虑两个或两个以上不确定因素同时发生变化时对项目经济评价指标的影响。敏感性分析的关键是找出对项目影响最大的敏感性因素和最可能、最乐观、最悲观的几种情况，以使项目实施中操作人员能及时采取对策并进行有效的控制。

进行敏感性分析，一般遵循以下步骤：

(1) 确定分析的经济评价指标，主要包括净现值、内部收益率、投资利润率、投资回收期等。

(2) 选定不确定性因素，设定其变化范围。

(3) 计算不确定性因素变动对项目经济评价指标的影响程度，找出敏感性因素。

(4) 绘制敏感性分析图，求出不确定性因素变化的极限值。

(5) 提出控制方案。

［**例**］ 某标准化厂房项目，在10年的寿命期内，项目的投资、年租赁收入、年经营费用和残肢如下表4-15所示，试进行敏感性分析，其中 $i_c=12\%$。

表4-15 标准化厂房项目运营情况表

影响因素	期初投资(万元)	年租赁收入(万元)	年经营费用(万元)	寿命期(年)	残值(万元)
估计值	1 200	400	170	10	100

解：(1) 选择净现值(NPV)指标作为评价指标。

(2) 选取期初投资、年租赁收入和年经营费用作为拟分析的不确定性因素。

(3) 计算预测水平下的净现值评价指标。

$$\begin{aligned} NPV &= -1\,200+(400-170)(P/A,12\%,10)+100(P/F,12\%,10) \\ &= -1\,200+230\times5.650\,2+100\times0.322\,0=131.75(\text{万元}) \end{aligned}$$

(4) 确定不确定因素的变动幅度分别为10%和20%，并计算变动后的评价指标值，根据期初投资、年租赁收入和年经营费用的变动计算NPV，见下表4-16。

表4-16 净现值单因素敏感性分析表 单位：万元

变动幅度 / NPV / 影响因素	−20%	−10%	0	10%	20%
期初投资额	371.75	251.75	131.75	11.75	−108.25
年租赁收入	−320.27	−94.26	131.75	357.75	583.76
年经营费用	323.85	227.80	131.75	35.69	−60.36

据表 4 - 16,作出敏感性分析曲线,如图 4 - 7 所示。

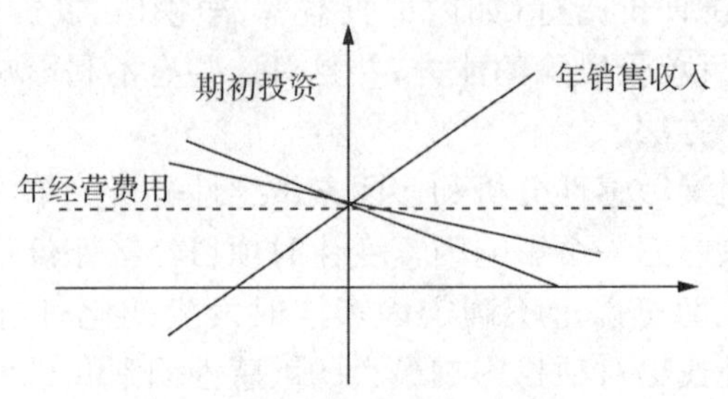

图 4 - 7　敏感性曲线图

(5) 排序并确定敏感性因素。根据绝对判定法可知敏感性因素依次为:

年销售收入＞年经营费用＞期初投资额

提出风险控制方案。由于该投资方案中净现值对年销售收入的变动最敏感,期初投资额次之,最后是年经营费用。因此,需要改进的首要因素是租赁收入,应当考虑如何在控制期初投资额和年经营费用增幅的前提下最大限度地提高租赁价格,或在租赁收入增幅受限的情况下,通过降低期初投资额和年经营费用,使整个项目的效益得到提高。

3. 概率分析

通过敏感性分析可以掌握投资影响因素发生变化时,对投资效果的影响程度,但是不能反映出这种变化和影响的可能性大小。而概率分析,可根据各种影响因素的概率分布,来分析项目在风险条件下获利的可能性大小。

常用的概率分析法有解析法和模拟法。

四、房地产开发投资的风险防范

房地产投资的风险是客观存在的,如何发挥开发投资者的主观能动性,对风险进行有效的管理和防范,尽量将风险降低到最低程度,这是开发投资者最为关心的问题。

房地产开发投资风险防范的策略包括风险回避、风险转移和风险控制。

1. 风险回避

风险回避指投资者结合风险调整分析后,对风险较大的项目做出放弃投资的决定,这是对付风险损失最为彻底的一种方法。但放弃了风险其实也就放弃了获利的可能。这种方法比较消极。

2. 风险转移

风险转移指投资者采取一定的策略措施将各种风险因素转移出去。风险转移虽不能像第一种方法那样彻底防范风险,但是能降低风险。一般情况下,风险转移有三种形式:

(1) 保险转移

保险转移指投资者以合同形式把自然灾害、意外事故等可能造成的各种风险损失转移给保险公司。

(2) 契约合同转移

契约合同转移指投资者通过契约或合同将可能出现的损失的财务负担或法律责任转移给非保险业的其他人。例如,开发企业与施工单位签订的工程承包总价合同,就是将项目施工阶段工程造价增加的风险转移给施工单位。

(3) 财务责任转移

财务责任转移也是一种非保险形式的风险转移,指投资者通过寻求外部资金将部分风险损失、财务责任转移给他人。如发行房地产开发公司股票、寻求合作伙伴等。

3. 风险控制

对于一些投资者不愿意或不能回避与转移的风险,投资者通过采取一定的措施和方法来降低风险发生的概率或因风险可能造成的损失。风险控制的目的主要在于改善风险本身的特性,使其变得能被投资者所接受。

通常采用的风险控制措施有以下几种:

(1) 选择风险小的开发项目

房地产开发项目种类多样,其风险的大小也存在差异。投资者选择风险较小的项目,可减少投资结果本身的不确定性。

(2) 做好市场研究

降低风险最有效的方法是做好市场研究工作,进行认真的市场调研,充分了解市场信息,从而进行准确的市场定位,正确预测市场变化趋势,这样才能有效地降低投资风险。

(3) 实行投资组合策略

投资组合理论认为,在相同的宏观环境变化下,不同的投资项目其收益不同。如果把适当的投资项目组合起来,可以成为一个较为理想的长远投资策略。这种组合可以是不同投资对象的组合,例如,投资者将投资额分别投入到不同的投资对象中去,可以同时投资中低档住宅、高档住宅、别墅等;可以是投资地区的组合,将投资的对象分散在各个不同地区或同一地区不同地段;还可以是投资期限的组合,将长期、中期、短期投资组合起来。

(4) 实行分期开发

分期开发指将一块场地适当地分为若干部分,实行分期开发。即先开发一部分作为一期,出租或出售后,市场前景比较好,再开发第二期,或将剩下的全面开发动工。分期开发与一次性全面开发相比,减小了投资规模,也缩短了开发时间,卖一批或出租一批再开发后面的,在资金的筹措方面也较为容易,整体来说风险要小一些。因此,对于投资量大、风险性大的开发项目,分期开发是一种比较有效的控制风险的方法。

课后练习

一、思考题

1. 房地产投资目标是什么,有哪些影响因素?

2. 房地产该如何选择投资时机、投资地段和投资质量?

3. 房地产投资主要有哪些风险?如何规避?

4. 房地产开发成本与经营成本有何区别?如何测算?

5. 房地产投资可以产生哪些类型的收益?现金流量收益、销售收入有哪些影响因素?简述避税收入的原理。

二、计算题

1. 某房地产开发商拟投资建设一住宅小区,征地 4 124 平方米。通过市场调查预测每平方米建筑面积销售价格为 2 600 元；该项目拟获利润 580 万元，现估算项目的主要费用为：征地补偿费 384.95 万元，前期工程费 73.13 万元，基础设施费 441.87 万元，建安工程费每平方米 958 元，配套设施费 176.30 万元，经营管理费 86.63 万元，税金每平方米 232.14 元。以上述资料进行盈亏平衡分析。

试求：(1) 该项目的固定成本为多少？

(2) 保本开发面积及其建筑容积率为多少？

(3) 目标利润开发面积及其建筑容积率为多少？

2. 某商城，项目规划占地面积 17 250 平方米，其中规划建设用地面积 13 915 平方米，总建筑面积 104 396 平方米，限高 30 米，局部 40 米，建筑容积率 7.5，据市场调查，考虑本地块特征，拟定销售价格为 5 800 元/平方米；若总建筑面积单位成本为 2 283 元/平方米，开发商利润率为 30%，税费率为 5.33%，专业人员费用率为 8%。

试问：(1) 入股合作开发经营的合理分成比例为多少？

(2) 当采用四天分成方案时，该开发商以土地 17 250 平方米入股，转让 10 350 平方米土地使用权 50 年，是否合算？

(3) 开发商的房产销售价格应确定为多少对其有利？

3. 某房地产项目可用于开发的用地面积 86 000 平方米，项目容积率小于 1.4，拟开发为高层纯住宅。项目楼面地价 39 000 元/平方米，高层建安成本为 4 500 元/平方米，假设前期工程费按建安工程费 6%计算，基础设施费按建安工程费 5%计算，开发期间税费按建安工程费 12%计算；不可预见费按建安工程费的 4%计算；管理费用按不含土地成本的开发成本的 5%算；销售费用按 6 500 万元计算。

(1) 试估算项目的开发成本(单位：万元)。

(2) 假设总投资中暂不考虑公建配套费、财务费用和其他费用，试估算总投资额。

(3) 设销售税金及附加和土地增值税按销售收入 7%测算，要保证 10%的项目税前投资利润率，则项目上市均价至少应达到多少钱每平方米？

4. 某房地产开发项目的基本投资方案如表 4-17，试对其进行敏感性分析，其中

表 4-17 项目基本情况表

影响因素	期初投资(万元)	年租赁收入(万元)	年经营费用(万元)	寿命期(年)
估计值	1 800	600	350	20

三、分析题

若开发商以房地产商品作为抵押物贷款，现参与危旧房屋改造获得城区土地，但没有发生现金流量归还银行，应如何解决这一问题？

第二部分　房地产项目策划与规划

第五章　房地产项目策划

随着房地产市场竞争日趋激烈，房地产项目要获得成功日益依赖前期的策划，即自项目决策开始就围绕市场需求对项目的目标市场、产品类型、定价范围等各项营销要素进行定位与规划。本章的学习重点包括：

◆ 房地产项目 STP 策划的分析与应用；

◆ 房地产项目宏观、微观环境分析的内容与方法；

◆ 房地产项目产品策划方案的制订；

◆ 房地产项目推广策划方案的制订及推广费用的测算。

第一节　房地产项目策划的概述

一、房地产项目策划的内涵

广义的房地产策划是指在房地产领域内灵活运用科学建制进行策划的行为和活动。狭义的房地产项目策划，则是指开发商取得地产项目之后，围绕具体的开发期望和目标，在客观的市场调研基础上提出合理的项目定位，赋予项目独特的核心概念，运用多种策划途径，如投资策划、主题策划、建筑策划、品牌策划、公关策划、营销策划等，按一定的规范和程序对项目进行创造性的规划和构思。

房地产项目策划的执行者是策划人或策划团队，成果是系统的方案文本。事实上，有针对性的市场调查将为房地产项目策划提供关键的信息依据，即根据项目本身的不同开发条件如区位、占地面积、建筑密度、容积率、地价、开发时限、产品定性，对市场主客观要素如资本条件、金融条件、技术条件、政策条件、市场条件、消费形态、竞争情况、促销攻略等多方面展开调查和分析。而最终，要形成一套完整的、预期实现利润最大化的，可据以实施的投入、产出、运营的文本型决策方案或策划书，作为项目开发的行动纲领。

除了要关注政策、资金、技术、市场、管理等要素之外，还必须关注隐藏在这些因素之中的人文要素，如社会动态与人口变迁，区域居民消费与投资心理趋向，区域居民文化习俗与审美价值取向，规划、设计、施工方的综合文化修养，项目本身所含有的文化价值等。

房地产项目策划与其他项目策划相比，还具有如表 5-1 所示的特征。

表 5-1　房地产项目策划的特征表

属性	特征阐述
地域性	房地产项目策划要考虑房地产开发项目的区域经济情况、项目周围的市场情况、项目的区位情况
市场性	房地产项目策划要自始至终以市场为主导，要适应并吻合市场的需要，要追随市场的变化而变化，要造就市场并创造市场

续表

属性	特 征 阐 述
操作性	在敏感多变的市场环境中，房地产项目策划要具备可操作性和可实现的支持条件，且策划方案本身要易于操作、便于实施，在具体实施时有可操作可实现的方法
多样性	为更好地适应形势的发展和时局的变化，房地产项目策划要有多个预案，即以主导方案为核心，随时监测房地产市场环境的变化，适时调整和修订各阶段的方案措施

在我国房地产业，策划走过了从无到有，从萌芽到快速发展的过程。随着房地产策划的经验积累，房地产项目策划的理论与实践在国内也不断得到提炼。当然，这得益于中国房地产的市场化进程、国外营销理论的学习和借鉴、国内房地产的扩张、市场需求的多元与多变、竞争的激烈与楼盘空置的残酷，以及国内众多策划人的努力耕耘等诸多因素的共同作用。

随着中国房地产业逐步从卖方市场转向买方市场，从产品时代迈入品牌时代，从价格竞争、概念竞争转入品牌竞争，未来的房地产项目策划将呈现三大趋势。

(1) 观念与追求的转变，房地产项目策划观念将从产品品牌转向企业品牌，从单纯地追求经济效益转向追求社会、文化乃至生态效益。

(2) 策划组织的转变，房地产项目策划将从自由的策划个体走向更有组织的智慧群体，横跨人文、经济、管理、建筑、信息技术、生态、环境等多种领域人才，以应对收集、分析、整理、归纳大量横纵向的动态信息。

(3) 房地产项目策划的理念与方法的转变，将从淡薄、零散的点子策划到全面、系统的理论与实践并重的策划，从侧重策划项目概念转到概念与项目细节并重，从定性分析转到定量定性分析相结合的趋势。

经过多年的项目策划实践，房地产策划人形成了公司组织、策划研究与实践相结合、自由策划人三种运作形式。不管怎样，房地产项目策划师的角色定位、素质要求也正在不断演变中。

二、房地产项目策划的流程

(一) 房地产项目策划的作用

房地产项目策划对项目、对企业、对社会的推动与促进，既是显性的，又是隐性的，能为房地产企业直接创造经济效应，间接地促进社会的良好互动，从而产生一定的社会文化附加价值。另外，通过遵循科学的策划程序，房地产项目策划能帮助房地产企业追求管理创新，从项目开发的问题入手，经寻求解决问题的途径，来提高房地产企业的有效管理和管理效率。

(1) 从项目层面来说，卓越的房地产项目策划会赋予项目极佳的创新理念，给新项目新楼盘配置最理想的配套与服务，从而更好地与市场需求接轨。在当前房地产业竞争白热化的局势下，房地产项目策划更能发挥它的特长，使房地产开发项目增强其竞争力，让项目在市场上赢得主动，从而稳操胜券，立于不败之地。

(2) 从企业层面来说，房地产项目策划可以担当企业及行业的参谋顾问，使企业及企业家决策更为准确，以避免项目在运作中出现偏差。同时，优秀的房地产项目策划通常蕴含风险预警机制，及时启动风险须警机制会加强企业在环境突变时的整体抗风险能力。因而，房地产项目策划不仅能促进管理层的科学决策能力，更能增强企业在同行中的风险防范能力与核心竞争能力，提高企业的双重盈利（营收与盈利）能力。

（3）从社会文化效益来看，房地产项目策划涉及概念资源、人力资源、物力资源、社会资源，房地产项目策划能充分挖掘各层资源的功能，梳理各级资源的关系，分析各种资源结构，为项目充分地进行资源整合，以发挥优势互补的作用。更深入地说，房地产项目策划还能预测未来市场居民居住的趋势要求，有效地满足居民对将来“如何改善居住”和“改善后住什么”的渴望和需求。此外，房地产项目策划将切实地加强项目在环境保护、社区关系维护等方向的操控能力与驾驭能力，最终促进企业的社会责任感建设。

（二）房地产项目策划的流程

与多数活动策划不同，房地产项目策划是一项长期多环节的连续工作，要使所开发项目在众多同行中脱颖而出，必须建立完善的工作流程。如图 5－1 所示，房地产项目策划的工作流程可划分为 9 个阶段：①机构组建阶段；②目标制定阶段：③问题探索阶段；④市场分析阶段；⑤头脑风暴阶段；⑥数据综合阶段；⑦评估论证阶段；⑧预案建设阶段；⑨执行实施阶段。

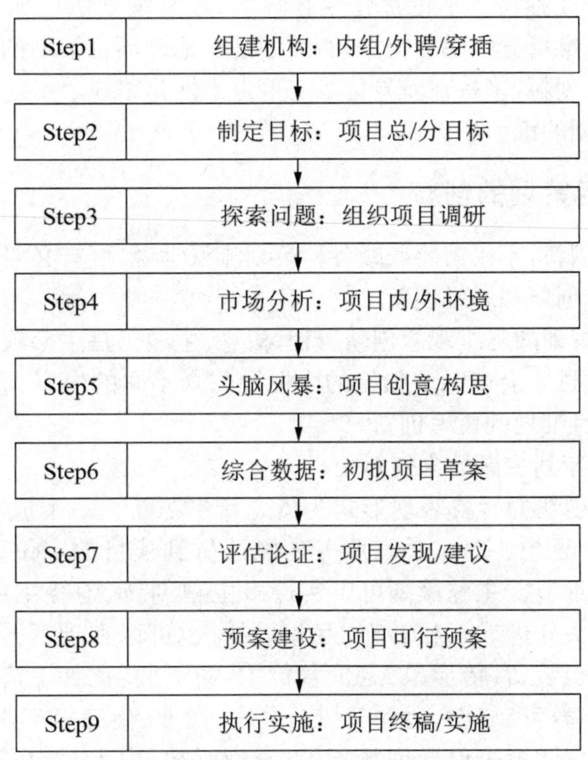

图 5－1　房地产项目策划流程图

在不同策划阶段，策划的侧重点也有所不向。在组建策划团队时，团队成员可根据公司实际情况进行内部筛选或外部聘请，或内外聘用结合。团队组建完毕后，策划成员的首要任务是要和公司管理层或项目决策层及时沟通，合理地制定项目总目标和阶段性分目标或项目子目标。其次，在发现、挖掘项目的关键问题后，要依据项目的核心问题与外延问题组织项目调研，并进行市场与环境分析。综合各项数据与发现后，策划团队对项目进行创意与构思，并结合前述调研发现及有关项目建议初拟项目草案。随着项目动态的变换，项目策划时非常有必要融入顶替机制建设。换句话说，可行性预案的建立不可或缺，且策划时须不断回顾方案、修改方案，为最终项目优化方案做好坚实的基础工作。

其中，项目调研是房地产项目策划的核心环节。在调研前，策划组必须明确项目调研的背景、动机、手段和目的；在调研过程中，环境调研必须了解项目地块的位置、面积、地形、地貌、性质、地块优劣势、地块周围景观、环境污染、社会治安、环邻公共交通和地块交通条件、公共配套设施（菜市场、商店、购物中心、公共汽车站、学校、医院、文体娱乐场所、银行、邮局、酒店），综合分析地块地理条件的强项和弱项。

在项目分析过程中，项目投资分析是重中之重。房地产项目投资特别不能忽视的是房产投资环境分析，房产投资环境分析包括：当前经济环境分析，如银行利息、金融政策调整等；当代当地房地产政策法规分析；当地房产供求现状及价格成本和效益走势分析；现实土地价值和土地延展价值分析，可围绕土地建筑功能，参考周边土地竞争楼盘的售价和租价；成本敏感性分析，比如容积率、资金投入、边际成本利润的分析；其他如投入产出的成本与售价模拟分析、股东回报率分析及同类项目成败的市场因素分析。

策划追求新意，讲究独特。不论优化生存环境，还是策划房产项目，创新性首当其冲。从发展角度来说，要在市场竞争中赢得主动，独创是房地产项目策划的重要原则之一。独创意味着策划必须独到、创新，坚持在差异化策略下走个性化路线。房地产项目的策划创新应落实在房地产项目策划的细节中。

三、房地产项目策划的创新

房地产项目策划创新，不仅需要兼顾各种策划流派学说，更有必要在集合各专业策划人员的思想时，鼓励观念创新和思维创新。

综观房地产项目策划的思维观念创新历程，概念、主题仍是主宰项目开发的灵魂。只有概念主题有了新意，项目才会被赋予独特的个性及与众不同的内容、形式和气质。因此，主题创新堪称房地产项目策划的灵魂创新。

（一）房地产项目策划主题概念创新

房地产项目策划创新的旨要表现形式为概念新主题新。一个成功的房地产项目策划主题，能将项目的统率思想、文化内涵、服务内涵透析到项目的定位、规划、设计、营销、推广、社区、物业等各个细节。主题策划可以实行多主题创新，围绕主主题、设立副主题，让主主题和副主题或齐头并进或互相补充、互相烘托；也可以在项目开发各阶段，如在项目定位、项目设计、项目包装、宣传形象、定价宣传中实行创新比如上海松江的泰晤士小镇。此外，主题策划可以与教育、旅游、运动、科技、艺术、商业、生态等产业复合创新；可以结合康居、科技、生态等国家政策来倡导创新；可以开创园林、山水、景观等生态环境的概念创新；可以尝试做会所、运动、智能等配套服务创新；可着手做白领、老龄、教师、明星等客户职业分层创新；甚至可尝试国际、星级服务等其他创新。

主题策划的创新将推动房地产项目开发的整体创新，而最终主题策划的创新应围绕盈利、增值两个方面来展开。在精心策划增加房产销售的同时，更要做好项目品牌和企业品牌的主题策划创新工作。如何让房地产价值和品牌价值有机地结合来创建双赢的局面，是一项从抽象落实到细节的创新工作。比如，品牌形象识别系统的创新，可体现在品牌名称、品牌标志、品牌颜色、品牌字体，以及品牌标志运用系统（如项目施工现场、工地围板、工地彩旗、工地挂幅或欢迎牌、防火防电系统、配电房、消防通道、监控室等实际展示环节）等方面。

主题概念设计的独特创新，还可具体承载在楼盘小区的规划设计、空间布局和配套组织的主题示意上。例如，小区建筑风格及概念示意创新，小区建筑外观方面色彩造型及概念示意创新，小区环境绿化原则与概念示意创新，小区人流车流道路系统布局与概念示意创新，小区学校、会所、购物等公共配套布局安排及概念示意创新，小区户型比例搭配结构及概念示意创新，小区经典户型与功能及概念示意创新，小区环艺风格及概念示意创新，物业配套服务及概念示意创新。

（二）房地产项目策划方法手段创新

房地产项目策划手段是房地产项目策划的具体方法或办法，是共性方法在不同项目上的不同组合。不同的方法各显不同的魅力，只有通过不断的策划实践，才能创造出更多更新的策划方法和策划手段。

房地产项目策划在中国市场已走过近 20 个年头。从助推房产市场所运用的各种策划手段来看，房地产项目策划已历经单项策划、综合策划、复合策划、整合策划、创意策划几个阶段。1990—1992 年，我国台湾销售专家仇福宪对广州“世界贸易中心大厦”首推“卖楼花”，倡导按揭贷款，可以说是房地产销售策划的萌芽，但并未引入真正的策划理念。

1993—1997 年，房地产项目策划徘徊在单项策划阶段。单项策划的主要特点是运用各种单项技术手段，并在某种技术手段深入拓展、规范后操作，以取得良好的效果。当时让业主分享绿地，丰富建筑群体空间，兼顾人流车流的“架空层”就是一种新颖的策划手段。

1997—1999 年，中国的房地产项目策划步入综合策划阶段。在此阶段，各项目主要根据自身情况，以主题策划为主线，综合运用市场、投资、广告、营销等各种技术手段，以达到理想的销售效果。比如，广州“锦城花园”项目，以品质、价格、舒适与和谐等主题为主线，在投资策划时将写字楼变更为住宅，在市场策划时以占领 12 层带电梯小高层住宅的市场份额为目标，在设计策划时侧重欧陆立面设计、集中共用绿地、合理安排建筑户型、结构设备满足建筑功能及美观要求，在营销策划时则淡季入市以彰显身份高尚的住宅，在广告策划时连登悬念广告以积聚人气，在形象策划时使用寓意深刻的标志，取得很好的推广效果。

1999—2001 年，房地产项目策划定到了复合策划阶段，即除了在房地产领域运用各种技术手段外，房地产项目策划还可运用房地产领域以外的其他手段将狭义地产与泛地产相复合。比如广州奥林匹克花园，当其他开发商还在用单一手段策划楼盘的时候，奥林匹克花园的发展商却用地产业和体育业的复合手段策划楼盘，为房地产项目策划开创了典型的复合策划之里程。这个案例的成功，启发业界开拓、探索其他领域的房产开发，如教育地产、旅游地产、科技地产、养生地产、音乐地产等。

2001—2006 年，以广州“星河湾”的成功推广为标志，房地产项目策划演变为整合策划阶段。该策划阶段主要以客户的市场需求或潜在需求为中心，力图整合各种产业、理念、智力和手段，使推出的楼盘在激烈的市场竞争中赢得消费者的青睐。在整合策划阶段比较突出的代表性楼盘还有上海的“中远两湾城”和北京的“远洋天地”等。

2006 年，北京“华远 • 企业号”以创意地产理念开发，该项目的成功推出标志着创意策划阶段的开始。在创意策划阶段,创意要落实在理念、策划、规划、设计、建造、营销、物业管理各个环节中,并整合整条产业链各个环节的创意,以提升产品的品牌效应和价值,将房地产开发创意项目成功推向市场。在上海,前后进行创意地产试验的项目有“海上海创意LOFT”“创智天地”等。

第二节　房地产项目策划的内容

一、房地产项目STP策划

（一）STP策划的内涵

STP营销又称目标市场营销或STP三部曲。市场细分(Market Segmentation)的概念最早是由美国营销学家温德尔·史密斯(Wendell Smith)在1956年提出的,此后,美国营销学家菲利普·科特勒进一步发展和完善了温德尔·史密斯的理论并最终形成了成熟的STP理论。STP理论中的S、T、P分别是市场细分(Segmentation)、目标市场选择(Targeting)和市场定位(Position)三个英文单词的缩写。营销大师菲利普·科特勒认为:当代战略营销的核心,可被定义为STP。

STP理论的根本要义在于选择确定目标消费者或客户,或称市场定位理论。根据STP理论,市场是一个综合体,是多层次、多元化的消费需求集合体,任何企业都无法满足所存的需求,然后企业应该根据不同需求、购买力等因素把市场分为由相似需求构成的消费群,即若干子市场,这就是市场细分。企业可以根据自身战略和产品情况从子市场中选取有一定规模和发展前景,并且符合公司的目标和能力的细分市场作为公司的目标市场。随后,企业需要将产品定位在目标消费者所偏好的位置上,并通过一系列营销活动向目标消费者传达这一定位信息,让他们注意到品牌,并感知到这就是他们所需要的。

STP理论是指企业在一定的市场细分的基础上,确定自己的目标市场,最后把产品或服务定位在目标市场中的确定位置上。STP营销主要有三个步骤。

(1) 市场细分。根据购买者对产品或营销组合的不同需要,将市场分为若干不同的顾客群体,并勾勒出细分市场的轮廓。

(2) 确定目标市场。选择要进入的一个或多个细分市场。

(3) 定位。建立与在市场上传播该产品的关键特征与利益。

（二）房地产项目的市场细分

1. 房地产市场细分的概念与作用

(1) 房地产市场细分的定义。所谓市场细分,就是根据消费者之间需求的差异性,将整体市场(整体市场通常太大,以致企业很难完全为之服务或占领)划分为若干个具有共同特征的消费者群体——子市场的过程。每一个消费者群体的子市场又称细分市场。不同细分市场的消费者对同一种产品的需求和欲望存在明显的差别,而同属于一个细分市场的消费者的需求和欲望则较为相似。可见,市场细分的前提是消费者需求的异质性,它以消费者作为划分的对象,而非消费的产品,是识别具有不同要求或需求的消费者的过程。

房地产市场是指实际和潜在的房地产产品购买者的总和,目标市场是指房地产企业所追求的部分合格的有效市场。市场规模取决于具有这种需要及支付能力,并且愿意进行交换的人的数量。营销人员要对市场有敏锐的洞察力。

房地产市场细分就是房地产开发商在市场调研的基础上，从消费者需求的差异性出发，依据消费者的欲望和需要、购买行为和购买习惯，将房地产市场整体分为若干个具有相似欲望和需要的消费者群体的分市场、子市场的分类过程。其中每一个消费群即为一个细分市场，最终的目标是为企业选择目标市场做准备。

(2) 房地产市场细分的作用。房地产市场细分，一方面有助于房地产企业发现新的市场机会。房地产市场是一个容量大、品种多、配套服务性强、需求多样化、存在很多机会的市场。抓住一个新的市场机会，对房地产企业来说，就意味着开拓了一个新的经营业务领域，能够在未来占领更多的市场份额。比如本节案例可以通过市场细分选择老年消费群体，该市场细分为房地产企业发现了新的市场机会。另一方面，有利于集中资源，制定适当的营销组合策略并进行评估和调整。房地产市场细分可以帮助房地产企业及时了解房地产消费者群的特殊需求及其变化，帮助房地产企业搞好准确合理的产品定位，并据此制定灵活有效的房地产市场营销策略。

房地产市场细分的作用有以下几点：

① 市场细分有利于房地产企业分析、发现新的市场机会。

② 市场细分使房地产企业能识别具体的、有着不同需求的消费者群体；通过识别这些不同的需求，营销者能较好地决定最适合房地产企业介入的细分市场。

③ 市场细分有利于调整房地产企业的市场营销战略。

④ 市场细分使得大房地产企业和小房地产企业都能更有效地在市场上进行竞争。

⑤ 市场细分使房地产企业能针对不同顾客群体的需要制定更适当的营销组合。

⑥ 市场细分可用于识别市场上房地产企业所愿服务而又忽视的缺口。

⑦ 市场细分促使公司不断地评估顾客需要的变化，以及由此带来的潜在的机会和威胁。

2. 房地产市场细分的变量

一种产品的整体市场之所以可以细分，是由于消费者或用户的需求存在差异性。引起消费者需求差异的变量很多，要科学地进行市场细分，首先必须确定市场细分变量。

所谓“细分变量”，是指房地产市场中购买者对房地产商品的不同欲望和需求，这种需求的差异性即为细分变量。

市场细分变量是房地产开发企业根据客户需求的差异性来区分不同客户群体的标准和依据，具体如图 5-2 所示。

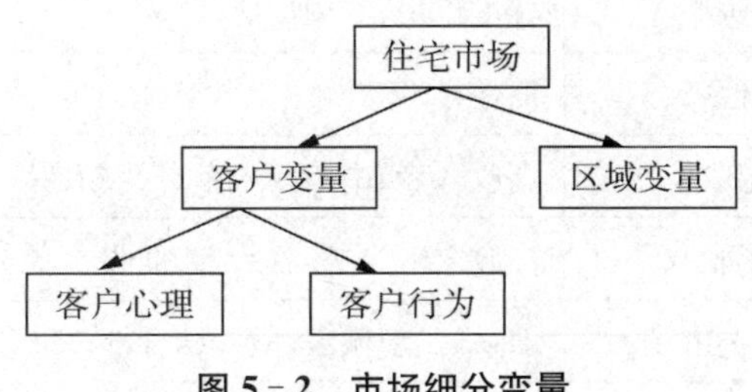

图 5-2　市场细分变量

(1) 区域变量。房地产区域是指房地产商品所处的空间位置、相邻环境及使用条件等相互关系的总和。住宅作为一项不动产，它的品质优劣必须与室外环境联系起来衡量判断。人们对住宅在地理空间方面的偏好，主要体现在楼层层次、房间朝向与视野和楼房所处地理环境配套三个方面。价格相对较低且难以推销的一般为底层及顶层住宅，但现在屋顶带花园的顶层住宅及带储藏室或车库的底层住宅已变得紧俏，因为开发商改变了原来对底层、顶层在使用性质上认识的不足，从而形成畅销。房间朝向一般与光照、冷热及环境的安静性有关。对于朝向的选择，人们越来越注重于楼房前面的景观，尤其是令人心旷神怡的自然风景。

常见的市场细分的区域变量有：国界（国内、国外）；地区（东部、西部、南部、北部）；行政区（省、市、地、县）；城乡（城市、乡村、大城市、中等城市、小城镇）；地形（平原、高原、山地、盆地、丘陵）；气候（热带、温带、寒带、亚热带）；旧市区与新市区：高级住宅区与大众住宅区；商业区、住宅区及准工业区；繁华商业区、衰退商业区及计划再开发区；中小型业主区、大型业主独占区以及开放竞争区；人口递增区、人口持平区及人口递减区等。

影响房地产区域变量的因素可见表 5－2 和表 5－3。

表 5－2　外部环境细分表

细分变量	细分市场特征
外部环境因素	自然环境，如地质、气候、空气及周边建筑概况等
	能源、交通、通信、排污等生产、生活和社会服务基础设施概况
	社会因素包括法律、法规、行政政策、社会制度、治安状况、人口数量、密度及素质及人们的消费心理等
	经济、科技、教育发展水平和城市化、国际化程度等

表 5－3　房地产市场细分表

细分因素	细分市场	
用途	住宅	低档住宅、中档住宅、高档住宅、别墅
	户型	一室一厅、二室一厅、二室二厅、三室一厅等
	商业用途	商场、餐馆、购物中心、超市
	写字楼	国家甲级、甲级、乙级
	厂房	标准厂房、专用厂房
	其他	商住楼、综合楼
购买力	个人年收入	高收入者、中等收入者、低收入者
	集团年收入	高收入者、中等收入者、低收入者
区域变量	同城消费市场	旧城区、新城区、城郊结合部、郊区
	异地消费市场	旧城区、新城区、城郊结合部、郊区

续表

细分因素	细分市场	
销售方式	出售	预售、现房销售
	出租	长期、短期
消费者偏好	低层建筑、高层建筑、小高层建筑	
	绿化、物业管理、建筑风格、配套	
	其他	

(2) 客户变量。住宅市场的客户主要是家庭，主要分析家庭人口状况、家庭收入水平，即形成客户变量。

① 家庭人口状况。家庭人口数量与住宅消费有着密切的关系，家庭人口结构也直接影响住宅消费倾向。我国现阶段家庭人口状况主要有几种类型，即“单身一族”“夫妻型”“二代型(2～3人)”“三代同堂(4～5人)”。不同类型家庭对住宅需求偏好各有差异，如“夫妻型”家庭住宅面积需求一般为一室一厅或两室一厅水平。又如杭州某房地产企业推出一种概念户型，为150平方米的四室三厅两卫的子母套户型，既满足了父母与子女同住的需求，又解决了住在一起可能有的矛盾，为两套合二为一，分别独立成套的户型结构，上市后受到好评。主要的家庭人口变量包括年龄：如婴儿、儿童、青少年、中年、老年或具体年龄范围；性别：如男、女；家庭人口。

② 家庭收入水平。家庭收入水平的高低直接影响消费者需求的质量和档次。随着收入水平不断提高，人们对住宅的需求将从“生存型”向“发展型”乃至“享受型”发展；对居家环境的要求也将从仅仅满足家庭基本生活需要过渡到全方位地追求一个居住宽敞，功能齐全，外环境幽静，物业管理健全的安居环境。房地产开发商应抓住人们不断变化的需求，推出适销对路的楼盘，以取得市场上的主动权。

在学习中还可以通过表5-4进行相关分析因素的变换来进行具体项目的分析。

表5-4　家庭成员变量细分表

变量名称	年龄	性别	文化	职业	年收入	需求	家庭人口
变量内容	20～30岁	男	大专	公务员	3万元以下	大	单身
	30～40岁	女	本科	个体	3万～8万元	中	夫妻
	40～50岁		硕士以上	企业	8万～15万元	小	二代
	50岁以上		其他	事业	15万元以上		三代

(3) 客户心理变量。客户心理变量是以客户的生活方式、购买住宅的动机及消费个性等心理特征，作为划分住宅消费群体的基础，市场细分的客户心理变量如下(详见表5-5)。

① 生活方式。比如时髦、朴素、随俗等。

② 个人性格。比如外向、内向、独立、依赖、乐观、悲观、激进、孤僻、开放、保守等。

③ 价值观念。比如追求性价比、追求外观、追求地段等。

表 5-5　市场细分的客户心理变量及特征

细分变量	细分市场特征
生活方式	不同的客户，生活方式存在很大差异，比如有的喜欢经济实惠的廉价房，有的喜欢高级公寓，有的喜欢亲朋好友来家里聚会，有的喜欢自然景观，有的追求都市风情等
消费个性	满足第一次置业需要；满足二次换房需求；满足投资需求
购买动机	客户购买住宅的动机是多种多样的，有为了满足居住、经营需要的，也有投资保值、增值需要的，还有满足动迁用户需要的等

这些心理偏好的差异客观上要求开发商有针对性地为消费者提供令他们各自满意的产品。同时，在物业开发中为客户的消费个性留下充分的余地，最终形成与客户心理上的共鸣。

(4) 客户行为变量。客户行为变量是人们对住宅产品的使用态度或反应，主要包括“使用时机”“追求利益”“购买次数”等方面。

首先从使用时机的角度来看，主要是指开发商要根据人们对住宅的使用时机及时提供与需求相一致的各类商品住宅及其管理服务，从而开拓和占领新住宅市场的有效策略。比如在新城扩建和旧城改造过程中，会产生动迁安置用房的巨大需求，开发商应不失时机地开辟“动迁用周转房”市场，为特定的居民安置需要服务。

其次从追求利益的角度看，主要是指对二次购房族而言，其眼光和品位及特殊的市场感召力给开发商带来了压力，也带来了动力。

从客户行为的角度来细分市场，可选择的变量主要包括以下。

① 时间习惯。比如时令性、季节性、节日、假日。

② 地点习惯。随意决定购买、冲动决定购买、理性购买等。

③ 品牌忠诚度。高、中、低。

3. 房地产市场细分的程序

(1) 市场调查阶段。在该阶段，市场营销人员需要进行调研，集中主要的力量掌握消费者的消费动机、消费心理、消费行为。并根据调查结果，营销人员应该收集房地产产品的品牌知名度、受欢迎程度和社会认可程度。

房地产商在投资决策前可以派自己的调研人员或者外包独立的调查机构调查消费需求的满足状况和市场供给状况。调查内容也括某一时期该城市现有家庭中有多少住房已解决，有多少无房户和住房困难户，未来几年的发展趋势；这些有需求的家庭需要什么结构和面积的房屋，他们的收入水平、文化程度以及实际购买力；该城市已建、在建和将要建设的住宅开发项目的区位、结构、面积、单价、总价、配套情况；该城市开发企业的数量、资质、市场份额、营销策略、销售情况等；该城市近几年及今后几年的土地供给情况、城市基础设施配套情况、金融服务情况等。

(2) 分析阶段。房地产公司的专业分析人员借助定性和定量的分析手段，如经验曲线分析法、多元回归分析法、判别分析法、因子分析法等，剔除相关性很大的细分变量，然后用集群分析法划分出一些差异最大的细分市场。

(3) 细分阶段。房地产商根据客户不同的态度、行为、人口变量、心理变量和一般需求习惯划分出每一个细分群体，归纳总结出各个细分市场的特征，并且加以命名，最终形成报告。

一般在针对房地产项目进行市场细分时采用方法有主导因素排列法、多因素排列法、多因素矩阵排列法、市场因素分析法等。

（三）房地产项目目标市场的选择

1. 目标市场的概念

按消费者的特征把整个潜在市场细分成若干部分，根据产品本身的特性，选定其中的某个部分或几个部分的消费者作为综合运用各种市场策略所追求的销售目标，此目标即为目标市场。

企业选择目标市场一般都是在市场细分的基础上进行的，目标市场是市场细分的目的。合理有效地选择市场，是企业营销过程中的重要环节，也是企业必须做好的一项重要工作。就整个市场而言，它存在许多的市场机会，但对于一个企业而言，并非所有的市场机会都具有相同的价值，一来不是所有的子市场对本企业都有吸引力，任何企业都没有足够的人力资源和资金满足整个市场或追求过分大的目标；二来由于消费者欲望和需求的千差万别，企业很难全部满足所有消费者；三来房地产产品的相对同质性和产品本身条件的限制（如地段），竞争对手和产品对企业构成较大阻力，企业必须面对客观存在的特定营销环境。

因此选择目标市场，明确企业应为哪一类用户服务，满足他们的哪一种需求，是企业在营销活动中的一项重要策略。只有扬长避短，找到有利于发挥全企业现有的人、财、物优势的目标市场，才不至于在庞大的市场上瞎撞乱碰。例如，现阶段我国消费者对住宅的需求，可分为投资型需求、改善型需求和自住型需求等不同的消费者群，根据调查表明，不同购房目的的消费者对房地产项目的面积、价格、户型、环境、交通、管理等的欲望需求存在较大差异，不同房地产企业开发的项目在可行性研究阶段通过市场调研划分市场，进而选择营销的目标，以扩大销售，提高市场占有率。

目标市场的选择与市场细分既有区别又有联系。市场细分就是按照消费者购买欲望和需求的不同，将整体市场分割成若干个子市场的过程；而目标市场的选择则是从细分后的各个子市场中选择一个或几个子市场作为房地产企业营销活动的目标市场。因此，市场细分是目标市场选择的前提和基础，没有有效的市场细分，就没有科学的目标市场选择；而目标市场的选择又是市场细分的目的所在，没有对目标市场的选择，市场细分也便失去了实际意义。

2. 房地产目标市场选择的条件

一个理想的目标市场必须具备以下条件。

(1) 有足够的规模和良好的发展前景。细分市场预期规模的大小，是决定该细分市场是否值得进入的主要因素。如果企业所选择的目标市场过于狭窄，就不可能达到企业所期望的销售额和利润。因此，房地产企业在选择目标市场时，要充分考虑细分市场的规模。大公司可以考虑规模大的细分市场，小公司由于实力有限，应更多地考虑规模小的细分市场。

一个理想的目标市场，不仅要有足够的实际购买力，还要有足够的潜在购买力。就是说要有良好的发展前景，这样，才能使房地产企业在该市场上有充分的发展潜力。

(2) 具有良好的盈利能力。细分市场的盈利能力主要受到五种因素的威胁。

一是房地产市场内现有竞争对手的威胁。现有竞争对手越多，企业之间的竞争就越激烈。这就意味着房地产企业必须付出更多的努力，才能获得一定的市场份额，这样的目标市场就不具有太大的吸引力。理想的目标市场最好没有或者很少有竞争对手，或者虽有竞争但竞争不激烈。然而，在市场竞争日趋激烈的今天，这样的市场难以寻找。因此，房地产企业至少应选择那些自身处于相对竞争优势的市场为目标市场。

二是新加入的竞争者的威胁。新加入的竞争者会增加新的生产能力并争夺市场占有率，因而会降低原有企业的利润。如果细分市场的进入壁垒很低，新的竞争者能轻易地进入这个市场，这个细分市场就缺乏吸引力。

三是替代产品的威胁。替代产品会限制细分市场内的价格和利润的增长，如果某个细分市场已经存在替代产品或有潜在的替代品，该细分市场就失去了吸引力。

四是购买者讨价还价的能力。该细分市场的购买者讨价还价的能力越强，越能压低该房地产的价格，从而减少房地产企业的利润，这样的细分市场也缺乏吸引力。

五是供应商讨价还价的能力。供应商讨价还价的能力越强，越会提高建筑材料、建筑设备等价格，提高房地产企业的成本，降低企业的利润，从而降低该细分市场的吸引力。

(3) 符合房地产企业的目标。即使某个房地产细分市场有一定的规模和盈利能力，但如果不符合企业的长远发展目标，也应该放弃。

此外，无论哪个细分市场，企业要在其中取得成功，必须具备某些条件。如果房地产企业在某个细分市场上缺乏一个或者更多的能力且无法获得，该细分市场就应放弃。房地产营销者必须记住一点：如果他要真正赢得该细分市场，就需要发展其压倒竞争对手的优势。如果不能制造某些优势，就不应该进入该市场或细分市场。

3. 房地产目标市场的范围选择

通过对不同的细分市场进行评估，房地产企业会发现一个或若干个值得进入的细分市场。为此，企业必须决定进入哪个或哪几个细分市场。

可供房地产企业选择的目标市场范围有五种。

(1) 密集单一市场模式。密集单一市场模式，即房地产企业在众多的细分市场中只选择其中的一个细分市场作为目标市场，针对某一特定的消费者群体，只生产一种房地产，以此开展市场营销活动。实行密集单一市场策略的，通常是资源有限的小型房地产企业，或是初次进入新市场的大型房地产企业。

这种策略的优点是企业可以扬长避短，发挥优势；集中使用有限的资源，充分发挥资源优势；节省各种费用开支；提高房地产企业及其产品的知名度。缺点是有较大的潜在风险。因为企业把生存和发展的全部希望都集中在一个特定的产品和市场上，一旦目标市场情况变坏，如消费者的偏好发生变化或出现了更强大的竞争对手，企业就会陷入困境或全军覆没。因此，很多房地产商把目标市场分散在多个细分市场上以分散风险。

(2) 复合产品模式。复合产品模式，即房地产企业只开发经营一种房地产，并向各类顾客销售这种产品。

该策略的优点是对房地产企业的资源要求较低，能降低开发商的开发成本，增加利润。缺点是风险很大，一旦消费者需求偏好发生变化或相关技术发生变化，企业将陷入经营困境。如北京市天创房地产开发公司精心打造的天缘公寓(高层住宅项目)，该项目位于北京市西城区白纸坊和西二环交汇口，项目总建筑面积 7 万平方米，公寓的户型面积从 75～193 平方米，涵盖了二室二厅、三室二厅、四室二厅等多种规格，开发商力图通过该物业的开发建设来满足不同目标市场(小康型住宅需求群体、富裕型住宅需求群体、豪华享受型住宅需求群体)的需求。

(3) 复合市场模式。复合市场模式,即房地产企业为某个顾客群开发经营各种房地产。比如位于南京新街口中央商务区的标志性建筑天安国际大厦,它的目标客户群体定位在南京CBD办公的白领阶层,该项目的1～8层为大洋百货公司;9～13层为高档写字楼;14～42层是公寓;开发商通过在一个楼盘中开发不同类型的物业,较好地满足了南京新街口CBD区域内的白领人士购物、餐饮娱乐、办公、居住等各种需求。

(4) 选择性专业化模式。选择性专业化模式,即房地产企业有选择地进入几个不同的细分市场,为不同的顾客群提供不同的产品。比如北京红石实业公司,通过市场细分,选择了其中的两个目标市场,该公司集中有限的资源先后为北京的居家办公的目标市场开发了SOHO现代城,为金领人士组成的目标市场在海南开发了高档海景别墅。

(5) 完全市场覆盖模式。完全市场覆盖模式,即房地产商想用各种房地产来满足不同顾客群体的需要。只有实力雄厚的大公司才能采用这种策略。房地产企业是通过无差异市场营销和差异市场营销两种方法来达到覆盖整个市场的。

4. *房地产目标市场策略选择*

房地产企业在确定目标市场时,有三种可供选择的策略。每种策略都有其优缺点和适用条件,企业应根据自身的资源、产品特点、市场特点及竞争状况进行选择。

(1) 无差异性市场营销策略。无差异性市场营销策略(Undifferentiated Marketing Strategy)就是房地产企业着眼于消费者需求的同质性,只推出一种产品,运用一种市场营销组合,吸引尽可能多的顾客,为整个市场服务。

该策略的优点是由于大批量生产,有利于房地产企业降低单位产品成本。无差异的广告宣传等推销活动可以节省促销费用,从而取得规模经济效益;由于不需要对市场进行细分,可以节省市场调研费用、产品研制费用,从而提高企业的利润水平。缺点是产品单一,难以满足消费者多样化的需求;当大多数企业都采用这种策略时,市场竞争就会异常激烈;不能适应瞬息万变的市场形势,应变能力差。

采用无差别市场策略,产品在内在质量和外在形体上必须有独特风格,才能得到多数消费者的认可,从而保持相对的稳定性。这种营销策略在房地产项目营销中比较适合于卖方市场或引导性市场,而在消费者购房越来越理性,市场分化越来越细的房地产买方市场已趋于淘汰。

(2) 差异性市场营销策略。差异性市场营销策略(Differentiated Marketing Strategy)就是房地产企业将产品的整体市场划分为若干个细分市场,并针对每一个细分市场的需求特点制订出不同的营销组合方案,分别满足不同消费者的需要(见图5-3)。

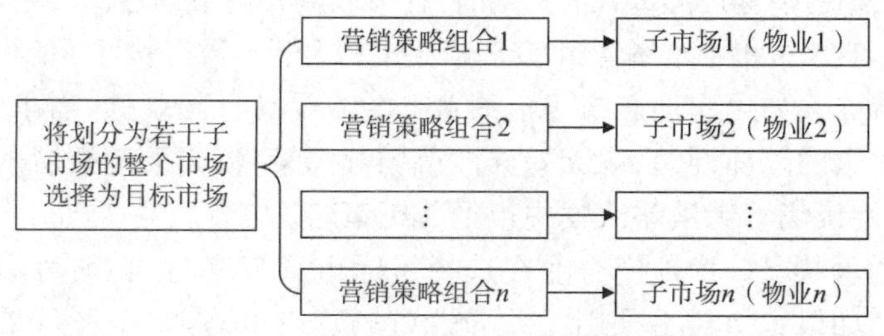

图5-3　差异性市场营销策略图

差异性市场营销策略面对的仍是整体市场,但它是以市场细分为基础,重点考虑各个子市场的需求差异,针对每个子市场的需求特点,分别设计不同的产品,采取不同的营销方案。

该策略的优点是能更好地满足顾客的不同需要，提高产品竞争力，有利于扩大房地产企业的销售额；如果房地产企业在几个不同的细分市场上都取得较好的经营成果，则能树立企业的形象，提高消费者对企业的信赖程度和购买率；有利于分散经营风险。缺点是实行差异性市场营销策略，为不同的消费者群提供不同的产品和不同的营销组合，会大幅度增加房地产企业的生产成本、销售费用和管理费用。因此，销售额的扩大所带来的收益，必须大于总营销成本费用的增加，才适合采用该策略。在房地产行业中，这种营销策略比较适合买方市场并有多品种经营能力的资金等实力雄厚的品牌房产企业。

(3) 集中(密集)性市场营销策略。集中(密集)性市场营销策略(Concentrated Marketing Strategy)就是房地产企业将整体市场细分后，选择一个或少数几个细分市场为目标市场，制订一套营销方案，集中力量在目标市场上开展营销活动。

该策略也是以市场细分为基础，但它不是面向整个市场，不是把力量分散在若干个细分市场上，而是集中力量进入一个或少数几个细分市场，实行专业化经营。采用这种策略的指导思想是为了在一个很小的细分市场上占有较大的份额，而不是追求在整体市场上或较多的细分市场上占有较小的份额。

该策略的优点是可以准确地了解顾客的需求，有针对性地采取营销策略；有利于房地产企业集中使用有限的资源，充分发挥企业的资源优势；由于经营范围小，可以节省各种费用开支。缺点是经营风险大，犹如“把鸡蛋都装进了一个篮子里”，如果消费者的偏好发生转移或市场的情况发生变化，会立即使企业陷于困境。因此，这种营销策略比较适合房地产市场平稳发展，需求持续上升的环境下实力有限的房地产企业。

以上三种目标市场策略各有优缺点，选择哪种策略，必须从本企业的特点和条件出发，充分考虑多种因素。

第一是企业自身资源。如果房地产企业资源条件好，经营实力和营销能力强，管理水平高，可把整个市场作为目标市场，采取无差异性目标市场策略或差异性目标市场策略；如果房地产企业资源有限，可采取集中性市场营销策略，以取得在小市场上的优势地位。

第二是产品特点。如果某些房地产商品在品质上差异小，消费者不了解，也不严加区分，可采取无差异市场营销策略；对于那些在品质上差异很大的房地产，可采取差异性或集中性市场营销策略。

第三是产品的生命周期。产品处在不同的生命周期阶段，企业应采取不同的目标市场营销策略。一般来说，当产品处于投入期或成长期，宜采取无差异市场营销策略，以探测市场需求，也有利于降低市场开发费用；当产品进入成熟期时，宜采取差异性市场营销策略，以开拓新市场；当产品进入衰退期时，宜采取集中市场营销策略，以集中精力于少数有利可图的目标市场。

第四是市场特点。如果房地产市场上消费者的需要具有同质性，需求的共性大于个性，则可忽略消费者需求的差异性，采取无差异性市场营销策略；如果消费者的需求表现出差异性，则可采取差异性市场营销策略或集中市场营销策略。

第五是外部竞争状况。房地产企业在选择目标市场策略时，必须考虑竞争对手在市场上采取什么策略。如果竞争对手采用无差异性市场营销策略，本企业可采用差异性市场营销策略或集中市场营销策略；如果竞争对手使用差异性市场营销策略且实力较强，本企业可以采取密集市场营销策略。当然，当本企业竞争实力明显优于竞争对手时，也可以采用与之相同的目标市场策略。

（四）房地产项目市场定位

1. 房地产市场定位内涵

房地产企业为了占领目标市场，必须做出具体的市场定位决策。可以从三个层面理解定位的概念：首先，它是一种使产品更具竞争力的营销和推广策略，可以称为"定位策略"。其次，它是对产品进行定位的动态的过程，称为"定位"（Positioning）。最后，它是对产品进行定位的动态过程的静态结果，即直接传达给消费者的关于产品采取什么样的定位的信息，称为"产品定位"。

从房地产项目形成的程序和房地产项目的特征可以看出：房地产项目定位与普通商品定位之间有相似之处也有不同之处。房地产项目市场定位不仅仅来源于开发商的单方制造行为，它的定位是在市场研究基础上的市场定位，是对消费者使用方式和使用心理进行分析研究基础上的市场定位，是将产品核心按消费者的理解和偏好方式传达出去的形象定位。

所谓房地产市场定位，是指房地产开发经营者经过研究市场前提、技术前提和资金投入状况等一系列与房地产产品生产有关的前提条件，利用科学方法构思出房地产项目产品方案，从而在产品市场和目标客户中确定其与众不同的价值地位，这一过程就是房地产项目的定位。

从房地产项目定位的概念可以看出，房地产项目定位包含以下三个方面内容。

（1）产品定位。消费使用过程，这部分研究的目的是确定房地产项目形成过程中的外部和内部条件。

（2）客户定位。就是确定房地产项目的目标消费者群体和他们的特征，需要研究消费者的消费行为、消费动机以及消费方式，同时研究消费者自身的人格、观念、所处的阶层环境文化的背景、喜好、偏向和生活方式。

（3）形象定位。主要是找到本楼盘所特有的不同于竞争者的能够进行概念化描述的，能够通过广告表达并能为目标客户所接受，而产生共鸣的特征。

形象定位需要研究房地产项目的市场表现方式，具体如下。

① 有一定的市场容量和发展潜力。

② 市场上尚有未满足的需求，有充分的发展潜力。

③ 有足够的吸引力。

④ 符合房地产企业的目标和能力。

市场定位是企业将自身置于某一选定的细分市场中。通过明确其产品价值，勾画公司形象，使该细分市场的顾客理解和认识本公司有别于其竞争者的特征。目标市场是市场定位的前提，市场定位是为目标市场服务的。若没有一个准确而生动的市场定位，整个房地产市场的策划和营销就显得呆板、苍白、缺乏方向性，楼盘就缺乏生机与活力。

2. 房地产市场定位的内容及作用

（1）房地产市场定位的内容。所谓市场定位，就是将产品置于某个特定的细分市场中，针对目标客源，设计规划出符合消费者需求的产品。房地产市场定位的内容主要包括项目定位、品质定位、目标人群定位、房型和面积定位、价格定位。

① 项目定位。拿到一块地，首选的问题就是确定开发项目，而这必须建立在了解客户需求的前提下，抓住市场空白点，准确地进行定位。沪北地区的锦秋加州花园之所以畅销，就是因为开发商充分了解了客户的需求，及时推出别墅公寓，填补了市场空白，取得了良好的经济和社会效益。

② 品质定位。互联网、闭路电视、管道热水与楼盘的品质是否相匹配？高品质楼盘带来高价位又是否能被客户所接受？目前在市场上，一些品质适中的楼盘取得了比高档楼盘更好的销售业绩，因此，一个楼盘的销售成功与否，并不在于其品质的高低，而在于其品质档次能否满足市场的实际需求。

③ 目标人群定位。目标人群定位其实质就是通过对项目周边竞争楼盘成交客户和潜在客户的统计与分析，预测项目未来客户群共性与特性，从而为项目定位和项目选择目标市场提供依据。

④ 房型和面积定位。从目前广州、南京等地的库存商品房来看，其原因不外乎是房型设计过时、面积配比不合理，不是过大，就是偏小。要改变这种局面的根本途径就是要了解消费者的需求，设计出符合目标人群需求的产品，以保证市场的供求平衡。

⑤ 价格定位。高价的楼盘，虽然在短期销售中可能会有较高利润，但若不为购房者所接受，将会造成楼盘的长期滞销。若价格定低，虽然能在相当短的时期内畅销，但也有可能因价格太便宜，使开发商无利可图。制定一个合理的价格是保证开发商资金尽快回笼并取得相应销售周期内最高利润的一个重要条件。

例如，浦东"新世纪花苑"就是开发商在了解了客户需求的前提下，结合市场实际情况，制定了一个合理的价格，其结果既保证了消费者的利益，又使发展商取得了应有的经济效益。

(2) 房地产市场定位的作用。房地产市场定位对于项目投资者而言，其作用主要体现在以下几个方面。

① 它赋予产品以竞争对手所不具备的优势。这种优势并不是包含在产品实体中的质量、性能、用途的优势，而是一种观念上的优势，是一种关于产品的特定的形象、特定的用途、特定的市场、特定的消费者、特定的风格的观念。这种观念上的优势是使产品突破了"同质化"所带来的竞争困境，获得了一种在更高的层次上取胜的机会。

② 为产品赢得特定而且稳定的消费者。对于消费者来说，选择具有相同质量和用途的不同品牌的产品并没有什么本质上的不同，但是如果一个产品宣称是专门为他们设计、专门满足他们的生理和心理需求的，他们无疑会更倾向于选择这种品牌。因此，产品的与众不同的定位能够帮助产品更加有针对性地指向目标消费者，从而在被大量的同质化产品包围着的消费者中，争取到一个稳定的消费群体的青睐。

③ 树立产品在消费者心目中与众不同的位置。消费者总会对有着与众不同之处的产品产生深刻印象，也总会选择具有特点的产品。因此，如果产品通过定位策略获得了与竞争产品的不同之处，那么它们同样也可以在消费者心目中获得与众不同的地位。

④ 帮助产品占据一个有利的地位。"占位"观念是定位观念的一种延伸，其内涵是：产品通过定位，发现并且占据一个有利的定位。它不但可以帮助产品在消费者心目中树立独特的形象，而且可以阻止竞争者采取同样的定位或者模仿自己的定位，从而使产品在竞争中获得绝对的优势。

3. *房地产市场定位的步骤*

房地产市场定位应包括三个步骤：

(1) 明确潜在的竞争优势；

(2) 选择若干个适用的优势；

(3) 有效地向市场表明公司的定位观念。

一个房地产开发企业可以有多种定位，比如“低价定位”“优质定位”“优质服务定位”等。解决定位问题的好处是公司借此可以解决市场营销组合问题。市场营销组合，即产品、价格、渠道、促销的组合，从本质讲仍是制定定位策略的具体战术。

房地产项目的定位不仅是功能特性的展现，更多时候还是个性的体现，只有定准位并且执行好，才能在众多的楼盘中脱颖而出，才能在产品越来越趋向于同质化的房地产市场竞争中树立自己品牌的个性和魅力。当开发商选准了细分市场，明确了自身竞争优势之后，利用其优势与消费者的需求结合起来，转化为消费者的正吸引力，这就是市场定位。

4. 房地产市场定位的策略

(1) 先入为主策略。当开发商找到一个全新的目标市场后，趁热打铁，抢先确立自己产品的领导地位，使后来者步其后尘。

(2) 差异化定位。如果消费者的心智已经被先入者的品牌占领，那么跟进者的模仿永远只能是次要的地位，并不能产生积极的反响。显然，要取得项目的成功，必须另辟蹊径。差异化定位就是要在领导者品牌忽略的市场空隙，通过创造性思维的运用，占领消费者心智的定位方法。

定位可以从以下几个着眼点入手：定位于使用功能特征上，这是最常用的，直接点明项目与众不同的特点；定位于档次上，这种方法也比较常用，一般用于中高档房地产项目；定位于情感，这是从目标买家的生活需求出发，通过定位来引起其共鸣；定位于个性，通过彰显项目的个性，与目标买家的生活态度相符而产生效果；定位于文化，这是一种比较高层次的定位，需要项目本身有足够的文化支撑点，项目定位见表 5－6。

表 5－6　项目定位表

策　略	分　类	具体细分
策略 A	根据人文因素细分定位	年龄：购房能力随着年龄在不断变化，20 岁、30 岁、35 岁、40 岁、45 岁、50 岁……其消费水准有很大差异
		性别：分为男性与女性，随着女权运动和女性经济能力的提升，女性在房地产市场上发挥的作用越来越不容忽视
		收入：分为高、中、低收入水平，市区房屋主要为中高收入者购买，郊区及偏远地区一般为中低收入者购买，最高级的地段则为收入最高者聚居
		职业：可以分为会计、律师、医生、企业级经理、政府高级官员、老师、一般公务员、普通商人、工人、技术员、家庭主妇等
		教育：可分为小学、中学、专科、大学、研究生等
		宗教信仰：可分为佛教、道教、天主教、基督教等
		社会阶层：可分为上上、中上、下上、中等、上下、中下、下下等，社会阶层一般有以下特征： ① 同一阶层的人具有类似的行为 ② 社会阶层的地位有高低 ③ 社会阶层乃职业、收入、教育综合的结果 ④ 社会阶层的内涵会变动，而个人也会提升到较高阶层或下降到较低阶层

续表

<table>
<tr><th>策　略</th><th>分　类</th><th>具体细分</th></tr>
<tr><td rowspan="3">策略 B</td><td rowspan="3">根据地理因素细分定位</td><td>居住区：分为市区、郊区、乡村或老城区、新城区</td></tr>
<tr><td>行政区</td></tr>
<tr><td>大区域：都市人，如 5 万人以内，5 万～10 万人，10 万～30 万人，50 万人，100 万人等</td></tr>
<tr><td rowspan="2">策略 C</td><td rowspan="2">根据心理特征细分定位</td><td>个性：内向、外向、冲动型、理智型、合群型、独断型、野心型等</td></tr>
<tr><td>生活形态：平实型、寒酸型、炫耀型、名士型</td></tr>
<tr><td rowspan="5">策略 D</td><td rowspan="5">根据消费行为因素细分定位</td><td>购房率：首套房、二次购房、三次购房、多次购房</td></tr>
<tr><td>购房动机：经济型、地位型、理智型、投资型、投机型等</td></tr>
<tr><td>品牌忠诚度：高、中、低</td></tr>
<tr><td>准备购买状况：清楚、有兴趣、有欲望、无知、不太了解</td></tr>
<tr><td>对产品的的态度：狂热、喜欢、无所谓、不喜欢、敌视</td></tr>
</table>

二、房地产项目市场环境分析

（一）房地产市场环境概述

1. *房地产市场环境的含义与特点*

(1) 房地产市场环境的含义。房地产项目市场环境是指影响房地产企业生存和发展的各种内部条件和外在因素的总和。房地产企业的销售环境由宏观环境和微观环境构成。

宏观环境(Macroenvironment)是指间接影响房地产企业市场销售活动的各种环境因素，包括人口环境、经济环境、政治法律环境、社会文化环境、自然环境和技术环境。宏观环境对企业的营销活动虽有间接影响，但它却是给企业造成市场机会和环境威胁的主要因素，它对房地产企业营销活动的影响是广泛而深远的。

微观环境(Microenvironment)是指直接影响房地产企业服务其目标市场能力的各种因素，包括企业本身、消费者、供应商、中间商、竞争者以及社会公众等。微观环境对房地产企业的营销活动具有直接影响，微观环境中的各种行为者都是在宏观环境中运作并受其影响的。

(2) 房地产市场环境的特点。房地产市场环境是一个多因素、多层次而且不断变化的集合体，它具有客观件、多样性、系统性、差异性、动态性和可适应性六大特点。

① 客观性。房地产市场营销环境是客观存在的，任何房地产开发企业和房地产项目都是存在于一定的社会经济和其他外界环境中的，房地产市场营销环境并不会随着房地产企业的愿望而发生变化。

② 多样性。房地产市场营销环境中有大量的构成元素，包括人口、经济、社会、文化、政策、行业、消费者、竞争者等，这些因素从不同角度和不同深度影响着房地产企业的营销策略。

③ 系统性。房地产市场营销环境中的大量的组成因素不是孤立存在的，因素之间会有

一定关联性，如经济发展良好会提高顾客的购买力，社会的价值观会影响到消费者的购买取向等，各种影响因素是相互依存、相互作用和相互制约的，共同构成了房地产市场营销环境这一个系统。因此，除了对各个环境因素进行分析外，还要分析它们之间的相互关系和关联性。

④ 差异性。由于房地产项目是不可移动的产品，因此，房地产市场的营销环境比其他市场营销环境受到更强的地域性的影响，不同地区的房地产企业和房地产项目的市场营销环境是不同的。

同时，相同环境因素对不同房地产企业和项目的影响也不相同。新进市场的房地产企业与已经熟悉某一市场的企业在面对同样的市场环境时，其反应也存在差异。

⑤ 动态性。房地产营销环境不是一成不变和静止的，它是随着时间的推移而不断变化的。以中国房地产开发企业所处的营销环境来看，宏观上政府往往出于经济平稳增长的目标来调整房地产宏观调控政策，比如由紧缩银根、压缩基建规模变化为降低利率，鼓励房地产市场又变化为提升利率，抑制房地产市场的需求；微观上消费者对住房数量的需求转变为对住房质量的需求。这些变化对房地产开发企业的营销活动带来了决定性的影响。因此，企业营销活动必须适应环境的变化，不断地调整和修正自己的营销战略和策略，才能与时俱进。

⑥ 可适应性。影响房地产市场营销环境的因素是多方面的，也是复杂的，房地产开发企业对其中某些因素也难以控制。市场营销环境的不可控性，并不是说房地产开发企业只能被动地适应环境的变化。相反，房地产开发企业可以发挥主观能动性，通过对内部环境要素的调整与控制，对外部环境施加一定的影响，最终促使某些环境要素向预期的好的方向转化。

2. 房地产市场的宏观环境

宏观环境是指那些大范围的、间接性的市场因素，包括人口因素、经济因素、自然因素、社会因素、政治因素等，房地产企业一般通过预测这些因素的发展趋势来制定营销策略。

(1) 人口环境。市场是由具有购买欲望和购买能力的人所构成的，房地产企业营销活动的最终对象是购买者。因此，人口因素是影响房地产市场规模及其结构，从而影响企业营销活动的一个重要因素。购买者是市场的主要构成因素，人口环境包括：人口数量增长率、人口构成、人口分布和迁移、家庭规模与结构等。

① 人口数量及增长率。人是市场的主体，人口数量及其增长率与市场规模有着密切的关系。在购买力一定的情况下，人口数量越多、增长率越快，则市场规模和市场容量越大，企业的营销机会越多。因此，房地产企业在某一地区开展营销活动时，首先要了解该地区的人口总量，它是房地产需求的上限。

随着改革开放的深入和计划生育工作的实施，我国在人口数量稳步增长的同时，居民的生活水平也不断提高，这为房地产企业开发住宅市场提供了良好的机会。人口规模的扩大还直接影响到工业、商业等产业的发展，从而带动了工业用房、商业用房、办公用房、娱乐用房等需求的增长。

② 人口构成。人口构成包括自然构成和社会构成。自然构成包括年龄、性别等；社会构成包括民族、教育程度、职业等。

不同年龄的消费者因其心理和生理特征、经济收入、购买力水平不同，对住房的需求存在较大差异。青年消费者在购买住房时,受其经济能力限制,往往购买小户型的住房;成年消费者事业有成,经济收入较高,购买力较强,往往购买舒适、宽敞的住房;老年消费者在购买住房时,往往购买环境安静、有配套医疗设施地区的住房。

随着中国经济的发展、医疗水平的提高,人口的平均寿命越来越长,中国人口出现了老龄化的趋势,全国重要省市基本步入了老龄社会。老年人退出职业生活后,生活时空结构及生理、心理都发生了很大变化,对居住环境自然有其特殊要求,适合老年人居住的"养老地产",如养老院、老年公寓等类型的养老地产的需求也会有所增长。

③ 人口分布和迁移。人口在不同地区的密度是不同的,经济比较发达的地区往往人口密度较高,而经济欠发达的地区,往往人口密度较低。而房地产项目产品的固定性使房地产市场具有较强的地域性,因此,房地产开发项目的营销必须与相应人口密度相匹配。

人口的流入和流出,必然会影响消费需求的增加和减少,当大量人口流入某一城市时,首先需要解决的是住房问题,必然带来住房需求的增加。我国目前处于城市化加速发展的过程中,大量流动人口由农村涌入城市,由内地涌向沿海发达地区,流动人口的增加,也会导致房地产需求结构的变化,如对低端、小户型住房的需求会增加,房地产企业应该及时了解需求,积极应对。

④ 家庭规模与结构。以人口增长来计算新增的住房需求只是粗略地计算了人们对住房的需要。住房主要是提供给家庭居住的,住房需求往往是家庭成员的共同意愿,因此,进一步从家庭角度来分析对住房需求的影响更为重要。城市家庭结构主要从家庭规模、家庭类型来分析。

房地产是以家庭为单位进行消费的,研究房地产市场需求的变化,需要研究家庭的变化。目前,世界各国家庭变化的一个共同趋势是家庭规模小型化,即家庭的平均人口减少,而家庭户数增加。家庭规模的变化,导致商品住宅总需求量的增加,同时也对住房的户型、面积、结构、内部装修等方面提出了新的要求。房地产企业应根据消费者需求的变化,及时提供适销对路的房地产。

(2) 经济环境。房地产销售的规模,不仅取决于人口数量的多少,还取决于社会购买力的大小。在人口数量既定的情况下,社会购买力越强,则房地产销售市场的规模越大,购买力是构成房地产市场和影响市场销售规模的一个重要因素。社会购买力的大小又受到国民经济发展水平、国民收入水平、消费者收入水平、价格水平、储蓄与信贷、消费者支出模式等一系列经济因素的影响,社会购买力是这些经济因素的函数。因此,房地产企业在进行经济环境分析时,要对这些问题给予格外关注。

① 国民经济发展水平。房地产企业是在国民经济大环境中生存和发展的,其发展不可避免地要受到国民经济发展水平的制约和影响。国民经济发展速度快、国民收入水平高,则消费者的人均收入高、社会购买力强,房地产企业的营销机会则多;反之,国民经济的发展陷入低谷,市场疲软,社会购买力下降,房地产市场首当其冲要受到影响。

一般我们用国内生产总值(GDP)及其增长率来衡量一个国家的经济发展状况。国内生产总值是指一个国家在一定时期内(一般为一年)所生产的最终产品的市场价值的总和,它反映了一个国家整体经济的规模和状况。经济的快速发展一方面会带来固定资产投资的增加;另一方面经济的快速发展会带来人们收入的增加,增强人们对未来良好的预期,从而创造出良好的房地产市场销售环境。

② 消费者收入。消费者收入水平是影响社会购买力和房地产企业市场销售活动的重要因素。

消费者收入是指消费者个人从各种来源所得到的货币收入，通常包括消费者个人的工资、奖金、其他劳务收入、红利、租金、馈赠等。消费者收入大部分转化成消费资料购买力，是社会购买力的重要组成部分。

由于消费者收入并不是全部用于购买商品，所以对房地产企业销售而言，必须要研究个人的“可支配的个人收入”(Disposable Personal Income)和“可随意支配的个人收入”(Discretionary Personal Income)。可支配的个人收入是指个人收入中扣除直接负担的各种税款(如个人所得税)和非税性负担(如社会保险费)之后的余额。这部分收入可用于个人消费和储蓄，它是影响消费者购买力和消费者支出的决定性因素。可随意支配的个人收入是指可支配的个人收入减去消费者用于购买生活必需品的支出和固定支出后所剩下的余额，这是消费者可任意投放的收入，因此，它是影响消费者需求结构最活跃的因素。这部分收入越多，人们的消费水平就越高，房地产企业的营销机会就越多。各种奢侈品、汽车、旅游等商品的销售主要受这部分收入的影响。

经济学中一般通过住房需求的收入弹性来反映居民收入对需求的影响，需求收入弹性是指收入变动的比率所引起的需求量变动的比率。由于住房需求与居民收入呈正向运动，所以住房需求的收入弹性为正。其公式为

$$E_I=\frac{\frac{\Delta Q}{Q}}{\frac{\Delta I}{I}} \qquad \text{公式 5.1}$$

式中：E_I——房地产商品需求收入的弹性系数；

ΔQ——房地产商品需求变动量；

Q——房地产商品需求量，一般取房地产的成交量；

ΔI——消费者可支配收入的变动量；

I——消费者可支配收入。

一般来说，房地产需求的收入弹性为正，且大于1，这表明居住需求受收入的影响较大。

房地产销售者不仅要分析消费者的平均收入，还要分析研究不同阶层、不同地区、不同时期的消费者收入。例如，北京、上海、广州等大城市及东南沿海开放地区的收入水平较高、购买力较强，这是这些地区房地产业得以迅速发展的一个重要因素。

由于消费者的收入往往要受到通货稳定情况、税收等因素的影响，因此，还要将消费者的收入区分为货币收入和实际收入，这是因为实际收入会影响消费者的实际购买力。在消费者货币收入不变的情况下，如果物价上涨，则消费者的实际收入下降；如果物价下降，则消费者的实际收入增加；如果消费者的货币收入随着物价的上涨而上涨，但货币收入上涨的幅度小于通货膨胀率，则消费者的实际收入下降，购买力随之下降；上涨的幅度大于通货膨胀率，则消费者的实际收入上升，购买力随之上升。

③ 居民支出结构。随着消费者收入的变化，消费者支出结构也会发生变化，从而影响房地产企业的销售活动。

居民的消费支出包括衣、食、住、行、医疗保健、文教娱乐等各方面，居民收入在各种消费支出中的分配比例称为消费支出结构。

德国统计学家恩斯特·恩格尔(Ernest Engle)提出了著名的恩格尔定律(Engle's Law),即一个家庭的收入越少,其总支出中用于食物支出的比重就越大;随着家庭收入的增加,用于购买食物的支出占总支出的比重下降,而用于其他方面的开支(通信、交通、娱乐、住房等)和储蓄的支出比重将会上升。联合国粮农组织依据恩格尔系数(食品消费支出占家庭支出的比重)来反映人们的生活富裕程度:恩格尔系数在60%以上为贫困,50%～59%为勉强度日,40%～49%为小康,30%～39%为富裕,30%以下为最富裕。近年来,随着可支配收入的增加,中国居民家庭的恩格尔系数呈现降低的趋势。

人们收入的不同,对住宅价格的承受力和对住宅的需求也不同。收入高的人,能承受价格比较高的住宅,但要求面积大、质量好;中等收入者,一般来说,能承受中等大小、质量一般、价格中等的住宅;低收入者则只能承受政府提供的保障性住房。

④ 财政政策。财政政策是指政府通过一系列政策对国民收入进行再分配,从而实现国家经济的高效运转。政府的收入主要是税收,政府的支出主要是政府投资、政府消费和转移支付。

与房地产相关的税收包括:房地产企业需要缴纳的各项税费、个人购房需要缴纳的税费、物业税等。一般来说,房地产税负的增加会抑制房地产的需求,给房地产营销带来负面的影响。

政府投资一般投向基础设施和公共事业项目,一部分进入房地产市场或间接对房地产市场产生影响,如城市基础设施建设会对周边房地产市场产生较大影响。

政府消费主要是政府各机构运转的正常支出。政府的转移支付主要是政府对特定地区、特定人群、特定行业的补贴性支出,如政府为中低收入家庭提供保障性住房和住房补贴等。

⑤ 货币政策。货币政策是借助于利率和货币量的变动来实现某种目标的工具。房地产的开发、流通、消费都需要大量的资金,因此、金融机构在其中发挥了重要的作用,房地产业是典型的资金密集型行业。利率的变化对房地产营销有着非常直接的影响。当居民存款的利率降低了,尤其是低于消费品价格指数时,居民可能会考虑增加住房的消费或是进行住房的投资,从而增加短期的住房需求;同时,当利率降低时,降低了居民住宅消费或投资的短期成本,也会增加住房的短期需求。当利率升高时,上述两个方面也会使居民的短期住房需求减少。

⑥ 物价与通货膨胀水平。社会购买力的大小与通货稳定情况有着密切的关系。一般来说,通货膨胀使物价水平上涨,货币贬值,购买力下降,从而恶化房地产企业的销售环境;如果发生通货紧缩,则物价水平下降,购买力上升,购买活动比较频繁。

但是房地产也是一种投资品,且土地资源的天然垄断性使得房地产具有较强的保值增值性。因此,当物价上涨出现通货膨胀时,对房地产的投资性需求也可能会替代实用性需求,形成房地产市场的"泡沫"效应,这对于房地产企业而且虽然短期市场销售状况较好,但实际上蕴含着巨大的风险,更需要敏锐地判断市场的变化。

(3) 自然环境。自然环境要素是指项目所在地的地理位置、地质地貌、自然风光和气候等条件。自然环境是房地产投资者无法轻易改变的客观物质条件,而且房地产项目又具有地理位置的固定性和不可逆性的特点,因而房地产项目投资十分重视自然环境要素的研究,良好的环境会给产品带来附加的增值性;相反,糟糕的环境会降低产品的品质。例如,近期较热的“亲水住宅”正是依靠河流、湖泊等自然环境来创造一个优美的居住环境，提高住宅产品的附加值。除此以外，在城市中，对房地产项目影响最大的因素是交通，距商业中心的距离，距医院、娱乐场所、学校的距离直接关系到未来住户生活方便的程度，从而影响市场销售；距配电站、给排水管网、通信电缆的距离等，直接影响项目开发成本，从而影响项目效益。

充分利用自然环境有利的一面，通过营销方式和产品设计弥补自然环境不足的一面，使项目无论外观造型、结构布局，还是使用性质、使用功能，均与外在的自然环境很好地协调起来。

(4) 技术环境。科学技术是生产力，是企业和社会发展最重要的动因，每一次科学技术的创新都会给社会生产和人民生活带来深刻的变化。技术创新给房地产企业带来的好处：一是可以促使企业开发新产品，满足顾客新的需要；二是可以降低成本，增强企业的竞争力；三是为市场营销管理提供先进的物质基础，如电子计算机、传真机、办公自动化、互联网技术等有利于提高企业管理水平；四是影响企业销售策略的制定。新材料、新工艺、新设备、新技术的发展，使房地产生命周期缩短，企业需要不断研制和开发新产品；电子商务技术的发展，使新的传播方式得到应用；科技的进步，也使房地产企业的分销方式发生了变化。

技术创新既会创造新产品、新企业、新行业，也会摧毁传统企业和传统产品。一旦企业的产品跟不上技术创新的步伐，企业就会被市场淘汰。因此，房地产营销人员要了解和掌握与企业发展相关的技术发展变化的趋势，及时开发和利用新技术，淘汰旧技术，跟上技术进步的步伐，充分利用技术进步给企业带来的机遇而避开技术进步给企业造成的威胁。

(5) 政治法律环境。政治法律环境是指影响房地产企业销售活动的法律、政府机构、产业政策、公众团体等因素。任何一个房地产企业都是在一定的政治法律环境中运行的，企业的销售活动不可避免地受到它的管理、制约和影响，这种影响主要表现在以下几个方面。

① 政府与房地产企业的关系。政府与企业的关系取决于国家的政治体制和经济体制。政治体制是指国家政权的组织形式及其有关的制度，包括国家结构、政治组织形式、政党体制及相关的制度体系。经济体制是一个国家组织整个经济运行的模式，是一国经济制度的具体表现形式，也是该国制定和调整宏观经济政策的依据，它由所有制形式、管理体制和经济运行方式组成，我国就经历过计划经济向市场经济的转变。这些政治、经济制度都会对房地产企业的销售计划产生非常重要的影响，例如，我国城市土地归国家所有，因此，与其他行业的企业相比，房地产企业受政府的制约和影响更大；而城乡之间则采取的是二元的土地政策，即农村土地属于集体所有，这就形成了房地产市场的制度性差异，产生诸如“小产权房”等问题。政治体制与经济体制的改革，尤其是土地制度的完善与改革对房地产的发展有十分重要的意义。

② 法律法规。为了建立和维护一定的社会经济秩序，保护正常的社会竞争，保护消费者利益和社会长远利益，政府十分重视法律法规的颁布和调整，而每一项新的法律法规的颁布或原有法律法规的调整都会影响到企业的营销活动。房地产营销者必须熟悉有关的法规条例，在法律法规允许的范围内开展营销活动。

目前，中国的房地产法律制度建设已经取得显著成绩，形成了一个比较健全的法律体系。这个体系主要由五个层次构成：一是房地产法律，主要有四部，即《中华人民共和国土地管理法》《中华人民共和国城市规划法》《中华人民共和国城市房地产管理法》《中华人民共和国物权法》；二是国务院颁布的房地产管理条例，如《城市房屋拆迁条例》《城镇国有土地使用权出让和转让暂行条例》《外商投资开发经营成片土地暂行管理办法》等；三是国务院相关部委颁布的行政规章：《城市房地产中介服务管理规定》《城市房地产转让管理规定》《城市房地产开发管理暂行办法》《城市商品房预售管理办法》《城市新建住宅小区管理办法》等；四是与房地产营销有关的其他法律，如《中华人民共和国合同法》《中华人民共和国公司法》《中华人民共和国商标法》《中华人民共和国广告法》等；五是地方政府颁布的法令、法规。

③ 政府的方针政策。政府的法律法规是相对稳定的，而政府的方针政策则有一定的可变性，它随着国家政治经济形势的变化而调整。在市场经济条件下，政府对宏观经济的调控、对企业行为的干预主要是通过制定各种经济政策、运用经济杠杆来实现的，这些政策包括财政政策、货币政策、产业政策、区域发展政策、土地政策、住房政策等，房地产企业的营销活动只能在政策允许的范围内进行。任何一项政策的出台，都会对房地产企业产生直接或间接的影响。

对于财政政策与货币政策的调整对房地产销售的影响在经济环境中已经提及，其他政策中对房地产企业销售有直接影响的就是住房政策。住房政策是指政府直接制定有关住房市场和住房保障的行动准则，并以此作为政府管理住房市场运行和发展的重要依据，旨在解决城市住房问题。住房政策主要通过以下三种途径对住宅市场进行干预：一是对市场需求方的相关政策，如对私人首次购房免征购置税，提供各种住房公积金、抵押贷款以增加需求等；二是对市场供应方的相关政策，如土地使用、城市规划、住宅建造贷款等方面的政策；三是直接对市场的干预，如对房屋销售价格的管制，制定保障房分配政策等。

(6) 社会文化环境。房地产与居住于其中的人是不可分的，而人们分属不同的民族地域，有着各异的文化习俗、宗教信仰、语言思想、价值观念，处于不同的社会制度和经济发展水平之中；同一个社会又划分为不同的社会群体和社会阶层，具有不同的行为方式和生活方式，他们对住房的要求也不尽相同，对房地产市场营销产生了较大影响。

从广义的范畴上来说，居住文化包括居住需求偏好、住宅消费传统、价值判断、修养、情趣及思维和行为方式等诸多不可计量的非经济因素。这些因素对房地产市场营销有着不可估量的影响。如当前任宅的户型设计、小区规划、营销策略、投资理念、消费方式等，无一不受到居住文化的影响。特别是在住宅商品市场成为买方市场后，由于社会成员对于生活品质的追求和生活方式的改变，如何提高住宅文化的附加值，必将成为研究房地产市场营销环境的重点。

3. 房地产市场的微观环境

房地产市场营销活动的主要目标是从顾客需要的满足中获取利润。为了实现这一目标，企业首先要从供应商那里获取生产所需要的建筑材料、建筑设备等生产要素，然后通过企业内部各部门和建筑商的协作，开发出房地产，再通过中间商将产品销售给顾客，在此过程中，房地产公司还要迎接来自竞争者的挑战、来自合作伙伴的配合、来自公众的影响。微观环境就是指上述房地产营销过程中的房地产公司、供应商、竞争者、购买者、房地产中介、公众等，房地产企业一般通过对这些因素进行详细的调查和研究，并通过调整自身的策略来满足需求。房地产市场营销的微观环境和宏观环境一起构成了整个房地产市场的营销环境。

(1) 房地产开发企业。房地产开发企业是指在对市场进行分析、研究的基础上，设计、建造满足目标市场需要的房地产产品，实现自己的营销方案，并最终实现自己的经营目标和销售目标的企业。严格意义上说，房地产开发企业不是营销环境而是营销方案的制订者和执行者。但在房地产公司中房地产营销方案的制订和执行一般由房地产营销部或市场部来担任，营销部门主要负责市场研究、制订企业的营销计划、新产品开发、品牌的制定和管理、广告、产品销售及售后服务等工作。营销部门在制定营销决策时，不仅要考虑外部环境力量，还要考虑企业内部环境的影响。一是要考虑企业最高管理层的意图，要以最高管理层制定的企业任务、目标、战略和政策为依据制订营销计划，并呈报最高管理层批准执行；二是要与企业的其他职能部门（如研发部门、制造部门、采购部门、财务部门等）密切配合，相互协调，共同制订企业的年度计划和长期计划，使营销管理工作得到内部的大力支持，从而形成强大的合力，使各项营销管理决策和营销方案得以顺利实施。这些房地产企业内部的各部门构成了房地产营销的微观环境。

(2) 供应商。在房地产营销环境中的供应商包括与房地产开发企业签订合同的设计单位、施工单位、监理单位和材料设备供应单位等。

各类供应商对房地产开发企业营销活动的影响各有不同。

① 规划设计单位。首先设计应满足业主所需的功能和使用价值，符合业主投资的意图，同时受到经济、资源、技术、环境等因素的制约；其次设计都必须遵守有关城市规划、环保、防灾、安全等一系列的技术标准、规范、规程。房地产开发企业一般通过设计竞选和设计招标的方式选择具有资质的、信誉良好的规划设计单位，来保证产品的设计水准，创建房地产营销的良好的微观环境；最后，房地产开发企业的营销部门也需要向设计单位提供市场信息、顾客反馈，帮助他们设计出符合市场需求的产品。

② 施工和监理单位。施工是工程实体形成的阶段，受到施工人员、材料、设备、方法、环境等因素的影响。目前我国的监理主要是集中在施工阶段对施工的监督管理。房地产开发企业一般通过施工招标和监理招标的方式选择相符工程资质要求的施工单位和监理单位。

③ 材料和设备供应单位。建筑材料和设备是构成工程实体的物质基础，它们质量的好坏直接影响到工程产品的质量。一般的材料可以采用直接采购，大宗的材料可以采用招投标方式。由于材料和设备的采购是一个长期和重复性的工作。因此，房地产公司应选择一部分信誉良好的材料供应商和设备供应商作为自己的伙伴，与之保持长期而灵活的关系，以保证材料和设备的稳定供应和质量的一致性。

(3) 竞争者。在一个竞争性的市场中，每一个企业的营销系统都是在一群竞争对手的包围和制约下工作的。分析竞争来自何方、出于何种动机、哪个威胁最大、其随时间变化的趋势如何等，是企业成功开展市场营销的必备条件。

① 竞争者识别。房地产企业的竞争对手主要包括四种类型：愿望竞争者、一般竞争者、产品形式竞争者和品牌竞争者。愿望竞争者是指提供不同房地产以满足消费者不同需要的竞争者，如商业用房、工业用房、娱乐用房、住宅的开发商之间就是愿望竞争者。一般竞争者是指提供能满足消费者同一种需求的不同房地产的竞争者，如普通住宅、高级公寓、别墅的开发商之间就是一般竞争者。产品形式竞争者是指生产同一种房地产，但不同户型、面积、设计风格的竞争者，如同是开发普通住宅，但其开发的面积、户型设计及配套设施等方面均有所不同的开发商之间就是产品形式竞争。品牌竞争者是指生产同种房地产，而且其产品的户型、面积、配套设施也相同，但品牌不同的竞争者，谁的产品形象好、品牌知名度高，谁就能在竞争中占据有利地位。

我国现阶段房地产行业的竞争主要是产品的竞争和品牌的竞争，又由于房地产市场的地域性特点，因此，最直接的竞争者是那些用相同的战略追逐相同目标市场的企业，即处于同一地域的、有着相似产品的竞争者。

除此以外，还要注意识别潜在的竞争者。对一个房地产公司来说，确定已存在于市场上的竞争者是一件比较容易的事，因为他们的信息多，市场行动易于察觉，但识别一个潜在的竞争者，就不那么容易了，他们信息较少，有些甚至不是本行业的企业。

② 竞争者分析。竞争者可以分为现有竞争者和潜在竞争者，对现有竞争者的研究主要包括以下内容。

一是竞争者基本情况的研究。竞争对手总体的数量，它们在哪些市场上活动，各自的规模、资金、技术、土地储备、政治背景如何，按照竞争对手的强弱和对自己威胁的强弱进行分类，确定目前企业营销策略中的主要竞争对手。

二是主要竞争者的详细研究。主要分析竞争者的发展阶段，企业文化，产品质量、性能和组合，顾客服务，定价政策，销售政策，销售人员情况，广告和促销方案以及设计与开发，财务等内容。还要研究其能够对本企业构成威胁的主要原因：如资金雄厚、规模大、设计新颖独特或是其他原因等。研究的目的是寻找差距，知己知彼，扬长避短，在竞争中把握主动。

三是竞争者的发展趋势研究。公司必须对竞争者的变化和战略的重新设计保持警觉。要收集有关资料，密切注视竞争对手的发展方向，分析竞争者可能开辟哪些新市场、哪些新产品。

另外，要密切注意潜在的竞争者会转变成现实的竞争者。随着我国房地产市场的开放，港澳台房地产巨头、跨地区房地产开发商已经形成，他们随时可能进入某地区的房地产市场，成为该地区的实际竞争者。此外，随着互联网的发展，跨界发展也成为一种可能，一些房地产销售公司甚至非房地产业的公司也可能会依托大数据、高新技术和便捷的融资渠道，成为潜在的竞争者。

③ 竞争优势的保持。一个房地产项目在市场中产生很好的反响，并获得认可并不是一件难事，但随之而来的是会有许多类似的项目出现。如何保持在某一有效市场中的优势和较大的市场份额是每一个房地产企业需要考虑的问题。为了保持竞争优势，企业可以采取：首先建立品牌，提高客户的忠诚度；其次保持并不断提高产品质量；再次进行产品的不断创新，引导需求；最后通过与供应商的长期合作，创造成本和价格优势。

(4) 消费者。从企业角度来看，消费者是企业产品的购买者，也是企业服务的对象；从市场的角度来看，市场是由消费者所构成的。消费者可以是个人、家庭、组织和政府。对于一个企业而言，消费者永远是最重要的营销微观环境。通常消费者在多个方面影响着房地产企业的营销经营，如消费者需求的总量、消费者需求的结构、消费者的购买能力等。

房地产市场的消费者可以细分为四个层次：个人消费者、企业消费者、中间商和政府消费者。个人消费者市场是由为了个人生活消费而购买房地产的个人或家庭所构成的市场，一般以自住目标为主。企业消费者市场是由为了进行再生产、取得利润而购买房地产的个人和企业所构成的市场，主要以投资或生产经营为主。中间商市场是由为转卖、获得利润而购买或代理房地产的中间商所构成的市场，主要以投资增值获利为主。政府市场是由为了履行职责、提供公共服务而购买房地产的政府机构所构成的市场，一般以保障安居为主要目标。

消费者需求分析包括需求总量分析(市场容量、现实需求、潜在需求),需求结构分析(需求类别和构成、消费者类型、地区分布等),消费者购买力分析(购买力水平、影响因素等)。房地产销售人员必须了解目标消费者的欲望、观念、喜好和购买行为,这些研究能为确定新产品、产品特性、价格渠道、信息等市场营销组合因素提供线索,从而更好地满足消费者的需要和欲望。但是要了解消费者并不简单,消费者对自己的需要和欲望的叙述是一回事、实际行为可能是另一回事,他们往往会受到影响而在最后一刻改变主意。特别是房地产产品,它具有总价高、影响因素多的特点,造成消费者购买的多目标性、需求表达的含糊性、决策的长期性和群体性。

此外,消费者的需求也是多样的,并随时间而推移和变化,例如,有些消费者对价格十分敏感,有些消费者对房屋的质量提出更高的要求等。又如,随着消费者收入的增加,其对住房的需求也会增加等。因此,房地产销售人员的主要任务是了解和分析在市场营销刺激和其他刺激进入消费者的意识后到消费者做出购买决策的购买者意识的特征和决策过程。房地产销售人员以前是通过日常销售中的经验来了解消费者的,然而随着企业和市场规模的扩大,房地产开发企业一般通过市场调查来了解消费者的情况。

(5) 房地产中介。房地产中介是指协助房地产企业将产品销售给最终购买者的中介机构,包括中间商和辅助中间商。

中间商是在销售渠道中参与交易活动或者协助交易活动完成的机构,他们通常帮助房地产公司寻找客户。中间商根据其对商品所有权的关系又可以分为经销商和代理商。经销商一般是从房地产企业购买商品后再进行转销,他们对其销售的房地产拥有所有权。而代理商一般是不具有房地产所有权的,他们只帮助房地产公司找到合适的客户或者协助房地产公司签订合同,从中赚取佣金。中间商对于房地产企业来说是一个很好的帮助其完成销售任务的伙伴。一般情况下,中间商拥有大量的客户需求信息,可以针对具体楼盘情况向特定的客户推销,而房地产商的工作重点一般在房屋的开发和经营上,所以中间商比房地产公司更能有效地完成销售任务。

辅助中间商不直接经营房地产商品,只对房地产商品的销售起辅助作用,如为房地产公司提供货物的运输和存储,房地产广告代理等。另外银行、信用公司、保险公司等金融保险公司也是辅助中间商,因为房地产项目通常是资金密集型的,而且收益期长,风险较大,所以通过与相关的金融保险公司合作,可以分担风险,提高房地产公司的信誉,为企业的经营提供大量资金保证。

(6) 公众。公众是指任何可以对本企业的目标产生作用和影响的群体。其成员面临共同问题、有共同利益和要求。公众不仅能够协助企业达到其目标,也可以阻碍企业目标的实现。所以通常企业都需要保持与公众之间良好的关系,否则企业的命运会受到巨大影响。

企业与公众之间的关系非常广泛,因为公众本身是一个非常大的群体。一般企业的公共关系部门需要针对不同的公众群体进行营销,前面已介绍过的竞争者、供应商、中间商等都属于公众的范围。对于一个房地产公司而言,经常面对的重要社会群体还包括以下七类。

① 金融公众。由于房地产属于资本密集型行业,其融资能力对其生存与发展影响巨大,所以金融业是房地产公司利益集团中的重要分子,金融业主要包括银行、投资公司和证券公司等。树立良好的市场形象和信誉,使金融界对公司正常的经营和偿债能力感到满意和放心,对于提高房地产公司融资能力十分重要。房地产公司应该通过发布年报,回答财务

问题，并谨慎地运用资金等方式来取得这类公众的信任。

② 新闻传媒公众。新闻媒体类指那些刊登或播报新闻、特写和社论的机构，特别是报纸、杂志、广播电台、电视台和互联网。新闻媒介信息传递迅速、影响力大、威望度高，因而被某些西方国家称为除立法、司法和行政三大权力之外的“第四权力”，又被称为“无冕之王”。

新闻传媒对房地产企业经营业绩的报道能提高企业的知名度，树立良好的企业形象，扩大企业产品的销售；相反，传媒公众对企业经营管理中存在问题的曝光会使企业信誉降低，形象受损，从而影响产品的销售。因此，房地产企业在努力搞好生产经营活动的同时，要与大众传媒建立良好的关系，赢得传媒做出对企业有利的宣传。

③ 政府公众。政府公众是指负责管理房地产企业经营活动的各有关政府机构，主要有土地管理局、房地产管理局、工商行政管理局、税务局、物价局和审计局等。他们不仅可能因其庞大的集团购买力而成为企业重要的顾客，而且作为社会管理者，他们所制定的法规、政策、规范，促进或限制着企业经营与发展。企业管理当局在制订营销计划时，必须认真研究与考虑政府政策与措施的发展变化，加强沟通和合作，遵纪守法，树立良好公众形象，争取获得他们的支持。

④ 市民团体公众。市民团体公众包括行业协会、学会、消费者协会、环境保护组织、少数民族团体、妇女儿童保护组织等。市民团体公众可能会对房地产企业的某些经营行为提出质疑，企业要给予及时的解释或解决，赢得这些组织的理解和好感。市民团体公众对企业的赞扬胜于企业的广告。

⑤ 地方公众。地方公众包括房地产公司所在地和楼盘所在社区的公众。房地产公司应同当地的公众团体如居委会、街道办事处、学校、医院、邻里单位和居民保持联系，处理异议、回答质询和向值得支持的事业提供资助。地方公众对房地产公司和公司楼盘的态度，以从由此产生的口碑，会呈放射性地向周围地区发展、深深地影响房地产公司产品的销售。

⑥ 一般公众。一般公众是指与房地产企业经营活动无关的公众。虽然一般公众通常不能有组织地对企业采取行动，然而一般公众对企业的印象却强烈地影响着消费者对房地产企业及其产品的看法。这对房地产企业树立优质品牌形象，进行品牌扩张有重大意义。企业还可以通过积极参与城市发展建设，向慈善事业捐赠等方法树立良好公众形象，争夺潜在的购房者。

⑦ 企业内部公众。企业内部公众包括公司董事会和经理、一般管理人员和工作在第一线的各岗位员工。企业可通过业务通信等方式与他们沟通，适时地表扬、激励他们。建设奋发向上、为顾客服务、为社会服务、为员工服务、团结温馨的企业文化，建立多劳多得的分配原则等一系列管理制度等。当员工对公司有好感时，这种态度会扩散到外部的公众，从而有利于公司声誉的树立。

4. *房地产市场营销环境分析内容与方法*

(1) 房地产市场环境分析的内容。房地产企业的市场营销环境是由微观环境和宏观环境构成的多因素、多变量并不断变化的环境，根据制定市场营销战略的需要，应重点调查研究以下五个方面。

① 顾客需求。房地产企业在制定市场营销战略时应注意家庭收入的增长情况及工商业的发展趋势等。房地产市场是一个复杂的多元化市场，房地产企业只有充分认识顾客需求的层次性和差异性，正确选择目标市场，制定营销策略，才能充分满足顾客的需求。

② 竞争情况。应根据目标市场所在地区的经济发展预期，科学地确定出未来的需求变化及潜在市场需求量。房地产企业不仅要分析所在地区的同类房地产开发经营企业的营销计划，还要充分估计已投入使用物业的竞争能力，尤其是某些在未来可能改扩建的物业对市场供给的影响。

③ 供应情况。地产企业应充分掌握所在地区的城市规划、土地供应计划以及金融机构，提供开发贷款和按揭贷款的发展趋势。

④ 政府政策。随着区域经济和社会的发展，政府的规划限制、环保要求及防火要求等都将发生一定的变化，房地产业的发展政策也将有所改变，房地产企业在制定市场营销战略时必须掌握上述变化的趋势。

⑤ 企业自身条件。应主要分析企业在房地产开发、物业经营管理方面的水平及其与竞争对手相比较所具有的优势及可能产生的差距，企业的资金积累及抵押力的变化能否满足经营目标的要求等。

以上五个方面是房地产企业在制定营销战略时必须加以调查分析的问题。此外，因所在地区的特殊性及开发经营物业的特点，还要进行专项分析。

(2) 房地产市场环境分析的方法。市场营销环境分析常用的方法为 SWOT 法，又称态势分析法。SWOT 分析法是基于企业的自身实力，对比竞争对手，分析企业外部环境变化及影响可能对企业带来的机会与企业面临的挑战，进而制定企业最佳发展战略的方法。SWOT 分析法常常被用于制定集团发展战略和分析竞争对手情况，在战略分析中，它是最常用的方法之一。

① 外部环境分析(机会与威胁)。环境机会的实质是指市场上存在“未满足的需求”。它既可能来源于宏观环境，也可能来源于微观环境。随着消费者需求不断变化和产品寿命周期的缩短，引起旧产品不断被淘汰，需开发新产品来满足消费者的需求，从而市场上便出现了许多新的机会。

环境机会对不同企业是不相等的，同一个环境机会对某一些企业可能成为有利的机会，而对另一些企业可能造成威胁。环境机会能否成为企业的机会，要看此环境机会是否与企业目标、资源及任务相一致，企业利用此环境机会能否比其竞争者带来更大的利益。

环境威胁是指对企业营销活动不利或限制企业营销活动发展的因素。这种环境威胁，主要来自两个方面，一方面，是环境因素直接威胁着企业的营销活动，如政府近几年来推出的限制住房价格过快上涨的一系列宏观调控政策，对于主要从事住宅开发的房地产企业来说，就构成了巨大的威胁。另一方面，企业的目标、任务及资源同环境机会相矛盾，如人们对自行车的需求转为对摩托车的需求，给自行车厂的目标与资源同这一环境机会造成矛盾。自行车厂要将“环境机会”变成“企业机会”，就需要淘汰原来产品，更换全部设备，同时必须通过培训，学习新的生产技术，这对自行车厂无疑是一种威胁。摩托车的需求量增加，自行车的销售量必然减少，给自行车厂又增加一份威胁。

② 内部环境分析(优势与劣势)。识别环境中有吸引力的机会是一回事，拥有在机会中成功所必需的竞争能力是另一回事。每个企业都要定期检查自己的优势与劣势。

企业不应去纠正它的所有劣势，也不是对其优势不加利用。主要的问题是企业应研究，它究竟是应只局限在已拥有优势的机会中，还是去获取和发展一些优势以找到更好的机会。有时，企业发展慢并非因为其各部门缺乏优势，而是因为它们不能很好地协调配合。

（二）客户需求分析

1. 消费者市场及其购买行为

（1）消费者市场。消费者市场又称最终消费者市场、消费品市场或生活资料市场，是指个人或家庭为满足生活需求而购买或租用商品的市场，它是市场体系的基础，是起决定作用的市场。消费者市场是现代市场营销理论研究的主要对象。成功的市场营销者是那些能够有效地开发对消费者有价值的产品，并运用富有吸引力和说服力的方法将产品有效地呈现给消费者的企业和个人。因而，研究影响消费者购买行为的主要因素及其购买决策过程，对于开展有效的市场营销活动至关重要。

（2）消费者购买行为模式。

① 消费者购买行为的一般模式。由于购买动机、消费方式与习惯的差异，各个消费者的消费行为表现得形形色色，各不相同。尽管如此，在千差万别的消费者行为中，仍然有着某种共同的带有规律性的东西。

心理学家在深入研究的基础上，揭示了消费者行为中的共性或规律性，并以模式的方式加以总结描述，这就是消费者行为的一般模式，如图 5－4 所示。

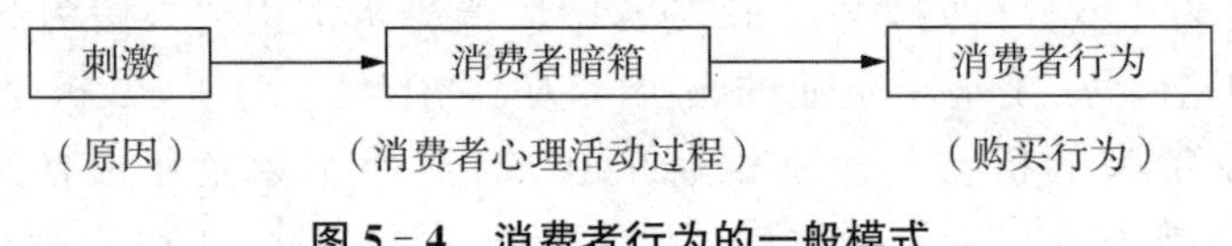

图 5－4　消费者行为的一般模式

② 购买行为的类型。现实中的顾客是多种多样的，不同的顾客在购买动机及行为方面有着很大差别。受购买动机、经济条件、生活方式、社会文化、年龄和个性等因素的影响，顾客的购买行为主要有以下六种类型。

一是价格型购买行为。具有这种购买行为模式的顾客对商品价格比较敏感。其中，有些总喜欢购买廉价商品，甚至在没有购买意向的情况下，见到廉价商品也会采取购买行动。还有些价格型的人特别信任高级商品，认为这类商品用料上乘，质量可靠，即所谓“一分钱，一分货”，所以常乐于购买高价商品，认为这样可以使自己的需求得到更好的满足。

二是理智型购买行为。有些顾客习惯于在反复考虑、认真分析、多方选择的基础上采取购买行为。他们购买商品时比较慎重，不轻易受广告宣传、商品外观以及其他购买行为的影响，而是对商品质量、性能、价格和服务等认真比较。接待这类顾客要实事求是，详细地介绍商品，努力促成交易。

三是冲动型购买行为。具有这种行为模式的顾客经常在广告和商品陈列、使用示范等因素刺激下购买商品。他们在挑选商品时主要凭直观感受，而很少进行理智思考，不大讲究商品实际效用和价格等，因为喜爱看到他人争相购买，就会迅速采取购买行动。生动的广告、美观的商品包装、引人注目的商品陈列等，对于吸引这类购买者效果十分显著。

四是想象型购买行为。有些人往往根据自己对商品的想象、评价或联想进行选购。该类消费者在购买商品时，比较重视商品名称、造型、图案、色彩、寓意等，这是一种比较复杂的购买行为。具有这种购买行为的顾客通常对商品有很高的鉴赏力，他们的选择对相关群体的影响比较大。

五是习惯型购买行动。有些顾客通常根据自己过去的使用习惯和爱好购买商品，或总是到自己熟悉的地点去购买商品。他们一般比较忠于自己熟悉的商品、商标和经销商，选择商品和购买地点具有定向性、重复性，他们见到自己惯用的商品就果断采取购买行动，不需要进行反复比较。

六是随意型购买行为。有些顾客对商品没有固定的偏好，不讲究商品的商标和外观，往往是随机购买，这被称为随意型购买。它有两种表现：一种表现是不愿为购买商品多费精力，需要时遇到什么就买什么，图方便和省事；另一种表现是购买者缺乏主见或经验，不知道怎样选择，乐于仿效他人，卖方的建议对其影响也很大。

2. 影响房地产消费者购买行为的主要因素

消费者生活在纷繁复杂的社会之中，购买行为受到诸多因素的影响。要透彻地把握消费者购买房地产产品的行为，有效地开展市场营销活动，必须分析影响消费者购买行为的有关因素。

(1) 消费者自身因素。

① 消费者的经济状况。消费者的经济状况主要包括消费者的收入、存款与资产、借贷能力等。消费者的经济状况会强烈影响消费者的消费水平和消费范围，并决定着消费者的需求层次和购买能力。消费者经济状况较好，就可能产生较高层次的需求，购买较高档次的商品房，享受较为高级的消费。相反，消费者经济状况较差，通常只能优先满足基本生活居住需求，选择安居房或价格较低的商品房。

② 消费者的职业和地位。不同职业的消费者，对于商品房的需求与爱好往往不尽一致。一个从事教师职业的消费者，一般会较多地选择文化色彩较为浓厚的商品房产；而对于IT 行业的金领来说，时尚、个性和宽带更为需要。消费者的地位不同也影响着其对商品房的购买。经济实力雄厚、有一定社会地位的消费者，通常会购买能够显示其身份与地位的较高级的商品房或者别墅。

③ 消费者的年龄与性别。消费者对产品的需求会随着年龄的增长而变化，在生命周期的不同阶段，相应需要各种不同的商品。比如在幼年期，需要婴儿食品、玩具等；而在老年期，则更多的是需要保健和延年益寿产品。不同性别的消费者，其购房行为也有很大差异。在看房人群中，通常男性消费者更关注会所、客厅、阳台、书房等部分，女性消费者更关注厨房、卫生间的实用性和舒适性。年轻的消费者比较注意楼房的外部环境及交通便利程度；年长的消费者则更关注小区内部的环境。

④ 消费者的性格与自我观念性格是指一个人特有的心理素质，通常用冲动或理性、外向或内向、创意或保守等去描述。不同性格的消费者具有不同的购买行为。冲动的消费者在购买中表现出大胆自信，而理性的消费者在挑选商品房中往往货比三家、择优选择。

(2) 社会因素。

① 社会文化因素对消费者购买行为的影响。文化通常是指人类在长期生活实践中建立起来的价值观念、道德观念以及其他行为准则和生活习俗。若不研究、不了解消费者所处的文化背景，往往会导致营销活动的失败。

② 社会相关群体对消费者购房行为的影响。相关群体是指对消费者的态度和购买行为具有直接或间接影响的组织、团体和人群等。消费者作为社会一员，在日常生活中要经常与家庭、学校、工作单位、左邻右舍、社会团体等发生各种各样的联系。

家庭是消费者最基本的相关群体，因而家庭成员对消费者购买行为的影响显然最强烈。

亲戚、朋友、同学、同事、邻居等也是影响消费者购买行为的重要相关群体。

(3) 产品因素。产品在质量、价格等各方面的因素也是影响消费者购买行为的重要因素。对于房地产产品而言,由于不同类型的物业功能用途不同,其重点要考虑的产品因素也有所差异。

① 影响住宅购买行为的产品因素。

一是住宅所在地与城市中心、商业服务业的距离及交通便捷程度。居住物业对城市社会经济生活的可接近性是消费者购买决策的一个重要参数。

二是区域环境因素。区域环境因素包罗极广,诸如风景、空气、噪声、邻里等都是环境的一部分,再有如林木、花草、菜市场、百货公司、学校、公园、电影院、歌厅、活动场所等各项设施。

在区域环境选择中,个人的观念、教育程度、生理需要、购买动机、性别差异等都可能会对环境选择造成影响。

一般而言,环境的各子因素中,首先林木、花草为代表的绿化最为重要;其次是附近有没有学校,或者换个角度看,区域的文化气息如何;最后是各类商店等基础设施的有无,而女性较男性更重视附近有没有菜市场,男性较女性更重视附近有没有运动场所。

三是房屋自身要素。房屋本身具有许多要素,其中包括外观、室内设计、房厅数、工程质量、水电设施、采光、通风和朝向。这些房屋要素的相对重要性,受个人年龄、教育程度、购买动机、房型期望等因素影响,可能产生相当程度的变动。

② 影响写字楼购买行为的产品因素。

一是周围市政配套设施状况。写字楼作为日常办公场所,对其周围的市政配套设施有较高要求。比如写字楼的对外道路交通是否便捷,是否有足够的停车位;写字楼附近是否有与办理商务紧密相关的机构和服务设施,如政府有关办事机构、银行、保险机构、邮电局、打字复印社、餐饮设施、宾馆、酒店等。

二是配套设施设备的数量与质量。写字楼的电梯、卫生设施、空调设备、通信设备是否齐全有效,数量是否够,质量是否稳定,能否确保正常运行。这些配套设施设备的数量足够、质量合格对发挥写字楼的功能至关重要。

三是写字楼的空间尺寸与布局。在空间尺寸上,除少数行业的特殊要求外,绝大多数的商贸型公司都需要空间尺寸较大的写字间,以提高机构的工作效率。

四是写字楼的社会形象。良好的社会形象对于写字楼的购买者和承租者来说,是重要的决策因素。因为这将有助衬托和提高其社会地位,为其发展创造出更多的机会。

五是物业管理服务。写字楼物业能否正常发挥其使用价值,与物业管理服务的水平高低有重大关系。物业管理工作做得好,等于创造一个良好的工作环境,有利于写字楼内各公司(企业)的正常营运,并帮助它们维持企业形象和提高企业的信誉。

③ 影响商铺购买行为的产品因素。商铺属于商业地产,以收益和经营为投资目的,其购买行为与住宅、写字楼相比,具有以下主要影响因素。

一是周边的环境。周边环境直接影响商业地产的价值,对于商铺而言,人群聚集度是最重要的环境。

二是设施配备。首先,要有通风环保等设备有效留住客户,这是最基础的,独立经营的铺位需要互联网等;其次,电梯的数量足够是客流充分的保障,电梯的位置和安排也同样重要。

三是整体的规划布局。合理的布局可以使客流有效地流动。

四是科学的铺面设计。包括面积太小、进深的设计、层高。

五是停车位。充足的车位保证有效消费人群的到达，另外停车场设计要合理，保证进出方便，使客流能够有效地流动。

六是售价。购买商业物业之前，应该估算出这个商业物业的合理售价。

④ 影响工业物业购买行为的产品因素。

一是工业建筑设计与质量。不同的工业生产有不同的工艺流程、设备、管道设施和环境卫生条件等方面的要求，相应地，工业建筑的平面布局、形体、结构形式、空间大小、立面设计和艺术处理等也各不相同。

二是交通便捷程度。工业物业交通便捷度是指生产原材料的运入以及生产成品运出的便捷程度。

三是基础设施完善程度。基础设施包括动力能源、供水能力及保证率、排水设施及能力。工业的动力能源主要有煤、油、火电、水电、热能等。一般来说，基础设施条件好，保证率高，生产则不受影响，工业物业的使用效益可得到充分发挥。

四是产业集聚规模。工业物业所在区域企业数目、行业类型以及企业规模将直接影响物业价值和购买决策。现代化工业生产分工细、专业化强，许多生产部门需要相互协作。工业区内具有一定规模生产技术体系才能使置身其中的企业产生规模经济效益和集聚效益，减少不必要的生产成本和一些其他费用。

五是环境质量环境。环境质量参数主要包括地质状况，土地承压力，地形和受到洪水淹没威胁的可能性，区域内水污染程度及大气、噪声污染程度等。

除以上提到的消费者因素、社会因素和不同类型物业的产品因素以外，企业因素也是影响消费者房地产购买行为的一个因素。比如房地产公司的品牌、物业服务的优劣、宣传策略、推广模式和销售中的促销工作等。

3. 房地产购买决策过程

不同的购买类型反映了消费者购买过程的差异性或特殊性，但是消费者的购买过程也有其共同性或一般性。西方营销学者对消费者购买决策的一般过程做了深入研究，提出若干模式，采用较多的是五阶段模式。对于消费者的购房决策过程，五个阶段分别是：认识需要、信息搜索、评估选择、购买决定与购后评估。

(1) 认识需要。消费者首先要认识到自己需要某种商品的功能后，才会去选择和购买，因此，认识需要是消费者购买决策过程中的第一个阶段。在这个阶段里，消费者认识到自己的即时状态与理想中的状态的差距，所以就想消除这个差距。许多因素都可以使人们认识到自己的需要。正是因为许多因素都可以激发人们认识需要，因此，进行市场营销的房地产企业可以通过广告和宣传推广来激发人们对新产品的需要，从而使他们认识到自己的需要。

(2) 信息搜索。消费者认识到自己的需要以后，便会自动地进入购买决策过程中的另一个阶段——信息搜索，当然，对于反复购买的商品，消费者会越过信息搜索阶段，因为所需信息已被消费者通过过去的搜索而掌握，这是不言而喻的。购买商品房对于一个消费者来说，一般还是比较重视信息搜索。信息的外部来源有多种。

① 个人来源。亲戚和朋友是典型的外部信息来源。

② 公共来源。公共来源的范围较广，可以是政府或其他组织的评奖，也可以是报纸或杂志中关于产品的评论与介绍，还可以是广播电台或电视台组织的有关商品房的节目。

③ 商品来源。商品来源包括产品广告、售楼员的介绍、销售中心的情景营造、现场及样板房的感受等，不过这些途径的信息对消费者来讲有时会有先天性的偏差，消费者可以同意或相信，也可以提出问题或根据自己的经验做其他评论。

(3) 评估选择。

① 品牌子集。所谓品牌子集，是指消费者根据某种标准所做出的限定范围内的开发商品牌。评估选择只在消费者的品牌子集中进行，这个子集并不包括其他的品牌。

② 决定性因素。在消费者评价与选择的标准中，通常会有一项是促成消费者决策的主要因素，这项因素被称为决定性因素。决定性因素依商品房的种类和消费者的感觉、生活方式、态度、需要等诸多方面的因素而变化。例如，当一位公司高级职员要买一块与他的地位相称的手表，他一般会去买"欧米茄"牌(OMEGA)的，这时品牌就是他评价与选择的决定性因素。假如一位爱吃辣椒的消费者买零食，那么带辣味儿的食品就是他的首选，于是他会买带辣味儿的锅巴或虾条，至于说品牌，则不是他关注的要点。

(4) 购买决定。消费者经过搜索信息对产品进行了评价与选择后就会做出购买决定。当然，消费者也可能因为评价与选择过程中的问题推迟或取消购买的决定，这时消费者购买的决策过程处于停滞状态。

消费者一旦做出购买决定，余下的只是完成交易，也就是签合同、付款、等待入伙等事宜。在这个过程中也不可掉以轻心，由于房地产项目的特殊性，许多消费者在合同的审定上都会请来专业的法律顾问，所以，销售相关的法律文书的严密性、公正性也是成交的一个重要条件。

(5) 购后评估。签订商品房买卖合同以后，消费者的购买决策过程还没有终止，因为在商品房的交付使用过程中，消费者会以购前的期望为标准来检查与衡量自己买回来的商品房，为的是看看有没有什么问题或不满意的地方。

(三) 项目竞争楼盘分析

1. 项目竞争楼盘分析的含义和作用

项目竞争楼盘分析是房地产市场营销调研一个非常重要的内容，它是以与本项目有共性的在建开发项目为特定的商品对象所开展的市场营销调研活动。项目竞争楼盘分析主要以本项目商品本身的消费者为对象，用科学方法收集消费者购买以及使用商品的事实、意见、动机等有关资料，并予以分析研究的营销调研活动。据此了解特定区域内竞争楼盘，尤其是明星楼盘的销售状况、主要卖点、吸引消费者的主要因素，为特定将建楼盘的定位提供参考依据。

实践证明，在十分复杂、激烈竞争的经营环境中，只有通过认真细致、有效的以项目竞争楼盘分析为主要内容的市场调研，才能制定出切实可行的营销战略，使企业立于不败之地。

2. 竞争楼盘分析的内容

竞争楼盘分析的内容主要包括竞争楼盘的基本情况、消费者购买以及使用商品的事实和消费者购买商品的动机以及使用商品的意见三个部分的内容。

(1) 竞争楼盘的基本情况是指那些与本项目在区域位置、功能用途、目标客户等多方面具有共性而与本项目形成竞争楼盘的一些基本的技术经济指标、销售策略和其他商务信息。

(2) 消费者购买以及使用商品的事实是指调查分析竞争楼盘房屋的销售率、购买客户的来源分布、购买时间、规划偏好以及面积偏好等事实资料。

(3) 消费者购买商品的动机以及使用商品的意见是指调查分析竞争楼盘购房者购买该房屋的原因是居住，还是投资，对该房屋的满意程度如何，包括价格、建材、格局、地点以及环境等的反映资料。

针对不同的项目，结合在房地产营销不同阶段竞争楼盘分析目的的不同，竞争楼盘分析的内容会有所侧重，具体内容多以表格方式体现。

3. 竞争楼盘分析的情报来源及其收集方法

(1) 情报来源。房地产的情报来源非常广泛，大致可以分为以下五类。

① 正式出版物。报纸和杂志是房地产市场推广应用最多的媒体，也是最主要的房地产竞争情报源。

② 非正式出版物。房地产行业的非正式出版物很多，主要有楼书、海报、客户通信、企业内刊、电子楼书等。这些都是企业为了展示项目资料、宣传企业文化、促进房屋销售所制作的销售展示工具。

③ 互联网。随着互联网的全面普及，网络情报源正显示着其独特的魅力。互联网上的情报不仅覆盖面广，而且信息及时。同时还能提供其他媒体无法提供的情报。

④ 人际网络。人际网络关系往往能得到公开渠道所无法获得的信息，而这些信息能对企业快速反应产生影响，尤其是在立项报批阶段和销售阶段。在立项报批阶段通过人际关系能及时了解竞争对手或潜在竞争对手的规划信息，在销售阶段通过人际关系能及时了解潜在竞争对手的价格策略、销售策略和推广策略。

⑤ 房展会或研讨会。在房展会、专业论坛、业内研讨会等公共活动中，可以及时了解业内最新的市场动态、产品技术应用、建筑及景观设计概念、营销概念等情报。很多企业的市场部人员都会通过拍照、摄像来收集资料，如沙盘模型、展会特装、活动演出等。

(2) 竞争楼盘分析情报的收集方法。

① 文献检索。通过对报纸、杂志等正式出版物和楼书、海报等非正式出版物进行检索，将有价值的情报信息摘录、剪贴、复印，是房地产行业竞争情报最常用的方法之一。

② 搜索引擎和网络数据库。情报收集一般首选搜索引擎，其特点是方便快捷，覆盖面广，但信息比较零散。互联网情报的另一种重要的收集方法是网络数据库的使用。互联网信息搜索以后通过下载或直接打印整理后保存，以备情报分析使用。

③ 专项调查。调查是房地产竞争情报最主要的收集方法，很多情报往往在公开的信息中无法获得，就需要针对具体的情报需求进行专项调查。

(3) 房地产竞争情报的分析技术。竞争情报分析是竞争情报管理的核心工作，是把信息转化为情报的关键，也是提供战略支持的关键。房地产竞争情报的分析技术有很多，常用的有以下几种。

① SWOT 矩阵分析法。SWOT 矩阵分析是房地产市场研究中最常用的情报分析方法，用于帮助企业识别其相对于市场环境、竞争对手的优势、劣势、机会和威胁，提供可选择的竞争战略。

② 竞争对手跟踪。房地产行业对竞争对手进行系统跟踪分析的企业不是很多，主要是因为房地产项目竞争具有很强的区域性，同一个企业在 CBD 是竞争对手，在中关村可能就

是合作伙伴。目前房地产竞争对手的跟踪主要集中在销售环节,对竞争对手的价格策略、促销策略、推广策略以及客户服务策略进行跟踪分析。但是随着房地产开发公司在竞争中的优胜劣汰,企业要想生存和发展,就必须对竞争对手进行系统全面的跟踪分析,包括对竞争对手的战略战术、管理运营、企业文化及其他相关活动的评估以确认其优势、劣势以及未来的可能动向。

③ 反求工程。反求工程主要是在征地阶段应用,发展商在征地时,先要了解地块周边在售项目的均价,再减去行业平均利润和经验的建设成本,就估算出该项目的土地成本,这一数值就是项目征地时的参考价格。

④ 市场信号分析。竞争对手的任何行动,都将提供竞争对手的意图、动机、目标或内部状况的直接或间接的暗示,这些暗示对制定竞争战略往往起着重要的作用。2002 年下半年,北京某发展商计划在宣武区广外小红庙购置土地,但是通过业内朋友了解到,该地块附近已经有一个经济适用房项目立项,由于北京经济适用房最高限价为 4 500 元/平方米,而该发展商洽谈的土地成本加上建安费用就已经高出了 4 500 元/平方米,于是发展商选择了放弃这块土地。2003 年春季,当初立项的经济适用房项目乐城开盘,政府限价 4 300 元/平方米,周边的商品房立刻感到巨大的竞争压力。公开的信息中也能收集到市场信号,如在竞争对手的招聘广告中,分析竞争对手的招聘要求,可以发现竞争对手的很多意图和动向。

⑤ 事件分析。事件分析可以用于帮助企业找出必须面对的某些关键的机会和问题,从而保持或增强其竞争地位。SARS 之后,很多板式住宅项目纷纷以香港陶大花园为反面教材,攻击竞争对手的塔式设计,同时开始大肆宣传"健康住宅"的概念。

三、房地产项目产品策划

(一) 房地产产品的含义

房地产产品是指凡是提供给市场的,能满足消费者或用户某种需要和欲望的任何有形建筑物、构筑物、土地和相关的无形服务。房地产产品包括物业实体及其质量、特色、品牌、服务、保证和企业形象等。因此,房地产产品整体价值等于有形实体价值加上无形的服务价值。

房地产产品整体价值主要由核心产品、有形产品和延伸产品三个层次构成。

1. 核心产品

核心产品(Core Product)是指消费者购买房地产时所追求的效用和利益,是"房地产整体商品"概念中最基本的层次。它是消费者真正要买的东西,是房地产产品整体概念中最基本、最主要的部分。比如住宅物业,它除了可以满足人们对"住"的基本需求之外,它的效用在不同经济发展时期有了极大的丰富和发展,它同时具备了表征学习、社交乃至社会地位和身份的象征的能力。

房地产产品的核心产品包括以下几个方面的内容。

(1) 生活居住需要。生活居住需要根据居住的环境和条件具体又可分为以下几个方面。

① 追求生活环境清新幽静的居住需要。

② 追求生活便利的居住需要。

③ 追求豪华气派的居住需要。

④ 追求经济实惠的居住需要。

⑤ 追求生活个性化、别致的居住需要。

⑥ 追求安全与秘密性的居住需要。

(2) 办公及生产经营需要。办公及生产经营需要具体包括将房地产用作办公室,或从事商业、服务业经营活动,或进行工业生产和仓储等需要。

(3) 投资获益的需要。房地产作为一种财产,其所有者拥有获得收益的权利。

(4) 得到税收方面好处的需要。投资房地产可得到税收方面的好处,这对于物业投资者来说是有吸引力的。物业投资有时可起蓄水池的作用。如果物业投资的资金来自抵押贷款,那么投资者就会更加充分地享受税收上的好处。

(5) 获取资本增值的需要。房地产具有保值增值的特性,这种资本量的膨胀往往是在房地产所有者不再追加任何投资的情况下产生的。房地产自身不断增值的商业特性对物业投资者的诱惑力是极大的。

(6) 保值的需要。房地产投资是保值效果最好的投资形式,在市场经济条件下,抵御通货膨胀是房地产投资者的一个比较普遍的动机。

(7) 为后代积累财富的需要。房地产不仅是一种财富而且是一种基本生活资料,房地产也可用于经营租赁业务,给子女提供房地产便可以为他们日后的基本生活提供帮助。

(8) 炫耀心理需要。房地产是一种完全向外界暴露的财产,是业主拥有资金实力的最好证明,因而它成为人们拥有财富的标志或象征,物业投资可提高投资者的资信等级。另外,高质量的房地产还可以满足顾客或使用者的心理需要。

(9) 分散投资风险的需要。出于分散风险的目的而进行的房地产投资组织行为包括两个方面：一是在投资其他行业如购买股票、债券、古玩或实业的同时,也投资于房地产;二是房地产投资不局限某一种或某一地区的房地产,实行种类或地域上的分散投资。

2. 有形产品

有形产品(Tangible Product)是核心产品借以实现的形式,是房地产核心产品的基本载体,一般由六个特征构成,即户型、建筑形态、品质、环境、配套、整体规划。形式产品是消费者识别房地产产品的基本依据。

(1) 户型。即建筑的室内空间间隔,需要考虑整体建筑结构、建筑承重、消费者生活习惯及水、电、气、热、光纤等管网线路布置,户型是实现消费者居家生活的基本要素,是满足"舒适性"的首要前提。

(2) 建筑形态。包括建筑风格、外观立面(开窗设计、烟囱、屋顶、塔楼、浮雕)、色彩标准色(CI 设计的一部分)。"外立面充满了节奏感"。

(3) 品质。包括建筑用材、包容的户外景观,还包括从视听上对产品所感受到的如楼盘的名称、标志、标准色、标准字体以及企业、楼盘的应用系统等。

(4) 环境。

① 小区内环境。绿化草坪、"山、水、园、林"、景观设计(追求自然原生态)、路网设计、雕塑小品、力求体现出一种被文明修饰过的自然野趣。景观应该是从建筑中生长出来的,应更多体现地域文化背景。好的景观设计要有亲和力,有亲和力才有归宿感。

② 小区周边环境。自然环境：借山、借水、借园、借林。人文环境：高校、名胜、科技等。

(5) 配套。

① 小区内。供水供气、集中供暖、智能化设施、泊车位、商业街、购物场所、游泳浴场、儿

童游乐区、高尔夫球练习场、中心会所、游艇码头、湖边烧烤亭、私人泳池。

② 区域内。CBD、道路交通、学校、医院、托儿所、购物中心。

(6) 整体规划。占地面积、建筑面积、公共建筑面积、商业建筑面积、建筑覆盖率、容积率、绿化率、物业座数、层数、层高、车位数、生活区、商业区、休闲区、景观绿化区等的合理布局。

3. 延伸产品

延伸产品(Augmented Product)是为消费者提供更高层次的消费,能够使消费者购买或使用物业时获得更多的附加服务、利益以及心理上的满足感和信任感,获得超越物质价值以上的精神价值,如建筑理念、文化品位、按揭保证、物业管理等。在现代市场营销中,延伸产品已经成为房地产企业竞争的重要手段。

消费者购买房地产不只是购买建筑物本身,而要从商品房的三个部分(产品整体)去评估和选择,甚至连孩子读书是否方便也要考虑进去。

(二) 房地产产品的基本类型

已竣工交付使用的房地产实物产品(通常意义的房地产产品)常称物业,物业基本可以分成四大类,即住宅物业、商业物业、工业物业和特殊物业。其中住宅物业的总量会占到60%以上,所以在大多数情况下,对绝大多数人提到房地产也就是指住宅房地产或住宅物业。

1. 住宅物业

普通住宅和小型公寓是人类生产和生活不可缺少的消费品和生活资料,是房地产业中最重要的组成部分之一。在经济处于发展中的国家和地区,住宅具有极大的市场需求。住宅的需求比较稳定,不易受市场波动影响,是房地产投资者最容易参与的一种投资项目类型。在住宅市场中,主要的经营方式是出售和出租两类。

2. 商业物业

商业物业是指能同时供众多零售商和其他商业服务机构租赁,用于从事各种经营服务活动的大型收益性物业。商业物业有两层含义:一是以各种零售商店(或柜台、楼面)组合为主,包括其他商业服务和金融机构在内的建筑群体;二是购物中心的楼层和摊位是专供出租给商人零售商品作为经营收入的物业。现代商场百业陈杂,不仅有多家零售商店、专业商店,还有各种服务业、娱乐场所、银行等。绝大部分商业物业使用权以多种形式在市场上进行交易,以获取利润。比如商业楼宇的所有者将全部商铺或柜台租赁出去,从中收取租金和管理费。商业楼宇的租金一般都比住宅楼和写字楼高。

商业楼宇的租金水平主要取决于客户的经营状况,而客户的经营状况又主要由商业楼宇的客流量决定。因此,商业楼宇的回报高低与它对顾客的吸引力密切相关。

商业楼宇的回报与住宅和写字楼相比,风险更大,回报率也更高。商业楼宇的回报方式可以是出售,也可以是出租。但是,采用出租方式时,会产生空置风险,因而在分析回报率的过程中,有可能产生较多的负现金流量。

3. 工业物业

工业物业是指为人类的生活的生产活动提供入住空间,包括工业厂房、高新技术产业用房、研究与发展用房(又称工业写字楼)、仓储用房等的物业。工业厂房分专业化和标准化工业厂房。

专业化工业厂房的专业化程度是影响工业厂房投资回报最重要的因素。因此,投资兴建的工业厂房必须充分考虑到使用对象的要求,尽量满足用户的条件,考虑客户对特殊设计和特殊装置的要求。但是，随着工业厂房专业化程度的提高，它只能用于有限的特定行业，虽然其租金、售价可能很高，但是面对的市场需求比较小，成交的概率低，风险较大。而工业厂房的专业化程度越低，潜在的成交概率就越高，但投资回报往往比较低。

对于标准工业厂房其所处的地理位置对投资风险具有重要影响。通常工业厂房投资都需要先进行一定规模的土地开发，满足具有一定规模的环境保护、产品运输、工业生产规模等要求，还须在区内有相应的基础设施，至少是“三通一平”，如供电、供水、道路等能满足一般工业生产要求的必要条件。影响工业厂房投资风险的因素还有很多，如国家产业政策、投资建设财务风险、融资风险等。

工业厂房的投资回报一般也具有两种形式。一种是建成后销售，投资者一次性收回投资并取得回报；另一种是投资者出租工业厂房，逐年获得现金流量。一般来说，工业厂房的专业性较强，因而一般可以获得较高水平的租金回报率。

4. 特殊物业

除上述类型以外的物业称为特殊物业。这类物业包括赛马场、高尔夫球场、汽车加油站、飞机场、车站、码头、高速公路、桥梁、隧道等物业。特殊物业涉及的经营内容通常要得到政府的许可。

（三）房地产产品组合策划

1. 房地产产品组合的含义

产品组合又称产品品种配备，是营销者售给客户的一组产品，其包含了所有产品系列、产品线与产品品目。产品线又由产品项目构成，即那些在品牌、规格、款式或价格上有所不同的单个物业。

房地产产品组合策略是房地产企业生产和销售的全部房地产的产品结构，是房地产企业根据市场的需求以及企业自身的资源、条件，制定的产品策略。

由于市场的变化，房地产企业对房地产产品进行结构调整时，应根据房地产企业的目标，对产品系列的宽度、深度和关联性进行策划。扩大产品系列的宽度，开拓市场，有利于发挥房地产企业的潜力；加深产品系列的深度，则能抢占更多的房地产细分市场；加强产品系列的关联性，可以提高房地产企业的市场地位。所以房地产产品组合策略得当，可以取得促进销售、增加利润的效果。

但是由于受市场需求的波动、受市场竞争条件的影响和房地产企业自身实力的限制等三个因素的制约，房地产企业就对产品系列的宽度、深度和关联性进行策略，有了不同的选择，产生了多种房地产产品组合方式，如图 5－5 所示。

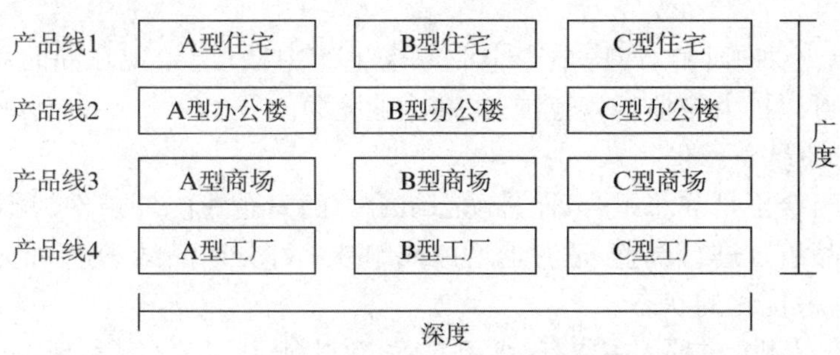

图 5－5 房地产产品组合示意图

2. 房地产产品组合策划

(1) 扩大产品组合策略。扩大产品组合策略,即增加产品组合的广度或深度。前者是在原产品组合中增加产品线,扩大房地产企业的经营范围;后者是在原产品线内增加新的产品项目,增加房地产产品的规格及品种。当房地产企业预测现有产品线的销售额和利润在未来一段时间内可能下降时,就应考虑在现有产品组合中增加新的产品线;当房地产企业打算增加产品特色,为更多的细分市场提供产品时,则可选择在原有产品线内增加新的产品项目。

扩大产品组合有利于房地产企业充分利用各种资源,发挥生产潜能,降低经营成本;有利于企业适应顾客多方面的需要,拓宽市场面,增加房地产企业的销售额;有利于企业开展多角化经营,降低经营风险。但是,扩大产品组合也提高了企业经营的复杂程度,加大了企业管理的难度。

[**例 1**] 1997 年,SOHO 中国就预见到 IT 行业的发展将会带动大量中小公司迅速崛起,它们对居住和工作空间混合的需求越来越大,便首次向市场推出"小型办公,居家办公"(SOHO)这一概念,开发了"SOHO 现代城",给业主提供了灵活多功能的空间。SOHO 现代城项目总建筑面积为 48 万平方米,有 48 家店铺,283 间办公室和 1897 套公寓,该项目于 1998 年正式销售,连续两年(1999 年和 2000 年)获得北京市房地产单体项目的销售冠军。该项目之所以获得成功,就是根据市场的需求,扩大了房地产产品的组合,使工作、居家、商业融为一体,获得了市场的认可。

(2) 缩减产品组合策略。缩减产品组合策略,即从产品组合中剔除那些获利很小甚至不获利的产品线或产品项目。

缩减产品组合可以使房地产企业集中资源、技术于少数产品,提高产品质量,降低消耗;减少资金占用,加速资金周转;退出部分效益不高的市场,使企业目标集中,效率提高。但是,企业要承担较大的经营风险。

(3) 产品延伸策略。产品延伸包括向上延伸、向下延伸和双向延伸三种策略。

① 向上延伸。向上延伸,即房地产企业原来生产低档产品,现在也生产高档产品。采取这一策略,可使企业获取丰厚的利润,可作为企业正面进攻的竞争手段,提高企业形象,完善产品线,满足不同层次消费者的需要。但采取这一策略需要具备一定的条件:企业原来的声誉较高;具有向上延伸的能力;市场上存在对较高档次产品的需要;能应付竞争对手的反击等。

② 向下延伸。向下延伸,即房地产企业原来生产高档产品,现在也生产低档产品。采取这一策略,可以弥补企业高档产品销售增长缓慢的空缺;用低档产品反击竞争者;填补市场空隙,不使竞争者有隙可乘。但企业生产低档产品,可能会损害原有高档产品的形象,甚至危害企业的形象。

③ 双向延伸。双向延伸,即房地产企业原来生产中档产品,现在同时增加高档产品和低档产品。这样可以扩大企业经营范围,提高企业竞争力。

3. 房地产产品组合优化

房地产产品组合不是静态组合,而是动态组合。随着企业内外条件的不断变化,房地产企业要及时对产品组合进行调整,适时地增加或删减一部分产品线和产品项目,使产品组合始终处于合理化、最优化的状态。

调整房地产产品组合的原因主要有:①新技术、新材料、新工艺不断涌现,使产品开发速度加快,这就要求企业不断开发新产品,及时淘汰老产品;②人们的消费趋势和消费结构不断变化,引起房地产企业产品组合的变化；③竞争者的产品不断花样翻新，新的竞争者纷纷加入市场，迫使企业对产品组合进行相应调整；④产品具有生命周期，这也迫使房地产企业的产品组合随之发生变化；⑤企业内部条件和经营风格的变化也会引起房地产产品组合的变化。

房地产企业可以通过设置和选择适宜的评价指标来分析评价产品组合是否达到优化。

(1) 房地产产品组合的评价指标。

① 产品的销售增长率。该指标反映了企业的产品在市场上的发展前途。销售增长率高，说明该产品在市场上有良好的发展前景；反之，说明该产品的市场前景很不乐观。

② 产品的市场占有率。该指标综合地反映了企业产品在市场上具有的实力，表明了该企业在同行业中的竞争地位。

③ 利润率。该指标综合地反映了房地产企业投入与产出的关系，反映出企业经济效益的状况。

企业在对产品组合进行分析和评价时，应综合运用上述三个指标全面加以考核。最优的产品组合必须是各种产品的三项指标值都较高，或者三项指标都较高的产品项目较多。

产品组合的优化包括两个重要步骤：第一个步骤是分析、评价现行产品线中，不同产品项目提供的销售额和利润额水平；第二个步骤是分析各产品线的产品项目与竞争者同类产品项目的对比状况，全面衡量各产品项目与竞争者产品项目的市场地位。

(四) 房地产产品生命周期策划

房地产产品生命周期理论是房地产企业制定产品决策的重要依据。研究产品生命周期，可以使房地产企业更好地了解本企业产品的发展趋势，适时开发新产品，淘汰老产品，进行产品的更新换代；可以使房地产企业根据产品生命周期各阶段的特点，有针对性地制定营销策略，使企业在动态的市场营销环境中求得生存与发展，从而赢得有利的市场地位。

1. 房地产产品生命周期理论

房地产产品生命周期是指房地产产品从进入市场开始，直到退出市场为止所经历的全部时间。产品生命周期指的是产品的市场寿命，不是使用寿命。使用寿命是指房地产产品从开始使用到报废为止所经历的时间。

房地产产品生命周期的长短受诸多因素的影响，包括产品本身的性质和特点，市场竞争的激烈程度，科学技术的发展速度，消费需求的变化速度以及企业营销的努力程度。从总的趋势来看，产品的生命周期正在日趋缩短。

典型的房地产产品生命周期分为四个阶段，即引入期(Introduction Stage)、成长期(Growth Stage)、成熟期(Maturity Stage)和衰退期(Decline Stage)，如图 5-6 所示。

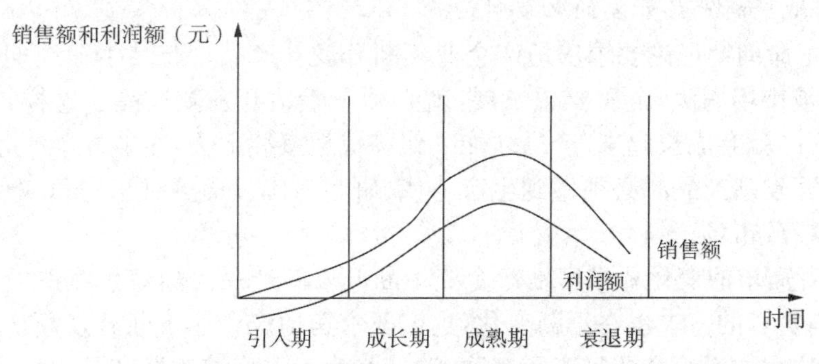

图 5-6　典型的产品生命周期曲线

房地产产品处于不同的生命周期阶段,其特点不同。

(1) 引入期的特点。引入期的主要特点是消费者对该产品不太了解,销售量小;单位产品生产成本和促销费用较高;企业利润少,甚至亏损;产品本身不够完善;市场竞争者较少。

(2) 成长期的特点。成长期的主要特点是销售量迅速增加;单位成本大幅度下降,利润增加;竞争者纷纷加入,市场竞争较为激烈。

(3) 成熟期的特点。成熟期的特点是销售额和利润额的增长达到顶峰后开始缓慢下降;竞争者增多,竞争最激烈。

(4) 衰退期的特点。衰退期的特点是销售量急剧下降;利润低甚至为零;大量竞争者退出市场;消费者的消费习惯发生转移。

2. *房地产产品生命周期各阶段的营销策略*

房地产产品处于不同的生命周期阶段,企业要对其采取不同的策略。

(1) 引入期的营销策略。这一阶段的策略要突出一个"短"字,即尽可能地缩短引入期,使房地产产品在短期内能迅速进入和占领市场。为此,企业要加强产品的促销工作,大力宣传产品的优越性,提高产品的知名度,并采取现场样板房等营业推广方法缩短这一阶段。在定价上要适宜,以加强顾客的认知度和接纳度。

(2) 成长期的营销策略。这一阶段的策略要突出一个"好"字,即抓好产品质量,树立良好的企业形象,扩大产品销售量,取得较高的市场占有率。具体的策略是集中必要的人力、物力和财力,改进产品,提高产品质量;在广告宣传上,加强企业形象和品牌的宣传,介绍产品的独特性和相对优点,提高消费者对本企业产品的信赖程度,培养消费者对本企业产品的偏爱感;积极开拓新市场以扩大销售。

(3) 成熟期的营销策略。这一阶段的策略要突出一个"改"字,即积极地改进产品、市场和营销组合,延长产品的成熟期。具体策略有:市场改革,即寻求新市场,增加新用途;产品改革,即改进产品质量、产品结构、产品设计等;市场组合改革,即适当降价、开拓新的销售渠道、加强促销等。

(4) 衰退期的营销策略。这一阶段的策略要突出一个"转"字,即要积极地、有计划地淘汰老产品,将企业的生产销售力量转向下一代新产品。在这一阶段,很多竞争者已纷纷退出市场,如果该产品在市场上还有一定的需要,有条件的企业可以适当地保留一部分老产品;反之,就要及时投放新产品、淘汰老产品。

(五) 房地产新产品开发策划

产品生命周期理论决定了房地产企业要想持续发展,必须不断开发新产品。

1. *加强房地产新产品开发的必要性*

(1) 产品生命周期理论要求房地产企业不断开发新产品。产品生命周期决定了任何一种房地产终将被市场淘汰,企业要想发展,就必须不断地开发新产品。这样,当老产品退出市场以后,新产品就会成长起来,产品才能一代一代地接续下去,企业才能生生不息地发展。房地产企业在开发新产品时必须做到生产一代、研制一代、研究一代、构思一代,以保证新产品源源不断地投放市场。

(2) 消费者需求的变化要求房地产企业不断开发新产品。随着生产的发展和人民生活水平的提高,消费者的需求也在不断变化,这就要求房地产企业不断开发新产品以满足消费者新的需要。这一方面给企业带来了威胁,迫使企业不得不淘汰老产品;另一方面也给企业提供了开发新产品、适应市场变化的机会。

(3) 市场竞争的加剧迫使房地产企业不断开发新产品。企业之间的竞争，表现为产品的竞争。谁的产品新、质量好，谁就能掌握竞争的主动权。房地产企业通过开发新产品，可以及时地满足消费者新的需要，抢占市场制高点，在市场上保持竞争优势。新产品开发是房地产企业参与竞争的一个重要手段。

(4) 科学技术的发展推动了房地产企业新产品开发。科学技术的迅猛发展导致了新技术、新材料、新工艺的应用，也导致了许多新型房地产产品的出现，加快了产品更新换代的进程，为新产品开发奠定了坚实的物质基础。科学技术的进步有利于房地产企业淘汰老产品，生产性能更优越的新产品，从而把新产品的开发不断推向前进。

2. 房地产新产品的主要类型

房地产新产品是指房地产整体产品概念中任何一部分的创新或改变而形成的新产品。房地产新产品主要有四种类型。

(1) 全新产品。全新产品，即房地产企业采用新原理、新技术、新结构、新材料生产的前所未有的产品。

(2) 换代新产品。换代新产品，即房地产企业在原有产品的基础上，部分采用新技术、新材料，并在产品功能等方面有显著提高的新产品。

(3) 改进新产品。改进新产品，即房地产企业对原有产品从不同方面进行改革而产生的新产品。

(4) 仿制新产品。仿制新产品，即房地产企业对国际市场或国内市场上已经出现的新产品进行引进或模仿，研制生产出来的新产品。

3. 开发新产品的要求

(1) 要有市场。房地产企业在开发新产品之前，必须开展深入细致的市场调查，力求准确把握消费者的现实需求和潜在需求，有针对性地研究和开发适销对路、受消费者欢迎的新产品。只有受消费者欢迎，新产品才有市场生命力。

(2) 要有特色。新产品要独具特色，使消费者确实感受到该产品的与众不同从而产生购买欲望。

(3) 要有能力。根据企业的生产条件、技术力量、资金和物资供应等情况，研究设计新产品，使生产建立在可靠的物质基础上。

(4) 要有效益。新产品的开发要使经济效益比老产品的经济效益有较大的提高，要达到投资少、收益大的效果。

(5) 要符合房地产新产品的开发方向。

4. 房地产新产品的开发方式

(1) 独立研制。独立研制，即房地产企业依靠自己的科研和技术力量研究开发新产品。这种方式能使企业在某一方面处于领先地位，但研究开发费用高，所需时间长。因此，企业在开发新产品时，应尽量取人之长，集众家智慧。

(2) 技术引进。技术引进，即房地产企业引进市场上已有的成熟技术来开发新产品。采用这种方式开发新产品投资少、时间短，但是引进的技术属于其他企业已经采用的技术，这些企业已经占领了一定的市场，有了一定的声誉，这会给本企业开发新产品带来一定的困难，企业应予以重视。

(3) 研制与引进相结合。研制与引进相结合,即企业在开发新产品的方式上坚持“两条腿”走路的方针,既重视独立研制,又重视技术引进,将二者有机结合起来。这样才能投资少,见效快,企业的产品又能具有一定的特色。

(4) 协作研制。协作研制,即房地产企业之间,房地产企业与科研单位、大专院校之间通过协作开发房地产产品。这种开发方式有利于充分利用社会上的科研力量,弥补企业技术力量的不足;有利于把科技成果迅速转化成生产力,加速其商品化的过程;有利于发挥各方面的优势和力量,加速新产品的开发。这种方式适合中国目前大多数房地产企业。

5. 房地产新产品开发策划

(1) 领先者策略。领先者策略,即房地产企业在目标市场上率先采用新技术,研制出新产品,第一个进入市场,以求先发制人,抢占市场先机,并依靠领先的优势,取得较高的市场占有率和高额利润。这一策略适用于实力雄厚、研究开发能力较强的大型房地产企业。

(2) 跟随领先者策略。跟随领先者策略,即房地产企业迅速采用领先者的技术,将领先者开发的新产品在其成长初期投放市场。这样既可以节省新产品研制费和产品投入期的广告宣传费,又可以汲取领先者的经验教训,使自己的产品更具竞争力。这一策略适用于具有一定科技力量的大中型房地产企业。

(3) 仿制策略。仿制策略,即房地产企业仿制领先者的市场前景看好的产品,在产品成长后期将仿制品投入市场。由于这时产品需求量最大,又不必太多的促销宣传,因此,可以节省大量资金。这一策略适合于力量薄弱的中小型房地产企业。

四、房地产项目推广策划

(一) 房地产项目广告策划

1. 广告目标

广告目标就是房地产企业通过广告活动所要达到的目的,或者说是广告目标市场接触广告信息后做出的反应。

为了准确确定广告目标,房地产营销者必须分析消费者的年龄、性别、收入、教育、购买动机、个性和生活方式等信息,以及他们对广告所推销的产品和竞争产品的态度。正确确定广告目标是开展广告后续工作的基础,也是广告活动能否成功的关键。

广告目标分为最终目标和直接目标。广告的最终目标是通过传递商品或劳务信息扩大销售、增加盈利。

广告的直接目标有以下三种。

(1) 告知。告知主要是向目标市场介绍企业的新产品。比如产品的位置、质量、室内设计、配套设施、环境、物业管理、价格以及产品能给房地产消费者带来的利益,使消费者了解该产品,触发消费的需求。这种广告又称告知型广告,主要用于房地产市场开拓阶段。

(2) 劝导。劝导主要是向目标市场宣传本企业产品的特色,介绍本企业产品优越于其他产品之处,使消费者对本企业产品产生偏爱,从而提高本企业产品的市场竞争力。这种广告又称诱导型广告,主要用于与同类产品开展竞争。

(3) 提醒。提醒主要是保持消费者和用户以及社会公众对本企业产品的记忆,获得本企业产品尽可能高的知名度,主要用于产品的成熟阶段。

广告目标是企业目标的一部分,房地产企业确定的广告目标,要与企业目标相吻合。为了达到这一目标，客观上要求房地产企业从整体营销观点出发，寻求与企业营销组合战略、促销组合策略有效结合的广告目标。

2. 房地产项目常见广告媒体及选择

(1) 房地产项目常见广告媒体。

① 户外。户外广告是指长期定点存在于户外的宣传广告，目前市面上常见的户外广告的表现形式有户外广告牌、围墙、道旗、横幅、LED 电子广告屏幕等。户外广告牌有着存放时间长、宣传面广、表现面积大等优势，是房地产项目推广最常见的手段之一。户外广告牌多用于项目营销的最初阶段，一般从项目施工开始就可以投入推广，户外广告主要以宣传项目的形象为主，多以广告画面创意为主传播点，其效果以培养项目知名度，吸引社会大众眼球为主要目的，是项目最初的亮相推广。当然随着项目营销阶段的推进，户外广告也会逐渐进行更换变化，来配合其他各种媒介宣传。

② 报纸。报纸是传统的主流媒介，一般房地产推广在报纸方面分为硬广和软文两类，硬广就是以画面类的形式出现进行宣传，而软文则以文章的形式，通过文字来进行宣传表达。一般在大城市中，报纸推广是项目推广中最常用手段之一。报纸作为传统媒体，具有覆盖面广，公信力强，传播度深的优势，相比户外广告，报纸面积虽小，但是可以通过文字的叙述宣传，将项目各种卖点深入浅出地传播给阅读者，让其较深入地了解项目的具体卖点和优势，使其产生购买欲望。当然报纸媒体与户外广告有着非常巨大的差别，那就是报纸是一个短效性的媒介，它的效果往往在 1～3 天内全部释放完毕，不像户外有着长期宣传的稳定性。

③ 杂志。杂志与报纸一样，都是平面类媒体，杂志没有报纸那么广的覆盖面，但是杂志比报纸分类更加精准，画面更加的精美，针对的读者群体也更加明晰。所以杂志这类媒介兼顾了大众和小众媒介双重优势，如果运用得好，会有意想不到的效果，但是由于杂志兼顾大众与小众，相对来说效果也较平均，并且市场上各类杂志良莠不齐，无法准确地评测其效果，所以往往被作为报纸的辅助配合媒体。房产项目在杂志推广上更多选择的是一些以楼市为主的专业类杂志作为辅助。

④ 电视。电视媒体作为动态媒介，可以通过画面、声音形象直观地对客户进行宣传，然而电视媒介在以往的房地产项目推广中却并不常见，原因是相对应的广告创意，以及动态表现水平无法全面地去表现房产项目，同时电视对应的客户群体较杂乱。而随着科技和思维的不断拓展，三维高清宣传动画、创意广告，以及电视媒体本身专业性的栏目创新，让电视媒介的宣传效果不断加强。同时，随着生活水平的提高，房地产成为人们主要的投资领域，电视在房产推广中越来越普遍，很多电视台成立有专门的房产栏目直至专门的房产频道，全天候播报房产相关信息，内容涵盖房产新闻、楼盘信息、装修、验房、家居等。

⑤ 电台。电台媒介在大城市中运用得非常广泛，而且非常受开发商的青睐，其最主要的优势在于针对人群强，且覆盖面广，众所周知，现在会收听电台的人大部分都是私家车主或的士司机，特别是在上下班高峰期间，路上车流拥堵，私家车主选择收听电台的概率非常高，而私家车主基本都具有一定的收入水平，属于中产阶层，正是购买主力人群，所以进行电台媒介推广能够迅速准确地对购房主力人群进行宣传。

⑥ 网络。网络是继传统主流媒体之后的一个新兴媒介，并且随着时代的进步，其影响力越来越巨大，房地产项目推广应该说在网络媒介中发展得非常成熟，其广告形式也非常的多样化，常见的有动态条幅广告、软文新闻类广告、专题性广告、网上展示中心宣传、业主论

坛等，网络媒体结合了报纸平面类媒介和电视动态类媒介等多种媒介的特征，可以全面地进行组合运用，可以将项目信息全方位地展现给浏览者，并且还能与之形成互动，收集客户信息。并且随着各种专业性网站的出现，例如搜房网、新浪楼市等，网络媒体已经不仅仅是单纯的宣传性媒介，它更多地扮演了楼市的观察分析者角色。

⑦ DM。DM(Direct Magazine Advertising)是宣传单页的统称，DM 推广方式其实是由专人派发宣传资料的。这种推广方式普遍运用于各个行业，有时候我们经常可以在大街上收到派发员递过来的宣传资料。然而在房地产项目推广中，它更多地运用于一些特定展会或者特定场所，这是由房地产项目的高价值和高目标性所决定的。较为常见的 DM 发送场所有房交会、项目展示中心等，DM 单页不仅仅是一种宣传媒介方式，它更多的是一种销售资料道具。

⑧ 邮政直投。邮政直投是邮政系统开发出来的一种商业信函推荐媒介，邮政系统利用自身庞大的数据库，将房地产项目的 DM 装入信封内，然后进行大规模的投递。这种媒介有着非常精准的到达率，并且能够对数据库进行细分，可以根据特性进行筛选挑选投递人群，是较为常见的小众推广媒介。

⑨ 短信。短信群发是小众媒介中运用最多、效果最好的媒介，短信数据库目前已经非常的成熟，其可以按照不同的特征进行细分筛选，例如话费、号码段等。短信有着比邮政直投更高的到达率和更精准的客户细分，是房产项目迅速准确地寻找到目标客户群的主力利器，并且由于其投入成本较低，具有非常高的性价比，适合运用于房产项目推广各个营销节点。

⑩ 企业内部网络。企业内部网络渠道一般是指开发商自身所积累的资源，开发商在开发项目过程中牵涉非常多的行业，慢慢就会形成一个庞大的关系网络，就连企业内部员工往往也是目标客户群体，而一些大型开发商经过长期的项目开发积累，往往都会组建自身的客户俱乐部，积累大量信任度极高的客户群体。所以，利用好该渠道，在项目营销之初进行内部销化，往往能够为项目的销售开个好头。

⑪ SP 活动。SP(Sales Promotion)活动是项目推广中不可或缺的一个重要推广手段，且具有非常多样的形式表现，可以运用于项目营销的各个环节，例如促销活动、主题活动、客户回馈活动、业主联谊活动等，并且 SP 活动还可以与社会媒体进行合作联合举行，是开发商培养企业品牌知名度和项目知名度最有效的推广手段，并且 SP 活动也是最能与客户拉近距离的推广媒介。但是 SP 活动也是众多推广手段中最为复杂和最难掌控的，成功地运用好 SP 活动，能够事倍功半，但是有的时候，一些不恰当的 SP 活动，也会起到反效果。

⑫ 定向推介。定向推介与企业内部网络刚好相反，它是一个外部渠道的挖掘，是指开发商主动与一些商会、团队，或者其他行业的俱乐部进行联系，以开展产品展示会或产品推介会；例如与一些高端汽车品牌的车主会员团体联系，开展会员活动以进行推介；与一些高尔夫球俱乐部进行联系合作，开展一些商业活动等，定向推介的优势在于直接与目标客户接触，是一种主动出击，寻找客户的营销手段。

(2) 选择广告媒体应考虑的因素。

① 媒体特性。不同的广告媒体在送达率、影响力、目标受众等方面各有特点，因此，广告效果也不尽相同。房地产企业首先要了解各种广告媒体的特点，再结合自身的实际情况，选择合适的媒体。

② 目标顾客的媒体习惯。对于不同的广告媒体，消费者接触的习惯不同。房地产企业应将广告刊登在目标顾客经常接触的媒体上，以提高视听率。

③ 产品信息特点。不同的房地产有不同的特点，因此，对广告媒体的要求也不同。如果需要显示产品的外观特点，以电视媒体为宜；如果需要较多文字详细介绍，以报纸、杂志为宜。

④ 媒体成本。不同的广告媒体成本差异很大，电视广告费用最高，报纸则相对便宜。房地产企业在选择广告媒体时，既要使广告达到理想效果，又要考虑企业的经济能力。但是，在依据成本选择广告媒体时，最重要的不是绝对成本的差异，而是相对成本，即每千人成本的差异。比较千人成本，再考虑其他影响因素进行选择。

3. 房地产项目广告内容策划

（1）房地产项目文案广告制作。

文案是属于房地产营销的范畴，包含推广、策划、营销等方面的文案，包括楼书上的文字撰写、户外/媒体/其他途径的广告上的文字撰写，是一项综合性的工作。

一个文案是一系列的工作，包含主题、主广告语、次广告等。它通过最少最好的语言，来涵盖整个楼盘的特征。

一个项目的广告策划，首先开始于文案创作，如果把广告策划比作一部电影的话，那么文案就应该是一个导演，一个编剧。

项目文案广告创作具体可以分为以下几个部分。

① 项目案名创作。在拿到一个新生项目后，我们要做的第一步就是给它起个名字，就如刚出生的婴儿一样，赋予它一个名字，就如给予一个项目生命一样。当然，项目的案名不可以随便乱取，它有以下几点要素原则：一是好记，便于上口；二是能够凸显项目的最佳优势；三是与项目建筑风格相符；四是不可过于夸大。

一个优秀的案名，能够让一个项目出彩不少，市场上出色的案名众多，例如万象城、星河湾、碧桂园等。

② 项目主题定位。在案名确定之后，接下来就是确定项目的主题定位，这就如孩子有了名字，父母开始为孩子的未来考虑，该把孩子培养成一个怎么样的人呢？项目主题定位就是确定项目的整体形象、包装的基调、主推的优势卖点、未来主要针对的哪些目标客户群体，进而给项目明确一个方向。

③ 项目卖点提炼。有了主题定位和目标方向后，接下来就是将项目的各个卖点进行细化提炼，深入地去挖掘项目的每一个可以利用的卖点，然后将其放大整理。例如项目的地段优势、自然环境优势、建筑风格优势、建筑品质优势、内部景观优势、户型设计优势、价格优势等。这一阶段是丰满羽翼的过程，也是深入了解项目各个方面的过程，必须要做到与项目亲密接触。

④ 项目楼书创作。楼书是房地产开发商或销售代理商宣传楼盘、吸引购房者的重要资料，是房地产广告的一种重要形式，它较大众媒体上的房地产广告和销售宣传资料更为翔实和丰富。因此，楼书可以说是项目广告策划中的一本大纲指引，是将项目的案名、主题、卖点全部凝聚成一体的表现，在楼书中可以完全地了解项目所有的信息和优势，了解项目的格调性格，以及项目的主题广告语。所以楼书是一本纲领，它是项目所有的文字主题和画面表现的集合体，是一个系统的中枢环节。如果说前面可以比作婴儿的成长期，那么楼书的创作就

是项目长大成人,确定人格性情的标志。

楼书作为产品的说明书,它不同于广告,需要用简明扼要、生动形象的文字、图片来介绍产品的功能和特征。一般来说,楼书主要包含以下重要信息。

一是楼盘概况。包括占地面积、建筑面积、公共建筑面积、商业建筑面积、建筑覆盖率、容积率、绿化率、物业座数、层数、层高、车位数、物业结构、发展商、投资商、建筑商、物业管理人等。

二是位置交通。包括楼盘所处具体位置示意图、交通路线示意图及位置、交通情况的文字详细介绍等。

三是周边环境。包括自然环境介绍、人文环境介绍、景观介绍等。

四是生活配套设施。包括对周边学校、幼儿园、医院、菜市场、商场、超市、餐饮服务业、娱乐业、邮政电信等配套建设的介绍等。

五是规划设计。包括对楼盘规划人、规划理念、规划特点、楼盘建筑设计者、设计理念、建筑特色、环艺绿化风格特色等的介绍。

六是户型介绍。户型与生活是否方便、舒适有着极大的关系,是影响消费者购买决定的重要因素之一,因此,楼书中对户型的介绍往往不惜余力,以灵活多样的方式将户型特色、户型优点"悉数"展示。

七是会所介绍。作为全新生活方式下的产物,以及能提升楼盘整体品位的重要组成部分,会所在近年的房产市场中受到越来越高的重视,会所功能、会所设计概念、会所服务细则也因此在楼书中有所介绍。

八是物业管理介绍。物业管理即楼盘的售后服务,随着市场的发展,人们对物业管理日益重视,对物业管理的要求也越来越高。物业管理人背景、物业管理内容、物业管理特色也作为吸引购房者的重要内容在楼书中详细介绍。

同时,楼书应具有以下特点。

一是与楼盘和整个宣传风格相一致。

二是印刷精美、图文并茂、品位和品质感强。

三是充分展现楼盘和套型的优点。

四是翔实介绍产品位置、配置配套、周边情况,信息丰富、准确。

五是售楼地址、电话、发展商、设计单位等内容齐全。

六是电子楼书的制作与发布要与纸质楼书风格、内容等相统一,同时要便于浏览及进行意见反馈。

⑤ 项目各类细分广告创作。有了楼书后,后续工作就变得很有逻辑性,你只需要配合营销节点,放大楼书中的某一个部分,进行细化的广告创作即可。例如,前期的形象广告,你只需要将主打广告语进行衍生细化;开盘的销售广告,你只需要根据市场情况,将项目某一个优势单独进行细化阐述,进行宣传。如果说创作楼书是一个纲领,那么后续的各类广告创作就是细化纲领,让其逐一展现丰富的内容的工作。

(2) 项目形象广告策划。项目广告策划,光有文字还不能称作广告,广告是文字与画面的结合,所以在文案的配合下,设计师进行具体的形象画面表现,一个项目的形象广告策划包括以下几项内容。

① 项目 Logo。

② 项目的标准字、标准色以及整体基调。

③ 各种应用道具的设计(名片、纸袋、信笺等)。

④ 楼书、户型册、单页的设计。

⑤ 各类广告画面设计。

前几项的广告设计，在设计上其实可以统称为 VI 系统，VI 系统是企业的视觉识别系统，包括基本要素(企业名称、企业标志、标准字、标准色、企业造型等)和应用要素(产品造型、办公用品、服装、招牌、交通工具等)，通过具体符号的视觉传达设计，直接进入人脑，留下对企业的视觉影像。

各种广告设计，基本上是与文案创作相一致的，在文字创作的基础上，进行画面创作，最终组合成一体，完成项目的广告策划，然后按照营销节点进行逐一的运用展现，经过运作后，我们可以充分发现项目的广告策划会形成一个系统的宣传表现，这样才会让效果产生组合效益，让客户形成深刻印象，达到购买欲望。所以一个成功的项目广告策划，经过一段时间运作后，回过头来看应该是条理清晰的、步步为营的、逐层推进的。反之，如果一个项目表现出来的广告条理混乱，又或者每个阶段都有一个主题，看不懂重点究竟在哪里，像没头的苍蝇到处乱撞，那么这个项目的销售也会表现得扑朔迷离，缺乏基础。

(二) 房地产项目公关策划

1. 房地产公关策划内涵

房地产公关策划，即房地产公共关系策划。“公共关系”一词源于英文 Public Relations，简称 PR，也可以译作“公众关系”。公共关系主要要素是社会组织(主体)、传播(手段)和公众(客体)。公关或公共关系策划一般含义是社会组织(政府、企业等)通过信息传播，以一定的方式和活动协调、发展、完善与公众的关系。房地产公共关系是指房地产企业通过各种公开活动，使社会广大公众理解企业的经营方针和宗旨，加强企业与公众之间的联系，在社会上树立企业的信誉。公关的主要目标有的是树立良好的企业形象，有的是化解危机，总的来说就是为企业创造和谐的内外部环境。

2. 房地产公关策划的基本特征

同人员推销、广告和营业推广相比，公共关系促销具有以下特点。

(1) 双向沟通。房地产企业公共关系活动的对象是公众，包括企业内部公众和企业外部公众。企业在与公众之间进行信息交流时必须是双向的，即企业在向外部传播信息的同时，也向外界收集信息，不断进行信息反馈。公共关系所强调的，不是由企业单方面去说服、劝说或强制影响公众的看法，而是需要通过双向的意见交流，要求企业也听取公众的反映和要求，要求企业更多地用行动而不是用“宣传”来赢得公众的信任和理解。当企业和公众成为互相关心、互相信任、互相支持的朋友时，公共关系活动就达到了预期目的。

(2) 间接促销。公共关系的手段是有效的信息传播，但它并不直接介绍、宣传和推销企业的产品和服务，而是通过积极参加各项社会活动，宣传企业宗旨，协调与公众的关系，赢得社会的理解、信任与支持，提高企业的知名度和美誉度，树立良好的企业形象，从而达到间接销售的目的。

(3) 树立良好的形象和信誉。房地产企业开展公关活动的目的是要在社会上树立企业的信誉和形象。而信誉和形象的建立绝非一朝一夕的事，需要企业用实际行动为公众谋利益。这就要求房地产企业要生产适销对路、质优价廉的房地产并提供各种配套服务，搞好企业管理。同时,还要通过有计划、有步骤、长期不懈的努力,实事求是、有效地向外界进行公关宣传。这是一项长期、艰苦的工作。但是,如果企业成功地开展了公共关系工作,树立起了良好的信誉和形象,就会受益无穷,社会公众也会因此受益匪浅。

3. 公共关系的作用

(1) 提高企业的知名度和美誉度,树立良好的企业形象。知名度表示有多少公众知道和了解企业的名称、标记、经营内容、历史、规模、产品和服务等。知名度的高低显示出企业在公众心目中的地位,决定了企业获得公众理解和支持的范围。

美誉度则表示有多少公众信任和赞赏本企业以及信任和赞赏的程度,包括对企业名称、标记、经营方式、产品和服务等是否喜欢、是否信任。美誉度的高低基本上反映了企业的信誉和形象。

企业形象是社会公众和企业职工对企业整体的印象和评价。现代企业之间的竞争,已经从质量和服务的竞争转向企业形象的竞争,良好的企业形象是企业的一笔巨大的无形资产,是企业的宝贵财产,是强有力的竞争武器,是竞争者所不能轻易诋毁和效仿的。它能使企业提高产品和服务的价格;增强企业内部职工的向心力和归属感,吸引优秀人才;建立企业与债权人之间最有利的关系;获得社区的好感和政府的帮助;吸引更多的顾客;获得公众的信任,获得社会对企业的极大宽容度。所有这些都会增加房地产企业的竞争优势,从而极大地提高本企业在同行业中的竞争力。而不良的企业形象,会使企业失去与之打交道的大部分公众,还会受到来自各个方面不同程度的谴责,使企业现有的、潜在的顾客另寻门路,倒向竞争对手。有效地开展公关活动是树立良好企业形象的重要途径。

(2) 协调企业的内外关系。公共关系是一门内求团结、外求发展的艺术。房地产企业通过卓有成效地开展公共关系工作,有利于加强企业内部上下级之间、各部门之间、管理者与股东之间的信息沟通,化解和减少企业内部的摩擦与矛盾,培养职工的协作意识和谅解精神,从而形成充满信心、团结合作的良好的内部环境。

房地产企业是一个开放系统,它必须和周围环境建立起广泛的联系,从而形成复杂的外部关系。房地产企业的公关人员要协调和处理好企业的外部关系,积极争取公众对企业的理解与信任,一旦出现矛盾和纠纷,就要设法妥善解决,树立和维护企业的形象。

(3) 消除公众误解。房地产企业在开展生产经营活动的过程中,难免会出现因工作上的失误或者招人污蔑陷害而受到公众的误解和社会舆论的谴责。在这种危机事件出现后,如果企业不积极采取措施进行补救,而是隐瞒事实真相、推卸责任,会给企业造成无法挽回的损失,使企业声名狼藉。相反,如果企业能够及时查明事实真相,将其公之于众,积极采取补救措施,虚心承认错误,勇于承担责任,则会消除公众的不满,求得公众的谅解,将事件的不良影响降到最低。企业如果处理得当,还会赢得公众的好感,巩固企业形象。在企业遭到竞争对手的诋毁和陷害而引起公众的误解和谴责时,可以公开发表声明予以揭露,使真相大白于公众,求得舆论的支持,维护企业的声誉和形象。

(4) 监测环境变化。监测环境就是监视和预测房地产企业内部环境和外部环境的变化情况。房地产企业的市场营销环境是由企业的竞争者、供应商、中间商、社会公众等微观环境和政治、经济、自然、技术、人口和社会文化等宏观环境组成。企业的环境是不断变化的,企业要适应环境就必须对环境进行严密的监控,对环境的变化做出科学的预测,公共关系便担负着这种任务。房地产企业的环境信息包括自然环境信息和人文环境信息,企业公关工作主要是收集人文环境信息，如公众需求信息、产品形象信息、企业形象信息、公众信息和其他社会信息。企业公关部门不仅要收集有关信息，还要对收集到的信息进行深入分析和研究，在此基础上对环境的变化做出科学评价和预测，为企业制定和调整经营目标提供依据。

(5) 促进产品销售。产品销售虽然不是企业公关工作的直接目的，但却是公关工作的最终目的。企业通过开展公关工作，可以提高企业的知名度和美誉度，树立良好的企业形象，赢得顾客对本企业的信任与支持，使顾客对本企业的产品产生信任和好感，最终促进产品销售。

4. 公共关系的对象

公共关系工作的对象是公众。公众是指与房地产企业经营管理活动发生直接或间接联系的社会组织和个人，主要包括以下几个方面。

(1) 企业内部公众。企业内部公众包括企业的员工和股东。房地产企业要建立良好的声誉和形象，必须先从内部做起。因为企业的目标要获得外部公众的支持与合作，首先要获得内部职工的理解与支持。因此，企业首先要处理好各种内部关系。

房地产企业在开展内部公关工作时要做到：加强企业内部的信息交流，增进相互之间的了解，协调各方面的利益关系，解决各种矛盾，培养集体精神和协作精神，保证企业正常运转；满足职工的物质文化生活需要，改善职工的生活条件，推行民主管理，提高职工的主人翁责任感，使职工对企业产生认同感和归属感，从而形成强大的凝聚力和向心力，并为企业的发展而奋斗，这是开展企业内部公关工作的根本目的。

房地产企业还要处理好与股东之间的关系，维护股东的权益，坚定股东的持股信心，并积极吸引新股东，开拓新的资金来源渠道。

(2) 顾客公众。房地产企业与顾客之间的关系是最主要的公共关系，企业必须与顾客建立和维持良好的关系。为此，企业要树立顾客至上的观念，做好市场调研工作，了解顾客的需要，为顾客提供适销对路、质优价廉的产品和服务；认真对待和处理顾客的意见和投诉，消除顾客与企业之间的误解和摩擦；加强与顾客之间的沟通交流，增进企业与顾客之间的理解和信任，建立持久的合作关系。

(3) 媒介公众。新闻媒介掌握着舆论大权，它影响民意，间接而有力地影响着房地产企业的行为，因此，它是企业争取社会公众、实现企业公共关系目标的重要对象。房地产企业应同新闻界保持经常、广泛的联系，处理好与新闻媒介之间的关系，运用新闻媒介广泛宣传企业各方面的工作及成就，使公众对本企业有深入的了解，从而形成有利于企业的社会舆论，有效地树立企业形象。

(4) 业务往来公众。业务往来公众是指与房地产企业生产和销售有着广泛业务往来的公众，包括供应商、经销商、代理商、金融保险公司、竞争者、协作部门等。

房地产企业要与供应商保持良好的关系，以取得优质充足的物质供应；要与经销商、代理商处理好关系，为他们提供质量优良、价格合理的产品、提供必要的服务项目和优惠政策，调动中间商销售本企业产品的积极性；要处理好与金融保险公司之间的关系，以获得资金上的扶持；要处理好与竞争者之间的关系，公平竞争，正确处理竞争中的各种纠纷和冲突。房地产企业只有处理好与业务往来公众之间的关系，才能保证生产经营活动顺利进行。

(5) 政府公众。政府是国家权力的执行者，也是经济运行的宏观调控者，对房地产企业有间接控制的权力。因此，要处理好企业与政府之间的关系。房地产企业在遵纪守法、自觉接受政府有关部门监督指导的前提下，应主动与政府有关部门进行沟通与联络，赢得政府的信赖与支持。

（6）社区公众。社区是指企业所在的区域。房地产企业要处理好与社区内的机关团体和居民之间的关系，尽可能为社区提供一些帮助和服务，完善企业自身的生产经营条件，减少或消除环境污染，积极参加社区活动，以获得社区公众的谅解和支持。

5. 房地产项目常见公关活动

（1）SP 活动策划。SP 活动是房地产项目一项非常有效的推广渠道，它的操作核心是一种公关策划，活动只是表现形式而已。其与客户之间的公关主要包括如下。

① 主题是否恰当。活动的主题是否能够吸引到客户，这决定着活动是否能够成功的关键，也是与客户公关的前提，这就需要去了解客户的心理，从而制定出符合客户心理需要的活动主题。

② 操作是否可行。操作是否可行是公关策划中经常会犯错的地方，有很多活动主题都很好，方案做得非常的漂亮，而且评测效果也非常的好，但是仔细一算就发现根本不能操作，一个可行的 SP 活动需要考虑到成本投入和操作难度。所以在 SP 活动的策划中最忌异想天开，以及不切实际的空想。这就需要我们深刻地记住，要以客户为准，要贴近生活。

③ 效果能否产生。效果能否产生也是很多活动容易遗忘的要点，也是公关策划经常犯的错误，很多活动举办得很成功，并且通过公关策划与客户建立了良好的关系，但是结果却是销售没有任何的起色，这就是犯了只顾场面好看，不顾效果的错误。要知道，任何活动的最终目标，就是能够促进销售，所以成功的活动，不仅仅是表面好看，更重要的是产生效果，这是商业活动的核心。

（2）客户服务策划。客户服务是一项非常细致的公关，这种公关已经不是像 SP 活动那样的前期公关了，而是一种后续服务的公关，过去的开发商销售完项目后往往就不管了，而现在越来越多的开发商意识到了后续客户服务的重要性，所以促进了现在很多俱乐部的出现，这也正是体现了客户服务，客户服务公关最主要的目的是维护好客户与开发商之间的感情，增加项目的附加值。从而使得开发商的品牌效益增加。

在竞争激烈的房地产市场中，客户是企业生存的基础，根据客户需求提供房地产产品，通过改善产品和服务质量增强客户满意度，成为房地产企业取得竞争优势的重要手段。房地产企业实现客户关系管理的最终目标是：挖掘潜在客户价值、提高服务质量、提高利润、降低成本、扩大市场份额。

（3）危机公关。危机公关存在于各个行业，而目前的房地产行业中对于危机公关并没有太多的重视，这就是为什么房地产是投诉率最高的一个行业的原因，因为很多开发商没有重视危机公关，只有少数大型企业才有危机公关的策划。危机公关是指与客户产生矛盾，发生纠纷时，进行的应急公关处理，这种公关重点反映在处理方式、责任承担、重新建立信赖关系等。危机公关也是一种公关关系学，但是它并不是一种突出产生的公关，而是一种长期进行培育的公关策划。也就是说，危机公关是建立在长期的公关效果之上所产生的一套处理系统。危机公关应对原则主要有以下五种。

① 预测的原则。对楼盘潜在问题、客户反映的意见等认真分析，预测可能存在的各种危机，小心防范，争取将它们消灭在萌芽状态。

② 及时处理的原则。分析危机的背景和症结，根据情况，快速成立危机处理小组。调

查客户和公众卷入危机的现状和发展趋势以及传播途径，制定相关预案分析总结解决危机的条件、方法，与当事人沟通的形式、途径。

③ 真实真诚原则。

④ 缓和矛盾的原则。避免冲撞，努力缓和对立，特别是不要和新闻媒介对立。

⑤ 形象修复的原则。利用危机公关，争取平息风波，挽回影响，并将坏事变为好事。

(4) 开展公益慈善活动。房地产企业可以通过赞助和支持教育事业、体育运动、文化娱乐活动、社会福利事业和其他公益活动，提高企业的声誉，赢得公众的支持和赞赏。

(三) 房地产项目推广费用

1. 房地产项目推广成本构成

就房地产销售推广来说，推广的费用通常遵循着一定的分配规律。一般来说，推广预算应该保持在楼盘销售总金额的3%～5%范围内。房地产项目推广成本一般包含以下部分。

(1) 资料费。资料费是指房地产项目制作所需的费用。主要包括：设计制作楼书(或宣传册，含纸质楼书和电子楼书)；设计制作录像带或光盘；设计制作展示板，通常有户型图、小区规划图、区位图、环境和生活配套实景图文、项目各种效果图、项目简介、装修标准说明以及设计制作手提资料袋、宣传品、礼品等。

(2) 模型费。模型费是指开发商为项目设计制作模型所需的费用。主要有小区总体规划布局模型、建筑物单体模型、分户平面模型等。

(3) 样板房和售楼处费用。样板房费用包括样板房的设计、建造和装修装饰费用等。这里的建造费用是指在房地产项目施工现场外搭建的样板房所发生的费用，而在产品施工现场内的毛坯房用于样板房建设时，则仅计算设计和装修装饰费用。售楼处费用包括售楼处设计、建造和装修装饰费用，这里的售楼处是指长期用于项目展示和销售的售楼处，不包括在房展会、房博会等搭建的短期销售场所。

(4) 广告费。广告费是指市场推广时用于产品形象宣传所需的设计、制作与发布费用。主要包括：新闻媒体(报刊、广播、电台、电视等)广告费用；户外广告、路牌广告、项目现场围墙广告、公交车体车载广告等广告费用；展销会参展费用；邮寄广告费用和公众信息网络广告费用等。

(5) 销售管理费。销售管理费包括：销售人员工资、福利和奖励费用；现场专用销售车辆费用；租用场地费用；工作人员差旅费用和业务招待费用等。

(6) 中介服务费。中介服务费是指委托中介服务机构进行的市场调研、价格评估、营销策划、销售代理等所支付的费用。

2. 房地产项目推广费用安排

房地产项目推广费用投入是随着房地产开发进程展开的，如项目开盘期、预售期等。现在的房地产项目全程策划中推广费用更是从土地交易就开始了。合理安排推广费用，增加投放效果，一般要注意以下几个节点计划。

(1) 销售的筹备阶段。在销售的筹备阶段，包括接待中心和样板间在内的大量的媒体，设计制作工作量都是非常大，再加上其他准备工作，所以有比较大的推广费用，一般占总的预算的30%～50%。

(2) 项目的公开期。在项目的公开期，报刊媒体费用上升，其他的销售道具因为已全部制作完成，则很少产生费用。当进入广告的强销期时，报纸杂志、广播电视的广告密度增加，广告费用又上升了;另外,为了推动销售进城,贯穿整个推广阶段的各项促销活动是避免不了的,大量的广告预算也是不可少的。这个阶段的广告预算占总量的40%以上。

(3) 项目销售持续期。在项目销售持续期,广告预算会慢慢趋近于零,同时销售也开始慢慢结束。按照惯例,市区内各项目总体推广费用一般在总销售额的3%~4%。而考虑到本项目自身的特点和所处的市场竞争态势,需快速建立较高的知名度和市场形象,因此,本项目第一部分的推广费用为总体销售金额的4%左右。第二部分的推广以及后期的推广由于是建立在第一部分成功推出的基础上,则推广费用可以控制在2%左右。

3. 项目推广策划实施效果评估

市场推广效果评估与控制的目的是在充分了解推广意图的基础上,通过汇总、分析每一推广策略所产生的客户效应、成交情况,迅速地得出该策略的经济效益、客户反应。从而科学地综合评估本次市场推广活动的得与失、成与败,并不断总结和更进。使之能根据个案的特性评估出一个高效的推广途径,推广手法及时段性推广重点,以便于迅速调整推广步骤,并为下一步市场推广方案的制订提供参考。从根本上说是协调市场与销售,有效地控制推广成本,争取利润最大化。

广告费用预算的原则是在实际推广过程中,既节省开支,又取得实效。为降低广告成本,应该对广告效果进行评判,对投入和产出进行认真计算,以判断广告预算编排的合理性和成效性,并且在执行过程当中,根据实际成效进行反馈和调整。

推广策划实施效果评估,一般从来人、来电和成交情况等方面用量化的数据客观评估推广效果。评估分析主要有以下几个部分。

(1) 客户效应评估。客户效应评估一般结合"来访客户登记表""来电登记表"及其他销售原始表单进行评估。评估内容包括客户接待量及来访客户性质、认知途径、客户来源地、客户需求变化、本次诉求重点及本阶段客户评价点的变化。通过对客户的认知途径的分析,可以了解各个推广渠道的传播效应。从而加大对相应推广途径的投资力度,以便取得更好的推广效果。就该评估指标而言,现场推广策略和平面广告策略具有直接而明显的优势。

(2) 经济效益评估。从成交情况及广告投入上综合评估一个广告的广告效益。通过对不同时期成交情况的分析,可以从经济效益的角度来分析推广策略的优缺。

(3) 评估时间周期。客户效应评估及广告效益评估一般以一个广告到下一个广告之前为一个自然评估期。如期间间隔太长,可以在广告发布后10天内给出。

(4) 评估方式。客户效应评估及广告效益评估通常以图表及数据方式给出。

课后练习

一、思考题

1. 房地产项目STP策划包括哪些内容?房地产市场细分有哪些变量?房地产目标市场的选择和市场定位各有哪些策略?

2. 房地产市场环境分析包括哪些方面?

3. 房地产项目产品有哪些基本类型?如何进行产品组合与优化?

4. 房地产项目有哪些推广方式?常见的广告媒体有哪些?房地产项目推广成本如何构成?

二、案例分析

1. 某商业街项目地理位置如图 5－7 所示。项目地处市郊居住区中心位置，占地面积 48 578平方米，其中一号地块 12 656 平方米，二号地块 10 233 平方米，三号地块 11 385 平方米，二号地块 14 304 平方米。建成后将成为区域商业配套中心，项目技术经济指标见表 5－7。根据该项目情况，简要撰写该项目的 STP 策略大纲。

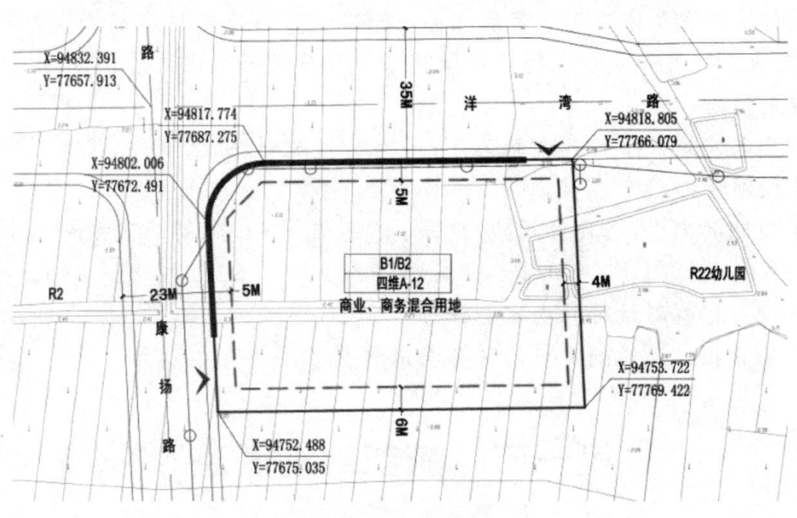

图 5－7　项目地块图

表 5－7　项目技术经济指标

指 标 类 型		本规划方案指标
建筑用地面积(平方米)		48 578
总建筑面积(平方米)	地上部分	103 861.81
	地下部分	38 556.45
建筑密度(%)		36.23%
容积率		2.14
绿地率(%)		38.1
建筑限高(m)		37.8
车位	机动车	788
	非机动车	1 694
商业建筑面积(平方米)	地上部分	38 664.21
	地下部分	5 213.46
办公楼建筑面积(平方米)		28 468.52
酒店式公寓建筑面积(平方米)		36 729.08
地下车库建筑面积(平方米)		33 342.99

第六章　城市规划与房地产项目开发设计

房地产项目的开发与城市规划密切相关，任何新建、改建或扩建都必须与城市的发展相适应，本章从房地产项目开发企业的角度阐述了建设项目规划设计阶段的主要任务及流程。本章的学习重点包括：

◆ 城市规划与房地产项目开发的关系，城市总体规划、分区规划、控制性详规与修建性详规的要求及控制指标；

◆ 居住区规划的内容，居住区用地、建筑、公建配套、道路、绿化等规划设计的要求及控制指标；

◆ 房地产项目勘察与设计的内容与任务；

◆ 房地产项目报建及规划许可的任务与流程。

第一节　城市规划概述

一、城市规划的概念与内容

（一）城市规划的概念

城市规划由于其本身的综合性、社会性、战略性和系统性的日益加强，要解决的问题也更加远离物质形态而日益趋向社会、经济、人口、交通、环境等复合性社会问题。这也就意味着城市规划的重点已经从物质规划建设逐渐向社会经济和公共政策等方向转移，城市规划将更多地与国家或地方政府机构结合，取决于人们的意志和社会的目标取向。

目前，从全球范围来看，城市规划没有统一的定义，但有多种解释，并相互补充。这些解释大致包括如下。

(1) 城市规划是解决城市中各种物质要素在空间布局和时间序列上的各种矛盾，使它们各得其所，有机联系，以取得良好的经济、社会及环境效益的决策。

(2) 城市规划是一定时期内城市发展的目标和计划，是城市建设的综合部署，也是城市建设管理的依据。

(3) 城市规划的目的是指导城市建设和改善城市社会。它要实现两个任务：一是为国家的经济和社会发展做贡献；二是改善人民的生活条件。它不仅要安排好城市形体和城市环境中的建筑、街道、公园、公用事业及其他各种要素，而且更重要的是在于实现社会经济目标。

(4) 城市规划是政府干预城市发展的一种手段。总之，城市规划是重要的政府职能，是各级政府指导城市合理发展、建设和管理的重要依据和手段。在当前和今后的一段时期内，我国城市规划的核心任务是以维护国家利益、公众利益为目的，调控空间资源的开发和利用，实现社会、经济的协调发展和可持续发展。在制订城市规划时，既要根据城市所在地区的自然条件和历史情况，又要根据经济和社会发展水平，来确定城市规划区内城市规模和发展方向，实现城市的经济、社会和环境的发展目标，保证城市有序、健康、协调的发展。

总之，城市规划是根据城市经济社会发展目标和生产力布局的要求，对城市各项建设所做的前瞻性和综合性部署，其目的是为城市经济社会的发展和居民生活提供服务。城市规划实质上是一种社会规划，是各级政府指导城市合理发展、建设和管理的重要依据。在当前和今后一个时期内，我国城市规划的核心任务是以维护国家利益、公众利益为目标，调控空间资源的开发和利用，实现经济社会的可持续发展。

（二）城市规划的特点

1. 政策性

城市规划是城市各项建设的综合部署，是合理安排城市生产生活的重要手段，房地产开发与管理其制定与实施必然会涉及政府各个部门。城市规划范畴中若干问题，如城市性质定位、城市规模确定、基础设施布置、各类用地分配等，不仅是简单的经济和技术问题，而且还是重大的政策问题，体现了城市管理者对于城市发展的近景和远景构想，因而城市规划体现了很强的政策性和指导性。

2. 前瞻性

城市规划是对未来一定时期内城市各项建设（经济、社会、文化等）的总体设想，目的是使城市各项建设与未来城市长远定位、经济社会发展、城市居民生活需求相适应。城市规划要综合分析影响城市发展的各种限制性因素与非限制性因素，统筹规划，全面协调，使城市自身对社会经济的发展变化具有较强的适应能力。

3. 区域性

每个城市都有其特定的地理位置、建设条件、社会经济发展水平、历史渊源及区域文化等，在进行城市规划时必须因地制宜，踏实工作，努力体现城市特色，塑造独特的城市形象。

4. 综合性

城市规划无疑是一件综合性很强的工作，因为：①城市发展受到诸多因素的影响和制约，各要素间还存在着复杂的互动关系；②城市规划目标日益多元化，经济、社会、环境目标三者之间需要权衡与协调；③城市规划是一项多部门规划，涉及多个规划部门；④城市规划需要地理学、经济学、社会学、工程学等众多学科的支持。

5. 实践性

城市规划编制的目的在于总结城市建设，并用来指导新的城市建设。规划目标能否实现不仅在于规划的科学性与否，还在于规划的实施情况如何。城市建设必须围绕城市规划的要求进行，加强各项建设的前、中、后期管理，以实现既定的规划目标。实践性是城市规划指导城市发展的关键所在。

（三）城市规划的内容

城市规划既是一门学科，又是一种政府行为和社会实践活动，这种政府行为和社会实践活动体现为依法编制、审批和实施城市规划。在实践中，人们逐渐意识到城市的发展是有其自身规律的，经济社会发展计划和城市规划都是政府调控的手段，两者互为依据、互为补充。20 世纪 80 年代，在研究我国城市规划法过程中，提出的城市规划的任务是：城市规划是指城市人民政府为了实现一定时期内城市经济社会发展目标，确定城市性质、规模和发展方向，合理利用城市土地，协调城市空间布局和各项建设的总体部署和具体安排。

城市规划的内容包括发展目标、土地利用、空间布局和各项建设具体安排，强调的是综合部署。其核心内容是城市土地及空间的利用。城市规划工作的不同阶段有不同的规划任务,一般有以下几个方面。

(1) 发展目标。根据城市当前的经济、社会、文化、环境等情况,确定城市发展目标,进一步确定城市性质、规模和发展方向。

(2) 土地利用。土地是城市的重要资源,从某种程度上讲,城市的规划是以土地为载体的。城市规划可确定城市各项用地的使用性质、功能分区、数量比例、开发强度等,以实现合理用地和节约用地,实现城市的可持续发展要求。

(3) 空间布局。确定城市各项建设的空间构成和组合,包括地上空间的合理利用、地下空间的开发利用,以及城市轮廓线、景观和城市风貌特色的塑造等。

(4) 建设部署。依据发展建设目标。确定近期建设目标和当前建设安排。通过统一规划,分期实施,使近期目标和远期目标相结合。

城市规划的工作内容包括城市规划的编制及城市规划管理。要实现"综合部署"就要提高城市规划编制的科学性和权威性;要实现具体安排就要加强城市规划管理,使各项建设严格按城市规划进行。

(四) 城市规划的作用

1. 城市规划推动了城市社会经济发展

城市规划作为政府干预城市发展的手段,起着宏观调控、指导城市社会经济发展的作用。其对经济发展的牵动性具体体现在以下几个方面。

(1) 城市规划促进了城市功能分区,改善了城市资源的布局,有利于充分发挥生产生活的规模效应、聚集效益与节约效应。例如,许多现代化的城市在城市规划中,依据城市的地理、原有布局等特征,按功能分别规划为居民区、工业区、商业区、高科技区等。

(2) 城市规划和城市建设增强了城市人口和产业的吸引力与承载力,积聚了城市发展所需的各种经济要素。

(3) 城市规划促进了城市若干产业(主要是房地产业)的发展。房地产业对城市社会经济发展做出了重要的贡献。房地产业在带动城市经济发展、改善城市形象的同时,也以其经济贡献促进了城市的各项建设,尤其是基础设施建设。

城市社会经济的发展过程是一个自组织过程,其自我发展完善往往具有缓慢性与盲目性等缺点。因此,有必要发挥城市规划对城市社会经济发展进行宏观调控的作用,使之符合城市发展的需要。

2. 城市规划改善了城市总体形象

经济是城市发展的主导因素,城市面貌与城市经济发展阶段相适应。在经济发展的工业化后期阶段以前,通常的事实是城市缺乏规划,片面强调直接生产部门的投资,忽视基础设施的建设,城市发展往往与高失业率、贫富分化严重、环境恶化以及犯罪活动猖獗等社会现象相联系,城市简直成了社会问题的源泉。20 世纪以来,人们逐渐意识到城市规划的重要性,城市规划成为各国政府的一项重要工作。对城市各项建设进行设计与规范,推进新城区的建设和老城区的改造极大地改善了城市形象,对现代城市的印象往往就是某一标志性建筑或最吸引人的某些方面,而不是过去所说的"脏、乱、差"。

3. 城市规划优化了城市人口布局

传统城市的特点是功能分区不明显,各种用地交互分布,既不利于生产,又影响了市民的生活质量。现代城市规划强调城市功能区的分离，使居住区分散组团布局，形成若干条件优越、特色鲜明的住宅小区。CBD、住宅区等由于其聚集效益，自然会产生相应第三产业聚集效应，从而更加方便市民工作、生活、休闲。

4. 城市规划促进了城市环境保护

城市规划促进了城市环境的改善，具体体现在：城市规划使生产生活节约了对资源、能源的消耗，减少了污染物的排放；城市规划推动了城市产业结构高级化，产业结构"非工业化"趋势改善了区域生态环境，增强了城市的文化氛围；城市内部功能区改造和边缘区建设优化了城市生态系统；新兴生态住宅小区的建设提升了居民的生活质量。

5. 城市规划促进了城市建设的高效

我国有些城市以前忽视城市规划的重要作用，在城市建设中随意性太大，城市规划成为一纸空文，随着城市的发展，这种忽视城市规划造成的不和谐会越来越凸显。例如，公路建设不考虑未来发展的需要，常常迫不得已不断扩建；又如，城市中建设实体的随意布置，其拆除是迟早的事。这都造成了城市建设的低效，更带来了社会财富的极大浪费，给市民的正常工作、生活也带来了不便。所以，合理和科学的城市规划对于城市发展是必需的。

（五）城市规划与房地产开发的关系

房地产开发与规划设计有着密切的关系，两者相互作用，相互影响。在房地产经营中，投资最终能否成功取决于时机、地段和建筑质量。地段的选择、总图布置与规划有关，而建筑质量则与设计密不可分。当然，地段的选择与建筑质量除了与建筑师和规划师的设计质量有关以外，还受经济因素、规划条件、业主的意图等因素的影响和限制。因此，为了做出好的规划建筑设计，房地产经营者应与规划师和建筑师很好的合作，创造以下几个方面的必要条件：第一，让规划师、建筑师了解房地产开发业务的运行机制，提供相应的条件，指明有哪些限制；第二，要征求开发项目所在地区的规划设计管理部门的意见与要求，并且从规划要求、开发公司的要求等因素中做出综合判断，兼顾各方面要求并乐于在规划设计上有所突破；第三，开发者必须既有企业家的远见，还有规划师、建筑师的鉴赏力。能够很好地与设计者沟通使之充分表达业主的指导思想和设计意图。只有具备上述条件，开发经营者与设计者才能有很好的配合。规划设计不仅仅是布置一下住宅、公建，提高土地利用率而使开发经营者取得较好的经济效益；规划设计对取得很好的社会效益、环境效益及城市的建设和发展方面也有决定性的作用。因此开发经营者须对合作者的业务有所了解，懂得规划与建筑设计的基本原理，与规划师和建筑师共同创作出社会效益、环境效益和经济效益统一的作品。

二、城市规划对房地产项目的控制

城市规划对房地产项目的控制实施是通过一系列流程来实现的，具体如图 6－1 所示。

（一）城市总体规划

1. 城市总体规划的概念

城市总体规划是指对一定时期内城市性质、发展目标、发展规模、土地利用、空间布局以及各项建设的综合部署和实施措施。总体规划有两个特点，一是在地理范围上包括整个城市社区及其未来发展空间；二是在时间上具有长期性，规划期限一般为 20 年。

2. 城市总体规划的任务

城市总体规划的主要任务是综合研究和确定城市性质、规模和空间发展形态，统筹安排

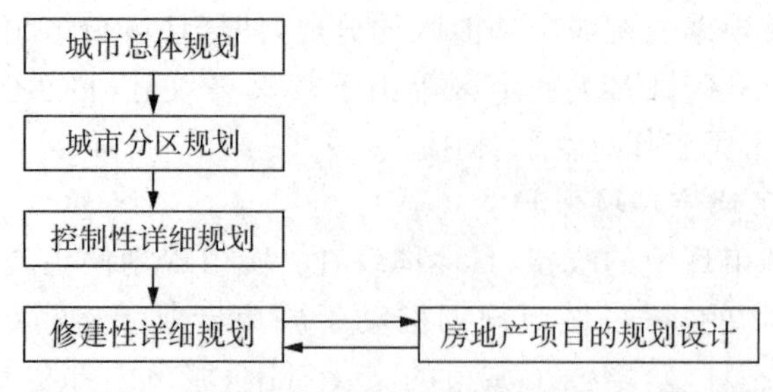

图 6-1　城市规划对房地产项目的控制实施流程图

城市各项建设用地，合理配置城市各项基础设施，处理好远期发展和近期建设的关系，指导城市合理发展。

3. 城市总体规划的内容

城市总体规划的内容包括编制市域城镇体系规划，拟定城市规划区范围，确定城市性质、规模、城市用地空间布局和功能分区，编制各项专业规划和近期建设规划等。

概括地讲，城市总体规划由发展规划、用地布局规划和工程规划三个部分组成。

(1) 城市发展规划。城市发展规划是整个城市规划的基础与基本依据，是关系到未来城市远景的一个根本性问题。它主要运用区域分析方法，对城市的未来和发展进行科学预测和论证，以确定城市定位、发展模式和发展战略。

(2) 城市用地布局规划。城市用地布局规划是城市总体规划的关键部分。它根据城市发展规划所提供的各种相关依据，通过对城市自然、社会、经济，历史和现状分析研究，将工业、第三产业、居住、绿地、道路交通系统等各项物质要素组织在一个功能合理、协调统一的城市结构中。布局规划包括用地功能分区、城市干道系统规划、城市形态规划、城市总体布局等各项内容。

(3) 城市工程规划。城市工程规划是城市总体规划方案中的专项规划。只有把工程性基础设施规划落实好，城市建设的基本框架才能确定，城市居民工作、居住、出行、娱乐活动才能顺利进行。因此，城市总体规划应当对关系城市发展方向、人口规模、布局结构的重大基础设施项目进行论证、规划和布局，主要包括基础设施工程和公园绿地工程。

城市总体规划的期限一般为 20 年，同时应当对城市远景发展做出轮廓性的规划安排，城市远景规划是对城市发展进入成熟期的城市定位、城市空间结构等做出的展望。总体规划中的近期建设规划，应当对城市近期的发展布局和重要建设项目做出安排，近期建设规划期限一般为 5 年。

（二）分区规划

1. 分区规划的概念

一些城市规模较大，在总体规划基础上还要编制分区规划，以便与详细规划更好地衔接。

2. 分区规划的任务

分区规划的主要任务是在总体规划的基础上，对城市土地利用、人口分布和公共设施、基础设施的配置做出进一步的规划安排，为详细规划和规划管理提供依据。

3. 分区规划的内容

分区规划的主要内容如下。

(1) 原则上规定分区内土地使用性质、居住人口分布、建筑及用地的容量控制指标。

(2) 确定市、区公共设施及基础设施的分布及其用地范围。

(3) 确定城市主、次干道的位置、宽度以及主要交叉口、广场、停车场位置和控制范围。

(4) 确定绿化系统、河湖系统、高压线走廊、对外交通设施、风景名胜的用地界线和文物古迹、传统街区的保护范围,提出保护要求。

(5) 确定工程管线的位置走向、管径服务范围以及主要工程设施的位置和用地范围。分区规划文件包括规划文本和附件(包括规划说明和基础资料);主要图纸包括规划分区图、分区现状图、分区土地利用规划图、各项专业规划图。

(三) 控制性详细规划

1. 控制性详细规划的概念

控制性详细规划是指以城市总体规划或分区规划为依据,确定建设地区的土地使用性质和使用强度的控制指标、道路和工程管线控制性位置以及空间环境控制的规划。控制性详细规划是衔接总体规划、分区规划的宏观要求与指导修建性详细规划编制的承上启下的编制层次,它既是编制修建性详细规划的主要指导性文件,为其提供规划设计准则,又是城市规划管理、土地开发的重要技术依据。

2. 控制性详细规划的任务

控制性详细规划的主要任务是:以城市总体规划或分区规划为依据,详细规定建设用地的各项控制性指标和其他规划管理要求,强化城市规划的控制功能,并指导修建性详细规划的编制。控制性详细规划的目标是规划一个健康、安全、便捷、高效的城市环境,防止对土地的不适当开发,保证各种城市设施的正常设置。其具体目标是:确定各用地的使用性质,控制不相容的土地使用,以促使城市土地的合理利用,防止、消除或减少各用地之间的相互影响和干扰,并确保公共服务设施及基础设施用地。

3. 控制性详细规划的内容

控制性详细规划的工作内容核心是在准确的土地使用空间组织基础上,具体确定土地使用性质和使用强度,制定定性、定量、定位、定界的控制要求,一般包括用地界线、建筑性质、容积率、空地率、高度、出入口、管线接口、停车场等。

控制性详细规划的具体内容包括以下几个方面。

(1) 土地用途及其兼容范围的控制。在准确的土地使用空间组织基础上,通过划分规划各类用地的地块界线,确定用地性质和适用范围,规定各类用地内允许、不允许、有条件允许的土地用途和适建、不适建或者有条件的允许建设的类型。

(2) 土地使用强度的控制。土地使用强度控制,主要是对开发容量的定量控制,即确定每块建设用地面积,可开发的建筑量和人口规模等。一般包括以下内容:小地块规模控制、建筑控制(容积率、建筑密度、建筑高度、后退红线等)、人口控制、生态环境质量控制。

(3) 道路交通及其设施的控制。

(4) 工程管线及其设施的控制。

(5) 城市特色与环境景观的控制。

(6) 经济估算。

下面我们给出"上海市虹桥商务区核心区南北片区控制性详细规划",以了解城市控制性详细规划具体的内容和形式(见图 6－2)。

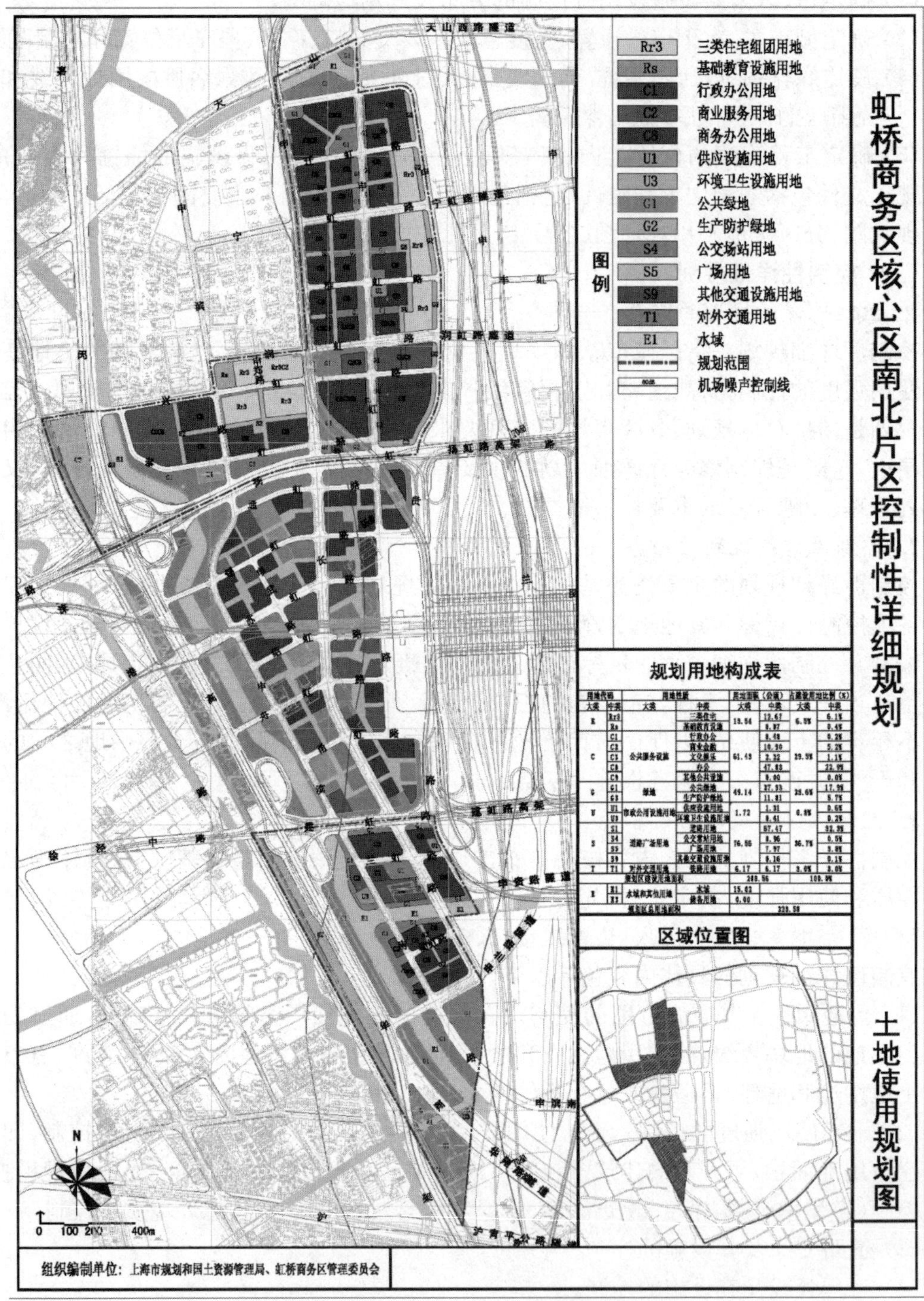

图 6－2 上海市虹桥商务区核心区南北片区控制性详细规划图①

① 图片来源：上海虹桥商务区管理委员会网站 http：//www. shhqcbd. gov. cn/HTML/shhq/shhq_zxdt_yw/2012－02－28/Detail_3403. htm。

（四）修建性详细规划

1. 修建性详细规划的概念

修建性详细规划是指以城市总体规划或分区规划、控制性详细规划为依据，制定用于指导各项建筑和工程设施的设计以及施工的规划设计。

2. 修建性详细规划的任务

修建性详细规划的任务是对城市建设地区内的房屋建筑、市政工程、公用事业设施、园林、绿地和其他公共设施做出具体布置，选定技术经济指标，提出建筑空间和艺术处理要求，确定各项建设用地的控制点坐标和标高，为各项工程设计提供依据。

3. 修建性详细规划的内容

修建性详细规划的编制内容包括以下几个部分。

（1）建设条件分析和综合技术经济论证；

（2）建筑和绿地的空间布局、景观规划设计、总平面布置；

（3）道路系统规划设计；

（4）绿地系统规划设计；

（5）工程管线规划设计；

（6）竖向规划设计；

（7）估算工程量、拆迁量和总造价，分析投资效益。

修建性详细规划文件主要为规划设计说明书。修建性详细规划图纸主要包括规划范围现状图、规划总平面图、各项专业规划图、竖向规划图、反映规划设计意图的透视图。

三、城市规划主要控制指标

城市规划主管部门根据各区域控制性及修建性详细规划实现对某个区域、某个地块规划控制，通常这些详细规划都以一些相关的技术经济指标表现出来。主要的规划控制技术指标包括用地性质、建筑容量控制类指标、建筑退让距离、建筑间距系数、交通及车位指标等。

（一）用地性质

我国《土地管理法》中规定土地用途分为农用地、建设用地、未利用地三大类别。其中，耕地、园地、林地、牧草地及新设的其他农用地 5 个地类共同构成农用地。其中未利用土地（除田坎）和未进入农用地、建设用地的其他水域共同构成未利用地。而城市居住用地、公共设施用地、工业用地、仓库用地、交通道路、市政和绿地水域等共同构成建设用地。

在建设用地范围内，根据国家的《城市用地分类与规划建设用地标准》，建设用地类别名称及编号统一见表 6－1。

表 6－1　建设用地类别名称及编号

代号	用地类别名称	代号	用地类别名称
R	居住用地	C	公共设施用地
M	工业用地	W	仓储用地
T	对外交通用地	S	道路广场用地
U	市政公用设施用地	G	绿地
D	特殊用地	E	水域和其他用地

各省、自治区、直辖市根据《城市用地分类与规划建设用地标准》制定了更加具体明确的用地分类和编码标准。

（二）建筑容量控制类指标

建筑容量控制类指标包括建筑容积率、建筑覆盖率、建筑高度、绿地率、绿化覆盖率等指标。

1. 建筑容积率

建筑容积率是指项目规划建设用地范围内全部建筑面积与规划建设用地面积之比。附属建筑物也应计算在内，但明确注明不计算面积的附属建筑物除外。建筑容积率是无量纲的指数，其计算公式为

$$\text{建筑容积率}=\frac{\text{建筑总面积}}{\text{建筑用地面积}}\times 100\% \qquad \text{公式 6.1}$$

2. 建筑覆盖率

建筑覆盖率又称建筑密度，是指地块建筑基底面积占建设用地面积的百分比，其计算公式为

$$\text{建筑覆盖率}=\frac{\text{建筑基底面积}}{\text{建筑用地面积}}\times 100\% \qquad \text{公式 6.2}$$

建筑覆盖率主要取决于建筑布置对气候、防火、防震、地形条件和布局等要求。因此，建筑覆盖率与建筑物间距、建筑层数、层高、建筑物排列方式等有关。在同样的容积率下，一般建筑层数越高，建筑密度越低。

3. 建筑高度

建筑高度是指建筑物室外地平面至外墙顶部（檐口）的总高度。烟囱、避雷针、旗杆、风向器、天线等在屋顶上的突出构筑物不计入建筑高度。

4. 绿地率

绿地率是在建设用地范围内各类绿地面积之和与建设用地面积的比率（%）。绿地面积的计算不包括屋顶、天台和垂直绿化。

5. 绿化覆盖率

绿化覆盖率是在建设用地范围内全部绿化种植物水平投影面积之和与建设用地面积的比率（%）。绿化覆盖率的计算包括屋顶、天台和垂直绿化。

（三）建筑退让距离

建筑退让距离指的是建筑物与道路规划红线、河道、水道及其他附属设施的规划红线保持的距离。

通常沿城市道路两侧新建、改建的多层建筑，其后退道路规划红线的距离不得小于 3 米。而高层建筑后退道路规划红线的距离，应按下列规定控制：

（1）建筑高度小于或等于 60 米的，不得小于 5 米；

（2）建筑高度大于 60 米但小于或等于 100 米的，不得小于 8 米；

（3）建筑高度大于 100 米的，应相应加大后退距离。

（四）建筑间距系数

建筑间距系数是指遮挡阳光的建筑与被遮挡阳光的建筑的间距为遮挡阳光的建筑高度的倍数。

当单栋塔楼建筑在两侧无其他遮挡阳光的建筑时，与其他居住建筑的间距系数不得小

于1.0。多栋塔楼建筑与被遮建筑的建筑间距有具体条例规定，通常情况下建筑间距系数不小于1.2。

（五）交通及车位指标

地块规划控制中的交通组织有时也在修建性详细规划中反映出来，主要对地块的内部道路提出规划控制要求以满足消防通道的布置条件。

停车位的布置目前已在规划建设要求中明确体现出来，分为机动车停车位和非机动车停车位布置标准。修建性详细规划根据区域位置和建筑物性质对停车位布置有不同的标准，如某城市商业中心区域的停车位布置指标，办公类建筑物：机动车泊位应大于5辆/1 000平方米建筑面积；自行车泊位应大于40辆/1 000平方米建筑面积。

第二节　居住区规划设计

一、居住区分级

居住区是具有一定人口和用地规模，能满足居民日常物质和文化生活需要的，由城市干道所分割或自然界限所包围的相对独立的区域。居住区规模以居住人数和用地面积为转移，我国居住区按不同规模分为三级。

（一）居住区

居住人口3万～6万人，占地50～100公顷，服务半径800～1 000米。

居住区规划结构形式有以下几种。

(1) 由小区构成。

(2) 由居住生活单元构成，无明显的小区用地界线。

(3) 由居住生活单元、小区、居住区三级构成。

（二）小区

居住人口5 000～15 000人，占地12～35公顷，服务半径400～500米。

（三）居住生活单元

居住人口2 000～3 000人，用地2～3公顷，是独立的居住群落。

二、居住区的组成和规模

（一）居住区用地组成

根据用地的不同功能要求，居住区用地可分为以下几类。

1. 居住建筑用地

居住建筑用地是指住宅、宿舍等居住建筑基底占用的土地及居住建筑之间的空地，包括进户道路、宅旁绿地、家庭院落等。

2. 公共建筑用地

公共建筑用地是指儿童教育、医疗卫生、文化娱乐、商业服务、体育运动、行政管理等建筑基底占用的土地和其专用场地、绿地等。

3. 道路广场用地

道路广场用地是指居住区内主要道路、次要道路、人行步道、梯道、公共广场、停车场等。

4. 公共绿地

公共绿地是指居住区公园、小游园、花园、林荫道、组团中心绿地、绿化带等，以及儿童游戏场、成人休息场等。

5. 生产及公用设施用地

生产及公用设施用地是指居住区内小型工业厂房、锅炉房、变配电所、水泵站等建筑基底用地，以及其他专业用地等。

在居住区内还有一些属于城市的其他用地，如市级公建、单位、工业等，以及一些不适合建设的地带，这些都不属于居住区用地范围。

上述五类用地中居住建筑用地所占比例最大，一般约占居住区总用地的50%。

（二）居住区规模

居住区的规模包括人口和用地两个方面，以人口数作为规模标志。合理地确定居住区规模，对满足居住区功能、经济、管理等方面的要求都有着重要的影响。

影响居住区规模的主要因素包括如下。

(1) 居住区各类公共服务设施的分级组织形式、合理规模及服务半径。居住区级的商业、文化、医疗等公共服务设施的经济合理的成套配置，将是影响居住区规模的重要因素。形成居住区级公共设施的合理规模，必须要求相应的人口数量。当居住区人口在6万人左右时，便可形成项目齐全、合理、经营规模完整的公共服务中心。合理的服务半径是指居民到达居住区级公共中心的最大步行距离，一般为800～1 000米。

(2) 城市的规模和布局，路网的组织形式、道路间距、人口的分布、建筑层数的分区也是影响居住区规模的重要因素。城市规模大小及布局方式，对城市居住用地的大小和分布有着决定性的影响。居住区通常是由城市主要干道包围的地段。因此，城市路网的布局形式及其间距直接影响着居住区的规模。城市干道的合理间距一般为800～1 000米。总体规划中对城市人口的分布、建筑层数的分区、人口密度的确定等，也相应地确定了居住区的规模。

(3) 城镇现行的管理体制。现行的城市对居民的行政管理体制，如街道办事处管辖的人口，一般为5万～6万人。相当于居住区人口规模。特别在旧城改建规划中，常按街道办事处管辖范围加以划分。

除上述因素之外，自然地形条件、现状条件及用地特点等对居住区规模都有一定的影响。因此居住区规模的确定应综合考虑各类影响因素，选择合理的规模，使之作为城市的有机组成部分，满足使用功能、技术经济、行政管理等各方面的要求。

三、居住区规划设计

（一）居住区规划设计的基本要求

居住区规划是项综合性较强的设计工作。它涉及的面比较广，应满足以下几个方面的要求。

1. 使用要求

满足居民生活的多种需要，为居民创造一个方便、舒适的生活居住环境，这是衡量居住区规划设计优劣的基本条件。居民的使用要求是多方面的，例如为适应住户家庭不同的人口组成和气候特点，选择合适的住宅类型，为了满足居民生活的多种需要，必须合理确定公共服务设施的项目、规模及其分布方式，合理地组织居民室外活动、休息场地、绿地和居住区的内外交通等。

2. 卫生要求

为居民创造一个卫生、安静的居住环境，要有良好的日照、通风，防止噪声和空气污染。

3. 安全要求

为居民创造一个安全的居住环境，要能适应可能引起的灾害发生的特殊情况，如火灾、地震等，以利于防止灾害发生和减少灾害的危害程度。

(1) 防火。为了保证发生火灾时居民的安全，防止火灾的蔓延，建筑物之间要保持一定的防火间距。防火间距的大小主要因建筑物的耐火等级以及建筑物外墙门窗、洞口等情况而异。

(2) 防震灾。在地震区，必须考虑以下几点因素。

① 居住区用地的选择，应尽量避免布置在沼泽地区，不稳定的填土堆石地段，地质构造复杂的地区如断层、风化岩层、裂缝等，以及其他地震时有崩落危险的地区。

② 应考虑适当的安全疏散用地，便于居民避难和搭建临时避震棚屋之用。安全疏散用地可结合公共绿化用地、学校等公共建筑的宅外场地，城市道路的绿化带等统一考虑。

③ 居住区内的道路应平缓畅通，便于疏散，并布置在房屋倒塌范围之外。据在相关城市所做的观察，房屋倒塌范围，其最远点与房屋的距离大体上不超过房屋高度的一半。

④ 居住区内各类建筑除考虑建筑物设防裂度以外，房屋结构应尽可能简单，同时，还必须采用合理的层数、间距和建筑密度。

4. 经济要求

居住区的规划和建设应与国民经济发展的水平、居民的生活水平相适应，也就是说，在确定住宅的标准、公共建筑的规模、项目等时均需考虑当时当地的建设投资及居民的经济状况。

5. 施工要求

居住区的规划设计应有利于施工的组织与经营。特别是当成片居住区进行机械化施工时，更应该注意各建设项目的布置要适应施工要求和建设程序。

6. 美观要求

要求居民创造一个优美的居住环境。居住区是城市建设量最多的项目，因此它的规划与建设对城市的面貌起着很大的影响。

(二) 居住区用地规划

住宅及其用地的规划布置是居住区规划设计的主要内容。住宅及其用地不仅量多面广(住宅的面积约占整个居住区总建筑面积的 80%，用地则占居住区总用地面积的 50%左右)，而且在体现城市面貌方面起着重要的作用，因此，在进行规划布置前，首先要合理地选择和确定住宅的类型。规划的基本要求如下。

(1) 保护自然生态环境，要尽量保存原有地形、地貌，道路和房屋的布局应结合地形统一设计，力求使居住小区融于自然环境之中。

(2) 在保护自然环境的前提下，提高住宅的容积率，空间容量要适度。关于建筑容积率，住宅区应在 2.0 以下，一般的应在 1.5 左右，高档次的应为 1.0 左右。

关于人口密度，就一个城市总体来计算，现平均为 300 人/公顷，每人占城市用地 35 平方米左右，今后要发展到 200 人/公顷，每人占 50 平方米左右；更高标准的应为 100 人/公顷，以达到每人占地100平方米。

(3) 保证绿地面积，提高居住环境质量。住宅区的园林绿化是自然生态重要的组成部分，对美化居住环境、改善居民生活起着重要的作用。因此，设计中要保证绿地面积不少于居住区面积的30%，有条件的力争做到50%更好，同时要保证城市公共绿地面积从现在的每人5平方米左右，发展到每人10平方米以上，有条件的地区还要增加。要保护有保留价值的河流、小溪、树林植被等，并加以合理地改造、管理和利用。

(4) 结合地形科学地布置道路系统，合理解决停车存在的问题。小区级路网应结合地形，尽量沿等高线布置，以利于排水防洪，要顺而不穿，通而不畅。按发展趋势，区内的私家车拥有量不断增多，道路宽度与停车位置的矛盾日益突出，因此道路占用地不断增大。小区级道路是联系各居住组团的主要道路，一般宽7米，组团级道路宽4米，以保证搬迁车、救护车、私家车能到达各户；区内的步行路宽2～2.5米，供居民散步、交往之用。小区内停车位的设置是个复杂的问题。目前，估计有1/3～1/2的家庭(发达城市比例更高)可有私家车和机动摩托车。所以，停车位要分设，可将别墅住宅车位设于院内或支柱层；高层公寓的停车场可设于地下层；对于单元式住宅，停车场可设置于小区内干道一侧、组团入口处或沿小区干道的住宅底部支柱层，这样的设置既缩短了存车距离，又减轻了汽车对组团内院的干扰。

(5) 合理布局，明确划分组团，使每一组团各具特色。小区购物中心、文化娱乐中心布置在核心地段，将购物、休息、娱乐结合起来，半径不超过300米。基层商业点结合组团出入口均衡分布，一般服务半径不超过120米。合理安排生活服务设施，完善配套工程，方便居民生活。

(6) 居住组团要设置邻里庭院。它是邻里交往的社会环境，是居民享受阳光、空气、绿地的室外环境，而且还是家庭生活空间的扩大与延伸，也是老年人和儿童休闲的好场所。邻里庭院是居民最重要的生活空间，所以在规划中要确定合适的居住组团的规模，一般为200～300户，同时结合地形，灵活错落，适当组合。要适应地方风俗习惯，住宅群组布置要符合居民的居住心理和居民行为特征的要求。

(7) 丰富住宅类型，别墅、多层住宅和高层公寓相结合，高低错落，以满足不同使用者的需求。院落应各具特色，建筑的布局、造型及细部处理要反映地方的特色。绿化、坡地、水系及铺装等应有机地结合起来。

(8) 继承和发展传统建筑文化，并注意东西方文化的交融，相互取长补短。发挥地方特色，多元文化并存。建筑要美观，环境要美化。要充分体现居住小区的文化性的创造和城市发展的文脉。

(9) 要加强物业管理的设施，塑造一个适应社会行为和物业管理的空间环境原则。要重视在各类建筑中发展智能的设施，即要具备通信自动化、建筑设备自动化，如设置自动传呼、报警、电视监控等设施。在设计时要充分考虑这些新内容，这是现代建筑发展的一个特点。

(10) 垃圾实行分类管理，保持小区清洁卫生。逐步在居住区内推行垃圾分类化管理制度，制定垃圾分类标准及分类处理的规范，使居住区保持良好的卫生状况。

（三）居住区建筑规划设计

1. 居住区住宅的类型

居住建筑造型直接影响到居民生活的方便，建设投资和城市用地及城市面貌，因此，要从城市规划的角度来分析居住建筑的特点、类型和其建筑经济、用地效益的关系。

居住建筑的类型各有其不同的特点。按使用对象不同，可分为家庭居住的住宅和供单身者居住的宿舍。

住宅通常是以户为基本组成单位，常见的住宅类型包括如下。

(1) 独院式、并联式：每户均有自己的庭院，多为1～3层，占地较多。

(2) 梯间式、内廊式、外廊式：一般为多层或高层；用地较经济，是经常选用的住宅类型。

(3) 内天井式：住宅进深较大，有内天井，可节约用地。

(4) 点式住宅：适用于高层或多层，结构多样、进深大、节约用地、布置灵活，有利于丰富群体空间。

住宅造型应确定以下几个方面的要素。

(1) 住宅层数。要综合考虑土地价格、住宅造价、室外工程、人口密度、施工周期等因素，确定层数比例。一般来说，低层造价较低，居住舒适，但占地面积大；多层造价也较低，施工方便，较低层节约用地；高层可节约用地，但结构较复杂，施工机构化程度要求高，单方造价也高，从物业管理的角度来看，经常性维修费用高。居住区规划应综合考虑诸因素，采取高低层结合、错落有致的方法确定各类住宅的层数比例。

(2) 进深与面宽。一般情况下，如每户建筑面积不变，住宅进深大则面宽小，外墙少。可以节约用地、节约投资，并减少采暖费用，有利于节能。而进深小则面宽大，采光好，但外墙面多，用地多，造价高。因此进深和面宽应根据实际情况选择适当的比例。

(3) 长度和结构。一栋住宅的长度长，可以减少山墙数量并可减少墙端头的间距，可以节约土地和投资。但过长就需要增加伸缩缝和防火墙，且对通风和抗震不利。因此，住宅的长度要适当，而且住宅结构要条式和点式相结合，才能取得较好的效果。

(4) 层高。降低住宅层高可以降低造价，也可减少阴影区范围，节约用地。目前住宅净高多取2.7～2.8米，比较经济。

(5) 户室比。为了满足不同人口组成的家庭对户型的需要，要合理确定不同的户室比。根据我国目前经济条件和家庭每户人口逐渐减少的趋势，常用的户室比为：一室户占15%～20%，二室户占70%～75%，三室户占10%。户室比的平衡可在一栋住宅或一个单元内平衡，也可在几栋住宅或一个组团内平衡。

(6) 居住建筑标准。根据国家有关规定和地区的标准来选择住宅的类型。居住建筑标准根据不同的城市、不同的居住对象、不同的修建地段而有所不同。

除上述要素外，住宅的造型还应适合当地的自然气候条件和民族生活习俗，还应考虑结合地形及城市景观和城市空间总体构成的要求。

2. 住宅的规划布置

住宅的规划布置应建立在建筑群体组合的基础之上，与居住区总的规划结构相结合。

(1) 住宅群体平面组合的基本形式及其特点。

① 行列布置：建筑按一定朝向和合理间距成排布置的形式。这种布置形式能使绝大多数居室获得良好的日照和通风，是各地广泛采用的一种方式。但如果处理不好，会造成单调、呆板的感觉，容易产生穿越交通的干扰。为了避免以上缺点，在规划布置时常采用山墙错落、单元错开拼接以及用矮墙分隔等手法。

② 周边布置：建筑沿街坊或院落周边布置的形式。这种布置形式形成近乎封闭的空

间,具有一定的空地面积,便于组织公共绿化休息园地,组成的院落比较完整,对于寒冷及多风沙地区,可阻挡风沙及减少院内积雪。周边布置的形式还有利于节约用地,提高居住建筑面积密度。但是这种布置形式有相当一部分居室的朝向较差,因此对于炎热地反而很难适应,有的还采用转角建筑单元,使结构、施工较为复杂,不利于抗震,造价也会增加。另外,对于地形起伏较大的地也会造成较大土石方工程。

③ 混合布置:以上两种形式的结合,最常见的往往以行列式为主,以少量住宅或公共建筑沿道路或院落周边布置,以形成半开敞式院落。

④ 自由式:建筑结合地形,在照顾日照、通风等要求的前提下,成组自由灵活地布置。

以上4种基本布置形式并不包括住宅布置的所有形式,而且也不可能列举所有的形式。在进行规划设计时,必须根据具体情况,因地制宜地创造不同的布置形式。

(2) 住宅群体的组合方式。

① 成组成团的组合方式:住宅群体的组合可以有一定规模和数量的住宅(或结合公共建筑)组合成组或成团,作为居住区或居住小区的基本组合单元,有规律地发展使用。这种基本组合单元可以由若干同一类型或不同类型的住宅(或结合公共建筑)组合而成。组团的规模主要受建筑层数、公共建筑配置方式、自然形成和现状等条件的影响而定。

② 成街成坊的组合方式:成街的组合方式就是以住宅(或结合公共建筑)沿街成组成段的组合方式,而成坊的组合方式就是住宅(或结合公共建筑)以街坊作为整体的一种布置方式。

(3) 住宅群体的空间组合。住宅群体的空间组合就是运用建筑空间构图的规律以及建筑空间构图的手段将住宅、公共建筑、绿化种植、道路和建筑小品等有机地组成完整统一的建筑群体。住宅群体的组合不只是为了满足人们对使用的要求,同时还要符合工程技术、经济以及人们对美观的需要。评价一个建筑群体的好坏,建筑单体设计的水平固然重要,而群体的空间组合往往起着决定性的作用,尤其是采用定型标准设计的大量住宅的群体组合尤为重要。

建筑群体空间构图,最基本的规律就是对立统一的原则,应力求建筑的功能、工程技术、经济和美观等的统一。

(四) 居住区公共建筑规划设计

1. 居住区公共建筑项目内容及指标

1980年12月,原国家建委颁发了居住区级和小区级公共建筑定额指标,对公共建筑项目内容和指标做了规定。

(1) 居住区级公共建筑。其中包括6类33项,有卫生(医院、门诊部)、金融邮电(银行、邮电支局、邮电所)、文体(影剧院、科技文化馆、青少年站、运动场)、商业(百货、书店、药店、综合食品、日用杂品、饭馆、快餐、副食、菜店、照相、理发、浴室、洗染、服装加工、综合修理)、行政及经济管理(街道办事处、派出所、商业管理机构、房管所、市政管理)及其他(煤气调压站、液化气站)等。其千人指标为建筑面积620~734.2平方米。

(2) 小区级公共建筑。有6类24项,其中包括教育系统(托儿所、幼儿园、小学、中学,千人指标为建筑面积559~850平方米)、经济(储蓄所、邮电所、千人指标为16~22.5平方米)、文体(运动场)、商业饮食及服务业(基层商店、饮食店、理发、修理、综合服务、自行车棚等,千人指标为建筑面积353~389平方米),还有居委会、房管所等。总计千人指标为建筑面积1 019～1 472.5平方米。

2. 居住区公共建筑的规划原则

公共建筑布置应根据不同级别、人口多少，按配套齐全、分配与集中相结合的原则进行，应满足以下基本要求。

(1) 适当集中，使居民一次行动能达到多种目的。

(2) 确定合理的服务半径，并尽量缩短服务半径，使居民花费尽可能少的时间就能到达。

(3) 符合人流方向。一些日常使用频繁的设施最好设在居民上下班必经之地，减少流线往复。

(4) 发挥服务功效。可能时要兼顾区内外服务，取得更好的经济效益。

(5) 不干扰住户。有些公共建筑项目产生噪声、气味、污物，应与住宅保持适当的距离，防止污染。

3. 公共建筑布置方式

(1) 商业服务项目。可在居住区中心或沿街集中布置，还可利用住宅底层布置。形成居住区的商业服务中心或商业街市。规模较小的项目以分散布置为宜，方便居民就近使用的需要。

(2) 学校及托幼设施。应选择合适的地段以保证学生就近上学，儿童就近入托。服务半径应尽量缩短，并与住宅保持一定的距离。学校教室及操场应有良好朝向，并避免外界噪声干扰。入学及入托的主要流线应避免穿越城市主干道以保证儿童交通安全。

(3) 自行车棚。要接近住宅，靠近人流线，可利用地下室及管道层存放，也可以在住宅的阴影区内设集中存放车棚。

(4) 附属工程。比如锅炉房、热力站、煤气调压站、泵房等公共设施应与住宅隔开，以防干扰，但与外界要有方便的交通联系，并保证安全。

(五) 居住区道路规划

1. 居住区道路功能

居住区道路是城市道路系统的组成部分，不仅要满足居住区内部的功能要求，而且要与城市总体取得有机的联系。居住区道路内部功能要求包括以下几个方面。

(1) 满足居民日常生活方面的交通活动需要。比如职工上下班、学生上下学，购物及生活其他活动，一般以步行或骑自行车为主。

(2) 方便市政公用车辆的通行。比如邮电传递；消防、救护车辆的通行；家具的搬运；垃圾的清除等。

(3) 满足货运需要。比如居住区内公共服务设施及街道工厂货运交通的需要。

2. 居住区道路分级

(1) 居住区级道路。这是居住区主要道路，用以划分并联系内部各小区，并解决居住区对外的联系。单行道宽9～12米，红线宽度20米。

(2) 居住小区级道路。这是联系居住小区内各组成部分的道路，车行道宽度不小于7米，红线宽度不小于16米。

(3) 居住组团级道路。是指居住生活单元内的道路。一般以通行非机动车和行人为主，路面宽度一般为4～6米。

(4) 宅前小路。通往各单元门口的小路,一般宽度为1.5~2米。

3. 居住区道路规划原则

(1) 居住区道路主要为区内服务,不应有过境交通穿越,以保证居住区内居民的安全和安宁。居住区内不应有过多的车道出口通向城市干道。出口间距不小于150~200米。

(2) 道路走向应符合人流方向,方便居民出入。住宅与车站的距离不宜大于500米。

(3) 尽端式道路长度不宜超过200米,在尽端处应留有回车空间。

(4) 住宅单元入口至最近车行道之间的距离一般不宜超过60米,如超出时,宅前小路应放宽到2.6米以上,以便必须入内的车辆通行。建筑物外墙与行人人行道边缘距离应不小于1.5米,与车行道边缘应不小于3米。

(5) 道路应结合地形布置,尽可能结合自然分水线和汇水线设计,以利于排水和减少土石方工程量。

(6) 在旧住宅区改造时,应充分利用原有道路系统及其他设施。

(六) 居住区绿化规划

1. 居住区绿化系统分类

(1) 公共绿地。包括居住区公园、居住小区公园、住宅组群的小块绿地。

(2) 公共建筑和公共设施绿地。比如医院、影剧院周围的绿地。

(3) 宅旁和庭院绿地。

(4) 道路绿化。在居住区内干道、小路两旁种植乔木或灌木丛,起遮阳、通风、防尘、隔噪声等作用。

2. 居住区绿化的布置原则

(1) 选择绿化标准和适当的位置。1980年,国家建委规定,居住区公共绿地标准为人均2~4平方米。绿地位置要适中,居住区公园服务半径应小于800米,组团内小块绿地以儿童活动为主,服务半径以100米为宜。

(2) 形成完整系统。应根据功能和使用要求,采取重点与一般,集中与分散,点、线、面相结合的原则进行布置,形成系统并与周围的城市绿化相协调。

(3) 节约用地。充分利用自然地形和现状条件,尽可能利用劣地、坡地、洼地等不利建设的用地作为绿化用地,化不利因素为有利因素。

(4) 美化和丰富环境。合理选种和配置绿化品种,花草结合,常绿树与落叶树结合,力求四季常青,以提高居住环境的质量。

(七) 居住区规划设计指标

为了评价居住区规划方案的经济性和合理性,经常采用以下一些技术经济指标作为衡量的标准。

(1) 居住区总用地(公顷),包括居住用地,公共建筑用地,道路用地,绿化用地。

(2) 居民每人占地(平方米/人),包括人均居住用地、公共建筑用地、道路用地、绿化用地。

(3) 居住区总建筑面积(平方米),包括居住建筑面积、公共建筑面积。

(4) 总户数(户)、总人口(人)、平均每户人口(口/户)。

(5) 平均每户居住面积(平方米)。

(6) 居住建筑密度(%),是指住宅建筑对居住用地的覆盖率,计算公式为

$$居住建筑密度=\frac{居住建筑基地面积}{居住建筑用地面积}\times100\%$$ 公式 6.3

(7) 居住面积密度，其计算公式为

$$居住面积密度=\frac{居住面积}{居住建筑用地面积}$$ 公式 6.4

(8) 容积率(居住建筑面积密度)，其计算公式为

$$容积率=\frac{居住建筑面积}{居住建筑用地面积}\times100\%$$ 公式 6.5

(9) 人口毛密度(人/公顷)，是指居住总人口和总用地之比，其计算公式为

$$人口毛密度=\frac{总人口}{总用地}$$ 公式 6.6

(10) 人口净密度(人/公顷)，是指居住总人口与居住建筑用地面积之比，其计算公式为

$$人口净密度=\frac{总人口}{居住建筑用地面积}$$ 公式 6.7

(11) 平均层数(层)，是指住宅总面积与住宅基底总面积之比，其计算公式为

$$平均层数=\frac{住宅总面积}{住宅基地总面积}$$ 公式 6.8

(12) 高层比例(%)，一般七层以上为高层住宅，即高层住宅占总建筑面积的比例，其计算公式为

$$高层比例=\frac{高层建筑面积}{居住区总建筑面积}\times100\%$$ 公式 6.9

(13) 住宅间距(米)。

(14) 居住区总造价(元)。

(15) 平均造价(元/平方米)，其计算公式为

$$平均造价=\frac{总造价}{居住区总建筑面积}$$ 公式 6.10

(16) 建设周期(年或月)，是指自工程开工至全部工程完工之间的时间。

居住区规划设计都必须进行技术经济分析来衡量方案的优劣及优选方案，通过上述经济指标可以进行居住区用地分析、技术经济分析及综合造价三个主要方面的比较和优化。

第三节　房地产项目勘察与设计

一、房地产项目勘察

(一) 房地产项目勘察的概念

1. 房地产项目勘察的定义

勘察工作是指为查明工程项目建设地点的地形地貌、地质构造、水文条件和各种自然地质现象而进行的测量、测绘、测试、观察、调查、勘探、试验、鉴定、研究和综合评价工作。其目的是为建设项目的可行性研究、规划选址、工程设计、地基处理、施工监测、建筑物和构筑物建成后的安全检验以及地质环境的保护与治理等全过程提供地形、地质及环境等基础资料和依据。

2. 房地产项目勘察的作用与任务

房地产勘察工作不仅在工程建设中居先行地位，而且也贯穿于工程建设生产过程之中，它对工程建设的投资、速度、质量和社会环境效益起着重要作用。

房地产勘察工作的主要任务是：结合工程和勘察地区的具体情况，因地制宜地采用先进可靠的勘察手段和评价方法，正确反映客观地形、地质情况，提供准确的原始资料，提出明确的评价、结论和建议。

（二）房地产项目勘察工作的程序

勘察阶段的划分应与设计阶段相适应。各勘察阶段的工作内容和深度要求，应按国家或本地区、本行业颁发的有关规范、规程的要求结合具体工程的特点确定。各阶段勘察工作一般按下列程序进行：承接勘察任务、整理已有资料、现场踏勘、野外调查、测绘、勘察、试验、分析资料、绘制图纸和报告等。与设计相适应的四个勘察阶段的内容和要求分析如下。

(1) 选址勘察。通过现场踏勘、调查、测绘、勘察和资料分析，对工程地质的稳定性和适宜性做出评价，编制反映地形、地貌的 1∶5 000 的地形图，为选址提供资料。

(2) 初步勘察。通过勘察，对场地的稳定性是否适合建设做出地质评价，提出 1∶2 000 的地形图，作为建筑总平面布置、主要建筑物地基基础设计的依据。

(3) 详细勘察。对建筑物地基进一步勘察，做出工程地质评价，为地基基础设计、地基处理与加固、不良地质现象防治提供地质资料，并提出 1∶1 000 的地形图。

(4) 施工勘察。对地质比较复杂、工程要求较高，与施工有关的工程问题进行勘察，提出相应的工程地质资料，以制订施工方案。

（三）房地产项目勘察工作的内容

(1) 地形测量。通过地形测量，绘制各种地形图，供设计使用。地形测量的范围应包括整个建筑工地以及邻近有关的重要地段。要注意收集区域地质、地形地貌、地震、矿产及附近地区的工程质量资料，调查当地过去地基施工中的经验教训。

(2) 工程勘察。通过工程地质钻探（或槽探），查明建筑场地的地层、土质、构造、岩石和土壤的性质、地下水、地基承载能力及其稳定等状况，作为建筑物基础及管网设计的依据。

(3) 地下水勘察。查明地下水在不同时期的水位变化、流动方向、水的化学成分。了解地下水的埋藏条件和侵蚀性、地层的透水性等，以作为设计和施工的依据。

(4) 地表水勘察。收集附近的河流、湖海的水系、流量、水位等资料，作为排水、防洪设计的依据。

(5) 气象调查。搜集空气温度、湿度、风向、雨雪、不冻季节的延续期、土壤冻结厚度等资料，作为设计及施工的依据。

勘测单位要按规定向有关部门申请，经审查、批准、颁发勘察证书后，才具有承担勘察任务的资格。凡我国能勘察的国内建设工程，一般不得委托外商勘察。国家计委负责管理全国基本建设勘察工作，各有关部门和省、自治区、直辖市主管基建的综合部门负责管理本部和本地区的基本建设勘察工作。

二、房地产项目设计

（一）房地产项目设计的概念

1. 房地产项目设计的定义

房地产项目设计，是对拟建项目的建设所做的全面规划与安排，并通过全套图纸（包括文字说明）具体地表达出来。

2. 房地产项目设计的作用与任务

房地产项目设计是工程建设的关键性环节，在建设项目确定以前，为项目决策提供科学依据，在建设项目确定以后，为工程建设提供设计文件。它关系着工程质量和将来的使用效果，对于城市开发建设的经济效益、社会效益和环境效益起着决定性的作用。其基本任务是，要做出体现国家有关方针政策、切合实际、安全适用、技术先进、社会经济效益好的设计，为我国社会主义现代化建设服务。设计工作要遵守国家法律、法规，从我国实际情况出发，合理确定设计标准；对生产工艺、主要设备和主体工程要做到先进、适用、可靠；对非生产性建设，应坚持适用、经济、在可能条件下注意美观的原则；要注意资源的综合利用，节约能源，保护环境，节约用地，立足于自力更生。

（二）房地产项目设计的工作程序

根据建设单位提出的委托书进行可行性研究，参加可行性研究报告的编制、厂址或建设地段的选择，以及工程所需的科学试验；编制各个阶段的设计文件；配合施工；参加验收以及进行工程建设总结。

建设项目一般按初步设计、施工图设计两个阶段进行。技术复杂的项目，根据主管部门或建设单位的要求，可按初步设计、技术设计和施工图设计三个阶段进行。小型建设项目中技术简单的经主管部门同意，在简化的初步设计确定后，就可做施工图设计。对有些牵涉面广的大型矿区、油田、林区、垦区和联合企业等建设项目、城市建设中大片住宅区建设，除个体设计外，应该做总体设计。

实行三个阶段设计，各阶段有不同要求。

1. 初步设计阶段

根据批准的可行性研究报告和可靠的勘察、设计基础资料进行编制。它确定拟建工程的技术可能性、经济的合理性和使用的适用性。在初步设计确定后，应同时编制设计总概算。经批准的初步设计和总概算，是确定建设项目投资额、编制固定资产投资计划、签订建设工程总包合同、实行投资包干、控制建设工程拨款、组织主要设备订货、进行施工准备以及编制技术设计文件（或施工图设计文件）等的依据。

2. 技术设计阶段

根据批准的初步设计，对其采用的工艺过程、建筑和结构形式等方面的问题进一步研究，加以确定。如初步设计方案有所变动，应同时编制修正总概算。技术设计和修正总概算经批准后，即成为建设工程拨款和编制施工图设计以及提出设备订货明细表的依据。

3. 施工图设计阶段

根据批准的初步设计文件（或技术设计文件）和主要设备订货情况编制，并据以指导施工，与此同时要编制施工图预算，施工图预算经审定后，即作为预算包干、工程结算等的依据。

（三）房地产项目设计的内容

房地产项目工程设计包括工业建设设计和民用建筑设计。因为两者的性质不同，要求不同,其设计内容也有很大差别。从事城市开发建设的企业,主要是搞民用建筑,其中大部分是住宅。这里主要介绍住宅设计方面的内容。住宅设计总的要求是经济、适用,在可能的条件下注意美观,即全面贯彻舒适、方便、安全、卫生、经济、美观的原则。

1. 住宅建筑的基本要求

进行某种类型的建筑设计首先要了解其基本的使用要求。住宅建筑设计的好坏可从以下五个方面的基本要求来衡量。

(1) 居住性,是指住宅隔热、保温、防潮、隔噪声等建筑物理和建筑构造方面的性能。以保证人类居住的生理要求。

(2) 舒适性,是指合理的空间布局,合适的室内面积和参数尺度,以满足人类生理和心理的舒适要求。

(3) 安全性,是指对自然灾害和人为灾害的防范。比如风吹、雨淋、地震、偷盗、火灾等。

(4) 适应性,是指住宅单体与建筑群体及城市总体的关系。比如内外空间关系、室外环境、建筑形象、区域特征等。

(5) 经济性,是指土地、能源、资金、建筑面积及设备管线的有效利用和结构类型的合理选择等方面。

2. 住宅建筑的平面设计

住宅的平面设计要解决以下几个方面的问题。

(1) 确定合理的户型和住户面积。住宅户型分一室户、二室户、三室户和多室户。设计时应根据国家或当地的居住标准、家庭结构、生产活动、生活习俗等实际情况,确定合理的户室比及各种户型的面积标准。其中包括居室面积、厨房及卫生间的面积、户内门厅及过道的面积、阳台及储藏室等辅助面积。

(2) 户型布置与组合体的确定。每栋住宅都是由若干个户型组合而成的。因此组合体的形式和户型的平面布置有密切的关系。确定组合体形式和户型平面时要考虑以下几方面的内容。

一是保证每户有良好的朝向,采光和通风是住宅设计平面组合的基本要求。一般一户能有相对或相邻的两个朝向时,有利于争取日照和组织通风;当一户只有一个朝向时,日照条件受限,且通风较难组织。户的朝向、采光和通风与单元的临空面密切相关。不与其他单元拼接的独立单元四面临空,形成点式或独立式的组合体,其分户及每户的平面组合比较自由。若干单元拼接,形成条形组合体是常用的组合方式,其户型平面组合应尽量减少单朝向户型,争取良好的采光与通风。

二是交通组织。一般住宅以垂直交通的楼梯间为枢纽,必要时以水平的公共走廊来组织各户。由于楼梯和走廊组织交通以及进入各户方式的不同,可以形成各种平面类型的户型组合体。比如围绕楼梯间组织各户的梯间式单元;以廊组织各户入口的多户数的短内廊、短多廊单元;梯间与内廊组合的点式或内天井式住宅等。楼梯间服务的户数多少对适用、经济都有一定的影响,主要取决于户室的多少和面积标准。

三是确定组合体的长和宽。组合体的宽度即住宅的进深,与面积标准有直接关系,标准高的住室户型可进深较大,有利于节约用地。而面积较少的户型则不宜采用过大的进深,否则对采光和通风不利。住宅组合体的长度一般在 2～4 个单元比较经济合理,即长度为 60～80 米为宜。

(3) 辅助空间的设计。辅助设施如厨房、卫生间、储藏室、垃圾道等，其布置的位置是否恰当不仅影响使用，且涉及管道配置及造价，因此设计时必须重视。首先应布置在恰当的位置，如厨房最好有直接采光与通风，但可布置在朝向较差的方向。卫生间若无直接采光须组织好通风，其面积应紧凑，并注意户内分区和生活流线的要求。其次是辅助空间应尽量集中，有利于管线设备的布置，以节省造价。

3. 住宅的剖面设计

住宅的剖面设计主要是确定住宅的层高和层数。

(1) 住宅的层高确定。一般的住宅户型是占一个层高，近年来出现了占两个层高的跃层式户型及 LOFT 户型。住宅的层高对建筑物的经济适用、空间感觉及建筑造型都有影响。从经济角度看，降低层高可以节约用地、降低造价、节省能源、有利抗震。而层高降低会使空间减小，有压抑感，可以通过加大空间面积，增加窗口面积来解决，可见面积标准较小的户型不宜采用太低的层高。因此，确定住宅的层高时应综合考虑各种因素，选择合理的尺度。

(2) 住宅的层数确定。住宅层数的确定应考虑使用要求、住宅标准、规划要求和经济条件、施工条件等几个方面的因素。一般来讲，低层住宅使用方便、标准较高；多层住宅造价较低，节约用地；高层住宅造价高，施工复杂，但使用面积多，有利于改变城市面貌。住宅单体设计应根据具体的实际情况合理选择其层数。

4. 住宅的立面设计

住宅内部空间组织的规律性反映在住宅建筑的外部造型上，如有规律的窗、阳台、楼梯间等在立面上表现出韵律和节奏。但大量的城市住宅由于内部空间和经济条件的限制，其立面造型的特点是朴实、简洁的。住宅的美观是富于体型比例的完美，门窗、阳台及墙面等的虚实对比恰当，以及色彩的协调之中。

(1) 主面划分。住宅内部空间比例、尺度一般取决于家具尺寸和人体活动的需要，舒适的内部空间尺度反映到外形上也是美观的。根据使用功能合理确定门窗及阳台尺寸是立面设计的基本条件。立面设计时可采用水平、成组、网格、散点等构图手法进行立面划分。

这些手法可以处理整体与各组成部分的比例关系，也可调整建筑物的整体比例，产生不同的构图效果。住宅的立面划分常以单元为单位，以楼梯间为中心成组划分，再加以组合形成有规律的韵律变化。

(2) 色彩与质感处理。住宅建筑的材料色彩、质感对住宅建筑立面造型起着重要的作用。住宅建筑一般以较浅的、明快的调和色(如浅黄、浅绿、乳白、浅灰等)为主要基调，而在阳台、楼梯间、入口等重点部位用较鲜明的色彩加以处理。住宅的外墙材料比较单一，由于经济条件的限制不宜采用较多的饰面材料。可在重点部位，结合主面划分的要求，适当加以材料的变化，并与色彩处理相配合形成丰富的立面效果。

第四节　开发项目规划许可

一、开发项目规划许可的依据

规划设计管理必须以法律法规为依据。规划法制法规体系的建立是管理和保证规划设计能够完全地、顺利地实施的依据。1989 年，我国通过了《城市规划法》，从根本上明确了城市规划和设计的地位及作用,为管理提供了法律依据。

《城市规划法》对城市规划区范围内的建设工程规划管理,提出了"一书两证"制度。"一书"是指选址意见书,"两证"是指建设用地规划许可证和建设工程规划许可证。

二、开发项目规划许可的程序

城市开发项目的规划设计管理是由众多内容组成的,而这些管理内容是按一定的程序进行的。开发项目规划报批并获得许可的流程如图 6-3 所示。

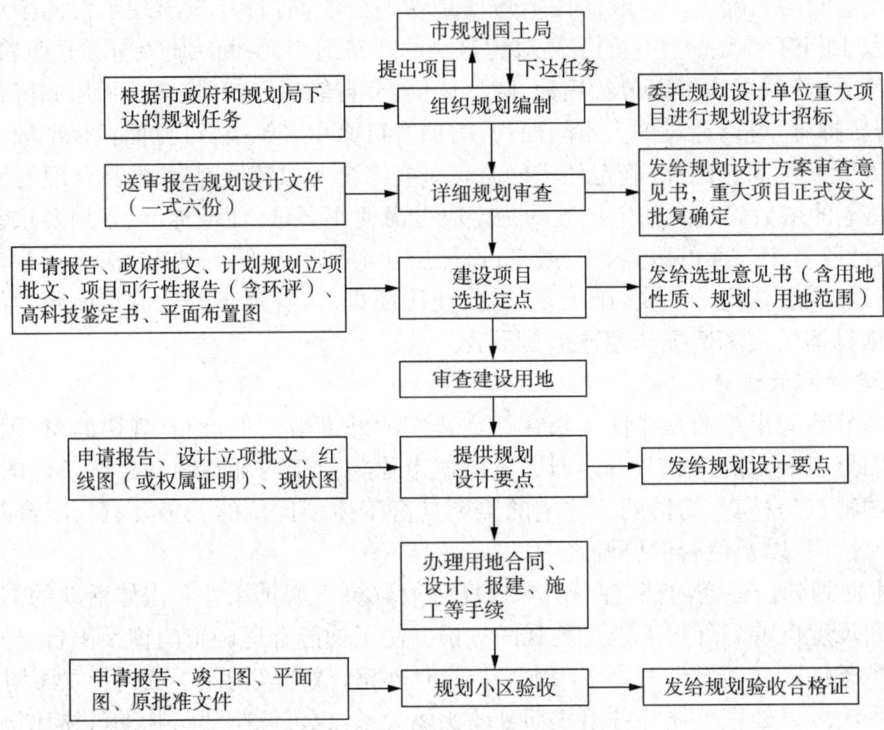

图 6-3　城市规划报批许可流程图

三、开发项目规划许可的内容

(一) 建设项目选址意见书

1. 建设项目选址意见书的定义

中华人民共和国国家标准 GB/T50280—1998 把建设项目选址意见书定义为"城市规划行政主管部门依法核发的有关建设项目的选址和布局的法律凭证"。

2. 建设项目选址意见书的内容

(1) 建设项目的基本情况。建设项目主要包括建设项目的名称、性质、用地与建设规模,供水与能源的需求量与运输量,以及废水、废气、废渣的排放方式和排放量等。

(2) 建设项目规划选址的主要依据。

① 经批准的项目建议书。

② 建设项目与城市规划布局的协调。

③ 建设项目与城市交通、通信、能源、市政、防灾规划的衔接与协调,以及所采取的运输方式。

④ 建设项目配套的生活设施与城市生活居住及公共设施规划的衔接与协调。

⑤ 建设项目对于城市环境可能造成的污染影响，以及与城市环境保护规划和风景名胜、文物古迹保护规划的协调。

(3) 建设项目选址、用地范围和规划要求。建设项目选址意见书还应该对建设项目选址、建设项目用地范围和具体规划要求进行阐述，这些也是建设项目选址意见书中比较重要的内容。

3. 建设项目选址意见书的申领程序

(1) 填写“建设项目选址意见申请表”。住宅开发单位必须填写“建设项目选址意见申请表”，表 6-2 为“上海市建设项目选址意见书申请表”示例，可供参考。

表 6-2　上海市建设项目选址意见书申请表

<table>
<tr><td rowspan="2">收件</td><td>编号</td><td></td><td rowspan="2">选址意见书</td><td>编　号</td><td></td><td>通知文号</td><td></td></tr>
<tr><td>日期</td><td></td><td>核发日期</td><td colspan="3"></td></tr>
</table>

上海市建设项目选址意见书申请表

<table>
<tr><td rowspan="5">申请单位</td><td>名称</td><td colspan="2"></td><td>邮政编码</td><td></td><td colspan="2" rowspan="5">申请单位盖章

年　月　日</td></tr>
<tr><td>地址</td><td colspan="4">区(县)　镇　路(村)　号(组)</td></tr>
<tr><td>联系人</td><td colspan="4"></td></tr>
<tr><td>联系电话</td><td></td><td>手机号码</td><td colspan="2"></td></tr>
<tr><td>E-mail 地址</td><td colspan="4"></td></tr>
<tr><td rowspan="6">建设项目概况</td><td>项目名称</td><td colspan="4"></td><td>选址论证</td><td>□有　□无</td></tr>
<tr><td>计划批准机关</td><td></td><td>计划批准文号</td><td colspan="2"></td><td>建设规模</td><td>平方米</td></tr>
<tr><td>用地性质</td><td colspan="6">□居住　□工业　□仓储　□公共设施　□市政设施　□其他(　)</td></tr>
<tr><td>工程性质</td><td colspan="6">□住宅　□宾馆　□商业　□办公　□文教体卫
□工业仓储　□市政站场设施　□其他(　)</td></tr>
<tr><td>市政交通</td><td colspan="2">□道路　□桥梁
□其他(　)</td><td>长度</td><td>米</td><td>□宽度
□其他</td><td></td></tr>
<tr><td>市政管线</td><td colspan="2">□电力　□电信　□煤气　□特种　□自来水
□雨污水　□其他(　)</td><td>长度</td><td>米</td><td>□管径
□其他</td><td></td></tr>
<tr><td rowspan="8">建设项目选址意向</td><td>建设地址</td><td colspan="6">区(县)　镇　路(村)　号(组)</td></tr>
<tr><td>用地面积</td><td colspan="6">约　平方米</td></tr>
<tr><td rowspan="4">用地范围</td><td>东至</td><td colspan="5"></td></tr>
<tr><td>南至</td><td colspan="5"></td></tr>
<tr><td>西至</td><td colspan="5"></td></tr>
<tr><td>北至</td><td colspan="5"></td></tr>
<tr><td>现状土地使用权属情况</td><td>□国有土地
□集体土地</td><td colspan="5">□自有　□部分自有　□非自有</td></tr>
<tr><td>现状用地性质</td><td colspan="6">□居住　□工业　□仓储　□公共设施　□市政设施　□其他(　)</td></tr>
</table>

随同本申请表应附送下列图纸、文件：批准的建设项目建议书或其他有关计划文件；属原址改建的或有建设项目选址意见书的，附 1：500 或 1：1 000 地形图四份（应标明原址用地界线或选址意向用地位置）；没有选址意向的，待明确选址后补送地形图；大中型建设项目应附送相应资质的规划资质单位做出的选址论证；原址改建的，附送土地权属证件复印件，属联建的应送联建协议书；其他需要说明的图纸、文件等。表 6－3 为上海市随申请表应附文件清单表。

表 6－3　上海市随申请表应附文件清单表

送审文件、图纸一览表					
序号	文件、图纸名称		应送份数	实送份数	备　注
1	地形图□1：500　□1：1 000　□1/2 000		四份		市局审批项目三份
2	□项目建议书　□其他计划文件		一份		
3	土地房屋权属证明及附图		一份		
4	选址论证文件		一份		大、中型项目等
5	其他				
6					
7					
8					
9					
10					

（填表前，请仔细阅读下列内容并遵照执行）。

一、本表适用除国有土地使用权出让、转让地块以外的下列建设项目申请《建设项目选址意见书》。

1. 新建、迁建单位需要使用土地的；
2. 原址扩建需要使用本单位以外的土地的；
3. 需要改变本单位土地使用性质的。

二、随申请表应按下列要求送审相关文件、图纸。

1. 1：500 或 1：1 000（郊区 1：2 000）地形图（四份，市局审批项目三份），其中一份地形图上应用红色虚线（铅笔）标明选址意向用地范围，注明用地户名和用地面积，市政管线和市政交通工程，应注明起讫点及经由点的位置和道路、管线等的走向及范围；
2. 批准的建设项目建议书或其他有关计划文件（原件及复印件各一份）；
3. 属原址改建需改变土地使用性质的，须加送土地、房产权属证件（原件及复印件各一份）；
4. 需要使用其他单位土地的，须加送土地使用相关证明（原件一份）（市政工程视情况定）；
5. 如属大、中型建设项目的，须加送由相应资质的规划设计单位作出的规划选址论证（原件一份）；
6. 位于历史风貌保护区和保护建筑的保护范围及建筑控制范围内的建设项目，须加送反映风貌特色的照片或图片资料（一套）；
7. 因建设项目的特殊性需要提交的其他相关材料。

三、有关事项可到"上海规划"网站查询并下载格式文本，"上海规划"网址：www.shghj.gov.cn。

申请人承诺：

一、本单位（人）对本申请表以及《上海市建设项目规划管理事项办理指南》所告知的事项均已知悉并理解。

二、本申请表及随本表附送的材料均真实、有效，符合建设项目实际情况。如隐瞒有关情况或者提供虚假材料的，由本单位（人）承担相应的法律责任。

申请人签名（章）：

(2) 规划管理部门核发“建设项目选址意见”。规划管理部门在受理住宅项目选址申请后，必须根据原项目批准书，用地预申请批准书，从以下四个协调性方面进行审核。

① 审核住宅项目选址与城市规划布局的协调性。

② 审核住宅项目选址与城市交通、通信、能源、市政、防灾等规划的衔接与协调性。

③ 审核住宅项目配套的生活设施与所在地区生活居住区及公共设施规划的衔接与协调性。

④ 审核住宅项目与城市环境保护、风景名胜、文物保护等方面的协调性。

经审核同意，规划管理部门将核发“建设项目选址意见书”。图 6－4 所示的为上海市规划和国土资源管理局核发的某建设项目选址意见书，可供参考。

中华人民共和国

建设项目选址意见书

选字第 沪规书〔2016〕BA31000020164046

根据《中华人民共和国城乡规划法》第三十六条和国家有关规定，经审核，本建设项目符合城乡规划要求，颁发此书

核发机关 上海市规划和国土资源管理局

日 期 2016—01—20

基本情况	建设项目名称	空军上海后勤训练基地干部经济适用住房建设项目
	建设单位名称	中国人民解放军95958部队
	建设项目依据	
	建设项目拟选位置	顾戴路100号
	拟用地面积	5 350平方米
	拟建设规模	

附件及附图名称：

1. 关于核发空军上海后勤训练基地干部经济适用住房建设项目选址意见书的通知（编号：沪规土资许选〔2016〕第3号）一份。

2. 核定设计范围图一份。

遵守事项：

一、建设项目基本情况一栏依据建设单位提供的有关材料填写。

二、本书是城乡规划主管部门依法审核建设项目选址的法定凭据。

三、未经核发机关审核同意，本书的各项内容不得随意变更。

四、本书所需附图与附件由核发机关依法确定，与本书具有同等法律效力。

图 6－4　上海市规划和国土资源管理局核发的某项目建设项目选址意见书

“建设项目选址意见书”(含附件及附图)是在城市规划区内，经城市规划管理部门审定核发的法律性文件，是建设单位编报建设项目可行性研究报告的法律依据。未经核发机关同意，“建设项目选址意见书”(含附件及附图)核定的有关要求不得变更。建设单位在取得建设项目选址意见书后 6 个月，若建设项目可行性研究报告未经批准又未申请延期，“建设项目选址意见书”即行失效。

(二) 建设用地规划许可证

1. 建设用地规划许可证的定义与作用

“建设用地规划许可证”是建设单位在向土地管理部门申请征用、划拨土地前，经城乡规划行政主管部门确认建设项目位置和范围符合城乡规划的法定凭证，是建设单位用地的法律凭证。

在城市规划区内进行建设需要申请用地的，必须持国家批准建设项目的有关文件，向城市规划行政主管部门申请定点，由城市规划行政主管部门核定其用地位置和界限，提供规划设计条件，核发“建设用地规划许可证”。建设单位或个人在取得建设用地规划许可证后，方可向县级以上地方人民政府土地管理部门申请用地，经县级以上人民政府审查批准后，由土地管理部门划拨土地。

2. 建设用地规划许可证的申领程序

申领建设用地规划许可证操作程序如图6-5所示。

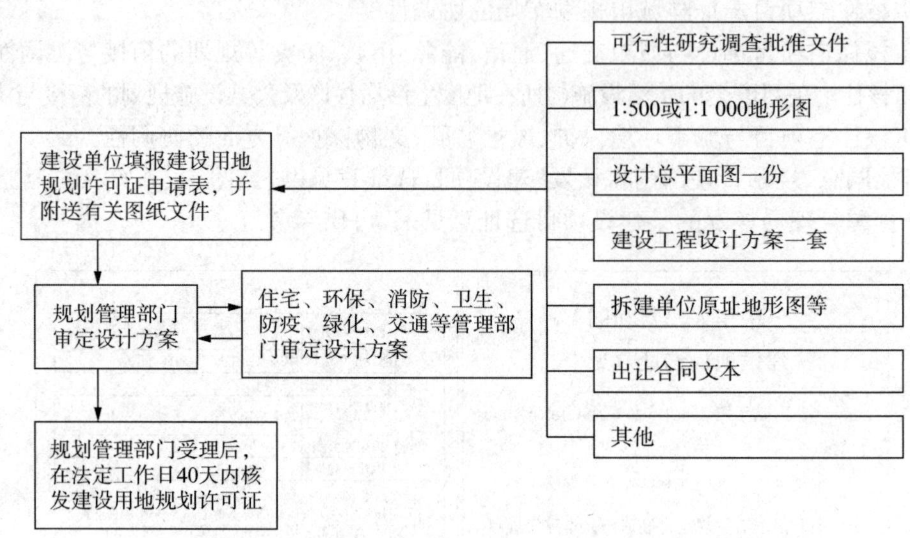

图6-5 申领建设用地规划许可证操作流程图

建设用地规划许可证是在城市规划区内，经城市规划行政主管部门审核，许可用地的法律凭证。凡未取得建设用地规划许可证，而取得建设用地批准文件占用土地的，批准文件无效。未经发证机关审核同意，建设用地规划许可证的有关规定不得变更。建设用地规划许可证所需附图与附件由发证机关依法确定，与建设用地规划许可证具有同等法律效力。

3. 建设用地规划许可证申领所需材料

(1) 建设用地规划许可证申请表(单位公章)，具体示例见表6-4。

表6-4 秦皇岛市建设用地规划许可证申请表

《建设用地规划许可证》申请表

项目总编号：　　　　编　　号：　　　　地证申字(　　)　　号
收　件　人：　　　　收件日期：　　　　年　　月　　日

<table>
<tr><td colspan="2" rowspan="4">建设单位
(盖章)</td><td>单位名称</td><td colspan="7"></td></tr>
<tr><td>单位地址</td><td colspan="7"></td></tr>
<tr><td>邮政编码</td><td></td><td>法定委托人</td><td colspan="3"></td><td>电话</td><td></td></tr>
<tr><td colspan="2">法人代表或单位负责人</td><td colspan="4"></td><td>电话</td><td></td></tr>
<tr><td rowspan="6">建设工程计划</td><td>申请用地类型</td><td colspan="8">□新申请用地　□迁建用地　□原地扩建用地　□改变用地性质　□出让转让用地</td></tr>
<tr><td>项目名称</td><td colspan="8"></td></tr>
<tr><td>批准机关</td><td colspan="4"></td><td>批准文号</td><td colspan="3"></td></tr>
<tr><td>投资总额</td><td>万元</td><td>当年投资</td><td colspan="2">万元</td><td>建筑面积</td><td colspan="3">平方米</td></tr>
<tr><td>项目等级</td><td colspan="8">□国家重点　□省重点　□市重点　□一般工程</td></tr>
<tr><td>建设工程性质</td><td colspan="8">□住宅(□商品房　□经济适用房)□行政办公　□商业金融　□文化娱乐　□体育　□医疗卫生　□大专院校　□科研设计　□中小学　□幼托　□工业　□仓储库场　□市政公用设施　□其他</td></tr>
</table>

续表

<table>
<tr><td rowspan="9">申请用地现状情况</td><td colspan="2">用地位置</td><td colspan="2"></td><td>用地面积</td><td>平方米</td></tr>
<tr><td colspan="2" rowspan="2">建设用地四至范围</td><td colspan="2">东：</td><td colspan="2">南：</td></tr>
<tr><td colspan="2">西：</td><td colspan="2">北：</td></tr>
<tr><td rowspan="6">现状情况</td><td>使用单位</td><td colspan="2"></td><td>用地面积</td><td></td></tr>
<tr><td>用地性质</td><td colspan="2"></td><td>土地权属</td><td>□集体　□国有</td></tr>
<tr><td>现状建筑情况（类别、面积）</td><td colspan="4"></td></tr>
<tr><td>市政设施（地上、地下）</td><td colspan="4"></td></tr>
<tr><td>保护设施</td><td colspan="2"></td><td>其他</td><td></td></tr>
<tr><td colspan="2">选址意见书编号</td><td colspan="2">地选书字（　　）号</td><td colspan="2">规划设计要求通知书编号</td><td>规要通字（　　）号</td></tr>
</table>

<table>
<tr><td colspan="5">送审的文件、图纸清单</td></tr>
<tr><td>编号</td><td>文 件 名 称</td><td>应收份数</td><td>实收份数</td><td>备　　注</td></tr>
<tr><td>1</td><td>办事人、申请人身份证明</td><td>1</td><td></td><td></td></tr>
<tr><td>2</td><td>书面申请</td><td>2</td><td></td><td></td></tr>
<tr><td>3</td><td>《建设用地规划许可证》申请表</td><td>2</td><td></td><td></td></tr>
<tr><td>4</td><td>市规划局核发的《建设项目选址意见书》及规划设计条件通知书复印件</td><td>2</td><td></td><td></td></tr>
<tr><td>5</td><td>1∶500 地形图(附电子文件)</td><td>3</td><td></td><td></td></tr>
<tr><td>6</td><td>界址点成果表</td><td>3</td><td></td><td></td></tr>
<tr><td>7</td><td>规划用图(附电子文件)</td><td>3</td><td></td><td></td></tr>
<tr><td>8</td><td>有关建设工程的计划批准文件</td><td>2</td><td></td><td></td></tr>
<tr><td>9</td><td>环评报告</td><td>2</td><td></td><td></td></tr>
<tr><td>10</td><td>签订的土地使用权出让合同及附件</td><td></td><td></td><td></td></tr>
<tr><td>11</td><td>拍卖地块的范围及规划条件</td><td></td><td></td><td></td></tr>
<tr><td colspan="5">说明：
一、凡属下列建设项目应申请《建设用地规划许可证》。
1. 凡新建、迁建单位需要使用土地的建设工程；
2. 原址扩建需要使用本单位以外土地的建设工程；
3. 需要改变本单位土地使用性质的建设工程；
4. 国有土地使用权出让、转让地块的建设工程。
二、随同本申请表应附送下列图纸、文件。
1. 新建、迁建单位需使用土地的，原址扩建需要使用本单位以外的土地或者需要改变本单位土地使用性质的，提交以下资料：
(1) 办事人、申请人身份证明；
(2) 书面申请；
(3) 市规划局核发的《建设项目选址意见书》及规划设计条件通知书复印件；
(4) 具有测量资质部门实测的 1∶500 地形图、界址点成果表及规划用图；
(5) 如属迁建单位，应详细填明原址地点，土地、房屋面积并附图；
(6) 有关建设工程的计划批准文件；</td></tr>
</table>

续表

(7) 其他需要说明的图纸、文件等。 2. 由拍卖等方式取得的国有土地使用权的建设项目,提交以下资料: (1) 书面申请; (2)《建设用地规划许可证申请表》; (3) 签订的土地使用权出让合同及附件; (4) 拍卖地块的范围及规划条件; (5) 有关建设工程的计划批准文件等; (6) 其他需要说明的图纸、文件等。 三、本表上述应由建设单位如实填写,如由于填写不实而发生的一切矛盾、纠纷,其后果均由建设单位负责。

(2) 立项批复。

(3)《建设项目选址意见书》及附件(复印件)。

(4) 项目合同(复印件)。

(5) 经国土资源部门确认的、具有测绘资质的单位测绘 1∶500 或 1∶1 000 勘测定界图三张,同时提供一份电子材料。

(6) 关于办理《建设用地规划许可证》的法人授权委托书及经办人身份证复印件(出示原件)。

(7) 经土地招标、拍卖方式取得国有土地使用权的建设项目还需提供以下资料。

①《国有土地使用权出让合同》(复印件)。

②《国有土地使用权出让合同》中的规划设计条件及附图(复印件)。

③ 法人资格证明(工商营业执照或组织机构法人代码证)(复印件)。

④ 如属于经营性房地产开发建设项目,还须提供开发公司资质证明(复印件)。

4. 建设用地规划许可证的许可条件

(1) 建设项目符合城乡规划。

(2) 以划拨方式供地的建设项目,取得《建设项目选址意见书》(有效期内)和有国有主管部门对建设项目用地的预审意见或其他相关文件。

(3) 以出让方式供地的建设项目,取得《国有土地使用权出让合同》。

(4) 取得发展改革等项目审批部门批准、核准、备案的建设项目。

(5) 建设项目涉及环保、城管、国家安全、消防、文物保护等部门的,需提供各相关行政主管部门的书面意见。

符合上述条件,即可申领《建设用地规划许可证》,其式样如图 6-6 所示。

(三) 建设工程规划许可证

1. 建设工程规划许可证的定义与作用

建设工程规划许可证是城市规划行政主管部门依法核发的,确认有关建设工程符合城市规划要求的法律凭证。

在城市规划区内新建、扩建和改建建筑物、构筑物、道路、管线和其他工程设施,必须持有关批准文件向城市规划行政主管部门提出申请,由城市规划行政主管部门根据城市规划提出的规划设计要求,核发“建设工程规划许可证”。建设单位或者个人在取得建设工程规划许可证件和其他有关批准文件后,方可申请办理开工手续。

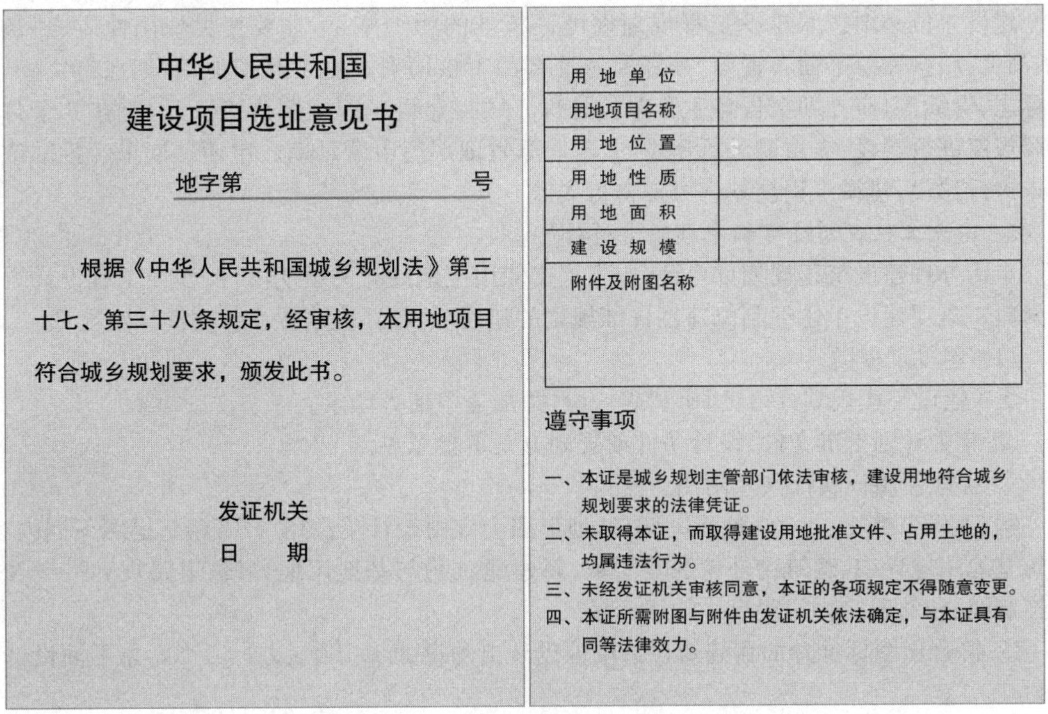

中华人民共和国

建设项目选址意见书

地字第　　　　　　　　　号

根据《中华人民共和国城乡规划法》第三十七、第三十八条规定，经审核，本用地项目符合城乡规划要求，颁发此书。

发证机关

日　　期

用 地 单 位	
用地项目名称	
用 地 位 置	
用 地 性 质	
用 地 面 积	
建 设 规 模	
附件及附图名称	

遵守事项

一、本证是城乡规划主管部门依法审核，建设用地符合城乡规划要求的法律凭证。
二、未取得本证，而取得建设用地批准文件、占用土地的，均属违法行为。
三、未经发证机关审核同意，本证的各项规定不得随意变更。
四、本证所需附图与附件由发证机关依法确定，与本证具有同等法律效力。

图 6－6　建设用地规划许可证范本

2. 建设工程规划许可证的申领程序

申请建设工程规划许可证程序如图 6－7 所示。

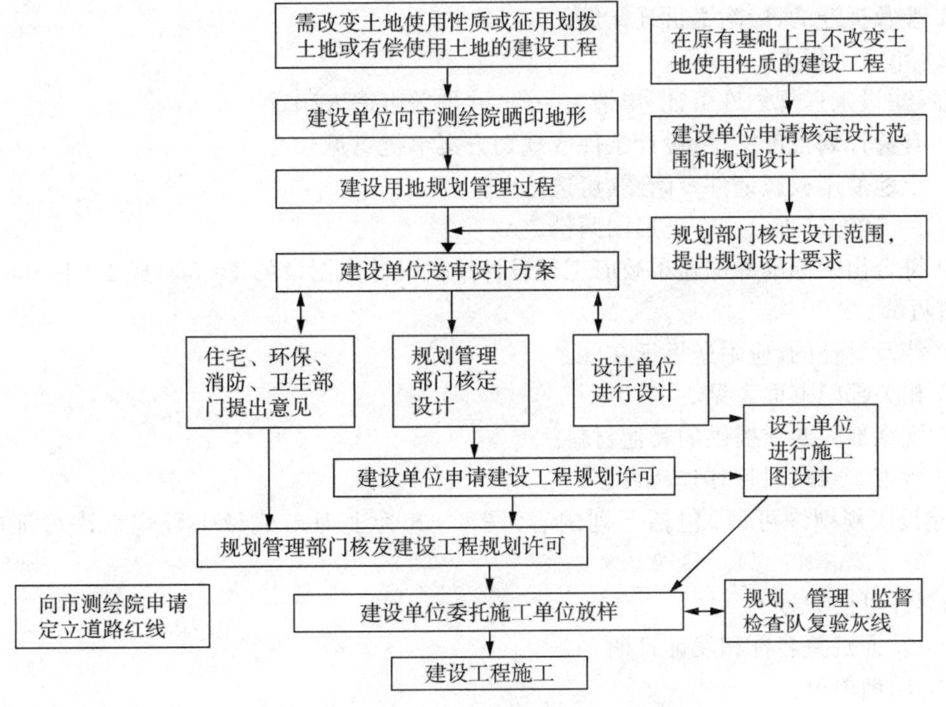

图 6－7　申请建设工程规划许可证流程图

建设单位必须按照建设工程规划许可证核准的图纸施工，如要变更使用性质、建筑面积、高度、结构和总平面布置等，需经原发证部门审核同意。施工开挖地基，如遇有文物、测量标志、管线等，应立即报告各主管单位处理。领得建设工程规划许可证后，应在6个月内按照规定进行建设，需逾期进行建设的，应向原发证部门申请延期。申请延期未经批准或逾期未进行建设，建设工程规划许可证自行失效。

3. 建设工程规划许可证申领所需材料

申请办理建设工程规划许可证，应当提交使用土地的有关证明文件、建设工程设计方案等材料。需要建设单位编制修建性详细规划的建设项目，还应当提交修建性详细规划。

(1) 建设工程类。

①《建设工程规划许可证》申请表一份，并加盖申请人印章。

② 有关计划批准文件、设计条件或规划方案审批意见。

③ 土地使用权属证件及附图。

④ 1∶500或1∶1 000地形图两份，地形图上应由设计单位用“HB”铅笔标明下列内容：建筑基地用地界线、建筑物外轮廓及层数、新建建筑物与基地用地界线、道路规划红线及相关控制线、相邻建筑物间距尺寸轴线标号。

⑤ 符合出图标准并加盖建筑设计单位设计出图章的1∶500或1∶1 000总平面设计图两份。

⑥ 分层面积表(应按国家有关建筑面积规定计算)。

⑦ 相关单位部门审核意见。

⑧ 日照分析文件一份(可选)。

⑨ 规划部门要求提供的其他材料。

⑩ 涉及拆迁的，应附送拆迁文件。

(2) 市政工程类。

①《建设工程规划许可证》申请表一份，并加盖申请人印章。

② 有关计划批准文件、设计条件或规划方案审批意见。

③ 土地使用权属证件及附图(可选)。

④ 1∶500或1∶1 000地形图两份。

⑤ 符合出图标准并加盖市政府工程设计单位设计出图章的1∶500或1∶1 000总平面设计图两份。

⑥ 涉及拆迁的，应附送拆迁文件。

⑦ 相关部门书面意见。

⑧ 规划部门要求提供的其他材料。

4. 建设工程规划许可证的内容

《建设工规划许可证》包括下列内容，图6-8为上海市建设工程规划许可证的示范案例。

(1) 许可证编号。

(2) 发证机关名称和发证日期。

(3) 用地单位。

(4) 用地项目名称、位置、宗地号以及子项目名称、建筑性质、栋数、层数、结构类型。

(5) 容积率面积及各分类面积。

(6) 附件包括总平面图、各层建筑平面图、各向立面图和剖面图。

<table>
<tr><td colspan="2">中华人民共和国
建设用地许可证
编号：沪　　第(　)号
根据《中华人民共和国城市规划法》第三十二条规定，经审定，跟建设工程符合城市规划要求，准予建设。
发证机关：
日期：</td></tr>
<tr><td>建设单位</td><td></td></tr>
<tr><td>建设项目名称</td><td></td></tr>
<tr><td>建设位置</td><td></td></tr>
<tr><td>建设规模</td><td></td></tr>
<tr><td colspan="2">附件及附图名称：
1. 建筑工程项目表一份；
2. 建筑工程位置地形图一份；
3. 建筑工程总平面图一份；
4. 建筑工程建筑施工图一套。</td></tr>
</table>

图 6－8　上海市建设工程规划许可证

课后练习

思考题

1. 简述城市总体规划、分区规划、控制性详细规划及修建性详细规划的概念、区别与联系。控制性详规的内容主要包括哪些?

2. 居住区规划基本要求是什么? 居住区建筑规划包括哪些内容? 居住区规划设计主要有哪些指标?

3. 简述房地产项目勘察的程序与内容。房地产项目设计包括哪些阶段，其作用与任务是什么?

4. 房地产项目开发规划许可主要是指哪些关键程序? 简述"一书两证"各自的内容及申领程序。

第七章 开发项目建设管理

施工是房地产项目建设目标实现的重要阶段，本章从房地产开发企业的角度阐述了其在项目施工阶段主要的管理职能、方式与方法。本章的学习重点包括：

◆ 开发项目招投标的内容、方式与程序；

◆ 开发企业在开发项目施工阶段管理的职能与方法；

◆ 开发企业在开发项目竣工验收阶段的主要任务。

第一节 开发项目招标投标

一、开发项目招标投标概述

（一）开发项目招标投标的概念

开发项目招标是开发企业择优选择施工单位，投标是施工单位争取获得工程项目的施工任务。开发企业将拟建的工程项目，由企业本身或委托设计单位或咨询公司完成设计工作，估算出建成这项工程所需的资金，然后吸引多家符合投标资格的建筑安装企业（承包单位）来投标。这些建筑安装企业对工程进行标价计算，提出报价（标价）、工期以及保证质量的措施，由开发企业从中择优选取。简言之，招标就是开发企业利用标价的经济手段来选择施工单位；施工单位则利用投标的经济手段去承接工程项目。

招标投标的特点是具有竞争性，将竞争机制引入工程项目的承发包。招标单位通过发表招标公告，招揽众多的投标者前来投标，在投标者之间展开竞争，使招标单位可以优中选优；同时，对投标者改善经营管理也有推动作用，推动劳动生产率的提高和科学技术进步。

因此，通过招标投标承包工程项目也是一种商业行为。根据协议，作为交易一方的建筑安装企业（承包人），负责为交易另一方的开发公司（发包人）完成某一工程的全部或其中一部分施工任务，并按一定的价格取得相应的报酬。承发包双方之间存在着经济上的权利和义务关系，通过合同予以明确。

建筑业的改革，要围绕缩短工期、降低造价、提高工程质量和投资效益来进行，关键在于要积极推行以招标承包为核心的多种形式的经济责任制。凡重要的工程和城市开发建设的承发包，都必须进行招标和投标。在国家统一计划和监督下，由发包单位通过招标，择优选用设计、施工单位，国有和集体的设计、施工单位，不论来自哪个地区、哪个部门，经审查合格后都可以参加投标。要鼓励竞争，防止垄断。

招标投标的根本原则是，招标投标双方坚持自愿、公平、等价、有偿和守信，讲求职业道德。招标投标作为一种制度，受国家法律的约束和保护。

（二）开发项目招投标的内容

工程建设招标投标，主要包括建设项目招标投标、设计招标投标、设备招标投标、工程施工招标投标、工程总承包招标投标和国内工程国际招标投标等。

1. 建设项目招标投标

建设项目招标投标主要是根据建设条件，择优选择建设单位和建设地点，以提高投资效益。建设项目招标单位，一般是国家专业投资公司、地方投资公司、企业集团或非经营性项目的主管部门。投标单位可以是有建设能力的企业、企业集团等经济实体，也可以是地方投资公司。

建设项目招标文件的主要内容应当包括：建设项目概况，包括项目名称、建设规模、投资估算额、建设工期、质量保证、工艺技术等；对外部协作条件的要求和主要技术经济指标预测；对投标者的要求，包括投标方出资份额、工程建设的保证措施等；投资收益分配和投资风险分担的方式；投标须知，包括标书编制和报送的要求、投标、开标日期及地点等。

建设项目投标书的主要内容包括：原材料、燃料动力、运输、供水及其他外部协作(包括设备零配件供应和维修)条件的落实情况；工程、水文地质、气候和地理条件；建设进度安排，项目开工时间，建成投产使用时间，总工期及达产时间；投资估算额和投标方出资份额及分年安排意见，资金来源情况；主要工艺技术、建设项目能达到的主要技术经济指标及投资效益预测；对项目建设的保证程度。上述诸内容也是评标定标的主要依据。此外，在评标定标时，还应充分考虑投标方建设地点是否符合城镇总体规划的要求，交通、服务设施、环境保护、市场信息等投资环境，以及投标方组织建设的经验和技术力量情况。

开标、评标、定标一般不得超过三个月。确定中标单位和建设地点后，中标的建设单位与招标单位双方签订项目建设合同。合同签订后，中标的建设单位或总承包单位可以通过招标择优选定设计、施工和设备供应单位。

2. 设计招标投标

工程建设实行设计招标，是为了优化设计方案，择优选择设计单位。设计招标一般采取可行性研究方案或设计方案招标，由中标单位承担初步设计。施工图设计任务可由设计单位承担，也可由施工单位或总承包单位承包。

设计招标单位是主持工程建设的建设单位或工程总承包单位。实行设计招标的建设项目必须具备以下条件。

(1) 具有经过审批机关批准的设计任务书；

(2) 具有开展设计必需的可靠基础资料；

(3) 成立了专门的招标小组或办公室，并有指定的负责人。

设计招标文件的内容主要包括：投标须知；经过批准的设计任务书及有关文件的复制件；项目说明书，包括工程内容、设计范围和深度，图纸内容、张数和图幅，建设周期和设计进度等要求；合同的主要条款和要求；设计资料供应内容、方式和时间，设计文件的审查方式；组织现场踏勘和进行招标文件说明的时间和地点；投标起止日期。

投标单位报送投标书应当按照招标文件规定的具体内容提供，一般应包括：方案设计综合说明书；方案设计内容和图纸；建设工期安排意见；对主要施工技术的要求；工程投资估算和经济分析以及设计进度和报价。

评标、定标的主要标准是：设计方案优良，工艺技术水平高，投入和产出经济效益好，设计进度快，以及社会信誉好。开标、评标和定标一般不超过一个月。中标单位接到中标通知后，应在30天内同招标单位签订设计承包合同。

3. 设备招标投标

大中型建设项目所需要的通用设备、专用设备、非标准设备和引进设备等，都要进行招标，择优选择制造供应单位。

建设项目设备招标，视项目的不同情况，可以由建设单位直接向设备制造供应单位招标，也可以委托工程承包单位或设备成套机构招标，投标单位应当是符合条件的有关设备制造单位和具有法人资格的设备成套公司。可单独投标，也可联合投标。

实行设备招标的建设项目，必须具备以下条件。

(1) 具有批准的设计任务书和初步设计；

(2) 设计单位已经选定，具有设计单位确认的设备清单；

(3) 投资及建设进度已落实。

设备招标文件的主要内容包括：投标须知，包括招标单位名称、设备性能和要求、投标的起止日期和地点、组织技术交底与解答招标文件方式、开标日期和地点；正式批准的设计任务书、初步设计，或设计单位确认的设备清单；设备的名称、型号、规格、数量、技术要求，交货期限、方式、地点及检验方法；专用及非标准设备的设计图纸和说明书；可提供的原材料数量、价格；引进设备的外汇解决途径；以及合同的主要条款。

设备投标文件的主要内容包括：设备的样本、质量性能、技术参数、价格等；各种数据表，包括费率和价格表、进度安排等；投标书，包括投标单位名称、标价、落实设备的渠道和手段，设备交货与质量保证措施，技术服务内容等；确认的合同条款；投标和履约保证书。

评标定标的主要标准是设备质量性能优良，售后技术服务内容全面可靠，能保证工期，报价合理和社会信誉好等。投标单位在接到中标通知书后，应在一个月内与招标单位签订供货合同。

4. 工程施工招标投标

工程施工招标投标主要是通过竞争，择优选择施工单位，使建设项目能确保工程质量，缩短建设工期，降低工程造价，提高投资效益。

工程项目实行施工招标，必须有经过批准的工程建设计划、设计文件和所需的资金。

招标文件的主要内容有：工程综合说明，包括项目名称、地址、现场情况等；必要的设计图纸和技术说明书；单位工程分部分项工程量清单和单价表；物质供应方式；工程款项支付方式；投标须知；合同主要条款；投标起止日期和开标日期、地点等。

投标单位应当按照招标文件的要求，编制投标书。施工企业根据自身的施工技术水平、主要施工方案和经营需要自主报价。投标书的主要内容包括：综合说明，包括承担工程的名称、范围、报价总金额、工程质量标准和开竣工日期；各项费用计算标准；单位工程分部分项造价表；施工组织设计及保证质量与安全的主要措施；工程施工的组织机构、自有施工机械情况和主要人员配备情况；有无将部分工程分包的计划；近年来承担的与招标工程类似工程的完成情况以及对招标文件中合同主要条款的确认。

评标、定标应对报价、工期、施工方案、质量保证措施、社会信誉等进行综合评价，突出重点，择优选定。开标后应在 7～15 天内完成评标工作，确定中标单位。大型项目的评标工作最多不超过 30 天，确定中标单位后，招标单位和中标单位一般应在 15 天内签订承发包合同。

5. 工程总承包招标投标

工程建设总承包招标投标，是建设实施阶段全过程的招标投标，包括工程设计、设备制造供应、工程施工，直至试车、交付使用。投标者必须是具有总承包能力的工程承包企业。

工程总承包招标一般应具备以下条件。

(1) 设计任务书已经审定；

(2) 建设资金已经全部落实；

(3) 单位工程造价、总造价(标底价格)已经主管部门审核；

(4) 工程建设地址、地界已经确定。

工程总承包招标文件的主要内容应包括：工程概况，包括项目名称、建设规模、设计任务书的主要内容等；建设地点及外部条件；工程总平面初步规划及工艺技术或功能要求；建设时间及投产交付使用时间要求和质量要求；可提供的材料设备品名、规格、数量、单价；主要合同条款，以及投标须知。

投标书的主要内容应包括：综合说明，包括总包工程的名称、地界、范围、工期、工程造价及质量保证等；工程总平面布置图及工艺技术或功能方案；工程进度安排、总工期及达到试生产或交付使用的时间；承包造价、单位工程造价、总造价及主要计算依据；设计、设备、施工各环节的质量保证措施；主要合同条款的确认。

评标、定标应对参加投标的总承包企业组织工程建设的能力、工程总平面布置、工艺技术或功能方案、工期、质量保证措施、工程报价等进行综合评价，择优选定。评标、定标一般应在开标后30天内完成，并通知中标企业；大型工程项目不超过40天。

6. 国内工程国际招标投标

中外合资、合营、合作建设项目和外商独资、世界银行贷款建设项目(以下简称涉外建设项目)，如需邀请外国公司参加投标，建设单位应按建设项目的隶属关系提出申请，经建设部、对外经济贸易部和省、自治区、直辖市和计划单列市、省辖市有关部门审批后。方可委托有对外资格的公司发出招标公告或招标邀请函。全部由国内投资的建设项目，一般不得邀请外国公司参加投标。

涉外建设项目的国际招标，由投资方和建设单位会同经贸等部门组成国际招标投标机构，负责监督、检查和协调工作。建设单位或其代理单位负责招标的具体工作。

外国公司参加国内工程投标，需接受资格审查。审查资格时，外国公司应向招标单位提交必要的证件及文件。资格审查不合格的外国公司，不准参与投标。外国公司如果中标，应按《中华人民共和国涉外经济合同法》，并参照国际惯例，与招标单位签订承包合同，并将合同副本按分级管理权限报主要部门备案。

外国公司如与中国企业合作投标中标，合作双方也应签订合作合同，明确双方的权利和义务。外国公司在我国经营活动，必须遵守我国的有关法律、法令、条例等。

我国香港、澳门地区的公司参加内地投标，应参照上述有关规定执行。

二、工程施工招标的方式及程序

(一) 工程施工招标的方式

1. 公开招标

由招标单位通过报纸或专业性刊物发布招档通告，公开招请承包商参加投标竞争，凡符合规定条件的承包商都可自愿参加投标，必要时可对承包商进行资格预审，这种招标方式叫作公开招标。

公开招标使招标单位有较大的选择范围，可在众多的投标单位之间选择报价合理、工期较短、信誉良好的承包商，同他签订承包合同，将工程任务委托他来负责完成，因而有助于开展竞争，打破垄断，能促使承包商努力提高工程（服务）质量，缩短工期和降低成本。但是，建设单位审查投标者资格及其标书的工作量比较大，招标投标费用支出也多；同时，参加竞争的投标者越多，每个投标者中标的概率将越小，白白损失投标费用的风险也越大，而这种风险必然要反映在标价上，最终还是要由建设单位承担。

2. 邀请招标

邀请招标是由招标单位根据自己所掌握的情况及有关情报信息，或根据咨询公司的推荐，择优选定数家技术力量强，信誉好的单位，向其发出招标通知书或邀请函进行招标的方式。参加投标的单位的数量，视工程规模大小、复杂程度而定，一般以 5～10 家为宜，按规定不得少于 3 家。采用这种招标方式，基于招标投标双方彼此的了解和信任，可在较小范围内有选择地进行招标。与公开招标相比，邀请招标的工作周期短、手续简化、工作量小、费用低、风险较少，因而采用较为广泛。不过邀请招标的竞争性较公开招标差，主要适用以下情形。

(1) 在特殊情况下，工程规模大，招标单位认为中小型企业不可能胜任，因而选定几家大型企业参加投标。

(2) 工程复杂，专业性强，招标单位认为只有某些企业才能承担。

(3) 工程规模小，为节约开支而采取邀请招标的方式。

(4) 公开招标后无人投标，招标单位只好邀请少数企业投标。

3. 协议招标

协议招标是一种非竞争性招标，一般由政府主管部门推荐或指定两家以上投标单位，然后由招投标双方通过协商、谈判确定工程的工期和报价等有关事宜，从中选定一家来承包工程。议标适用于少数保密性强、施工难度大、工期紧迫，或条件艰险、边远地区的工程项目，通过这种招标方式可以使项目及时开工，按期完成开发任务。但由于协议招标缺乏竞争，不利于招标单位选择最理想的合作伙伴。

（二）工程施工招标的一般程序

在我国，实行工程施工招标，必须有经过批准的工程建设计划、设计文件和所需要的资金。在实践中，政府主管部门将这些条件规定得很具体，通常有：

(1) 建设工程已列入国家或省、自治区、直辖市年度计划；

(2) 有经国家批准的设计单位出具的设计图纸和预（概）算文件；

(3) 建设用地已经征用，障碍物全部拆迁；现场施工的水、电、路和通信条件已经落实；

(4) 资金、材料、设备供应计划和协作配套条件均已分别落实，能够保证供应，使拟建工程能在预定的建设工期内连续施工；

(5) 有当地建设主管部门发放的建设工程施工许可证。

上述条件由招标单位（建设单位）负责落实，报建设主管部门审批后即可办理招标。

施工招标的工程发包范围，可以是建设项目的全部过程，也可以是单项工程、分部工程或专项工程；可以全部包工包料、全部包工部分包料，也可以包工不包料。

施工招标的一般程序如图 7－1 所示。

阶段	程序	标底
准备阶段	申请批准招标	
准备阶段	准备招标文件	编制标底
招标阶段	发布招标通知或邀请函	
招标阶段	投标单位资格预审	主管部门审核标底
招标阶段	发售招标文件	
招标阶段	组织勘察现场	
招标阶段	工程交底并解答投标单位疑问	
招标阶段	接受投标单位递送的标书	
决标成文阶段	开标	
决标成文阶段	评标、决标	
决标成文阶段	签订合同	

图 7－1　施工招标的一般程序

1. 准备招标文件

具备施工招标条件的工程项目，由建设单位向主管部门提出招标申请，经审查批准后，即应准备招标文件。

招标文件可由建设单位自行准备，也可委托咨询机构代办。招标文件通常包括下列基本内容。

(1) 工程综合说明。目的在于帮助投标单位了解招标工程的概况。其主要内容有工程名称、规模、地址、发包范围、设计单位、基础、结构、装修、设备概况、场地和地基土质条件(附工程地质勘察报告)、给排水、供电、道路及通风设施情况以及工期要求等。

(2) 设计图纸和技术说明书。目的在于使投标单位了解工程的具体内容和技术要求，能据以拟订施工方案和进度计划。

设计图纸的深度可随与招标阶段相应的设计阶段而有所不同。初步设计阶段招标，应提供总平面图，建筑平面、立面、剖面图和主要结构图，以及装修、设备的做法说明；施工图阶段招标，则应提供全部施工图纸，但可以不包括大样。

技术说明书应满足下列六项要求。

① 必须对工程的要求做出清楚而详尽的说明，使各投标单位能有共同的理解，并且无须做大量准备工作即能与图纸结合比较有把握地估算出造价。

② 使投标单位不必担心将承担由于他所不能控制的环境或事件而引起的任何意外风险，以致不能预先估计这些风险对造价和工期造成的影响。

③ 明确招标工程适用的施工验收规范，保修期和保险期内承包单位应负的责任。

④ 明确承包单位应提供的其他服务，诸如监督其他承包商的工作，有关其他承包商承包工程的安全保护措施，防止自然灾害的特别保护措施，对雇主有利的工作或为防止任何意外责任风险的措施给予支持，以及对雇主提供的材料和构(配)件的检验等。

⑤ 有关特殊产品、专门施工方法及指定材料产地或来源以及等效代用品的说明。

⑥ 有关施工机械设备、脚手架、临时设施、现场清理及其他特殊要求的说明。

(3) 工程量清单和单价表。工程量清单是投标单位计算标价和招标单位评标的依据。工程量清单通常以每一个体工程为对象，按分部分项列出工程数量；对采用标准设计的工程，则可按建筑面积列出工程数量。若有零星工程或允许材料调价，应有人工和材料单价表，作为工程量清单的附件。

单价表是采用单价合同承包方式时，投标单位的报价文件和招标单位评标的依据，通常由招标单位开列分部分项工程名称(如土方工程、砖石工程、混凝土工程等)，交投标单位填列单价，作为标书的重要组成部分。也可先由招标单位提出单价，投标单位分别表示同意或另行提出自己的单价。考虑到工程量对单价的影响，一般应列出近似工程量供投标单位参考，但不作为确定总标价的依据。

(4) 投标须知。投标须知是指导投标单位正确和完善履行投标手段的文件，目的在于避免造成废标，使投标取得圆满的结果。投标须知的内容一般为填写和投送标书的注意事项，废标条件，决标优惠条件，勘察现场和解答问题的安排，投标截止日期及开标的时间和地点等。在我国目前情况下，还应列入建设单位供料情况及材料调价的条件等。

(5) 合同主要条件。其作用一是使投标单位明确中标后作为承包人应承担的义务和责任；二是作为洽商签订正式合同的基础。

2. 制定标底

制定标底是招标的一项重要准备工作，标底是招标工程的预期价格。标底的作用：一是使建设单位预先明确自己在拟建工程上应承担的财务义务；二是给上级主管部门提供核实建设规模的依据；三是作为衡量投标单位标价的准绳。因此，标底应该以严肃认真的态度和科学的方法来制定。

标底应以概(预)算为基础，制定标底的依据与编制概(预)算是一致的，只是要求更为详细和具体。当前，我国工程施工招标的标底，主要采用以施工图预算为基础来编制，也有以概算定额或扩大综合定额为基础以及以平方米造价包干为基础的。

3. 发布招标通知或邀请投标函

建设单位的招标申请经主管部门批准，并备有招标文件后，即可发出招标通知或邀请投标函。

采取公开招标方式时，应在当地或全国性报纸或公开发行的专业刊物上发布招标通告。招标通告的主要内容有：

(1) 招标单位和招标工程的名称；

(2) 招标工程简介；

(3) 承包方式；

(4) 投标单位资格，领取招标文件的地点、时间和应交费用；

采取邀请招标方式，应由招标单位向预先选定的建筑企业发出邀请投标函；也可以先发布通告，公开招请建筑企业报名参加资格预审，从中选定若干邀请对象，然后发函邀请其参加投标。

4. 投标单位资格预审

投标单位资格预审的目的在于了解投标单位的技术和财务实力及管理经验，为使招标获得比较理想的结果，限制不符合要求条件的单位盲目参加投标，并作为决标的参考。投标单位资格审查由招标单位负责。在公开招标时，通常在发售招标文件之前进行资格预审，审查合格者才准许购买招标文件。在直接邀请投标的情况下，则在评标的同时进行资格审查。

投标单位的资格审查的主要内容为：

(1) 企业注册证明和技术等级；

(2) 主要施工经历；

(3) 技术力量简况；

(4) 施工机械设备简况；

(5) 正在施工的承建项目；

(6) 资金或财务状况。

5. 招标工程交底及答疑

招标单位发出招标文件，投标单位踏勘现场后，应邀集投标单位的代表开会，进行工程交底，并解答疑问。

工程交底的内容，主要是介绍工程概况，明确质量要求、验收标准及工期要求，说明建设单位供料情况，材料款和工程款的支付办法以及投标注意事项等。

对投标单位所提疑问的回答，应以书面方式，印发给各投标单位，作为招标文件的补充。

三、投标准备与标价的编制

为了在投标竞争中获胜，建筑企业应设置投标工作机构，平时掌握市场动态，积累有关资料，遇到投标的项目，则研究投标策略，编制标书，争取中标。这种工作机构通常由下列人员组成：

(1) 经理或业务副经理作为主要负责人(决策人)；

(2) 总工程师或主任工程师负责施工方案、技术措施、技术方面的问题；

(3) 合同预算部门的主管人负责具体投标作价工作。

此外，材料部门负责提供材料行情、信息；会计部门提供本企业的工资、管理费等有关成本资料；生产技术部门负责安排施工进度计划等。

(一) 投标的准备工作

1. 研究招标文件

建筑企业申请参加或接受邀请参加某一工程的投标，通过资格审查，取得招标文件后，首要的工作是仔细认真地研究招标文件，充分了解其内容和要求，以便安排投标工作。

研究招标文件的着重点，通常放在以下几个方面。

(1) 研究工程综合说明，借以获得对工程全貌的轮廓性了解。

(2) 熟悉并详细研究设计图纸和技术说明书，目的在于弄清工程的技术细节和具体要求，使制订施工方案和报价有确切的依据。为此，要详细了解设计规定的各部位做法和对材料品种规格的要求；对整个建筑物及其各部件的尺寸，各种图纸之间的关系(建筑图与结构图，平面、立面与剖面图，设备图与建筑图、结构图的关系等)都要吃透，发现不清楚或互相矛盾之处，要请招标单位解释或订正。

(3) 研究合同主要条款，明确中标后应承担的义务和责任及应享受的权利，重点是承包方式，开竣工日期及工期奖罚，材料供应及价款结算办法，预付款的支付和工程款结算办法，工程变更及停工、窝工损失的处理办法等。因为这些因素或者关系到施工方案的安排，或者关系到资金的周转，最终都会反映在标价上，所以都须认真研究，以减小风险。

(4) 熟悉投标须知，明确了解在投标过程中，投标单位应在什么时间做什么事和不允许做什么事，目的在于提高效率，避免造成废标，徒劳无功。

全面研究了解招标文件，对工程本身和招标单位的要求有了基本的了解之后，投标单位就可以制订自己的投标工作计划，以争取中标为目标，有秩序地开展工作。

2. 调查投资环境

所谓投资环境，实质就是中标后工程施工的自然、经济和社会条件。这些条件是工程施工的制约因素，必然影响工程成本，是投标单位报价时必须考虑的，所以要在报价前尽可能了解清楚。调查的重点通常包括以下几个方面。

(1) 施工现场条件，可通过踏勘现场和研究招标单位提供的地质勘探报告资料来了解。主要项目有：场地的地理位置，地上、地下有无障碍物，地基土质及其承载力，地下水位，进入现场的通道(铁路、公路、水路)，给排水、供电和通信设施，材料堆放场地的最大可能容量，是否需要二次搬运，现场混凝土搅拌站及构件预制场地，临时设施(木工、钢筋加工、管道工的工作棚、机修车间、办公室和生活设施等)设置场地，土方临时堆放场地及弃土运距等。

(2) 自然条件，主要是影响施工的风、雨、气温等因素。例如台风季节或雨季的起止期，风速，降雨量，洪水期最高水位，常年最高、最低和平均气温以及地震强度等。这些资料可从招标单位获得，或从当地气象、防汛、地震等部门取得。

(3) 器材供应条件，包括沙石等大宗地方材料的采购和运输，须在市场采购的钢材、水泥、木材和玻璃等材料的可能供应来源和价格，当地供应构配件的能力和价格，当地租赁施工机械的可能性和价格。

(4) 专业分包的能力和分包条件。

(5) 生活必需品的供应情况，主要是粮食和肉类、蔬菜等的供应条件和价格。

3. 确定投标策略

建筑企业参加投标竞争，目的在于得到对自己最有利的施工合同，从而获得尽可能多的盈利。为此，必须研究投标策略，以指导其投标活动。正确的策略，来自实践经验的积累和对客观规律的认识，以及对具体情况的了解；同时，决策者的能力和魄力也是不可缺少的。

投标策略主要解决两个问题。

(1) 决定是否投标。对某一具体工程是否投标，首先要从本企业的主观条件及各项自身的业务能力水平能否适应投标工程的要求来衡量，主要应考虑：

① 工人和技术人员的操作技术水平。

② 机械设备能力。

③ 设计能力。

④ 对工程的熟悉程度和管理经验。

⑤ 竞争的程度是否激烈。

⑥ 器材设备的交货条件。

⑦ 得标承包后对本企业今后的影响。

⑧ 已往对类似工程的经验。

如通过对上述各因素的综合分析，大部分的条件都能胜任者，即可初步做出可以投标的判断。

(2) 指导报价，争取中标。做出对某一具体工程投标的决定后，就需要采取一定的投标策略，以指导报价，争取中标，并预期获得尽可能多的盈利。

常见的投标策略有以下几种。

① 靠提高经营管理水平取胜。这主要靠做好施工组织设计，采取合理的施工技术和施工机械，精心采购材料、设备，选择可靠的分包单位，安排紧凑的施工进度，力求节省管理费用等，从而有效地降低了工程成本而获得较大的利润。

② 靠改进设计取胜。即仔细研究原设计图纸，发现有不够合理之处，提出能降低造价的改进措施。

③ 靠缩短建设工期取胜。即采取有效措施，在投标文件规定的工期基础上，再提前若干个月或若干天完工，从而使工程早投产、早收益。

④ 低利策略。主要适用于承包商任务不足时，与其坐吃山空，不如以低利承包到一些工程，还是有利的。此外，承包商初到一个新的地区，为了打入这个地区的承包市场，建立信誉，也往往采用这种策略。

⑤ 报低价，着眼于施工索赔。这是利用图纸、技术说明书和合同条款中不明确之处，寻找索赔机会。

⑥ 着眼于发展。为争取将来的优势，宁愿目前少赚钱。承包商为了掌握某种有发展前途的施工技术(如建造核电站的反应堆或海洋工程等)，就可能采用这种策略。

4. 校核或计算工程量

工程量是计算标价的重要依据。在招标文件中大都有实物工程量清单，但不一定完全正确，投标单位在编制报价前应进行校核。校核的内容为：项目是否齐全，有无漏项或重复；工程量是否正确。校核可采用重点核对的方法进行，即选择工程量较大，造价较高的项目抽查若干项，按图纸详细计算；一般项目则只粗略估算其是否基本合理。

如发现工程量清单中有某些错误或漏项，一般不能任意更改或补充，因为这样会使建设单位在评标时失去统一性和可比性。但可以在投标函中加以说明，留待得标后签订合同时再加以纠正。

遇到没有工程量清单的工程，则投标单位就应详细计算工程量后再据此逐项分析单价，从而确定标价。

5. 制订施工方案

施工方案是投标报价的一个前提条件，也是招标单位评标要考虑的因素之一。施工方案应由投标单位的技术负责人主持制订，主要应考虑施工方法，主要机械设备，施工进度及分批竣工的安排，现场工人数目的平衡以及安全措施等，要求在技术和工期两个方面对招标单位都有吸引力，同时又有助于降低施工成本。由于投标的时间要求往往相当紧迫，所以施工方案不可能也无必要编得很详细，只要抓住重点，简单扼要加以说明即可。

（二）编制标价

1. 计算直接费

直接费的计算分为两个基本步骤，先确定直接费诸因素的基础单价，再按不同分部分项工程的工料等消耗定额确定其预算单价，此预算单价即为计算标价的基础。

(1) 基础单价的确定。

① 工人工资的确定，基本上可以以工程所在地的预（概）算定额或单位估价表中所确定的分部工程的平均等级工资单价计算，也可结合本企业的实际情况适当调整各分部工程的人工平均等级相应的工资单价。为简化计算，也可以以整个工程按同一个平均等级的工资水平计算。

② 材料、设备预算价格的确定。凡由建设单位负责供应的材料，其价格在酌加运杂费后，即可作为这部分材料的预算价格；其余材料的预算价格则应根据材料部门的供应价格或市场价格再酌加运杂费确定。设备的预算价格同样处理。

③ 施工机械台班费的确定。在定额中规定的施工机械台班费，可作为编制报价的基础，在投标时，施工机械费应从合理选择施工机械和提高机械利用率方面着手，在降低台班使用量上采取措施。

(2) 分部分项工程单价的确定。分部分项工程单价取决于基础单价和人工、材料、施工机械台班消耗量等。在投标报价时，可以以预（概）算定额为基础，根据本企业的施工技术和管理水平做适当调整，主要是向下调整，即低于定额消耗量，以提高竞争能力。

(3) 措施费。

措施费是指为完成工程项目施工，发生于该工程施工前和施工过程中非工程实体项目的费用。包括：脚手架费、大型机械设备进出场安拆费、夜间施工费、二次搬运费、施工排水降水费等。

2. 施工管理费率的测算

在标价中，施工管理费占有一定的比重，要做到合理报价和科学地确定本企业的管理费开支水平，应根据本企业的实际情况，进行必要的测算。管理费率测算的基数可按一个企业或一个独立核算单位（如工区、工程处等）在一个会计年度内完成的工程总值，也可按一个较大规模的投标工程（如一个工期为2～3年的住宅小区）的总标价测算。

(1) 施工管理费的内容。

施工管理费的内容包括有：

① 项目管理工作人员工资。

② 生产工人辅助工资。

③ 工资附加费。

④ 施工企业办公费摊销。

⑤ 差旅交通费。

⑥ 固定资产使用费。

⑦ 工具、用具使用费。

⑧ 劳动保护费。

⑨ 职工教育经费。

⑩ 其他费用等。

(2) 管理费率测算中几项基本数据的确定。

① 全员编制人数。即整个企业或一个独立核算单位或一个较大投标工程的组织机构。从经理到工人全体职工的人数。

② 非生产人员人数。即企业领导,营业、技术、材料、财务、办公等管理人员和司机、勤杂等辅助人员。

③ 全员劳动生产率。包括生产和非生产人员在内的企业全体人员平均每人年产值。

④ 年计划完成产值和直接费产值。

$$年计划完成产值=全员编制人数\times全员劳动生产率 \qquad 公式7.1$$

$$年直接费产值=\frac{年计划完成产值}{1+综合间接费率及预期利润率}-测算所得管理费 \qquad 公式7.2$$

⑤ 年有效施工天数。全年日历天数扣除法定节假日、星期日、各项非生产工日、其他不可预测的停工及生产影响等,即为年有效施工天数。

(3) 管理费率测算方法。首先应广泛收集各项管理费用开支的基本数据,大至工作人员工资,小至生活零星开支,都须逐一调查;其次分别算出各项费用的年开支额,再分别除以年直接费总额,即为该项管理费率;最后按需要的项目相加汇总,即为综合的管理费率。

3. 规费

规费是指政府和有关权力部门规定必须缴纳的费用。包括工程排污费、定额测定费、社会保障费、危险作业费、意外伤害保险、住房公积金等。

4. 贷款利息

投标单位中标并签订合同后,即须着手组织施工,这就需要一笔流动资金,用来支付材料款、职工工资及管理费用等。建筑企业的流动资金由银行提供贷款,企业按规定利率支付利息。因此,资金的占用不仅影响报价,而且反映企业的经营管理水平,所以在报价时要对资金占用和利息进行分析。

建筑企业的利息支出,取决于占用资金的数量、时间和利率三个因素。银行对企业流动资金限额内贷款的利率比较稳定,所以降低利息支出的关键在于占用资金数量少、占用时间短、周转速度快。因此,应尽量安排均衡施工,均衡调配劳动力和施工机械,材料、设备也能均衡进场,既避免与施工进度脱节,又不会造成积压。同时也应考虑及时结算已完工程款,以用来归还贷款,尽量使贷款保持较低的额度。

5. 不可预见费

在工程施工过程中难免出现某些不可预见的因素,如基础施工遇到流沙的意外情况,或其他意外事故造成停工、窝工等,都会影响工程造价。因此在投标报价时,应对这些因素给予适当考虑,配加不可预见费系数,作为标价的组成部分。

6. 预期利润率的确定

我国建筑业实行低利政策,法定利润率为2.5%,为了鼓励竞争,建筑企业在投标报价时,允许采取有适当弹性的利润率,投标单位可自行做出决断。

7. 确定标价

将分别确定的直接费、施工管理费、规费、不可预见费、贷款利息和预期利润汇总,即得出标价。但在确定上述各项费用过程中,难免在某些环节上发生误差,因此汇总后还须进行检查,主要是将单方造价、主要材料用量、用工量和工资含量等指标,与同类型工程的经验统计资料进行对比，如发现有较大差异，则应结合施工方案进一步检查主要材料、设备、人工定额和单价，以及各项取费标准和利润等的确定，有无不够合理之处，必要时加以适当调整，最后形成标价。

四、开标与监督

投标单位对某一具体工程的标价做出决定后，应及时编制正式标书，按要求投送至招标委员会。

（一）开标

投标截止后，应按规定时间开标，不宜拖延。开标由招标单位主持，邀请各投标单位和当地公证机构及有关部门的代表参加，当众启封标箱，由公证人员检查并确认标书密封完好，封套书写符合规定，没有其他字样或标记；然后由工作人员逐一拆封，宣读其中要点，并在预先准备的表册上逐项登记。投标单位递送的标书若有下列情况，应被认为无效：

（1）标书未密封；

（2）未加盖本单位和负责人的印鉴；

（3）标书送达日期已经超过规定的开标日期。

登记表册由读标人、登记人和公证人签名，作为开标的正式记录，由招标单位保存。拆封的标书连同封套应妥善保存，逾期送达或投标单位已送出但开标时招标单位尚未收到的标书，也应开列清单，作为开标记录的附件。投标人有权要求检查开标记录及其附件。开标主持人不应拒绝。

开标后，若全部投标单位的报价都超出标底过多，经复核标底无误，招标单位可宣布投标无效，另行组织招标或邀请协商。

（二）评标

开标后应先排除无效标书，并经公证人员检查确认，然后由评标小组从工程技术和财务的角度审查评议有效标书。评标小组或委员会由招标单位的专业人员组成，也可邀请有关部门的代表和专家参加。评审原则和标准必须在开标当场公布，并记入开标记录。评审原则应是保护竞争，对所有投标单位一视同仁；如对某些单位实行优惠政策，应在招标通告或投标须知中事先说明。评审标准是投标者拥有足以胜任招标工程的技术和财务实力，信誉良好，且报价合理。

标书经评审后，应按标价从低到高的顺序列出清单，并写出评标报告，推荐第一、二、三名候选的中标单位，交给招标单位决策人做出最终抉择。

在评标过程中，招标单位根据需要可分别邀请投标人会谈，以进一步澄清该投标人在其投标书中的有关问题和所包含的意愿。会谈纪要经双方签字作为其投标书的组成部分。

（三）决标

招标单位分别就评标小组推荐的候选中标单位的技术力量、施工方案、机械设备、材料供应以及决定标价的其他因素进行调查和磋商，全面衡量，择优决标。

决标后应立即向中标单位发出中标通知书。中标通知书发出后，招标单位与中标单位应在约定的期限内签订合同进行磋商，双方就合同条款达成协议，签订合同，招标工作即告圆满结束。

（四）监督

为了保证招标投标的公正、合理，一般应由招标单位向当地公证机构申请公证。公证机构派代表参加开标、评标和决标等有关工作。

此外，我国建设工程招标投标工作实行分级管理，国家建设基金独立投资或参与投资的项目的招投标，由国家计委或受其委托的机构进行管理；工业部门和交通部门负责其直接投资的大中型专业工程的招投标的管理工作；工程建设招投标的综合管理部门，在中央为建设部，在各省、自治区、直辖市为建委（建设厅），在市、县为建委（建设局），一些中心城市也有由建筑工程管理局主管的。其他资金投资的项目由各级地方人民政府指定的部门管理。

招标投标管理机构的主要职责如下。

（1）贯彻国家颁布的招标投标条例、法规，监督和指导招标投标工作；

（2）制定招标投标管理办法和实施细则；

（3）参加必要的招标活动和评标的组织工作；

（4）总结交流招标投标工作经验。

地方政府根据需要设立招标投标办事机构，负责日常工作。其主要职责有如下。

（1）审查招标单位和投标单位是否具备资格；

（2）审查招标项目是否具备招标的条件；

（3）审定标底；

（4）加强对评标、决标的管理，确认决标有效；

（5）调解招标投标过程中的纠纷；

（6）对违反招标投标条例、法规的单位和个人，做出处罚决定。

凡在招标投标活动中营私舞弊、弄虚作假的，要追究有关单位和责任者的经济责任和法律责任。招标投标双方如果发生争议或纠纷，可以通过协商或者调解解决，协商或调解不成的，可请招标投标办事机构调解，其中一方不服时，可以向当地法院提起诉讼。

第二节　房地产项目工程管理

一、项目管理与项目的工程管理

（一）项目管理的定义

房地产项目开发建设是一项复杂的系统工程，它的特定目标可以表述为若干成果性目标和约束性目标。成果性目标如投资回报率、销售利税率、自有资金理论率等投资效益指标，以及项目功能性要求；约束性目标如建设工期、投资限额、质量标准等，它们相互制约、相互影响。

除此之外，它还受城市规划、土地利用规划等条件制约，涉及投资方、监理方、勘察、规划、设计、施工、建材、设备、市政、交通、供电、电信、银行、文教、卫生、消防、商业、服务、环境等十几个部门、近百个协作单位，以及最终使用者，涉及安全生产、施工质量等重大问题。因此，房地产开发项目除了必须得到社会的大力支持，必须与各行各业及千家万户保持良好的公共关系外，还必须有一套完整、规范、科学的管理保证体系，统筹和协调开发项目的全过程和确保总体目标的实现。

开发项目管理是以高效率地实现项目目标为目的，以项目经理负责制为基础，运用系统工程的观点、理论和方法，对贯穿于项目开发经营的全过程进行有效的计划、组织、协调、监督和控制的管理系统。

（二）项目的工程管理的定义

项目的工程管理，即项目（工程）建设阶段的管理，是指对项目从项目开工准备到竣工验收的整个过程所进行的管理。它是开发项目管理的重要组成部分。由于房地产开发项目的建筑安装工作一般是委托承包给施工单位来完成的，所以房地产开发项目的工程管理，其实质是以合同管理为手段，运用计划、组织、协调、控制、检查等方法，从组织和管理的高度，对工程建设中的技术经济活动进行监督和管理，最终目的是实现项目总目标——投资、进度、质量的最优化。

二、开发企业在工程管理中的职能

房地产项目开发，从立项决策、投资实施、市场营销到交付使用后的物业管理，涉及方方面面，但在项目的开发过程中，对开发过程起主导作用和控制作用的开发商，虽然在项目建设施工过程中，施工单位是实施的主体，但是房地产开发商仍然在项目的工程管理中承担着重要的控制职能，其控制职能主要表现在以下五个方面。

(1) 决策职能。决策职能包括项目投资决策，以及涉及项目规划设计方案、项目投资融资方案、施工单位的选择等决策职能。

(2) 计划职能。计划职能是指编制并监督实施项目投资计划、开发建设计划等的职能。并依据实施效果和实施过程中的反馈信息不断地修订计划、调整计划，以确保计划目标得以顺利实现的职能。

(3) 组织职能。项目开发建设全过程的组织职能既包括项目内部的组织，也包括项目外部与各协作单位的组织，如监理公司的选择，承包商的招标与管理。

(4) 协调职能。协调职能是指在项目开发各阶段、各环节、各部门之间的沟通与协调。

(5) 监督职能。为了保证项目计划得以顺利实现，保证各协作单位均能按合同正确履约，开发商要运用各种检查与监督手段，跟踪各项事件的运作程序和运作效果，实施监督职能。

三、开发企业工程管理的依据

原则上分析，凡是界定项目的有关文件均可成为开发商进行工程管理的依据。如与项目有关的法律、法规文件、项目定项报批的有关文件、项目设计文件、项目预算及施工组织设计文件、项目合同文件等。出于工程管理目的不同、任务和控制内容不同，其所依据的资料也有所不同，大致上来说，主要有包括以下内容。

（一）项目进度管理所依据的文件资料

项目进度管理的主要目的在于保证项目按计划完成任务、按时投入使用。各个阶段进度计划控制的依据文件有所不同。

项目前期策划阶段的依据文件是项目策划任务书所规定的进度安排。规划设计阶段所依据的文件是设计任务书和设计合同文件。施工阶段所依据的文件是施工承包合同和施工组织设计文件。

（二）项目投资管理所依据的文件资料

项目投资管理的主要目的在于控制项目开发建设成本和现金流，防止成本超支和资金使用计划混乱。其所依据的主要文件资料有各阶段的预算文件、投资计划及项目承包合同等。

（三）项目质量管理所依据的文件资料

项目质量管理的目的在于保证项目工程质量、设计质量及其他质量。其所依据的主要文件资料除国家规定的有关质量标准、验收规范外，还有项目可行性研究报告、设计任务书、设计文件、施工组织设计文件以及工程承包合同等文件规定的有关质量条款。

（四）项目合同管理所依据的文件资料

项目合同管理的目的在于确保合同的全面履行、合同责任的承担。合同管理的依据文件除了国家颁布的有关合同管理各种法律法规文件以外，还有与项目有关的合同文件及合同分析材料。

四、房地产项目工程管理的技术

（一）横道图

横道图又称甘特网，是1900年前后由亨利·L·甘特(Henry. L. Gantt)发明的。他以横坐标做时间轴，表示经济活动的时间。左边是有关工序(活动)名称、工程数量(或持续时间)、编号的表格，有时还包括责任者或其他要说明的内容；右边是按时间单元(年、季、月或周、日，甚至可以是小时)划分的网格。每项活动按其计划安排在起止日期间，用粗线段描绘在相应网格上。

横道图实质上是一种图与表相结合的表达形式。这种图式最大的特点是简单、明确、形象、生动，使用方便，易绘易懂。因而，横道图法在计划安排，尤其是进度计划安排中得到了广泛的应用，至今在许多公司的生产调度室和计划处仍可见到这种图式。

但是，也正是由于横道图太简单，用它来描述较复杂的计划安排时，就显得无能为力了。首先，横道图无法描述项目中各种活动间错综复杂的相互制约的逻辑关系，而这种关系是在安排大型项目计划时经常遇到的。其次，横道图只能描述项目计划内各种活动安排的时序关系，无法同时反映更多的由项目策划者或实施者关注的其他计划内容，如影响项目总工期的关键活动有哪些，在哪些活动的节点存在一定的活动余地等。最后，横道图也不便于调整，从而也不便于优化。因此，横道图的应用受到一定的限制，通常仅适用于以下场合。

(1) 用于某些小型的、简单的，由少数活动组成的项目计划。

(2) 用于大中型项目或复杂项目计划的初期编制阶段，这时，项目内复杂的内容尚未揭示出来。

(3) 用于只需要了解粗线条的项目计划的高层领导。

(4) 用于宣传报道项目进度形象的场合。

（二）网络图和网络计划

20世纪50年代，世界各国进入了一个相对稳定的社会经济发展阶段，大型的军事工程和工业工程、科技项目纷纷上马。人们深感传统的横道图管理模式已远远适应不了大型项目和超大型项目管理的需要，要求寻找一种更为快捷的、方便的，既能描述项目内错综复杂逻辑关系，又能综合描述项目资源配置状况，实施资源配置优化的技术方法，这便是 20 世纪 60 年代大规模发展起来的网络计划技术。

网络计划技术的基础工具就是网络图，网络图是以网络关系来描述项目计划内容的一种平面线路图。由于网络图能克服横道图的缺点，全面而明确地描述项目中各活动间复杂的逻辑关系；能进行网络时间参数的计划，找出影响项目总工期的关键活动和关键路线；便于计划方案调整，以适应复杂多变的环境；有一套规范化的作图和计算分析方法，特别适用于计算机管理，因此，网络图一经出现，便在计划编制与管理，尤其在项目进度计划编制和管理中得到了广泛的应用。

网络图有多种表达形式，最常见的是单代号网络图和双代号网络图。

1. 单代号网络图

单代号网络是由节点代表活动，节点间带箭头的短线代表活动间逻辑关系的网络形式。如图 7－2 所示的网络图式，便描述了 A、B、C、D、E 五种活动间的逻辑关系。

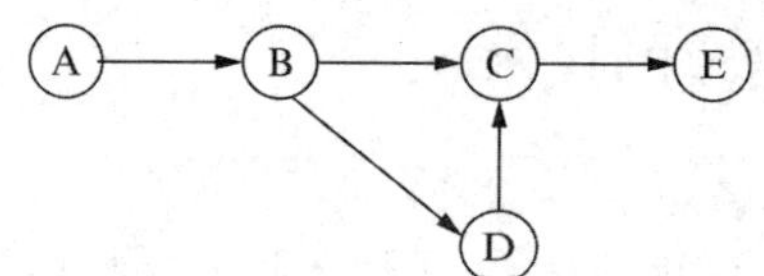

图 7－2　单代号网络图

2. 双代号网络图

双代号网络是由节点间带箭头的短线代表活动，由节点描述活动间的逻辑关系的网络图式。在这种网络中，每项活动由短线前后两个节点的标号来描述，故称为“双代号”网络。如图 7－3所示的网络图式，便描述了活动 AB、BC、BD、CE 之间的逻辑关系。由图可以看出，AB 活动结束以后，可同时开始 BC 活动和 BD 活动；只有在 BD、BC 两项活动都结束时，才可进行 CE 活动。网络中的虚线(DC 线)表示无持续时间，不消耗资源的虚拟活动，只用来描述活动间的逻辑关系。如此处只是说明，活动仍要在 BC、BD 两项活动均完成以后才能开始。

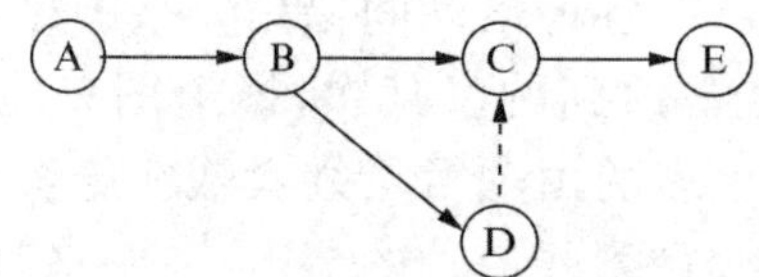

图 7－3　双代号网络图

（三）“赢得值”法

1. 赢得值法的定义

赢得值法(Earned Value Management，EVM)是一种能全面衡量工程进度、成本状况的整体方法，其基本要素是用货币量代替工程量来测量工程的进度，它不以投入资金的多少来反映工程的进展，而是以资金已经转化为工程成果的量来衡量，是一种完整和有效的工程项目监控指标和方法。

赢得值法作为一项先进的项目管理技术，最初是由美国国防部于 1967 年首次确立的。国际上先进的工程公司已普遍采用赢得值法进行工程项目的费用、进度综合分析控制。

赢得值法主要通过已完工作预算费用(BCWP)与计划工作预算费用(BCWS)、已完工作实际费用(ACWP)之间的比较值来客观地判断工程项目的费用偏差(CV)与进度偏差(SV),为采取适当措施控制项目的投资与进度提供依据。

2. 赢得值法的基本参数

(1) 已完工作预算费用(Budgeted Cost for Work Performed)或赢得值(Earned Value, EV)是指在某一时间已经完成的工作(或部分工作),以批准认可的预算为标准所需要的资金总额,由于业主正是根据这个值为承包人完成的工作量支付相应的费用,也就是承包人获得(挣得)的金额,故称为赢得值或挣值。

已完工作预算费用＝已完成工作量×预算单价　　公式 7.3

(2) 计划工作预算费用(Budgeted Cost for Work Scheduled)或计划费用(Plan Value, PV),即根据进度计划,在某一时刻应该完成的工作,以预算为标准所需要的资金总额,一般来说,除非合同有变更,否则 BCWS 在工程实施过程中应保持不变。

计划工作预算费用＝计划工作量×预算单价　　公式 7.4

(3) 已完工作实际费用(Actual Cost for Work Performed)或实际成本(Actual Cost, AC),即到某一时刻为止,已完成的工作所实际花费的总金额。

已完工作实际费用＝已完成工作量×实际单价　　公式 7.5

3. 赢得值法的评价指标

(1) 费用偏差(Cost Variance)。

费用偏差(CV)＝已完工作预算费用(BCWP)－已完工作实际费用(ACWP)

公式 7.6

当费用偏差为负值时,即表示项目运行超出预算费用;反之,则表示实际费用没有超出预算费用。

(2) 进度偏差(Schedule Variance)。

进度偏差(SV)＝已完工作预算费用(BCWP)－计划工作预算费用(BCWS)

公式 7.7

当进度偏差为负值时,表示进度延误,即实际进度落后于计划进度;反之,则表示进度提前,即实际进度快于计划进度。

(3) 费用绩效指数(Cost Performance Index, CPI)

费用绩效指数(CPI)＝已完工作预算费(BCWP)/已完工作实际费用(ACWP)

公式 7.8

当费用绩效指数＜1 时,表示超支,即实际费用高于预算费用;当费用绩效指数＞1 时,表示节支,即实际费用低于预算费用。

(4) 进度绩效指数(Schedule Performance Index, SPI)

进度绩效指数(SPI)＝已完工作预算费用(BCWP)/计划工作预算费用(BCWS)

公式 7.9

当进度绩效指数＜1 时,表示进度延误,即实际进度比计划进度落后;当进度绩效指数＞1时,表示进度提前,即实际进度比计划进度快。

费用(进度)偏差反映的是绝对偏差,结果很直观,有助于费用管理人员了解项目费用出现偏差的绝对数额,并以此采取一定措施,制订或调整费用支出计划和资金筹措计划。但是,绝对偏差有其不容忽视的局限性。如同样是 20 万元的费用偏差,对于总费用 1 000 万元的项目和总费用 1 亿元的项目而言，其严重性显然是不同的。因此，费用（进度）偏差仅适合于对同一项目做偏差分析。费用（进度）绩效指数反映的是相对偏差，它不受项目层次的限制，也不受项目实施时间的限制，因而在同一项目和不同项目比较中均可应用。

赢得值法是对项目费用和进度的综合控制，可以克服过去费用与进度分开控制的缺陷，即当我们发现费用超支时，很难立即知道是由于费用超出预算还是由于进度提前。相反，当我们发现费用低于预算时，也很难立即知道是由于费用节省还是由于进度拖延。而采用赢得值法就可以定性定量地判断进度和费用的执行效果。

（四）BIM 技术

1. BIM 的定义

BIM(Building Information Modeling)技术是一种应用于工程设计建造管理的数据化工具，通过参数模型整合各种项目的相关信息，在项目策划、运行和维护的全生命周期过程中进行共享和传递，使工程技术人员对各种建筑信息做出正确理解和高效应对，为设计团队以及包括建筑运营单位在内的各方建设主体提供协同工作的基础，在提高生产效率、节约成本和缩短工期方面发挥重要作用。

美国国家 BIM 标准(NBIMS)对 BIM 的定义由三个部分组成。

(1) BIM 是一个设施（建设项目）物理和功能特性的数字表达；

(2) BIM 是一个共享的知识资源，是一个分享有关这个设施的信息，为该设施从建设到拆除的全生命周期中的所有决策提供可靠依据的过程；

(3) 在项目的不同阶段，不同利益相关方通过在 BIM 中插入、提取、更新和修改信息，以支持和反映其各自职责的协同作业。

在建筑工程整个生命周期中，BIM 技术可以通过集成的建筑信息实现集成管理，因此这一模型既包括建筑物的信息模型，同时又包括建筑工程管理行为的模型。将建筑物的信息模型同建筑工程的管理行为模型进行完美的组合。因此在一定范围内，建筑信息模型可以模拟实际的建筑工程建设行为。

2. BIM 在工程管理中的价值

建立以 BIM 应用为载体的项目管理信息化，提升项目生产效率、提高建筑质量、缩短工期、降低建造成本。具体体现在以下几个方面。

(1) 三维渲染，宣传展示。三维渲染动画，给人以真实感和直接的视觉冲击。建好的 BIM 模型可以作为二次渲染开发的模型基础，大大提高了三维渲染效果的精度与效率，对于开发商进行项目规划设计管理以及销售展示都可以起到较好的作用，同时降低成本。

(2) 快速算量，精度提升。BIM 数据库的创建，通过建立 5D 关联数据库，可以准确快速计算工程量，提升施工预算的精度与效率，从而降低工程招标投标中的摩擦。

(3) 精确计划，减少浪费。BIM 的出现可以让相关管理条线快速准确地获得工程基础数据，为项目施工制订精确人才计划提供有效支撑，对开发商而言，也可以及时获取项目的实施进度、投资情况。

(4) 虚拟施工，有效协同。三维可视化功能再加上时间维度，可以进行虚拟施工。随时随地直观快速地将施工计划与实际进展进行对比，同时进行有效协同，施工方、监理方、开发商领导都对工程项目的各种问题和情况了如指掌，使得项目各方的沟通更为有效。

（5）碰撞检查，减少返工。利用BIM的三维技术在前期可以进行碰撞检查，优化工程设计，减少在建筑施工阶段可能存在的错误损失和返工的可能性；竣工时施工方可以利用碰撞优化后的三维管线方案，进行施工交底、施工模拟，提高施工质量，同时也提高了与业主沟通的能力。

（6）集成数据，全寿命管理。BIM集成了工程项目设计、施工的大量数据，可以在各管理部门进行协同和共享，为工程提供数据后台的巨大支撑，也为开发商对项目进行全寿命周期的管理提供了有利的条件。

2016年起，万达集团已开始在部分新建的万达广场项目上试点BIM技术，2017年推广实施。实行BIM以后万达将减少招投标，并实现精确化管理，BIM除了使万达集团减员增效、管理便捷外，还能减少腐败的机会。

第三节　房地产开发项目竣工验收

工程项目的竣工验收是建设过程中的最后一个程序，是全面检验设计和施工质量，考核工程造价的重要环节。通过竣工验收，质量合格的建筑物即可投入使用，出租或出售给客户，房地产开发商可回收报资。对于预租或预售的房地产开发项目，通过投入使用，开发商就此可以得到预付款以外的款项。

房地产开发商对于确已符合竣工验收条件的开发项目，都应按《房屋建筑工程和市政基础设施工程竣工验收暂行规定》等有关法规和《建筑工程施工质量验收统一标准》等国家技术标准，及时进行竣工验收。对竣工的开发项目和单项工程，应尽量做到建成一个验收一个，并抓紧投入经营和交付使用，使之尽快产生经济效益。

一、竣工验收的要求

当开发项目完工并具备竣工验收条件后，由承包商按国家工程竣工验收有关规定向开发商提供完整竣工资料及竣工验收报告，并提出竣工验收申请。之后，开发商负责组织设计、施工、工程监理等单位进行竣工验收，并在验收后给予认可或提出修改意见。承包商按要求修改，并承担由自身原因造成修改的费用。

在正式办理竣工验收之前，开发商为了做好充分准备，需要进行初步检查。初步检查是指在单项工程或整个开发项目即将竣工或完全竣工之后，由开发商自己组织检查工程的质量情况、隐蔽工程验收资料、关键部位施工记录、按图施工情况及有无漏项等。根据初步检查情况，由工程项目的监理工程师列出需要修补的质量缺陷“清单”，这时承包商应切实落实修复这些缺陷，以便通过最终的正式验收，进行初步检查对加快扫尾，提高工程质量和配套水平，对加强工程技术管理，促进竣工和完善验收都有好处。

建筑工程施工质量应遵照《建筑工程施工质量验收统一标准》规定，按下列要求进行验收。

（1）建筑工程施工质量应符合《建筑工程施工质量验收统一标准》和相关专业验收规范的规定。

（2）建筑工程施工应符合工程勘察、设计文件的要求。

（3）参加工程施工质量验收的各方人员应具备规定的资格。

(4) 工程质量的验收均应在施工单位自行检查评定的基础上进行。

(5) 隐蔽工程在隐蔽前应由施工单位通知有关单位进行验收,并应形成验收文件。

(6) 涉及结构安全的试块、试件以及有关材料,应按规定进行见证取样检测。

(7) 检验批的质量应按主控项目和一般项目验收。

(8) 对涉及结构安全和使用功能的重要分部工程应进行抽样检测。

(9) 承担见证取样检测及有关结构安全检测的单位应具有相应资质。

(10) 工程的观感质量应由验收人员通过现场检查,并应共同确认。

二、竣工验收的依据

开发项目或单体工程,其竣工验收的依据是经过审批的项目建议书、年度开工计划、施工图纸和设计说明文件,施工过程中的设计变更文件,现行法律法规规定的施工技术规程、施工验收规范、质量检验评定标准,以及合同中有关竣工验收的条款等。工程建设规模、工程建筑面积、结构形式、建筑装饰、设备安装等应与各种批准文件、施工图纸、标准保持一致。

三、竣工验收的工作程序

开发项目竣工验收的工作程序一般分为两个阶段。

(一) 单项工程竣工验收

根据《建筑工程施工质量验收统一标准》的规定,单位(子单位)工程质量验收合格应符合下列规定。

(1) 单位(子单位)工程所含分部(子分部)工程的质量均应验收合格。

(2) 质量控制资料应完整。

(3) 单位(子单位)工程所含分部工程有关安全和功能的检测资料应完整。

(4) 主要功能项目的抽查结果应符合相关专业质量验收规范的规定。

(5) 观感质量验收应符合要求。

在开发小区总体建设项目中,一个单项工程完工后,根据承包商的竣工报告,开发商首先进行检查,并组织施工单位(承包商)和设计单位整理有关施工技术资料(如隐蔽工程验收单、分部分项工程施工验收资料和质量评定结果、设计变更通知单、施工记录、标高、定位、沉陷测量资料等)和竣工图纸。然后,由房地产开发商组织设计、施工、工程监理等单位,正式进行竣工验收,开具竣工证书。

(二) 综合验收

综合验收是指开发项目按规划、设计要求全部建设完成,并符合施工验收标准后,按规定要求组织的综合验收。验收准备工作,以开发商为主,组织设计、施工、工程监理等单位进行初验,然后,邀请有关城市建设管理部门,如公安、消防、环保、规划等部门,参加正式综合验收,签发验收报告。

对于已验收的单项工程。可以不再办理验收手续,但在综合验收时应将单项工程的验收单作为全部工程的附件并加以说明。在组织竣工验收时,应对工程质量的好坏进行全面鉴定。工程主要部分或关键部位若不符合质量要求会直接影响使用和工程寿命,应进行返修和加固,然后再进行质量评定。工程未经竣工验收或竣工验收未通过的,开发商不得使用、不得办理客户入住手续。

四、工程竣工验收备案

开发商应当自建设工程竣工验收合格之日起 15 日内，将建设工程竣工验收报告和规划，由公安消防、环保等部门出具的认可文件或者准许使用文件，报建设行政主管部门或者其他有关部门备案。

办理工程竣工验收备案应提交的文件主要有以下几种。

(1) 工程竣工验收备案表。

(2) 工程竣工验收报告。竣工验收报告应当包括工程报建日期，施工许可证号，施工图设计文件审查意见，勘察、设计、施工、工程监理等单位分别签署的质量合格文件及验收人员签署的竣工验收原始文件，市政基础的有关质量检测和功能性试验资料，以及备案机关认为需要提供的有关资料等。

(3) 法律、行政法规规定应当由规划、公安消防、环保等部门出具的认可文件或者准许使用文件。

(4) 施工单位签署的工程质量保修书。

(5) 法规、规章规定必须提供的其他文件。比如商品住宅还应当提交住宅质量保证书和住宅使用说明书。

五、竣工结算

竣工验收报告是反映项目实际造价的技术经济文件，是开发商经济核算的重要依据。工程竣工验收报告经开发商认可后，承包商应向开发商递交竣工结算报告及完整的结算资料，双方按照协议书约定的合同价款及专用条款约定的合同价款调整内容，进行工程竣工结算。开发商收到承包商递交的竣工结算报告及结算资料后通常要在 1 个月内予以核实，给予确认或者提出修改意见。

开发商确认竣工结算报告后，应及时通知经办银行向承包商支付工程竣工结算价款。承包商收到竣工结算价款后，通常应在半个月内将竣工工程交付开发商。

六、编制竣工档案

技术资料和竣工图是开发建设项目的重要技术管理成果，是使用单位安排生产经营、住户生活所需要的。物业管理公司依据竣工图纸和技术资料可进行管理和进一步改建、扩建。因此，开发项目竣工后，要按照《建设工程文件归档整理规范》的有关规定，认真组织技术资料的整理和竣工图的绘制工作，编制完整的竣工档案，并按规定分别移交给房屋产权所有者和城市档案馆。

(一) 技术资料的内容

根据《建设工程文件归档整理规范》规定，技术资料的内容纲要如下。

1. 工程准备阶段文件

(1) 立项文件。

(2) 建设用地、征地、拆迁文件。

(3) 勘察、测绘、设计文件。

(4) 招标投标文件。
(5) 开工审批文件。
(6) 财务文件。
(7) 建设、施工、监理机构及负责人。
2. 监理文件
(1) 监理规划。
(2) 监理月报中的有关质量问题。
(3) 监理会议纪要中的有关质量问题。
(4) 进度控制。
(5) 质量控制。
(6) 造价控制。
(7) 分包资质。
(8) 监理通知。
(9) 合同与其他事项管理。
(10) 监理工作总结。
3. 施工文件
(1) 建筑安装工程。
① 土建(建筑与结构)工程。
② 电气、给排水、消防、采暖、通风、空调、燃气、建筑智能化工程。
③ 室外工程。
(2) 市政基础施工工程。
① 施工技术准备。
② 施工现场准备。
③ 设计变更、洽谈记录。
④ 原材料、成品、半成品、构配件、设备出厂质量合格证及检验报告。
⑤ 施工试验记录。
⑥ 施工记录。
⑦ 预检记录。
⑧ 隐蔽工程检查(验收)记录。
⑨ 工程质量检查评定记录。
⑩ 功能性试验记录。
⑪ 质量事故处理记录。
⑫ 竣工测量资料。
4. 竣工图
(1) 建筑安装竣工图。
① 综合竣工图。
② 专业竣工图。
(2) 市政基础设施竣工图。
① 道路工程。

② 桥梁工程。

③ 广场工程。

④ 隧道工程。

⑤ 铁路、公路、航空等交通工程。

⑥ 地下铁道等交通工程。

⑦ 地下人防工程。

⑧ 水利防灾工程。

⑨ 排水工程。

⑩ 供水、供热、供气、电力、电信等地下管线工程。

⑪ 高压架空输电线工程。

⑫ 污水处理、垃圾处理处置工程。

⑬ 场、厂、站工程。

5. 竣工验收文件

(1) 工程竣工总结。

① 工程概况表。

② 工程竣工总结。

(2) 竣工验收记录。

① 建筑安装工程。

② 市政基础设施工程。

(3) 财务文件。

① 决算文件。

② 交付使用财产总表和财产明细表。

(4) 声像、缩微、电子档案。

① 声像档案。

② 缩微档案。

(二) 绘制竣工图

开发项目的竣工图是真实地记录各种地下、地上建筑物、构筑物等详细情况的技术文件，是工程验收、维护、改建、扩建的依据。因此开发商应组织、协助和督促承包商和设计单位、认真负责地把竣工图编制工作做好。竣工图必须准确、完整。如果发现绘制不准确或遗漏，则应采取措施修改和补齐。

技术资料齐全，竣工图准确、完整，符合归档条件，这是工程竣工验收的条件之一。在竣工验收之前不能完成的，应在验收后双方商定期限内补齐。绘制竣工图的做法如下。

(1) 按施工图施工而无任何变动的，可在施工图上加盖“竣工图”字样标志后，直接作为竣工图。

(2) 结构形式改变、建筑平面改变、项目改变以及其他重大改变，不宜在原施工图上修改、补充，要重新绘制竣工图。

(3) 基础、地下构筑物、管线、结构、人防工程等，以及设备安装等隐蔽部位，都要绘制竣工图。

(4) 竣工图一定要与实际情况相符，要保证图纸质量，做到规格统一、图面整洁、字迹清楚，一经施工技术负责人签字认可，不得任意涂改。

总之，房地产开发项目的施工管理除应遵守一般规范、规程外，还应符合《建设工程项目管理规范》等技术规范的有关规定。

课后练习

思考题

1. 开发项目招投标有哪些方式？公开招标一般包括哪些程序？
2. 开发企业在项目施工管理中主要有哪些职能？
3. 开发企业进行房地产项目工程管理有哪些技术？
4. 房地产项目竣工验收的主要程序有哪些？需要有哪些归档资料？

第三部分　房地产经营

第八章　房地产供给与需求

在房地产项目的经营日以市场化的情况下，掌握房地产市场的运行规律是取得成功的重要基础。与一般商品相比，房地产项目既受一般市场规律的影响，同时也有其自身的特殊性。本章从房地产市场的供给、需求及供需平衡的角度分析房地产市场规律，学习重点包括：

◆ 房地产供给的特点及影响因素，房地产供给的层次；

◆ 房地产需求的特点及影响因素；

◆ 房地产供求平衡模型及非均衡性特征，房地产调控的方式。

第一节　房地产供给分析

一、供给的定义

经济学意义上的供给是指在一定的时期内，生产者在某一价格水平下，在市场上愿意且能够卖出的物品或提供劳务的量。通常，在一个特定价格下，生产者愿意且能够卖出的物品或提供劳务的数量，称为供给量。在特定条件下，市场对某一物品或劳务的供给量与价格之间的关系，通常可以用供给曲线来表示。在通常情况下，价格与供给量成正比，即价格上升，供给增加；价格下降，供给量减少。

通常情况下，商品的价格越高，生产者愿意提供的商品数量越大，因此，供给量随价格升降而增减。这种价格与供给量之间的正比关系，称为供给规律。

二、房地产供给的定义

房地产供给是在一定的时期内，房地产的生产者在某一价格水平下，在市场上所愿意且能够提供的房地产产品的数量。通常，在一个特定价格下，生产者愿意且能够提供的房地产产品的数量，称为供给量。一般情况下，房地产的供给量也符合经济学上供给量，称为供给量规律，即供给曲线是一条向上倾斜的曲线。

房地产供给的概念可以从增量和总量两个角度理解。

从增量角度来看，房地产供给是指生产者在某一特定时期内，在每一价格水平上愿意而且能够租售的增量房地产商品量。增量房地产的供给主要是房地产开发商，在现实经济生活中，新增商品房供给又包括销售的现房和期房(达到一定标准的预售房)。在房地产供给中，按供给方式，又可以分为出售的房地产供给和出租的房地产供给两种。

从总量角度来看，房地产供给是指房地产总供给，即在某一时期内全社会或某一地区内房地产供给的总量，既包括房地产开发商销售的增量房地产，也包括其他房地产所有者出售的存量房地产。

由于存量房地产产权分散，难以实现统一的定价策略，因此，房地产供给的定价主要由增量房地产决定，但存量房的规模和交易也会对增量房产生影响，两者具有一定的可替代性。

三、房地产供给的特点

房地产商品是一种特殊商品，所以，房地产供给还具有自身的一些显著特点。

（一）房地产供给刚性

与一般商品供给相比，房地产供给缺乏弹性，即通常所说的房地产供给的刚性。首先，土地的自然供给是土地天然可供人类利用的部分，它是有限的、相对稳定的，土地的自然供给没有弹性；而土地的经济供给是指在自然供给基础上，经过开发以后成为人类可直接用于生产、生活各种用途的土地供给，所以，土地的经济供给有一定的弹性，但由于受自然供给的制约，其弹性是缺乏的。总的来说，作为房地产基础的土地，其供给缺乏弹性，是刚性的。

由于房地产的开发建设周期长，在短期内房地产很难直接地、很快地生产出来，其他用途的房地产也很难直接转换过来，这样，短期的房地产供给就是一个既定的、不变的量；而从长期来看，房地产的开发也要受土地有限性的制约。因此，房地产供给缺乏弹件。

（二）房地产供给的层次性

房地产供给一般分为三个层次：现实供给层次、储备供给层次和潜在供给层次，这三个供给层次是动态变化的。

现实供给层次，即已经进入流通领域、可以随时销售或出租的房地产，又称房地产上市量，其主要部分是现房，也包括期房。这是房地产供给的主导和基本的层次。

储备供给层次，即可以进入市场但是房地产生产者出于一定考虑(如房地产开发商或销售商的市场营销手段和策略)暂时储备起来不上市的这部分房地产。这是生产者的主动商业行为，需要注意的是，这种储备供给层次的房地产与通常所说的空置房不同，空置房主要是指生产者想出售而一时出售不了的房地产商品。

潜在供给层次是指已经开工和正在建造，以及竣工但未交付使用等尚未上市的房地产产品，还包括一部分过去属于非商品房地产，但在未来可能改变其属性而进入房地产市场的房地产产品。

认真分析房地产供给的这三个层次，对科学地把握供给状况和预测未来供给都具有重要意义。

（三）房地产供给的滞后性和风险性

房地产商品的价值量大而且生产开发周期长，一般要二年至三年，甚至数年。较长的生产周期决定了房地产供给的滞后性，滞后将意味着不确定性，滞后时间越长，不确定性越大，风险性也就越大。即使房地产开发计划在目前是可行的，但在数年后，房屋建成投入市场时，也可能因市场发生变化，而造成积压和滞销。因此，科学地预测市场供求变化趋势对开发商投资决策极为重要。

（四）市场供给的异质性

因为房地产的位置、环境、数量的差异，市场供给的房地产一般不是同质商品。所谓不同质商品，是指同一类商品内部，由于可按不同方式或标准划分，而导致商品质量上的差异。例如，住宅房地产，按建筑结构分为砖木结构、砖混结构、钢混结构、钢结构等结构上的差异；按房型可分为三室一厅、一室一厅等差异；按使用年限有新房、旧房等差异；按坐落地区有市场中心区、边缘区、近郊区、远郊区等差异；此外，按使用者情况又有自用、租借、出借、空置等差别；按所有者成分可划分为公有住宅、私有住宅等。房地产商品的不同质商品的市场供给存在多样化，这意味着房地产市场不是批量供给、规格划一的大市场，而是多种互不相同又相互关联的次级市场的细分市场，各个市场的彼此关联是因为不同质商品之间存在一定的相互替换关系。一个市场商品价格的变化势必涉及其他市场。

（五）市场供给的时期性

房地产的供给具有一定的时期性。所谓时期性，是指在不同长短的时期内，房地产供给呈现出的不同特征和规律。在一般情况下，房地产供给的时期可分为特短期、短期和长期三个时期。特短期是指市场上资源、产品等供给量固定不变的一段时间，在特短期内，房地产的供给量保持不变；短期是指土地、厂房设备等固定要素不变，但可变要素可以变动的时期，在短期内，房地产供给有较小幅度的变化；所谓长期，是指不但行业内房地产的所有生产要素可以变动，而且其资本还可以与社会其他行业的资本之间相互流动所允许的时间。在长期内，房地产供给的变化幅度较大。

四、影响房地产供给的因素

影响和决定房地产供给的因素是多方面的，主要有以下因素。

（一）房地产市场价格

房地产市场价格是影响房地产供给的首要因素。房地产售价和租金的涨落是供求关系变动的反映。同时，价格的波动又刺激了新一轮供给与需求，和其他商品一样，价格越高，供给量也越多。虽然房地产供给价格弹性小于一般工业产品，但供给还是会随着价格波动发生相应的变化。由于房地产供给的滞后性，房产价格上扬不一定马上表现为市场上房屋供应量的增加，往往会表现为一、二级市场中土地需求的增加，在下一个房地产周期完成后才表现为房屋供应量的增加。

由于房地产市场信息不充分的特性，价格信号对市场供求关系的反应也是滞后的，特别是当市场供大于求、房屋空置面积增多时，价格要持续一段时间才会下调，供给的减少首先表现为初始投入的减少，而在建工程只能维持工程进度，已建成的项目只能进入市场待价而沽。

土地价格是房地产成本的重要组成部分，中国城市中，目前土地费用约占商品房总成本的30%。土地价格是通过影响房屋成本来影响房产供应的。无论价格机制的表现形式如何，其对供给的影响无论从短期市场还是从长期市场来看，都是一个最基本的因素。

（二）城市土地的数量

城市房地产的供给能力在很大程度上取决于能够供给城市使用的土地数量。一般来说，一个国家经济发展水平越高，特别是农业生产力越高，则可提供给城市使用的土地就越多。换言之，城市土地的供给水平必须与经济发展水平，特别是农业发展水平相适应。改革开放以来，中国农业发展迅速，为城市土地的扩大创造了条件。但也应看到，中国人多地少，人地矛盾十分尖锐，不恰当地过多占用耕地的行为必须加以制止。

（三）房地产投资来源及数量

房地产供给是以房地产开发为基础的，而房地产开发的规模、速度和总量又受到房地产投资来源和投资规模的制约。房地产是投资量大、建设周期长的产业，没有多渠道、大量的资金支持，房地产开发难以为继。即使是进入流通和消费领域，没有金融资金注入和参与，有效供给的最终实现也举步维艰。房地产投资除部分是企业自有资金外，大部分要通过银行筹集，据统计，房地产开发资金中直接和间接来自银行贷款的约占60%，依存度仍很高。因此，银行及各类金融机构的投资规模、贷款投向、筹资方式、利率水平等都会给房地产供给带来直接影响。同时，房地产开发贷款利率的高低也会对房地产供给带来重大影响。若银行的贷款利率提高，则会增加开发商利息成本，在销售价格不变的情况下势必减少利润，影响其开发积极性，导致供给量减少；反之，则相反。所以，银行的信贷政策是调节房地产供给的重要因素。

（四）税收政策

税收是调节收益的杠杆，其对房地产投资的回报率和经营的安全性有重要影响。税收具有规范房地产市场交易秩序、创造平等竞争市场环境的功能。同时，某个税种的设立、某些税率的调整、各种税收优惠政策的出台以及扣除项目的增减，都会直接影响投资者的收益，从而影响投资者对房地产的投入，限制或者扩大市场供给。

（五）房地产开发商对未来的预期

房地产开发商对未来的预期包括对国民经济发展形势、通货膨胀率、房地产价格、房地产需求的预期以及对国家房地产信贷政策、税收政策和产业政策的预期等，其核心问题是房地产开发商对盈利水平即投资回报率的预期。若预期的投资回报率高，开发商一般会增加房地产投资，从而增加房地产供给；若预期的投资回报率低，开发商一般会缩小房地产投资规模或放慢开发速度，从而减少房地产供给。

（六）房地产交易条件

房地产作为商品进入流通领域后，其交易程序复杂，操作技术性强。因此，房地产供给的最终实现需要完备的交易条件，包括完善的市场功能、健全的法律体系、便捷的市场设施和有效的信息传递手段，相当数量和富有经验的中介组织以及高效率公正的市场管理、仲裁机构等。

五、房地产供给的层次

房地产供给也具有层次性，一般可分为以下几个层次。

（一）房地产的边界供给

现实经济运行中业已形成的供给总是以一定制度和技术条件下利用现有资源可能开发出的、最大房地产供应量为最后边界，因此，边界供给也可以理解为最大开发能力限制下的供应量。

（二）房地产的可能供给

房地产的可能供给是指一定时期内社会正在开发和已经开发出来的房地产总量。主要包括已经开工、在建和已竣工尚未交付使用的房屋建筑数量；已搞好“三通一平、七通一平”或已成片开发的建筑用地数量。可能供给随时可进入市场，是房地产总供给的原始来源，但它不可能全部成为现实的供给，总有一部分形成滞存。可能供给使供给的潜在形态变成现实的物质形式。

（三）房地产的现实供给

房地产的现实供给是指已进入流通领域，可供销售和出租的供给。由于并不是所有的现实供给都能符合需求者的意愿,因此,现实供给可分为有效供给和非意愿性替代供给。有效供给是指那些与有相应支付能力的房地产购买(或承租)者的意愿性需求相一致的供给。在宏观经济中,房地产市场的有效供给是指房地产商品的总供给与总需求达到均衡时的总供给。因此,有效供给就是适应需求的供给,它不仅要求供给总量的有效,而且要求供给结构的有效。非意愿性替代供给是指那些虽不能满足购买(或承租)者的初始需求,但仍能卖(或租)出的供给。有效供给占现实供给的比重可以反映资源利用的效率,它与非意愿性替代供给一起通过交易过程成为已实现的房地产供给。

(四) 已实现的房地产供给

已实现的房地产供给是供给的最后阶段,它意味着房地产供给的价值和使用价值的最终实现,包含着一定量的有效供给和非意愿性替代供给。由有效供给变成已实现的供给必须经过一个现实的交易过程,发生实际的购买或承租行为,并使房地产使用权或所有权发生转移。因此,有效供给是一个事先性的供给概念,而已实现的供给是一个事后性的供给概念。

第二节　房地产需求分析

一、需求的定义

经济学上的需求是指在一定的时期内,消费者在某一价格水平下,在市场上所愿意且能够购买的物品和劳务的量。通常,在一个特定价格下,消费者愿意且能够购买的物品或劳务的数量,称为需求量。在特定条件下,市场对某一物品或劳务的需求量与价格之间的关系,通常可以用需求曲线来表示。一般地,价格与需求量成反比,即价格上升,需求量减少;价格下降,需求量增加。

消费者如果按目前的购买量购买,对一定数量的商品所愿意支付的价格就是需求价格。在通常情况下,价格上升,需求量减少;价格下降,需求量增加。这种价格与需求量间的反比关系,称为需求规律。

二、房地产需求的定义

房地产需求是在一定的时期内,房地产的消费者在某一价格水平下,在市场上所愿意且能够购买的房地产产品的数量。它包括对住宅、办公楼、商业用房及其他房地产产品的生活性消费和生产性消费的需求。通常,在一个特定价格下,消费者愿意且能够购买的房地产产品的数量,称为需求量。一般情况下,房地产的需求量也符合经济学上的需求规律,即需求曲线是一条向下倾斜的曲线。

三、房地产需求的特点

由于房地产商品是与土地密切联系的特殊商品,因此,与一般商品的需求相比,房地产需求具有以下显著的特点。

(一) 房地产需求的整体性

房地产需求的整体性是由地产和房产需求的不可分割性决定的。房地产是地产和房产的结合体和统一物，土地是房屋的物质载体，且房屋是地基的上层建筑，二者不可分割，因而房地产需求既包含了对房产的需求，也包含了对地产的需求，是对房地产统一体的需求，绝不可以也不可能把二者分离开来。这就决定了房地产商品空间的固定性、效用的长期性和价值量的巨额性，由此引发房地产需求的特殊性和对房地产市场需求分析的复杂性。

（二）房地产需求的区域性

房地产具有不可移动性，不可能像其他商品那样从一个地区调往另一个地区。这就决定了房地产需求的地区性较强，不能像一般的商品那样，在一个地方生产而可以运输到另外一个地方销售。这主要表现在两个方面：一方面，一定地域或一个城市房地产市场需求绝大部分来自本地区或本区域内的工商企业和居民的需求，即使外地居民或海外居民有购房需求，也必须迁移到该地区才能形成实际需求；另一方面，在同一城市的不同地段，房地产市场需求也可以有很大的差异，特别是商业用和服务业用房地产，在城市黄金地段上，即使价格较高，需求也很旺盛；在偏远地段上，即使价格较低，其需求仍然较少。

（三）房地产需求的层次性

这里所说的需求的层次性主要是针对住宅房地产而言的，包括两层含义：第一层是指住宅的功能性需求层次。住宅作为生活资料，可以满足人们的生存性需求、享受性需求和发展性需求。随着社会经济增长和收入增加，在满足基本生存需要的基础上，享受性需求和发展性需求会越来越上升到主要地位，因此，适应这种需求的变化趋势，住宅的设计、房型、设施、科技含量、环境与品位也要不断提高。第二层是指住房消费需求的结构性层次。由于居民的收入结构和购房承受能力是区分为不同层次的，因而相应的住宅消费需求结构也划分为不同层次。从档次结构来看，可以分为高、中、低档住房；从价位结构来看，可以分为高、中、低价位住房等。住房消费需求结构的这种层次性要求供给结构与之相适应，从而达到二者之间的结构平衡。如果高档房、高价位房建设过多，超过高收入家庭的比例，可能因卖不出去而造成空置积压；而如果中低档次、中低价位房建设不足，则又有可能形成供不应求，导致中低收入家庭的住房需求得不到满足。现实经济生活中，这两种情况都会阶段性存在。

（四）房地产需求的双重性

房地产需求的双重性是指房地产既可以作为消费品也可以作为投资品，因而可以分为房地产消费需求和房地产投资需求两大类。一方面，房地产可分为住宅等消费品以及商业、工业用房等投资品两大类，对前一类房地产的需求属于消费性需求，对后一类房地产的需求则属于投资需求（生产性需求）；另一方面，具体到住宅等消费品的需求，实际上也包括消费性需求和投资性需求两个方面，前者购买住宅是以自住为主，当然也要考虑住宅的升值因素；后者购买住宅则是以投资（租赁、买卖）为主，以获取收益为最终目的。因此，研究房地产需求应该分不同物业类型进行。

（五）房地产需求的可替代性

房地产需求的可替代性可以从以下三个方面理解。

(1) 在一定区域内，在同一供需圈内，尽管没有完全相同的两个房地产，但是房地产商品在一定程度上是可以相互替代的，当然，这种替代性与其他普通商品相比要有限得多。

(2) 特别需要注意的是，房地产的租赁和买卖，即买房和租房是可以相互替代的。当购买力不足或者不需要购买（如短期暂时居住）时，就可以考虑租赁房屋而不是购买。这样，出租的房地产与出售的房地产之间就有较强的可替代性，在成熟的市场经济中，房地产的买卖价格和租赁价格之间有一个合适的比例。

(3) 从房地产的投资需求来看，房地产作为一种投资工具，如果其投资收益下降，那么，投资者可以转向股票、债券、期货等其他投资项目，所以，从投资角度来看，房地产商品与其他商品之间是可以替代的。

（六）房地产需求的多样性

首先，由于房地产本身的多样性，导致房地产的需求具有多样性，如房地产有住宅、商铺、工业地产等形式，不同的房地产类型面临的需求是不同的。其次，由于不同消费者收入的水平不同，职业、年龄、习惯等方面的不同，形成了兴趣、爱好的多样性，从而对房地产的需求也产生了多样性，即使对于同样的住宅，有的人是自住性需求，而有的人则是投资性需求。

四、影响房地产需求的因素

在市场经济条件下，影响房地产市场需求有多种主客观因素，分析这些因素，对扩大市场需求，正确进行投资决策，积极促进供求平衡具有重要意义。

（一）国民经济发展水平

一个国家或地区的经济发展水平是影响房地产需求的决定性因素。一般来说，房地产需求水平与国民经济发展水平呈现出一种正相关关系，即一个国家或地区经济发展水平高，相应促使其房地产需求的水平也比较高，反之则相反。一个国家或地区在某一时期国民经济发展速度快，这个时期房地产需求增长也比较快，反之则相反。国民经济发展水平对房地产需求的影响主要来自两个方面：一是投资规模。投资规模的扩大拉动生产经营性用房需求增加，从而扩大了对工业厂房、商铺、办公用房等的需求。二是国民收入水平。随着经济发展，国民收入增加，企业的扩大再生产能力提高，个人的可支配收入增长，必然会增大对房地产的生产性需求和消费性需求。中国改革开放以来国民经济快速增长，促进了各类房地产需求急增，由此推动了现阶段中国房地产业繁荣局面的出现。

（二）房地产价格

房地产商品与其他商品一样，价格和需求量之间存在反方向变动关系，即在其他条件不变的情况下，房地产价格提高会限制消费者对房地产的需求量；反之，房地产价格下降会促使消费者对房地产商品的需求量上升。可见，房地产价格的高低对其需求量的多少有着重要的调节作用。但由于房地产是与土地相联系的一种特殊商品，其价格和需求都有一定的特点，因而房价对需求的影响必然呈现出极为复杂的情况。

（三）居民收入水平和消费结构

居民收入水平与房地产需求呈正方向变动的关系。从住宅消费需求的角度分析，在住房价格既定的前提下，居民的收入水平和消费结构对住房需求具有决定性作用。首先，居民收入水平的提高直接拉动居住消费需求的增加。中国城镇居民长期以来受收入水平低的制约，居住水平和居住质量都比较低。改革外放以来，随着收入较大幅度增加，改善住房条件的愿望十分迫切，促使住宅的需求数量和质量急速提高，从而成为房地产市场发展的强大推动力量。其次，居民收入水平的提高还会促使居民的消费结构发生质的变化，主要表现在恩格尔系数下降，即花费在食品方面的比重减少，而花费在“住”和“行”上的比重增加。在住房制度改革以前，由于实行实物福利分房制度，房租极低，房屋租金只占居民生活消费的2%～3%；住房分配货币化后，多数居民购买商品房，同时，房租也逐渐上升到商品房租金水平，居住消费在家庭生活消费支出中的比例也相应上升到10%以上。国际上发达国家住房消费支出一般占家庭年收入的1/3左右。随着经济的发展和收入的提高,中国城镇居民的消费结构也将进一步优化。目前中国城市的恩格尔系数已降到37.7%,按国际经验,当居民消费结构的恩格尔系数处在40%~50%时,正是住房需求旺盛、房地产业大发展的时期。近几年来,中国城市房地产业的兴旺发达也印证了这一点。

（四）国家有关经济政策

政策因素对生产性需求和消费性需求都有重要影响,对生产性需求的影响尤为直接。政策是国家对房地产业进行宏观调控的必要手段,它对房地产供求的总量平衡和结构优化有极强的控制调节作用。从宏观上讲,产业发展政策决定了房地产业在整个国民经济中的地位及与其他相关产业发展的关系。与产业发展政策相关的财税、计划、金融、投资等政策措施大体上框定了投资的总量和结构,是投资约束机制和激励机制的重要组成部分。同时,国家可以通过调节生产性需求的价格、税收、利息率和折旧率等,刺激或抑制微观经济组织的投资行为。其中,货币金融政策和利率的调整是影响生产性需求最重要、最有力的杠杆。在房地产市场上,与消费性需求有关的政策主要有住房政策及相关的各项优惠政策;与经营性需求有关的政策主要有房地产二、三级市场的管理法则、相应的倾斜或约束性政策措施。

（五）消费者对未来的预期

需求者的投资行为或消费行为从根本上来说是受其现实的或潜在的需求决定的,同时,这种需求又受到外部环境的影响,外部环境会影响现实的支付能力是否即刻实现。作为需求主体如何判断外部环境或如何预期外部环境,这对需求者的投资行为(包括购买住宅)有至关重要的影响作用。需求者对未来经济形势的预测会直接影响对房地产的需求。投资者如果对未来经济形势的预期是下滑的,则对土地的需求量就会减少,其潜在的需求量会暂时沉淀下来,不会马上进入市场;反之,如果对未来经济形势预期是回升的,会刺激当期的土地需求量,则会使潜在的需求量变为现实的需求量,以期待在经济回升后获得更多的超额利润。以消费为目的住宅需求者与投资者有所不同,他们更关心近期投入的最小化,而非远期收益的最大化。需求者对价格涨落的预期是影响现实市场需求量的重要因素。当他们预期价格还会下跌时,尽管市场价格跌幅很大,他们仍会手持货币,迟迟不肯入市,从而使现实性需求也作为潜在需求暂时沉淀下来。

（六）城市化水平

城市化是社会经济发展的必然趋势。城市化包括城市数量的增加、规模的扩大和城市人口的增多等。城市化水平的高低也是影响房地产需求的重要因素,主要体现在:一是伴随城市数量的增加和规模的扩大,必然要加快城市建设。例如,盖更多的工厂,办更多的商店、银行、学校、医院,以及大力进行基础设施建设,从而对各类房地产提出更多更大的需求。二是城市人口的增多既增加了对城市住宅的巨大需求,又增加了安排就业对生产经营性房地产的需求。三是城市建设的发展需要进行旧区改造和实施重大建设工程,由此必然要进行旧城区的动拆迁,引致动拆迁户的大量住房需求。世界各国城市化平均水平为60%,发达国家高达80%,目前,中国的城市化率约在38%,预计到2020年将提高到60%,大量农村人口进城就业和生活将使房地产市场的潜在需求很大,其必将带动中国房地产业长期持续发展。

五、房地产需求的分类

房地产需求是多种多样的，根据其性质大致可分为三种类型。

（一）生产性需求

生产性需求是指物质生产部门和服务部门为满足生产经营需要而形成的对房地产商品的需求，其需求的主体是各类企事业单位和个体工商业者。比如对工厂的厂房、商店的商铺、办公用房、服务行业用房以及其他生产经营性用房等的需求。这类需求直接同社会生产经营活动有关，是房地产作为生产要素存在而形成的需求。房地产开发商要从生产性需求出发，提供符合需求的这类物业。

（二）消费性需求

消费性需求是指由人们的居住需要而形成的房地产需求，主要是住宅房地产需求，其需求的主体是居民家庭。这类需求具有广泛性和普遍性，占整个房地产市场需求的绝大部分，一般占总需求的70%～80%。按住宅的分类，居住消费需求又可以分为花园别墅需求、高层住房需求、多层住房需求、大中小各类房型的需求和各种不同档次的住房需求等。如何根据住宅消费需求的不同层次性开发建设不同的居住物业，始终是房地产供应商需要认真研究的课题。

（三）投资性需求

投资性需求是指人们购置房地产不是为了满足生产经营和消费的需要，而是作为一种价值形式储存，在合适的时候再出售或出租，以达到保值增值的目的。其本质上属于获利性的投资行为：房屋转售是为了获取差价收入，房屋出租是为了获得租金收入。在市场经济条件下，房地产投资性需求的产生有其必然性，它是由房地产的资产功能引申出来的。房地产作为不动产，不仅是价值量大的超耐用品，而且土地又是稀缺资源，有升值的趋势，是良好的投资工具。房地产投资性需求可分为两种：一种是长期性投资，购房后长期出租，等待房价上涨时再转售；另一种是短期性投机炒作，在购买期房后炒高房价再在较短时间内转手出售获利。房地产投资性需求的作用具有双重性，一方面，它是市场经济的润滑剂，有利于促进房地产市场繁荣，特别是在供过于求的形势下，投资性购房能够扩大需求，活跃市场，有助于供求平衡，这种积极作用正是投资性需求得以长期存在的缘由。但也应看到可能出现的某些消极作用。另一方面，过度投机可能增加房地产市场需求的水分和泡沫，造成需求旺盛的假象，加剧供求失衡，甚至出现房价大起大落的祸患。特别是在房地产市场供不应求的形势下，短期投机性炒作，人为抬高房价，不利于实现房价的基本稳定。所以，对房地产投资性需求的政策选择应把握恰当的度。国际上通行的适度的量化标准是，投资性购房量控制在房地产交易总量的20%以下。在保护其积极作用的同时，采取适当的政策措施（如开征物业税）调节，限制其消极作用，在必要时还可制定法律法规限制期房转售。

另外，如果根据房地产需求的层次划分，房地产需求一般可分为以下四个层次。

1. 房地产的边界需求

房地产的边界需求又称房地产的潜在需求，是指居民对房地产商品消费的欲望按目前社会一般生活水平计算的房地产商品应有的需求量。这里指的是过去和现在尚未转变为实际的房地产购买力、但在未来可能转变为房地产购买力的需求。它是使现有开发能力处在充分使用状态的需求。由于房地产潜在需求是一定时期内该地区房地产需求的最大可能值,因此也称为房地产的边界需求。在经济运行中,现实需求恰好等于边界需求的情况是很偶然的。如果现实需求大大超过边界需求,就是总量膨胀型需求;反之,现实需求远远小于边界需求,就是总量不足型需求。

2. 房地产的可能需求

房地产的可能需求是指借助货币形式所形成的总需求。它不可能全部形成现实需求,总会有一部分变成沉淀需求。

3. 房地产的现实需求

房地产的现实需求又称房地产有效需求,从微观经济的定义上来讲,它是指消费者在一定时期内,在每一价格的水平上愿意而且能够购买的商品量,即有支付能力的需求。从宏观经济的意义上讲,它是指商品的总供给与总需求达到均衡状态时的总需求。这部分需求直接参与了现实经济运行,是与现实供给相对应的一对供求概念,也是短期分析的总需求。

4. 房地产已现实的需求

已实现的需求是需求运动的终点。从现实需求到已实现的需求,中间需要一个交易过程。

第三节　房地产供求均衡分析

房地产供给和需求之间存在均衡与非均衡两种状态.最终目的是为实现相对的均衡。

一、房地产市场供求均衡

(一)房地产供求均衡的内涵

所谓房地产市场供求均衡,即供给与需求的均衡状态,是指房地产商品的供给价格与需求价格相一致,而且供给数量与需求数量相一致时的房地产经济运行状态。

根据经济学原理,参看图 8-1 所示内容,供给曲线 S 与需求曲线 D_0 的交点 E_0 称为均衡点。在均衡点上,供给与需求处于均衡状态,P_0 称为均衡价格,Q_0 为均衡数量。

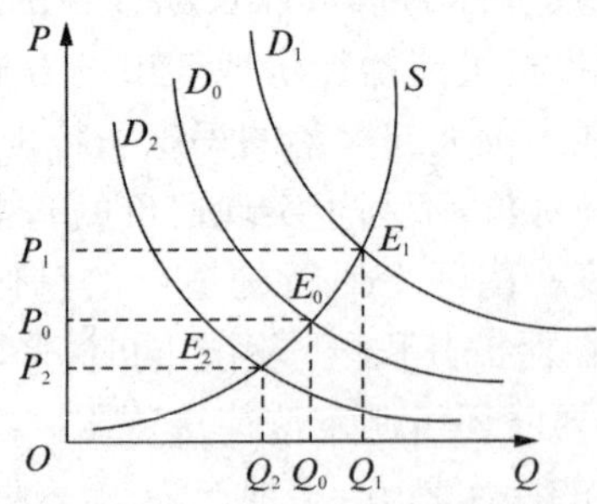

图 8-1　一般市场均衡模型图

假定由于城市经济的发展和人口的增长,以及政府城市规划的调整,使房地产需求由 D_0 增加到 D_1,而房地产不能立即调整供给,因此价格上升至 P_1。在 P_1 价格水平,交易房地产数量为 Q_1 处实现新的均衡,如果需求曲线由 D_0 位移至 D_2,导致房地产价格跌落至 P_2,这时房地产成交量会减少，房地产供求均衡的房地产数量是 Q_2。

由房地产供求均衡原理可知，房地产供给和需求均衡状态的实质就是房地产商品的实现问题。因此，房地产市场的供求均衡，既是房地产市场运行的最基本问题，也是房地产市场运行所追求的重要目标。由于房地产供求双方是动态变化着的，故供求的非均衡状态是绝对的、常见的，而它们的均衡状态是相对的、有条件的。在现实经济生活中，绝对均衡是偶然的，几乎是不存在的。而相对均衡有两种形态：一种是求略大于供的基本均衡状态；另一种是供略大于求的基本均衡状态，理想的状态是供略大于求的基本均衡状态。当然，在市场机制的作用下，这两种基本均衡状态是可以互相转化的。

房地产供给与需求的均衡包含两层含义，即宏观和微观两个层次。在宏观层次上表示为房地产总供给量与总需求量的均衡；在微观层次上表示某特定地区房地产市场、特定类别房地产商品的供求均衡。

（二）房地产供求均衡的模型

房地产市场供求的均衡可以用以下模型表达：

$$\begin{cases} D=\alpha_1 P+\beta_1 X_1+\beta_2 X_2+\cdots+\beta_n X_n+\mu_1 \\ S=\alpha_2 P+\gamma_1 Y_1+\gamma_2 Y_2+\cdots+\gamma_n Y_n+\mu_2 \\ Q=D=S \end{cases}$$

在以上模型中，D 是房地产需求量，S 是房地产供给量，Q 是市场交易量，X_1、$X_1\cdots X_n$ 表示除价格以外影响需求的外生变量，而 Y_1、$Y_1\cdots Y_n$ 则表示除价格以外影响供给的外生变量，P 表示房地产价格，α_1、α_2、$\beta_1\cdots\beta_n$、$\gamma_1\cdots\gamma_n$ 是待估参数，μ_1、μ_2 是随机变量。

由以上可以看出，最基本房地产市场供求的均衡模型由三个方程组成一个联立方程组，即需求方程、供给方程和交易量方程。其中交易量方程是一个恒等式，即在均衡条件下，市场交易量等于供给量也等于需求量。

二、房地产市场供求非均衡

（一）房地产市场供求非均衡的定义与形式

所谓房地产市场供求非均衡，即供给与需求的失衡状态，是指在房地产的供给与需求在现行价格条件下难以实现一致的经济运行状态。具体表现为三种状态。

1. 总量性供不应求状态

总量性供不应求状态是指房地产市场中商品房供给总量小于需求总量的一种房地产供求格局，通常把这种处于总量性供不应求状态的房地产市场称为卖方市场。其特征是：商品房供应紧张，价格飞速上升，消费者急于求购处于被动地位，而供应商处于主动地位，产生惜售行为，甚至抬价出售。这种情况产生的原因主要是商品房开发供给能力不足，或市场需求集中释放所引起。此外，经济体制不合理也会造成体制性供不应求。如在 20 世纪 80 年代以前，中国城镇实行实物福利分房制度，一方面政府建房很少；另一方面又造成福利分房需求的无限扩张，住房短缺成为严重问题。

2. 总量性供过于求状态

总量性供过于求状态通常出现在市场经济体制下，微观经济层次盲目扩大投资，宏观经济层次缺乏有力调节的时期和地区。中国在 20 世纪 90 年代初房地产过热，使 20 世纪 90 年代中后期出现房地产市场总量性供过于求的情况。通常把这种处于总量性供过于求状态的房地产市场称为买方市场。在这种市场态势下，消费者处于主动地位，有较多的挑选余地，供过于求，引起房价下跌，开发商利润空间下降，实力较弱的开发企业甚至破产倒闭。

在总量性供过于求的状态下，本来市场机制会迫使房地产商品价格下跌，以调节供求关系，但由于中国当时还处在从计划经济体制向市场经济体制转轨时期，一方面，房地产价格构成中还有相当一部分由政府部门控制，变化余地不大；另一方面，由于房改有待深入，广大职工居民尚未真正进入住宅市场，加上部分企业效益下滑、职工下岗增加等原因，使实际房地产需求增幅不大，远落后于供给量的增长幅度。又由于受1992—1993年房地产过热的滞后影响，那些过热投资的开发建设在1994年以后陆续转为现实供应，使供给增加幅度较大，供过于求的情况更严重。究其原因，主要是体制性需求不足。因此，当时的宏观调控措施是在适度压缩房地产投资的同时，加快住房制度改革，鼓励买房，促进需求增加，这种情况到1998年以后逐步调整过来，房地产市场供求出现新的均衡状态。

3. 结构性供求失衡的状态

结构性供求失衡主要是指由于产品设计、市场层次等原因造成的某一类或局部房地产过剩或短缺的现象，而主要是商品房供给结构与需求结构变化趋势不相适应。这种结构性失衡也会影响供求总量平衡。结构性失衡主要由产品结构失衡和市场层次结构失衡两个方面原因造成①。

(1) 产品结构失衡。一般说来，房地产产品结构可以分为几个层次：住宅、办公楼、商业用房和工业等其他房地产。而住宅又可以分为普通商品住宅、高档公寓、别墅和经济适用住房等。我国房地产市场快速发展的同时，房地产市场存在一定的结构非均衡问题。

首先，在全国或局部地区，在不同的时期和不同的城市，存在住宅、办公楼、商业用房等结构上供求不一致、结构不合理的问题。

其次，商品住宅与经济适用住房的比例不合理。由于利润空间不一样，房地产开发企业对开发商品房和经济适用住房的热情不一样，通常开发商偏重于开发商品住宅。

最后，商品住宅内部中高档住房开发比例不合理。目前，在房地产市场中，高档房、大户型住宅的供应依然相对过剩，而针对普通老百姓，特别是针对中低收入家庭的小户型、低价位商品房的房源还是比较少。从而出现了一部分高档、大户型住宅空置，而可供老百姓挑选的房子少而又少的现状。

(2) 市场层次结构的非均衡。房地产市场层次结构分为房地产一、二、三级市场，住房市场又可以分为住房的一级市场、住房的二级市场和住房的三级市场。从市场层次结构发育程度看，房地产市场的一、二级市场比较活跃，三级市场发展缓慢，也就是一手房市场（增量市场）和二手房市场（存量市场）表现出市场结构的非均衡状态。

（二）我国房地产市场供求非均衡的原因

中国房地产市场起步较晚，改革开放以来经历了一个从无到有的过程，房地产市场一直呈现出非均衡状态，而且非均衡程度波动较大，主要由以下原因造成②。

1. 市场体系的不健全

我国房地产市场虽然取得了较大发展，但房地产市场体系尚处于不断完善和发展过程

① 季朗超：《非均衡的房地产市场》，67-68页，北京，经济管理出版社，2005。

② 同上。

中，有关法律、法规尚不完善，宏观调控机制尚未成熟，市场主体行为欠理性，中介机构还处在不断发展和完善中，物业管理也存在法规不健全、行为不规范等问题，房地产金融市场和中介服务市场严重滞后，水平较低。总之，我国还没有形成较为完善的市场体系。

(1) 市场行为主体欠规范。房地产市场体系的主体由两个部分组成，一个是房地产的供给者，另一个是房地产的需求者。作为市场主体之一的房地产供给者决策缺乏理性，不注重研究市场和消费者行为和心理，不注重市场营销和产品定位，存在一定的盲目性，如有的开发项目不注重市场上产品结构的变化，盲目追求高档次、高品质，而不愿意生产广大工薪阶层居住的普通住宅，致使市场上无效供给产品过多，难以形成有效需求。而房地产市场上的消费者存在投机倾向，容易盲目追涨杀跌，致使房地产价格大幅波动。

(2) 房地产中介服务业发展不尽完善。近年来，中国的房地产中介服务业从无到有，取得了较快的发展，但仍存在不少问题。目前，部分地区房地产中介机构鱼龙混杂，经营不规范的行为屡见不鲜；有关房地产中介行业的法规也不健全，市场管理难度大；金融业对房地产中介市场支持力度不够，使房地产中介市场缺乏支撑。另外，我国房地产金融业发展也不完善。近年来，我国房地产金融市场虽发展较快，为房地产市场的发展提供了有力的支持。但仍存在金融产品单一，房地产金融风险较大的特点。目前房地产开发和消费只能靠银行贷款这种单一形式，房地产证券化迟迟不能出台。

(3) 物业管理体系不健全。我国物业管理行业由于起步较晚，目前仍处于发展期。其主要问题有：物业公司数量众多，服务质量良莠不齐，相当一部分质量差，大多数物业管理公司规模较小，综合竞争力不强；物业管理的法规建设还显得滞后，有些法规在不少方面仍然是粗线条的，不少有争议的地方没有明显界定，业主委员会和物业公司之间的协调力度不大。

(4) 房地产调控体系不完善。调控体系是房地产市场体系的重要组成部分。当前，我国对房地产市场发展的调控手段和调控政策都还不够完善。首先，管理体制不顺，影响调控的力度和广度。我国管理房地产市场的部门较多，包括规划、计划、建设、土地、财政、税收等多个部门，在对房地产市场进行管理活动时，经常出现配合不力、相互不通气、协调困难等问题；其次，综合运用各种调控手段能力比较弱。

2. 市场机制的不完善

一个发育良好的房地产市场需要一系列完善的运转机制做保障，改革开放以来，我国的房地产市场有了较大的发展，市场机制初步形成，但仍很不完善。

(1) 房地产市场供求机制不敏感。房地产供求机制的作用过程表现为：当房地产供大于求时，价格下降，企业利润减少，生产萎缩，供求趋于均衡；当房地产供不应求时，价格上升，企业利润增加，生产扩大，供求趋于均衡。由于我国房地产市场发育晚，房地产市场供求机制还不敏感，不能很好地反映房地产价格和供求关系的内在联系，因而其自动调节市场的能力较弱。例如，2007年以后低总价、小户型商品房从总体上讲是供不应求的，但此时，房地产开发商们却仍以大房型、高档社区的开发为主，以致形成了结构性的供过于求的非均衡问题。

(2) 房地产市场价格机制调节欠灵活。价格机制是调节土地、房地产资源优化配置最重要的市场机制。价格机制的表现形式是供求关系的变化引起价格的上下波动，价格的波动又会引起供求的变化。房地产市场的价格机制，不仅调节着市场供求的变化，还调节着房地产买卖市场和租赁市场的结构。购房和租房是房地产消费的两种形式，两者具有一定的替代性。如果房价过高，消费者就会选择租房。如果租金过高，消费者就会选择买房。价格机制起着调节租售比的作用，使租金和房价维持在一个合理的范围内。另外，政府还可以通过价格机制调节和优化土地资源的配置。但是，从近年来房地产运行来看，在房价快速上涨、租金涨幅有限的时期，人们仍然热衷于买房，造成房价居高不下，形成房地产售卖市场的泡沫。

(3) 竞争机制难以发挥作用。在市场经济条件下，竞争机制体现了市场中"适者生存"的规律，是企业求生存谋发展的本能行为。房地产开发商为了在竞争中取得优势，必然展开各种形式的竞争。竞争的内容包括开发商之间争夺市场、资金、人才和技术等，通过竞争，可以促进企业改善经营管理和提高劳动生产率，也可以优化产品结构、提高产品质量。因此，竞争机制与供求、资金和劳动力流动有直接的关系，同其他一些市场机制共同发挥作用。

相对于一般商品市场，由于土地供应的有限性、房地产的不可移动性以及产品的差异性等特点，房地产市场虽然存在竞争，但竞争具有不充分性且存在一定的垄断现象。一方面，由于房地产市场上参与者较少，并且交易价格等信息多为非公开的，使得买卖双方难以了解到市场真实行情；另一方面，房地产市场具有区域性的特点，同一用途不同区域的房地产之间替代性较小，而且房地产开发投资决策受价格以外的因素影响也较大，因而房地产市场相对于一般商品市场而言，交易效率低、市场竞争不充分，而且在某些区域容易形成垄断。由于市场竞争的不充分和垄断现象，很难达到市场供求的均衡状态。

(4) 信贷与利率调整机制不完善。房地产开发投资大、周期长，需要金融部门的信贷支持，利率的高低影响开发的成本和利润。另外，房地产的需求者购买房地产商品需要金融部门提供的按揭贷款，利率的高低影响消费者的信心、支付能力和购买预期等。利率的变动，能够调节货币资金的供求进而调控房地产市场的供求。因此，信贷利率机制是调控房地产市场的有力工具，利率的升降可以对房地产业进行扶持和限制。

3. 市场价格的不灵敏

对于房地产市场来说，一方面，由于信息的不透明、不完备，消费者获得信息的渠道少，搜寻信息的成本较高；另一方面，由于房地产的区域性特点，具有较强的垄断性，房地产开发商常常处于某种垄断地位。通常情况下，处于垄断地位的开发商不单是价格的接受者，更是有了变动价格的决策权。一旦垄断地位形成，房价便具有刚性。在房价刚性的条件下，商品房市场必然处于非均衡状态，此时商品房的交易量等于市场供求量的较小者，尽管小于均衡交易量，但仍有实际交易量发生。

4. 市场信息的不完备

房地产市场上也存在信息的不完备和不对称问题。由于房地产市场的垄断竞争性结构，房地产市场信息的不完全和信息不对称性更加明显。从供给方面来看，房地产供应商对市场的走势、需求偏好、人们的收入变化和投资方向，房地产生产要素价格和技术变动，乃至社会经济和政治形势方向等都难以准确地了解、估计和预测。从需求方面来看，房地产需求者在商品房购买和使用前，几乎无法真正了解到商品房的建造工程技术与质量、造价与成本等信息。房地产市场的信息不完全和不对称性是影响供求行为的重要因素，增加了房地产供求运行的风险性，也给市场供求双方带来种种矛盾[①]。由于房地产市场信息的不完备，房

① 杜本恒：《房地产市场的垄断竞争与理性发展》，载《环渤海经济瞭望》，2003(5)。

价趋于刚性，于是，房地产市场难以达到供求的均衡状态，价格信号和数量信号将共同作用于房地产市场。

5. 未来预期的不确定

由于房地产产品具有生产周期长、价值量大、位置固定等特点，因此房地产市场上供求双方的行为都会受到有关未来预期因素的影响。对于房地产需求者来说，预期因素的影响主要表现在对未来房地产价格走势的预期。如果消费者预期未来价格下降，即使目前价格已经出现较大程度的下跌，但市场需求仍会减少。反之，如果预期未来价格上升，即使目前价格已经出现较大的上升幅度，但市场需求仍会增加。对于房地产供给者来说，对房地产市场未来走势、未来投资收益率的预期，会对当期和未来时期房地产供给水平和结构都产生重大影响。因此由于对未来预期的不确定性，会对房地产市场供求状况产生较大影响，供求双方在预期心理的影响下，再加上房地产投机行为的作用，容易产生非理性行为，造成房地产市场供求的非均衡，严重时会产生房地产泡沫。

三、房地产调控措施

由于房地产市场的自身特点，非均衡状态是市场运行的常态，通过其自身调节实现均衡难度较大，周期较长。而且房地产行业投资巨大，若其大幅度波动，会对国民经济的运行产生较大冲击，因此，各国政府在短期或长期内都对房地产市场的运行采取过一些必要的调控措施。这些调控措施可以分为直接的市场管制和间接的调控政策两大类型。

（一）直接市场管制措施

1. 价格管制

由于价格是市场经济中供需双方决策的基础，政府通过价格管制，可以直接干预市场的均衡，价格管制主要有限制价格和支持价格两种。

（1）限制价格。房地产的限制价格是指由政府（包括地方政府）限定房屋的最高出售或租赁价格，或者限制房屋租售价格的涨幅，且受限制后的房屋租售价格低于实际市场均衡价格，如图 8－2 所示。

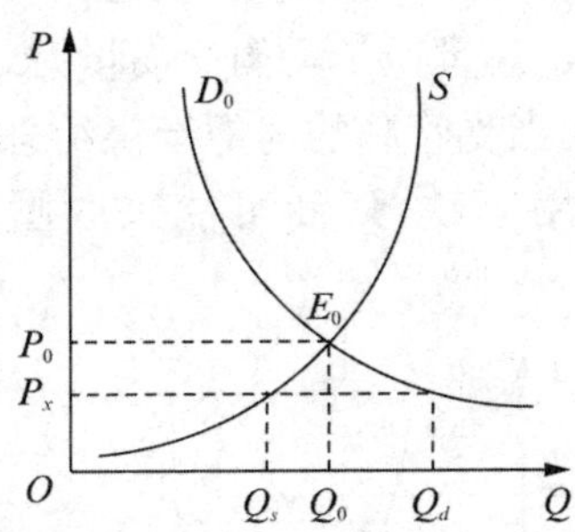

图 8－2　限制价格下的房地产市场

我国在公房供给时期，公房租金实施的是计划定价，实质上也是一种限制价格，造成长期的房屋供不应求，住房质量难以提高。英国在快速城市化阶段，由于涌入城市的人口急剧增加，房屋租赁供不应求，租金飞涨，也曾实施过“租金管制”政策，对每年租金的涨幅有所限制。

总而言之，价格限制能够快速平抑高涨的房地产租售价格，但是价格下降抑制了供给，带动了更多的需求，如图 8－2 所示，容易形成地下黑市交易，使降低房地产投资泡沫的目标形同虚设。因此，一般只有当房地产市场出现租售价格飞涨，甚至具有泡沫倾向时才采用价格限制来进行干预。

(2) 支持价格。房地产的支持价格是指由政府(包括地方政府)限定房屋的最低出售或租赁价格，或者限制房屋租售价格的跌幅，且受限制后的房屋租售价格高于实际市场均衡价格，如图 8－3 所示。

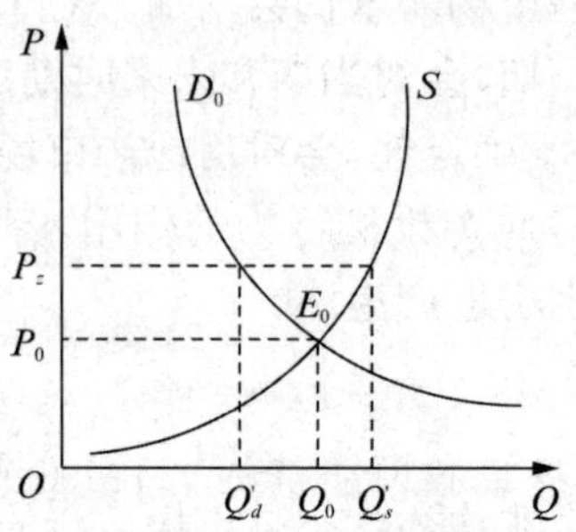

图 8－3　支持价格下的房地产市场

房地产市场在支持价格的情况下，将产生需求进一步萎靡，而供给却会增加，这将会造成房地产市场的积压，资源的浪费，而且房地产开发涉及土地、资金、材料、人力等许多资源，对国民经济都会造成影响，因此，在房地产领域几乎很少采用支持价格的政策。

无论限制价格还是支持价格，都是对房地产价格的扭曲，而长期扭曲的房地产价格信息会加剧房地产市场的非均衡，因此价格管制不宜长期实施。

2. 供给管制

供给管制是指政府通过限制房地产供给量或供给的形式来进行调控的方式。一般有供给总量管制和结构管制两种。

(1) 供给总量管制。由于土地资源的垄断性，房地产供给的总量管制主要体现在对土地的管制。当受管制的房地产供给总量低于均衡交易量时，市场供给量会小于需求量，就会促使房地产租售市场价格上涨；而当受管制的房地产供给总量高于均衡交易量时，市场供给量就会大于需求量，造成市场价格下跌，厂商可能采取囤地方式来避免损失，如图 8－4 所示。

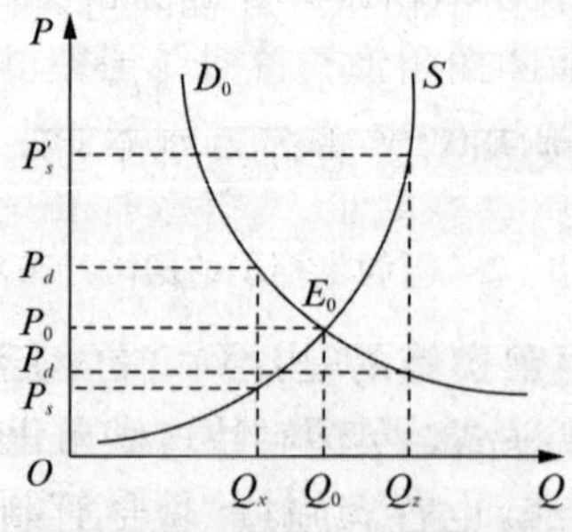

图 8－4　供给总量管制下的房地产市场

新加坡组屋的供给就是由政府下属的建屋发展局进行总量控制，通过编制中长期和短期的发展规划，建屋发展局向近90%的国民提供"组屋"。我国各地政府也常采用编制发展规划，以及限制土地批租时的容积率等方式来进行房地产总量调控。

(2) 结构管制。房地产市场的结构管制是指政府采用行政手段限制房地产开发的产品结构。在完全市场经济条件下，房地产商开发什么样的房地产应由开发商自行决定。但是由于土地的垄断性，房地产商逐利的结果将会造成严重的结构性失衡。因此政府一般通过发展规划来调整房地产供给结构。我国在土地出让阶段通过明确土地用途来管制商业房地产、工业房地产、住宅等类型的房地产供给结构。2005年以后，我国住宅市场出现严重结构行失衡，因此2006年5月，建设部出台了《关于调整住房供应结构稳定住房价格的意见》，要求新建的商品房，套型建筑面积在90平方米以内的户型必须占整个项目的70%，这也是典型的供给结构管制方式。

由于房地产的开发周期长，供给总量管制与结构管制都存在滞后效应，若房地产市场短期内发生变化，供给管制的调控方式可能会适得其反。

(二) 间接市场调控措施

间接市场调控的措施并不直接干预房地产市场的成交价格与成交量，但是通过控制其他因素来影响房地产市场的供给与需求，从而达到市场调控的目标，常见的间接调控措施有利率调控、税收和补贴调控和其他政策调控。

1. 利率调控

房地产市场对利率的变动非常敏感，利率的变化对房地产的供需都会产生影响。

从供给的角度来看，利率上升一方面会造成房地产开发的成本增加，可供出售的增量房产供给减少；另一方面也会造成持有出租的贴现率上升，增加持有成本，促使投资人由租转售，从而增加存量房的出售。

从需求的角度来看，由于购买房地产一般需要贷款，利率上升会造成购房成本增加，且持有投资性房产出租的成本也会提高，因此，购房需求会降低；但是租金支出的贴现却有所下降，再加上由于成本上升而转为租房的一些购房需求，租赁需求会上升。

因此，当利率上升时房屋买卖成交会减少，售价变动并不确定；房屋租金会上涨，但租赁成交却不确定。

虽然利率调控对房地产市场的影响较大，但是在利率自由化的国家，政府很难直接干预利率，只有在利率受管制的国家才能通过调控利率来调控房地产市场。

2. 税收和补贴调控

税收和补贴调控就是指政府通过房地产开发、交易、持有阶段的税率设置和补贴政策来调控房地产市场均衡的方式。

我国房地产在开发和出售阶段设置有城市维护建设税、教育费附加和地方教育费附加、城镇土地使用税、房地产开发企业所得税、营业税、印花税、契税、土地增值税等税种。房地产出租时需要缴纳城市维护建设税、教育费附加和地方教育费附加、租赁所得税、营业税等。在持有阶段则设有房(地)产税。

对供给方加税会使供给减少，对需求方加税会使需求减少，一般来说，对房地产交易阶段的税收容易实现转嫁，因此，在交易阶段无论增加哪一方的税收对房地产市场的影响效果是相同的，最终市场成交价格上涨，成交量下跌，如图8-5所示，相反，减税或给予补贴则会造成市场价格下跌，成交量增加。但是对房地产持有阶段的税收较难转嫁，因此对持有阶段加税会对房地产需求产生长期的抑制。

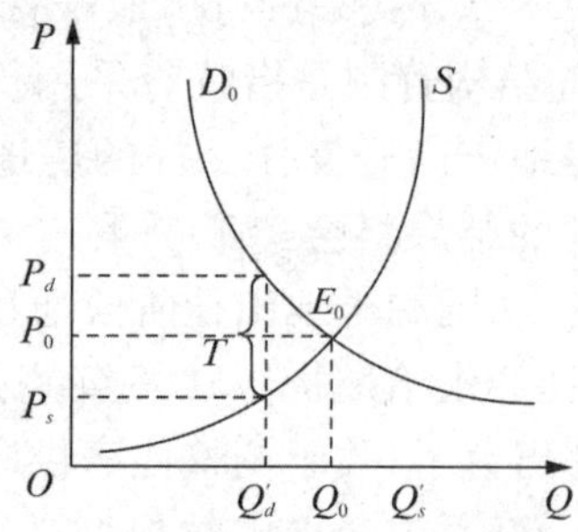

图 8-5 税收对房地产市场的影响

税收和补贴调控没有破坏房地产市场的供需规律，不会加剧房地产供需失衡，且可以根据租售各环节存在的问题定向调控，因此为许多市场国家所采用。但是房地产产业链较长，税收和补贴调控见效较慢。

3. 其他政策调控

其他政策调控是指结合各国、各地情况，运用政府行政手段来调控房地产的政策。比如2000—2004 年期间，我国局部省区曾实施过蓝印户口政策，即购买当地住宅可以获得蓝印户口，享受与当地户籍居民相似的福利政策，这实质上就是当地政府增加房地产需求的一种政策调控手段，但随着城乡二元户籍制度的取消，蓝印户口政策也告别了历史舞台。

课后练习

思考题

1. 房地产供给有哪些特点？影响房地产供给的因素有哪些？

2. 房地产需求有哪些特点？影响房地产需求的因素有哪些？

3. 为什么房地产市场供求具有非均衡特征？房地产调控有哪些措施，对房地产市场会产生什么样的影响？

第九章　房地产项目营销

房地产项目营销是房地产项目经营的核心内容，在市场化条件下，必须结合项目特点制订营销方案。本章围绕房地产营销的关键环节，讲解房地产营销的主要任务，学习重点包括：

◆ 房地产项目营销策划的内容；

◆ 房地产营销定价的策略；

◆ 住宅、写字楼、商场及存量房地产项目的营销实务；

◆ 房地产置业经营的投资分析。

第一节　房地产项目营销概述

一、市场营销与销售

（一）市场营销的含义

对"市场营销"概念的理解，是随着社会经济的发展和市场营销学研究的深入而逐步展开的。1960 年，美国市场营销协会将市场营销定义为："市场营销是引导产品及劳动从生产者流向消费者或用户的企业活动。"[①]该定义将市场营销界定为产品的生产活动结束之后，只作为沟通生产与消费的流通活动，强调商品交换和销售活动，是从狭义角度理解的市场营销概念。随着市场经济的发展和理论研究的深入，2013 年，美国市场营销协会将市场营销的概念表达为："市场营销是在创造、沟通、传播和交换产品中，为顾客、客户、合作伙伴以及整个社会带来价值的一系列活动、过程和体系。"按照菲利普·科特勒(Philip Kotler)的观点，"市场营销是个人和集体通过创造产品和价值，并同别人自由交换产品和价值，来获得其所需所欲之物的一种社会和管理过程"。[②]

市场营销是以市场为导向，以满足顾客需求为宗旨，通过提供相应的产品或者服务来实现最终的盈利目的。营销讲究的是如何有效地预测和满足消费者需求；营销不仅包括了销售，还可引申到行政、客服、财务、后勤、物流等环节；营销不单单追求利润，更要创造价值。如瑞吉斯·麦金纳(Regis McKenna，1991)所言，营销的趋势如下。

(1) 产品、技术、成本、时间、服务、人员成为产品整体的营销引力。

(2) 营销是创造市场，而不是单纯地分享市场。

(3) 营销是过程，而非促销策略。

(4) 营销是择市场导向的路径而行之，而非偏颇的营销导向之路。

(5) 营销是定性的，而非定量的。

---

① 张桁、陈信康：《市场营销管理》，2 页，上海，上海人民出版社，1996。

② 菲利普·科特勒著：《营销管理——分析、计划、执行和控制》(第八版)，梅汝和、梅清豪、张桁译，11 页，上海，上海人民出版社，1997。

(6) 营销是每个人的事,而不仅仅是销售人员的事。

(二) 销售或推销的含义

销售包含在营销之内,是以销售人员作为交易的途径,是营销的一个环节。销售经营着顾客关系,给顾客传送产品、价值、服务等信息。在良性互动感状态下,销售让某一经济单位和其关联群体或个人互为受益。所以说,销售是一种人际交流的基础性影响艺术,即通过特定的销售力量,影响并帮助中间客户或终端客户决定购买行为,促进买卖双方或多方达成最终交易。

销售的艺术承载在三个要素之间:一是销售代表;二是具体消费者、购买决策者或消费影响者;三是特定时间段的销售环境。在销售实践中,人和环境是可塑的柔性载体,常与刚性的法律法规、商业伦理、职业道德相互制约和补充,在互为影响的过程中,为消费者提供专业咨询或解决问题并产生一定的销售结果。

二、房地产项目营销的内涵

房地产项目营销过程中,房地产投资者或其委托的房地产咨询机构,首先应研究市场,根据潜在消费者的需求及经济承受能力,生产潜在消费者需求的且有支付能力的房地产产品,利用一定的营销手段向潜在消费者推销产品,并做好售后服务工作。房地产营销工作贯穿于房地产项目开发与经营的整个过程中。

根据上述概念,房地产营销实质上蕴含着以下几层含义。

(一) 以需求为导向

房地产项目营销的目的是满足消费者对房地产商品和劳务的需求。明确了企业应以需求为导向,以市场为导向,成为左右房地产开发企业一切生产经营活动的出发点,企业只有通过市场了解消费者对房地产商品和劳务的需要,才能通过开发来适时地满足他们的需求。

(二) 重视潜在需求

作为房地产项目营销的目标需求,既包括现实需求也包括潜在需求,现实需求是已经存在的市场需求,它表现为消费者既有欲望又具有一定购买力,并通过实际购买行为来满足需求,形成现实市场;潜在需求是指消费者对市场上现实不存在的产品或劳务的强烈需求。随着科学技术的发展和人们消费水平的提高,潜在需求的层次和内容将不断变化,善于发现和了解市场的潜在需求是房地产营销的重要任务,也是企业的机会所在。一个有战略眼光的经营者不仅应该积极满足消费者现实的需求,实现商品交换,更应该着眼于潜在需求,针对需求的紧迫性结合企业的条件,果断决策,锐意开发新产品,并积极引导消费者购买使用新产品,将顾客的潜在需求转化为现实需求。

(三) 以产权交换为中心

房地产项目营销的中心是实现房地产产权的交换,完成销售活动,因此企业的一切营销活动、营销策略必须紧紧围绕交换来展开,通过交换的顺利进行来实现企业产品的价值和再生产的良性循环。

(四) 强调整体营销

房地产项目营销的手段是开展综合性的营销活动即整体营销,要求企业既进行外部市场营销,又进行内部市场营销。在外部营销上应尽量把产品策略、定价策略、销售渠道策略、促销策略等四大要素在时间与空间上协调一致,实现最佳的营销组合,以达到综合最优的效果。同时企业内部其他部门均应在增进企业整体利益的前提下积极配合营销部门争取顾客,很好地服务于顾客,强化全局营销意识,提高全员营销水平,以实现整体营销。

综上所述,房地产项目营销就是房地产企业为适应和满足消费者的需求,以市场为导向,正确组织产品的生产,适应不断变化的市场需求,合理组织产品的供应和销售,实现房地产企业的经济效益和社会效益而进行的经营活动的整体过程,其内容包括房地产市场调查、市场细分、预测、决策、市场营销组合、物业管理等活动。

三、房地产项目营销的理念

房地产商品及房地产市场固有的特性,决定了房地产项目营销有其独特的运作方式。正确树立房地产项目营销理念是进行房地产营销策划及实施的关键前提所在。房地产项目营销基本理念可以从以下 12 个方面来考察。

(一) 区域营销

区域营销意识早已为大多数房地产企业所认识。房地产区域营销理念应包含以下三个层次：第一,地区营销。由于各地区的经济发展水平不一致,房地产投资的预期收益也会不同,各地区的投资环境比较分析结果决定了投资者的投资取向,因此,如何对城市或地区进行营销推广,增强投资者的地区偏好,就变成促进各地区房地产业发展的首要条件。第二,片区营销。由于历史原因及城市规划要求,许多城市形成了许多用途相对集中的片区,片区营销要求各片区首先形成某个特定的商业气氛而后反过来促进个盘营销,这就要求片区内有共同利益的开发企业组成的非正式集团联合进行该片区全面营销策划,以体现片区整体营销定位、寻找共同市场品位。第三,区位营销。在大势已定的片区营销态势中,个盘的营销活动将由开发企业独立完成,主要突出的是个盘特征。

(二) 信息营销

信息营销可以说是 21 世纪营销理念的核心。对房地产开发企业而言,在进行项目策划过程中,信息拥有量(包括数量和质量)以及信息处理方法的选择,直接决定了策划的科学性,房地产开发活动以其涉及面广为重要特征,因此,房地产的信息营销不仅包含了对自己企业内部信息的分析与控制,还包括对地区或区域的社会、经济、文化等发展状况信息,竞争对手开发现状信息,房地产市场供应信息,各有关部门对房地产的直接与间接作用信息等的全面分析与控制,如何建立起一套行之有效的"营销信息系统",对房地产开发企业进行有效的信息营销至关重要。

(三) 竞争营销

随着市场经济的日益发展和完善,房地产市场上的开发企业为争取有限的有效需求市场的竞争日趋激烈。由于不适应市场经济的运作规律,很多房地产开发企业仅分析了市场供需状况就匆忙决策,房地产开发项目遍地开花,但是等到开发项目建成进入销售阶段时,才发现原有市场早已被竞争对手所占领。因此,在开发活动中,要研究并分析相同市场,各领先者、挑战者、追随者及补缺者的开发动向及营销态势,准确进行自我定位及目标市场定位,并有效控制营销过程。只有这样,营销策略的实施才具有针对性。

(四) 全面营销

在我国房地产供应结构不尽合理、供求失衡的情况下,价格策略的实施在一定程度上确能起到立竿见影的营销目的,但从发展的眼光来看,房地产价格的下降或上升不可能没有一个限度，房地产营销走向立体化、综合化的全面营销将是一种必然趋势，传统的四大营销策略即产品策略、价格策略、渠道策略及促销策略必须紧紧围绕企业市场定位逐步向全面营销理念过渡。

（五）全过程营销

近年房地产界掀起的营销热，主要是开发项目后期的市场推广工作，很多营销方案只是针对开发商已预售或现售的物业进行定位与推广，其实质只是营销策略中的销售促进。真正意义的房地产营销，是贯穿于开发项目的选址、设计、建造、销售以及物业管理整个开发过程的全过程营销。可以说房地产营销的目的主要在于深度的前期参与和策划，使项目的市场推广变得容易。市场的有效需求有多少？哪种物业类型是该市场中的供给空隙？主要竞争对手的供给量及营销动作如何？开发企业及物业的市场定位如何？本物业推出时市场的变化趋势又怎样？这一系列的问题在项目营销阶段就应深入研究。

（六）全员营销

对房地产开发企业而言，营销策划人员做出的策划报告并未说明全部问题，更重要的是在一个很好的营销策划方案的背后，全公司从经理人员到销售人员、从董事会成员到财务人员均积极参与控制和实施该方案，营销策划人员还要根据不断变化的市场环境做出适当与适时的方案调整。房地产的营销牵涉面广、专业人员参与较深，是面对从机构（组织）到个人、从高收入到低收入各类客户的特性营销，要想单纯依靠销售人员完成楼盘的销售不太现实，也不太可能。因此树立全员营销理念，把组织内部人员的积极性调动起来，实际上体现的是一种开拓市场、控制市场的营销理念。

（七）专业营销

房地产市场营销，由于其服务行业的特殊性和购买者的慎重性，需要具备较强的宏观分析能力、房地产专业知识、心理学知识、法律常识及公关技巧等综合素质的人才。随着行业的发展及市场日益细分，树立专业营销理念势在必行。专业营销理念不仅要求开发企业运作机制专业化，还要在行业细分化的趋势下，逐步形成各专业市场相互支持和依托的房地产市场体系。就营销内容而言，对于住宅、零售商业物业、写字楼、工业物业等要有专业的特性营销；就营销手段而言，要有专业的房地产广告公司、房地产中介公司、房地产顾问公司等专业营销企业。

（八）服务营销

美国著名经济学家西奥多·莱维物曾经指出，新的竞争已不是发生在各个企业在其工厂中生产什么产品，而是发生在其产品能提供什么附加利益。作为房地产业主要服务环节的物业管理，是“寓经营管理于服务之中，在服务中完善经营管理”的以服务为核心的行业，物业管理的服务质量优劣已成为决定开发企业物业营销业绩的重要因素，处在激烈竞争环境中的房地产项目，无不依赖于更高层次的物业管理以提升其营销品位。但是，我们也应该看到，我国物业管理市场作为房地产市场体系中的要素市场还远未成熟，作为房地产开发企业，率先认定服务营销理念，贯彻服务策略，有利于其获得市场竞争优势。

（九）品牌营销

随着房地产市场竞争的不断加剧，品牌营销已日益被开发商提高到极重要的位置。但由于房地产商品及房地产市场的独特性，如何进行明确的品牌定位，如何引导业主把握品牌取向，如何营造品牌意识，即房地产商品如何进行品牌化及如何有效实施和控制房地产品牌战略等问题，对我国房地产界而言还都是亟待解决的全新课题。

（十）文化营销

房地产项目营销，不再仅仅是钢筋水泥加设备器具的推销，它成了业主本身的追求、业绩、理念、归宿甚至一种精神的映射。房地产文化营销的操作，可以发掘历史渊源和传统，塑造楼盘的品牌和个性，渲染楼盘的艺术氛围和情调，引导和提升搂盘的生活质量等。

（十一）非价格化营销

非标准化的房地产产品带来了非恒定的价格概念。一味降价、低价入市会有相应的市场反响，但某房地产产品一旦具备了优势和特色，就会游离出一般意义上的价格因素，扩大市场有效需求。

（十二）目标转移营销

营销思路强调直线性，而运作方式则注重曲径通幽。目标转移方案的出现有着值得研究的新思路。例如在上海明道大厦办公楼项目遇到市场难以动销的情况下，上海旭阳万欣专业营销公司首次推出"以租房的钱买房"方案，仅用不到一个月的时间便完成了一万多平方米办公房的市场销售，从此申城办公房市场掀起一股强烈的"旭阳效府"，这一案例的成功之处是销售目标从销售市场的重叠性寻找到了转移方案的实施可能性。

第二节　房地产项目营销策划

一、房地产项目营销策划的内涵

（一）营销规划的含义

蒂姆·卡尔金斯（Tim Calkins，2008）认为，营销规划是一份有战略、有策略、有实施方案的行销地图，是描绘做什么、怎么做的市场行为纲要。营销规划一方面获取了有关市场的数据、见解、构思与财务分析；另一方面提供的是有关营销的方案、策略、措施和费用预算。据此蒂姆·卡尔金斯（2008）进一步提出了 GOST 营销规划框架，如图 9－1 所示。他认为切实有效的营销规划牵涉三个层面，第一个层面要为业务运营设置合理的目标（Goals and Objectives）。目标不宜繁杂，写出主要目标和次要目标即可，涉及营业收入的时候，目标必须是有利润导向的。第二个层面是拟出能让商务持续增长的最佳三项战略措施（Strategic Initiatives）。战略措施是宏观层面的比较了不起的想法或点子，能为业务运营指明方向，能转换为战略行动。第三个层面是能驱动业务增长、支持战略实现的策略（Tactics）建议、方案或活动，通常出现在营销组合中。

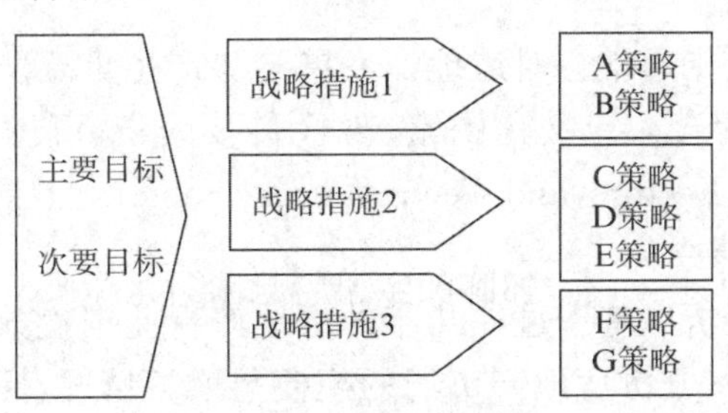

图 9－1　GOST 营销规划框架

为避免老式营销规划的通病，结合蒂姆·卡尔金斯(2008)的观点，营销规划应具备以下要素。

(1) 系统的市场分析。营销规划应客观地分析市场环境，包括宏观经营环境、行业发展趋势、产品发展态势、竞争对手情况、企业自身状况，及时反馈总结有关市场和营销的问题。

(2) 客观的数据支持。营销规划要本着实事求是、以数据说话的原则和态度，切忌用经验主义判断和预测。充足客观的数据应包括企业自身的情况(含总体销售、区域销售、产品销售、市场占有率、销售增长率、营销费用、市场铺货、品牌意识)、客户情况(含消费心理、购买行为、消费趋势)、竞争对手情况(含产品结构、销售数据、费用投入、营销政策)。

(3) 明确的目标设置。营销规划要有目的性，需确定经营蓝图，设置营销总目标，细化分目标，以避免经营方向的混乱，并便于今后对营销的监控和管理。

(4) 清晰的战略思路。营销规划要有清晰的战略思路，要明确能满足给企业利益最大化的目标客户群的需求。有了明确的战略措施，才有可能拟定出具体的细分的营销策略。

(5) 整合的策略系统。战略措施需要有效的策略支持和充沛的资源保障。在清晰的战略思路指导之下，营销规划要覆盖产品、价格、渠道、促销进行策略和资源的整合。

(6) 有效的战术转换。营销策略为企业的成功奠定了方向性基石。要使策略显效，还须将其转化为看得见、摸得着的具体的可操作的有创意的手段和方法。

(7) 有序的执行步骤。有效的计划实施需要有序的步骤来执行。为顺利地完成计划目标，应有效地利用资源，科学地预测危机，有序地应对风险，密切地关注市场反馈，在落实中根据需要适时调整计划。

(二) 房地产项目营销策划的含义

房地产项目营销策划是指根据房地产项目的特点及其营销的特殊属性，着眼于如何进行房地产营销现状分析、如何为房地产企业进行SWOT分析、如何确立房地产项目营销目标、如何规划房地产营销战略和策略、如何制订房地产营销规划的实施方案、如何计划房地产营销的费用预算及如何确保房地产营销方案的执行等一系列营销工作的安排与落实。

二、房地产项目营销策划的内容

(一) 房地产市场营销现状的分析

房地产市场营销现状是指与房地产市场、产品、竞争、配销和宏观环境有关的背景资料。房地产市场营销现状的分析包括了对房地产的宏观环境、市场环境、产品开发、竞争情况的检测、跟踪和剖析。

1. 房地产的宏观环境

房地产的宏观环境是指通常会对房地产发展趋势产生重要影响的宏观条件，如法律法规因素、金融经济因素、社会人口文化因素、现代科技因素，可用PEST(Political Factors, Economic Factors, Social Factors, and Technological Factors)工具来分析。

2. 房地产市场环境的分析

房地产市场环境的分析可基于过往几年的房地产行业销售数据和动态，按目标市场细分(地区细分与客户细分)，分析房地产市场的规模与增长情况，探讨房地产顾客的需求、购买观念和购买行为的演变情况。

3. 房地产产品的开发分析

房地产产品的开发分析则用过去几年中房地产产品链上各主要房产品的销售数量、销售价格、销售差益额和销售纯利润等有关市场及财务数据进行客观分析。

4. 房地产竞争情况的分析

房地产竞争情况的分析重在剖析房地产企业的主要竞争对手情况，包括他们的开发规模、经营目标、市场占有率、产品质量、市场营销策略、开发动机和意图等。

（二）房地产项目营销 SWOT 分析

SWOT 广为战略制定领域所应用，是一个众所周知的分析工具。它用来分析企业的优势（Strengths）、劣势（Weaknesses）、机会（Opportunities）和威胁（Threats）。SWOT 分析的实质是将企业内外各方面的条件进行综合概括，潜心提炼组织自身的优势和劣势资源，敏锐搜寻组织面临的行业机会和威胁。通过 SWOT 分析，组织可以把有限的资源和精力集中到优势最明显、机会最多的地方。

在做 SWOT 分析时，可以把房地产价值链上所有的内部因素（优劣势）集中在一起，然后用外部的力量来对这些因素进行评估，见表 9-1。同理，机会与问题分析旨在找出外部环境中可能左右房地产企业未来发展的因素，使其与企业本身的优势资源结合，在市场缝隙中充分利用机遇而寻求发展。

表 9-1 SWOT 分析矩阵表

内部能力	优势（Strengths）	劣势（Weaknesses）
外部因素		
机会（Opportunities）	SO	WO
	匹配、利用	改进、利用
威胁（Threats）	ST	WT
	监视、转换	客服、消除

当企业内部优势与外部机会相互匹配时，优势加机会（SO）就产生了杠杆效应。在杠杆效应 SO 象限内，企业可以用内部优势去撬动外部机会，充分利用优势把握良机。

当外部环境呈现机会时，如果企业内部的资源缺乏支持这种机会或无法与机会叠加的优势，这就意味着妨碍、阻止、影响了机会的利用，从而产生了劣势加机会（WO）的抑制性。在抑制性的 WO 象限，企业需要追加某些必需的投资，争取将内部劣势资源转化为优势资源，来适应、迎合、利用外部环境造就的机会。

另外，当外部环境对公司的优势构成威胁时（ST），此时企业的优势无法得到发挥，企业出现优势弱化的局面，就叫脆弱性。在脆弱性的 ST 象限内，企业必须克服外部环境对优势强度造成的威胁，让其优势资源依然生效。

此外，当企业内部的劣势与外部环境带来的威胁相撞时（WT），企业就面临着严峻的挑战，就导致了问题性。在问题性的 WT 象限内，倘若问题严重且得不到妥善的处理，就很有可能威胁企业的存亡。

（三）房地产项目营销目标的确定

营销规划时需要确立两类目标：一类是财务目标，还有一类是市场营销目标。财务目标是每个企业必须追求和强调的，而房地产企业所有者在追求稳定的长期投资回报率时，也想要确保当年可取得的利润值。在规划市场营销时，要将财务目标适时转化为营销目标。例如，如果某房地产公司期望获得 1 600 万元的利润，且目标利润率为销售额的 10%，那就要确定一个销售收益为 1.6 亿元的目标，如果该公司确定每单元售价 200 万元，则其必须售出 80 套房源。这个例子也同时说明，营销目标的确立必须符合 SMART 的原则。

(1) 每个目标都应是具体的(Specific)、可衡量的(Measurable)、进取的(Aggressive)、可实现的(Realistic)、有一定时限的(Time-specific)。

(2) 良好的目标应以明确、清晰且可测度的形式来陈述，并设置一定的完成期限。

(3) 各个目标之间应保持内在的一致性，每个目标应在进取和现实之间保持平衡。

(4) 合理的目标指明了市场努力的方向，但要实现预设的营销目标，必须要有强有力的营销战略和策略支持。

表 9－2 中列举了 16 种可供房地产营销借鉴的战略措施和策略建议以及可能的衡量办法。

表 9－2　常用战略措施和策略举例

序号	战略措施	策　　略	衡量办法
1	加速新品开发	招募人才 资源供给 策划概念	追踪不同开发阶段的点子数量
2	唤起新品意识	广告、活动	问卷调研
3	导入新品牌	唤起品牌意识 新品体验 加强分销渠道建设	销售数值
4	品牌重新定位	加强广告 加强合作 调整价格	
5	建立客户忠诚度	刺激消费 促销活动 聚焦广告 客户关系管理	客户消费某一产品在同类产品中的比例
6	强化品牌	加强广告 加强促销 加强服务 加强标记、标语 加强公关活动	调研
7	促进购买	散发宣传单页 重复广告 客户忠诚度活动	客户数据库
8	进入新市场	加强分销渠道 加强广告 加强体验	实际和计划销售数值和市场份额

续表

序号	战略措施	策　略	衡量办法
9	进行市场渗透	大众广告 免费样品 新客户奖励	拥有客户的数值或百分比
10	拓展品质渠道	奖励刺激 扩充销售力量	核查数据
11	增加店铺购买	样板标记 样板展示 奖励手段	核查店铺数据
12	启用新渠道	增加销售人员 增加促销活动	销售数值
13	提升产品品质	改善楼盘可靠性 增加楼盘性能 加强客户和物业服务	追踪损耗率 追踪维修率 客户投诉率
14	提价	预测销售反应 预测渠道反应 预测竞争反应	
15	降低产品成本	降低材料成本 提高效率 剔除不必要的功能	财务数值
16	吸引竞争对手的客户	刺激性政策 传播信息	追踪转向客户

第三节　房地产营销定价

房地产价格是房地产市场营销组合中的一个重要因素，也是营销组合中一个十分敏感而又难以控制的因素。房地产价格的合理与否，关系到市场对房地产产品的接受程度，影响房地产产品的市场需求和企业利润的多少，涉及房地产企业和消费者等各方面的利益。因此，房地产企业应从营销角度出发，尽可能合理地制定房地产价格，并随着环境的变化及时调整和修订价格。

一、房地产定价程序

制定价格是一项复杂的工作，房地产企业必须全面考虑各方面因素，采取一系列定价步骤和措施。房地产价格的制定，一般可分为六个步骤，即确定房地产企业的定价目标、估算房地产商品成本、测定市场需求、分析竞争状况、选择定价方法、选定最后价格。

（一）确定定价目标

房地产企业要想制定出适宜的价格，首先要确定定价目标，因为它在很大程度上决定着企业采用何种定价策略和定价方法。如果房地产企业的定价目标是扩大市场占有率，则往往采用低价策略;如果房地产企业的定价目标是树立产品优质名牌的形象,则往往定高价;如果房地产企业的产品与市场上同类产品相比具有很多优越性,而企业又想早日收回投资,则采用高价策略。

需要注意的是,房地产企业的定价目标要与企业的整体营销目标相一致,并要服从目标市场的需要。

(二)估算成本

成本是制定房地产价格的下限,房地产价格必须高于成本,企业才能盈利。企业在制定价格时必须估算成本。

成本包括固定成本和变动成本。

平均固定成本即单位产品分摊的固定成本,其计算公式为

平均固定成本=固定成本/产量　　　　公式 9.1

由于固定成本在一定产量范围内不随产量变动而变动,所以平均固定成本随着产量的增加而减少。

平均变动成本即单位产品分摊的变动成本,其计算公式为

平均变动成本=总变动成本/产量　　　　公式 9.2

从理论上讲,平均变动成本是个常数。但实际上,在一定的产量范围内,平均变动成本会随着产量增加呈递减或递增趋势。因为随着产量的扩大,某些生产要素得到充分利用,平均成本呈下降趋势;但是,超过这一限度后,又会由于某些因素而使这一成本上升。平均总成本即平均固定成本和平均变动成本之和。

边际成本即企业生产最后一个单位产品所花费的成本。在价格既定的情况下,如果边际成本等于企业的边际收益,企业利润就达到最大化。房地产企业为了找到能获得最大利润的产量,就必须弄清产品的边际成本。

成本是房地产企业确定价格的基础,就长远而言,房地产价格应高于平均总成本。否则,企业就难以生存。但就短期而言,在特殊的情况下,产品的价格可以低于平均总成本,但必须高于平均变动成本。否则,企业生产得越多,亏损就越严重。

(三)估计需求

需求是制定房地产价格的上限,房地产企业在制定价格时,必须估算需求。

正常情况下,市场需求与房地产价格呈反方向变化,即价格提高,市场需求减少;价格下降,市场需求增加。房地产价格影响房地产需求,而房地产需求的变化又会影响企业产品销售,进而影响企业营销目标的实现。因此,估计市场需求状况是正确制定房地产价格的重要步骤。

估计需求,首先要估计需求的价格弹性,了解市场需求对价格变动的反应。需求价格弹性(Price Elasticity)是指因价格变动而引起需求量变动的比率,它反映了需求变动对价格变动的敏感程度。

房地产企业估计产品需求价格弹性的目的,是要根据房地产需求弹性的大小,制定出适宜的价格。如果某一房地产需求价格弹性大,则说明该商品价格稍微下降,需求量就会明显增加,房地产企业的总收入也会随之增加;相反,如果价格稍微上涨,需求量就会明显减少,企业的总收入就会随之减少。对于这类需求弹性大的房地产,采取低价销售有利;如果某种房地产具有需求的单一弹性,即价格变动的幅度与需求量的变动幅度一样,方向相反,这样,

企业的总收入不变。对于这类房地产，不宜采用价格手段进行竞争；如果某种房地产需求弹性小，即价格下降很多，需求量增加较少，则企业总收入减少。相反，价格提高很多，销售量减少较少，企业总收入增加，对于这类房地产制定较高的价格对企业有利。

（四）分析竞争状况

在激烈竞争的市场中，房地产企业在制定和调整房地产价格时，必然会引起竞争者的关注和反应。同时，竞争企业和竞争产品的价格又会影响本企业产品的定价。为使本企业产品价格具有竞争力，房地产企业在制定和调整价格时，必须对竞争者进行分析，通过了解同类市场上的主要竞争者及其产品特征和价格水平、竞争者的实力等情况，并预测其对本企业定价的影响，就可以制定有利的价格。

（五）选择定价方法

房地产企业常用的定价方法有成本导向定价法、需求导向定价法和竞争导向定价法，每种定价方法中又包含具体的定价方法。企业选用的定价方法不同，制定出来的价格就会不同，其效果也就不同。房地产企业要结合实际情况，选择适宜的定价方法。

（六）选定最后价格

选定最后价格是房地产定价的最后一个步骤。企业在确定最后价格时，还必须考虑以下因素：一是制定出来的价格必须符合企业的总体战略目标和企业的定价目标；二是必须符合国家有关方针政策、法律法规的规定；三是与企业营销组合中的非价格因素协调一致；四是符合消费者利益。

二、房地产定价目标

房地产定价目标就是某一房地产价格在实现以后应达到的目的，它必须服从和服务于房地产企业的市场营销战略目标。在制定具体的房地产价格之前，企业必须根据市场营销战略目标确定企业的定价目标，因为它是确定房地产定价策略和定价方法的基本依据。一般来讲，可供房地产企业选择的定价目标有以下几种。

（一）利润导向的定价目标

1. 利润最大化目标

利润最大化目标就是房地产企业以获取最大限度地利润为定价目标。最大利润是指企业在一定时期内可能并准备实现的最大利润额，而不是单位商品的最高价格。最高价格并不总能获取最大利润，因为高价会导致消费者需求减少，竞争者加入，消费者购买行为的推迟。这样，房地产企业的有利地位就不会长久。因此，企业要综合考虑消费者需求、市场竞争、成本费用等因素，以总收入减去总成本的最大差额为基点确定房地产价格，使企业总利润长期达到最大化。

竞争性产品利润最大化的定价方法是价格等于边际成本，但由于房地产具有一定的垄断性，因此，可以凭借一定的垄断优势使其定价高于边际成本，但随着市场竞争的加剧，定价将向边际成本靠拢。

2. 投资收益率目标

投资收益率反映了房地产企业的投资效益。投资收益率目标就是房地产企业以获取预期的投资收益为定价目标。房地产企业之所以投资，是期望在预期的时间内收回投资并取得利润（收益），为此，企业在定价时，往往是在总成本费用的基础，再加上一定比例的预期收益。在成本费用一定的条件下，房地产价格的高低取决于企业所确定的投资收益率的大小。投资收益率通常要高于同期银行存款利率，其下限是银行存款利率。采用这种定价目标的房地产企业，一般具有较强的实力。

（二）提高市场占有率目标

市场占有率的大小，综合地反映了房地产企业的经营状况和产品的竞争力，它关系到企业在市场中的地位和发展前景。事实证明，较高的市场占有率往往伴随着高盈利。很多房地产企业都把提高市场占有率作为定价目标。通常，在市场占有率既定的情况下，房地产企业为了提高市场占有率常常采用低价策略。

以提高市场占有率为定价目标必须具备以下条件：①产品的需求价格弹性大，低价能扩大房地产销售量；②随着生产经验的积累和产量的扩大，能使房地产的生产成本和销售费用显著下降；③低价能有效地抑制现实或潜在的竞争，不至于演变成势均力敌的竞争者之间的价格混战。

（三）稳定价格目标

稳定价格目标是指房地产企业为了保护自己，避免不必要的价格竞争，牢固地占领市场，在市场竞争和供求关系较为正常的情况下，以稳定的价格取得合理的利润。这是因为激烈的价格竞争常常使企业两败俱伤，虽然从短期来看，价格竞争可能会给消费者带来一定的好处，但破坏了正常的市场供求格局；从长远来看，低价格会带来低质量、低信誉产品等一系列问题。因此，生产或经营同一种或同一类房地产的主要企业，通过相互默契制定较为稳定的价格以消除价格战，市场中其他企业则往往与这些实力雄厚的大企业保持一致，不轻易变动价格。

（四）竞争定价目标

价格是企业重要的竞争手段，竞争定价目标是处于激烈市场竞争环境中的房地产企业所采用的定价目标。为了更好地应付竞争，房地产企业在定价前应注意收集同类产品的质量和价格资料，并与自己的产品进行比较，然后选择应对竞争的价格。对于力量较弱的房地产企业，应采用与竞争者相同或略低于竞争者的价格；对于力量较强又想扩大市场占有率的企业，可采用低于竞争者的价格，有时可以采取低价迫使竞争对手退出市场或阻止竞争对手进入市场；对于声誉好、产品质量高的房地产企业，可以通过制定高于竞争者的价格参与竞争。

（五）生存定价目标

如果房地产企业由于市场需求发生了变化，产品积压滞销、开工不足而陷于周转不灵的境地，则只能以维持企业的生存为定价目标。为了使企业能维持开工、积压的商品房能够脱手，就必须降低产品价格。以生存为定价目标的房地产价格的最低限就是平均变动成本，只要定价能大于平均变动成本，就意味着企业除了能收回变动成本外，还能收回部分固定成本，这样，企业就可以继续维持经营。但是，求得生存只能是企业的短期目标，渡过难关以后，企业要么提高产品售价，要么停产或转产，否则，无利可图的企业是难以长期存活的。

（六）质量最优化目标

质量最优化目标就是房地产企业以其产品质量在市场上最优作为定价目标。这就要求企业要用高价格来弥补产品高质量和研究开发的高成本。企业产品在优质优价的同时，还要辅以优质服务。因为房地产只有质量优良、服务完善，价格高一些消费者才能接受。

三、房地产定价方法

房地产价格的高低主要受产品成本、市场需求和竞争状况三大因素影响。因此，房地产定价的方法主要有成本导向定价法、需求导向定价法和竞争导向定价法。每种定价方法中又各自包含具体的定价方法。

（一）成本导向定价法

成本导向定价法(Cost-oriented Pricing)是房地产企业以产品成本作为定价的基础，再适当加上一定的利润和税金而制定房地产价格的一种定价方法。

由于房地产成本的形态不同，以及在成本基础上核算利润的方法不同，成本导向定价法又可以分为以下三种具体形式。

1. 成本加成定价法

成本加成定价法是以成本为中心的传统定价方法。它是以房地产成本为基础，再加上一定比率的利润和应纳销售税金来确定其价格的方法。其一般计算公式为

$$价格=成本+利润+税金 \qquad 公式\ 9.3$$

上述中的利润一般以利润率来计算，而利润率有以成本为基数的成本利润率，也有以售价为基数的销售利润率。而税金是以按销售收入(售价)为基数的税率来计算的。因此，用于定价的具体计算公式为

$$单价=\frac{单位成本\times(1+成本利润率)}{1-税率} \qquad 公式\ 9.4$$

或

$$单价=\frac{单位成本}{1-销售利润率-税率} \qquad 公式\ 9.5$$

［**例 1**］　某公司开发了 9 000 平方米的商品住宅，综合造价为 5 840 万元，公司希望成本利润率达到 28%，流转税率为 5.74%(不含土地增值税、企业所得税等)，则该商品住宅的平均销售单价为多少？

解：该商品房的单位成本为

$$单位成本=\frac{5\,840\times10^4}{9\,000}=6\,488.89(元)$$

$$单价=\frac{6\,488.89\times(1+28\%)}{1-5.74\%}=8811.56(元)$$

即该商品住宅的平均销售单价可定为 8 811.56 元。

这种定价方法的优点是简单易行，有利于保本求利；企业和消费者都有公平感，且引起价格竞争的可能性小。但它也有缺点，由于它仅着眼于成本，忽视了市场供求和竞争等因素对价格的影响，因此这种定价方法不适应市场供求变化的要求，也不适应竞争的市场环境的要求。另外，此方法是将固定成本按预计的产销量进行分摊，不具有合理性和科学性。目前主要适用于一些政府限价房或政府提供的福利性住房的定价，很少有开发企业或代理销售企业采用这种方式来定价。

2. 盈亏平衡定价法

盈亏平衡定价法就是利用盈亏平衡分析原理来确定房地产价格的方法，如图 9－2 所示。

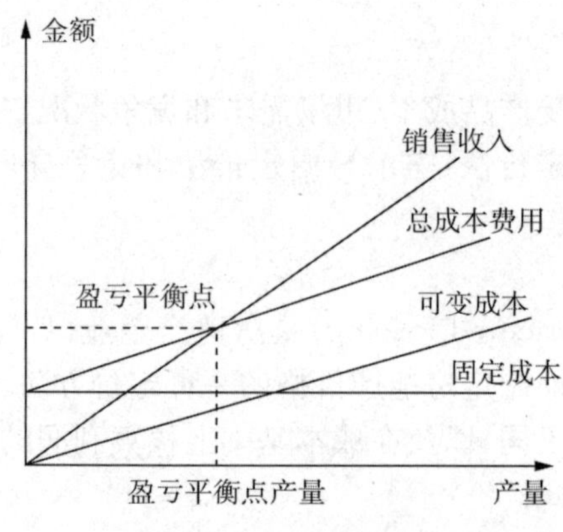

图 9-2　盈亏平衡原理图

从图 9-2 中可以看出，当实际销售量小于盈亏平衡点销售量时，总收入小于总成本，企业发生亏损；当销售量大于盈亏平衡点销售量时，总收入大于总成本，企业可以获得利润；当销售量与盈亏平衡点销售量相等时，总收入等于总成本，企业不亏不盈，即保本。从图 9-2 可以得出保本产(销)量的计算公式：

$$盈亏平衡点产(销)量=\frac{固定成本}{单价\times(1-销售税率)-单位变动成本} \quad 公式\ 9.6$$

由盈亏平衡点产(销)量的计算公式可以推导出保本价格为：

$$保本价格=\frac{固定成本+产量\times单位变动成本}{产量\times(1-销售税率)} \quad 公式\ 9.7$$

[例 2]　某房地产开发项目固定成本为 3 000 万元，单位建筑面积的变动成本为 2 500 元，项目完工后可供出售的建筑面积为 1 000 平方米，销售税率为 5.74%，求该项目每平方米建筑面积的保本价格。

$$保本价格=\frac{30\,000\,000+10\,000\times2\,500}{10\,000\times(1-5.74\%)}=5834.92(元)$$

即每平方米建筑面积售价为 5 834.92 元时，该项目保本。

保本价格是房地产价格的最低界限。正常情况下，房地产定价要高于保本价格，这样，企业才能获取利润。因此，这种定价方法一般用于企业在决策阶段评估项目投资风险，或者在市场不景气的情况下采用比较合适，因为保本经营总比亏损的损失要小。

3. 目标成本定价法

房屋开发经营者根据自身技术经营条件，在考察房地产市场营销环境后，分析并测算相关因素，如建造房屋所需材料的供需情况和价格变化趋势等，对房屋建造成本的影响程度，为实现利润目标，对计划未来某一期间的房屋开发成本称为目标成本。目标成本加上企业开发经营者希望获得的目标利润，再加上税金，即为商品房的预售价格。其计算公式为

$$预售价格=目标单位成本+目标利润+税金 \quad 公式\ 9.8$$

或

$$目标预售单价=\frac{目标单位成本\times(1+目标利润率)}{1-税率} \quad 公式\ 9.9$$

目标成本定价法主要用于项目投资决策阶段的市场判断，有利于房屋开发企业积极采取综合控制措施来降低成本，符合房地产开发经营企业长远利益的需要。但是，由于房地产

项目开发周期较长，存在许多不确定因素，这些风险也会导致最终价格不合理，甚至会影响开发经营企业目标利润的实现。

4. 变动成本定价法

变动成本定价法是按照房屋开发产品变动成本的数额为基础来确定房屋销售价格的定价方法。一般来说，企业的销售收入，应首先补偿房屋开发的变动成本；其次补偿其固定成本。当售价减去变动成本的余额大于企业房屋开发的固定成本时，企业才有利润。也就是不论价格如何制定，其价格是绝不可低于房屋开发的变动成本。否则，企业无利可图且严重亏损。为了确保开发经营利润目标的实现，其销售价格一般确定在房屋开发的变动成本与固定成本、税金和目标利润之和的水平上，其最低价格不得低于变动成本与目标利润、税金之和。即：

$$售价 \geqslant 变动成本 + 目标利润 + 税金 \quad 公式\ 9.10$$

（二）需求导向定价法

需求导向定价法(Demand-oriented Pricing)是指企业在制定商品价格时，主要依据市场需求的大小和消费者对价格的心理反应的不同，来确定商品价格的一种定价方法。在现代市场经济条件下，价格被看作是企业为消费者提供的一种选择，只有这种选择与消费者的购买能力、价格心理愿望相一致时，价格才能为消费者所接受，商品的交易才会产生。需求导向定价法的特点是灵活有效地运用价格差异，对平均成本相同的同一商品，价格随着市场需求的变化而变化。

1. 理解价值定价法

理解价值定价法是从消费者对产品价值的理解和感受程度来确定产品价格的一种定价方法。当然，卖方和买方会从不同的角度去理解产品价值，卖方从成本费用和应获得利润的角度去理解，而买方则从产品的效用(使用价值)和市场供求状况等方面来判断产品的价值。当两者的理解相一致时，产品价格很快就能确定下来；当理解不一致，甚至差距相当大，而卖方又无法再降低价格时，则企业应采取有效的营销措施，进行广告宣传等活动，来突出产品的特征及其提供的效用，加深消费者对产品价值的理解程度，使消费者提高其愿意支付的价格限度。最后企业才能确定自己产品的价格。

2. 需求差别定价法

需求差别定价法是以需求对象、需求地点、需求时间，特别是需求的价格弹性的差异为依据，来进行产品定价的方法。

需求的对象不同，其收入有明显差别，对同一产品的价格看法也有差别，因此企业可以根据高、中、低不同收入的对象规定不同的价格。例如，宾馆出租同一套客房，对本国人和外国人分别定出不同的房价。

需求地点的不同，各地消费水平、支出水平不一致，对同一产品愿意出价也不一样，企业应分别对待，给予不同的价格优惠。例如，城市和农村、发达地区和落后地区的区别对待。

需求的时间不同，也应有不同的价格，旺季价格应高些，淡季价格应低些。

需求的价格弹性不同，价格也应有所不同而呈现出差别价格。当需求的价格弹性较小时，说明价格提高依然能够保持较好的销售，因此可定较高的价格；当需求的价格弹性较大时，提高售价将造成更大比例的销售量减少，所以应定较低的价格来促进销售。

要实施这一定价方法，在确定价格之前，应做市场细分，区分出若干个细分市场之后，然后对不同细分市场进行定价。

3. 最优价格定价法

最优价格定价法是根据使用者或消费者对价格的接受能力和程度，选择一个最佳的价格水准，以便使经营者获得更大的利润。所谓消费者对价格的接受程度是指房屋价格的高低直接关系到消费者对房屋的购买量。一般来说，价格越高，其销量就越少；价格越低，则销售量就越大。即销售量与价格 P 具有很强的负相关关系，假定相关关系方程式为

$$Q=a-bP \qquad \text{公式 9.11}$$

式中：Q——销售量；

P——价格；

b——回归系数；

a——截距。

该方程一般通过分析历年统计数据并结合市场调研情况来拟合。

而产品销售的利润与销售收入、成本存在十分密切的关系，其关系式为

$$M=P\cdot Q-(\mathrm{FC}-\mathrm{AVC}\cdot Q) \qquad \text{公式 9.12}$$

式中：M——利润；

FC——固定成本；

AVC——平均可变成本。

由于房地产开发商受土地和规划的刚性约束，短期内很难调整供应量，只能考虑价格竞争，因此，可把公式 9.11 代入公式 9.12 后，利用对价格的一次求导，求出利润最大化的最优定价。

$$M=-bP^2+(a+b\cdot \mathrm{AVC})P-\mathrm{FC}-a\cdot \mathrm{AVC} \qquad \text{公式 9.13}$$

公式 9.13 两边对 P 求导，得：

$$\frac{\mathrm{d}M}{\mathrm{d}P}=-2bP+(a+b\cdot \mathrm{AVC})=0$$

则

$$P=\frac{a+b\cdot \mathrm{AVC}}{2b} \qquad \text{公式 9.14}$$

由于

$$\frac{\mathrm{d}^2M}{\mathrm{d}P^2}=-2b<0$$

所以，能够保证在 $P=\frac{a+b\cdot \mathrm{AVC}}{2b}$ 时，取得的是最大利润。

［**例 3**］ 某市普通商品房的需求函数为：$Q=5\,000-1.25P$（Q：万套，P：元/平方米）。某开发公司开发该类商品房的固定成本为 500 万元，平均变动成本为 4 280 元/平方米。该公司为了获得最大的销售利润，应将普通商品房的价格定为多少？

解：根据最优价格定价法：

$$P=\frac{a+b\cdot \mathrm{AVC}}{2b}=\frac{5\,000+1.25\times 4\,280}{2\times 1.25}=4\,140(\text{元})$$

即公司为了获得最大的销售利润，应将普通商品房的价格定为 4 140 元。

（三）竞争导向定价法

竞争导向定价法（Competition-oriented Pricing）是以同类房地产的市场竞争状况为依据，以竞争对手的价格为基础，来制定本企业产品价格的方法。这种方法以竞争为中心，同时结合房地产企业自身的实力、发展战略等因素确定价格。具体的定价方法有随行就市定

价法和竞争价格定价法。

1. 随行就市定价法

随行就市定价法是以同行业竞争商品现行的平均价格水平为基础，再适当考虑本企业产品的质量、成本等方面的因素，来确定产品价格的一种定价方法。这种方法定价风险小，因为它的价格随行就市，消费者易于接受，竞争对手能卖出去，本企业也能卖出去；同时，能与竞争对手“和平共处”，避免激烈的价格竞争。

必须指出，随行就市定价法不是说企业一定要与同类产品现行市场平均价格绝对一致，而是根据现行市场平均价格适当调高或调低。一般来说，当本企业产品比同类产品质量要好或功能更多时，可以略高于现行市场平均价，与竞争对手共存于市场中，或等于现行市场平均价，以争取顾客；当企业的产品与同类产品无差别时，可等于现行市场平均价；当比同类产品略差时，可低于现行市场价格。

2. 竞争价格定价法

竞争价格定价法是企业立足于市场竞争，而对自己的产品进行定价的方法。这种定价方法一般为实力雄厚、产品具有特色的大企业所采用。这种定价方法一般采用低价，以抢占市场，提高自己产品的市场占有率，甚至排斥或兼并中小企业。

实行这种定价方法的企业一定要慎重行事，要充分分析市场形势、竞争对手的实力和特点，然后确定自己的价格。

第四节　房地产营销实务

一、住宅类房地产营销操作

（一）住宅项目经营模式的确立

根据住宅项目的客户特点，在经营模式上绝大多数开发商采用的是全部出售的策略。而在全部出售策略下，开发商还会根据其住宅项目自身的规模、特点以及市场的需要，人为地将其划分出不同阶段来分阶段销售。

大型住宅项目往往会采用分期开发的方式。分期开发有利于开发商控制开发进程的进行，增强资金周转的能力，制订出合理的市场营销计划，推进项目的整体成功。开发商确定是否分期以及如何分期的依据主要有以下几点。

(1) 项目规模的大小。所开发项目规模的大小，是开发商考虑项目是否分期的硬指标。住宅项目的分期开发主要针对大型楼盘而言，一般规模会在10万平方米以上。当然，分期开发的策略同样还会与开发商企业的开发能力、统筹安排乃至宏观大势有很大关系。

(2) 开发产品的种类。这也是开发商考虑项目是否分期的硬指标之一。住宅产品通常会存在公寓、普通住宅、别墅等类型，将不同产品放在一起开发和销售，可以达到搭配和互相促进的作用。但是，若同时销售，可能会由于产品的不同、客户群的不同，造成客户的认知渠道也不相同，因此，为了销售主题明确，精力集中，多数情况下开发商还是会将不同的产品进行分期，以达到最好的销售效果。

(3) 销售回款及价格目标的要求。这是开发商考虑项目是否分期的软指标。销售回款取决于销售速度。销售速度能够说明开发商资金回笼的速度和回收资金的多少，并可据此初步确定房地产项目需要分几期开发。

（二）住宅项目营销团队的组建

营销团队的任务是有效地制定和实施营销战略、营销计划，实现企业的营销目标。

1. 销售部门的组织结构

目前，销售部门常见的组织结构有以下五种。

（1）职能型组织结构，如图 9－3 所示。

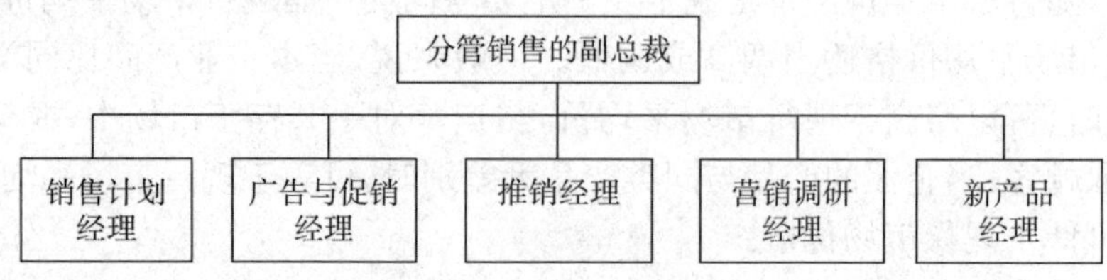

图 9－3 职能型组织结构

这是最常见的营销组织结构形式，即按不同的营销活动功能建立各职能部门，由分管销售的副总裁统一领导，协调各职能部门的活动，除了如图 9－3 所示的五个职能部门外，开发商企业还可以根据具体情况增加其他营销职能部门的设置，如顾客服务经理等。

职能型组织主要优点是简便易行。然而，随着企业产品品种的增多和市场的扩大，这种组织形式便会失去其有效性。因为在这种组织形式中，没有一个职能部门能为具体的产品和市场负责，有些产品或市场很容易被忽略，而且由于每个部门都强调自己功能的重要性，为了获取更多的预算和较其他部门更高的地位而进行竞争，从而不利于企业内部的协调。

（2）地区型组织结构，如图 9－4 所示。

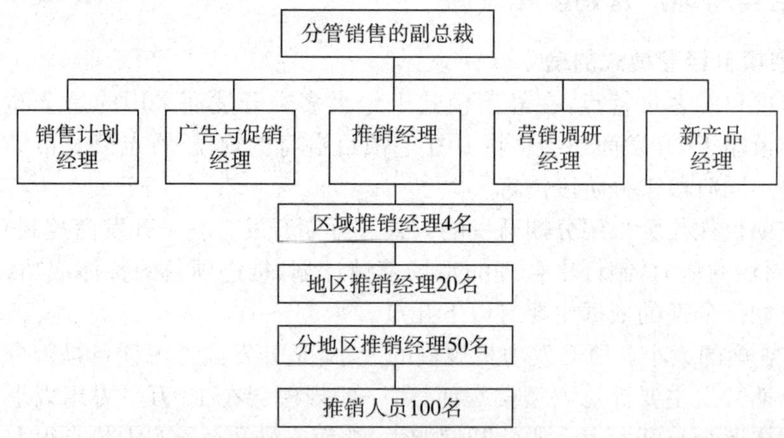

图 9－4 地区型组织结构

目前，很多开发商企业在开发住宅项目时已不再局限于企业所在地区域，而是将目标瞄准其他价格上升空间更大的城市，那么对于此类项目分布较广且销售范围是跨地区性的开发商企业来说，通常可以按照地理区域安排自己的市场营销组织。这种组织形式由分管销售的副总裁统一领导，协调各职能部门活动，其中包括一名负责全部销售业务的推销主管经理、若干个区域推销经理、若干个地区推销经理、若干个分区推销经理，其所管辖的下属人员的数目即“管理幅度”逐级增加，构成一个销售网络。

但应注意的是，地区层次的划分必须既有利于产品的销售，又有利于企业的统一管理。

(3) 产品管理型组织结构，如图9-5所示。

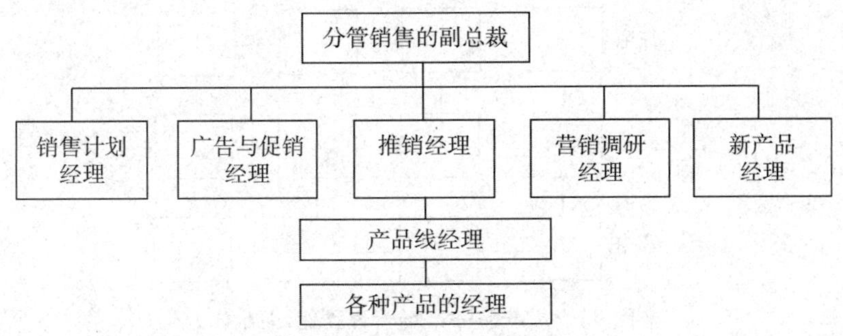

图9-5　产品管理型组织结构

有时，房地产企业会推出以住宅产品为主，辅以商业用房、办公用房等的综合性楼盘项目。对于这类同时实行多种楼盘销售开发商企业来说，通常要按楼盘的产品种类建立市场营销组织。即在一名产品主管经理领导下，按若干产品大类分设一名经理，再按每种具体品种设一名经理，分层管理。

这种组织结构的优点是：①产品经理协调了他所负责产品的营销组合策略；②产品经理能及时反映该产品在市场上出现的问题；③由于产品经理各自负责推销自己所管辖的产品，因而没有产品会被忽视。产品管理是培养年轻营销人员的最佳场所。因为产品管理几乎涉及企业业务经营的所有方面。

(4) 市场管理型组织结构，如图9-6所示。

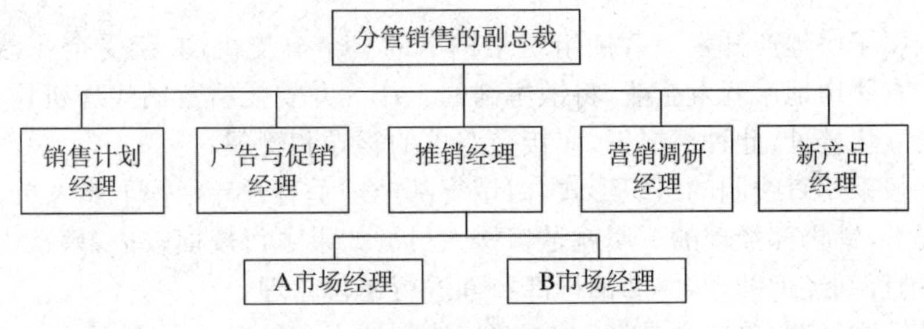

图9-6　市场管理型组织结构

针对住宅项目的市场，按照客户对不同面积、不同风格、不同装修等的要求不同，会细分出多种产品需求。当客户按其特有的产品偏好以及购买习惯去细分区别对待时，就需要开发商建立起市场管理型组织。其结构与产品管理型组织结构基本相同，只是由面对不同类型的产品改为面对不同类型的市场。市场经理要为自己负责的市场制订长期的和年度的计划，分析市场趋势及所需要的新产品。这种结构的主要优点是：企业可以围绕特定客户的需要开展一体化的营销活动，而不是重点放在彼此隔裂开的产品或地区上。在以市场经济为主的国家中，越来越多的企业组织都是按照市场结构建立的。以各主要目标市场为中心来建立相应的营销部门和分支机构，是确保企业实现"以顾客为中心"的现代营销观念的唯一办法。

(5) 产品—市场管理型组织结构，如图9-7所示。

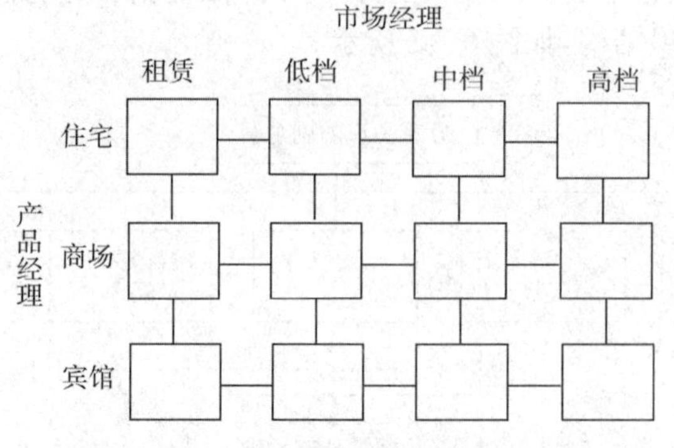

图 9-7　产品—市场管理型组织结构

对于包含住宅在内，同时又具有商业、写字楼等多种类型综合开发的项目来说，由于其开发商面向不同市场、开发多种不同产品，其在确定营销组织结构时面临着两难选择：是采用产品管理型，还是采用市场管理型？为了解决这个问题，开发商可建立一种既有产品经理，又有市场经理的产品—市场管理型组织结构即矩阵式组织。其中，产品经理负责产品的销售利润和计划，为产品推销努力；市场经理则负责开发现实和潜在市场。这种组织形式适用于多角化经营的企业。不足之处是成本费用较大，而且由于权力和责任界限比较模糊，容易产生矛盾。

2. 销售部组建及岗位设置

销售部是开发商企业营销活动赖以顺利进行的组织基础，是执行营销活动的中心。一般销售机构应本着精简、适用、高效、合理管理幅度、权责一致、命令指挥统一等原则，合理构建销售组织。

销售部应属于房地产开发商营销组织架构下的一个分支机构，接受企业营销负责人的领导和管理。有些房地产开发企业，将销售部的工作一并委托给营销代理机构，并由营销代理机构负责设立售楼处，此种情况下，应接受双重的领导和管理。

销售部一般采用直线制的组织形式，由销售部经理垂直领导指挥下属人员。

一般情况下，销售部经理的下属就是售楼人员。如果项目规模较大，售楼人员超过 7 人以上，可以设销售部经理助理，协助销售部经理进行销售管理。

对于业务性质复杂、单项交易额巨大、销售谈判技术含量高的项目，可以配置 1～2 位现场销售控制(简称销控)或销售督导，协助基层销售人员。

3. 销售人员的培训内容

(1) 企业资料。要使每一位销售人员非常熟悉本公司的历史情况、经营目标、组织结构、企业精神、财务情况等，以提高销售人员的工作信心，增加对企业的感情；同时便于今后在销售工作中对消费者宣传介绍，建立良好的公共关系，树立良好的公众形象。

(2) 楼盘知识。销售人员能胜任销售工作的一个最基本的前提是要掌握待销楼盘的知识，所以公司的销售人员一定要熟悉本公司建造的各类楼盘的设计方案、装修材料、设施性能、周边环境等，便于向消费者提供咨询服务。

(3) 市场知识。使销售人员了解消费者情况，消费者喜欢的楼盘形式、性能和规格。实际上，消费者所在的地理位置，消费者的经济收入、购买动机、行为和习惯都是不同的。

(4) 销售技巧。要把楼盘销售出去，就必须借助于一定的销售技巧和艺术。例如，采用最佳的销售线路和程序，学会一整套的销售语言，能圆满地回答消费者所提出的各类问题，妥善地处理好与各类客户之间的人际关系。

（5）法律知识。市场经济是法制经济，它必须严格地遵守有关的法律法规。特别是《城市房地产管理法》《土地管理法》《城市房屋拆迁管理办法》《房地产交易管理条例》《商品房销售管理办法》《物业管理条例》等，为房地产销售工作提供法律依据。

（三）住宅项目价格的制定及调整

1. 房地产定价策略

（1）新建商品房定价策略。

① 撇脂定价策略。撇脂定价是一种高价策略，即在新建商品房上市初期，将其价格定得很高，以便在短期内迅速收回投资，获得高额利润。这种定价策略有如从牛奶中撇取奶油，故而得名。

撇脂定价的优点是企业能在短期内获取高额利润，尽快收回投资；有利于提高企业产品的声望，树立产品优质名牌的形象；可以使企业在竞争加剧时采取降价手段，掌握降价的主动权。缺点是高价厚利容易诱发激烈竞争，吸引竞争者迅速加入市场，使房地产企业不能保持长期稳定的收益；不利于企业迅速开拓市场，提高市场占有率；不利于企业改进产品质量；高价会使消费者难以接受。

采用撇脂定价策略需要具备一定的条件：市场对该新建商品房的需求量较高，消费者对该类型产品的需求缺乏弹性；房地产企业有独特的技术使产品难以模仿，或有专利保护，使竞争对手不会迅速进入市场；有助于形成该类型产品的优质形象；虽然高价会降低需求量，但不至于抵消高价所带来的利润；房地产企业的生产能力不会迅速扩大；新建商品房与竞争产品在质量、设计等方面差异很大。

② 渗透定价策略。渗透定价是一种低价策略，即在新建商品房投入市场时，将价格定得较低以吸引消费者，从而迅速打开市场，提高市场占有率。因为低价容易打开市场，扩大销售，有如倒入泥土中的水一样，很快从缝隙里渗透进去，故称渗透定价。

渗透定价策略的优点是低价可以刺激市场需求迅速增加，使新建商品房迅速打开销路，快速提高市场占有率；低价能有效地阻止竞争对手加入市场竞争，可以相对地垄断市场；低价能长期占领市场，取得长久利益。缺点是投资回收期长，如果企业在投资内遇到强大的竞争对手或其他意外情况，可能连投资都无法收回；不利于树立企业产品的优质品牌形象。

渗透定价策略的使用条件是：市场对价格高度敏感，需求弹性大；随着生产经验的积累和销售量的增加，房地产企业能降低产品单位成本；低价能有效地阻止竞争者加入；新建商品房特点不突出、容易仿制、技术简单。

③ 满意定价策略。满意定价是一种中价策略，它介于撇脂价格和渗透价格之间，低于撇脂价格但高于渗透价格。它既能保证房地产企业获取一定的利润，又能为房地产消费者所接受，故称满意定价，又称温和定价或君子定价。

满意定价的优点是价格比较稳定，在正常情况下，企业能实现预期的盈利目标。缺点是定价比较保守，不适于需求复杂多变或竞争激烈的市场环境。

（2）折扣和折让策略。折扣定价策略就是房地产企业先为其产品定出一个正式价格，然后配以折扣，以吸引消费者购买。折扣定价策略主要有以下几种。

① 数量折扣。数量折扣就是房地产企业根据顾客购买的房地产面积的大小或金额的

多少，分别给予不同折扣的定价策略。一般来说，顾客购买的面积和金额越大，给予的折扣也越大，以鼓励顾客大量购买。

② 现金折扣。现金折扣是房地产企业给予那些按约定付款日付款的购买者的折扣。例如“2/10 净 30 天”，表示付款期为 30 天，如果购房者在 10 天内付款，则给予 2%的折扣。应用现金折扣，可以鼓励购房者及早付清货款，加速房地产企业的资金周转。

③ 功能折扣。功能折扣又称贸易折扣、交易折扣，是房地产开发企业为房地产中间商提供的折扣。目的是鼓励房地产中间商积极开展促销活动，大力推销本企业产品。

④ 季节折扣。季节折扣是对在销售淡季购买商品房的消费者给予的折扣。目的是刺激购买者在淡季购买房地产。

(3) 差别定价策略。差别定价就是房地产企业对于同种房地产，根据产品面积、朝向、质量、楼层、视野等因素的不同而制定出不同的价格。

常用的差价策略包括如下。

① 质量差价。建材质量和施工质量都高的商品房价格较高；反之，价格则低。

② 朝向差价。在中国，朝南的单元最贵；东南向、西南向的单元次之；朝北的单元最便宜。

③ 楼层差价。不同楼层的单元房，其价格不同。对于七层公寓来说，三、四、五层楼最贵；二、六层次之；一、七层最便宜。

④ 面积差价。不同面积的商品房价格不同。一般来说，面积过大或过小的房屋价格都不会太贵，而适合人们生活的房屋价格较贵。

⑤ 视野差价。房屋视野较好，如面临公园、大海等，则价格较贵；视野较差的房屋价格便宜。

⑥ 设计质量。如果室内格局、大小公共设施的设计都很合理，有助于提高人们生活质量，则价格较贵。

⑦ 边间差价。对于公寓而言，三面临空并且三面采光的房屋最贵；二面临空、二面采光的房屋次之。

(4) 心理定价策略。心理定价策略就是房地产企业根据消费者购买房地产时的心理因素来确定房地产价格的定价策略。

常用的心理定价策略有以下几种。

① 尾数定价策略。尾数定价策略就是房地产企业有意将房地产价格定成带零头的非整数。其目的是降低房地产价格的位数，满足消费者求廉的心理，造成一种很便宜的错觉和定价准确的印象。例如，将某商品住宅的价格定为 5 980 元/平方米，就比将价格定为6 000 元/平方米要好得多，因为尾数定价给人以便宜的感觉。

② 整数定价策略。整数定价策略就是把房地产价格定成一个整数，而不带零头。整数定价给消费者以“好货不便宜”的感觉。消费者在购买高档商品房时，除了注意商品房的设计、质量、造型等因素外，更主要的是想借助高档商品房显示自己的身份和地位，而不太注意商品房的价格，整数定价策略能给他带来“一分钱一分货”的感觉。例如，把价格定为 8 000 元/平方米，而不是 7 980 元/平方米，就更适合于高档商品住宅，有尾数反而影响销售。

③ 声望定价策略。声望定价策略就是房地产企业凭借其优质品牌产品或自身的声誉和威望而制定较高价格的策略。这种策略利用了消费者“追求名牌”的心理。消费者认为，

名牌高档产品必定是“价高质优”，因此，在购买商品房时更注重房地产开发商的信誉和产品的品牌效应。即使本企业商品房的价格高于同类物业的价格，消费者也乐于接受，这就是声望的作用。声望定价的适用条件是商品房的质量好，房地产开发商有良好的声誉和威望。

④ 习惯定价策略。习惯价格是指已经被消费者长期接受和承认，从心理上认为是合理的价格。这种价格在消费者的心目中已经形成一种习惯性标准，符合其标准的价格就能被顺利地接受，偏离其标准的价格则容易引起怀疑。高于习惯价格常被认为是不合理的涨价，低于习惯价格又使消费者怀疑是否货真价实。对于这类房地产，企业应尊重消费者的心理需求，轻易不要变动习惯价格。例如，对于向低收入家庭提供的微利房、医院、校舍等公共建筑，适合采用习惯定价策略，即按行业平均水平定价。这种价格既能为顾客所接受，又能与同行和平共处，风险较小。

2. 房地产价格调整

房地产企业处在一个不断变化的环境之中，房地产定价不可能一劳永逸。随着市场环境的变化，房地产企业对其价格要不断进行调整。

价格调整有两种情况：主动调价和应变调价。

(1) 主动调价。主动调价就是房地产企业根据市场环境和自身条件的变化，主动对自己的产品价格进行调整。主动调价又包括主动降价和主动提价。

① 主动降价。房地产企业主动降价的原因主要有：企业的生产能力过剩需要扩大销售，而通过其他营销策略扩大销售的余地很小；在强大的竞争压力下，企业的市场份额下降；企业的成本费用低于竞争者，降价可以扩大销售，提高市场占有率。

② 主动提价。房地产企业主动提价的原因有：应付成本上涨。如果房地产企业的建筑材料、工资等费用上涨，导致企业的成本上升，维持原价就会影响企业的正常盈利水平，只好通过涨价转嫁成本上涨的压力。通货膨胀。由于通货膨胀，货币贬值、物价上涨，导致房地产成本上涨，企业只好通过涨价缓解通货膨胀带来的压力。房地产供不应求，市场需求旺盛。

房地产企业无论提价还是降价都会对消费者、竞争者、中间商产生影响。为此，企业在调价前，要对他们的反应进行调查，以便采取相应对策，保证调价的顺利进行。

顾客对企业降价的反应主要有：房屋质量可能有问题，销售不佳；房地产企业财务困难，难以继续经营下去；价格可能还要下降，不妨等一等；企业可能会偷工减料；已付款的客户可能会因降价造成房屋贬值而抵制降价；产品式样老了，将被新型产品替代。

顾客对企业涨价的反应主要有：该房屋很优越，不赶快买就买不到了；房地产企业想多赚钱；该产品一定有特殊价值。

竞争者对降价的反应可能有：该企业房屋销售情况不好，以降价促进销售；该企业要争夺市场份额；该企业希望通过降价引发同行业降价，以刺激总需求；该企业的产品质量有问题。

在市场竞争中，房地产企业调整价格的效果取决于竞争者的反应。如果企业降价而竞争对手对价格不做任何调整，则企业通过降价可以扩大市场份额，提高市场占有率；如果企业降价，竞争对手采取更大幅度的降价，不仅会抵消企业降价的效果，甚至会恶化产品的销售状况。因此，房地产企业在实施价格调整策略之前，必须分析竞争者反应的强烈程度以及可能采取的措施。

(2) 应变调价。应变调价是指在竞争对手率先调价后，本企业在价格方面做出的反应。

竞争对手的调价策略也分为提价和降价两种。对于竞争者的调价策略，房地产企业要制定出相应的对策。

房地产企业在制定对策、做出反应之前，必须对竞争者和企业自身的情况进行研究。对竞争者的研究主要有：竞争者调价的目的是什么；竞争者价格的调整是长期的还是暂时的；其他竞争者会对此做出什么反应；本企业对竞争者的调价做出反应后，竞争者和其他企业又会采取什么措施。

企业对调高价格的反应比较容易，方法主要有跟随涨价和价格不变两种。

企业对调低价格的反应比较复杂，必须慎重对待。具体策略有以下几种：置之不理，这是在竞争者降价幅度较小时采取的策略；价格不变，运用非价格手段进行反攻，如改进产品质量、服务、加强信息沟通等；降价，这是在竞争者降价幅度较大时采取的策略。采用这种方法一般是企业认为市场对价格非常敏感，不降价就会使市场占有率下降。但是，房地产企业降价却不应该降低产品的质量和服务水平。

3. 住宅项目付款方式的确定

住宅项目在确定付款时，需考虑到住宅项目所在地的家庭平均可支配收入的水平，以及对潜在客户支付能力做调查及评估。在此基础上，为潜在客户提供灵活多样的付款方式能扩大项目的客户群。

(1) 一次性付款。客户如采用一次性付款，则可享受96%的优惠价。首付3万元定金，签订认购书；七天内签订正式买卖契约，支付30%的首期款(含定金)；签订正式合约一个月内付清70%的余款，同时办理公证与产权手续。

(2) 按揭贷款。一次性首付(可享受总价98%的优惠)。首付3万元定金，签订认购书；签约后10天内付清30%(含定金)的首付款，并签订正式买卖契约，同时提供按揭资料，办理按揭手续。

(四) 住宅项目销售渠道的确定

1. 房地产销售渠道的含义

房地产销售渠道是指房地产从生产者向消费者转移的过程中所经过的通道。这一通道是由参加房地产商品交换的一系列机构和个人组成的，因此，房地产销售渠道又指房地产从生产者向消费者转移的过程中，取得该商品所有权或协助商品所有权转移的所有机构和个人。

房地产销售渠道的起点是生产者，终点是消费者或用户，介于销售渠道起点和终点之间的是中间商。中间商包括经销商和代理商两种。

2. 住宅项目销售渠道的类型

住宅项目销售渠道可以从多个角度进行分类，主要的分类方法有以下几种。

(1) 直接销售渠道和间接销售渠道。按照有无中间商的介入，将销售渠道分为直接销售渠道和间接销售渠道。

① 直接销售渠道。直接销售渠道是指房地产生产者直接把商品销售给购房者，而不通过任何中间环节的销售渠道，简称直销。

直接销售渠道的主要形式包括如下。

一是订购销售，即由商品房生产者与购房者签订购房合同，按合同规定的时间提供商品房、交付款项。比如商品房的预售。

二是自设门市销售，即房地产企业自设销售门市部，销售已建好的商品房。销售门市部就设在商品房的销售现场，以便于消费者选购。

三是推销员推销，即由房地产企业派出推销员或通过电话访问等方式，直接向购房者推销房地产商品。

直接销售渠道的优点包括如下。

一是了解市场。房地产生产者与购房者直接接触，能及时、全面、具体地了解购房者的需求、购买特点及需求变化趋势，及时调整企业的经营决策。

二是降低费用。产需直接见面，不经过中间环节，缩短了房地产商品的流通时间，降低了流通费用，提高了房地产企业的经济效益。

三是加强推销。产需直接见面，房地产生产者可以根据购房者的需要，有针对性地采取推销策略和方法，有助于提高成交率。

四是控制价格。销售渠道越长，生产者越难以控制价格。而产需直接见面，有利于房地产生产者控制产品价格。

五是提供服务。产需直接见面，可以满足消费者对商品房的造型、室内装修、结构等方面的不同需求，提供良好的售前、售中和售后服务，从而提高房地产企业的声誉，树立良好的企业形象。

直接销售渠道的缺点包括如下。

一是不符合社会分工发展的需要。生产和销售是两种不同的社会职能，直接销售要求房地产生产者增设销售机构、销售设施和销售人员，相应地增加了企业的销售费用，也分散了房地产生产者的精力。

二是不利于扩大房地产销售。房地产生产者自有销售机构的力量总是有限的，这会导致房地产市场覆盖面窄，容易失去部分市场。

三是房地产生产者要独立承担经营风险。房地产投资大，回收期长，信息反馈滞后，经营风险大。采用直接销售渠道，一旦市场发生变化，生产者要承担全部损失。

直接销售渠道有优点，但缺点也很突出。在很多房地产市场发育比较成熟、市场运行机制比较健全的国家和地区，直接销售的比重不大，主要是委托代理商推销。中国房地产市场尚处于发展阶段初期，市场发育程度还较低，市场机制还不够健全，因此，直接销售渠道是中国房地产销售的主要渠道。

② 间接销售渠道。间接销售渠道是房地产生产者通过中间商销售房地产的渠道。常用的间接销售渠道主要是通过代理商和经销商承担商品的流通职能。

间接销售渠道的优点包括如下。

一是中间商拥有庞大的销售网络，利用中间商能扩大产品的市场覆盖面，扩大产品销售。

二是能充分利用中间商的营销职能，减少房地产生产者的资金占用和耗费，并可以利用中间商的销售经验，进一步扩大房地产销售。

三是有利于房地产生产者从繁杂的商品销售中解脱出来，专心致志地进行生产，提高企业的经营效率。

四是有利于房地产企业分散经营风险。中间商的介入，虽然减少了企业的一部分利润，但也分散了很大一部分风险，从而提高了房地产企业的经济效益。

间接销售渠道的缺点包括如下。

一是流通环节多，流通费用高，流通时间长。

二是生产者获取市场信息不直接、不及时。

三是中间商提供的服务不如企业及时周到，容易引起消费者的不满。

(2) 长渠道和短渠道。按照流通环节或流通层次的多少，可将房地产销售渠道分为长渠道和短渠道。

① 短渠道。短渠道是指房地产在从生产者向购房者转移的过程中，不经过中间环节或只经过一个中间环节的渠道，具体如图 9－8 所示。

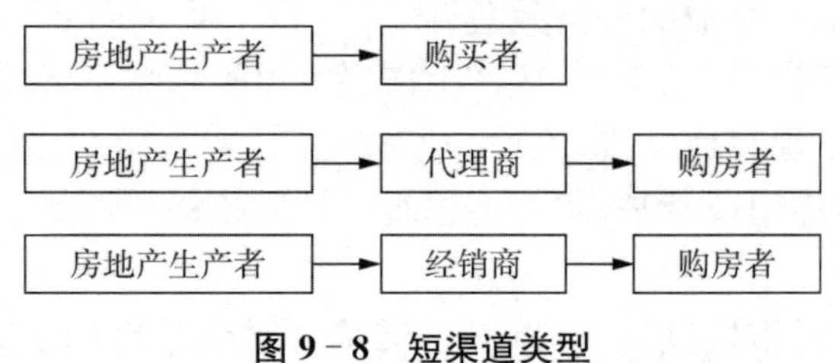

图 9－8　短渠道类型

短渠道的优点是能减少流通环节，节省流通时间，降低流通费用；房地产最终价格较低，能增强市场竞争力；信息传播和反馈速度快。缺点是短渠道迫使房地产生产者承担更多的流通职能。

② 长渠道。长渠道是指房地产生产者利用两个或两个以上的流通环节来销售自己产品的渠道，具体如图 9－9 所示。

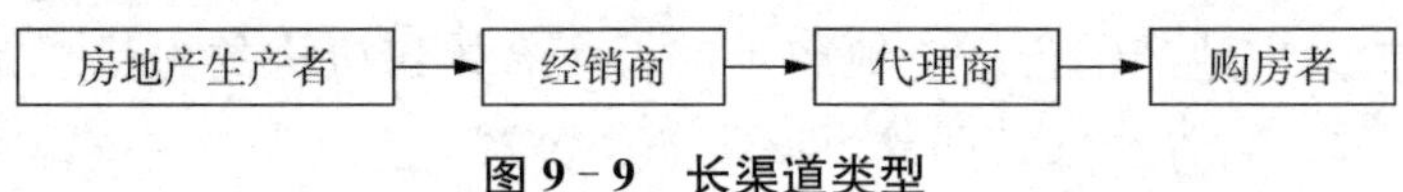

图 9－9　长渠道类型

长渠道的优点是能有效地扩大市场覆盖面，扩大商品销售；能充分利用中间商的职能，市场风险小。缺点是信息反馈慢；房地产生产者、中间商和消费者之间关系复杂、难以协调；商品价格较高，不利于市场竞争。

(3) 宽渠道和窄渠道。按照渠道中每个层次使用的同类中间商数目的多少，将销售渠道分为宽渠道和窄渠道。

房地产生产者在销售渠道的同一层次或环节使用的中间商越多，销售渠道就越宽；反之，渠道就越窄。根据销售渠道宽窄的不同，房地产企业可以做出三种选择。

① 密集分销。密集分销(Intensive Distribution)又称广泛分销，是指房地产生产者尽可能通过较多的中间商来销售自己的产品。密集分销的优点是市场覆盖面广。但是，房地产生产者付出的销售成本高，中间商的积极性较低。

② 选择分销。选择分销(Selective Distribution)是房地产企业从愿意合作的中间商中选择一些条件较好的中间商来销售其产品。选择分销的优缺点介于密集分销和独家分销之间。

③ 独家分销。独家分销(Exclusive Distribution)就是房地产生产者在一定的市场区域内仅选用一家经验丰富、信誉卓越的中间商销售本企业的产品。

独家分销的优点是有利于房地产生产者控制产品价格；有利于提高中间商的积极性和销售效率；有利于产销双方互相支持与合作。缺点是房地产生产者过分依赖中间商，如果中间商选择不当或与中间商关系恶化，可能会完全失去市场；只用一个中间商，可能因销售力量不足而失去很多潜在顾客。

(3) 单渠道和多渠道。按照房地产生产者采用的渠道类型的多少，分为单渠道和多渠道。单渠道是指房地产生产者只采用一种类型的销售渠道销售其产品。多渠道是指房地产生产者选用不同类型的销售渠道销售其产品。

房地产生产者对销售渠道进行分类，目的在于选择有利于企业产品销售的分销渠道。

3. 房地产销售渠道的选择

房地产销售渠道的基本策略包括直接销售渠道和间接销售渠道，长渠道和短渠道策略，密集分销、选择分销和独家分销策略，单渠道和多渠道策略。

房地产企业在选择销售渠道时，不仅要求保证本企业的产品能及时到达目标市场，还要求选择的分销渠道销售效率高销售费用低，能取得最佳的经济效益。

(1) 选择房地产销售渠道应遵循的原则。房地产生产者在选择销售渠道时，要遵循以下几条原则。

① 效益性原则。不同的销售渠道有不同的产出，也需要投入不同的成本。房地产企业在选择销售渠道时，一定要对各种可供选择的销售渠道进行评价，从中选择投入少、产出大，即经济效益高的销售渠道。

② 可控性原则。可控性原则反映了房地产企业对销售渠道的控制能力。可控性要求房地产企业在选择销售渠道时，对所选择的销售渠道要有一定的控制能力。控制能力一是反映在当房地产企业和中间商发生冲突时，房地产企业协调的难易程度；二是反映在当中间商之间发生冲突时，房地产企业协调的难易程度。对上述两种冲突如果能够比较容易处理，则说明房地产企业对销售渠道的控制能力强；反之，则说明控制能力弱。

③ 协同性原则。房地产企业在选择中间商时，不仅要考虑其经营实力、管理水平、信誉的高低、经验的丰富与否，还要考虑其合作意愿。协同原则要求房地产企业在选择中间商时，要选择那些能够与企业真诚合作的中间商，这样才能产生合力。

④ 适应性原则。适应性是指房地产销售渠道适应环境变化的能力。企业在建设销售渠道时需要花费大量的时间，同时也需要一定的投入，房地产企业在对其销售渠道做出决策后，不可能想变就变。但市场环境又是不断变化的，因此，房地产企业在选择销售渠道时，应选择那些对环境有较强适应能力的销售渠道。

(2) 房地产企业选择销售渠道应考虑的因素。房地产企业在选择销售渠道时，不仅要遵循上述原则，还应该考虑一些其他相关因素，这些因素主要包括如下。

① 产品因素。

一是单位价值。房地产价值越高，销售渠道就应越短，如别墅、高级公寓应由房地产企业直销；房地产价值低，其销售渠道可以长些，如价格低、大众化的房地产可以借助中间商销售。

二是质量。有些房地产质量特别优良，市场反响非常好，有时甚至由业主预付部分甚至全部建设费用，这样的房地产就可以采用直接销售渠道；反之，就采用间接销售渠道。

三是技术复杂程度。技术复杂的房地产销售渠道要短，最好采用直销，以便房地产企业为用户提供各种服务。

② 市场因素。

一是顾客的数量及分布。如果目标顾客较多且地理分布分散，则销售渠道可以长些；如果目标顾客较少且分布集中，则可以选择短渠道，甚至可以直销。

二是购买特点。如果目标顾客购买的批量大、频率低，就可以选择直接销售渠道；反之，顾客购买的批量小，多样化购买，就可以采用间接销售渠道。

三是市场供求状况。如果房地产供不应求，出现卖方市场时，则房地产企业可以采取直销；反之，则采用间接销售渠道。

③ 企业自身因素。

一是企业的规模、实力和信誉。如果房地产企业规模大、实力强、信誉好，在选择销售渠道时的灵活性就大，既可以采取直接销售渠道，也容易得到中间商的合作；如企业规模小、实力弱，就应该主动争取中间商的合作与支持。

二是销售力量和销售经验。如果房地产企业有足够的销售力量，或有丰富的销售经验，就可以少用或不用中间商；否则，就得利用中间商进行销售。

三是房地产生产者对销售渠道的控制要求。如果房地产企业想要严格地控制销售渠道，则选择直接销售渠道；否则，就选择间接销售渠道。

④ 竞争因素。销售渠道竞争已成为市场竞争的重要因素。房地产生产者在选择销售渠道时，必须考虑竞争因素。一是可以借鉴竞争者成功使用的销售渠道，选择与竞争者相同的销售渠道，以降低销售渠道选择的风险；二是根据企业的优势和目标顾客的特点，选择与竞争者不同，但更有效的销售渠道以取得渠道竞争优势。

⑤ 中间商因素。不同类型的中间商在执行分销任务时，各有优势和劣势，房地产企业应根据中间商的特点做出选择。

⑥ 环境因素。如果经济萧条、产业结构调整和投资方向的重大调整、银根紧缩，会造成目标市场需求下降，价格下跌。这时，房地产企业要尽量减少不必要的流通环节，降低流通费用，尽量采用直接销售渠道。

4. 房地产销售渠道的管理

房地产生产者在决定了销售渠道类型以后，如果选择的是间接销售渠道，还必须对选择哪些中间商、如何鼓励和评价中间商做出决策；同时，还必须随着营销环境的变化，及时调整销售渠道。

(1) 渠道成员的选择。房地产企业在选择中间商时，要对中间商的从业时间、销售能力、财务状况、形象信誉、合作意愿、发展潜力等因素进行评价，从中选择销售实力强、信誉良好、工作热情高的中间商进行合作。

(2) 渠道成员的激励。为了使中间商能够尽心尽职地与本企业合作，房地产生产者在与中间商建立起合作关系后，还要采取各种激励措施调动中间商的积极性。常用的措施有：

① 向中间商提供适销对路的优质产品。

② 合理分配销售利润。

③ 适当地予以激励。

④ 协作促销。

⑤ 帮助中间商提高售后服务水平。

房地产生产者在对中间商进行激励时，除了上述鼓励措施以外，还可以采取惩罚措施，如终止合作、减少服务等。但是企业在使用激励措施时，要多使用鼓励措施，尽量少使用惩罚措施，以免对其他中间商产生不利影响。

(3) 渠道成员的评价。渠道成员的评价是指对企业选择的中间商按规定的职责进行评价，作为对中间商进行激励和管理的依据。评价的内容主要有：

① 销售量或销售额的完成情况。

② 为本企业提供的利润额和费用情况。

③ 为本企业推销产品的积极性。

④ 对本企业产品的宣传推广情况。

⑤ 对客户的服务水平，满足客户的需要程度。

⑥ 与其他中间商的关系及配合情况。

⑦ 占本企业产品销售量比重的大小。

(4) 销售渠道的调整。销售渠道一经建立，不是一成不变的。要使渠道保持良好运行，必须针对环境的变化及时调整销售渠道。调整渠道的方式主要有以下几种。

① 增减销售渠道中的中间商。对于效率低下、推销不力、对渠道整体运作有不良影响的中间商应予以剔除。如有必要，可另选合适的中间商加入渠道。

② 增减某一销售渠道。随着市场的变化，房地产企业有时会发现自己的销售渠道太多，从营销效率的角度考虑，则可适当地缩减一些销售渠道；相反，则应增加一些销售渠道，或者随着时间的推移，某些渠道效益下降则应剔除，某些渠道效益良好则应增加。

③ 改变整个房地产销售渠道。这是指取消原有的销售渠道，建立全新的销售渠道。使用全新销售渠道的原因：一是随着市场环境的变化，过去运行效率高的销售渠道不能适应环境的变化；二是效率高的、新的销售渠道的出现，使企业原有的销售渠道竞争力下降；三是房地产生产者的战略目标和营销组合实行了重大调整。

对整个营销渠道进行改变，难度较大，风险也大。因此，房地产生产者必须进行认真细致的调查研究，慎重决策。

(五) 住宅项目入市时机的确定

由于房地产行业的投入产出周期长，而市场又瞬息万变，因此房地产销售的时间性非常强。另外，住宅项目的客户数量在一定时段内呈现出相对稳定、静止的态势，且客户购买的频率低，而新楼盘推出的数量日益增多，所以，把握好销售时机对项目策划的成功至关重要。要把握好房地产的销售时机，一般从以下几个方面来综合分析和判断。

(1) 项目的工程进度及交房期限。一般而言，客户对期房缺乏足够的信心。因此，距交楼期限时间越短的时候推出销售计划业绩就越好。

(2) 售楼手续的办理情况。正常情况下，项目必须在取得合法的销售手续后方可上市交易。但有时开发商迫于时间或资金的压力，在手续即将办理完毕前提前以“内部登记、内部认购”的方式展开销售，从中争取时间，这也不失为一个有效的办法。

(3) 竞争对手的情况。同一地段竞争对手的动向对决定销售时机至关重要，这可从博弈论的角度加以解释。在一定的时段内，某一区域的购房人数是基本固定的，因此谁先销售，谁就可能先下手为强。后来者要想取得好的业绩，自然要付出加倍努力。

(4) 同期市场上住宅项目推广总量的变化。房地产市场是一个长期的销售过程，其市场购买力在“蓄势—消耗—蓄势—消耗”中不断循环。一般来说，同期市场上住宅项目推广总量的变化对于大部分项目都会有两个方面的影响：一是买家在选择对象多了之后容易分流，而且，其购买决定的形成时间也将延长；二是每个项目都会投放一定数量的广告宣传以争取客户，项目总量的增加意味着广告争夺战的加剧，这将直接影响到单个项目广告投放的投入产出比。

（5）关心政策变化，把握入市机会。房地产项目销售时机策划必须研究和留意国家税收政策、土地政策、金融政策、住宅政策、都市及区域计划等政策的变化，抢占投资先机，先入为主。比如，当国家鼓励房地产业发展时，往往会制定若干优惠政策，尤以税收方面的优惠为多；当国家税收政策对房地产业有利时，购买者的购买欲望很强，可考虑入市。所以，有时候选择特定的时机，在市场项目欲出售数量较少的时候，忽然召开项目展销会，很可能会收到额外的成效。

二、写字楼营销操作

（一）写字楼营销模式的确立

写字楼作为房地产项目的品种之一，在经营过程中，开发商除了采用常规的销售模式，还会根据该写字楼自身的实际情况以及综合周边各种因素考虑而采用出租的方式来获利。两者相比较而言，销售模式有利于开发商快速回笼资金，从而直接有效地维系开发商的资金链这根“命脉”。但在整个房地产市场向好的时期，开发商在售出写字楼后，将无法享受到市场价格提升带来的收益。而出租模式恰恰能够弥补销售的这一不足，开发商可以通过出租来获取该写字楼升值所带来的收益。

开发商作为企业，追求的是利润最大化，因此需要开发商事先根据项目的具体情况以及周边各种因素综合考虑是租还是售。若采用出租和销售相结合的方式，则还须事先确定租售比例，以求使各方面达到一个均衡点。

1．写字楼常见的经营模式

（1）顶级写字楼。通常能够开发顶级写字楼的开发商都具有非常强的实力，同时也具备很高的知名度和良好的商誉。此类开发商的经营目标已不再是简单的盈利，而是上升到维持及提升自身的品牌价值，其对写字楼的地段、硬件、配套及服务都有非常高的要求。由于其产品本身及所处地段的不可替代性，形成“物以稀为贵”“奇货可居”的局面，开发商更着眼于该写字楼长期稳定的升值来确保不断地从中获取利润，因此经营方式常采用只租不售的模式，并且在经营初期要承受较长时间的亏损，以及对客户资质具有很高的要求。

顶级写字楼在产品推广的初期通常要依靠各种媒体的宣传，寻找的客户也通常是基于开发商的合作圈。而这类顶级写字楼在建成后一般会成为城市标志性建筑物，所以在其推广后期会以其标志性的外立面、业内口碑及新闻策划为主要宣传方式，并且会有自己的推广策划团队，很少会与中介合作。

在该类顶级写字楼的入驻初期，开发商通常会给予知名客户以较大幅度的优惠，以期通过知名客户的入驻来提升自己的价值。而当入驻率，尤其是知名客户的入驻率达到一定水平后，开发商将逐步提升租金，以淘汰知名度或者实力相对较低的客户，从而进一步提升客户资质，反复循环，直至达到预期目标为止。

（2）一般甲级写字楼。一般甲级写字楼的经营方式会存在全部出租经营方式和部分出租经营方式两种。全部出租经营方式要求开发商有较强的综合实力，并且具有多元化经营的模式。为了提升甲级写字楼的档次，在经营初期对客户的资质要求也较高。在推广方面存在与中介合作、建立自己的营销团队、坐销，以及利用多种媒体形式组合宣传等多种方式。

部分出租、部分出售的经营方式：一般有整体出现的推广形式和小业主分别出现的推广形式，通常会与中介合作，主要借助网络媒体及报纸进行宣传。甲级写字楼的标志性外立面也是其有效宣传手段之一。

写字楼销售给客户后，即会使原本集中在开发商手里的产权分散到各个客户中，使得在再次出售及出租时会存在形成内部恶性竞争的可能性，因此对该写字楼租金的维持、项目的保值增值都会造成一定的不利影响。

(3) 乙级或乙级以下写字楼。乙级或乙级以下写字楼的经营方式一般借助于项目本身外立面或者是户外广告、报纸的名片式广告、中介或者开发商的合作圈进行客户招揽。

在写字楼项目的营销策划初期，策划人员应根据写字楼的特征、开发商的经济实力以及开发商的企业战略目标来确定该写字楼项目的经营模式。

2. 写字楼租售比例的确定

目前市场上大部分写字楼采用的是租售结合的模式。当采用租售结合的经营模式时，须事先确定该写字楼出租和销售面积之比。显而易见，当销售面积的比例较大时，开发商面临的短期资金压力会少一些，但同时其长期利润也会较少；而出租面积的比例较大时，则正好相反。在确定写字楼的租售比例之前，应先了解市场上写字楼项目的出租和销售情况。

（二）写字楼销售人员培训实务操作

以位于某市即将开通的地铁1号线沿线的某写字楼项目为例，其开发商企业对该项目销售人员的培训内容提纲如下。

第一讲：本写字楼优越的地理位置。

第一课：某市地铁规划概况。

第二课：某市地铁1号线沿线住宅分布情况。

第三课：某市地铁1号线开通后对本写字楼的影响。

第二讲：5A级智能化写字楼。

第一课：本写字楼配备了5A级智能系统。5A即BA(Building楼宇自动化)、CA(通信自动化)、OA(办公自动化)、MA(管理自动化)、FA(消防自动化)。

第二课：本写字楼配备的主要机电设备。

第三讲：环保节能的绿色写字楼。

第一课：绿色写字楼的概念。

第二课：本写字楼的绿色支撑点。

第四讲：本写字楼的智能性及服务性的特点。

第一课：本写字楼内的豪华会所配套和商务会议中心。

第二课：本写字楼周边的商务大环境配套。

第五讲：本写字楼项目在建设过程中参照的高技术指标。

第六讲：开发商雄厚的实力。

第七讲：以人为本的建筑理念和人文的规划细节。

第八讲：本写字楼项目的其他优势。

（三）写字楼价格调整实务操作

写字楼总体的价格策略一般遵循低开高走的趋势，在销售前期以有震撼力的价格迅速吸引市场内潜在客户的注意力以聚集人气，在销售中期价格逐步上涨。

例如，某写字楼整体价格区间预计在 22 500～25 000 元/平方米，均价在 24 000 元/平方米。在销售的预订阶段，建议 10 层以下的销售单元以 23 500 元/平方米以下的统一价格面世。并将该写字楼项目投放市场后的时间分成以下几个阶段：开盘前引导期、开盘强销期、销售持续期、清盘期。根据不同阶段采取不同的价格策略，分阶段价格控制一览表见表 9－3。

表 9－3 分阶段价格控制一览表

时　　间	销售阶段	销售率(%)	阶段平均价格(元/平方米)
T 年 10—12 月	开盘前引导期	$0 \leqslant X < 20$	23 500
$T+1$ 年 1—4 月	开盘强销期	$20 \leqslant X < 65$	24 000
$T+1$ 年 5—7 月	销售持续期	$65 \leqslant X < 90$	24 500
$T+1$ 年 8—9 月	清盘期	$90 \leqslant X \leqslant 100$	24 000

根据表 9－3，在开盘前引导期，以限量发售让利的形式推出，公布均价为 23 500 元/平方米，计划预售面积控制在 20%以内；在开盘强销期，公布均价为 24 000 元/平方米，计划销售至总销售面积的 65%；在销售持续期，单位价格上浮 500 元，公布均价为 24 500 元/平方米，计划销售至总销售面积的 90%；在最后的清盘期内，单位价格下浮 500 元，成交价格控制在 24 000 元/平方米，直至完成所有销售面积。

除了上述直接的价格调整方式，还可以采取其他的价格策略，如当总体销售率达到 30%时，整体价格表上的价格均调高 2%，同时对销售不利的产品可调低价格；或者，针对在该写字楼正式开盘销售前进行预订的客户给予 2%的优惠，而开盘之后该优惠立即取消；再或者，对于销售面积内，相对位置、景观、户型等较好的销售单元可保持高价位销售；抑或者对其先行保留，待项目升值后再择机高价销售以增加利润。

价格策略形式种类非常多且灵活，并且还在不断推陈出新。对于开发商而言，最适合自己的策略才是最好的策略，因此在价格策略的制定以及调整的前后都需要策划人员带着敏锐的眼光及时捕捉项目自身、竞争对手以及市场的细微变化，先发制人，创造盈利条件，把握盈利机会。

（四）写字楼推广实务操作

1. 项目销售目标实务操作

（1）总目标。按开盘日开始计算，销售期一般按年计划，如表 9－4 所示的项目销售期为某年 4 月底至第二年 4 月底，其销售总目标的确定考虑到中庭部分有一定的销售难度，会减慢项目的销售速度，拉长整个项目的销售时间，因此在一年的销售期限内，项目销售目标为 70%左右，总销售额达 13.65 亿元左右。

（2）分阶段销售目标。根据所确定的销售总目标，还需要对各个阶段制定更为详细的时间安排和阶段目标，如表 9－4 所示案例项目中，在一年的销售期内，还划分出导入期、开盘期、强销期、持销期、尾盘期等分阶段。

表 9-4　分阶段销售目标计划

销售阶段	时间期限	销售条件	销售比例（%）	销售面积（平方米）
导入期	T 年 4 月 1—24 日	卖场内包装基本制作完毕，销售人员培训完毕进场，销售物料到位	15（前期已售）	0
开盘期	T 年 4 月 25 日—5 月初	项目策划方案、模型、售楼处、样板房、VI 视觉识别系统、广场绿化、项目市场形象导入、销售经理及销售人员初步到位，咨询电话、楼书、单张、看房通道等准备就绪	5	4 692
强销期	T 年 5 月初—7 月初	外立面和局部装修呈现，前期销售人气、广告配合	20	18 767
持销期	T 年 7 月初—8 月底	准现楼状态，大楼完全展示，前期销售人气，广告配合	10	9 383
第二次强销期	T 年 9 月初—10 月底	前期销售人气、广告推广	20	18 767
第二次持销期	T 年 11 月初—12 月底	前期销售人气、维持广告	10	9 383
尾盘期	T+1 年 1 月初—4 月底	大厦入住，物业管理形象	5	4 692
合计			70	65 684

（3）月度销售目标。在分阶段销售安排的基础上，还要计划月度销售目标，落实月销售进度及各项销售活动。如案例项目，按照实际情况 4 月初销售人员正式进驻项目现场，并计划 4 月中旬开盘，因此月度销售目标从 4 月开始进行制定，见表 9-5。

表 9-5　月度销售目标计划表

月份	销售进度（%）	销售面积（平方米）	销售金额（万元）	累计销售进度（%）	前提条件
4	5	4 692	1 390	5	（1）绿化环境完成 80% （2）正常的蓄势广告投入能够得到保证 （3）确保广告公司能在 3 月底正式配合工作 （4）保证前期各种销售资料交付 （5）售楼处投入使用 （6）各项广告造势活动 4 月初开始 （7）4 月初看楼通道布置完毕 （8）导示系统完备 （9）楼书等售楼资料准备完毕
5	10	9 383	2 780	15	（1）参加春季房交会 （2）样板房能够在 4 月中旬投入使用 （3）启动五大精品楼盘联展活动 （4）启动品牌发展战略 （5）广告强势推广 （6）价格促销机制

续表

月份	销售进度(%)	销售面积(平方米)	销售金额(万元)	累计销售进度(%)	前提条件
6	10	9 383	2 870	25	(1) 广告强势推广,保证媒体广告投放量 (2)“五大楼盘联展”
7	5	4 692	1 390	30	(1) 能够保证各种媒体的正常广告投放 (2) 各种促销活动能够正常进行
8	5	4 692	1 390	35	(1) 保证各种媒体的正常广告投放 (2) 启动各项促销活动
9	10	9 383	2 870	45	保证各种媒体的正常广告投放
10	10	9 383	2 870	55	
11	5	4 692	1 390	60	(1) 保证各种媒体的正常广告投放 (2) 价格促销活动和各项业主活动 (3) 能够参加秋季房交会
12	5	4 692	1 390	65	
1	1	939	280	66	
2	1	939	280	67	(1) 启动一口价促销策略 (2) 适当投入媒体广告
3	2	1 876	560	69	
4	1	939	280	70	

2. 写字楼推广费用估算实务操作

在写字楼项目的租售现场,需要用到各种各样的物料,这些物料主要包括宣传资料、合同资料和各种办公物料等。事先准备好写字楼项目租售所要用到的物料,是项目成功的前提。写字楼项目的租售费用是指促使项目所产生的费用,它除了宣传费用外,还包括租售中心的建造和装修费用。

写字楼项目租售时所需要的物料有很多,策划人员可以列一张清单表,注明各物料所需的数量、预算和负责单位。

例如,某写字楼项目的租售物料的准备计划见表 9-6。

表 9-6 某写字楼项目的租售物料准备计划表

序号	系统分类	数量	预算价格(元)	责任方	序号	系统分类	数量	预算价格(元)	责任方
1	楼书	1 000 份	3 000	广告商	6	销售人员服装	3 套	6 000	开发商
2	户型插页	1 000 张	1 000	广告商	7	名片	6 盒	180	广告商
3	单张、海报	20 000 张	3 000	广告商	8	工作牌	3 个	90	广告商
4	空白合同文本	150		开发商	9	销售中心装修	1 个	100 000	开发商
5	相关表格	视需要		开发商	10	接待台	1 个	1 000	开发商

续表

序号	系统分类	数量	预算价格（元）	责任方	序号	系统分类	数量	预算价格（元）	责任方
11	沙发	2套	4 000	开发商	17	现场展板	6块	600	广告商
12	洽商座椅	3套	1 500	开发商	18	销售进度展板	1个	50	广告商
13	饮水机	1台	300	开发商	19	户外吊旗	800面	100	广告商
14	音响	1套	1 500	开发商	20	销售中心吊旗	20面	180	广告商
15	一次性纸杯	10 000只	10 000	开发商	21	工地围墙广告	5块	2250	广告商
16	手提纸袋	3 000个	6 000	广告商	22	楼体条幅	1个	600	广告商

三、商业类房地产营销操作

（一）商业类项目经营模式的确定

与上一节提到的写字楼项目相似，商业项目在确定经营模式时也需要选择是采取出售还是出租，或者租售结合。在决定经营模式前，该商业项目的策划团队应先对各种模式进行分析，逐一列举其优缺点并做出评价，以此来作为决定的依据。

1. 整体出售

整体出售一般分为两种形式，即整个商场完全整售和按一定经营形态部分整售。它是将商场售给一个买家，购买对象可能是大型的风险投资机构，也有可能是大型的经营商户。

2. 整体出租

由开发商将商场整体出租给大型商业集团，所有商铺均以出租形式经营，且不可出售或转租给第三方；商业集团委托专业管理公司对整个商场进行统一管理，由管理公司完成商场的招商工作；商铺的所有权仍属于开发商，并从大型商业集团的经营中获取收益。

3. 开发商自营或半自营

自营或参与自营是由开发商与商业公司合作成立经营主体或以开发商自身成立商业发展公司为经营主体（聘请商业管理公司），负责商场内统一布局和招商工作，自行管理商场内部事务。商场一部分所有权属于开发商，也可以做部分销售。开发商从商场的经营中提取相应利润，参与自营一般有两种形式。

（二）商业类项目营销策划实务操作

1. 商业类项目付款方式实务操作

商业项目的付款方式一般与优惠折扣相关联。总的来说，越有利于开发商快速回笼资金，折扣越多。多种付款方式的运用有利于降低客户购买的门槛，无形中扩大了消费层面，也能促使客户下定购买决心，与分阶段销售配合可以有效说服观望的消费者下单。某商业项目的付款方式方案如下。

建议适当增加付款方式的种类，以满足不同客户的付款需求，以达成促进客户成交的目的。同时通过各种付款方式在折扣上的变化，控制买家对各种付款方式的选择。具体付款方式建议见表9－7。

表 9－7　某商业项目付款方式一览表

<table>
<tr><th colspan="2">付款方式</th><th>一次性付款</th><th>按揭付款</th><th>首付分期的按揭付款</th><th>免息分期付款</th></tr>
<tr><td colspan="2">折扣</td><td>九四折</td><td>九六折</td><td>九八折</td><td>无折扣</td></tr>
<tr><td colspan="2">定金</td><td colspan="4">30 000 元</td></tr>
<tr><td colspan="2">签署买卖契约时付款额度(扣除定金)</td><td>50%</td><td>40%,同时办理六成十年银行按揭</td><td>20%,同时办理六成十年银行按揭</td><td>20%</td></tr>
<tr><td rowspan="5">签署买卖契约后</td><td>1 个月内</td><td>25%</td><td rowspan="5"></td><td rowspan="5">剩余 20%分 5 个月,签约后的第 1 个月起每月交付 4%</td><td>10%</td></tr>
<tr><td>3 个月内</td><td>25%</td><td>20%</td></tr>
<tr><td>5 个月内</td><td></td><td>20%</td></tr>
<tr><td>7 个月内</td><td></td><td>20%</td></tr>
<tr><td>9 个月内</td><td></td><td>10%</td></tr>
</table>

在确定商业项目的付款方式时,要考虑到首付的问题,对大部分客户来说,都希望首付的门槛能再低一些,因此,策划人员可以在销售那些相对较困难的户型时,通过降低首付款来达到促销的目的。

2. 商业类项目销售渠道实务操作

销售渠道选择正确与否,影响着商业项目的销售速度。一般来说,销售渠道越多元化,越有利于项目的销售,但销售渠道多元化的同时,也会增加项目的销售成本。因此,策划人员在确定商业项目销售渠道的同时,也要考虑销售成本和销售速度的关系。

例如,某商业项目销售渠道的确定如下。

(1) 直销。直销是销售人员直接与目标客户联络,与目标客户实行面对面一对一的推销方法,在项目的目标客户极其鲜明的情况下,采用直销是最直接、最有效,也是推广成本最低的行销方法。

(2) 巡回展销会。巡回展销会实质就是开辟流动的第二售楼部。如果只开设分销点,由于销售人员仍是被动地等候客户,外地的投资者对项目了解不深,难以激发投资的热情与冲动。以巡回展销会形式,在各地逐一展开全方位的、丰富多彩的推广活动,让外地的目标客户更详尽了解项目优势,将有利于吸引更多的目标客户。

(3) 网络联销。随着计算机宽带网络技术的普及,营销方式增加一条新的路向,就是网络联销。将项目的各种信息发布在网上,通过互联网让更多潜在买家了解项目资讯,使潜在买家能够在自由的时间、自由的空间中随时挑选理想的物业。

(4) 跨行业联合直销。跨行业联合直销是一种利用其他行业的销售渠道来进行直销的方法,通过对一些行会或目标客户相对集中的组织,比如某些商会、行业协会,对这些机构的成员进行有针对性的推广直销,此时,这些机构也就成为我们收集目标客户的中介机构。这种行销手法的优点是选择目标准确、推广成本低、效率高。

3. 商业类项目销售控制实务操作

销售控制的作用是通过分批量地推出不同的房源,从而使好、中、差的房源都能按可接受的速度销售出去,不会出现尾盘期剩下大量较差的房源销售不出去的情况。

销售控制前要先对分批推出房源进行策划,其目的是让各种档次的商铺能比较平衡的被销售。

例如，某商业项目的销控策略如下。

(1) 先认筹后认购。根据本项目的上市量，必须有一个提前预热、部分消化的过程，因此本项目采用先认筹后认购的方式。即推出市场时以临时定金形式吸纳筹码，一方面可以聚集人气；另一方面可以根据认筹的速度调整推案策略。

(2) 根据认筹情况，分批上市。根据项目的认筹情况调整项目的整体上市量，如果认筹情况良好，则可以打开商铺号销售，以价格表上预留商铺号或调整单价进行销售控制；如果认筹情况不理想，则通过调整推案策略或价格策略分批上市。

(3) 商铺分批上市。

① 方案一：先推 B、D 栋，再推 A、C 栋。

原因：B、D 栋为靠近酒店的两个区域，考虑项目进入市场时酒店建设对其的影响，故建议先行消化这两个区域商铺。

② 方案二：先推 C、D 栋，再推 A、B 栋。

原因：C、D 栋为远离主干道路的商铺，位置因素将给销售进度带来一定的影响，先行销售可避免整体上市后，商铺消化的不平衡。

（三）商业项目招商执行策划

招商执行策划是专门针对商业项目而言的，招商的成功有利于促进商业物业的销售，特别是对于带租约销售的商业物业来说，即买即收租对于买家来说吸引力非常大。因此，策划人员应对商业物业的招商进行精心策划，使其招商得到完美的成功。

1. 项目招商要点

要点一：提前介入制定招商政策。招商工作在销售工作开展前介入。建议最好在规划设计和建设阶段，招商工作就已经开始介入，并做好招商准备工作，然后在销售期间与销售同步展开工作，预先制定招商政策和招商措施。

销售与招商安排不同公司的人员跟进。从资源优化的角度来看，专才专用，有利于提高工作效率；从面对的客户群来看，商家与投资者属于不同类型的客户，有不同的需求；从人员素质来看，招商工作需要强调招商人员的经验和谈判技巧，双向性、互动性较强；从销售工作来讲，更强调销售人员的个人销售技巧和同事的配合，属于单向性较强的工作。

要点二：有意识选择商户。商场经营是否成功，很大程度上取决于商户的构成，但不是所有想来的商家都允许他来，不同规模、不同定位的商场有不同的商户结构，进不进不是由市场，也不是由商户自主决定的，而是由开发商和策划公司预先"策划"决定的，想来的不一定让他来，没想过要来却与商场定位相符的商户，要千方百计请他进来。

(1) 商户选择的原则。

① 经营商品或服务要合理搭配，让进驻商户有足够经营空间。

② 商户的选择要保证有稳定的租金收入，让投资者能快速回收资金。

(2) 商户进驻的要求。

① 知名或连锁商户。知名品牌商户的进驻能有效提升商场的品位，吸引消费人流和提供稳定的租金收入，越多品牌商户进驻，商场形象越佳。知名商户的进驻，一方面对消费的核心——消费者形成强大的吸引力；另一方面知名商户的形象也能使商场的形象更加深化，在主力商家的进驻中得到充分体现。

② 个性鲜明的特色商户。不同的商户会带来不同的消费群，某些商户个性鲜明形象突出，容易给消费者留下深刻印象，丰富了商场整体的经营特色。例如，广州天河城当年引进“吉之岛”，吉之岛内设一站式购物超市——未来街市，每天吸引无数消费客流，使吉之岛已俨然成为天河城广场的代名词。特色商户的带动作用可见一斑。

③ 能吸引人流量的商户。有一些商户不一定是知名品牌，不一定付得起很高的租金，却能吸引大规模的人流量，带动商场购物增长，对这些商户要重点引进，如娱乐场所、美食广场等，对商场吸引人流量有重大贡献。

要点三：经营商品类别与商场定位一致。经营商品类别与商场定位一致对于大型商厦、购物中心来说，是比较复杂的招商问题，既要与商场定位保持一致，又要避免雷同，使商户之间能进行差异化经营。

实施经营商品与商场定位一致的策略，从制定整体的招商策略、租赁策略、经营品种策略及商户入场资格入手，严格控制商户的种类、数量、质量，有助于整个商场的经营结构和功能分区维持有序的格局，保证场内的质量和品质，避免商家随便转换经营品种、改变销售策略、改变铺位设计而偏离整个商场经营理念。

2. 项目招商流程确定

商业项目招商流程的确定，有利于招商人员按照招商流程办事，从而使招商工作有条不紊地开展。

例如，某商业项目招商流程的确定如下。

(1) 目标商户群的确定。

(2) 对商铺铺位进行规划，制订合理的分割方案。

(3) 针对目标商户群进行项目推广，扩大项目知名度，提升影响力。

(4) 双方洽谈，达成租赁意向。

(5) 商户到实地选择商铺位置，并签订租赁协议。

(6) 商户按规定交纳租金和服务费。

(7) 对已经签订租赁协议的商铺进行销售。

(8) 开发商对商场进行最后的装修和设施配套，为商户的进场创造良好的商业硬环境。

(9) 在招商过程已经基本结束时，选择合适的开业时间，欢迎商户进场经营。

3. 项目招商手册制定

招商手册文案是广告文案的一种，是任何商业物业在招商中的一种重要宣传物料。招商手册是有意向进驻本项目的商家了解本项目的重要工具之一，对商家是否进驻起着较大的影响作用。因此，策划人员和广告公司应充分重视招商手册文案的撰写和页面的设计。

四、存量房地产营销操作

(一) 存量房概述

1. 存量房含义

存量房是指已被购买或自建并取得所有权证书的房屋，是相对于增量房而言的。增量房是指房地产开发商投资新建造的商品房，存量房一般是指未居住过的二手房，即通常所讲的“库存待售”的房产。

存量房严格意义上来讲是存量资产，存量房主要包括开发商开发楼盘的尾盘、开发商抵押给银行的房屋、债权人手上的房屋、个人手上的房屋(未居住过的)、法院查封的以及中介代理人手中的房屋等五大块,都是未使用过的住宅或非住宅。

2. 存量房经营的特点

存量房相对于商品房销售的特点是产权关系复杂,标的物分散,属于现房销售,各标的物差异大,价格浮动的空间大,在营销过程中侧重服务,一般需要借助房地产经纪企业才能完成交易,因此房地产经纪人的专业水平和业务的熟悉程度,显得非常重要。

(二) 存量房产营销业务分类及流程

1. 存量房产营销业务分类

存量房产营销业务主要包括存量房买方代理、卖方代理、承租代理、出租代理以及存量房居间业务。房地产代理是指以委托人的名义,在委托协议约定的范围内,为促成委托人与第三人进行房地产交易而提供专业服务,并向委托人收取佣金的行为。房地产中介是指向委托人报告订立房地产交易合同的机会或者提供订立房地产交易合同的媒介服务,并向委托人收取佣金的行为。

2. 存量房产营销业务流程

(1) 存量房买方代理业务流程包括 6 个环节。

① 客户接待并获取信任。客户接待主要有两种形式,即到店接待和电话接待。经纪人可以通过展示销售业绩、团队力量、相关证书、房源业务营销资料,赢得客户的信任。

② 推荐房源。在接待中了解买方委托人的需求,根据客户的要求对房源进行筛选,找出适合客户的房源并推荐给客户。

③ 看房。

④ 交易谈判。房地产经纪人要站在买方委托人的立场上,协助或代理买方与业主合理磋商价格,对双方的差异进行弥补,力争使双方达成一致。如果委托人对此房源无意向,需要推荐新的房源。

⑤ 交易达成。双方协商一致后即签订房屋交易买卖合同。在此过程中,房地产经纪人要积极弥补双方的差异、解释合同内容、签署合同文本、促成交易成功。

⑥ 物业交验。交易双方在房地产经纪人的协助下,进行物业交验。至此,整个交易才算完全结束。房地产经纪人与委托人结算佣金和相关费用。

(2) 存量房卖方代理业务流程包括 7 个环节。

① 接待客户并获取信任。

② 收集物业信息。在与业主建立初步信任的基础上,通过与客户面谈和房地产勘察,收集与业主和房地产有关的信息,甄别出可做委托业务的房源,并与业主建立友善关系。

③ 洽商议价。洽商议价通过描述当前的市场状况,从而使业主能够确定房屋出售价格是一个有竞争力的价格,并能为业主带来收益。经纪人要向业主展示营销策略。

④ 营销展示和签署委托书。

⑤ 寻找与筛选购房客户。经纪人要积极对房源进行市场推广,对购房者需求进行把握和引导,同时将情况反馈给业主。

⑥ 带看房地产。带客户察勘房源,带看前做好陪客户看房前的准备,设计好看房路线、专业化展示房地产,看房过程中观察客户反应,征询客户意见,确定客户需求,解决客户的疑虑,帮助客户做出最后的决定。

⑦ 磋商成交。经纪人工作目标是在客户最终决策过程中担任引导的角色，提供优质服务，直至最后成交。房地产经纪人与委托人结算佣金和相关费用。

(3) 存量房出租和承租代理业务流程。存量房出租和承租代理业务的流程大体一致，在出租代理业务中，更应注意出租房产权、质量、安全和环境方面的查验；而存量房承租代理业务中，则要注意对与承租者需求匹配房屋信息的收集，考察承租人的支付能力。

① 客户接待。要了解客户需求，并根据客户需求对客户进行分类。

② 房屋租赁代理业务洽谈。当委托人已有初步委托意向时，房地产经纪人要与其进行业务洽谈，要与委托人签订房屋租赁代理合同，以保护双方的权益，避免纠纷。

③ 房屋查验。这一步骤主要是针对房屋出租代理要完成的。出租房查验内容主要包括出租房的实物状况、权属状况以及周边环境状况等。据此与出租方协商、确定月租金额。

④ 信息收集与传播。信息的传播主要是房地产经纪公司将委托出租物业的信息，通过报纸、经纪机构店铺门店广告、互联网、人员推荐等方式进行广告宣传。对于承租委托代理而言，房地产经纪人应积极收集与承租人租赁需求相匹配的房源信息。

⑤ 陪同看房。

⑥ 房屋租赁价格谈判及租赁合同签订。现场看房后，房地产经纪人要积极撮合租赁双方进行租赁相关事项的谈判，其中关键是租金价格的协调。当租赁双方对租金价格表示满意，也对房屋状况表示认可后，租赁双方应签订房屋租赁合同。在租赁合同签订后30日内，房屋租赁双方当事人持有关部门证明文件到市、县人民政府房产管理部门办理登记备案手续。

⑦ 佣金结算。房屋租赁代理收费，一般是按半个月至一个月成交租金额标准，由双方协商议定一次性计收。

(4) 存量房中介经纪业务流程。存量房居间经纪业务流程方面与代理业务基本相似，但更多的是撮合交易双方达成业务，为双方共同服务，所以两者有一定差异。

① 在客户接待环节，房地产经纪人的客户群体不仅包括买方，而且包括卖方，经纪人的职责是促成买卖双方交易的顺利完成。

② 中介业务与代理业务相比多了配对撮合这一步骤。配对是指将合适的房源和合适的客户进行匹配，为买方选择符合其需求的房屋，为卖方选择对应的购买对象，并尽力撮合买卖双方达成交易，经纪人的立场是同时为交易双方服务的。

③ 在合同签订环节，中介业务签订的是房屋中介委托合同，由交易双方和房地产经纪人三方共同签署，交易双方各负担佣金的一半。

(三) 存量房产营销策划实务与操作技巧

1. 客户接待

与客户沟通是房地产经纪人与客户建立联系的关键一步，客户接待最根本的目的是与客户沟通，了解并记录客户需求，确定客户意向，并力求尽快满足客户的需求，实现房地产交易。客户接待包括门店接待和电话接待。

店客户主要包括以下几个流程：第一步，站立迎接，微笑待人，使用标准问候语。当客户在店外停留站立或观看橱窗房源时，经纪人应及时到店外迎接，并将客户迎接到店内。第二步，引领客户入座，并将茶水放至客户面前。第三步，确定接待主体。新客户由值班经纪人接待，老客户由原经纪人接待。第四步，了解客户需求。与客户初步沟通，分清客户类别，了解客户需求。第五步,接受服务委托或帮助客户解决问题。第六步,客户离开时,经纪人应为客户打开门,并将客户送至公司门外,致意道别。此外,房地产经纪人在送别客户前,应尽可能多留几种客户的联系方式,包括手机电话、家庭电话、办公室电话等。第七步,客户信息录入。客户离开后,房地产经纪人应及时将获得的信息录入企业管理数据库内(包括房源和客户数据库),并定期回访,开展业务。

电话接待不同于到店接待,经纪人应将各种资料备于电话机旁,熟练掌握电话接待的流程。电话接待流程主要包括如下。

(1) 问候。电话铃声响 3 声内必须接起,向顾客问好,报出公司名称,自己的姓名。

(2) 回答咨询。记录来电客户的需求,并填写《客户电话来访登记表》。

(3) 记录来电者基本资料,方便跟进服务,也应主动为客户留下自己的姓名、联系方式、投诉电话。

(4) 感谢来电者。当电话通话结束后,房地产经纪人应使用标准结束语致谢,如"感谢您的来电,竭诚为您提供服务,再见!",同时,应先由对方挂断电话。

(5) 信息录入。挂断电话后应及时将信息录入内部系统。

无论到店接待还是电话接待,房地产经纪人为客户解答问题时,应尽可能使用书面用语。客户提出问题后,应换位思考,多站在客户的角度加以考虑,体现出自己的专业水平。

2. 客户配对与约看

(1) 配对。配对是指将合适的房源和合适的客户进行匹配,即为购房或承租客户选择符合其要求的房屋,为售房或出租客户选择合适的购买对象。房地产经纪人为委托人进行房源或客源的匹配过程,实际上是协助潜在客户做出售房或购房(出租或承租)决策的过程。一般来说,潜在客户做出房屋交易决策的过程,既要衡量自己的资金限制条件,还要考虑房地产经纪人提供的房源信息条件,只有当两者条件吻合时,客户才会做出最终的决策。

要取得精准有效的客户配对,首先要对客户需求全面了解,这样配对成功率才会越高。需要对客户需求挖掘,分析需求,将信息进行匹配,然后对客户进行分类,倾注不同程度的关注度。

(2) 约看。邀约阶段要着重突出物业的优势,这些优势在"带看"阶段得到证实与强化。

邀约技巧:邀约时要注重突出优势,首先把物业的优势亮出来,引起客户的关注;其次再向客户介绍该物业的其他信息。

3. 实地看房

实地看房的步骤主要包括以下几点。

(1) 带看前仔细阅读已经收集到的房屋介绍资料,再次确认相关信息。

(2) 首次看房要提前半小时到达,先找到房屋准确地点,了解房屋周边环境,配套设施、银行、学校和交通状况,并确定到达房屋的最佳路线,设计带看路线。

(3) 准时到达约定地点迎接客户,自我介绍并主动递名片;提前向客户出示并解释《委托协议书》条款,并安排客户签订《看房确认书》。

(4) 向客户介绍周围环境、市政配套设施、学校、医院及交通状况。

(5) 按选择好的路线带客户到达所看房屋,介绍中不要一味强调优点。

(6) 征得业主同意后进入房间,向业主自我介绍并主动递名片,向业主介绍客户。

(7) 看房过程中注意要引导客户的视线和思维。

(8) 站在客户角度替客户了解一些问题,如建成年代、结构、物业服务、环境、停车等。

(9) 带看中可查询相关证件资料,确认业主的身份,查看产权证,了解产权单位对房屋出售是否有限制条件及该房上市审批情况。

(10) 看完房后向业主致谢告辞。带看完后要及时了解客户的反馈情况。

4. 交易撮合

最终能否达成交易,撮合是关键的环节,必须要重视。经纪人在看房后应确定客户意向,尽可能让客户第一时间交定金;如果当下客户没有交定金,回去后应及早回访客户,积极与客户讨论房屋的优缺点,分析不能达成交易的主要问题,对顾客双方的差异进行弥补以促成交易。

交易撮合时要注意几个问题:首先,分析双方的交易分歧,区分是关键问题还是次要问题,主导解决双方的分歧,不能让双方自行协调;其次,要依照公平、公正的原则和市场惯例解决分歧;最后,当分歧较大时尝试将双方分开进行协调,最终促成交易。

5. 合同签订及款项支付

合同的签订及各种款项的支付是房地产经纪人销售工作初步完成的标志,也关系到经纪人的代理业务能否获得最终的成功,因此是十分重要的环节。

在签订合同前,特别要注意几点,一是注意避免双方私下交易;二是业主临时涨价或买方(承租方)再度砍价时,经纪人需注意在谈判中一定要掌握主动,控制谈判的节奏,要保持客观冷静的态度,公正,不偏不倚,在出现僵局时要将买卖双方分开进行说服。

6. 存量房买卖产权过户和租赁合同登记

存量房买卖产权过户需要遵守一定的程序,并提供相关的资料和证件,一般包括申请办理、提交资料、缴纳相关税费、领取房地产权证书。

在租赁环节,当房屋租赁双方对房屋租赁事宜达成一致时,就可以签署房屋租赁合同了。

在租约签订过程中,准备好相关资料与证件,合同应一式三份,房地产经纪机构存档一份。经纪公司收取佣金,开收据,协助租赁双方办理租赁合同登记备案。

7. 物业交验及后续服务

(1) 物业交验。物业的交验非常重要,否则很容易产生纠纷,经纪人应当协助完成物业的交验。买卖物业相对来说较复杂,房主、客户、置业顾问三方根据合同中填写的物业附件,清点屋内设施,并且试用设施,抄清楚水表、电表、煤气表的度数,交钥匙。交接过程中可安排交易双方签订物业交接单,明确交接事项。

针对租赁物业的交验,如果双方在物业交验过程中产生矛盾,房地产经纪人应主导解决双方的分歧,不能让双方自行协调。当分歧较大时,尝试将双方分开进行协调。房地产经纪人要与租赁双方仔细核对出租物业中的各种设施和设备,注明品牌、型号和数量。同时协助双方确认今后各项费用由谁来交纳。

(2) 后续服务。当房地产经纪人完成了一宗销售或者租赁业务后,房地产经纪人的工作并没有全部结束。客户开拓是非常重要的工作,要将老客户发展成为公司和经纪人的终生客户,经纪人还可以为客户提供很多后续服务。首先,经纪人应恭贺新业主搬家,并积极主动帮助交易双方厘清煤气开户、水电费户口转名,为客户请搬家公司搬家,请清洁公司为新业主打扫居室卫生,提供换锁服务,介绍家装公司,并在节假日发慰问短信,和客户保持联系。

第五节 房地产置业经营

一、自用住宅经营

（一）持有住宅投资分析

1. 房地产权益收益率

（1）房地产权益。

设：V 为房地产的财产价格（价值）；a 为房地产的收益率。

假定自用住宅的业主将住宅财产视为一种投资，则该项目将应计租金收入和可能的资本收益视为它的总收入，即合计总收入为 aV。购买房地产时抵押贷款金额为 B，因此该住宅业主或投资者的房地产权益可表示为 $V-B$。

（2）净收入。自用住宅的投资者在不纳所得税情况下经济收入表示如下。

总收入：应计租金收入

加：期内应计资本收益（不必变现）

减：营业费用（现金，不避税收）

维修费

水、电、气设施费

减：非现金开支

经济折旧费

减：避税费用

利息费用

财产税

等于：净收入

（3）权益收益率的计算。

设：aV 为总收入扣除经营费用、非避税费用和经济折旧费后的余额；V 为房地产价值；B 为贷款金额；r 为贷款的利率；λ 为财产税率；E 为房主的房地产权益（$V-B$）；r_e 为房主的房地产权益收益率；υ 为贷款与房地产价值比率（B/V）。

则有：

$$aV-\lambda V-rB=r_eE \qquad \text{公式 9.15}$$

将上式等号两边分别除以 V，得：

$$a-\lambda-r\upsilon=r_e(1-\upsilon) \qquad \text{公式 9.16}$$

式中 $1/(1-\upsilon)$ 为借贷经营乘数 L

［例 4］ 住宅收益率 a 为 10%，财产税率 λ 为 1%，抵押贷款利率 r 为 8%，贷款对房地产价值的比率为 0.8（或抵押贷款占房地产价值的 80%）。或借贷经营乘数为 5，求投资者权益收益率。若将贷款对房地产价值的比率增加到 0.9，权益收益率增加还是降低？

解：（1）当抵押贷款占房地产价值的 80%时，权益收益率为

$$r_e=\frac{a-\lambda-r\upsilon}{(1-\upsilon)}$$

$$=\frac{(0.1-0.01-0.08\times0.8)}{(1-0.8)}=13\%$$

(2) 当抵押贷款占房地产价值的90%时,权益收益率为

$$r_e=\frac{a-\lambda-r\upsilon}{(1-\upsilon)}$$

$$=\frac{(0.1-0.01-0.08\times0.9)}{(1-0.9)}=18\%$$

可见,如果$(a-\lambda-r\upsilon)$非负值,则权益收益率随借贷经营乘数增加而增加。

2. 借贷经营与风险

借贷经营会给房地产经营者带来一定的风险。在计算预期房地产权益收益率时,贷款对房地产价值的比率υ在初期保持不变,但它也不是随机变化的随机变量。对于以固定利率付抵押贷款来说,利率r也是固定的,财产税率λ也是不变的参数。

因此,只有收益率a是随机变化的,它取决于各种市场条件的变化,受通货膨胀的影响等。

设:$\sigma(a)$为总收益的标准偏差;$\sigma(r_e)$为权益收益的标准偏差。

则有:

$$\sigma^2(r_e)=\frac{\sigma^2(a)}{(1-\upsilon)^2} \qquad \text{公式 9.17}$$

借贷经营乘数L可以表示为

$$L=\frac{1}{(1-\upsilon)}\times\frac{\sigma(r_e)}{\sigma(a)} \qquad \text{公式 9.18}$$

当$\upsilon=0$时,即全部用现金购买房地产时,$\sigma(r_e)/\sigma(a)=1$,说明对于完全没有借贷因素购买房地产时,权益收益风险与总收益风险相同。

当$\upsilon=1$时,即全部用贷款购买房地产时,$L=\infty$,说明总收益风险与权益收益风险比率也无穷大。因此,在相对于总收入的实际收益中,增加借贷因素就会相应增加投资风险。

3. 所得税的影响

上述分析没有包括所得税的影响。在考虑所得税情况下,自用住房投资者应纳税收入如下。

总收入:应计租金收入

加:应计期内资本收益(不必变观)

等于:合计总收入

减:经营费用(现金,不避税)

维修费

设施费

减:非现金开支

经济折旧费

等于:应纳税收入,即$aV=0$

减:避税费用

利息费用rB

财产税λV

等于：净收入$-rB-\lambda V$

自用住房投资者申报$rB+\lambda V$的亏损额只供计算税款时参考。

若个人所得税的边际税率为τ，则总税款额$\tau(rB+\lambda V)$将由别处可获得的税款弥补。

自用住房投资者t期内经济收入如下。

净收入(经营收入)：应计租金收入

加：应计资本收益

减：维修费

减：设施费

减：经济折旧费

等于：不避税的纯收入

减：避税费用

贷款利息rB

财产税λV

加：避税回收金额

抵押贷款利息τrB

财产税$\tau\lambda V$

等于：自用住房投资的净收入$aV-(1-\tau)(\lambda V+rB)$也可用下式表示：

$$r_eE=aV-(1-\tau)(\lambda V+rB) \quad \text{公式 9.19}$$

等式两边同时除以财产价值V得：

$$r_e(1-\upsilon)=a-(1-\tau)(\lambda+r\upsilon) \quad \text{公式 9.20}$$

实际预期权益收益率为

$$r_e=\frac{a-(1-\tau)(\lambda+r\upsilon)}{(1-\upsilon)} \quad \text{公式 9.21}$$

［**例 5**］　在［例 4］中，若自用住房投资者边际税率为 25%，则权益收益率为

$$r_e=\frac{a-(1-\tau)(\lambda+r\upsilon)}{(1-\upsilon)}$$

$$=\frac{0.1-0.75\times(0.08\times0.8+0.01)}{1-0.8}=22.3\%$$

由此可见，税额扣减增加了权益收益率。

当然，目前我国尚未把贷款利息和房产税(上海、重庆试点)纳入个人所得税抵扣项目。

用r_e表达式同样可以分析风险。

若将税率视为不变参数，投资风险仍由表达式$\sigma(r_e)=L\sigma(a)$进行分析，增加借贷因素$L=1/(1-\upsilon)$，就必然增加投资风险。

若所得税率是未知因素，则两个随机项是La和$Lr\upsilon\tau$，方差如下：

$$r_e=La-L(1-\tau)(\lambda+r\upsilon) \quad \text{公式 9.22}$$

$$\sigma^2(r_e)=L[\sigma^2(a)-r^2\upsilon^2\sigma^2(\tau)-2ar\upsilon X(a,\tau)] \quad \text{公式 9.23}$$

式中：$X(a,\tau)$——总收入a与税率τ之间的协方差。

根据收益率公式可以分析各变量对它的影响。当总收益率a增加一个百分点时，权益收益率就增$1/(1-\upsilon)$；当利率和财产税率分别增加一个百分点时，收益率就会相应减少$(1-\tau)\upsilon/(1-\upsilon)$和$(1-\tau)/(1-\upsilon)$；当边际税率$\tau$增加一个百分点时，收益率就会相应增加

$(r\upsilon+\tau)/(1-\upsilon)$

由此分析可见，房地产投资应投向边际税率最高的项目。

对有可比风险和变现性的房地产，若选择一个预定收益率r_e，就可找出一个临界边际税率：

$$r_e=\frac{a-(1-\tau)(\lambda+r\upsilon)}{(1-\upsilon)}$$

$$r_e(1-\upsilon)-a+\lambda+r\upsilon=\tau(\lambda+r\upsilon)$$

$$\tau^*=\frac{r_e(1-\upsilon)-a+(\lambda+r\upsilon)}{\lambda+r\upsilon} \qquad \text{公式 9.24}$$

若某投资者的边际税率$\tau>\tau^*$，且对风险的态度与其他人相同，则就可进行投资；若$\tau\leqslant\tau^*$，投资者就不参与投资。

（二）最佳持有期

在自用住房投资分析中，若没有买卖交易成本，所有参数或变量在整个时期保持不变，上面单期分析方法已完全适合于实际的投资分析，但这种单期分析方法无法确定最佳持有时间或时期的长短。

假设没有其他交易费、成本费和经纪费，自用住房投资者可按下面方法确定最佳自用期或出售时机。

设：Y 为某期单位房地产价值净收入；$(1-\upsilon)$为单位现金房地产价值预付的定金。

第 t 期收支平衡表达式为

$$(1-\upsilon)=Y(P/A,r_e,t) \qquad \text{公式 9.25}$$

其中，

$$Y=a-(1-\tau)(\lambda+r_e\upsilon)$$

式中，r_e既可选定为持有期 t 内投资者自用住房的收益率，也可选定为目标收益率。在上述收益率选定后，即可确定自用住房投资者的最佳持有期。

在实际投资活动中，投资者还应考虑以下几项费用。

(1) 初期购买房地产时的贷款手续费和其他一些费用等交易费用，用 p 表示。

(2) 出售房地产时所支付相应的提前偿付罚款，用 q 表示。

(3) 出售房地产时所支付的房地产经纪人佣金费用和其他交易费用，用 n 表示。

在计算持有期时，上述费用可以用实际支出总金额计算，但一般都用每单位价值的百分比计算。

在出售房地产时，现金收支平衡公式的净现值可用以下公式表示：

$$(1-\upsilon)+p\upsilon=Y(P/A,r_e,t)+\frac{1-n-q_t\upsilon}{(1+r_e)^t} \qquad \text{公式 9.26}$$

若在将来某日期出售，则未来值公式表示如下：

$$[(1-\upsilon)+p\upsilon](1+r_e)^t=Y(P/A,r_e,t)+1-n-q_t\upsilon \qquad \text{公式 9.27}$$

若净现值或未来值表达式中的 Y 不是固定不变的，则 Y 是 t 的函数，即

$$Y_t=a_t-(1-\tau)(\lambda+r_e\upsilon) \qquad \text{公式 9.28}$$

其现值可表现为

$$\sum_{t=1}^{t}Y_i(P/F,r_e,i)=\sum_{i=1}^{t}[a_i-(1-\tau)(\lambda+r_e\upsilon)](P/F,r_e,i) \qquad \text{公式 9.29}$$

利用上述平衡公式，选定目标收益率后就可求出最佳持有期。

在确定最佳持有期时，还可以将各种变量对自用住房投资者的收益率的影响进行分析。

当净收入、资本收益、估算的租金收入、边际税率增加时，收益率r_e增加；当贷款手续费、维修费用、设施费用、合同利率、财产税率、提前偿付罚款的月数、房地产佣金等增加时，收益率r_e减少。

（三）利率变动时贷款分析

1. 抵押贷款方案的比较

假设有B_1、B_2两种按固定利率付款的抵押贷款，利率分别为r_1、r_2，贷款手续费分别为p_1、p_2，贷款期限都为N年，每年计息k次（一般按月计息）。现对该两种抵押贷款方案进行比较。

两种贷款的偿付款（每年等额偿还k次）之差为

$$\Delta M = B_1(A/P, r_1/k, N) - B_2(A/P, r_2/k, N) \quad \text{公式 9.30}$$

获得贷款时两种贷款额度值差为

$$\Delta B = (1-p_1)B_1 - (1-p_2)B_2 \quad \text{公式 9.31}$$

对于借款的投资者而言，两种贷款的差额ΔB应等于抵押贷款的偿付款之差ΔM的净现值。

即

$$\Delta B = \Delta M(A/P, r_e/k, N) \quad \text{公式 9.32}$$

其中，收益率r_e是选择贷款方案的临界值，是等式的一个解。r_e可以通过迭代法求出，选择一个初估值r_0代入等式，视等式平衡情况再调整r_e。当下式成立时，r_e为满意解：

$$|\Delta B - \Delta M(A/P, r_e/k, N)| < \xi \quad \text{公式 9.33}$$

式中：ξ——给定的误差。

从公式 9.33 可以看出，r_e越高，年金现值越低，B_1方案效果越差。因此，当利率超过B_1时，应选择B_2方案，否则选择B_1方案。

2. 再筹资

对于已经正在偿付抵押贷款的投资者而言，当利率变化时，是继续使用现有的固定利率付款的抵押贷款，还是另外再筹措一笔抵押贷款，这就需要对“何时再筹资”进行分析。

再筹资时需要支付一笔提前偿付罚款、新贷款手续费、所有权调查费用、酬金和记账成本等直接费用和调查、填写贷款申请书和获得有关文件所花费的时间等间接费用（间接费用在计算时可忽略不计）。

再筹资的优点是新抵押贷款的利率低于原有抵押贷款的利率，节省偿付款的金额，否则再筹资方案不可取。

设：q_t为每单位贷款提前偿付的罚款；B为原贷款总额；B_1为新贷款额，原贷款偿付后余额；p_1为每单位新贷款手续费；r为原贷款利率；r_1为再筹资时利率；Z为所有权调查、佣金等其他费用；t为再筹资时间点，从原贷款之日算起。

原抵押贷款偿付款为

$$M = B(A/P, r/k, N) \quad \text{公式 9.34}$$

再筹资时抵押贷款偿付款为

$$M_1 = B_1(A/P, r_1/k, N-t) \quad \text{公式 9.35}$$

在临界状态，再筹资时所发生的各种费用之和应等于原抵押贷款偿付款与新抵押贷款偿付款之差的现值，即：

$$q_tB+p_1B_1+Z=(M-M_1)(\mathrm{A/P},r_1/k,N-t)$$ 公式 9.36

当$|q_tB+p_1B_1+Z-(M-M_1)(A/P,r_1/k,N-t)|<\xi$时，所求出$r_e$为临界收益率，当再筹资利率$r_1$低于$r_e$时，再筹资方案可行。

二、单期投资收益

（一）房地产投资者应纳税收益

1. 纳税收益表

总收入：总的租金收入

减：闲置费用、补贴费用和托收手续费

等于：净租金收入

减：营业费用（维修费、设施费、财产税）

减：利息费用

减：非现金费用（避税允许的折旧费用）

等于：应纳税的净收入（或亏损）

乘：投资者的边际所得税率

等于：应付税款（或退税款）

通过上述过程，即可计算出投资者应纳税数额，为投资的经济性收入的计算奠定基础。

2. 应纳税收益的计算公式

在具体计算纳税收益时（亏损）时，租金收入应为扣除维修费和设施费后的变量a。因此设：a为扣除维修费和设施费后的单位净租金收入；h为现期应计入但尚未变现的单位资本收益；δ_t为为实现税收目的的折旧率；T为房地产持有期限（$t=1,2,\cdots,T$）；d_t为经济折旧率；rB为利率为r贷款额为B的首期利息费用；λ为财产税率；S为建筑物本身价值（用于折旧）。

应纳税收入为

$$Y_{税}=aV-\delta_tS-rB-\lambda V$$ 公式 9.37

公式 9.37 除以财产价值V后，单位财产应纳税收入为

$$y_{税}=a-\delta_t\mu-r\upsilon-\lambda$$ 公式 9.38

式中：μ——建筑物对房地产价值的比率，S/V；

υ——贷款额对房地产价值的比率，B/V。

应纳税收入计算结果若为正，则按税率τ征收税款，τ是$Y_{税}$的函数，应付税款为$\tau Y_{税}$，反之，则可以得到$\tau Y_{税}$的退税。

（二）房地产投资者经济性收益

1. 经济性收益表

总收入：总的租金收入

减：闲置费用、补贴费用和托收手续费

等于：净租金收入

加：期内应计资本收益（不必变现）

等于：合计总收入

减：营业费（维修费、设施费、财产税）

等于：营业收入

　　减：利息费用

　　减：非现金费用(经济折旧)

等于：直接非现金费用后的收入

　　减：应纳税收益表中应付税款(或加退税)

等于：净经济性收入

2. 经济性收入的计算公式

净经济性收入是租金收入净值 aV 和资本收益 hV 在扣除利息费用 rB、财产税 λV、应纳税款项 $\tau Y_{税}$、经济性折旧 d_tS 后的余值，即：

$$Y=(a+h)V-rB-\lambda V-\tau Y_{税}-d_tS \qquad \text{公式 9.39}$$

若为避税而允许加速折旧，则公式 9.39 中最后一项经济性折旧额 d_tS 往往是负值或退税额。

公式 9.39 两边同时除以房地产价值 V，则单位房地产价值的净收入为

$$y=a+h-rv-\lambda-\tau y_{税}-d_t\mu \qquad \text{公式 9.40}$$

式中：$y_{税}$——单位房地产价值应纳税数额，$Y_{税}/V$。

与纳税收益计算不同的是经济性收入包括期内应计入但未变现的资本收益 hV，资本收益税可推迟缴纳，只有在房地产出售或以其他形式转让变现时方须考虑。

(三) 所有者权益收益

在第 t 期内，设 L_t 为土地价值；S_t 为房屋价值；L_t+S_t 为合计资产价值或合计债务与所有者权益；$L_t+S_t-B_t$ 为所有者权益；$L_{t-1}+S_{t-1}-B_{t-1}$ 为上一期所有者权益。

则 t 期应计而未必变现的资本收益为

$$H_t=(L_t-L_{t-1})+(S_t-S_{t-1})=V_t-V_{t-1} \qquad \text{公式 9.41}$$

公式 9.41 也可以表示为房地产市场价值变化额。

B_t-B_{t-1} 并不直接构成收入，而是剩余权益的增量。这种所有者权益的增加是由于现金资产逐渐补偿贷款余额所引起的，交易并不会增加所有者的收入。

所有者权益收益可表示为

$$Y=aV-rB-\lambda V-\tau Y_{税}+H_t \qquad \text{公式 9.42}$$

公式 9.42 两边同时除以 V，则：

$$y=a-rv-\lambda-\tau y_{税}+h \qquad \text{公式 9.43}$$

将 $y_{税}=a-\delta_t\mu-rv-\lambda$ 代入公式 9.43，则

$$y=(1-\tau)(a-rv-\lambda)+\tau\delta_t\mu+h \qquad \text{公式 9.44}$$

公式 9.44 表明，一定期限内单位房地产价值的净收入由三项因素构成。

第一项中的 $(a-rv-\lambda)$ 表示税前房地产的现金流量；$(1-\tau)$ 表示纳税后单位投资的净收入；$(1-\tau)(a-rv-\lambda)$ 表示纳税后房地产净收入。

第二项中的 $\tau\delta_t\mu$ 表示避税折旧费的数额。

第三项中的 h 表示资本收益。

上述三项收益中，第二项 $\tau\delta_t\mu$ 总为正位，其他二项则不定。

若持有一个时期的房地产没有买卖交易成本和纳税资本收益税，则 Y 即为投资者权益的收益，即：

$$y=(1-\tau)(a-r\upsilon-\lambda)+\tau\delta_t\mu+h=r_e(1-\upsilon)$$

投资者权益收益为

$$r_e=\frac{(1-\tau)(a-r\upsilon-\lambda)+\tau\delta_t\mu+h}{(1-\upsilon)} \qquad \text{公式 9.45}$$

（四）临界边际税率

上述分析中，τ 表示税率。对投资者权益的收益公式进行整理有：

$$r_e(1-\upsilon)=a-r\upsilon-\lambda-\tau a+\tau r\upsilon+\tau\lambda-\tau\delta\mu+h$$

合并同类项并整理后得：

$$\tau(r\upsilon+\lambda+\delta\mu-a)=r_e(1-\upsilon)-a+r\upsilon+\lambda-h$$

$$\tau^*=\frac{a+h-r_e(1-\upsilon)-r\upsilon-\lambda}{(a-r\upsilon-\lambda-\delta\mu)}=y/y_{税} \qquad \text{公式 9.46}$$

式中：r_e——权益收益率或权益投资的机会成本；

y——经济性收入；

$y_{税}$——应纳税收入；

τ^*——临界边际税率。

临界边际税率是指单位资金（价值）的经济性收入与应纳税收入的比率。当投资者的边际税率大于临界边际税率τ^*时即可投资；若投资者边际税率小于τ^*则不予投资。

权益投资的机会成本r_e的选取不一定取值为抵押贷款的利率，它与投资者对收益的估测和对风险的认识有直接关系。

［**例 6**］ 某投资项目净营业收入为 11%，贷款对房地产价值的比率为 0.8，抵押贷款利率为 10%，机会成本为 15.4%，财产税率为 1%，以税收为目的的折旧率为 5%，若该项目为住宅楼的某一部分，不计资本收益，计算其临界边际税率。

解：(1) 计算经济性收入 y。

$$y=a+h-r_e(1-\upsilon)-r\upsilon-\lambda$$
$$=0.11+0-0.154\times(1-0.8)-0.1\times0.8-0.01=-0.0108$$

(2) 计算应纳税收入$y_{税}$。

$$y_{税}=a-\delta\mu-r\upsilon-\lambda$$
$$=0.11-0.05\times1-0.1\times0.8-0.01=-0.03$$

(3) 计算临界边际税率。

$$\tau^*=\frac{y}{y_{税}}=\frac{-0.0108}{-0.03}=0.36$$

计算结果表明，投资者的边际税率只有达到 36%时方可考虑投资，否则必须改变预期收益，直至投资变为可行为止。若项目净营业收入 a 从 11%下降到 10%，则τ^*上升到 47%，可见预期收益对边际税率是非常敏感的。

三、多期投资收益

（一）多期投资的现金流量

单期投资一般是指一年内不存在买卖交易费用的投资。多期投资一般是指长期投资，在此期间存在房地产持有费用和交易费用，此间的投资者权益收益 Y 便是一种年收益。在投资者持有房地产一个长期时间中的现金流量应考虑以下三种费用。

1. 购买费则支出

购买房地产时,其费用支出包括预付的定金或一次性付款、贷款手续费,必要时也要支付集资费用和税款。正常情况下为前两项,即:

$$购买费用=(1-\upsilon)V-pB \quad 公式 9.47$$

2. 持有期间的收益

若持有期间没有房地产买卖,因而也就不存在资本收益;若只存在着正常收益,则现金流量即为纳税后的净营业收入和避税折旧费二者之和,即:

$$期内收益=(1-\tau)(a-r\upsilon-\lambda)+\tau\delta\mu \quad 公式 9.48$$

若房地产持有期为几年或更长,则应考虑资本时间价值,即应贴现:

$$期内收益=\sum_{t=1}^{M}[(1-\tau)(a-r\upsilon-\lambda)+\tau\delta\mu]_t(P/F,i,t) \quad 公式 9.49$$

式中:M——房地产持有年限;

i——贴现率。

3. 出售费用与收益

出售房地产时的收益为房地产销售价值;费用支出一般包括经纪费及其他交易费用、提前偿付罚款、未偿付贷款余额、资本收益税等。即:

$$销售收益=V_t-nV_t-q_tB-b_tB-\beta C_{税} \quad 公式 9.50$$

式中:n——经纪人佣金率;

q_t——提前偿付贷款的罚款比率;

b_t——未偿还贷款比例;

β——应纳税资本收益税率;

$C_{税}$——应纳税资本权益(纳税基数)。

(二)出售时机的选择

1. 应纳税资本权益的计算

房地产出售时应缴纳资本收益税的资本权益应为去掉房地产销售费用后的销售收入扣除房地产未折旧部分和提前偿付罚款后的余额,即:

$$C_{税}=(1-n)V_t-(1-D_t)V-q_tB \quad 公式 9.51$$

其中,尚未偿清的未折旧部分余额等于土地价值加未折旧的建筑物价值:

$$(1-D_t)V=土地价值+S(1-\sum_{i=1}^{t}\delta_i) \quad 公式 9.52$$

根据资本收益税率β和资本权益$C_{税}$,即可计算出应缴纳的资本收益税。

2. 销售净收入的计算

销售净收入是指房地产销售价值扣除各种佣金、费用、罚款、税款后的余额,即:

$$\begin{aligned}销售净收入&=W_t\\&=(1-n)V_t-(q_t+b_t)B-\beta C_{税}\\&=(1-\beta)[(1-n)V_t-q_tB]+\beta(1-D_t)V-b_tB\end{aligned} \quad 公式 9.53$$

3. 投资者的现金流量

投资者现金流量计算公式如下:

$$(1-\upsilon)V-pB=y_cV(P/A,r_e/K,t)+W_t(\mathrm{P/F},r_e/K,t) \quad 公式 9.54$$

将公式 9.54 两边同时除以房地产初期价值 V，则有：

$$(1-\upsilon)-p\upsilon=y_cV(P/A,r_e/K,t)+w_t(\mathrm{P/F},r_e/K,t) \quad 公式 9.55$$

式中：w_t——销售房地产时单位价值的收入。

4. 出售时机的选择

上述投资者的现金流量随不同时期而变化，通常情况是投资初期出现亏损，但这种亏损逐渐会被持有期内的收入所补偿。

投资者据公式 9.55 中解出r_e即为在第 t 期内持有房地产应实际获得的收益率。

投资者先为自己设定某个目标收益率，当实际收益率超过目标收益率时，投资者应继续持有房地产；反之，应出售房地产。若实际收益率等于目标收益率，此时持有房地产的期限为最佳持有期限。

收益率r_e是持有期 t 的函数，并不是在所有时间内保持不变，各种变化因素变化或多或少都对r_e产生影响。

（三）出售与持有房地产时机的界定

持有房地产期间，其支出和收入现金流量如下：

$$收入现金流量=(1-\tau)(a-r\upsilon-\lambda)+\tau\delta\mu \quad 公式 9.56$$

若折旧适用于全部购买房地产的价值，则 $\mu=1$。

$$支出现金流量=1-\upsilon+p\upsilon \quad 公式 9.57$$

在房地产持有期内，收入现金流量应与支出现金流量相等方可，即：

$$1-\upsilon+p\upsilon=\sum_{i=1}^{t}y_{ci}(\mathrm{P/F},r_e,i) \quad 公式 9.58$$

持有房地产的收益可与出售房地产的收益相比较。由于出售房地产需支付相应的交易费用，因此持有收益率可能会超过出售收益率。若持有房地产时收入降低，则持有收益率就会低于出售收益率。

在第 t 期，房地产持有的条件有：

若持有r_e＞出售r_e，则持有房地产；

若持有r_e≤出售r_e，则出售房地产。

课后练习

一、思考题

1. 房地产项目营销策划包括哪些内容？
2. 房地产定价的目标有哪些？有哪些定价方法？
3. 住宅、写字楼、商业房地产和存量房地产营销操作各有哪些特点？

二、计算题

1. 某写字楼的重置价格为 8 000 万元，年经营收入为 1 700 万元，年经营成本为 650 万元，营业税、城市建设维护税、教育费附加为年经营收入的 5%；按税法规定的房地产折旧年限为 25 年，该项房产的经济寿命为 60 年，所得税率为 33%。

试问：(1) 按税法规定应纳所得税为多少？

(2) 按经济寿命计算，少征收所得税为多少？

三、案例分析题

某商品房项目位于H市城乡接合部，两面临河。该住宅小区总平面图如下图9－10所示，该项目位于正在建设中的计划能容纳5万人的大型居住项目群内，其中包括社区医院、商业中心、学校在内的各项配套公建项目，且该项目整体外观设计和用料品质都高于周边的同类项目。该商品房以住宅为主，并有少量沿街商铺，计划共建22幢建筑，分两期建设并交付，两期交付之间的时间间隔为6个月。该楼盘所处区域市场均价为7 000元/平方米。请根据该项目的情况制订项目的营销策划方案。

图9－10　案例分析题总平面图

第十章　房地产租赁与经营

房地产项目租赁是房地产项目获得回报的主要形式，也是支撑房地产投资价值的基础。本章围绕房地产租赁经营，讲解各种房地产租赁经营的形式，学习重点包括：

◆ 房产租赁的合同管理及租赁经营分析；

◆ 房地产预售、抵押、典当和房屋调换的经营方式；

◆ 融资性租赁的形式及各自的经营方式。

第一节　房地产租赁概述

一、房地产租赁的概念及特点

（一）房地产租赁的定义

租赁是指出租人将财产交付承租人使用、收益，承租人支付租金所形成的民事法律关系。租赁具有以下法律特征：承租人不取得财产的所有权，而只享有财产的占有权和使用权，财产所有权仍为出租人享有；租赁的标的物是特定的、非消耗物；租赁关系终止时，承租人应将财产交还出租人。

房地产租赁实质是出租人将房地产的使用价值分层次让渡给承租者，从而使房地产的分层式价值得到补偿。

房地产租赁与购房分期付款的区别有：①购房分期付款发生了房屋所有权的转移，当款项全部收回后，买受人取得房屋所有权，并可以自由处置该房产；而房屋租赁则不发生房屋所有权的转移，房屋所有权仍由房屋所有人，即出租人享有，承租人只取得房屋的使用权和收益权，不享有房屋的处分权，租赁期满后，必须将房产交还出租人；②住房分期付款属买卖行为，必须办理房屋所有权的转移手续；房屋租赁则只需到房屋管理部门备案就可以了；③购房分期付款的每期付款金额由房屋总价、期数和利息等决定，一般金额较大，租赁的租金则由市场决定，一般金额较小。

（二）房地产租赁市场分类

房地产租赁市场根据租赁内容的不同，可以分为房产租赁与土地租赁。房地产租赁是房地产使用权与所有权分离后，仅以使用权的转让为基础的房地产经营业务。

1. 房产租赁的分类

房产租赁按照不同标准，可以做以下分类。

（1）按照出租房屋的所有权形式，可分为公房租赁、私房租赁和共有产权房租赁。公房是指国家所有和集体所有的房屋，基本上可分为直管公房和自管公房两种。直管公房租赁由房产管理部门与承租人签订公房租赁合同，自管公房租赁则由全民所有制单位与承租人签订公房租赁合同。私房租赁由房屋所有权人与承租人签订租赁合同，可以定期，也可以不定期，租金由双方协商确定。共有产权房是指政府与个人（法人）共同所有的房屋，一般应用于保障性住房，政府对租金有一定的限制。

(2) 按照租期是否确定，可分为定期房屋租赁和不定期房屋租赁。定期租赁，在租期届满之日终止；不定期租赁，房主可随时要求收回自主。

(3) 按照出租房用途，可将房屋租赁分为住宅用房租赁、商铺租赁、写字楼租赁和工业厂房租赁等。

(4) 按照承租人的国籍和居留地区，可将房屋租赁分为国内房屋租赁和涉外房屋租赁。

(5) 按照出租的目的，可分为市场租赁、融资租赁和保障房租赁。市场租赁是指以获利为目标的租赁，一般私人住房和商业地产租赁都属于市场租赁。融资租赁是指以融资为直接目的的房屋租赁，常见的有售后回租。保障房租赁是指以向弱势群体提供住房救助为目的的非营利性的租赁，一般由政府补偿与市场租金之间的差价，如廉租房、公共租赁房等。

2. 土地租赁的分类

土地租赁包括两类情形，其一是土地所有者将土地出租，供土地使用者利用的形式；其二是土地使用者将土地出租的行为。如我国法律规定：土地租赁指通过土地出让方式获取土地使用权的土地使用者，将土地使用权随用地建筑物、其他附着物租赁给承租人使用，由承租人向出租人支付租金的行为。

(三) 房地产租赁的特点

房地产租赁是获取房地产收益的重要手段，也是房地产经营的主要方式，其主要特点包括如下。

(1) 房地产使用权分期零星地被出售，或者说价值分割出售。出租者通常与承租者分期签订租赁合同。即使是不分期签订而一次签订契约，所属房地产的所有权(或土地承包者的土地使用权)在法律上总是由出租者占有。一个承租者的租赁期满，出租者可以把房地产租赁给另一个承租者。出租者对其房地产可以灵活地多次处分。

(2) 房地产投资分期收回，利润分批取得。出租者通过承租者交纳租金而得到投资支出的补偿。租金是房地产使用权租赁的价格，是房地产价值的部分货币表现。

(3) 租金的影响因素多，变化大。租金既受房地产也受租赁市场的影响，如大学生毕业期高校附近的住房租金一般都会上涨，出租住房较多的小区租金一般低于附近出租房较少的小区。同时，租金还受到房地产使用的各种条件的影响，如交通便利程度、住房的朝向、装修程度与配置等，即使是同一小区，相同面积的住房，其租金也有可能产生较大的差异。

(4) 收益的实现周期长。由于出租只能获取使用权的分期回报，租金的收入呈现金额小、次数多的特点，因此，出租收益所得到的回报率较低，收益实现的周期也较长。

(5) 房地产的长期持有，可以为住房所有者(或土地承包人)带来房地产升值潜力带来的新价值。从长期趋势来看，房地产出售价格呈现上涨的趋势。房地产所有者(或土地承包人)可以随着普遍房地产价格的上扬而不断修改租金，增加租金收入，把房地产的增值收入据为己有。香港地产大亨李兆基以租赁房地产为主要经营方式，在不到 20 年的时间内便成为拥有 700 亿港元资产的富翁。

(6) 租赁相对于全价出售，具有更大的灵活性。租赁可以满足不能一次性付款购买房地产的消费者和有短期使用目的消费者的需要。

(7) 房地产所有者(或土地承包人)在持有期间通过租赁可以减少住房销售市场变动产生的风险，提供灵活的收益来源。租赁为房地产所有者提供了获取持续性收入的一种方式，虽然其回报不如出售快，金额大，但是降低了持有期间房地产贬值的风险，为房地产所有者选择合适的出售时机提供了灵活的选择。

二、房地产租赁的一般形式

（一）自营租赁

1. 定义

自营租赁是指个人（或法人）独自兴建或购买以租赁为主要用途的房地产，来提供给承租人使用，承租人以租赁的房地产提取的折旧和使用房地产所获得的收入、利润分期向出租人支付租金，并由承租人负责所租房地产的保护、维修、支付保险费和缴纳税金的一种经营方式。

2. 特点

自营租赁具有以下特点。

（1）经营风险大，回收期长。自营要求出租人前期投入的资金量较多，而出租获得租金回报的周期较长，期间还会面临各种不确定因素，因此经营风险较大。

（2）租赁合同周期长。自营一般要求签订较长周期的租赁合同，由于自营租赁一般提供给商业或工业企业，较长租期的合同可以满足企业的经营需要，避免租金频繁波动；对出租人也可以降低出租的风险。

（3）租赁管理难度较大。出租人必须对房地产租赁市场有比较清晰的认识，通过自己努力来"招商引资"，提高出租率，因此，对租赁管理的要求较高。

3. 典型案例

上海金茂大厦就是由中国金茂（集团）股份有限公司开发的自营租赁的商业地产，凭借优越的地理位置和高端的设计定位，金贸大厦成为了浦东的地标性建筑之一，也吸引了国内外著名公司入驻，为金茂（集团）带来了丰厚而稳定的收益。

（二）合办租赁

1. 定义

合办租赁是指两个或两个以上的个人（或法人）共同协商共同出资兴建或购买以租赁为主要用途的房地产项目，来提供给承租人使用，承租人以租赁的房地产提取的折旧和使用房地产所获得的收入、利润分期向出租人支付租金，并由承租人负责所租房地产的保护、维修、支付保险费和缴纳税金的一种经营方式。

2. 特点

合办租赁具有以下特点。

（1）存在多方受益人，协调要求高。一般情况下，出租人按照出资比例来确定收益的分成，但也可按各方约定的协议方式进行分配，比如政府一般按所提供土地的市场价值作为投资来获得相应的收益。

（2）经营管理难度最大。一般采用所有权与经营权相分离的方式来进行租赁管理，即出租人协商构建租赁管理机构来负责"招商引资"，对于规模较大的房地产租赁项目，甚至需要采用职业经理的模式。

（3）经营风险可分散，资金压力小。由于存在多个出资人，可分散项目的经营风险，且出资人的资金压力也较小。

3. 典型案例

商业地产由于投资回收期长，经营风险较大，常采用合资租赁的方式，如"永辉超市"下属的全资子公司永辉投资有限公司与喜禄（香港）有限公司合资开发"恒力·博纳广场"项目，以获得租售的回报。

合办租赁除了在商业地产上得到广泛运用，同样可以应用于开发保障性项目上，通过"共有产权"的方式，明确政府与私人投资方的产权比例，开发租赁性保障房，提供给低收入者。虽然这一模式目前尚未得到应用，但这将是拓宽租赁性保障房融资渠道的重要途径。

（三）委托租赁

1. 定义

委托租赁是指个人（或法人）作为出租方，委托中介机构办理租赁手续，提供给承租人使用，从而获得租金收益的经营方式。

2. 特点

委托租赁具有以下特点。

(1) 租赁单位小，管理成本高。一般采用委托租赁方式的房地产都存在租赁单位较小的特点，因此对于出租人而言，自营或者合办租赁的成本都非常高，通过委托租赁的方式可以降低其管理成本。

(2) 可降低房地产租赁过程中的信息不对称，简化租赁管理的手续。通过中介的方式，为出租方和承租方提供租赁信息的发布、匹配和咨询等服务，降低了小单元的房地产租赁过程中的信息不对称性，也为房地产的租赁提供了便利。随着房地产中介的发展，由区域中介逐步发展为连锁中介，甚至出现了网络电商中介，使房地产租赁的信息不对称得到了极大的改善。

(3) 承租人租赁的用途存在不确定性。通过中介租赁房地产的承租人并不一定是将其投入生产经营的，因此，难以评估其产出和收益。

(4) 租金受市场影响最大。委托租赁的租金一般由市场确定，随行就市，租赁的时间和违约赔偿都受租赁合同的约束。

3. 典型案例

随着网络的发展，网上房产租赁得到了快速的发展，安居客、搜房网、平安好房等平台成为住房租赁的门户网站，房东可以通过中介在网上发布出租信息，也可以本人发布出租信息，网络降低了租赁中介的管理成本，逐步成为最大租赁"中介"。

第二节　房 产 租 赁

一、房产租赁概念

（一）房产租赁的定义

房屋租赁是指以房屋作为标的物的租赁，在房屋租赁关系中，房屋出租人将房屋租给房屋承租人使用、收益，并收取房屋租金的行为。出租房屋供他人使用，收益并收取租金的一方当事人为房屋出租人，支付租金、使用房屋的一方当事人为承租人。

（二）房产租赁的基本原则

1. 合法性原则

合法性是指房产租赁双方的行为以及租赁合同的内容应符合我国现行的相关法律法规。我国现行的与房产租赁相关的法律法规包括《民法》《物权法》《合同法》以及各省市制定的《房屋租赁管理办法》或《房屋租赁管理条例》等地方性政策。

出租双方行为合法是指出租双方的身份要符合法律法规的要求。在住房市场化初期，部分省市对房屋出租人，特别是普通住房的出租人有一定的要求，必须是房屋所有者，“二房东”是违法行为，但随着住房改革市场化，“二房东”在签订合法合同的情况下，已经合法化。部分省市(如上海)，对每套住宅承租人的数量、人均租房面积有一定的规定，防止非法“群租”现象。出租方需依法纳税等。

租赁合同的内容合法是指出租合同的要件，如出租双方的身份、价格必须真实，双方的权利、义务必须明确，并符合法律法规的要求。

2. 公平性原则

房产租赁的公平性原则是指房屋租赁双方的权利和义务应对等，防止一方做出损害另一方利益的行为。比如，租赁双方一方违约时，必须承担相应的违约赔偿，我国《民法》规定，承租人享有所租赁房屋的有限购买权，即房屋所有权人转让不动产时，应当在转让之前的合理期限内通知承租人，在同等条件下，承租人享有优先购买权。

3. 市场主导原则

随着住房市场化的推进，我国房产租赁已经形成以市场为主导的格局，租金由市场决定，合同条件由租赁双方协商确定。但是为了实现居者有其屋，完善对低收入者的住房救济，各地政府仍建立部分保障房，通过政府限价的方式提供给低收入者，以改善其居住条件。

（三）房产租赁的特点

房产租赁的基本特点是产权的所有权和使用权相分离，产权人出租的只是一定时间内房地产的使用权，而产权人仍然没有改变，这就与房屋买卖具有不同的特点。

(1) 房屋租赁不发生产权转移问题。房屋租赁可以是整幢的房屋，也可以是分层、分套的房屋出租；从时间来说可以是一两年的短时间出租，也可以是几十年的长期出租；但是房屋的产权仍然都属于出租人，租房人享有的仅仅是房屋的使用权，所以房屋租赁就不涉及产权登记及产权转移或房屋过户问题。

(2) 房屋出租与土地使用权出租是同时的。承租人最主要是要取得房屋的使用权，但是承租人通过房屋租赁合同的签订，也同时取得了房屋范围内的土地使用权，并不需要另外支付土地使用权出租的费用。

(3) 承租权是一种地上物权。这个特点的意义表现在租赁合同生效期间内，如果出租人出售已租出的房屋，原来的租赁合同不受影响。换句话说，该合同对新的房屋产权依然有效，新的房屋产权人取代原出租人，而成为新的出租人，承租人的租赁权利依旧不变，不受影响，除非承租人自愿终止原租赁合同。

(4) 租金是出租人房屋产权的体现。租金仅仅体现房屋在使用过程中会逐渐消耗的价值，租金不像出售房屋中的价金，价金是所出售房屋全部价值的一次性兑现，它可以获取房产的产权，而租金换取的仅仅是房屋的使用权，不能换取房屋产权。当前，国家关于城镇职工租用国有公房的租金标准较低，这是福利性的，它不能体现房屋的价值，这种福利性住房租金较低，往往还不足于该房屋的正常维修费用，国家在这方面负担是很重的，这正是要推行住房制度改革的重要原因之一。

(5) 房屋租赁允许的最长期限。在取得国有土地使用权的土地上兴建的房屋，房屋租赁所允许的最长时间是土地使用权出让合同上所规定的出让期减去该房屋已经使用的时间所剩的余额。或者说，房屋租赁合同的最晚终止日期应等同于土地使用权出让合同规定的最后日期。当然如果土地使用权延期，则房屋租赁合同经双方协商一致也可以续期。

二、房产租赁合同

(一) 房产出租的条件

作为出租的房产一般应当具备以下五个条件。

(1) 房屋的产权和使用权清楚。

(2) 若为共有的房屋要出租，必须取得共有人一致同意。

(3) 若为委托出租的房屋必须具有房屋产权人的委托证书。

(4) 自管房的单位和私房业主出租的房屋，必须是自住的房屋或是自用有余的房屋。

(5) 待出租的房屋必须是安全、合法的。

(二) 房产租赁合同签订双方的权利与义务

1. 房屋承租方的权利

(1) 承租方有依据租约所开列的地址、房间号、规定的用途，对该房屋在规定租用有效期内拥有合法的使用权。租约到期前除因房屋长期空闲不住，或因国家建设需要必须迁移，由房管部门收回或另行安排住所，不得将强迫承租安排住所外者搬迁。与签约人同住的直系亲属有继承承租该房屋的权利。

(2) 承租者有要求保障房屋安全的权利。房屋及其附属设备如有非人为的自然损坏，有要求房地产企业维护，保证其有效使用的权利。

(3) 当出租房屋出卖时，承租者有优先购买的权利。

(4) 承租者对房产经营部门执行国家政策有进行监督、建议的权利。

2. 房屋承租方的义务

承租方有按期交纳租金的义务。房屋租金是承租人取得房屋使用权的价格。付出租金方能取得房屋的使用权。因此，按期交纳租金是房屋承租者义不容辞的义务，不得以任何借口拖欠租金。

对所使用的房屋和附属设备如因用户的责任事故所造成的损坏，用户应当照价赔偿或修复，承租者对所使用的房屋及附属设备有妥善保管、爱护使用的义务。更不能私自转让他人、转兑、转租他人。对于长期空闲不住的房屋应当退交房管部门。若因国家建设需要，有按房管部门另行安置的住所迁移的义务。

承租者有维护原有建筑物的义务。不得私自改建、拆建或增建违章建筑，更不得拆卖设备。如有上述情况发生而造成的损失应由承租方负责赔偿，情节严重者，依法处理。

在租用公房期间有遵守国家有关住房法令、政策的义务。接受房地产企业对房屋消费的指导和监督。

3. 出租方的权利

有按期收取租金的权利。同时，随着房屋条件和租金标准的变动，对其租金额有权进行调整。租金的收入是实现房屋价值和房屋修缮资金的来源。因此，根据房管部门制定的租金标准收取租金是出租方的基本权利。不按期交纳租金者，还应罚交滞纳金。

出租方有监督承租方按租赁契约规定爱护使用房屋的权利。承租人在利用房屋过程中如有擅自拆改、乱搭乱建、损坏房屋结构和装修设备等情况，出租方有权要求恢复原状，或赔偿经济损失。

出租方有依法收回出租房屋的权利。对于承租者如不按契约规定的用途使用房屋和利用承租的房屋进行非法活动以及房屋无故长期空闲、无故拖欠租金，出租方有权要求终止租约，收回房屋。若承租方拒不执行，可以诉请人民法院处理。

若因国家建设需要或特殊需要，必须腾让房屋，出租方有权终止租约，对承租方按规定另行安置。

出租方有向承租者宣传贯彻执行国家房屋政策的权利，有权制止承租方在租用期间违反国家和地方政府有关房屋管理规定的行为。

4. 出租方的义务

出租方的义务一般包括以下几个方面。

(1)有保障承租人对房屋合法使用的义务，这是出租人的基本义务。

(2)有保障承租者居住安全和对房屋装修设备进行正常维修的义务。

(3)有组织依靠住户、群众管好房屋，调解用户纠纷的义务。

(4)有接受群众监督，倾听群众、用户意见和建议的义务。

(三) 房屋租赁合同的主要条款内容

房屋租赁合同一般需要包括以下内容：

(1) 房产(地产)租赁的名称；

(2) 地点、位置；

(3) 面积、结构、层次；

(4) 租赁限期；

(5) 租金和租金交纳限期；

(6) 租赁房产(地产)维修及保养责任；

(7) 违约责任；

(8) 租赁房产(地产)担保；

(9) 其他商定的事宜；

房屋租赁合同的格式具体可以参考以下案例。

房屋租赁合同

出租方：(以下简称甲方)　　身份证号：

承租方：(以下简称乙方)　　身份证号：

双方经友好协商，根据《中华人民共和国合同法》及国家、当地政府对房屋租赁的有关规定，就租赁房屋一事达成以下协议。

第一条　出租房屋坐落地址________市________街________巷________号(不足部分可以补充)

所出租房屋的房屋产权编号：________________

第二条　出租方有________房________厅________卫生间，建筑面积为________平方米。

设施情况：

1. ____

2. ____

3. ____

装饰、装修情况：

1. 天棚：____

2. 地面：____

3. 墙面：____

4. ____

第三条 租赁期限。

租期为________年________月，从________年________月________日起至________年________月________日止。甲方应按照合同规定时间和标准，将出租的房屋及时交给乙方使用居住。

租赁期限届满前________天，如乙方需要继续承租，需要向甲方提供提出，由甲方决定是否继续续签合同。

第四条 租金和租金交纳期限。

乙方每月向甲方缴纳租金人民币________元，大写________元整，甲方应出具收据。租金按月交付。合同签订后乙方应向甲方支付第________个月的租金。每月租金在当月________日前交清，交租金地点在________。

第五条 押金。

押金________元，大写________。该押金用于保障房屋内的设备完好，如出现设备损坏的现象，甲方有权按照市场价格扣除相应的赔偿款。

如合同期满，乙方没有损害房屋内的设备，则甲方应该在合同期满日如数退还。

第六条 甲方的责任。

1. 甲方如未按本合同规定的时间向乙方提供租赁房屋，应按延迟期间内乙方应交租金的________%计算，向乙方偿付违约金。

2. 租赁期间，出租房屋的维修由甲方负责，如租赁房发生重大自然损坏或有倾倒危险而甲方又不修缮时，乙方可以退租或代甲方修缮，并可以用修缮费用收据抵销租金。

3. 租赁期间，如甲方确需收回房屋自住，必须提前________个月书面通知乙方，解除合同，甲方应付给乙方违约金，违约金以剩余租期内应交租金总额的________%计算。

第七条 乙方的责任。

1. 乙方依约交付租金，甲方如无正当理由拒收，乙方不负迟延交租的责任；乙方如果拖欠租金，应按中国人民银行延期付款的规定向甲方偿付违约金。乙方如拖欠租金达________月以上，甲方可以从乙方履约金（如乙方付有履约金）中扣除租金，并可收回出租之房屋。

2. 租赁期间，房屋管理费、水电费由乙方负担。

3. 租赁期间，如乙方确因特殊情况需要退房，必须提前________天书面通知甲方，解除合同，应付给甲方违约金，违约金以剩余租期内应交租金总额的________%计算。

4. 租赁期间,乙方不得擅自改变房屋的结构及用途,乙方如因故意或过失造成租用房屋和设备的毁损,应负责恢复原状或赔偿经济损失。乙方如需装修墙窗,须事先征得甲方同意。

5. 租赁期满或合同解除,乙方必须按时搬出全部物件。搬迁后________日内房屋里如仍有余物,视为乙方放弃所有权,由甲方处理。

6. 租赁期满或合同解除,如乙方逾期不搬迁,乙方应赔偿甲方因此所受的损失,必要时甲方可以向人民法院起诉和申请执行。

第八条　合同期满,如甲方的租赁房屋需继续出租或出卖,乙方享有优先权。在租赁期限内,如甲方出卖房屋,应提前________天通知乙方,乙方在接到通知后________天内决定是否行使优先购买权。如乙方逾期不予答复,那么视为其放弃该权利。

第九条　房屋如因不可抗力的自然灾害导致毁损,本合同则自然终止,互不承担责任。

第十条　本合同如有未尽事宜,须经双方协商做出补充规定。补充规定与本合同具有同等效力。

第十一条　争议解决的方式。

合同在履行过程中如发生争议,应由双方先行友好协商;如协商不成,可以向房屋所在地法院提起诉讼,签字生效。

第十二条:合同自双方签字之日起生效。一式三份,双方各执一份,报公安部门备案一份。

第十三条:房屋产权证复印件、甲乙方双方身份证的复印件为本合同附件。附随合同之后。

出租人:　　　　　　　　　　承租人:

联系电话:　　　　　　　　　联系电话:

年　月　日　　　　　　　　　年　月　日

三、房产租赁价格的特点与构成

(一)房产租赁价格的定义与内涵

房产的租赁价格是房屋价值的反映,是分期出售房屋使用权的货币表现,是房地产价格的一种特殊形式。

依据马克思的价值构成理论,房产在整个使用寿命周期内的租金总和等于房产的生产和流通过程中的费用及盈利,即 $W=C+V+M$,因此,房产租金的实质是分期出卖使用权的价格、承租人获取一定时期的房产使用权和占有权而支付给所有者或经营者的经济报酬。

(二)房产租金的种类

房产租金受到国家房产政策、供求关系房产原有租金水平以及城镇居民收入和消费结构等的因素的影响,可分为以下几类。

1. 理论租金

以价值规律的要求,使凝结在房产中全部劳动得到体现而确定的理论价格为基准所算出来的租金。

显然,理论价格能如实地反映出房屋生产过程中物化劳动和活劳动的消耗,能够比较准确地计算和反映商品的价值量,其价格大体上符合价值,是产品价格构成的客观标准,且使房屋产品与其产品的比价有了客观的基础。因此，只有运用价值规律的作用，科学地测算出来的理论价格，才是合理的价格，才是衡量实际价格的依据。

2. 成本租金

成本租金又称理论租金或基础租金，是经营房产租赁单位实现建、管、修良性循环为条件的租金水平，包括折旧费、维修费、管理费、利息和税金五项因素。

折旧费是用货币表现的房产在使用期间因损耗而减少的价值，是用来作为房屋到达使用年限后，进行更新改造实物补偿的基金，是补偿房屋建筑费用的偿还金。维修费是为了保证房屋的使用价值，在使用期间对房屋建筑局部损坏必须支付的正常维修费用。管理费是在房屋流通过程中支付的流通费用。这三项费用是构成成本租金的必要因素。利息是上缴国家的固定资产占用费，利息和税金都是房产经营部门实际发生的费用，都属于商品企业的经营成本。

3. 市场租金

市场租金是指以货币形态反映商品供求关系而出现的一种价格。它反映商品的供求关系和市场供求的变化，又称商业租金。

4. 福利租金

福利租金是指根据国家政策制定，经物价部门批准的政策性租赁。在住房市场化改革之前，福利租金即当时公房租金，一般仅包含部分维修费和管理费，维修费的不足部分由政府给予补贴。由于租金水平很低，长期以来价格远远背离价值，因此存在诸多弊端。而现在的福利租金则主要是指包括政府补贴的租赁性保障性住房的租金，如廉租房租金。

（三）房地产租赁价格的构成

房地产的租赁价格应包括基地地租，地上建筑资本利息及房地产生产和流通过程中的其他费用和盈利等。在实际操作中，通常包括以下 8 项。

1. 地租

地租是土地使用者向土地所有者提供的获取土地使用权的报酬，是土地所有权在经济上的实现形式，是土地所有权与土地使用权分离的必然结果。

2. 折旧费

折旧费是按房屋的耐用年限，逐渐收回的建房投资，是指房屋建造价值的平均损耗。这部分房屋价值的补偿积累是维持房屋简单再生产的一个最重要的因素。

3. 维修费

维修费是房屋在长期的使用过程中，为维持房屋及设备的正常使用，对房屋进行定期修缮和日常的维修保养所投入的资金。一般包括房屋的正常大修和经常维修所需的费用。

4. 管理费

管理费是对出租房屋进行必要的经营管理的工作人员的工资、办公业务开支等费用。经营管理费是提高经济效益和社会效益的保证，是租金构成中不可缺少的因素。

5. 税金

税金是按照国家税法规定，对房地产经营管理行为征收的税金，是房屋经营管理向社会提供积累的方式和义务。

6. 利息

利息是应计入租金中收取的建造和经营房屋时投资的利息。

7. 保险费

保险费是房地产所有人为了使自己的房产免遭意外损失，而向承保单位支付的费用，这部分可以计入房租并以租金形式收回。

8. 利润

利润是在流通过程中，房地产经营收入减去经营支出的超出部分，它是通过房地产经营活动所获得的经济价值。合理计算经营企业的利润，有利于加强企业的核算，提高经济效益。

（四）房产租赁价格评估

房产租赁价格评估，即房地产租金评估，通常可分为两种情形：一是新订约的租金，即正常租金；另一种是续租情况时的租金，这通常是由于租金调整无法真正反映租赁物价格的变动，由原出租人与原承租人协商确定的，属于限定租金的范畴。

新订约的租金估算一般采用积算法、租赁实例比较法和收益分析法等；而续租租金的估算则常采用差额分配法、利率法和推算法等。

1. 积算法

利用积算法求取房地产租金，是先求出房地产在估价期日的基础价格，再乘以适当的利润率，加上房地产租赁所必要的开支费用，如税费、折旧费、维持管理费、保险费、租赁损失准备费、空置率等而产生的损失相当额，由此求得房地产租金的方法。当缺少比较实例时，出租方通常采用这种方式来估算。

所谓基础价格，是指用于求取积算租金的价格，可以用积算法以外的方法求取。期待利润率是指对于为了取得供租赁用的房地产所要支付的资本额，计算其所能期待获取的纯收益（或期待利润），此纯收益占资本额的比率。期待利润率与还原利率的计算方法相似，但由于期待利润与租金的期间相联系，故与还原利率有不同的性质。必要经费的计算要视对象房地产而异，要根据不同对象分析确定各项费用有无计算的必要，以及如何计算等。

2. 租赁实例比较法

租赁实例比较法的方法原理与运用比较法求取房地产价格原理完全一样。所应注意的是，选择比较实例时确定的租金标准是指租赁房地产实际支付的一切经济代价。因此，如有押金、保证金等费用支出时，应当包括押金、保证金等的运用收益。这种方法主要适用于比较成熟的租赁市场，也是一般住宅租赁中介常采用的租金估算方法。

3. 收益分析法

收益分析法是要分析房地产承租人所能得到的收益当中究竟有多少收益可作为租金支付，即利用收益额求取租金额的方法。一般通过求取房地产在一定期间内可能产生的纯收益，再加上必要的各项费用等，以此求算房地产的租金。

期待收益或纯租金求取的方法，可以比照收益还原法中纯收益的方法求取，即将销售量，扣除销售原价、销售费、一般管理费及正常运转资金的利息相当额，以及其他求取收益时所必须扣除的数额，由此求得纯租金。一般工业或商业地产的经营者常采用这种方法来评估合理的租金。

4. 差额分配法

差额分配法是就能切实反映房地产经济价值的租金水平，与实际支付租金水平之间所发生的差额，依据契约内容、契约订立的过程等情况加以综合考虑，判定该差额中应当归属于出租人的适当部分，并将此数额加减实际支付租金，由此求算续订租金的方法。

［例 1］　小李在数年前向小王租借房屋一套，当时约定的月租金为 2 000 元，押金 2 000 元。依照目前的市场价格水平，房屋租金应该为 3 000 元，如果采用二分法来估算，则合理的租金计算如下(假设年利率为 10%)。

$$原租赁成本=2\,000\times12+2\,000\times10\%=24\,200(元)$$

$$调整后的租金=24\,200+(3\,000\times12-24\,000)\times\frac{1}{2}=30\,200(元)$$

即调整后年租金为 30 200 元，月租金为 2 517 元。

应用差额分配法求取续租租金时，要注意：其一，反映房地产经济价值的租金水平，是在估价期日时的正常租金，可以依积算法、租赁实例比较法等方法求取。其二，对于经济租金与实际支付租金之间差额的分配，要就一般因素与区域因素的特点，综合分析产生差额的原因。并依据契约上规定的期间与残余期，契约订定时到现在的变化，出租人或承租人对于近邻地区发展的贡献程度，以及当地调整租金的惯例确定。

5. 利率法

利率法是以估价房地产在估价当时的经济价值(市场价格)为基础，乘以续租的租金收益率，加上必要的经费等，由此求算租金的方法。

［例 2］　小李向小王租房屋一套，该房屋目前的经济价值为 500 000 元，租金收益率假定为 5%，且小王负担的费用(如税负、折旧、维修费等)为 800 元，则合理租金计算如下。

$$续租年租金=500\,000\times5\%+800=25\,800(元)$$

即续租年租金为 25 800 元，月租金为 2 150 元。

6. 推算法

推算法是就订立合同当时的纯租金，乘以由物价、房价、地价等确定的综合价格变动率，以此所得数额加上估价期日时的必要经费等，由此求算租金的方法。这里，综合价格变动率可以由消费物价指数、地价指数及房价指数等综合分析得来。

［例 3］　小李在数年前向小王租房一间，至目前为止，各项指数变动如下：消费物价指数为+1.87，地价变动指数为+2.13，房租指数为+1.67。签订契约时的租金为 30 000 元，小王所需支付必要经费为 5 000 元，则合理租金的计算如下。

$$续租年租金=30\,000\times(1.87+2.13+1.67)\times\frac{1}{3}+5\,000=61\,700(元)$$

即续租年租金为 61 700 元，月租金为 5 142 元。

四、房产租赁经营

(一) 定义与内涵

房产租赁经营是指物业的所有者通过出租的方式来获得盈利的一种商业行为，可供出租的房产物业可以是住宅、商铺，也可以是工业厂房。

由于租金是房屋分期的价值体现，其中包含了成本和利润，因此通过出租物业就能够在其生命周期内给物业的所有者带来长期且较稳定的利润。

(二) 租赁经营利润

由于物业租赁经营的利润需要在很长一段时间内才能实现，而开发或购买物业所有权的投入却需要在短期内支付,因此,租赁经营的利润不能简单地把收入与成本相减,必须考虑时间贴现因素。

1. 租赁经营的一般利润公式

在市场条件下,租金受到供需平衡、宏观经济、地方发展等诸多因素的影响,往往存在波动,因此,租赁经营的一般利润公式为

$$\Pi=\frac{R_1}{(1+r)}+\frac{R_2}{(1+r)^2}+\frac{R_3}{(1+r)^3}+\cdots+\frac{R_n}{(1+r)^n}-P_0 \qquad \text{公式 10.1}$$

式中: R_i——第 i 年的纯收益($i=1,2,3,\cdots,n$);

P_0——初始投资;

r——贴现率;

n——物业寿命。

对于上述公式,需要注意以下几点。

(1) 年纯收益 R_i 一般是指租金总收入扣除维修费、管理费、税金、利息、保险之后的余额。

(2) 初始投资 P_0 一般包括土地投入和物业开发成本;对于直接购买的产权物业,P_0 是指购买的总价;若计算 R_i 还扣除了折旧,则 P_0 只需考虑土地投入。

(3) 式中的物业寿命 n 并非一定是物业的全部使用期,而是在考察价值时物业还剩余的使用期。也就是说,一幢新启用的楼宇与它被使用了数年后的价值是不同的。

(4) 贴现率 r 在通常情况下是指一年期商业银行存款利息,但若需要考虑扣除同期物价因素,则可以再加上物价指数等其他价格影响因子。

2. 等额租金利润公式

等额租金收益就是指出租方每年获得金额相同的租金纯收益,即各年的 R_i 相等。在这种情况下,一般公式可简化为

$$\Pi=\frac{R}{(1+r)}+\frac{R}{(1+r)^2}+\cdots+\frac{R}{(1+r)^n}-P_0$$

$$=\frac{\frac{R}{1+r}[1-(\frac{1}{1+r})^n]}{1-\frac{1}{1+r}}-P_0=\frac{R}{r}[1-(\frac{1}{1+r})^n]-P_0 \qquad \text{公式 10.2}$$

当 r 在 10%左右,且 $n\geqslant50$ 时,$[1-(\frac{1}{1+r})^n]$就趋近于 1,此时,利润公式可近似如下:

$$\Pi=\frac{R}{r}-P_0 \qquad \text{公式 10.3}$$

[**例 4**] 小李投资 12 万元购买一套老公房用于出租,并与小王签订 10 年的租赁协议,月租金为 2 000 元,每年的维修管理费、税金几乎不变约为 3 000 元,无贷款利息,若不考虑老公房 10 年后的残值,则小李投资该老公房所能获得的利润是多少?(年利率为 6%)

$R=2\,000\times12-3\,000=21\,000$(元)

$\Pi=\frac{R}{r}[1-(\frac{1}{1+r})^n]-P_0=\frac{21\,000}{6\%}[1-(\frac{1}{1+6\%})^{10}]-120\,000=34\,561.83$(元)

即小李投资该老公房所能获得的利润是 34 561.83 元。

[**例 5**] 小张投资 100 万元购置一套产权为 70 年的住宅,无贷款利息,不考虑 70 年后住宅残值,平均年维修费、物业管理费、税收等费用支出估计 8 000 元,则小张平均每月的租

金至少要多少元？(年利率为 8%)

要使投资得到回报，则应 $\Pi \approx \frac{R}{r} - P_0 \geqslant 0$

$$R \geqslant P_0 \cdot r = 1\ 000\ 000 \times 8\% = 80\ 000(\text{元})$$

$$\text{月租金} = \frac{R + 8\ 000}{12} \approx 7\ 333(\text{元})$$

即每月小张的租金至少应为 7 333 元。

通过[例 5]可以看出，房屋所有权人若把相应的资金存入银行，银行的利率为 8%，则每月 7 333 元的租金就可使他获得与存款利息相同的收益，因此，在租金收益确定的情况下，使投资人利润为零的利率，即投资人的期望收益率。

由于具有完全产权的房产包括土地价值，即便上部建筑已无使用价值，但其残值也不可能为零，甚至在某一时期土地的增值还可能会超过房屋的折旧。

3. 年修订租金利润公式

如果租金每年修订一次，而考虑每年维修管理费都以几乎相同的幅度变动，使每年租金纯收益几乎按同一比例 g 增率，则租赁经营物业的利润可表达成：

$$\Pi = \frac{R_1}{(1+r)} + \frac{R_1(1+g)}{(1+r)^2} + \cdots + \frac{R_1(1+g)^{n-1}}{(1+r)^n} - P_0$$

$$= \frac{\frac{R_1}{1+r}\left[1-\left(\frac{1+g}{1+r}\right)^n\right]}{1-\frac{1+g}{1+r}} - P_0 = \frac{R_1}{r-g}\left[1-\left(\frac{1+g}{1+r}\right)^n\right] - P_0 \qquad \text{公式 10.4}$$

同样，若把物业的使用寿命近似看作∞的话，则在这种情况下，利润公式可简化为

$$\Pi = \frac{R_1}{r-g} - P_0 \qquad \text{公式 10.5}$$

[例 6] 某人投资 300 万元购买一间有 50 年产权的商铺用于出租(无贷款)，为保证每年扣除各项支出后的租金纯收益保持 3%的增长，他与承租方约定了每年修订租金的协议，第一年的月租金为 20 000 元，第一年的维修管理及税收支出为 8 000 元，若能不间断连续出租，则

(1) 经营该商铺多少年能够收回投入？

(2) 50 年内所能获得的利润是多少？(年利率为 8%)

$$R_1 = 20\ 000 \times 12 - 8\ 000 = 232\ 000(\text{元})$$

$$(1)\ \Pi = \frac{R_1}{r-g}\left[1-\left(\frac{1+g}{1+r}\right)^n\right] - P_0 = 0$$

$$\left(\frac{1+3\%}{1+8\%}\right)^n = 1 - 300\ 000 \times \frac{5\%}{232\ 000} \approx 0.353$$

$$n \approx \frac{\log(0.353)}{\log\left(\frac{1+3\%}{1+8\%}\right)} \approx 22(\text{年})$$

即经营该商铺 22 年能够收回投入。

$$(2)\ \Pi = \frac{R_1}{r-g}\left[1-\left(\frac{1+g}{1+r}\right)^n\right] - P_0$$

$$=\frac{232\,000}{5\%}\left[1-\left(\frac{1+3\%}{1+8\%}\right)^{50}\right]-3\,000\,000=1\,206\,297.98(\text{元})$$

即 50 年内所能获得的利润是 1 206 297.98 元。

4. 固定年限修订一次租金利润公式

在租赁经营中，较为普遍的情况是固定年限修订一次租金，在这固定年限内维持租金不变，由于与租金相比年维修管理费与租金占比较低，甚至根据有些合同约定可由承租方支付，因此，一般可近似认为租金的纯收益按固定年限以同一比例$(1+g)^2$增长一次。以两年为例，则租赁经营物业的利润可表达成：

$$\Pi=\frac{R_1}{(1+r)}+\frac{R_1}{(1+r)^2}+\frac{R_1\ (1+g)^2}{(1+r)^3}+\frac{R_1\ (1+g)^2}{(1+r)^4}+\frac{R_1\ (1+g)^4}{(1+r)^5}+\cdots-P_0$$

公式 10.6

对于每年的租金纯收益，可分解为如图 10－1 所示的现金流。

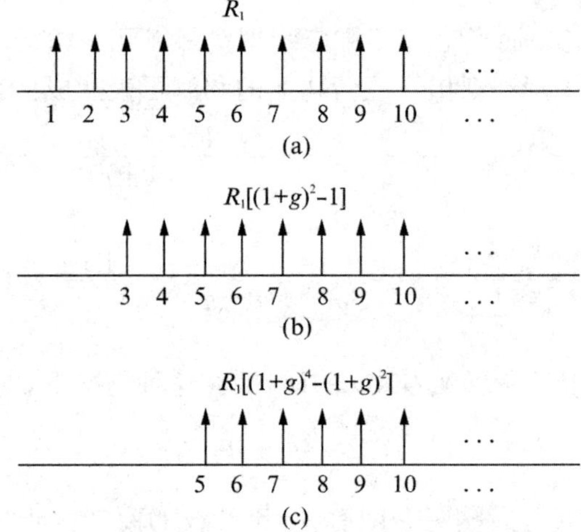

图 10－1　租金纯收益现金流

在时间无限长的条件下，现金流还可以继续无限次地分割下去，且根据图 10－1(a)的现金流，得到其现值为

$$S_{(a)}=\frac{R_1}{1+r}+\frac{R_1}{(1+r)^2}+\frac{R_1}{(1+r)^3}+\cdots=\frac{R_1}{r}$$

根据图 10－1(b)的现金流，得到其现值为

$$S_{(b)}=\frac{1}{(1+r)^2}\times\left\{\frac{R_1[(1+g)^2-1]}{1+r}+\frac{R_1[(1+g)^2-1]}{(1+r)^2}+\frac{R_1[(1+g)^2-1]}{(1+r)^3}+\cdots\right\}$$

$$=\frac{R_1[(1+g)^2-1]}{r\ (1+r)^2}$$

根据图 10－1(c)的现金流，得到其现值为

$$S_{(c)}=\frac{1}{(1+r)^4}\times\left\{\frac{R_1[(1+g)^4-(1+g)^2]}{1+r}+\frac{R_1[(1+g)^4-(1+g)^2]}{(1+r)^2}+\cdots\right\}$$

$$=\frac{R_1[(1+g)^4-(1+g)^2]}{r\ (1+r)^4}$$

以此类推，可以得到所分割出的每一部分的现金流的现值，因此，利润公式可展开为

$$\begin{aligned}\Pi &= S_{01}+S_{02}+S_{03}+\cdots-P_0\\
&=\frac{R_1}{r}+\frac{R_1[(1+g)^2-1]}{r(1+r)^2}+\frac{R_1[(1+g)^4-(1+g)^2]}{r(1+r)^4}+\cdots-P_0\\
&=\frac{R_1}{r}\left\{1+\frac{[(1+g)^2-1]}{(1+r)^2}+\frac{[(1+g)^4-(1+g)^2]}{(1+r)^4}+\cdots\right\}-P_0\\
&=\frac{R_1}{r}\left\{1+[\frac{(1+g)}{(1+r)}]^2-\frac{1}{(1+r)^2}+[\frac{(1+g)}{(1+r)}]^4-\frac{1}{(1+r)^4}+\cdots\right\}-P_0\\
&=\frac{R_1}{r}\left\{1+[\frac{(1+g)}{(1+r)}]^2+[\frac{(1+g)}{(1+r)}]^4+\cdots-[\frac{1}{(1+r)^2}+\frac{(1+g)^2}{(1+r)^4}+\cdots]\right\}-P_0\\
&=\frac{R_1}{r}\left\{\frac{1}{1-[\frac{(1+g)}{(1+r)}]^2}-\frac{\frac{1}{(1+r)^2}}{1-[\frac{(1+g)}{(1+r)}]^2}\right\}-P_0\\
&=\frac{R_1}{r[1-\frac{(1+g)^2-1}{(1+r)^2-1}]}-P_0\end{aligned}$$

公式 10.7

若固定调整租金的期限为任意的 m 年，则上述利润公式就是更为普遍的形式：

$$\Pi=\frac{R_1}{r[1-\frac{(1+g)^m-1}{(1+r)^m-1}]}-P_0$$

公式 10.8

当 $m=1$ 时，则为每年按比例修订租金的利润公式；当 $m=1$，且 $g=0$ 时，则为等额租金的利润公式。

［例 7］ 某人投资 200 万元购买一处 50 年产权的商铺，无贷款，期望每年的纯租金收益增长率为 3%，但租赁合同为 3 年一签，3 年内租金不再调整，在基准贴现率为 8%的情况下，若能连续出租，求：

(1) 最低的首期年租金需达到多少？

(2) 在首期年租金为 15 万元的情况下，投资人能获得多少利润？

(1) 当 $\Pi=\frac{R_1}{r[1-\frac{(1+g)^m-1}{(1+r)^m-1}]}-P_0=0$ 时，可求得连续出租情况下的最低首期年租金：

$$\begin{aligned}R_1 &= P_0\cdot r[1-\frac{(1+g)^m-1}{(1+r)^m-1}]\\
&=2\,000\,000\times 8\%\times[1-\frac{(1+3)^3-1}{(1+8)^3-1}]=102\,873.95(\text{元})\end{aligned}$$

即最低的首期年租金需达到 102 873.95 元。

(2) $$\begin{aligned}\Pi &= \frac{R_1}{r[1-\frac{(1+g)^m-1}{(1+r)^m-1}]}-P_0\\
&=\frac{150\,000}{8\%\times[1-\frac{(1+3\%)^3-1}{(1+8\%)^3-1}]}-2\,000\,000=916\,190.08(\text{元})\end{aligned}$$

即在首期年租金为 15 万元的情况下，投资人能获得利润 916 190.08 元。

此题中，投资人每年对租金纯收益的期望增长率是 3%，但实际上他并不能每年调整租金，而是要满 3 年后才能一次调整，因此，每次调整时，租金纯收益的增长率实际为 9.27% $[(1+g)^3-1=1.03^3-1]$。

在租金固定年限修订一次方案下，从理论上讲，在两个修订日之间，租金支付额是不变的。但是在实际的房地产市场上，租金在两个修订日之间也是要变化的，只不过由于合同的限制难以调整。尽管租金调整的间隔越短，租金调整的幅度越小，可是大部分承租者一般不愿意频繁调整租金，宁愿承担间隔较长时间造成的租金大幅调整。因此，相对每年增租方案，投资者在面对租金调整期较长的问题上，可以采用两种策略：一是提高首租，延长租金修订期；二是首租不变，提高租金增长幅度。从理论上讲，若不计延长租金修订期所带来的风险，第一种策略对投资者毫无损失，而后一种策略对投资者收回资金较为不利。

（三）租赁经营风险

虽然房地产租赁经营可以使产权人获得持续的租金收益，尤其是可以获得房地产生命周期中的土地的增值收益，但是由于房地产租赁经营年限长，使其不仅会面临房地产各种经营形式的共同风险，还会面临一些特有的风险。

1. 自然风险

自然风险是指由于自然因素的不确定性给房地产经营所带来的风险。诸如地震、洪涝、飓风、海啸等。这类风险一旦发生，将会带来灾难性损失。虽然人类已经认识到了自然风险的某些规律，但并不都能找到有效的控制方法。这些风险的存在会使房地产的价值受到影响，但对于房地产销售时间集中，影响较小，而房产租赁期经营损失巨大。房地产所有者可以通过购买保险转移部分自然风险，但是对于地震、海啸等灾难，由于损失难以分散，尚鲜有保险公司承保。

2. 社会治安风险

社会治安反映出当地居民生命财产安全受保障情况，社会治安不良会对房地产的租售价格造成影响，尤其是房地产租金将会受到长期抑制。

3. 市场风险

市场风险是指市场供需的变化对房地产市场的影响，尤其是房地产租赁市场，短期内缺乏弹性，租金受需求影响较大。人口增长、收入增长等因素造成租赁需求扩大，则租金上涨；反之，则会造成租金下降。

4. 利率风险

利率风险是指利率浮动对房地产投资效益的影响，由于房地产租赁的效益实现周期长，投资效益需要通过折现才能评价，利率上升则投资效益下降；反之，则投资收益上升。

5. 经营管理风险

经营管理风险是指由于房地产项目经营管理不善导致预期收入水平不能实现，甚至不足以补偿经营费用的可能性，与社会治安等风险相比，这类风险主要由管理者主观原因造成。由于经营期限长，房地产租赁受管理者决策判断的影响更大，甚至一些失误懈怠都有可能会造成损失。

第三节　房地产其他经营

一、房产预售

（一）房产预售的定义

商品房预售是指房地产开发企业与购房者约定，由购房者交付定金或预付款，而在未来一定日期拥有现房的房产交易行为。其实质是房屋期货买卖，买卖的只是房屋的一张期货合约。它与成品房的买卖已成为我国商品房市场中的两种主要的房屋销售形式。

（二）房产预售的特点与功能

预售商品房作为一种特殊的期货买卖形式，具有以下几个特点。

(1) 商品房预售合同的标的是正在建设的房屋，而不是一种纯粹的买空卖空的投机行为。它对购售人的权益起着重要的保障作用。

(2) 由于商品房预售是一种期货买卖形式，因而具有风险性。这种风险表现在当房价下跌时，买方将蒙受损失。而当房价大幅度上扬时，卖方将蒙受损失。当然具有风险性也就具有风险报酬。这种报酬，对买方而言，主要是房价上涨时可以避免因涨价带来的损失；通货膨胀时，又起保值的作用。对卖方而言，则可以避免房价下跌时带来的损失，并且取得了资金的时间价值。特别是对于资金短缺的房地产开发企业，可以起到筹集资金的作用。

(3) 一般而言，预售商品都要受到严格的管制。我国原建设部于 1994 年 11 月颁布了《城市商品房预售管理办法》，标志着我国的预售商品房的活动开始逐步走向规范化、法制化的轨道，同年颁布的《中华人民共和国城市房地产管理法》（以下简称《城市房地产管理法》）也规定了商品房预售的条件。2004 年，原建设部又颁布了《建设部关于修改〈城市商品房预售管理办法〉的决定》，完善了商品房预售制度。

(4) 预售商品房的买方，既可将合同卖出，以获得丰厚的利润或者保持原值，不受损失，也可在以后成为房屋的所有者。前者就是人们常说的炒楼花，是一种投机行为。

(5) 为了保障购房者的利益，预售商品房的款项必须用于该房屋工程的建设。这是与一般期货买卖的重要区别之一。

预售商品房有下列四个功能：第一，为房地产开发企业筹集资金；第二，为商品房买卖双方带来风险报酬；第三，为商品房交易的实现奠定基础；第四，为从事炒楼花的投机者提供一种活动空间。

（三）房产预售的条件

我国《城市房地产管理法》第 45 条规定，商品房预售应符合下列 5 个条件。

(1) 已交付全部土地使用权出让金，并取得土地使用权证书，土地使用权未经抵押。

(2) 持有建设工程规划许可证。房地产开发商如果违反城市规划自建商品房并将其预售，真正受到损失的将会是善意购买人。

(3) 按提供预售的商品房计算，开发商投入开发建设的资金应达到工程建设总投资的25%以上，并已经确定施工进度和竣工交付时间。

(4) 已经同金融机构签订预售款监管协议。

(5) 已经向县级以上人民政府房产管理部门办理预售登记，取得商品房预售许可证明；

向境外预售商品房的，应当同时取得向境外销售的批准文件。

（四）房产预售的实现方式

预售商品房可以由购买人与房地产开发公司直接进行，也可以由购买人通过书面委托的方式由委托代理人办理。但无论哪种方式都必须签订商品房预售合同。而且必须将合同在签约之日起30日内到县级以上人民政府房地产管理部门和土地管理部门办理登记备案手续。房屋购买人履行合同规定的义务，按期缴纳定金和房价款。预售商品房的房地产开发公司则将预售商品房所得的款项用于有关工程的建设，并在规定的时间内按质按量地将商品房交付使用。交付使用后，由房屋购买人持有关凭证到房产管理部门和土地管理部门办理权属登记手续。

二、房产抵押

（一）房产抵押的定义

房产抵押是指房地产抵押贷款。房地产抵押贷款是房地产信贷业务的主要形式之一，它是债务人以房地产作为偿还债务的担保，从债权人手中获得资金融通的行为。房地产抵押贷款将随着市场经济的发展而在银行信贷业务中占据主导地位。这是因为随着银行的商业化进程，商业银行将成为经济实体。保证发放的贷款发挥效益（生息），并按期收回本金是银行必须重点考虑的问题，一个主要办法是开展抵押贷款。由于房地产具有保值、增值的特点，是稳定的抵押品，因而房地产抵押贷款成为银行乐于接受的贷款方式。而且房地产价格昂贵，一般消费者较难一次性支付房款，需要银行提供长期低息贷款支付，在这方面，房地产抵押贷款也扮演了一个重要角色。

（二）房产抵押的特点

房地产抵押贷款既具有一般抵押贷款的特点，又有其独特之处。其主要特点大体有以下五个。

（1）抵押权的设定，本身并不发生房地产使用权转移，而只是给房地使用权人造成一种负担。

（2）抵押房地产并不一定引起房地产使用权转移的后果，只是有了这种可能。只有在债务不能清偿时才能依照一定程序发生房地产使用权转移的后果。

（3）抵押权人并不一定是处分抵押的所有权或使用权的受让人，他的基本权利在优先就其变卖价款清偿债务。而就处分房地产所有权和土地使用权来讲，抵押人与其他竞买人处于同一法律地位。

（4）由于房地产抵押贷款一般来讲风险较小，因而贷款利率相对较低。

（5）房地产抵押贷款的抵押物主要有土地使用权、房屋产权。土地使用权受国家政策影响较大，房屋产权又是与土地使用权联系在一起的，因此，在办理房地产抵押贷款业务时，往往需要处理复杂的政策性问题和法律问题。

（三）房产抵押的类型

1. 按抵押人来划分

按照进行房地产抵押的抵押人或称借贷人划分主要有三类：土地开发者、建筑物开发者及房地产最终消费者。

土地开发者取得开发建设用地后，可以将土地使用权做抵押向金融机构申请房地产抵押贷款。贷款资金主要用于平整土地及地面、地上基础设施的开发建设。

建筑物开发的贷款资金主要用于支付建筑材料、人工费用及管理费用等。房地产的最终消费者有单位和个人,贷款资金主要用于单位和个人购房。以上三种类型也可以相应称为土地开发抵押贷款、房屋开发抵押贷款和住房抵押贷款。

2. 按抵押方式来划分

房地产抵押也可以分为法定式抵押和公义式抵押两种形式。法定式抵押是将法律承认现有已存在物业提供给抵押权人作为还款保证的形式;公义式抵押是将未有或不存在的物业提供给抵押权人作为抵押担保的行为。这种形式即为"预售房屋""在建工程"等客体的抵押。

3. 按还本付息方式来划分

根据还本付息方式不同,还可以将房地产抵押区分为固定利率抵押贷款、可变利率抵押贷款、部分摊销抵押贷款、分级还款及增快还本等抵押贷款形式。

(四)房产抵押的法定抵押范围

法定抵押范围是指依法可以设定抵押权的房地产及其权利的客体之集合。显然,此集合之外的房地产及其权利的客体如土地所有权、耕地等农地使用权、公益单位使用的土地使用权等不可以依法设定抵押权。

我国房地产的法定抵押范围,随着立法时间推移,呈逐步扩大的趋势。同时,地方立法又比国家立法有较大的扩展。

据《担保法》和《房地产管理法》的有关规定,房地产的抵押条件为以下 8 条,即下列房地产不得设押。

(1) 学校、医院等公益性房地产。

(2) 权属不明或有争议的房地产。

(3) 依法被查封、扣押、监管的房地产。

(4) 依法收回土地使用权的土地。

(5) 未依法登记领取必要权证的。

(6) 尚未付清出让金或未按出让合同约定进行开发投资的土地使用权。

(7) 房屋已建成,未按规定办理登记与领取房屋所有权证的。

(8) 共有房地产,未经全体共有者书面同意的。

无论哪种房地产抵押贷款,都必须注意以下几个方面的问题。

(1) 抵押物必须是合法的财产,并具有土地使用权证书及房屋所有权证书。

(2) 办理房地产抵押贷款必须签订书面的抵押合同,抵押合同必须遵守有关法律、法规、规章及土地使用权出让合同的规定,并且在签订抵押合同之日起 30 日内到房地产管理部门或土地管理部门办理抵押登记手续,不到登记主管部门办理登记的,抵押行为无效。

(3) 房地产抵押贷款的发展,不是一种孤立的事情,它与房地产保险制度、房地产评估制度、拍卖市场等有密切的关系,因此,要发展抵押贷款业务,必须建立一套系统的、协调配套的运行机制。

(五)房产抵押的程序

(1) 抵押人持有效证书或证件到贷款机构申请办理抵押贷款事宜,并签订房地产抵押合同。这里的有效证书或证件主要指能证明抵押人自己享有所有权或经营管理权的产权证书,如《国有土地使用证》《房屋所有权证》等。

(2) 抵押当事人自签订抵押合同起要在一定期限内,一般为30日内到房地产产权管理部门办理房地产抵押登记。办理抵押登记时,要出示所需要的有关文件,如抵押合同,土地使用权出让合同或转让合同,生效的预购房屋合同等。

(3) 抵押权人按规定交纳房地产抵押登记费用后,由产权登记部门向其颁发《房屋他项权证》。

三、房屋典当

(一) 房屋典当的定义

房屋典当是指承典人支付一定的典金,占有出典的房屋,并进行使用、收益,典期届满时,由出典人偿还典金赎回出典房屋的法律行为。设典时,一般应明确典期,出典人应在典期届满时交还典价和相应利息从约定赎回出典的房屋,也可以双方约定,由承典人补足典房的差额而实际取得房屋的所有权。

(二) 房屋典当与房屋抵押主要区别

房屋典当与房屋抵押主要有以下区别。

(1) 主体不同。房屋抵押人可以是债务人,也可以是第三人。房屋典当中出典人必须是房屋所有权人。

(2) 目的不同。设立房屋抵押,主要是以房屋做抵押物来保证债务的履行;设立房屋典当,对出典人来说是为了取得典金,对承典人来说是为了取得典当房屋的使用权和收益权。

(3) 性质不同。典权是独立权利,是用益物权。抵押权属担保物权,以主债权的存在为前提;房屋抵押中,抵押房屋不移转占有,仍由抵押人占有、使用和收益,房屋典当时,要将出典房屋转移给承典人占有、使用和收益。

(4) 风险承担不同。出典房屋因不可抗力灭失的,其风险责任由典权人和出典人分担,典当关系归于消灭;抵押房屋因不可抗力灭失的,抵押关系消灭,但债务人仍应负清偿债务或重新提供担保的责任。

(5) 法律后果不同。房屋典当法律关系中,双方可约定典期届满逾期不赎的视为绝卖,承典人取得典当房屋的所有权;如未约逾期不赎做绝卖且在典契中未注明"绝卖"字样的,有典期的逾期10年,无典期的经过30年未回赎的,则视为绝卖;设定房屋抵押关系后,如果债务人到期不清偿债务,房屋抵押权人只能以拍卖抵押房屋的价款优先受偿,不能约定债务人到期不偿还债务,抵押房屋归抵押权人所有,即使约定也应认定为无效。

(三) 房屋典当成立的条件

第一,出典人必须是对该房屋具有所有权或者被授权出典房屋的人。如果出典人既无该房屋的所有权,也未经房屋所有人授权出典该房屋,就无权将该房屋出典,已经出典的,其典当行为无效。

第二,当事人须具有行为能力。房屋是公民重要的生活资料,典当房屋是公民对房屋的重要处分行为,实施此种行为的人必须是具有民事行为能力,并能以自己的行为完成房屋典当行为的人。未成年人限制行为能力的人和无行为能力的人不能完成典当行为,故不能充当房屋典当法律关系的主体。

第三,房屋典当的双方当事人必须自愿建立典当关系。这就要求双方当事人意思表示必须真实。因受欺骗、胁迫而形成的典当关系是无效的民事行为。

第四，不得以房屋典当规避国家法律，损害国家利益或他人合法权益。

（四）房屋典当双方的权利与义务

房屋典当是有偿的民事法律行为，承典人和出典人均享有一定的权利并承担相应的义务。

1. *承典人的权利和义务*

（1）承典人的权利。

① 承典人对典当房屋享有占有、使用和收益的权利，承典人支付典金的目的就是要实现对典当房屋的占有、使用和收益，这是他的一项最主要的权利。

② 承典人在典期内有转典房屋的权利；有转让、出租该房屋的权利，但承典人行使这些权利时，不得侵犯出典人对房屋的所有权，不影响出典人在典期届满时回赎房屋。

③ 承典人在典期届满出典人不回赎房屋时享有取得房屋所有权的权利。

（2）承典人的义务。

① 承典人应合理占有、使用和收益房屋的义务，不得侵犯出典人的房屋所有权。

② 支付典价的义务。

③ 在典期届满时返还房屋的义务。

④ 在取得房屋所有权时，补足典价与房屋价值差价的义务。

2. *出典人的权利和义务*

（1）出典人的权利。

① 出典人在房屋典当关系存续期间享有房屋所有权，出典房屋只是部分权能的转移，不影响出典人的所有权。

② 收取出典房屋典金的权利。

③ 在典期届满时赎回房屋的权利。

④ 在典期届满无力赎回房屋时，要求承典人支付典价与房屋价值差价的权利。

（2）出典人的义务。

① 将出典房屋按时交付承典人，保证承典人对房屋的占有、使用和收益的义务。

② 在规定的典当期间内，不得要求回赎出典房屋的义务。

（五）典当房屋的回赎、取得和消灭

1. *典当房屋的赎回*

回赎是出典人与承典人约定的，在一定时间内，出典人得以买回出典房屋的规定。回赎制度是典当契约的基本构成要素，它注重对危难时的出典人的利益的保护。

房屋典当回赎时，典价如何确定，应依法律和具体情况而定。最高人民法院《关于贯彻执行〈中华人民共和国民法通则〉若干问题的意见（试行）》第 120 条规定，在房屋出典期间或典期届满时，当事人之间约定延长典期或者增减典价的，应当准许。承典人要求高于原典价回赎的，一般不予支持。以合法流通物设立典当的，应当依照回赎时市场零售价格折算。此外，超过当事人约定的回赎期或典期届满 10 年、自房屋出典后满 30 年的，应视为绝卖，一般也不存在回赎的问题。

2. *房屋典权的取得*

典权是设立在他人所有权之上的，以占有、使用、收益为目的的用益物权。其取得方式一般为通过典契建立，即出典人将自己所有的房屋中的占有、使用、收益权分离出来转予承典人，而承典人则支付典价，获得出典人让予的权利。另外，除典契有明确规定不得转典的外，承典人可以将其承典的房屋转典，从而产生附属于原典权的第二次典权，又称再典权。再典权以原典权为前提，虽然不一定随原典权产生而产生，但必随原典权的消灭而消灭。

3. 房屋典权的消灭

典权消灭的原因较其产生复杂，主要有三种情况：其一，典权随出典人的回赎而消灭。其二，典权随绝卖而消灭。出典人在典期届满后，经过约定时间或者法定时间后没有赎回其房屋，出典房屋所有权转移与承典人，即为绝卖。其三，典权因政府行为(如征收关系)而消灭。政府将出典房屋依法处理，房屋及所占土地被征用，典当标的物所有权不再属于出典人，其典权当然消灭。另外，典权还可因不可抗力的毁损而消灭，如洪水将出典房屋、土地都彻底毁损，房产不复存在，典权即随之消灭。

四、房屋调换

(一) 房屋调换的定义

房屋调换是房屋住户、用户为了生活工作方便、相互之间调换房屋的使用权的经济行为。在我国是指城市直管房、单位自管房、私房产权所有者之间根据他们各自的需要，按有关政策和程序进行的以房产互换为主、经济补偿为辅的以房易房的交换行为，是目前房产流通的一种补充形式。

(二) 房屋调换的内容

房屋调换是由房屋交换行为及由此连带产生的一系列关系的总和，是房地产市场的一个重要组成成分。

房屋调换的形式多种多样，据调换房屋的产权属性可以分为以下几种。

(1) 房屋使用权调换。包括私房互借使用和公房调换租赁，其实质是变更两个租赁合同的标的物。从我国过去的换房活动来看，其主要内容是交换租赁公房。

(2) 房屋私有权与公房承租权交换。一般情况是私房破旧无力维修，交给房管机关所有(上交国家)，再由房管机关租赁给私人使用的行为。

(3) 房屋所有权置换。目前，随着公房逐渐私有化，以及住房市场化的推进，房屋所有权的置换已经成为房屋调换的重要方式。

除以上形式外，还存在自发换房或有组织地换房；公房对换以及各种产权之间调换；实行分房、调房、换房相结合等形式。

房屋交换是一种以物换物的交易行为，必然体现着公平、自愿及等价交换的原则。交换双方或多方自己或通过某种媒介组织自愿进行选择，选定满意对象后，交易才能达成，所以房屋交换是一种公平、自愿的交易活动。另外，互换方对交易标的物的评价和认可，最终也是与使用价值及价值相当的房屋进行交易体现的。从总体来看，由于两者的价值量相当，所以交换可行。

房屋交换也可以减少流通环节，节约交易费用，并同时达到调节住房余缺，房尽其用的目的。

(三) 房屋调换经营策略及手段

换房行为早在20世纪50年代就已出现，且是当时城市房管机构的一项重要工作，对调剂城市居民住房余缺、使用方便、解决住房困难起着重要的作用。随着房地产市场的建立与不断完善，房屋中介也成为房屋调换的主要途径，房屋置换行为将作为出售、出租以外一种重要补充交易形式而存在。

房屋互换经营除了应用换房市场细分、换房市场分析与预测等经营策略以外，还要根据换房市场的特点，制定相应的方法和手段。

第四节　租赁与融资

一、转租与分租

转租是指承租人在租赁期内将租入资产出租给第三方的行为。转租至少涉及三方(原出租人、原承租人和新承租人)和两份租约(原出租人和新承租人租约)。

租赁届满，租赁资产的所有权转移给承租人，而用包含有承租人以廉价购买租赁资产的选择权，原承租人可以以任何方式转移该资产。至于转租究竟属于何种性质，则由新租约的特点决定，可根据一定的标准加以归类，然后或做经营租赁处理。或做销售式融资租赁、直接融资租赁处理。

若原租约不符合以上两个条件，但符合融资租赁应具备的其他两个条件：租赁期长于或等于租赁资产预计经济寿命的75%；或最低租赁付款额的现值高于或等于租赁资产公允价值的90%，原承租人也可以以经营租赁、直接融资租赁和销售融资租赁等方式转租。新租约不可包含所有权将转移或允许承租在租期届满时以名义价款购入租赁资产的条款。

若原租约属经营租赁性质，转租也只能是经营租赁。无论在哪种租赁方式下，原租赁下尚未摊销的租赁资产余额，一般应作为新租赁的租赁资产的成本处理。

二、可占用性租赁

可占用性准租(Appropriable Quasi Rents)这一概念最早是由后契约机会主义(Post-contractual Opportunistic Behavior)提出的，它是指准租中潜在的、可占用的专用部分，是超过下一出价最高的使用者的价值。

经营性租赁又称管理性租赁，是指承租人只在一定期间内获得某种物件的使用权；租期结束后，租赁物件仍要退回出租人。由普通出租和租用关系形成的租赁业务。租赁过程中承租人以支付租金为前提使用设备，出租人自始至终拥有设备所有权。出租人仅赚取设备使用费，承租人仅使用不拥有设备。这一点与融资租赁性质截然不同，后者出租方收取名义租金，租约到期时设备产权将转移给承租人。

经营性租赁是一种以提供租赁物件的短期使用权为特点的租赁形式，通常适用于一些需要专门技术进行维修保养、技术更新较快的设备。在经营性租赁项下，租赁物件的保养、维修、管理等义务由出租人负责，承租人在经过一定的预告期后，可以中途解除租赁合同。每一次交易的租赁期限大大短于租赁物件的正常使用寿命。对出租人来说，他并不能从一次出租中收回全部成本和利润，而是将租赁物件反复租赁给不同的承租人而获得收益，因而，从这个意义上说，有人称为“非全额清偿租赁”，将融资租赁称为“全额清偿租赁”。

三、售后租回

售后租回(Sale-leaseback)是将自制或外购的资产出售,然后向买方租回使用。

(一)特点

售后租回的特点一般有以下几个方面。

(1) 在出售租回的交易过程中,出售/承租人可以毫不间断地使用资产;

(2) 资产的售价与租金是相互联系的,且资产的出售损益通常不得计入当期损益;

(3) 出售/承租人将承担所有的契约执行成本(如修理费、保险费及税金等);

(4) 出售/承租人可以从出售回租交易中得到纳税的财务利益。

售后租回使房地产所有人(承租人)在保留资产使用权的前提下获得所需的资金,同时又为出租人提供有利可图的投资机会。

(二)本质特征

售后租回是一种集销售和融资于一体的特殊形式,是企业筹集资金的新型方法,通常是指企业将现有的资产出售给其他企业后,又随即租回的融资方式,它是常用的筹资方式之一。在售后租回交易中,承租人与出租人都具有双重身份,进行双重交易,形成资产价值和使用价值的离散现象,具体表现在以下几个方面。

1. 交易业务的双重性

售后租回交易双方具有业务上的双重身份,因而业务处理上具有重叠性。其一,资产销售方同时又是承租人,一方面企业通过销售业务实现资产销售,取得销售收入;另一方面又作为承租方向对方租入资产用于生产过程,从而实现资产价值和交换价值,具有经济业务的双重身份。其二,资产购买者同时又是出租方,企业通过购买对方单位的资产取得资产所有权,同时又作为出租方转移资产使用权,取得资产使用权转让收入,实现资产的使用价值的再循环,具有业务上的双重性,是集资产销售和资产租赁于一体的特殊交易行为。

2. 资产价值转移与实物转移相分离

在售后租回的交易过程中,出售方对资产所有权转让并不要求资产实物发生转移,因而出售方(承租方)在售后租回交易过程中可以不间断地使用资产。作为购买方即出租方,则只是取得资产的所有权,取得商品所有权上的风险与报酬,并没有在实质上掌握资产的实物,因而形成实物转移与价值转移的分离。

3. 资产形态发生转换

售后租回交易是承租人在不改变其对租赁物占用和使用的前提下,将固定资产及类似资产向流动资产转换的过程,从而增强了长期资产价值的流动性,促进了本不活跃的长期资金发生流动,提高了全部资金的使用效率。这样,一方面解决了企业流动资金困难的问题;另一方面盘活了固定资产,有效地利用现有资产,加速资金再循环,产生资本扩张效应。

4. 资产转让收益的非实时性

《企业会计准则——租赁》规定:卖主(承租人)不得将售后租回损益确认为当期损益,而应予递延,分期计入各期损益。一般认为,资产转让收益应计入当期损益,而在售后租回交易中,资产的售价与资产的租金是相互联系的,因此,资产的转让损益在以后各会计期间予以摊销,而不作为当期损益考虑。这样做的目的是防止承租人利用这种交易达到人为操纵利润的目的,同时避免承租人由于租赁业务产生各期损益的波动。

四、委托租赁

委托租赁是指具有从事融资租赁业务资格的公司作为出租人，接受委托人的资金或租赁标的物，根据委托人的书面委托，向委托人指定的承租人办理的融资租赁业务。在租赁期内，租赁标的物的所有权归委托人，出租人只收取手续费，不承担风险。租赁期满后，租赁标的物产权可以转移给承租人，也可以不转移给承租人。

（一）委托租赁的特点

（1）出租人接受委托人的资金或租赁标的物，根据委托人的书面委托，向委托人指定的承租人办理融资租赁业务。在租赁期内租赁标的物的所有权归委托人，出租人只收取手续费，不承担风险。

（2）委托租赁可以实现集团公司或关联方资金注入方式的多样化。

（3）委托租赁也可以使企业享受加速折旧的好处，调节客户税前利润，调整所得税支出。

（4）委托租赁可以使资金使用方和资金委托方二者关系清晰，便于确定双方的权利和义务。

（二）委托租赁的作用

（1）如果委托人参股或控股的公司为了经营目的而需要取得某项固定资产，又如果它不想由于从银行贷款而使自己在银行的宝贵的授信额度更多地被该项固定资产投资所占用，如果它一时难以获得在市场上发行债券以获得资金的资格，如果它不愿意由于到股票市场上去筹资而分散自己的股权利益，或过多地披露自己的商业秘密，那么，委托人可以通过委托租赁，利用融资租赁这种交易方式使其参股或控股的公司取得该项固定资产。

（2）如果委托人参股或控股的公司认为对所取得的固定资产能否加速折旧，以减轻前期的所得税税负，推迟所得税的缴纳这一点，对于自己的经营效果关系重大，那么，委托人可以通过委托租赁，采取融资租赁这种交易方式，使其参股或控股的公司取得该项固定资产。这是因为，对于企业融资租赁项下的固定资产，国家规定可以按法定折旧年限同融资租赁期限两者孰短的期限折旧(但是不得短于三年)。而用其他方式取得固定资产时，则没有这种加速折旧的优惠。

（3）如果委托人参股或控股的公司需要加大自己资产的流动性，而又不能以减损自己的固定资产为手段来做到这一点，因为它仍需利用这些固定资产，那么，它可以利用委托租赁，采取出售回租这种融资租赁交易方式。这时，一方面是它把自有固定资产的所有权转让给某融资性租赁公司，从而取得自己所需的价款(货币资金)；另一方面它又从该公司租入该固定资产，因而丝毫也不妨碍对该固定资产的继续使用。当然，它未尝不可以通过向银行抵押该固定资产的方式来从银行取得贷款，从而达到上述相同的效果。

委托人参股或控股的公司之所以加大自己的资产的流动性，往往出自信息披露的需要，或者是为了优化其财务状况中的流动比率和速动比率之类指标，从而提高其在资金和资本市场的信用等级；或者是为了获得现金直接用于偿债，以减少其长期借款和增加其银行授信额度中的可灵活利用的部分。这种手段也可以在委托人参股或控股的公司短期头寸不足时运用。其方法是先订立出售回租融资租赁合同，从融资性租赁公司把钱拿去，一旦自己有了钱，即使合同未到期，也完全可以提前结束，把钱再还给该融资性租赁公司。

(4) 如果委托人参股或控股的公司处在技术更新速度较快的行业,尤其是高科技领域里,避免设备陈旧风险和控制初始投入资金是它的优先考虑,那么,它可以通过委托租赁,利用带有中长期融资性质的经营性租赁,来取得这类设备。这种方式的要点是,租金不以摊提该设备购置成本的全额为其计算基础,该固定资产不在该承租企业账上资本化,其在租赁期满时的剩余价值的贬值风险,由与该融资性租赁公司关联的出卖人承担。

(5) 对于委托人参股或控股的公司来说,所取得的固定资产反映在自己的资产负债表中,由自己计提折旧,因而也增加自己的负债,租金支出可以以当期费用的名目在(所得税)税前全额列支,可以加速折旧(最短折旧期限不少于三年),即在取得表内融资的效果这一点上,对自己更为有利。

课后练习

一、思考题

1. 房地产租赁有哪些形式?房产租赁价格由哪些项目构成?
2. 房产抵押与房屋典当有哪些区别?
3. 房地产转租与分租有何区别?
4. 售后租回的本质是什么?
5. 委托租赁有哪些作用?

二、计算题

1. 某人投资 500 万元购置一套产权为 70 年的住宅,无贷款利息,不考虑 70 年后住宅残值,平均年修缮费、物业管理费、税收等费用支出估计 8 000 元,则小张平均每月的租金至少要多少?(年利率为 6%)

2. 某人投资 800 万元购买一处 50 年产权的商铺,无贷款,期望每年的纯租金收益增长率为 4%,但租赁合同为 2 年一签,2 年内租金不再调整,在基准贴现率为 6%的情况下,若能连续出租。求:

(1) 最低的首期年租金需达到多少?

(2) 首期年租金为 50 万元的情况下,投资人能获得多少利润?

第十一章 物 业 管 理

物业管理是房地产项目在经营期实现保值增值的重要手段。本章主要阐述物业管理的主要任务及各类房地产项目物业管理的操作实务，学习重点包括：

- ◆ 物业管理公司的分类及资质管理；
- ◆ 房地产开发与经营各阶段物业管理的任务；
- ◆ 住宅小区、别墅、写字楼、商场、工业厂房及智能建筑物业管理的操作实务。

第一节 物业管理概述

一、物业的含义

“物业”与房地产、不动产、建筑物等名称有什么关联和区别呢？从关联来说，它们都是指房屋、土地、建筑物及其设备和设施一类事物。从区别来说，有以下两个方面。

(1) 使用的范围不同。房地产一般是指这一事物的整体，它包含了房地产的投资、开发、建造、销售、售后管理的全过程，因此往往在宏观上、整体上使用。而物业这一名称往往是指单元性的房地产，并且是在房地产的经营、管理这些过程中经常使用的，如物业租赁、物业经营、物业管理等。

(2) 适用的场合不同。建筑物这个名称往往是从工程角度着眼，比如我们常讲建筑设计、建筑施工，而不讲物业设计、物业施工。物业这个名称是从使用角度着眼的，它是指已建成并投入使用的建筑物。不动产则是根据房屋、土地这类财产不可移动的特性而使用于民法之中。

综上所述，物业这个概念可以归纳为：物业是指已建成并投入使用的各类建筑物及其附属的设备、设施和场地。物业可以是一个建筑群体，如住宅小区、仓储中心，也可以是一个单体建筑，如一幢办公楼或者整座厂房。

二、物业管理的含义

（一）物业管理的定义

物业管理蕴含着以下几个方面的内容。

(1) 物业管理是通过对物业及其设备、设施的管理来为业主和使用人服务的，因此可以说它管理的对象是物，即物业及设备设施等，服务的对象是“人”。这里的“人”，可以是自然人，也可以是法人。

(2) 物业管理作为一种经济行为，是通过提供有偿的劳务来获取经济效益。这种劳务，无论体力还是脑力的，都紧随着现代科技的进步和管理理念的更新而不断趋向先进。

(3) 物业管理从法律角度而言，是以合同、契约为中介的信托管理。物业管理企业将按照合同、契约的规定享受权利并履行义务。

(4) 物业管理还与社区建设有着密切的联系。社区建设中的创建“文明小区”“安全小区”“卫生小区”等活动都有赖于物业管理的服务水准和管理质量的提高。

综上所述，根据 2003 年 5 月 28 日国务院第 9 次常务会议通过的《物业管理条例》可知，物业管理是指业主通过选聘物业管理企业，由业主和物业管理企业按照物业服务合同约定，对房屋及配套的设备设施和相关场地进行维修、养护、管理，维护相关区域内的环境卫生和秩序的活动，以创造一个适合人们生活、工作的社区环境。

（二）物业管理与传统房屋管理的区别

根据物业管理的定义可以看出，它显著不同于传统房屋管理，可概括为以下几个方面。

(1) 管理体制不同。传统的房地产管理是在计划经济体制下由政府房管部门或各企事业单位采用行政手段进行福利性的封闭式管理。由于这是一种非经营性的管理行为，在低租金的条件下只能用行政补贴来弥补经费的不足，往往不能有效地保养房屋。同时，管理单位又是房屋所有者(国家或企事业单位)的代表，因而它的管理是终身制的，这也给管理质量、服务态度等带来很多问题。物业管理则是专业化的企业，而且是在市场经济体制下通过市场由业主选择的。物业管理通过合同方式，用经济手段进行社会化的有偿管理服务，它依靠对物业的经营和对业主的优质服务来管理好物业并保证企业的生存和发展。这种体制上的不同，可以概括为行政性的房屋管理和企业化的物业管理。

(2) 管理内容的不同。传统的房地产管理以收租养房为主要内容，业务范围狭窄，功能单一。这一方面显然是由于经费的缺乏及其行政地位的限制；另一方面也是计划经济体制下管理理念的落后使然。物业管理则是对房屋及其设备设施与周边环境实施多功能、全方位的管理与服务，开展一业为主、多种经营，千方百计从广度和深度上拓展业务，以业主和使用人为核心展开与此相关的各项服务和管理工作。物业管理企业通过自身的经营渠道，“以业养业”来取得企业的经济效益。

(3) 管理机制的不同。传统的房屋管理是管理者按自己的意志去管理用户，与用户是管理与被管理的关系。用户处于被动地位，无法选择管理者，也很少有监督权。物业管理则使业主和使用人有权通过市场选择物业管理企业，通过市场竞争的双向选择，签订物业管理委托合同，明确各自的权利和义务。业主和使用人参与物业管理重大事项的决策，并依据合同行使监督权。他们与物业管理企业是委托与被委托、服务与被服务的关系。

三、物业管理的分类

（一）按管理性质划分

根据我国的实际情况，可把物业管理划分为行政性房屋管理和企业化物业管理两类。

1. 行政性房屋管理

行政性房屋管理是一种政府行为，其管理的对象主要是公有住宅。房屋使用人只有使用权，而无房屋所有权。使用人得到使用权后，只需交纳极为低廉的租金，即可以无限期地使用下去。行政性房屋管理的经费来源除了租金外，主要依靠政府的财政资金补贴。行政性房屋管理模式的社会基础根深蒂固，造成了国家建房、分房、修房、管房，老百姓等房、要房的局面。由于国家财力有限，房屋维修、养护、管理的费用包袱越背超重，公有住宅的房屋管理往往因经费不足而达不到基本的管理要求，最终导致房屋“一年新、二年旧、三年破了无钱修”的局面。

目前，随着住房制度改革的推进，老公房的房屋产权已由公有向个人所有过渡，形成了产权多元化的格局。产权多元化，需要管理模式多样化。传统的行政性房屋管理模式已受到了冲击。

2. 企业化物业管理

所谓企业化物业管理，是指由专门的管理公司通过合同成契约的签订，按照产权人的意志与要求实施管理。这种管理模式，理顺了房地产开发单位与房地产管理单位之间、房地产管理单位与业主之间的关系，并将行政性管理的终身制变为企业经营型的聘用制。在这样一种新的体制和机制下，将逐步形成和发展有活力的物业管理竞争市场。业主有权选择物业管理公司，物业管理公司必须依靠良好的经营和服务才能进入和占领物业管理市场，这就将从根本上促进服务态度的改变、服务质量的改善和管理水平的提高，从而有利于提高城市管理的社会化、专业化程度，并向现代化的管理方式转变。

（二）按产权性质划分

按产权性质划分，物业管理可以分为委托服务型和自主经营型两类。

1. 委托服务型物业管理

委托服务型物业管理是指房屋所有权人将自己使用的物业委托给专业管理公司进行管理，通过签订合同、支付费用而享受物业管理服务的管理模式。在中国现阶段物业管理运作中，第一次委托往往是在开发商和管理者之间进行的。房地产开发企业将开发建成的房屋分层、分单元出售，收回投资和利润，并委托物业管理企业对房屋进行日常管理，完善其售后服务。开发商在完成政府规定的售后服务期限后，由业主决定续聘或改聘物业管理公司。第一次委托管理一般通过以下两种方式进行。

(1) 房地产开发企业自己组建物业管理公司，对所出售的房屋进行管理。一些较有实力的房地产开发企业大多采取这种方式。这样做的优点有：①售后服务与物业管理相结合，许多售后服务工作可由开发商自己下属的物业管理公司完成；②有利于房地产开发企业通过优质的物业管理服务树立良好的企业形象；③一般来说，这类物业管理公司在维修基金取得、配套设施完善等方面可以得到更多的支持。

(2) 房地产开发企业以招标的方式委托给专业物业管理公司。我国第一次采用招标方式确定的物业管理机构是深圳市万厦居业公司，该公司通过投标的方式取得了深圳市住宅局开发的莲花北村的物业管理权。这是今后物业管理发展的方向。因为只有通过招标，才能引起竞争，进而促使物业管理公司有一种紧迫感，感到不搞好工作就难以使企业得到发展，甚至被物业管理市场淘汰。

从长远来看，委托管理将在业主与物业管理公司之间进行。

2. 自主经营型物业管理

自主经营型物业管理是指房地产开发企业建成房屋后并不出售，而是分层、分单元出租，通过租金收回投资，取得利润。它是房地产开发企业为求得长期投资收益而采取的一种经营方式。这类物业管理往往不但承担物业的维修养护工作，而且承担所管物业的出租经营。物业管理的水平直接或间接地影响着物业的价值和出租率。

自主经营型物业管理与委托服务型物业管理的差别可以从以下几个方面来看。从产权上看，前者拥有产权的往往是一个大业主，而后者则有多个产权人。从管理上讲，前者需要刻意营造一个良好的物业使用环境，并把房地产开发中不完善的部分根据市场的需要加以完善，以创造良好的物业租赁条件，赢得顾客；而后者是为了保证物业的正常使用，并常常与售后服务工作结合起来。从管理的对象来看，前者管理的多是商业大楼、综合大楼、写字楼，而后者则多是住宅楼宇或小区等。从服务对象上分析，前者多是以职业角色出现的人群，而后者则是以居民角色出现的人群。因此，物业租赁的经营目标决定了自主经营型物业管理必须是积极的、带有开拓性的。

四、物业管理的内容

物业管理的主要对象是住宅小区、高层与多层住宅楼宇、综合楼、写字楼、商业大厦、旅游宾馆、标准工业厂房、仓库等。它的管理范围相当广泛，服务项目多元化，除房屋的使用与出租的管理，房屋与附属设备、设施的维修养护外，还包括食物业管理区域的清扫保洁、治安保卫、交通及车辆管理、环境绿化，以及业主或使用人生活、工作、生产方面的服务等，并代表业主或使用人就有关事宜与政府各部门或公共事业单位交涉。具体地讲，物业管理包括以下内容。

（一）基本业务

（1）房屋建筑的维护、修缮与改造。

（2）物业附属设备、设施的维护、保养、更新。

（3）相关场地的维护与管理。

（4）消防设备的维护、保养、更新。

（二）专项业务

（1）治安保卫，即通过值班、看守、巡逻进行的防火、防盗、防事故以及突发事件的处理。

（2）清扫保洁，即对管辖区域内的废弃物的定时、定点的收集清运，以及对公共部位的日常清扫保洁。

（3）庭院绿化，即对管辖区域内的公共绿地、宅旁绿地和道路绿化的日常养护。

（4）车辆管理，即对进入管辖区城内各种机动车辆的限制，其他车辆经过允许方能驶入，并按规定地点停放。

（三）特色业务

物业管理的特色业务主要是指接受业主或使用人的委托而提供的各种服务。

（1）代办各种公用事业费。

（2）代购车、船、机票。

（3）代订、代送报章杂志。

（4）代聘家教保姆、家庭护理。

（5）代做室内清洁。

（6）业主或使用人委托的其他服务。

（四）经营业务

物业管理企业可根据不同的服务对象，开展各种经营业务。

（1）室内装潢。

（2）电器维修。

（3）商务中心。

（4）咨询、中介。

(5) 代理租售。

(6) 房屋交换。

(7) 其他。

上述基本业务、专项业务、特色业务和经营业务的项目具有内在的联系。前两项业务是物业管理的基本工作，是物业保值、增值以及为业主和使用人提供基本的居住环境、工作环境和生产环境必不可少的；后两项业务是在基础工作上的进一步拓展，是从深度和广度上进一步满足业主和使用人的需要，以达到物业管理的社会效益、经济效益和环境效益的统一。

第二节　物业管理公司

一、物业管理公司的定义

物业管理公司是指按照合法程序建立并具备相应资质条件、对物业进行管理的企业性经济实体。物业管理公司具有法人资格，根据合同接受业主或者业主管理委员会的委托，依照有关法律法规的规定，对物业实行专业化管理，并收取相应的报酬。物业管理公司的组建原则是企业化、专业化、社会化；其经营宗旨是综合管理、全面服务，为业主和用户提供安全、整洁、方便、舒适的工作环境和生活环境。物业管理公司应按合法程序成立，并且具备相应的资质条件。

二、物业管理公司的分类

（一）按物业管理公司的组建形式分

1. 开发企业直属型。开发企业直属型物业管理公司主要是由房地产开发企业投资设立的分支机构，其职责主要是管理由上级公司开发建设的房地产项目。这类公司的最大优势就在于项目有保障，并对项目的运行全过程较为了解，便于与开发商（上级单位）协调关系。这种模式的特点如下。

(1) 把住宅区的开发与建设、销售与售后管理结合起来。由于管理主体就是房地产开发商，因而能在开发之前的规划设计、布局造型等阶段就考虑售后的物业管理，进而在施工建设过程中，在材料的选择、设施的安装以及施工质量等方面进行监督，保证工程的全优，为售后的物业管理打下了坚实的基础。

(2) 把住宅建设与配套施工相结合。这样，一旦住宅区落成，各种配套设施即可启用，各种服务项目即可同时展开，物业管理公司就有条件在履行管理职能的同时，及时为业主提供全方位的优质服务，提高住宅区的投资社会效益。

(3) 把企业化经营与服务结合起来。物业管理公司实行企业化经营要有盈利，但盈利的目的是更好地提供服务，满足广大业主多层次的需要，因此它不以盈利为唯一目的，而是盈利与服务并重。这种完全由开发商自己成立物业管理公司来从事住宅区的物业管理活动的模式在目前占有较大比重。

2. 原房管所转制型。原房管所转制型物业管理公司是由房地产管理部门所属的房管所转制建成的物业管理公司，主要是管理原先就归自己管理的公房。这种由原房管部门打破事业单位行政管理的体制，转轨为相对独立的经济实体的物业管理公司，是在加强对直管公房的修缮和经营管理的基础上，面向居民扩大经营服务范围、实行有偿服务的。这种模式能及时地满足居民的维修需要，按市场经济规律进行经营，开始改变房管部门低效率的状况。但是，这类企业由于与房地产管理部门关系密切，政企很难分开，行政色彩较浓。

3. 政府新组建型。政府新组建型物业管理公司是由房产管理部门新组建的物业管理公司。这类公司的主要特点是，把过去以产权为依据的行政性福利型管理改为统一进行的有偿服务的专业化管理。这种物业管理公司受房产开发公司、单位和业主的委托，对住宅房屋、公共设施等行使管理职能；住宅区建立由产权人、住户、单位代表，小区所在的街道办事处、派出所、开发经营单位，以及物业管理公司代表组成的住宅区管理委员会，对住宅区物业管理的重大问题做出决策、协助物业管理公司进行经营管理。这种物业管理公司由于是自主经营、自负盈亏的企业，可以通过拓展各种有偿服务，多渠道筹集资金，提高公司的竞争能力，扩大市场占有份额。其管理模式较好地适应了市场经济的要求和产权多大化的发展趋势，从而成为我国物业管理公司发展的重要组成部分。

4. 市场新组建型。市场新组建型物业管理公司是按照《公司法》的要求，由社会上的公司、个人发起组建的物业管理公司，它们通过竞争取得物业管理权，是典型的在市场经济条件下诞生的企业。这类企业较有活力，但也必须适应市场、提供较好服务方可生存。

5. 经营企业自建型。经营企业自建型物业管理公司是由大中型企事业单位自行组建的物业管理公司，主要是管理单位自有房产。这类企业在业务经营上具有较浓厚的福利性质。

（二）按物业管理公司的内部运作分

除了上述划分标准，从物业管理公司内部的运作来看，也可将其分为管理型物业管理公司、顾问型物业管理公司和综合型物业管理公司等。

1. 管理型物业管理公司

对管理型物业管理公司来说，除主要领导人员和各管理部门技术骨干外，其他各项服务如保安、清洁、绿化等都通过合同形式交给社会上的专业公司承担。这类公司规模适中、人员精干。

2. 顾问型物业管理公司

对顾问型物业管理公司来说，企业是由少量具有丰富物业管理经验的人员组成的，不具体承担物业管理工作，而是以顾问服务的形式出现，收取顾问费用。这类公司人员少，但人员素质高。

3. 综合型物业管理公司

对综合型物业管理公司来说，企业不仅承接项目，从事管理工作，还提供顾问服务。这类公司适应性最强，但人员较多。

（三）按物业管理公司与物业的产权关系分

从物业管理公司与物业的产权关系来划分，还可将物业管理公司分为委托服务型物业管理公司和自主经营型物业管理公司。

1. 委托服务型物业管理公司

委托服务型物业管理公司接受多个产权人委托，管理全幢房屋乃至整个小区，物业所有权和经营权是分开的。

2. 自主经营型物业管理公司

自主经营型物业管理公司受上级公司指派，管理自主开发的物业，物业产权属于上级公司或该类企业，通过经营收取租金、回收投资、获取利润，物业所有权和经营权是一致的，多以经营性商业大厦、办公写字楼为主。

随着物业管理公司的发展，上述两类公司也将走向综合。

三、物业管理公司的资质管理

（一）物业管理公司的基本资质条件

物业管理公司必须同时具备下列资质条件。

(1) 拥有或受托管理建筑面积1万平方米以上的物业；

(2) 有20万元以上的货币注册资金；

(3) 有合法的管理章程和办法；

(4) 有固定的办公及经营场所；

(5) 有管理物业所需的管理机构和各类人员，各类专业人员按建筑面积10万平方米计算，多层房屋配6人，高层楼宇配8人，不足10万平方米的不得少于5人，其拥有中级以上技术职称的人员不少于3人；

(6) 有完备的物业管理、修缮与养护及服务的规章制度。

（二）审批经营资质需要提供的资料

1. 内资企业应提交的资料

(1) 主管单位提请对物业管理公司经营资质进行审批的报告。

(2) 设立物业管理公司的可行性报告和上级主管单位的批准文件。

(3) 公司法定代表人任命书或聘任书。

(4) 管理章程。

(5) 注册及经营地点证明。

(6) 验资证明。

(7) 具有专业技术职称的管理人员的资格证明材料。

(8) 拥有或受托管理物业的证明材料。

(9) 其他有关资料。

2. 外商投资企业应堤交的资料

外商投资企业除提供上述有关资料外，还需要提供合资或合作项目建议书、合同等文件的副本及中方投资审批机关的批准文件。外商独资企业需委托该市具有对外咨询代理资质的机构办理申请报批事项。

3. 私营企业应提交的资料

(1) 申请对物业管理公司经营资质进行审批的报告。

(2) 业主身份证明(复印件)、简历、待业证明。

(3) 验资证明。

(4) 注册及经营地点证明。

(5) 管理章程。

(6) 雇员名册。

(7) 有专业技术职称人员的资格证明材料。

(8) 拥有或受托管理物业的证明材料。

(三) 物业管理公司经营资质的审批程序

根据有关规定,房地产管理部门在收到物业管理公司经营资质报件及其他完备的申报资料后的一定时间内,必须对其进行审核。审核完毕,符合经营资质条件的,核发批准文件,申请者必须按照《公司法》有关规定到工商行政管理机关办理注册登记手续,注册登记后才能对外营业。

公司注册登记时,必须提供公司章程,这是一份非常重要的文件。尤其是几家共同组建公司时。公司章程就显得更加重要。合作各方一定要经过反复慎重讨论,明确各方的权利、义务、责任,达成共识,写入公司章程。对于公司章程,一般工商行政管理局都备有规范统一的文本,章程主要内容如下。

(1) 公司的名称(全称,缩写)、地址;

(2) 公司的经营宗旨、物业管理的主要内容、服务种类;

(3) 公司的经营范围,主要从管理、服务、多种经营三个方面加以界定;

(4) 公司的经济性质及组织形式,经济性质可以是国有、集体、私营,其组织形式可以是独资、有限责任公司、股份有限公司或合伙、合作制;

(5) 注册资金,几方合作的要明确各方投资比例,并在此基础上明确各方的权利、义务、责任。

(四) 物业管理公司资质等级的评审

根据《上海市物业管理公司资质等级管理暂行办法》(以下简称《暂行办法》),物业管理公司按资质条件可划分为一级、二级、三级,现将各级的规定条件陈述如下。

1. 一级物业管理公司需要具备的条件

一级物业管理公司必须具备的条件有:物业管理规模一般在50万平方米以上,或者管理涉外物业在20万平方米以上,管理物业的类型三种以上,或管理涉外物业两种以上。物业类型是指多层、商层住宅、公寓、别墅、商住楼、办公楼、商场、厂房等以及其他特种房屋;管理的物业须有两个以上为优秀小区或者大厦,且所管的物业达标面在50%以上;企业经理或者常务副经理须从事专业物业管理工作3年以上;具有经济类、工程类中级职称的管理人员须10人以上;企业经营年限须在3年以上,企业注册资本100万元以上(含100万元)。

2. 二级物业管理公司需要具备的条件

管理规模一般在20万至50万平方米,或者管理涉外物业在5万至20万平方米;管理物业的类型两种以上或管理涉外物业一种以上,管理的物业须有一个以上为优秀小区或大厦,所管的物业达标面在30%以上;具有经济类、工程类中级职称的管理人员须6人以上;企业经营年限须在2年以上;企业注册资本50万元以上(含50万元)。

3. 三级物业管理公司需要具备的条件

管理物业规模一般3万至20万平方米,或者管理涉外物业在1万至5万平方米;有中级专业技术职称的管理人员3人以上;企业注册资本10万元以上(含10万元)。

另外,该《暂行办法》还明确规定,有以下"犯规行为"之一的物业管理公司,区、县房管部门有权对其进行限期整改,同时可以或建议资质审批部门降低其资质等级,直至取消其经营资质。这些“犯规行为”有：

(1) 不履行物业管理合同及管理办法所规定义务的；

(2) 管理制度不健全，管理混乱，业主和租户投诉较多的；

(3) 被物价部门认定乱收费或者收费不规范，又不认真整改，对于业主、租户投诉置之不理，又不服从行政主管部门监督的；

(4) 因管理失职，造成重大事故的。

被取消物业管理经营资质后，该物业管理公司原先管理的物业由业主管理委员会另聘物业管理公司进行管理。

第三节　房地产项目物业管理的运作

由于市场委托型的物业管理公司竞争性强，发展目标明确，因此，以市场委托型物业管理公司的房地产项目运作为主介绍房地产项目物业管理介入的各阶段的任务与特征。

市场委托型物业管理主要从物业招标阶段介入项目，可以分为物业管理招标投标阶段、物业管理早期介入阶段、前期物业管理阶段、入住期物业管理阶段四大阶段。

一、物业管理招标投标阶段

(一) 物业管理招标投标的特点

1. 物业管理招标投标的定义

物业管理招标是指开发商或业主管理委员会为即将建造完成或已经建造完成的物业寻找物业管理企业，而制定符合其管理服务要求和标准的招标文件，向社会公开招聘并确定物业管理企业的过程。

2. 物业管理招标投标的特点

(1) 超前招标。物业管理超前介入的特点，决定了物业管理招标必须超前。由于物业的质量、价格是由物业的工程质量和区域位置等决定的，而物业价值巨大和不可移动性的特点，又决定了物业一旦建造完成则很难改变，若要改变会给国家、开发商造成很大的浪费和损失。因此物业的开发设计和施工是至关重要的。而开发设计单位可能缺乏对项目后期运营要求的经验，或者由于成本约束对后期住户的需求考虑不够周全，都会给日后的物业管理带来很大的问题和烦恼。因而，为了业主和住户利益，物业管理必须超前介入，在物业管理规划设计时就应介入。超前介入，可以在项目设计过程中，让物业管理企业从专业管理角度、从业主利益出发，利用以往的管理经验判定设计方案是否合理；在施工过程中，物业管理企业也可以监督施工质量，对不完善项目采取补救措施，及时整顿。这是便于日后物业管理企业完成招标中确定的目标所不可缺少的。因而，物业管理的超前介入是必须的，这就决定了物业管理招标具有超前的特点。

(2) 具有阶段性。物业一旦建造完成，其使用寿命具有长期性，这种长期性意味着物业管理是一项长期工作。物业管理的这种长期性特点决定了物业管理招标具有阶段性。首先，招标文件中的各种管理要求、管理价格的制定都具有阶段性，过了一段时间，由于各种变化可能需要调整。其次，物业管理企业即使中标，也不能保证可以长期占据市场份额。因为一方面，随着时间的推移，可能会有更好、更先进的物业管理企业参与竞争；另一方面，也可能由于自身的管理服务技术水平低下、企业内部建设和管理松懈而遭淘汰。过了委托管理期限，可由业主管理委员会根据其管理服务业绩，通过决议决定是否续聘原物业管理企业。若续聘，则要重新签订合同；若不续聘，则由业主管理委员会重新向社会公开招标。甚至可能未过委托管理期限，但由于原中标的物业管理企业未能很好地履行合同中的权利、责任和义务而遭解聘，由业主管理委员会重新招聘物业管理企业。

（二）物业管理招标的程序

1. 物业管理招标的方式

物业管理招标可分为“邀标”和“招标”两种方式。邀标是指由开发商或业主管理委员会自行挑选物业管理企业参加投标，一般采取邀请方式；招标则是指由开发商或业主管理委员会通过报纸、电视或广播电台公开招揽物业管理企业投标。一般来说，前者较适合小范围、小规模的非收益性物业的物业管理；后者较适合大范围、大规模的收益性物业的物业管理，但对参加投标竞选的物业管理企业也有一定的数量限制，一般为 8～12 家，否则会增加招标的工作人员。

2. 物业管理招标的程序

(1) 制定招标文件。何时制定招标文件是由物业开发建设程序而定的。新开发的房地产一般可以在项目可行性研究之后，即项目实施阶段的设计初期，即可进行物业管理招标制作，制定招标文件，以便在进入项目设计阶段物业管理就能早期介入，从日后管理维护角度判定设计方案是否合理。

(2) 发出招标邀请或通知，出售招标文件。开发商或业主管理委员会采用邀标方式的，则需要向自己挑选的若干家物业管理企业发出邀请信、出售招标文件；若采取公开招标方式的，开发商或业主管理委员会就要对前来投标的物业管理企业进行经营资质预审，经审查合格者方能购买招标文件。

(3) 招标答疑。招标机构通常在投标人购买招标文件后安排一次招标答疑。招标答疑可以采用投标人会议的方式集中解答，也可以由招标机构组织投标人在确定日期内将问题用书面形式寄给招标人，由招标人汇集研究做出统一的书面解答。

(4) 开标和定标。开发商或业主管理委员会收到物业管理企业密封的投标书后，经过审查，认为各项手续均符合规定时，即可收下。在预定时间当众拆封开标、公平宣读各物业管理企业的标的，并声明不论管理服务费高低均有中标希望。一般经过 3～6 个月的定标期才能定标。物业管理的评标定标应避免唯费用论，而是要在定标这段时间内，对其资金、设备、人员、技术力量、管理服务水平、内部管理操作机制等企业背景进行调查、咨询，必要时还要分别召开答辩会，了解物业管理企业中标后的打算和采取的措施等，对一些有创意的新的管理服务方法，要求提供过去的经验或实施的依据等，慎重决定中标企业。

（三）物业管理投标的程序

1. 取得招标文件

收到招标邀请信的物业管理企业，可直接到发出邀请信的开发商或业主管理委员会处购买招标文件。获得招标广告通知信息并通过经营资质预审的物业管理企业也可按规定程序购买招标文件。

2. 熟悉招标文件并考察物业现场

招标文件取得后，首先应详细阅读全部招标文件内容，并对现场进行实地考察，有时开发商或业主管理委员会会组织投标者参加统一参观现场并做必要介绍和开展相关活动。对招标文件中的各项规定，如开标时间、定标时间、投标保证书、履约保证书、奖罚措施等都要弄清，并做好相应准备，更重要的是对于图纸、设计说明书等的深入了解。

3. 详细列出管理服务方法和工作量

根据招标文件中的物业情况和管理服务范围、要求，详细列出完成所要求管理服务任务的方法和工作量。一般可划分为日常综合管理方法与工作量、特约特需管理服务方法与工作量、维修更新管理方法和工作量等。

4. 确定单价、估算管理服务费总额

国家规定的管理服务单价可不必研究，此处主要是对市场指导价和市场价这两个部分的单价进行专题分析研究。由于每一物业情况不同，有各自的特点，其管理服务范围、标准不同，因此不能套用一种单价，应具体问题具体分析。同时，在确定单价过程中对谁是主要竞争对手、竞争对手状况和自己公司状况及是否想争取中标等问题都要有明确的答案。在确定单价时，要从战略、战术上去进行研究，单价一旦确定下来，与工作量相乘，即可得出管理服务费总标价。

5. 编制和投送标书

(1) 编制标书。投标人在做出投标报价决策之后，就应按照招标文件的要求正确编制标书，即投标人须知中规定的投标人必须提交的全部文件。

(2) 封送标书。全部投标文件编制好以后，投标人就可派专人或通过邮寄等方式将标书密封后投送给招标人。

(3) 编制和封送标书应注意的几个问题。

① 投标文件中的每一空白都须填写，如有空缺，则被认为放弃意见；重要数据未填写，可能被作为废标处理。

② 递交的全部文件每页应签字，若填写中有错误而不得不修改，则应在修改处签字。

③ 不得改变标书的格式，如原有格式不能表达投标意图，可另做补充说明。

④ 投标者应严格执行各项规定，不得行贿、营私舞弊，不得泄露自己的标价或串通其他投标人哄抬标价，不得隐瞒事实真相，不得有损害他人利益的行为；否则，将被取消投标或承包资格以致受到经济和法律的制裁。

6. 物业管理中标与签约前后的工作

(1) 签约前，要办妥履约保证书和各项保证手续，以便送交和及时签约。

(2) 保存好投标文件、标书、图纸及同业主的来往信件，以备查考。

(3) 经常核对物业中的项目与内容同原标书、图纸是否相符。

总之，凡是合同中已有规定的，一切要按合同规定办事。要熟悉每一合同条款，在与业主协商一切事务时，要习惯于经常通过书信往来，作为凭证。

二、物业管理早期介入阶段

(一) 物业管理早期介入的含义

物业管理的早期介入应与房地产开发整个过程紧密相连，结合房地产开发过程物业前期管理的流程如图 11－1 所示。

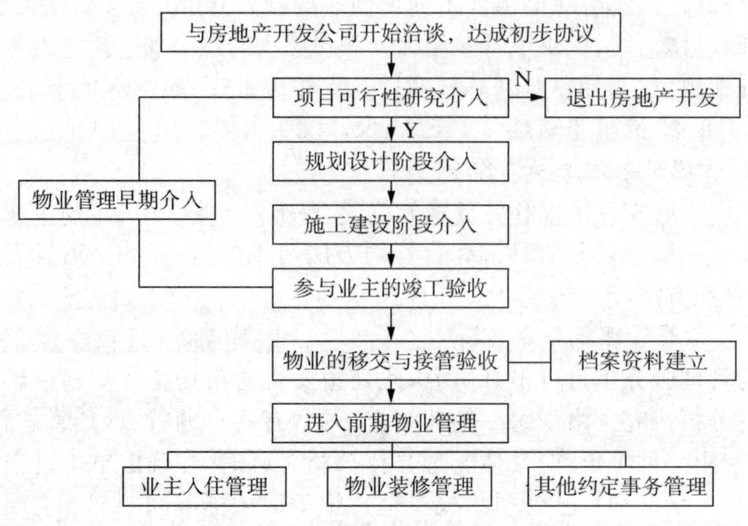

图 11－1　物业前期管理流程图

所谓物业管理的早期介入，是指物业管理公司从物业管理的角度出发，对尚处于项目策划、规划设计和施工建设阶段的物业提出专业性的意见、建议、咨询报告，或直接参与过程讨论、评审和现场监理等活动，从事物业形成前的阶段性管理。房地产开发商对物业进行的是硬件建设，而物业管理企业对物业进行的是软件管理，前者是形成物业，后者是发挥物业的功能作用。物业管理早期介入就是协助开发商把好质量关，依据"以人为本"的理念来考虑今后业主在物业生活的舒适满意度。

（二）物业管理早期介入的任务

1. 项目可行性研究阶段介入

可行性论证是房地产开发建设的源头，物业管理公司在房地产开发可行性阶段介入的主要工作任务有：

（1）根据物业建设成本及目标客户群的定位确定物业管理的模式；

（2）根据规划和配套确定物业管理服务的基本内容；

（3）根据目标客户情况确定物业管理服务的总体服务质量标准；

（4）根据物业管理成本初步确定物业管理费的收费标准；

（5）从物业建设单位的角度出发，设计出与客户目标相一致的、建立在合理性价比之上的物业管理框架性方案。

2. 规划设计阶段介入

规划设计阶段介入通常是指物业处在规划设计阶段，房地产开发商聘请一些专家及经验丰富的物业管理人员做顾问，参与规划设计。该阶段介入的主要工作任务有：

（1）就物业的结构布局、功能方面提出改进建议；

（2）就物业环境设计，配套设施的合理性、适应性及细节提出意见或建议；

（3）提供设备及设施的设置、选型及服务方面的改进意见；

（4）就物业管理用房等公共配套建筑、场地的设置、要求等提出意见。

3. 施工建设阶段介入

建设施工阶段介入通常是指物业进入施工建设阶段，物业管理公司参与进来的作用类似于监理，其主要工作任务有：

(1) 就施工中发现的问题与建设施工单位共同磋商，及时提出并落实整改方案；

(2) 配合设备安装，现场进行监督，确保安全和质量；

(3) 对内外装修方式、布局、用料及工艺等从物业管理的角度提出意见；

(4) 熟悉并记录基础及隐蔽工程、管线的铺设走向，特别是设计中及今后竣工资料里没有反映的内容，从而为以后的物业管理打下良好的基础。

三、前期物业管理阶段

(一) 前期物业管理的含义

根据建设部下发的建住房〔1999〕246 号文件的相关规定，"前期物业管理"是指房屋出售之日起至业主委员会与物业管理企业签订的《物业管理合同》生效时止的物业管理。

随着近几年物业管理行业的日益成熟，前期物业管理的内涵也在不断延伸，本文所称的前期物业管理主要是指特定时期的物业管理，即在业主委员会自主选聘物业管理企业之前，开发建设单位委托物业管理公司所进行的物业管理和服务。主要包括物业管理公司根据与房地产开发商签订的前期物业服务协议，针对目标物业状况确定物业管理组织机构和相关的管理服务人员，建立健全相应规章制度，办理进住入户手续等活动。

(二) 前期物业管理的内容

1. 物业接管验收

(1) 物业接管验收的定义。从广义上讲，物业接管验收是由物业管理企业依据《房屋接管验收标准》，接管房地产开发商、建设单位或业主委员会委托管理的新建或原有物业所进行的验收；从狭义上讲，物业接管验收就是指对接管的开发商移交的物业所进行的验收。

接管验收应以建设部《房屋接管验收标准》及业主生活的合理要求为标准。

(2) 物业接管验收的规程。

① 成立物业接管验收小组。

② 做好接管验收前的准备工作，主要包括：与开发商联系好交接事项、交接日期、进度、验收标准等；派出先头技术人员前往工地现场摸底，制订好接管验收计划；提前参与新建物业的竣工验收和机电设备的最终安装、调试工作，做到心里有数；准备好接管验收记录表格，如《房屋本体接管验收表》《公共配套设施接管验收表》《接管验收问题整改表》等。

③ 正式接管验收，主要工作包括：进行资料验收移交；验收是否合格，如是否要求正确、真实补齐资料，是否进行硬件设施、设备验收等；记录是否合格，包括是否要求发展商限时整改、是否记录归档等。

(3) 物业接管验收遗留问题的处理。

① 遗留问题的登记确认，如对资料验收中发现的资料不完整、不真实、不合格等问题，接管验收小组应当将问题逐项记录在《接管验收资料遗留问题登记表》中并交发展商相关人员签字确认。

② 对资料遗留的问题，接管验收小组应当积极同发展商联系补齐，必要时公司总经理应当协助进行。

③ 对物业硬件设施、设备遗留问题，一般问题接管验收小组应当要求发展商在两周内解决；重大问题接管验收小组应当要求发展商在一个月内解决。必要时公司总经理应当予以协助。

④ 对于长期解决不了，势必会影响物业管理的问题，物业管理公司应当以备忘录的形式将问题登记后交给发展商进行备录。

2. 业主入住

（1）业主入住的定义。所谓业主入住，俗称入伙，就是业主领取钥匙，接房入住。

（2）业主入住的准备工作。在业主入住前，物业管理公司主要的工作包括物业保洁和入住宣传。

① 物业保洁。物业保洁是指管理公司在完成对物业的竣工验收、接管验收之后，对物业内外进行全面、彻底的清洁，将干干净净的物业交给业主(使用人)。这是管理公司接管物业后面临的第一项繁重工作，由于入住时间紧迫，物业保洁不仅工作量大，而且涉及面广，质量要求高，对物业管理公司来说是一个严峻的考验。

② 入住宣传。为了同业主进行有效的沟通，取得广大业主对物业管理工作的支持和理解，保证前期物业管理活动的顺利开展，物业管理企业应运用各种宣传手段，向业主传递信息，如发放入住须知和用户手册，播放音像资料，开展学习班等。

3. 物业装修管理

在新建楼宇或小区的业主入住后，一般不会马上成立业主委员会，但是业主对所使用的物业的装修工作却会即刻开始，因此，在前期物业管理中需要配合业主进行装修的管理。

（1）装修报批。

① 装修人在住宅室内装饰装修工程开工前，应当向物业管理企业或者房屋管理机构(以下简称物业管理单位)申报登记。非业主的住宅使用人对住宅室内进行装饰装修，应当取得业主的书面同意。

② 协助业主填写《装修申请表》，并协助业主获得有关部门审核后，方可进行装修施工。

③ 装修施工队应到管理处签订《装修工程队治安责任书》及《装修施工保证书》。

（2）物业管理企业的管理权限。

① 住户装修管理由所属物业特区管理处全权负责。

② 住户要求改动房内水、电管线趋向的，须经物业管理企业工程部经理同意方能进行施工。

③ 住户要求封闭阳台，须经管理处同意方能进行施工。

④ 因特殊情况需在户内隔墙上开窗和开洞的，须经物业管理企业工程部经理批准。

⑤ 任何人均无权批准超过《装修许可》之外装修行为。

⑥ 施工队违反本规定后，不听从物业管理企业的劝阻和安排，物业管理企业有权令其停止装修行为。

四、入住期物业管理阶段

在业主正式入住之后，物业管理企业主要的工作中心将转移到依据合同规定，提供相应的各项物业管理服务上。物业管理公司在这一阶段提供的常见的物业管理服务包括房屋维修与养护、物业设备维修管理、清洁卫生管理、环境绿化管理、治安保卫管理、车辆交通管理等。

（一）房屋维修与养护

1. 房屋维修与养护的含义

房屋竣工验收交付使用后，由于自然因素和人为因素的影响而逐渐破损，使用价值逐渐降低。为了全面或部分地恢复失去的使用功能，防止、减少和控制其损坏程度，延长使用寿命，达到保值增值的目的，物业管理企业需要对房屋进行日常保养（如定期对外墙进行粉刷等），对破损房屋进行维修与加固，对不同等级的房屋功能进行恢复与改善，从而保持和提高房屋的完好率，更好地为业主的居住、生活和工作服务。

2. 房屋维修与养护的原则

（1）“服务”的原则。房屋维修管理人员要转变以前“我管你从”的思想，牢固树立为业主服务的意识，端正服务态度、提高服务质量，想业主之所想、急业主之所急.认真解决业主、使用人急需解决的房屋维修问题。

（2）“质量第一”的原则。房屋维修管理人员必须树立“质量是企业的第一生命”的思想，遵守房屋维修的有关规范，保证维修材料质量，加强回访，尽力降低返修率。

（3）“区别对待”的原则。区别对待，是指根据业主、使用人的不同要求和标准，对房屋的自用或共用部位进行维修或改造。同时，对不同类型、不同等级标准、不同建筑风格的房屋，应采取不同的维修标准和维修方案。

（4）“经济、合理、安全、实用”的原则。房屋维修要加强维修成本管理，合理使用人力、物力、财力、节约维修成本；制订合理的房屋维修计划和方案；通过房屋维修，保证业主使用安全；要从实际出发，因地制宜、因房制宜进行维修，满足业主、使用人在房屋质量和使用功能上的要求。

3. 房屋的日常养护

（1）零星养护。房屋的零星养护修理，是指结合实际情况确定或因突然损坏引起的小修，包括以下方面：

① 屋面筑漏（补漏），修补泛水、屋脊等。

② 钢、木门窗的整修，拆换五金，配玻璃、换纱窗，喷油漆等。

③ 修补楼地面面层，抽换个别楞木等。

④ 修补内外墙、抹灰、窗台、腰线等。

⑤ 拆砌挖补局部墙体、个别拱圈，拆换个别过梁等。

⑥ 抽换个别的檩条，接换个别木梁、屋架、木柱，修补木楼梯等。

⑦ 水卫、电气、暖气等设备的故障排除及零部件的修换等。

⑧ 下水管道的疏通，修补明沟、散水、落水管等。

⑨ 房屋检查发现的危险构件的临时加固、维修等。

日常零星养护项目，主要通过维修管理人员的检查住房和走访业主或住户的随时报修两个渠道来收集。零星养护的特点是修理范围广、项目零星分散、时间紧，要求及时的、具有经常的服务性质。零星养护应力争做到“水电急修不过夜，小修项目不过三，一般项目不过五”。

（2）计划养护。房屋的各种构件和部件均有其合理的使用年限，超过这一年限一般就开始不断出现问题。因此要管好房子，就不能等到问题出现后再采取补救措施，而应该制定科学的修缮制度，以保证房屋的正常使用，延长其整体的使用寿命。这就是房屋的计划养护。例如：门窗、壁橱、墙壁上的油漆、油饰层一般5年左右重新油漆一遍；外墙每10年应彻底进行一次检修加固；每年检查照明电路明线、暗线的老化和负荷情况，必要时可局部或全部更换等。这种定期保养是保证房屋使用安全、完好的非常重要的制度。

（二）物业设备维修管理

1. 物业设备的含义

物业设备是指附属于建筑的各类设备的总称。它是发挥物业功能、实现物业价值的物质基础和必要条件。

2. 物业设备的分类

(1) 物业建筑卫生设备。物业建筑卫生设备具体包括：供水设备，如供水箱、供水泵、水表、供水管网等；排水设备，如排水管道系统、通风管、清通设备、抽升设备、室外排水管、污水处理设施等；热水供应设备、加热水表、加热器、供应热水管道、冷水箱等；消防设备，如供水箱、灭火器、消防泵等；燃气设备，如厨房设备、燃气设备等；供暖、制冷和通风设备系统。

(2) 物业建筑电气工程设备。物业建筑电气工程设备具体包括：供电设备，如变压器、配电房内设备、楼层配电箱、电表、总开关等；弱电设备，如公用天线电视设备、通信设备、广播设备等；运输设备，如电梯等；防雷设备，如避雷针、避雷网等。

3. 物业设备的保养

(1) 日常维护保养。日常维护保养是指设备操作人员所进行的经常性保养工作。它主要包括定期检查、清洁润滑，发现小故障及时排除，认真做好维护以及必要的记录等工作。

(2) 一级保养。一级保养是指由设备的操作人员、维修人员按计划进行的保养维修工作。它主要包括对设备的某些局部进行的解体、清洗、调整，以及按照设备磨损规律进行的定期保养等。

(3) 二级保养。二级保养是指设备维修人员对设备进行全面清洗、部分解体检查和局部修理、更换或修复磨损零件，使设备能够达到完好状态的保养。

(4) 设备点检。设备点检是指根据要求利用检测仪器、设备或人的感觉器官，对某些关键部位进行的检查。

4. 物业设备的维修

设备的维修是指通过修复或更换零件、调整故障、恢复设备原有的功能的技术活动。根据设备的完损情况，其维修可以分为零星维修工程、中修工程、大修工程、设备更新与技术改造等。

(1) 零星维修工程。零星维修工程是指对设备进行日常的保养、检修，以及为排除运行故障而进行的局部修理。

(2) 中修工程。中修工程是指对设备进行正常、定期的全面检修，部分解体修理和更换少量的零部件，保证设备能够恢复、达到应有的标准与技术要求，使设备正常运转。更换率一般为10%～20%。

(3) 大修工程。大修工程是指对设备定期进行全面检修、全部解体，更换主要部件或修理不合格的零部件，使设备基本恢复原有性能，更换率一般不超过30%。

(4) 设备更新与技术改造。设备更新与技术改造是指在设备使用达到一年定限以后，针对其技术性能落后、效率低、能耗大或污染日趋严重等情况，通过更新设备，提高和改善设备的技术性能。

（三）清洁卫生管理

1. 清洁卫生管理的含义

清洁卫生管理即保洁管理，是指物业管理企业通过宣传教育、监督治理和日常清洁工作，保护物业区域环境，防治环境污染，定时、定点、定人进行生活垃圾的分类收集处理和清运。通过清扫，擦、拭、抹等专业性操作，维护辖区所有公共场所的清洁卫生，从而塑造文明形象，提高环境效益。

2. 清洁卫生管理的范围

物业区域保洁或清洁的范围通常包括以下内容。

(1) 公共地方的保洁，是指物业区域内，楼宇四周平面上的公共地方，包括道路、广场、空地、绿地等的清扫保洁。

(2) 共同部位的保洁，是指楼宇底层到顶层屋面上下空间的共用部位，包括楼梯、走道、电梯间、大厅、平台、外墙面等的清扫。

(3) 生活垃圾的处理，是指日常生活垃圾(包括装修垃圾)的分类收集和协助清运。要求和督促住户按规定的地点、时间和要求，将日常垃圾倒入专用容器或者指定的垃圾收集点，不得擅自乱倒和随意乱丢。

物业的保洁方式分为常规保洁和专业保洁。

常规保洁工作面宽、量多、重复性大，虽不需要过多的专业知识和设备，但因为要求和标准高，且每天都要进行，所以一定要有相应的监督和检查机制。一般可由物业公司自己组建保洁队伍，或专项承包给保洁公司来进行专项保洁服务。

专业保洁是指物业的某些特定部位、特殊项目需要进行的清洁工作。比如高层办公楼宇的玻璃幕墙需要定期进行清洁，由于它对清洁工具、清洁方法、安全性等方面有一系列较专业的要求，一般物业公司不具备这样的条件。因此这类清洁工作员好委托专门的清洁公司来做。这样既安全又专业，可以更好地保证清洁质量。

3. 清洁卫生管理的主要措施

(1) 加强物业区域保洁管理的制度建设。包括：保洁人员的岗位职责和工作要求方面的制度；清扫保洁工作每日、每周、每月、每季直至每年的计划安排和保洁工作标准；定期检查制度等。

(2) 生活垃圾分类袋装化。生活垃圾分类袋装化有利于提高物业区域的文明程度和环境质量。物业管理公司应向住户宣传生活垃圾分类袋装化的优越性，并实现生活垃圾的定点收集和管理。

(3) 配备必要的卫生设施。为了增强清扫保洁工作的有效性，物业管理公司还应配备与之有关的必要的卫生设施。

(4) 从服务住户的角度做好环卫宣传和教育工作。环境保洁的方法，一在经常，二在保持。因此，在清扫的同时，要做好宣传教育工作，提高住户的保洁意识。

(5) 依法处罚。在讲道理的同时，又要有必要的硬性措施，依法按规定进行经济的或行政的处罚，但需要注意处罚时的态度和方式，避免结怨。

（四）环境绿化管理

1. 环境绿化的内容

物业区域内的绿化主要有：公共绿地(含道路绿化)、公共设施与公共建筑绿化、家庭院落及阳台绿化三种形式。具体的绿化工作应包括绿化的设计与营造(包括垂直绿化)、绿地养护、绿地改造等。作为物业公司来说,其主要工作是绿化养护,因此应加强绿化养护管理。

2. 绿化养护的具体措施

绿化养护管理的具体措施如下。

(1) 经常性管理。绿化的日常养护管理是十分重要的,物业管理公司应从实际出发建立专门的绿化管理机构,落实专业养护管理工作,作为经常性养护管理的组织保证,严防失管失养、放任自流。

(2) 针对性管理。不同种类的树木花草具有不同的品性,它们对赖以生存的客观条件,如土壤、气候、温度、地理环境、人为因素等十分敏感,因而养护管理必须具有针对性,做到"适地适树"以便"适者生存"。

(3) 动态性管理。绿化养护管理的对象是植物,植物是有生命之物,处于漫长的生长变化之中。它的功能和观赏效果不是短时间内所能显现出来的,而要有一个逐步提高和完善的塑造过程。

(4) 加大宣传力度,提高宣传艺术。用心服务,从服务住户的角度做好宣传和教育工作。

(5) 加大管理力度,严防践踏绿地。除了宣传教育外,还要集中力量强调全员管理,发现有人践踏绿地,都要主动上前劝阻。

(6) 营造客观情境,疏导游人流向。通过对草坪周边道路及栅栏的设置,防止人为的绿化破坏。

(7) 制定绿化管理制度。要搞好绿化管理工作,还要靠广大住户的爱护配合。为此,还要制定一些管理制度、管理规定或管理公约,用强制方式来保护绿化。

(五) 治安保卫管理

1. 治安保卫管理的含义

治安保卫管理就是指物业管理公司为防盗、防破坏、防流氓、防意外及人为突发事故而对所管理的物业进行的一系列管理活动。

2. 治安保卫管理的机构设置

物业的治安管理任务比较明确,不同类型、不同规模的物业保安部的机构设置不同。一般来说,物业管理规模越大,物业类型及配套设施越多,其保安机构设置越多。

按保安人员工作性质和工作任务的不同,保安部下辖办公室、门卫班、巡逻班、电视监控班、消防班、车场保安班等。

3. 治安保卫管理人员的职责

(1) 部门经理的工作职责。保安部经理是在物业管理公司总经理的直接领导下负责整个物业范围内的安全保卫工作。其主要工作职责包括:制订保安部工作计划,建立健全各项保安工作制度;主持部门工作例会、组织保安部全体保安员开展各项治安保卫工作;积极组织开展以"五防"(防火、防盗、防破坏、防爆、防自然灾害)为中心的安全法纪教育,领导和组织对保安员的培训工作;组织对较大案件的调查处理工作;监督考察本部门各岗位保安人员的工作表现,处理有关保安工作方面的投诉;完成总经理下达的其他任务。

(2) 保安领班(经理助理)的工作职责有:部门经理不在时,代行经理职权;协助部门经理搞好保安日常管理工作;检查、监督各班组的工作,发现问题及时向经理汇报;搞好分管区域的重点防范工作。

(3) 门卫的工作职责。门卫是物业安全的第一卫士，在物业治安管理中占有极为重要的地位，其主要职责包括：疏通车辆和人员进出，维护门口交通秩序，保证车辆及行人安全，使门前畅通无阻；严格制止闲杂人员、小商贩、推销人员进入辖区；提高警惕，发现可疑人员和事情后应及时处理并迅速报告领导；认真履行值班登记制度；坚持执行用户的大宗及贵重物品凭证出入制度，确保用户财产安全；认真做好非办公(经营)时间用户出入管理；积极配合其他保安人员，做好各项安全防范工作，把好管区大门这一关；为业主提供必要的引导、咨询等可行的服务。

(4) 巡逻保安的工作职责。巡逻是物业安全的又一保障。巡逻保安的职责主要包括：巡视检查辖区内是否有不安全的因素，发现情况应及时报告，并采取有效措施进行处理；认真记录巡逻过程中发现的情况，做好巡逻交接班工作；对形迹可疑人员进行必要的询查，劝阻推销人员、小商贩等尽快离开辖区；防止辖区打架斗殴事件的发生；制止在辖区内，尤其是在大厦或住宅楼的电梯内、电梯厅、公共走廊等地的大声喧哗、随地吐痰、吸烟等不文明行为；看管好车场内的车辆，防止撬车、盗车事件的发生；检查消防设备是否完好，及时消除火灾隐患；对客人提供有关大厦管理的咨询服务，必要时为客人做向导；配合管理公司其他部门的工作，发现工程设备、清洁卫生等方面的问题应及时向有关部门反映；协助解决用户遇到的其他困难。

(5) 电视监控室的工作职责。电视监控室是电视监控系统的控制室，在大楼的保安工作至整个物业各项管理工作中处于极为重要的地位。电视监控室人员的主要工作职责包括：全面观察整个物业区域的安全状况，及时发现某个监控部位的异常情况，并采取适当的处理措施；调度和指挥门卫、巡逻工作，形成安全工作网络；很多商住区或综合大楼将电梯、消防、供水、供电等系统设备控制与电视监控放置在一起，使监控室成为物业管理工作的总调度室和指挥中心，在夜间控制室即为整个物业的总值班室。

(六) 消防管理

1. 物业管理消防管理的机构设置

物业管理公司的消防管理机构一般从属于公司的安全保卫部门，即在保安部下设消防班，但消防班的业务管理是专职和单列的。

2. 物业管理专职消防员的职责

(1) 对本部门和物业管理公司的经理负责，负责管理、指导、督促、检查、整改所辖区域内的消防工作。

(2) 落实各项防火安全制度和措施，严格贯彻执行消防法规。

(3) 组织消防宣传教育，加强业主和使用人的消防意识。

(4) 负责所辖区域内动用明火作业的签批和现场监护工作。

(5) 定期巡视、试验、检查、大修、更新各种消防设施和器材，指定专人管好所辖区域内的各种消防设备设施和器具。对消防设施故障和不足，应专门报告给主管领导，并做出维修计划。

(6) 定期检查所辖区域内的要害部位，及时发现和消除火险隐患。

(7) 负责消防监控报警中心，24 小时日夜值班，做好值班记录和定期汇报工作，发现火警、火灾时，要立即投入现场指挥和实施抢救。

3. 物业管理消防管理的内容

(1) 建立高素质的消防队伍。为了加强物业的消防管理,物业管理公司应在保安部内成立一个专职的消防班来负责此项工作。在选择人员时,应选择年轻力壮,反应灵敏,责任心强,要有一定的文化水平的男性人员。并对其进行思想品德和业务技能教育与培训,使消防班人员既有较高的思想素质,又有较强的业务水平。

(2) 制定完善的消防制度。

① 消防中心值班制度。消防值班员必须严肃认真地做好消防中心的值班监视工作,遵守值班纪律,上岗时必须保持清醒的头脑;消防中心值班室严谨其他无关人员进入,严格遵守交接班制度;消防值班员如发现火灾隐患,必须及时处理,并向上级汇报,有权制止乱放易燃物品和其他违反消防规定的行为;定期检查、维修,保养好消防设施,使消防设施随时处于正常状态;发生火灾时要严格按照火灾处理程序处理。

② 防火档案制度。消防部门要建立防火档案,对火险隐患、消防设备状况(位置、功能、状态等)、重点消防部位、前期消防工作概况等要记录在案,以备随时查阅。

③ 消防岗位责任制度。要建立各级领导负责的逐级防火岗位责任制,上至公司领导,下到消防员,都对消防员有一定责任,从而建立健全防火制度和安全操作制度。

④ 消防安全检查制度。为预防火灾,确保业主和物业的安全,必须进行消防安全检查。保安部专职消防员必须每天巡视小区或大厦的每个角落,做好安全检查记录工作;物业管理公司防火领导小组每月一至两次开展对辖区内消防安全工作的全面检查;每月对消防设备进行测试检查,确保消防设备保持良好状态;及时发现并尽量消除火灾隐患,通知有关部门或个人限期整改。

⑤ 专职消防的定期训练和演习制度。消防人员必须坚持火灾管理的平时训练,通过训练,发现自身存在的不足;通过训练,找到适合本单位的消防办法;通过训练,摸索防火、灭火的措施和技术等。

⑥ 其他有关消防的规定。例如:严禁使用交流电门铃;严禁在物业区域内堆放易爆物品;严禁在楼上燃放烟花爆竹,未经批准,不得擅自进行管、线路(电表)改装、增容;严禁堵塞防火通道;正确使用石油气,做到人走火灭等。

(3) 消防设备的管理。为了保障消防工作的安全,根据建筑规范,现代建筑物的内部都设有基本的消防设备。消防设备的管理主要是指对消防设备的保养与维护。消防设备的维修需要专门的技术,特别是一些关键设备,一般应聘请经政府认可的、持有合格消防牌照的专业公司来维修。作为物业管理公司,必须定期检查消防设备的完好、规范程度,对使用不当的地方应及时改正。要禁止擅自更改消防设备的行为。全体员工要了解各种消防设备的使用方法,制定该物业的消防制度及有关图册,并使业主和使用人熟悉。

4. 高层建筑的消防管理

我国有关法律规定:8 层以上或者高达 24 米的建筑物为高层建筑。加强高层建筑的消防工作是物业管理公司消防管理的一个重要方面。高层建筑消防管理应主要采取以下措施。

(1) 防火分隔。消防部门要对高层建筑进行内部分区,设置防火和防烟区域;对电梯井、管道等处进行分隔。

(2) 做好安全疏散的准备工作。消防人员要经常检查楼房公共通道,教育住户不要把闲杂物品堆放在楼道内；还要检查消防供水系统，保证消防用水输送到必要的高度。

(3) 设置自动报警设施。物业管理消防部门要在楼房适当部位安装固定灭火装置，如自动喷水装置、卤代烷、二氧化碳等固定灭火设备。

(4) 设置火灾事故照明和疏散标志。在高层建筑的楼梯间、走道、人员集中场所和发生火灾时必须坚持工作的地方(如配电房、消防控制室等)，设有事故照明，在人员疏散的走道楼梯等处设有灯光显示的疏散标志。疏散标志的电源应用蓄电池，其他事故照明也可使用城市电网供电。

总之，高层建筑的火灾危险性大，对消防安全要求高。物业管理的消防部门应充分认识这一点，在思想上要高度重视，在实际工作中要认真总结，探讨新的高层建筑消防措施。

(七) 车辆交通管理

1. 停车场位置的规划

物业管理公司对停车场的规划，要因地制宜，既要和物业区域相协调，又要符合实际需要，一般来说，要考虑以下几点。

(1) 经济实用。在规划时既要考虑建设成本，又要考虑建成后能否充分利用。

(2) 因地制宜。物业区域的停车场应该成为整个物业协调一致的组成部分，而不能成为有碍观瞻、妨碍交通的一个“毒瘤”，物业管理公司必须对所管物业区域的环境(建筑格局、道路交通等)有一个全面的了解，把停车场(库)建成物业区域的一景。

2. 停车场(库)内部要求

(1) 停车场(库)的光线要求。无论从方便车主，还是从防盗考虑，停车场内的光线都应充足，使车主能清楚地找到停车位，清楚地识别自己的车辆；使管理人员能轻易地发现盗窃车辆的案犯；还便于消防管理的实施等。实现光线充足，可以利用自然光，也可用灯光，或将二者结合起来。

(2) 停车场(库)的设施要求。为保持通道畅通无阻，方便存放和管理，停车场(库)应建在比较醒目、容易找到的地方，同时要安置足够的指示信号灯，还要有适当的提示标语。另外，消防设备也是停车场(库)不可缺少的，必须配备齐全。停车场(库)应安装电话，供发生火情或盗情时报警使用。如有特殊要求，还可在车辆出入路口处设置管制性栏杆，以供使用。

(3) 停车场(库)的区位布置要求。车辆可分为机动车和非机动车。机动车包括摩托车、汽车等。非机动车包括自行车、三轮车、电动车等。各种类型、规格的车辆如果都存放在一起，显然既不利于车主的存放，也不利于管理人员进行管理。为此，物业管理公司应把停车场(库)的区位进行划分。

3. 建立健全车辆管理制度

(1) 加强门卫管理制度。这里的门卫包括停车场的门卫和物业区域大门的门卫。为了保证物业区城内的宁静和行人的安全及环境的整洁，就必须控制进入物业区域的车辆，不经门卫许可不得入内(特殊情况除外)，大门的门卫要坚持验证制度，对外来车辆要严格进行检查，验证放行，出去也要验证放行，发现问题应及时上报。停车场门卫一般设 2 人，一人登记收费，另一人指挥车辆的出入和停放。

(2) 完善车辆保管规定。比如建立摩托车、自行车管理规定和机动车管理规定，加强对车辆管理规定的宣传，并严格执行上述规定。

第四节　分类物业管理实务

一、住宅小区的物业管理

（一）住宅小区的物业管理的含义

住宅小区物业管理是指在住宅小区范围内，以住宅房屋为主体的各类房屋建筑物及其设备、公共建筑及其他公用基础设施为基本对象，以提供全面服务为中心任务的管理活动的总称。

（二）住宅小区的物业管理的目标

1. 实现住宅小区的经济效益

经济效益一方面是指建房、管房单位的投资与经济收入之比达到了预期目标；另一方面是指管理好、维护好房屋及其附属的设备设施，延长其使用寿命，使物业保值增值；同时也是指管理这一空间不仅是指居室、楼宇内的，也是指整个社区的治安、交通、绿化、卫生、教育、娱乐等方面。它对调节人际关系、维护社会安定团结都有着十分重要的意义。

2. 实现住宅小区的环境效益

环境效益的一个重要的方面就是人类生态环境。住宅小区的环境因素主要包括小区的卫生绿化、通风、采光、水质、空气质量、噪声大小、建筑密度及景观等。小区管理的环境效益主要是指通过好的小区物业管理，来提高小区整体环境质量，使人们有一个整洁、优美、安宁、舒适的居住环境，有利于人们修身养性和身心健康。同时，小区的环境质量提高，还可以促进整个城市环境建设的良性循环。

3. 实现住宅小区居民的心理效益

心理效益是指良好的住宅小区物业管理可以使人们产生一种积极向上的心理，使人们有一种安逸、满足、舒适、幸福的心理感受。因此，良好的住宅小区的物业管理就可以达到实现人们心理效益的目标。当然这种心理效益是一种心境与感受，因此是无形的和相对的，它会随着自身条件的变化而变化。

（三）住宅小区的物业管理的内容

1. 房屋及设备的管理

物业公司要指导业主正确使用设施设备，防止人为损坏，以及房屋及设备要及时维修与养护，消灭隐患，保证正常使用。

2. 环境卫生和绿化管理。

环境卫生和绿化关系到小区内容貌和精神文明建设，要树立讲卫生、爱护花草的良好风尚。对绿地、花坛要有人侍弄、浇灌，场地、道路要有人清扫，垃圾要及时清运，落实责任制，强化服务意识。

3. 安全管理

住宅小区安全管理的目标是保障小区安全与安宁，主要包括治安管理和消防管理。常住人员应办理出入证，对来访人员礼貌询问，限制摊贩进入小区，24 小时值班巡逻等。

4. 车辆管理

物业管理公司应合理设置停车场地，建立车辆进出要领、交证制，车辆在小区内行驶应限速等。

5. 综合管理

物业管理企业可根据小区情况，开展一些物业租赁业务，有偿性综合经营服务，创造一定的经济效益。

6. 财务管理

根据委托合同的约定合理收取费用，做到收费与服务相适应，向业主及使用人公布费用使用情况。

7. 市政公用设施的维护管理

物业管理公司需要依靠广大住户配合，建立设施报修渠道，更要派专业人员巡逻检查，并且发展物业管理自动信息管理系统，使信息传递更快、更方便，从而保证损坏部位能及时发现、及时修复。

二、别墅的物业管理

（一）别墅的物业管理的特点

1. 管理和服务要求高

由于是高标准的建筑和精良的设备设施，因此，对其实施物业管理服务过程中，必须从高标准、严要求出发，要求有一支技术精、水平高的队伍来管理，以使物业能得到良好的维修养护，达到保值甚至是增值的目的。同时在提供消防保安、环境绿化和多种项目服务方面，也要有可靠的保证，要实行封闭式管理。

2. 特约服务多

由于入住的业主一般都为经济上富裕的国内外企业家或者高级管理人员、科技工程技术人员，他们的工作和事物比较繁忙。因此，其家政事务需要由专人去从事，物业管理企业应提供多种多样的特约服务。

3. 物业管理服务收费较高

我国目前物业管理收费标准，只在居民小区、各级政府房地产主管部门做了具体规定。而对其他类型的物业，国家目前尚未做出具体规定，一般是由委托方与受托方共同协商确定，一般别墅的物业管理收费较高。

（二）别墅的物业管理的要求

1. 保护别墅小区整体规划和完整

按照规划设计的要求对别墅小区的建筑风格和整体布局不宜随意改变，尤其是花园和绿地不可侵占，禁止擅自改变用地位置或扩大用地范围的任何违章用地或违章建筑。

2. 认真做好别墅养护和维修工作

保证别墅功能的良好运行，如果出现故障，接到报修要及时修复。

3. 完善配套设施管理和养护

及时检修水、电、煤等管线以及变更电房、照明、排水、排污系统，确保这些设施运转良好。

4. 安全保卫和消防系统的管理

别墅的物业管理应特别突出消防与保安管理工作、要实行封闭式管理，24 小时巡逻，全面监控，对进出的人员进行监控，外来人员一律实行登记制度，来访客人要电话征得业主同意方可入内。严格保安管理制度，强化夜间值班巡逻，杜绝事件发生。要采取一切有效措施，确保业主人身、财产安全。消防要立足防患于未然，保持硬件完好，管理服务快速有效率。定期组织消防演习，消防设备、设施要有专人检查、保养，其合格率要达到100%。

5. 卫生清洁工作

生活垃圾定时清运，清扫道路，定期进行外墙清洗及污、雨水的清理等，要常年保持一个整洁的环境。

6. 园林绿化管理和养护

不断调整小区花草树木品种，增设具有艺术品位的建筑小品或人造景点，使小区花草一年四季绿常在，提高生态环境质量，精心营造一个鸟语花香、温馨舒适、高雅清新的美好环境。

7. 车辆管理

小区内要有明显的交通标志和实行车辆限速的规定，防止交通事故发生。车辆必须定点停放，有车库(房)的应放回车库，禁止乱停放现象。

8. 拓展高效优质的特约性服务和经营性活动

特约性服务项目要有针对性，服务内容多样，尽力满足业主的各种要求。可为业主提供房地产市场信息、投资咨询、中介、室内装潢服务等，做好小区的商场、餐馆等经营业务。

三、写字楼的物业管理

(一) 写字楼物业管理模式

1. 小而全的管理模式

由一个物业管理企业对一幢办公楼实施全面的物业管理，多为“麻雀虽小，五脏俱全”，这是目前较为普遍的做法。

(1) 发展商在物业建成后将日后的管理委托给某一家物业管理企业，包揽管理和服务。

(2) 发展商在物业管理建成后与某一家物业管理企业联手组建管理公司，以弥补自身管理经验与人才的匮乏。

(3) 发展商自己组建物业管理，聘请境外著名物业管理集团为顾问。

2. 规模化、集约化管理模式

规模化、集约化的物业管理企业实施高品位、专业化管理，具有严格的服务标准、运作规范和作业规范，配备高水平的管理人才。采取该模式时，物业管理公司会把部分管理项目的专业服务分解发包给具有相应资质的专业服务公司，如保安、维修保养、保洁绿化公司等。物业管理企业按契约实行管理质量总控制。规模化、集约化使物业管理企业同时管理多幢写字楼，形成规模，而承担专业服务公司，同一专业服务公司可承担多幢办公楼的专业服务。该模式有利于提高管理品位和水准，降低费用成本，为物业管理专业化发展创造了良好条件。

(二) 写字楼物业管理的目标

(1) 在管理过程中，首先是要为业主和用户创造和保持一个安全、舒适、快捷的工作与生活环境。

(2) 应确保延长大楼的使用年限及其功能的正常发挥。

(3) 完善写字楼管理不仅使物业管理保值，而且可以使物业增值。

(4) 写字楼管理应与“全国城市物业管理优秀大厦标准”要求相结合。

(三) 写字楼物业管理的内容

写字楼的维护、维修与环境管理的内容包括以下几项。

1. 装修与管理

监督业主和使用人对写字楼进行二次装修，以确保楼房结构和附属设施、设备不受破坏。

2. 房屋管理及维修养护

在管理过程中，一定要做到大楼栋号、楼层有明显的引路标志；无违反规划乱搭乱建，大厦外观完好、整洁；房屋完好率达98%以上，零修合格率达100%，并建立回访制度和做好回访记录。

(1) 设备管理及维修保护。做到设备良好、运行正常，设备及机房环境整洁，配备所需各种专业技术人员，维修和操作人员要持证上岗。实行24小时值班制，在最短的时间内处理完突发的运行故障，保证供电系统24小时正常运行，出现故障立即排除，消防中心及消防系统配备齐全、完好无损，可随时启用；电梯按规定时间运行，安全设施齐全有效，照明及其他附属设施完好；给排水系统通畅，汛期道路无积水，楼内、地下及车库无积水和浸湿发生；无超标噪声和严重的泄漏水现象，冬季室内温度不得低于16℃，“三废”排放要符合国家环保标准。

(2) 清洁服务。要实行标准化的保洁，制定完善的清洁细则，明确需要清洁的地方清洁次数，设有专人负责、监督，同时要设垃圾箱、果皮箱、垃圾中转站等保洁设备。

(3) 绿化管理。绿化管理既是一年四季日常性的工作，又具有阶段性的特点，必须按照绿化的不同品种、不同习性、不同季节、不同生长期，适时确定不同的养护重点，安排不同的落实措施，确保无破坏、践踏及随意占用绿地现象。

(4) 保安服务。制订全面的保安工作计划，建立有效的保安制度，消除一切危机或影响业主与使用人生命和身心健康的外界因素。具体包括：

① 根据写字楼的布局和总面积、幢数、出入口处、公共设施数、业主及用户人数，配备保安固定岗位和巡逻岗位和实际人数。

② 确定保安巡逻的岗位合格和路线，做到定时、定点、定线巡逻与突击检查相结合，特别注意出入口、隐蔽处、仓库、停车场等处。

③ 建立24小时固定值班、站岗和巡逻制度，做好交接班工作。

④ 完善监控系统，在主要入口处、电梯内、贵重物品存放处及容易发生事故的区域或重点部位安装闭路电视监控器，发现异常即采取相应的补救措施。

(5) 写字楼的商务服务。商务中心提供的服务项目一般有：

① 翻译服务，包括文件、传真、证明书、合同等。

② 秘书服务，包括各类文件的处理、归档。

③ 办公自动化服务。

④ 整套办公设备各人员配备服务。

⑤ 临时办公设备各人员配备服务。

⑥ 电话、传真、电信服务。

⑦ 商务会谈、会议安排服务。

⑧ 商务咨询、商务信息查询的服务。

⑨ 客户外出期间代转传真、信件等。

⑩ 邮件、邮包、快递等服务。

⑪ 计算机、电视、录像、幻灯租赁服务。

⑫ 报纸、杂志订阅服务。

⑬ 文件、名片等印制服务。

⑭ 成批发送商业信函服务。

⑮ 报刊剪报服务。

⑯ 秘书培训服务。

⑰ 客户的电信设备代办、代装服务。

(6) 写字楼的客户服务。写字楼的客户服务主要是指前台服务，具体包括：

① 问讯服务台留言服务。

② 信件报刊收发、分栋传送服务。

③ 个人行李搬运、寄送服务。

④ 出租车的现时服务。

⑤ 航空机票的订购、确认服务。

⑥ 提供旅游活动安排服务。

⑦ 全国及世界各地酒店预订服务。

⑧ 文娱活动的安排及组织服务。

⑨ 外币兑换服务。

⑩ 花卉外购、递送服务。

⑪ 洗衣、送衣的服务。

⑫ 代购清洁物品服务等。

⑬ 其他各种委托代办服务。

四、商业楼宇的物业管理

商业楼宇物业管理的主要内容包括如下。

(1) 楼宇与设备、设施管理。楼宇与设备、设施管理是非常重要的，除了对机电设备必须保障正常运转外，特别是要保证在营运期间不发生突发性的停电故障，避免引起营运现场混乱，甚至发生伤人事件。要把自动扶梯开关装置在顾客碰不到的地方。

(2) 环境卫生及绿化管理。基本的保洁工作应安排在非营业时间，营业时间应避免使用长柄拖把，而宜用抹布擦拭，清场后必须把垃圾清理出场，置放的绿化、盆栽植物要保持干净、鲜活，枯萎的要及时调换。

(3) 安全保卫管理。中央监控的值勤人员要以高度的责任心做好监督火灾报警装置和电视监控与录像工作，电视监控工作要在楼内与广场同时进行，要制定防止火灾、抢劫偷盗、流氓闹事等突发性事件和恶性事件的应急预案，并组织一定规模的演示。

(4) 广告管理。广告要执行广告法的有关规定。楼宇内外的广告牌、条幅、悬挂物等由租户提出设计要求后，统一由物业管理制作、悬挂，或由租户按物业管理企业的规定进行制作后悬挂在指定的位置。橱窗展示宣传要由物业管理企业统一规划以保持格调一致和富有特色，保持橱窗玻璃明亮，灯光及时开关。

(5) 装修管理。商业楼宇的装修十分频繁，要做到装修部位不会影响周围的摊位的营业，在审批装修设计方案时，要密切注意温感器、烟感器、喷淋装置与送风方向的配置。在装修施工时还要密切注意这些设施是否被破坏，要提供咨询服务。

(6) 租赁管理及合同管理。大型商场中有不少是采用柜台和层面出租，负责租赁经营的物业管理企业要以良好的管理服务业绩来推动租赁业务，负责管理服务的物业管理企业同样要以良好的管理服务业绩来促进经营单位的租赁业务，物业管理企业的现场管理部门，如经营部要加强各类合同契约的起草、协调、实施和保管工作。

五、工业厂房及仓库的物业管理

1. 工业厂房及仓库物业管理的特点

工业厂房的物业管理与其他的物业管理相比，既有相似之处(管理理念、服务宗旨等)，又有自己的特点。

(1) 专业性强、维护保养费用高。工业厂房中生产设备相辅助设施的种类多，专业性强。各种设备性能和用途不同，所以管理的要求也不同，物业管理公司必须对此有所了解和熟悉。由于机器的使用，易造成厂房有关设施磨损快、消耗大，从而需要经常维修，导致物业管理成本增加。

(2) 清洁难度大，环保要求高。工厂中油污极易弄脏地面等处，生产过程中会排放废水、废渣、粉尘等，清洁难度大，还费时、费力。企业的产品不仅在国内销售，也要开拓国际市场，而国际社会的一些发达国家不但讲求产品质量，对产品生产过程是否会造成环境污染也十分重视。物业管理公司必须积极配合企业做好环境管理体系的实施和认证工作，并将有关要求落实到日常物业管理服务中去。

(3) 隐患多，出现险情概率高。工厂内易燃易爆物品和有害危险品较多，电气及线路复杂，厂房设备长期使用或使用不当等，都会引发火灾或其他险情。物业管理要有严格制度，责任落实到人，做好突发性事件的处理预案。

(4) 安全保卫制度工作难度大。工厂的员工较多，上下班人员流动大，交通工具进出频繁；此外，厂区还存放着大量原料、成品、半成品和贵重机器设备，防盗管理不易，这大大增加了厂区的安全保卫工作难度。

(5) 常规服务坚持高标准。现代的厂房已不再是铁屑和油污满地的传统厂区，厂房规划设计得错落有致，生产区干干净净，机器设备摆放有序。这就要求物业管理公司的安保、保洁、绿化各现场管理工作必须坚持高标准，做好每一项工作。

2. 工业厂房及仓库物业管理的内容

(1) 制定严格的管理制度。

① 工业厂房与仓库的管理规定。

② 各个岗位的工作职责与操作规定。

③ 机器设备的安装、管理及使用规定。

④ 材料的领取、加工、检验、耗用等规定。

⑤ 产品入厂、入库的规定。

⑥ 成品发货库、出厂制度。

(2) 房屋结构安全管理。做好厂房内管理,确保房屋结构完好和安全使用。

① 厂房内不得用于生活居住,严禁在厂房内堆放易燃、易爆、易腐蚀性的危害品,生产污水不得排入雨水阴沟或管道,不得向外排放有害气体,对超过规定分贝的噪声要采取降噪声措施。

② 因生产需要,生产企业以厂房做分隔改造和内部安装机器设备时,不得损坏厂房结构,不得超过楼层允许荷载,施工前必须与物业管理机构取得联系并提供施工图纸,经有关部门批准后方可施工。

③ 由于超载放置机器、材料等而引起楼层损坏所造成的一切损失由相关责任者承担,并应立即修复至正常状态。

④ 因用电、用水不当而造成其他企业损失的,损失由责任者承担。

⑤ 各企业的工业废弃物不得向外排放和随意丢弃,应由各企业自行处理。

⑥ 为确保电梯安全使用,电梯由合格的电梯工操作,并严格按照劳动部门的有关规定使用。有关电梯的维修及管理使用费,由各使用企业共同承担。

(3) 环境管理。环境管理主要是管好厂房内外的共用部位,保证厂房的安全整洁。

① 应保持厂房大楼的走道和楼梯畅通,不得以任何形式占用共用部位。如损坏应及时通知管理机构修复,如系人为损坏,由责任者负赔偿责任。

② 确保厂房区域内厂房大楼和附近建筑群体相协调,满足给排水的要求和消防安全。各企业不得在红线范围内的空地上或建筑的屋面、外墙、技术层等处搭建和安装设备。外墙、屋顶上设置企业标志和广告,要事先向管理机构提出申请,经批准后方可实施。

③ 为确保文明生产和美化环境,各生产企业不得占用绿化用地。

④ 通用厂房外的公共空地,除管理机构确定停放自行车、汽车外,各企业不得堆放货物、杂物等。管理机构可按各企业共同要求制定公共场地管理制度,对乱堆乱放者可予以处罚。

⑤ 为确保公用场所清洁卫生,管理部门应督促各企业执行市容卫生管理的有关规定。对违反环卫、环保有关规定的,由环卫、环保部门处理。

(4) 保卫制度。

① 各企业使用的厂房内的安全保卫、防火及用电等设施均由各企业自行负责。

② 各企业必须遵守消防监督管理的若干规定,确保消防安全。由于生产操作不当或用电操作不按规定而引发的大火所造成的损失,由责任者赔偿。

③ 经协调同意临时停放在公共场地的货物、设备、材料、车辆等,由各企业自行看管,如委托治安部门看管可收取看管费。

④ 各企业员工、车辆、货物出入厂区大门必须自觉遵守门卫制度。

⑤ 为确保安全保卫工作的实施,根据实际需要,管理机构可组成保卫队伍,实施 24 小时值班和巡逻制度。

六、智能化建筑的物业管理

智能化的物业管理是应用现代技术,在将建筑智能化系统和计算物业管理系统集成一体的自动化监控和综合信息服务平台上,实现具有集成性、交互性、动态性的智能化物业管理模式。它为小区的使用者及住户提供了高效率、完善和多样化的服务,以及低成本的管理服务。一般来说，智能化建筑的物业管理的要求包括以下几个方面。

(1) 建立智能化安保系统。小区的居民系统一般包括户内安全防范系统和户外监控系统。户内安全防范系统包括红外线探测、紧急救助、煤气泄漏报警、门磁系统等。所有信息连接到住户室内防盗智能控制主机。该主机负责数据采集、数据分析并把分析结果传输到物业管理控制中心，由控制中心的电脑做处理，显示及打印情况，通知值班人员和 110 报警中心。

(2) 信息网络系统。信息网络分为两个方面，一方面为小区内部管理部门与住宅之间的信息交流；另一方面为小区内部的网络与城市信息进行交流。住宅小区智能化在实现综合信息服务时，网络的发展原则是依赖公共通信设施入网，建立电话、电视和数据的 HFC 综合通信接入平台。

(3) 小区的信息系统应具备的基本功能。

① 信息存储。收集、整理、归类小区内各类物业信息，进行集中访问。主要包括小区人事(住户、工作人员等)信息、小区收费(三表、服务及其他费用)信息、小区房产信息、小区财务信息。

② Web 信息发布。小区网管中心完成发布信息的工作，把信息分成许多不同类别，按照群组与用户的不同将相关代码信息分成不同频道，通过频道对 Web 站点进行分类组织管理。

③ 电子邮件。用包含图像、声音、视频的多媒体邮件来代替传统的信函、传真等。还可以使用 Internet 电话。

④ 目录服务。小区网管中心将网络信息资源、各类数据库、文档数据库等编写成综合或单一的目录，用户通过普通的浏览器就可以迅速访问所需要的信息。

⑤ 协同工作。在 Web 平台上使用基于 Client/Server 或云计算的群体，能为区内不同职能部门的合作提供服务，包括文件共享、协作、日历、进程表、会议等。

另外，为保证中心数据库信息资源的安全与网络中心的正常运行，小区物业管理中心采取一些措施以确保网络的安全，譬如可以采用设置的防火墙、身份认证、加密与数字签名等方法来实现。除了上述的能耗自动计量收费系统、安保系统和信息网络系统外，现代化的小区物业管理还应该包括房产及维修管理、房屋设备管理、各类房屋的租赁、经营、销售管理和公共设施与环境的管理等。所有这些都可以通过小区内部的网络来实现管理的办公自动化。

课后练习

思考题

1. 物业管理有哪些类型？物业管理公司又可以分成哪些类型？

2. 各级资质的物业管理公司需要具备哪些条件？

3. 物业管理早期介入是指在项目开发的哪些阶段介入？其任务有哪些？

4. 前期物业管理是指哪个时期，其主要任务有哪些？入住期物业管理主要有哪些任务？

5. 住宅小区、别墅、写字楼、商业楼宇、工业厂房和智能化建筑的物业管理的内容有哪些差异。

参 考 文 献

[1] 张峰等.城市经营：理论、实践、典型案例[M].北京：中国工商出版社，2003：51，84.

[2] 周京奎.城市土地经济学[M].北京：北京大学出版社，2007：287－309.

[3] 李植斌.城市土地储备制度的模式及其功能研究[J].同济大学学报，2002，3：44－73.

[4] 中共中央马克思恩格斯列宁斯大林著作编译局.马克思恩格斯全集[M].23卷.北京：人民出版社，1991.

[5] 中共中央马克思恩格斯列宁斯大林著作编译局.马克思恩格斯全集[M].25卷.北京：人民出版社，1991：714.

[6]（美）伊利莫尔豪斯.土地经济学[M].北京：商务印书馆，1982：223.

[7] 李玲.土地经济学[M].北京：中国人民大学出版社，1999：168－169.

[8] 曹振良.房地产经济学通论[M].北京：北京大学出版社，2003：2581.

[9] 应佐萍.房地产营销与策划[M].北京：北京大学出版社，2012.08.

[10] 屠永良，陈阳元.房地产经济学[M].北京：文汇出版社，1994.9.

[11] 丁芸，武永春.房地产经济学[M].北京：首都经济贸易大学出版社，2008.5.

[12] 张洪力.房地产经济学[M].北京：机械工业出版社，2004.8.

[13] 吕萍.房地产经营[M].北京：中国人民大学出版社，1997.8.

[14] 田金信，刘力.房地产经营[M].北京：中国建筑工业出版社，1997.3.

[15] 杜耀星.房地产经营管理[M].厦门：厦门大学出版社，1996.3.

[16] 罗龙昌.房地产经营管理[M].厦门：暨南大学出版社，1995.12.

[17] 黄建军.房地产经营管理[M].北京：企业管理出版社，1994.4.

[18] 王全民.房地产经济学[M].哈尔滨：东北财经大学出版社，2002.3.

[19] 谭术魁.房地产经营与管理[M].北京：首都经济贸易大学出版社，2009.10：1.

[20] 季朗超.非均衡的房地产市场[M].北京：经济管理出版社，2005.4.

[21] 高炳华.房地产市场营销[M].武汉：华中理工大学出版社，2004.9.

[22] 赵代松，房地产开发与经营[M].北京：中国林业出版社，2002.

[23] 杨青，贺小海.房地产开发与经营[M].成都：西南财经大学出版社，1998.

[24] 武永，薛飞.房地产投资分析[M].北京：中国建筑工业出版社[M].北京：1997.3.

[25] 胡彦.房地产开发经营[M].武汉：华中科技大学出版社，2006.8.

[26] 张建坤，周虞康.房地产开发与管理[M].南京：东南大学出版社，2006.2.

[27] 武永祥，王学函.房地产开发[M].北京：中国建筑工业出版社，1995.9.